i

为了人与书的相遇

韦伯作品集

Das antike Judentum

Max Weber

古犹太教

〔德〕马克斯·韦伯 著   康乐 简惠美 译

上海三联书店

本书由远流出版公司授权，限在中国大陆地区发行

图书在版编目（CIP）数据

古犹太教 /（德）马克斯·韦伯著；康乐，简惠美译 . -- 上海：上海三联书店，2021.12
（韦伯作品集）

ISBN 978-7-5426-7050-2

Ⅰ.①古… Ⅱ.①马… ②康… ③简…Ⅲ.①犹太教—研究 Ⅳ.① B985

中国版本图书馆 CIP 数据核字 (2020) 第 080289 号

古犹太教

（德）马克斯·韦伯 著

责任编辑 / 殷亚平

特约编辑 / 吴晓斌

装帧设计 / 任　潇

内文制作 / 陈基胜

责任印制 / 姚　军

责任校对 / 张大伟

出版发行 / 上海三联书店
　　　　（200030）上海市漕溪北路331号A座6楼
邮购电话 / 021-22895540
印　　刷 / 山东韵杰文化科技有限公司

版　　次 / 2021 年 12 月第 1 版
印　　次 / 2021 年 12 月第 1 次印刷
开　　本 / 880mm×1230mm　1/32
字　　数 / 420千字
印　　张 / 19
书　　号 / ISBN 978-7-5426-7050-2/B·680
定　　价 / 88.00元

如发现印装质量问题，影响阅读，请与印刷厂联系：0533-8510898

总序一

余英时

　　这一套"韦伯作品集"是由北京理想国公司从台湾远流出版公司出版的"新桥译丛"中精选出来的十余种韦伯论著组成，即包括了韦伯"世界诸宗教的经济伦理观"以及"制度论与社会学"两大系列的全部著述，囊括了这位学术大师一生的思想与研究精髓。我细审本丛书的书目和编译计划，发现其中有三点特色，值得介绍给读者：

　　第一，选目的周详。韦伯的"世界诸宗教的经济伦理观"系列，即《宗教社会学论集》，包括了《新教伦理与资本主义精神》《中国的宗教》《古犹太教》《印度的宗教》和《宗教社会学　宗教与世界》等。其"制度论与社会学"系列不仅包括《社会学的基本概念　经济行动与社会团体》，"经济与社会"的《经济与历史　支配的类型》《支配社会学》《法律社会学　非正当性的支配》，也包括《学术与政治》等。

　　第二，编译的慎重。各书的编译都有一篇详尽的导言，说明这部书的价值和它在本行中的历史脉络，在必要的地方，译者并加上注释，使读者可以不必依靠任何参考工具即能完整地了解全书的意义。

　　第三，译者的出色当行。每一部专门著作都是由本行中受有严格训练的学人翻译的。所以译者对原著的基本理解没有偏差的危险，对专业名词的翻译也能够斟酌尽善。尤其值得称道的是，译者全是中青年的学人。这一事实充分显示了中国在吸收西方学术方面的新希望。

　　中国需要有系统地、全面地、深入地了解西方的人文科学和社会科学，这个道理已无须再有所申说了。了解之道必自信、达、雅的翻译着手，这也早已是不证自明的真理了。民国以来，先后曾有不少次的大规模的译书计划，如商务印书馆的编译研究所、国立编译馆和中华教育文化基金会等都曾作过重要的贡献。但是由于战乱之故，往往不能照预定计划进行。今天中国涌现了一批新的出版者，他们有眼光、有魄力，并且持之以恒地译介社会科学领域中的世界经典作品。此一可喜的景象是近数十年来所少见的。近年海峡两岸互相借鉴，沟通学术资源，共同致力于文化事业的建设和开拓，其功绩必将传之久远。是为序。

　　　　　　　　　　　　　　2007 年 4 月 16 日于美国华盛顿

总序二

苏国勋

　　作为社会学古典理论三大奠基人之一的韦伯，其名声为中文读者所知晓远比马克思和涂尔干要晚。马克思的名字随着俄国十月革命（1917 年）的炮声即已传到中国，二十世纪五十年代以后由于意识形态的原因，马克思与恩格斯的著作并列以全集的形式由官方的中央编译局翻译出版，作为国家的信仰体系，其影响可谓家喻户晓。涂尔干的著作最早是由当年留学法国的许德珩先生（《社会学方法论》，1929 年）和王了一（王力）先生（《社会分工论》，1935 年）译介，首先在商务印书馆出版，这两部著作的引入不仅使涂尔干在社会学界闻名遐迩，而且也使他所大力倡导的功能主义在学术界深深植根，并成为当时社会学研究中占主导地位的理论和方法论。与此相比，德国人韦伯思想的传入则要晚了许多。由于中国社会学直接舶来于英美的实证主义传统，在早期，孔德、斯宾塞的化约论—社会有机体论和涂尔干的整体论—功能论几乎脍炙人口，相比之下，韦伯侧重从主观意图、个人行动去探讨对社会的理解、诠释的进路则少为人知。加之，韦伯的思想是辗转从英文传播开来的，尽管他与涂尔干同属一代人，但在国际上成名要比涂尔干晚了许多。恐怕这就是中文早期社会学著述中鲜有提及韦伯名字的原因。

出于意识形态方面的原因，大陆学界从二十世纪五十年代初开始取消社会学这门学科的研究和教学，又长期与国际主流学术界隔绝，直到改革开放后，1987年由于晓、陈维纲等人合译的《新教伦理与资本主义精神》由北京三联书店出版问世，内地学者才真正从学术上接触韦伯的中文著作。尽管此前台湾早在二十世纪六十年代就已出版了该书的张汉裕先生节译本以及由钱永祥先生编译的《学术与政治：韦伯选集（Ⅰ）》（1985年，远流出版公司），但囿于当时两岸信息闭塞的情况，这样的图书很难直接到达学者手中。此外还应指出，大陆在此之前也曾零星出版过韦伯的一些著作译本，譬如，姚曾廙译的《世界经济通史》（1981年）、黄晓京等人节译的《新教伦理与资本主义精神》（1986年），但前者由于是以经济类图书刊发的，显然其社会学意义在一定程度上会受到遮蔽，后者是一个删除了重要内容的节译本，难以从中窥视韦伯思想全貌，无疑也会减损其学术价值。

大陆学术界在二十世纪八十年代中后期引介韦伯思想固然和当时社会学刚刚复出这一契机有关，除此之外还有其重要的现实社会背景和深刻的学术原因。众所周知，二十世纪八十年代中后期是大陆社会改革开放方兴未艾的年代，经济改革由农村向城市逐步深入，社会生产力得到了较快的发展。但是社会转型必然会伴随有阵痛和风险，改革旧有体制涉及众多方面的既得利益，需要人们按照市场经济模式转变思维方式和行为方式，重新安排和调整人际关系。加之，由于中国南北方和东西部自然条件和开发程度存在很大差异，在改革过程中也可能出现新的不平等，还有随着分配差距的拉大社会分层化开始显露，以及公务人员贪污腐化不正之风蔓延开来为虐日烈，这些都会导致社会问题丛生，致使社会矛盾渐趋激烈。如果处理不当，最终会引起严重的社会失范。苏联和东欧一些民族国家在经济转轨中的失败和最终政权解体就是前车之鉴。这些都表明中国的改革开放政策带来的社会经济发展遇到了新的瓶颈，面对这些新问题学术界必须做出自己的回答。

撇开其他因素不论，单从民族国家长远发展上考量，当时中国思想界可以从韦伯论述十九世纪末德意志民族国家的著作中受到许多启迪。当时德国容克地主专制，主张走农业资本主义道路，成为德国工业发展的严重障碍；而德国中产阶级是经济上升的力量，但是领导和治理国家又缺乏政治上的成熟。韦伯基于审慎的观察和思考做出了自己的选择：出于对德意志民族国家的使命感和对历史的责任感，他自称在国家利益上是"经济的民族主义者"，而在国家政治生活中自我期许"以政治为志业"。联想到韦伯有时将自己认同于古代希伯来先知耶利米，并把他视为政治上的民众领袖，亦即政治鼓动家，他在街市上面对民众或批判内外政策，或揭露特权阶层的荒淫腐化，只是出于将神意传达给民众的使命感，而非由于对政治本身的倾心。然而韦伯又清醒地认识到，现时代是一个理智化、理性化和"脱魅"的时代，已没有任何宗教先知立足的余地，作为一个以政治为志业的人，只能依照责任伦理去行动。这意味着一个人要忠实于自己，按照自己既定的价值立场去决定自己的行动取向，本着对后果负责的态度果敢地行动，以履行"天职"的责任心去应承日常生活的当下要求。或许，韦伯这一特立独行的见解以及他对作为一种理性的劳动组织之现代资本主义的论述，与大陆当时的经济改革形势有某种契合，对国人的思考有某些启发，因而使人们将目光转向这位早已作古的德国社会思想家。

　　此外，二战结束以来，国际学术界以及周边国家兴起的"韦伯热"也对国内学术界关注韦伯起到触发作用。韦伯的出名首先在美国，这与后来创立了结构功能学派的帕森斯有关。帕氏早年留学德国攻读社会学，1927 年他以韦伯和桑巴特论述中的资本主义精神为研究课题获得博士学位，返美后旋即将《新教伦理与资本主义精神》译成英文于 1930 年出版，并在其成名作《社会行动的结构》中系统地论述了韦伯在广泛领域中对社会学做出的理论贡献，从此以后韦伯在英文世界声名鹊起并在国际学界闻名。五十年代以后韦伯著作大量被译成英文出版，研究、诠释韦伯的二手著述也如雨后春笋般涌现。六十年代联邦德国兴起的"韦伯复兴"运动，其起因是二战后以美国为楷模发展起来的德国经验主义社会学，与战后陆续从美国返回的法兰克福学派代表人物所倡导的批判理论发生了严重抵牾，从而导致了一场长达十年之久关于实证主义方法论的争论。由于参加论战的两派领军人物都是当今学界泰斗，加之其中的几个主要论题——社会科学的逻辑问题（卡尔·波普尔与阿多诺对垒）、社会学的"价值中立"问题（帕森斯对马尔库塞）、晚期资本主义问题（达伦道夫和硕依西对阿多诺）——直接或间接都源于对韦伯思想的理解，对这些重大问题展开深入的研讨和辩论，其意义和影响远远超出了社会学一门学科的范围，对当代整个社会科学界都有重要的参考借鉴价值。作为这场论战的结果，一方面加快了韦伯思想的传播，促使韦伯思想研究热潮的升温，另一方面也对美国社会学界长期以来以帕森斯为代表的对韦伯思想的经验主义解读——"帕森斯化的韦伯"——做了正本清源、去伪存真式的梳理。譬如，在帕森斯式的解读中，韦伯丰富而深刻的社会多元发展模式之比较的历史社会学思想，被歪曲地比附成线性发展观之现代化理论的例证或图示。因此在论战中从方法论上揭示韦伯思想的丰富内涵，还韦伯思想的本来面目，亦即"去帕森斯化"，这正是"韦伯复兴"的题中应有之意。

随着东亚"四小龙"的经济腾飞，研究韦伯的热潮开始东渐。二战后特别是六十年代以后，传统上受儒家文化影响的韩国、台湾、香港、新加坡成为当时世界上经济发展最快的四个地区，如何解释这一现象成为国际学术界共同关注的课题。美国的汉学家曾就"儒家传统与现代化"的关系于六十年代先后在日本和韩国召开了两次国际学术研讨会。八十年代初在香港也举行了"中国文化与现代化"的国际学术会议，其中的中心议题就是探讨儒家伦理与东亚经济起飞的关系。许多学者都试图用韦伯的宗教观念影响经济行为思想去解释东亚经济崛起和现代化问题：有将"宗教伦理"视为"文化价值"者；也有人将"儒家文化"作为"新教伦理"的替代物，在解释东亚现代化时把儒家传统对"四小龙"的关系比附为基督教对欧美、佛教对东南亚的关系；还有人将韦伯论述的肇源于西欧启蒙运动的理性资本主义精神推展至西方以外，譬如日本，等等。所有这一切，无论赞成者抑或反对者，都使亚洲地区围绕东亚经济腾飞形势而展开的文化讨论，与对韦伯思想的研讨发生了密切关系，客观上推动了韦伯著作的翻译出版和思想传播，促使东亚地区韦伯研究热潮的出现。

作为欧洲文明之子，韦伯是一名百科全书式的学者，其思想可谓博大精深，同时其中也充满了许多歧义和矛盾，许多相互抵牾着的观点都可在他那里找到根源，因而时常引起不同诠释者的争论。历来对韦伯思想的理解大致可分为两派，即文化论和制度论。前者主张思想、观念、精神因素对人的行动具有决定作用，故而韦伯冠名为"世界诸宗教的经济伦理"这一卷帙浩繁的系列宗教研究（包括基督新教、儒教、印度教、犹太教等）是其著作主线；后者则强调制约人的行动背后的制度原因才是决定的因素，为此它视《经济与社会》这部鸿篇巨制为其主要著作。这种把一个完整的韦伯解析为两个相互对立部分的看法，从韦伯思想脉络的局部上说似乎都言之成理、持之有据，但整体看来都有以偏概全的偏颇。须知，韦伯既不是通常意义上的观念论者或文化决定论者，更不是独断意义上的唯物论者，因为这里的宗教观念是通过经济的伦理对人的行动起作用，并非纯粹观念在作用于人；而制度因素既包含经济制度也包含法律制度、政治制度，还包含宗教制度、文化制度，并非只是经济、物质、利益方面的制度。换言之，一般理解的观念—利益之间那种非此即彼、对决、排他性关系，在韦伯的方法论看来纯属社会科学的"理念型"，只有在理论思维的抽象中它们才会以纯粹的形式存在，在现实生活中它们从来就是一种"你中有我，我中有你"的彼此包容的、即所谓的"镶嵌"关系。应该运用韦伯研究社会的方法来研究韦伯本人的思想，放大开来，应该用这种方法看待社会生活中的一切事物，惟有如此，才能持相互关系的立场，以"有容乃大"的胸怀解决现实中许多看似无解的死结问题。

　　欣闻台湾远流出版事业有限公司与大陆出版机构合作，在内地携手出版"新桥译丛"中有关韦伯著作选译的简体字版，这对于两岸出版业界和学术界的交流与沟通，无疑将会起到重要推动作用。祝愿这一合作不断发展壮大并结出丰硕的果实！

在中文学术界，台湾远流公司出版的"新桥译丛"有着很好的口碑，其译作的品质精良是远近驰名的，其中韦伯著作选译更是为许多大陆学人所称道。究其原委，一则是书品优秀，这包括书目及其版本的选择颇具专业学术眼力，另外新桥的译文具有上乘水准，是由经过专业训练的学者基于研究之上的迻译，而非外行人逐字逐句地生吞活剥。仅以两岸都有中文译本的《中国的宗教：儒教与道教》一书而论，远流本初版于1989年，六年后再出修订版，书中不仅更正了初版本的一些讹误，而且将译文的底本由初版的英译本改以德文原著为准，并将英、日文译本添加的译注和中文译本的译注连同德文本作者的原注一并收入，分别一一标示清楚。此外，远流版译本还在正文前收录了对韦伯素有研究的康乐先生专为该书撰写的"导言"，另将美国匹兹堡大学著名华裔教授杨庆堃先生1964年为该书的英译本出版时所写的长篇"导论"译附于后，这就为一般读者和研究者提供了极大方便，使这个译本的学术价值为现有的其他几个中译本所望尘莫及。再则，"新桥译丛"的编辑出版已逾二十余载，可谓运作持之以恒，成果美不胜收，仅韦伯著作选译出版累计已达十几种之多，形成规模效应，蔚为大观。不消说，这确乎需要有一个比较稳定的编译者团队专心致志、锲而不舍地坚持长期劳作才能做到，作为一套民间出版的译著丛书，在今日台湾这种日益发达的工商社会，实属难能可贵。现在，两岸出版业界的有识之士又携手合作，将这套译著引介到大陆出版，这对于提高这套丛书的使用价值、扩大其学术影响、推动中文世界社会科学和人文科学的发展、提升学术研究水平，功莫大焉。

近年来，随着两岸经贸往来规模的不断扩大，两地学术界和出版界的交流也在逐步深入，相应地，两地学者的著述分别在两岸出版的现象已屡见不鲜，这对于合理地使用有限的学术资源，互通有无，取长补短，共同提升中文学界的研究素质，可谓事半功倍。进而，倘若超越狭隘功利角度去看问题，将文本视为沟通思想、商谈意义的中介，从而取得某种学术共识，成为共同打造一个文化中国的契机，则善莫大焉。

诗云："瞻彼淇澳，绿竹猗猗。有斐君子，如切如磋，如琢如磨。"惟愿两岸学人随着对世界文化了解的日益加深，中文学界的创造性大发展当为期不远矣。是为序。

2003 年 12 月 3 日 于北京

目　录

第二篇　犹太贱民民族的形成

绪 论

韦 伯

　　本文原为《古犹太教》第一篇第一章的注①。在《宗教社会学论文集》一书里，韦伯习惯在各书的首章里说明他在处理此一问题时，所采用的方法、重要参考文献以及更重要的研究史的回顾。只是由于此文篇幅过长，很难以脚注来处理，以"附录"的方式放到书后，又呈现不出本文的重要性。不得已的情况下，只好以"绪论"列于全书之前。与原著出入之处，尚请读者明察。

　　说到以色列与犹太民族的宗教相关文献，一个人即使竭尽一生之力也无法通盘掌握，特别是因为这些文献有着相当深邃的内涵。关于古代以色列的宗教，近代的基督新教研究特别是德国的学术研究，已被公认为这方面的权威，至今仍是如此。至于犹太法典的犹太教，整体而言，犹太人有着杰出亮丽的研究，这是毫无疑问的。在此，我们不过是试着对于和我们所提出的问题有关的各个重要发展侧面做一番陈述，所以打一开始便抱持着最卑微的心愿，即使能对这方面的探讨有一丁点本质上的贡献。只不过，在根本资料的处理上，我们可以依强调方式的不同而对至今或许仍俯拾皆是的各种事实加以有别于以往的安排，因此，我们的提问在某些点上与旧约学者自循其理来处理的问题，自然有所不同。

对于犹太宗教史的纯粹历史考察，真正的伤害已然造成，其实凡事必皆如此，只要价值判断一旦被导入客观的分析里。问题诸如摩西的神观或摩西的伦理（假设我们能确定其内容不疑）是否"高于"其周遭世界的神观或伦理，这根本不是严正的经验研究、严正的历史学或社会学学科所能回答的问题。这样的问题只能从既有的宗教前提的基础上来提出。然而，以色列宗教史问题的纯经验性研究里，有一大部分在处理方法上仍深受此种宗教前提的影响。

当然，我们可以这么提问：在和其他宗教的发展里可以发现到的各种阶段相衡量之下，以色列的某些特定观念，（1）在古老的（"原始的"）程度上，（2）在主智化和（就其去除巫术思维的意义下而言）理性化的程度上，（3）在首尾一贯而有系统的程度上，（4）在趋向信念伦理（纯化）的程度上，比起其周边世界相对应的观念来，是比较高还是比较低？譬如，十诫所提出的伦理要求，和其他相对应的戒律所提出的伦理要求相比较之下，只要两者在各个点上都能够直接加以排比的话，我们就可以确定，哪些要求是由一方所提出而为另一方所无，或者反之亦然。同样的，我们也可以就其带有多大程度的普遍主义的色彩，来检验神观、检验与神保持何种宗教关系，前者视察的是其蜕除拟人观（神人同形同性观）的程度，后者则视其首尾一贯化和趋向信念伦理的程度。

以此，我们可以轻易断定，诸如：以色列的神观比起古代印度的神观，较不普遍主义和拟人化；又如：十诫的伦理在重要的要求上，不止比印度（尤其是耆那教）和祆教的伦理，也比埃及的伦理，要来得朴质些；再如：以色列的宗教性而且正是先知预言的宗教性里的某些中心问题（例如神义论的问题），只不过表现出相对而言非常"原始的"形态。然而，虔信的犹太教徒（或基督教徒）定然坚决且理直气壮地抗议道：如此一来，那些观念的宗教价值岂不是落得一点儿都无关紧要了吗？任何纯粹的经验研究当然是要以同样严密的手法来处理以色列—犹太教—基督教的宗教发展上的事实与文书，而且也要以和处理其他任何对象并无丝毫不同的同一原则来试图解释文书、说明事实，因此，不管是对此或对彼，"奇迹"与"启示"都一概不予理会。不过，无论如何，纯粹经验性研究既无意愿也无能力禁止任何人将事实——在资料状况允许的情况下试图加以经验性说明的事实——评价为"启示"。

纵使做出再怎么偏离的结论，现今所有的旧约研究无不是立足于威尔豪森（J.Wellhausen）的伟大著作（*Prolegomena zur Geschichte Israels*,1878,3.Aufl.1882; *Israelitische und jüdische Geschichte*, 1894, 4. Aufl. 1901; 以及其他的作品，尤其是 *Komposition des Hexateuchs und der historischen Bücher des Alten Testaments*, 1889, 3. Aufl. 1899）。威尔豪森绝妙地运用了自 de Wette、Vatke、Graf 等人以降从未或忘且由 Dillmann、Reuß 等人加以继承的方法，并且将这些方法带到极为体系化的完美高点。关于犹太民族的宗教发展，最能贴切表现威氏之中心思想的，自非"内在的演化"（immanent evolutionistisch）一词莫属。耶和华宗教固有的、内在的各种倾向，决定了其发展的途径，当然，民族的一般命运也自有影响。威氏以令人咋舌的激情来批判迈尔（Eduard Meyer）的杰作 *Die Entstehung des Judentums*（Halle，1896），尽管后者对威氏予以相当高而公允的评价，而这样的激情说穿了不过是来自威氏自己那归根究底而言受宗教所制约的前提。

迈尔的著作，正如一个古代通史专家所可以被期望的，将具体的历史命运与事件（在此譬如波斯政治里的特定政策）置于因果归属的台前，因此在这层意义上，他可说是偏好于一种"外部肇生的"（epigenetische）说明。在与威尔豪森的争论里，一般专家们的意见是站在迈尔这边的。以"演化论的"方式来处理以色列宗教史，特别容易步上一些弄乱纯正认知的前提假设，也就是说——威尔豪森所幸并未陷溺于此——将近代民族学与比较宗教学的成果独断地适用到以色列具体的宗教发展上，并且因而如此断定：在全世界几乎所有的"原始"民族里都可以观察到的巫术性与"泛灵论的"观念，也必然存在于早期以色列宗教发展里，直到后来才被"较高的"宗教思想所取代。史密斯（Robertson Smith）的著作《闪族的宗教》及一些旧约学者和其他学者相对而言精彩的论著，虽然无心插柳，但却无疑地坐实了如此的模拟：特别是将以色列的仪式诫令、神话与传说，以及其他宗教现象里可以观察到的许多巫术与泛灵论的观念，对号入座似的两相排比起来（对那些想要发现以色列有"图腾信仰"证据的人，迈尔倒是允当地好生调侃了一番）。人们时而或忘的是，以色列打一开始便是以一个农民的誓约共同体（Eidgenossenschaft）而站上历史舞台的，然而（就像瑞士一样）环绕在周遭的世界却是有着高度发展的书记文化、城市组织、海上贸易与商队交易、官僚国家、祭司智识、天体观察及宇宙论的思索。因此，此种民族学的进化论遂与亚述学学者的文化史普遍主义极端对立，其中尤其是以所谓的"泛巴比伦主义者"表现得最为激进。

这派史观的代表人物，包括两位大学者，第一个是史拉德（Eberhard Schrader，特别是其著作：*Die Keilinschriften und das Alte Testament*, 1872, neue Aufl.von H.Winckler, 1901—1902），其次则为温克勒（H.Winckler，尤其是作品 *Geschichte Israels in Einzeldarstellungen*, 2 Bde.），以及较为激进的延森（Jensen），还有态度谨慎有时甚为持平中庸但无时无刻不忠实紧守此一考察"原则"的耶瑞米阿斯（A.Jeremias，除了 *Handbuch der altorientalischen Geisteskultur*, 1913 之外，特别是其 *Das Alte Testament im Lichte des alten Orients*, 2 Aufl., 1916）等人，战线颇为广泛。譬如，其中不乏论者企图证明摩西五书 [1] 的许多故事是起源于占星术，或者企图为先知预言者贴上卷标，谓其为近东地区跨国存在的祭司党的同路人。

德利奇（Fr. Delitzsch）的演说和论文，让当时所谓的"巴比伦—圣经—论争"[2] 更加扩散开来。当今恐怕不会再有真正的学者像过去那样，试图从巴比伦的天体崇拜和巴比伦的祭司秘传知识里推衍出以色列的宗教来。在埃及学方面，像这种过度极端的对照版，可以举弗特（D. Völter）在我看来根本谬误的著作《埃及与圣经》（*Äegypten und die Bibel*, Leiden, 1905）为例。必须加以参照比较

1　摩西五书（Pentateuch），巴比伦俘囚期间（前 586—前 538）或之后，犹太人为了更清晰地了解并遵守摩西的法律及礼仪，借以组织团体生活及作为个人生活的指南，开始搜集七百多年来从摩西流传下来的口传及当时已存在的四种记录的文件：《耶和华典》（*Jahwist*）、《耶洛因典》（*Elohist*）、《申命记法典》（*Deuteronomist*）及《祭司法典》，并以希伯来文编写成现在我们所拥有的"摩西五书"，也就是《旧约》里前五卷的《创世记》《出埃及记》《利未记》《民数记》与《申命记》。——译注
2　巴比伦—圣经—论争（Babel-Bibel-Streit），此处的 Babel 指的是上面提及的泛巴比伦主义者（Panbabylonisten），而 Bibel 则是德文的"圣经"一词。——译注

的是米勒（W. Max Müller）相当严谨的作品，尤其是 *Asien und Europa*，以及我们下面会加以部分引用的专题论著。如果我们以下的陈述鲜少提及"泛巴比伦主义者"的一些无疑是世所公认的研究成果，那绝非出于轻视之心，而仅仅是因为我们所由衷关怀的是以色列的实践**伦理**，至于泛巴比伦主义者兴趣所在的那些文化史上的重要关系，对于理解此一伦理本身而言，正如即将显示的，并不具关键重要性。

不过，泛巴比伦主义者的论点却对学术研究产生了重大影响。他们打造出一种印象：以色列的宗教乃是由其邻近文化的宗教转化而来的。这必然反过来对旧约学者的提问产生作用。既然不可能否定特别是巴比伦文化连同埃及文化对于巴勒斯坦的强烈影响，那么旧约研究也便就此着手，特别是在贡克尔（Gunkel）领导下大幅修正威尔豪森的发展图式。一方面，巫术与泛灵论的思考元素渗透到以色列宗教性里的事实，另一方面，与邻近大文化圈子的彼此关联，如今都已清楚地显现出来，研究工作于是得以集中针对真正决定性的问题：相较于部分而言一般遍布于各处的、部分而言取决于具体文化关联的（古代近东诸宗教里的）共通性，到底是什么构成以色列宗教发展确实无疑的**特质**，以及更进一步，此种历史特质的决定性因素又是什么？

然而，受制于宗教立场的**价值判断**很快又再度搅和进来。对部分学者而言，"独特性"一下子就变成独一无二的**价值**，并且针对以下这样的命题做出论证，譬如：摩西所成就的事业，无论在宗教还是道德的价值内容上，比起周遭世界的任何事业都更加是"超卓的"创造（典型的最佳实例是班曲的某些作品——虽然除此之外他可说是颇有贡献。布德尤其是对这类著作有所批判）。如此的研究，尽管在细节上时而因价值判断而偏离了对事实的纯历史—经验性断定，然而旧约学者关于传承批判的出色研究成果，即使是最保守的学者也无法加以回避。非文献学者难以置喙而且通常也无力考核的，是关于史料文本的论争，尤其是针对那些往往刚好是最重要部分已经损毁、或在不明时期里遭到添加窜改与修正的文本。史料该做何解释通常取决于怀疑程度的高低：对于那些祭司身份的编纂者基于某种利害关系而可能有所造假的报告，是要彻底地怀疑其可信度，或者在某种程度上承认其为真实。有些报告史料业经伪造的这种设想，不仅在语言的根据上获得权威的文献学专家一致的认定，而且其内容本身也成为此种设想具有说服力的切实理由，即使如此，总的来说，非专家却也可以好好地自由审视这样的史料。换言之，这些史料尽管有伪造的嫌疑，但非专家还是可以假设性地提问：它们是否就不能用来当作历史理解的手段？

在史料的处理上的这种"保守的"程度，个别的旧约研究者之间有着相当大的差异，而最近对于极端怀疑主义的反动正衍生滋长起来，而且似乎也走得太过了头。基特尔（Kittel）的作品 *Geschichte des Volkes Israel*（2 Bde. 2 Aufl. 1909—1912）便是抱持异常极端保守立场的一个例子，否则的话这倒是非常精彩而详尽的一部杰作。在近代的其他著作当中，我们可以列举古特（Gutte）简要的入门书 *Geschichte des Volkes Israel*（2 Aufl. 1904）、瓦勒顿（Valeton）在 Chantepie de la Saussaye 所著的 *Lehrbuch der vergleichenden Religionsgeschichte*（1897）一书里的概说，以及勒曼·浩普特（C. F. Lehmann-Haupt）对于国际政治发展非常提纲挈领的作品 *Israel: Seine Entwicklung im Rahmen der Weltgeschichte*

（Tübingen，1911）。除了凯泽尔－马提（Kayser-Marti）的著作外，史曼德（Smend）的 *Religionsgeschichte* 也是可以参考利用的作品。

在关于古代以色列史的学术研究领域里，迈尔的 *Die Israeliten und ihre Nachbarstämme*（Halle,1906,由路德［Luther］附加补遗）是不可或缺的一本著作，尽管各方的批判所在多有。关于内部情事与文化状况,除了班钦格（Benzinger,1893）与诺瓦克（Nowack,1894)的 *Kompendium der hebräischen Archäologie* 之外,布尔(Frants Buhl）的著作 *Die sozialen Verhältnisse der Israeliten* 也是有用的。在宗教史方面，史塔德（B. Stade）的 *Biblische Theologie des Alten Testaments*（Bd. I, 1905, Bd. II von Bertholet, 1911），虽然在个别点上还常有争议，但内容扎实紧要，值得注意。此外，有着同样精致表现的是考区（E. Kautzsch）的遗作 *Die bibl. Theologie des A. T.*（1911）。在宗教的比较研究方面，葛雷思曼（Greßmann）在翁格纳（Ungnad）与兰克（Ranke）的协同下所出版的史料集 *Altorientalische Texte und Bilder zum Alten Testament*（1901）应该是首屈一指的。在旧约的许多注释书里，非专家特别乐于利用的是马提在 Benzinger、Bertholet、Budde、Duhm、Holzinger、Wildeboer 等人的协力下所出版的那部。嘉惠良多且部分而言颇为出色的是 Greßmann、Gunkel、Haller、H. Schmidt、Stärk、Volz 等人所做的旧约现代语注释译本（*Schriften des Alten Testaments*，1911—1914），由于针对的是更广大的圈子，所以译文有时太过自由，而且甚至并不完全；编排的方式是依照史料、项目与年代序列。

单独引用到其他作品时，将于各引用处标出。至于文献，特别是质材第一级的文献，为数实在过于庞大，所以通常只在有相当切事的理由下才加以引用。即便如此，于我似乎也算不得什么风险，只是这甚至会让人觉得略而不引是我想要展示什么"新"事实和"新"见解。这是不可能的。若有什么是新的，那就是社会学的提问，并且在此提问下处理事情。

第一篇

以色列誓约共同体与耶和华

第一章

前言：犹太宗教史的社会学问题

　　犹太教在宗教史与社会学上的独特问题，若与印度的种姓制度来参对比较，便能得到最佳的理解。那么，就社会学而言，犹太人到底是什么？——**一个贱民民族**（Ein Pariavolk）。意思是，正如我们所得知于印度人的：一个在礼仪上——无论就形式或事实而言——与周遭社会环境区隔开来的客族（Gastvolk）。犹太人对周遭环境所抱持的态度的所有基本特征，都可以从他们这种贱民存在里推衍出来：特别是早在（中世纪的）强制隔离之前他们就已自愿性地生活于犹太人区（Ghetto），以及他们对内道德与对外道德的二元分法。不过，犹太人在以下三种重要的情境上有别于印度的贱民部族。

　　（1）犹太人是**在一个没有种姓的周边环境里**的一个贱民民族（或更加成为这样的民族）。

　　（2）犹太人礼仪上的殊异性之根基所在的救赎许诺和印度种姓的救赎许诺全然不同。对印度的贱民种姓而言，正如我们先前所论述的，礼仪上的正确态度，意即顺服于种姓秩序的态度，会于再生之时得到地位上升的报偿，而且就在这个被认为永恒且永不·

改变的种姓体制的现世里。种姓秩序的维持不坠，不止牵涉个人在种姓里的不变地位，而且也意味着种姓间的相互地位的保持不变。这种对社会的极端保守态度，便是一切救赎的前提条件，因为这个世界是永恒不变而且没有"历史"的。

对犹太人而言，救赎许诺与此正好相反。这个世界的社会秩序已被翻转成相反于将来所被许诺的，但未来势必会再翻转过来，以此，犹太人便将再度回复到其为地上的支配民族的地位。这个世界既非永恒也非不变的，而是被创造出来的，而其现下的秩序乃是人类的所作所为尤其是犹太人的所作所为的产物，也是神对于其作为的反应的结果，换言之，现世是一种**历史的**产物，而且注定要回复到真正为神所喜的状态。古代犹太人对人生的整个态度便是取决于这样一种**未来由神来领导的政治与社会革命**的观念。

（3）这场革命必然有其独特的方向。礼仪的严正，以及因此而与周遭世界的隔离，只不过是犹太人所被课予的诫命的其中一环而已。除此之外，还有一则高度**理性的**、意即从巫术与一切形式的非理性救赎追求当中脱离出来的、**现世内行动的宗教伦理**（religiöse Ethik des innerweltlichen Handelns）。此一伦理和亚洲诸救赎宗教的所有救赎之道都有着内在的遥远隔阂。此一伦理甚至相当程度地成为现今欧洲与近东宗教伦理的基础。世界史之对犹太民族关注有加，也是根植于此。

犹太民族的宗教发展对世界史具有重要的意义，特别是由于旧约的创造。因为，保罗的传道事业最重大的精神成就之一，便是将此一犹太人的圣书保留传承成为基督教的圣书，但与此同时却也将圣书里所谆谆教诲的伦理当中，那些在礼仪上刻画突显出犹太人作为贱民民族之独特地位的所有伦理特征加以排除：这些特殊的伦理面相因为基督教救世主将之宣告无效而不再具有拘束力。

若要衡量此番作为的意义有多么重大，只需设想：若是没有的话，事情会是怎样？基督教若未继承旧约为其圣典，那么崇拜主耶稣的各种属灵教派与神秘教团将会存在于希腊化世界的土地上，而永不再有单一的基督教会和基督教的日常生活伦理。因为所需的基础一概欠缺。若未从律法书[1]的礼仪规定——根植于犹太人有如种姓般的隔离——里解放出来，那么基督教教团将如艾赛尼派[2]或特拉普提派[3]般,只不过是犹太贱民民族的一个小教派。从犹太人自己所建立的隔离区里解放出来的基督教救赎论的核心里，保罗的传道结合了一则源自俘囚民宗教经验但半遭埋没的犹太教教说。我们指的是那俘囚期伟大的不知名作者的独特许诺，他应许的是先知的苦难的神义论（Theodizee des Leidens，《以赛亚书》40—55），特别是耶和华的仆人的教说，他不仅出之以言教，而且以无罪之身自愿作为赎罪的牺牲而受难赴死。若不是有这种殊胜的神义论与教说，我们便很难想象即使后来有了人之子的奥义

---

1 律法书（Torah），即"摩西五书"，《旧约》的前五卷。——译注
2 艾赛尼派（Essene），自公元前2世纪至1世纪末流行于巴勒斯坦的教派。该派与法利赛派（Pharisees）一样，恪遵律法，严守安息日，严格区分洁与不洁之物，宣传灵魂不灭，犯罪天罚。但是该派又与法利赛派不同，他们不相信肉体复活，反对参与社会生活。他们一般不参加圣殿礼拜，甘愿劳动苦修，与世隔绝。每逢安息日竟日祈祷，思索律法书的道理。他们不轻易发誓,但誓愿既发则恪守不渝。20世纪40年代末和20世纪50年代，在库姆兰（Qumran）附近陆续发现死海古卷（Dead Sea Scrolls），大多数学者认为库姆兰教团属于艾赛尼派。——译注
3 特拉普提派（Therapeutae），犹太教苦修派别，与艾赛尼派十分相似，据说该派于1世纪定居在埃及亚历山大附近马里奥提斯（Mareotis）湖滨。关于此派的原始资料见《论沉思生活》一书,此书据说是亚历山大的斐洛（Philo of Alexandria）所著。特拉普提派的源起和结局无从查考。他们纪律严格，束身谨慎。艾赛尼派反对知识，而据斐洛说，特拉普提派则以智能为主要争取目标，这是两派的主要区别所在。两派都相信灵肉分别。——译注

（Menschensohn-Esoterik）出现，神之子赎罪而死的基督教教义在面对外表相似的密教教说时能有如此独特形式的发展。

另一方面，犹太教决定性地诱发了穆罕默德的预言，并且部分而言，成为其原型。所以，当我们在考察犹太教的各种发展条件时，我们其实是站在西方和近东的整个文化发展的枢纽点上。姑且不论犹太贱民民族本身在欧洲中世纪和近代的经济里的重要意义，光是基于上述理由，即可明白其宗教对于世界历史的影响。就历史意义而言，唯有以下数端方足以和犹太教的发展相匹敌，亦即：希腊精神文化的发展，以及专就西欧而言罗马法的发展和奠基于罗马官职概念上的罗马教会的发展，还有中世纪的身份制秩序的发展，以及最后在宗教的领域上以其影响力打破此种秩序但使其诸种制度得以延续推进的基督新教的发展。

因此，问题在于：犹太人是如何成为一个具有如此高度殊异性特质的贱民民族的？

第二章

一般历史条件与气候条件

　　叙利亚—巴勒斯坦山地轮番遭受到美索不达米亚和埃及的影响。来自美索不达米亚的影响，首推古代同时支配着叙利亚与美索不达米亚的亚摩利人[1]的部族共同体，其次是公元前三千年末期抬头的巴比伦的政治势力，然后是作为初期资本主义业务形态发源地的巴比伦商业的长期影响。来自埃及的影响，首先是基于埃及古王国时期以来与腓尼基海岸的通商关系，以及基于埃及在西奈半岛的矿山和地理上的接近。公元前17世纪之前，这两大文化中心皆未能长期且稳固地征服此一地区，原因在于当时的军事与行政技术尚且不足。例如，至少在美索不达米亚，马匹虽然并非完全不见踪影，但是还没有被利用来作为特殊军事技术的工具。

1　亚摩利人（Amoriter），古代闪米特语民族的一支，约公元前2000—前1600年支配美索不达米亚、叙利亚和巴勒斯坦的历史。在最古老的楔形文字资料（约前2400—前2000）中，他们被认为是西方人，虽然他们真正的发源地最可能是阿拉伯而不是叙利亚。他们是游牧民族，据传是使乌尔（Ur）第三王朝（约前2112—前2004）崩溃的因素之一。——译注

这在西克索人[1]征服埃及、喀西特人[2]支配美索不达米亚的民族大迁徙当中才发展出来。自此之后，使用战车的战争技术便登场了，且借此而有可能且激发出进行辽远地方的大远征。

埃及首先便以巴勒斯坦为攻略对象。第十八王朝并不以从西克索人的支配下——"雅各"之名的首次出现大概就是在此一支配的治下[3]——解放出来为满足，而且还将远征军开到了幼发拉底河。其总督与家臣们，即使在领土扩张的倾向由于内政的关系而告退却后，仍然在巴勒斯坦滞留了下来。其间，由于小亚细亚强大的西台王国向南挺进而威胁到埃及，所以拉美西斯王朝[4]不得不重拾巴勒斯坦的争战。经由拉美西斯二世的妥协，叙利亚被瓜分，

1　西克索人（Hyksos），公元前 18 世纪居住在埃及北部的一支民族，其族源是闪米特—亚细亚混血人。公元前 1630 年左右西克索人夺得政权，成为埃及第十五王朝（约前 1630—前 1521）的统治者。"西克索"一词可能源于埃及"异国统治者"（heqakhase），此词几乎可以肯定是指西克索族所建王朝而言，并非指称其整个民族。传统记载虽然也说西克索人建立了第十六王朝，但其统治者大都只是第十五王朝诸王的臣属和附属。西克索人似乎同当时中东其他地区的民族大迁徙也互有影响。虽然很多西克索名字似乎是闪米特语，但是其中也含有胡里语成分。西克索人曾把马匹、战车、弓弩、改良的战斧和先进的防御技术传入埃及。他们在东北三角洲的阿瓦利斯（Avaris）亦即现今的达巴村（Tall ad-Daba）兴建都城，自此处发号施令，统治着下埃及与上埃及的大部地区。后来底比斯人在塞格嫩拉（Seqenenre）及卡莫斯（Kamose）的领导下发动叛乱，公元前 1521 年左右，卡莫斯的继承人雅赫摩斯（Ahmose）率叛军攻陷阿瓦利斯，结束了西克索人对埃及 108 年的统治，开始了埃及的第十八王朝。——译注
2　喀西特人（Kassites），曾建立巴比伦第二王朝或中王朝而闻名的古代民族，在公元前 3000 年后期埃兰（Elam）的楔形文字中首见记载。公元前 2000 年侵入美索不达米亚，被汉谟拉比之子击退，但在巴比伦北部边境的底格里斯—幼发拉底河流域建立据点，成立巴比伦第二王朝。首都为杜尔—库里加勒祖（Dur-Kurigalzu）。马被奉为圣兽，大概是此时最先在巴比伦使用的。——译注
3　雅各（Jacob）为以色列人始祖亚伯拉罕之孙，其生平事迹见《创世记》25—50。由于上帝称许雅各"与神与人较力都得了胜"，所以告诉他"你的名不要再叫雅各，要叫以色列"（32:28），此即以色列之名的由来。——译注
4　拉美西斯（Rameses）王朝，即古埃及第十九与二十王朝（约前 1320—前 1075）。——译注

而巴勒斯坦仍落在埃及的手中，名义上直到拉美西斯王朝告终为止，时当以色列所谓的"士师时代"的大部分时期。事实上，埃及与西台王国由于内政的因素，势力陡然大幅衰退，叙利亚与巴勒斯坦因而在公元前 13 世纪到公元前 9 世纪的数个世纪间，大体上如同自由放任的状态，其间亚述人新兴的军事势力逐渐壮大，开始入侵。到了公元前 7 世纪时，又有巴比伦的入侵，而埃及继公元前 10 世纪时的先一次入侵之后，也在公元前 7 世纪时再度发动攻击。自公元前 8 世纪的最后三十年起，巴勒斯坦的领土即一点一滴地为亚述人所侵夺，部分则时而被埃及王所夺，然后笃定沦丧于巴比伦大君之手，而波斯人则起而承继之。

换言之，巴勒斯坦唯有在所有的国际政治和商业关系普遍性大幅衰退的期间，正如希腊在所谓的多利安人[1]民族移动时期所见的情形，才有可能自外于周边列强而独立发展。在埃及衰落期间，巴勒斯坦的强邻大敌，一方面是腓尼基人[2]的城邦和自海上迁入的

1　多利安人（Dorian），迈锡尼人（Mycenaean，前 2000 年从北方移入希腊并建立兴盛的文明）的远亲，移居希腊西北部数世纪后，约于公元前 1300 年开始扩张。由于他们的野蛮残酷，使得被征服的大部分希腊世界于公元前 1000 年左右进入了黑暗时代，一直延续了三个世纪之久。——译注

2　腓尼基人（Phoenician），腓尼基是今日黎巴嫩及其与叙利亚和以色列毗邻地区的古名。其居民腓尼基人早在公元前 1000 年就是地中海著名的商人和殖民者。主要城市（殖民地除外）有西顿（Sidon）、提尔（Tyre）和贝尔罗特（Berot，今贝鲁特）。人们无法确知腓尼基人如何用自己的语言称呼自己，似乎是"肯纳尼人"（Kenaani），阿卡德语叫做"肯纳纳人"（Kinahna），都是"迦南人"（Canaanite）的意思。在希伯来语里，"肯纳尼"一词另有一义为"商人"，这一含义恰如其分地说明了腓尼基人的特点。腓尼基人大约是在公元前 3000 年到达这一地区的。其发祥地究竟在哪里，人们对此一无所知。不过据有些传说记载，他们的故园在波斯湾。在其同时代的人中，腓尼基人以海上贸易和殖民著称。到公元前 2000 年，他们已经拥有一系列殖民地（包括约帕 [Joppa]，亦作 Jaffa，即今雅法 [Yafo]），扩大了在地中海东部沿岸的影响。在北非，例如迦太基（Carthage）、安纳托利亚（Anatolia）和塞浦路斯的殖民活动也始于较早的年代。迦太基更成为地中海西部主要的海上和商业强国，后来还与罗马帝国死斗了两百年。——译注

非利士人 [1]，另一方面是沙漠的贝都因人（Bedouin）部族，然后是公元前 10 到前 9 世纪的亚兰人所建的大马士革王国 [2]。为了对抗最后这股势力，以色列王招请亚述人入内援助。这期间，我们看到的是以色列誓约同盟，即使并非开始，至少也是军事势力高扬的时代，同时也是大卫王国以及以色列与犹大王国的军事最盛期。

　　尽管当时位于幼发拉底河与尼罗河流域的文化大国的政治势力有限，但我们也得小心别误认此时的巴勒斯坦是原始又野蛮的。

1　非利士人（Philistines），起源于爱琴海的一个民族，公元前 12 世纪在以色列人到达前不久定居于巴勒斯坦南部海岸地带。根据《圣经》的传说（《申命记》2:23；《耶利米书》47:4），他们来自迦斐托（Caphtor，可能即克里特岛）；在埃及史册中他们被称为"普利斯特"（prst），为海上民族之一。他们在劫掠安纳托利亚、塞浦路斯和叙利亚之后，于拉美西斯三世在位的第八年（约前 1190）入侵埃及。被埃及人击退后，他们占领从约帕（今雅法）到加萨地带的巴勒斯坦沿岸平原。这个地区包括非利士同盟的 5 个城市（所谓五城）：加萨、阿什凯隆（Ashkelon）、阿什杜德（Ashdod）、迦特（Gath）和以革伦（Ekron）。非利士人向四邻扩张，不久就与以色列人发生冲突，由于武器和军事组织的优越，他们在约公元前 1050 年占领犹太人的部分山区，但最后为以色列王大卫（前 10 世纪）所败。公元前 7 世纪初，加萨、阿什凯隆、以革伦、阿什杜德，大概还有迦特，是亚述统治者的藩属，公元前 7 世纪末又成为埃及的藩属。后因巴比伦国王尼布甲尼撒二世（前 605—前 562 年在位）征服叙利亚和巴勒斯坦，五城成为新巴比伦帝国的一部分。此后，五城受波斯、希腊和罗马的统治。非利士人长期垄断大概从安纳托利亚学来的锻铁技术。在他们早期居住的遗址发现有一种特殊类型的陶器，为公元前 13 世纪迈锡尼风格的变种。——译注

2　亚兰人（Aramaic）是中文旧约里的译法，现在一般皆译为阿拉米人（Aramaean），根据旧约的说法，阿拉米人是以色列人的远亲。这是个持阿拉米语的部落联盟，公元前 11 至前 8 世纪在阿拉米（叙利亚北部）的广大地区居住，联盟中的一些部落占领了美索不达米亚的大片地域。到公元前 11 世纪末，他们在卡尔基米什（Carchemish）以下幼发拉底河两岸建立比特—阿迪尼（Bit-Adini）国，占据安纳利利亚的一部分、叙利亚北部和包括大马士革在内的外黎巴嫩地区，这应该就是本文中所说的大马士革王国。约公元前 1030 年佐巴（Zobah）国王哈达德泽（Hadadezer）领导南阿拉米人同盟，并联合亚扪人（Ammonite）、埃多姆人（Edomite，即圣经里的以东人）和美索不达米亚的阿拉米人进攻以色列，但被大卫王击败。公元前 10 世纪中叶所罗门王死后，以色列分成南北两国（北以色列，南犹大），北以色列国尚与大马士革王国持续了长达两个世纪的战争，直至公元前 732 年亚述人占领大马士革才停止。不过，以色列也在十年后（前 722）为亚述人所灭。——译注

外交与商业关系虽然转弱但仍维持不坠，还有来自文化地区的精神影响也仍旧绵延不绝。通过语言与文字，巴勒斯坦即使在埃及统治时期也仍和地理上远隔的幼发拉底河流域时时保持联系，而事实上此种影响特别表现在法律生活上以及神话与宇宙论的思维上。埃及对于巴勒斯坦文化的影响，若从地缘相近上的观点看来，表面上似乎令人讶异地微弱。其原因首在于埃及文化的内在特质：其文化的担纲者是神庙与官职的俸禄者，一点也无意于劝诱人改变宗教信仰。虽然如此，在某些对我们而言重要的点上，埃及对巴勒斯坦的精神发展或许确实有着重大的影响。不过，此种影响部分是经由腓尼基人为中介，部分则是无法轻易加以掌握而且基本上多半是负面的"发展刺激"。除了语言的隔阂之外，此种表面上轻微的直接影响还是肇因于自然的生活条件与奠基于此条件上的社会秩序的深刻歧异。

埃及，这个基于灌溉整治与皇家工事的需求而发展成的赋役国家，对于巴勒斯坦的居民而言是个生活方式极为诡异的地方，他们轻蔑地视之为"奴役之家""铁的熔炉"。而埃及人本身则视那些未受尼罗河泛滥的神恩也没有国王的书记行政管理的其他邻国为野蛮人。不过，在巴勒斯坦具有宗教影响力的阶层，尤其不能接受埃及祭司权力的最重要基础——死者崇拜，他们认为这是对其自身一贯以现世为取向的固有关怀加以价值否定的可怖行径，而这也是未曾生活在教权制统治之下的民族所抱持的典型态度。此种拒斥的态度也曾在埃及王朝本身出现过：阿蒙霍特普四世即试图摆脱祭司的权势，无奈其已根深蒂固而终告徒劳[1]。说到最后，

---

1 阿蒙霍特普四世（Amenhotep IV），埃及第十八王朝的法老（约前1353—前1336），以

与埃及的对立终归是由于自然与社会的差异，虽然巴勒斯坦自己内部的生活条件与社会关系也是相当多样的。

在经济的可能性上，巴勒斯坦涵盖着诸多明显受到气候所制约的对立形态[1]。特别是在中部与北部的平地上，早于历史时代初期起就有谷类的种植与牛畜的饲养，还有瓜果、无花果、葡萄和橄榄等植物的栽种。与这些地区接壤的沙漠地带的绿洲里和棕榈城市耶利哥（Jericho）地区则有枣椰树的栽植。泉水的灌溉与平地的降雨，使得耕作成为可能。东部与南部的不毛沙漠，不止对农民而言，对牧人来说也一样，是个恐怖之地与恶魔的居所，至今仍是如此。这个地方无论今昔只有在季节雨扫过的周边地带，也就是草原地上，才被利用为骆驼或小型家畜的牧场，而且只有在多雨的好年头里才能成为游牧民随机耕作谷物之处。从这种一时性的到定期长住的各式各样的耕作方式，在这里都可以找到[2]。

尤其是牧场的种类，不论古今都多样纷陈。常见的是从居住所在延伸到有着明确边界的放牧区域，有时只牧养小家畜，有时

（接上页注）提倡一神教的宗教改革闻名。埃及人原先崇拜阿蒙神（Amen, Amon），阿蒙霍特普四世由于憎恨阿蒙神祭司的专横，且为了压制其势力，遂改崇奉太阳神阿顿（Aton），并将自己原名阿蒙若菲斯（Amenophis, 阿蒙满意者）改为艾克阿顿（Ikhnaton, 信奉阿顿者），将首都由底比斯迁往北方两百公里的阿顿城（Akhet-Aton, 阿顿的光荣之地，即阿马纳）。不过，这个宗教改革并未成功，在他死后，阿蒙神信仰又恢复了势力。阿蒙神的祭司团在打倒艾克阿顿的子孙后，事实上即掌控了埃及。——译注

1　关于巴勒斯坦的自然条件，除了研究巴勒斯坦的一般性著作之外，应该加以参照的是收集在 *Zeitschrift* 与 *Mitteilungen und Nachrichten des Deutschen Palästinavereins*（以下简称 *MNDP*）里的许多论文。关于古代（犹太圣典时代）的气候，参见 H. Klein, *Zeitschrift des Deutschen Palästina-Vereins*（以下简称 *ZDPV*），37（1914），S. 127ff.。

2　在《约书亚记》（15:19）里，迦勒获得希伯仑为封地，并将"南地"（erez ha negeb）送给女儿当嫁妆，后来在女儿的要求下，再加上"上泉与下泉"——可耕种的土地，相对于草原地，称为"sadeh"。

则大小兼蓄。不过，牧场通常必须随着冬季降雨期和夏季干旱期的轮转而择地更换[1]。其中一种方式是，畜牧者来回于夏村与冬村（位于山坡上），轮流利用一处而闲置另一处。此外，不仅畜牧者如此，当农民的各种耕作地相隔遥远时，他们也会随着各田地蔬果收获期的不同而迁移。另一种方式是，由于随四季而更换的放牧地相隔如此遥远或者收益变化如此之大，以至于定期长住根本就不可能。于此，我们所针对的是小型畜饲育者，他们就像沙漠的骆驼牧养人那样住在帐篷里，在季节性的牧场更换时驱赶着他们的牲畜长程远行，有的是从东到西，更有的是从北到南，正如我们在南意大利、西班牙、巴尔干半岛和北非可以见到的情形一样[2]。牧场的更替，可能的话，通常是结合了自然的放牧地、闲置牧地和田地收割后的落穗草地，不然的话，就是采取村落居住季节、游牧生活季节和出外寻找工作的季节相交替的方式。事实上居住在犹大山地村落里的农民，有些人一年里倒有半年是住在帐篷里的。换言之，在完全定住于家屋和依赖帐篷的游牧生活之间，我们可以找到所能想见的各种比重的组合，而且常见变化重组。现今，也像古代一样，有时随着人口的增加和因此而对粮食的需求，所以从游牧生活转变成农耕庄稼，或者反过来，由于耕地的沙漠化而从沙地农作转变成游牧生活。除了引泉水灌溉的极为有限且狭小的土地之外，一整年的命运简直就光凭雨量的多寡和分布的情

1　关于这点，特别可以参照 Schumacher 在其东约旦旅行记里的观察（收于 *MNDP*, 1904ff.）。

2　参见雷欧纳德（R. Leonhard）的精彩研究："Die Transhumanz im Mittelmeergebiet", *Festschrift für Lujo Brentano* (München, 1916)。

形来决定[1]。

降雨有两种类型。其一是带来南方的非洲热风并且往往雷声大作的豪骤雨。对沙漠农民和贝都因人而言，雷电交加意味着一场豪雨。若无降雨，那么无论古今都被解释成"神在远方"，而这在今日，犹如从前，意指罪恶的结果，而且特别是酋长的罪过[2]。对于特别是东约旦地区的田土表层而言，这样的一场暴雨不啻是个致命的大灾难，但是草原上的蓄水池却因此而注满了水，所以特别受到沙漠的骆驼饲育者欢迎，对他们而言，赐雨的神是而且一直都是易怒的雷电之神。对枣椰树和一般的树木来说，这种暴雨并不坏，只要别下得太大。相反的，大面积的温和降雨却能使田野和山间的牧草地欣欣向荣，这就是以利亚在迦密山上期待着从海上吹来西风与西南风所带来的雨水[3]。因此，农民所最渴望的就是这种雨，而赐雨的神并不是在雷电交加中降临——尽管雷电往往先雨神而行——而是"轻声细语似的"到临。

在原本的巴勒斯坦地区，"犹大荒野"，亦即死海的山地斜坡面，自古以来即鲜少有人定居。相反的，以色列中部与北部山地里，冬季（11月到次年的3月份）会降下相当于中欧年平均雨量的充沛雨水。所以在好年头时，亦即大雨从前期（在古代往往早自秋节起）一直下到后期（5月为止），山谷间就可以预期五谷丰收，而山坡面则会繁花盛开、草木滋长；万一前后期雨都不来，那么夏季的彻底干旱可能延续三分之二年之久，而一切草木也全

1　当今最好的气象学考察是 F. Exner 的论文（*ZDPV* 33, 1910, S. 107ff.）。

2　参见 Dr. Cana'an 所编辑的 *Fellachensprichwöter und Gebete*, *ZDPV* 36, (1913), S. 285, 291。

3　先知以利亚上迦密山祈雨，见《列王纪上》18:41—46。——译注

都枯死，牧羊人只好从国外（古代时是从埃及）购入谷物，或者干脆迁徙他方。在这样的天候下，牧民的生活可谓朝不保夕，对他们而言，也只有在好年头时，巴勒斯坦才是个"流奶与蜜"的地方[1]。——此处的蜜显然是指枣椰蜜，贝都因人早在图特摩斯王朝[2]时代就知晓，或者也包括无花果蜜及野蜂蜜。

1　关于迦南地是否值得这样一种称呼，或者这到底是什么意思，还颇有争议。最新观点的一例，参见克劳斯（Kraus），*ZDPV* 32，S. 151。他根据犹太圣典的史料想要将"流"按字义解释成山羊奶之融和流汇于枣椰、无花果和葡萄的果浆。相反的，西蒙生（Simonson）于同书（33, S. 44）里，正确地视其为象征性的指称。同样的，达尔曼（Dalman, *MDPV* 1905, S. 27）循着现今巴勒斯坦犹太人的解释，说"糕点甜得像蜜一样"。达尔曼认为巴勒斯坦一向是牲畜匮乏的。对此，（就我所知最好的作品）包尔（L. Bauer, *MDPV* 1905, S. 65）指出奶在现今仍然很丰盛（奶油与奶是最重要的维生食材），而蜜是指葡萄的蜜。关于后面这点，达尔曼（*MDPV* 1906, S. 81）证实在古代是错误的，在那时枣椰蜜才是最重要的一种蜜。侯伊斯勒（Häusler, *ZDPV* 35, 1912, S. 186）则怀疑是否真的一直有那么多的蜜。在阿马纳书简（Knudtzon 出版，Nr. 55）里，发现蜜是埃及守备队的实物给付。赛索特里斯（Sesostris）一世时埃及的逃亡者西努黑（Sinuhe，埃及的一名官员）提到，在雷滕努之地（Retenuland，叙利亚与巴勒斯坦地方的埃及名称）除了无花果、橄榄和葡萄的栽种之外，还盛产蜜；这恐怕也是指枣椰蜜。吗哪吃起来像掺了蜜的薄饼（《出埃及记》16:31）。以赛亚预言（《以赛亚书》7:22—23），巴勒斯坦在亚述人蹂躏之后将再度成为草原地，到那时原本种植葡萄的地方必长满了荆棘和蒺藜，而境内所剩的虔信者必和从前一样吃奶油与蜂蜜。因此圣子以马内利也必吃奶油与蜂蜜（7:15）。这让人想起克里特岛上的少年宙斯的食物：奶油与蜂蜜。因此，葛雷斯曼（Greβmann, *Die israelitische Eschatologie*, S. 207f.，另参见下面所引的文献）偏好此一用语乃神的食物的纯末世论的意义。毕竟，神的食物也就是草原地带的富人们的理想美食。
2　图特摩斯王朝（Thutmose, Thetmosis，约前 1567—前 1320），埃及的第十八王朝，在图特摩斯三世（前 1479—前 1427）与四世时（前 1400 年任位），曾在叙利亚进行长期征伐。——译注

第三章

贝都因人

　　经济条件里受大自然所制约的种种对比，向来都会在经济与社会结构的差异上表现出来。

　　自古至今，位于阶梯最底层的一直都是沙漠的**贝都因人**。原本在北阿拉伯的贝都因人，也与定居的阿拉伯人严格区分开来，他们向来瞧不起农耕，鄙弃家屋与防卫处所，仰赖骆驼奶与枣椰果维生，不知有酒，不需要也不能忍受任何一种城市组织。正如学者们特别是威尔豪森所描述的史诗时代的阿拉伯人[1]，除了家族长（亦即帐幕共同体的首长穆克塔 [Mouktar]）之外，氏族长亦即酋长（Schech）是唯一的通常也是永久的权威。氏族是由数个帐幕共同体所组成，而这些帐幕共同体自觉（不管事实与否）源于同一个始祖，所以帐幕接比为邻。氏族借着严厉的血亲复仇义务而成为最坚实凝结的团体。由数个氏族连同组成的共同体则借着共同迁徙与野营而形成相互保护关系。依此所建构出来的"部族"，成员很少会超过数千人。唯有当某人因战功彪炳或仲裁审判

1　J. Wellhausen, "Ein Gemeinwesen ohne Obrigkeit", *Göttinger Kaiser-Geburtstagsrede*, 1900.

的智能而鹤立鸡群，并且基于其本身的这种卡理斯玛[1]而被众人承认为"萨伊德"（Sayid）时，部族才会有一个永久的首长。这个部族首长的威信，可以有如世袭性卡理斯玛那样，传递给其所属氏族的酋长，特别是当这个氏族颇为富裕的话。不过，即使是萨伊德，也不过是同侪者中的第一人（primus inter pares）。部族会议（小部族往往每晚召开）由他来主持，当意见僵持不下时，由他来下定夺，拔营出发的时程与扎营落脚的地点，也是由他来决定。然而，他和酋长一样，没有任何的强制力量。他的模范与裁决会被氏族成员所遵从，只要他能证明自己的卡理斯玛。

此外，是否参与出征，完全听任自由，其余只靠嘲讽与羞辱的间接强制。各个氏族则各随所好进行冒险征伐。同样的，也可以随心所欲保护外来者。不过，前者通过镇压手段，后者通过对违反客人法的惩罚，都可能会成为部族共同体全体的问题。但共同体本身之介入氏族事务几乎是绝无仅有。因为，任何超出氏族规模的团体都是极不稳定的。各个氏族皆可率性加入别的团体而挥别原来的部族。弱小部族与强大氏族之间的区隔是流变不定的。不过，在某些情况下，一个部族的政治结合也可能成为一个相对强固的结构体，贝都因人也不例外。那就是当一个卡理斯玛

---

1 "**卡理斯玛**"（Charisma）这个字眼在此用来表示某种人格特质；某些人因具有这个特质而被认为是超凡的，禀赋着超自然以及超人的或至少是特殊的力量或品质。这是普通人所不能具有的。它们具有神圣或至少表率的特性。某些人因具有这些特质而被视为"**领袖**"（Führer）。在较为原始的社会中，这些特质是来自巫术，如先知、号称具有医治或律法智能的人、狩猎活动的领袖及战争英雄等。我们应根据什么伦理学、美学或其他任何的标准来衡量这些特质，都与"卡理斯玛"的定义无关。最重要的是服从卡理斯玛支配的人，例如"**皈依者**"（Anhängern），他们是如何真诚地看待具有这些特质的领袖人物的（韦伯，《支配的类型》，页61）。——译注

君王成功地让他本身和自己的氏族获取永久性的军事支配地位时。此事若要能实现，当然的条件是：这名军事首领要不是可以从集约耕作的绿洲那里获得田土年租和贡纳，就是可以从沙漠商队那儿收取关税与保护费，然后再用这些稳定的收入来维持其城寨里的个人扈从阵容[1]。否则的话，个人一切的权势地位莫不岌岌可危。

所有的贵族说穿了只有"义务"，而报酬则仅止于社会荣耀，最多也不过是裁判上的一些优先权。虽然如此，基于财产和世袭性卡理斯玛，还是可能造成氏族里相当严重的社会不平等。另一方面，在氏族内部，有时包括整个部族里，存在着兄弟急难救助的严格义务。相反的，若不是兄弟，那么除非通过食桌共同体而被容纳为保护团体的一员，否则没有权利。

松散而不稳定的部族共同体所宣称与保护的牧草地，端赖害怕彼此间的复仇而得以维持，但仍然会依权势状况的消长而易手，而权势状况主要是决定于最重要资源的争战：泉井。这里没有所谓土地财产的占有可言。战争与掠夺，尤其是拦路抢劫，有时因事关荣誉而进行，但是却成为贝都因人荣誉观的典型特征。有名的血统、个人的英勇和慷慨大度是受众人赞赏的三个要件。为了自己家族的高贵和个人名声的社会荣誉着想，是伊斯兰信仰出现之前的阿拉伯人一切行动的决定性动机。

在经济上，现今的贝都因人被认为是死板的传统主义者[2]，并

1　例如在巴比洛斯（Byblos）东方的土地上（最近的假说似乎设定此一舞台），雷滕努之地的一个酋长便是如此地支配着这样一个盛产葡萄、橄榄和无花果树的地区，并且让逃亡的埃及人西努黑做他的官吏且赐予封土。

2　J. Hell, *Beiträge zur Kunde des Orients* V. S. 161ff（上述提及的各点亦可参照）。

且不乐于和平地追求营利。不过这种化约性的说法自有其局限性，因为生活在毗邻沙漠商队往来路线上的部族自然会对高利润的中介生意和商队护送行当感兴趣——只要这种生意存在的话。客人法的神圣不可侵犯，部分而言也是基于此种商队贸易上的利害关怀。就像在海上海外贸易和海盗劫掠之不可分一样，在沙漠上中介贸易和拦路抢劫也正巧是一对。因为骆驼是超越一切动物的最佳运输工具[1]。外国商人之遭受劫掠，要不是因为没有外国势力派军队守护信道，就是因为商人没有和支配该通路的部族达成稳固的保护协议。

古代以色列的法律集里丝毫不见贝都因法的踪影，而根据传说，贝都因人乃是以色列人的死敌。耶和华与亚玛力人之间充斥着永恒的愤怒[2]。该隐，基尼（Kenite）部族的祖先，带着"该隐的记号"，亦即部族的图腾，因为是个谋杀者，所以受到上帝的诅咒而流离飘荡，而唯有流血复仇的恐怖残暴是他的特权[3]。除此之外，以色列的习俗里几乎再也看不到贝都因人的要素。只有一个重要的痕迹还在：把血涂在门柱上用以抵挡魔鬼的做法，仍是广见于

---

1 "以实玛利"商人，也就是贝都因商人，从约瑟兄弟的手中将约瑟买下（《创世记》37:25—28）。——译注
2 "耶和华已经起了誓，必世世代代和亚玛力人（Amalek）争战。"（《出埃及记》17:16）——译注
3 该隐是亚当与夏娃的长子，由于上帝看不中他和他的供物，反而看中他的弟弟亚伯和亚伯的供物，所以该隐愤而打杀了亚伯。耶和华说："现在你从这地受咒诅。你种地，地不再给你效力，你必流离飘荡在地上。"该隐对耶和华说："我的刑罚太重……如今赶我离开这地……凡遇见我的必杀我。"耶和华对他说："凡杀该隐的必遭报七倍。"耶和华就给该隐立一个记号，免得人遇见他就杀他。（《创世记》4:11—15）后来该隐迁移到挪得之地，建城生子，成为许多部族的始祖。他的一个后裔拉麦也宣说："壮年人伤我，我把他杀了，少年人损我，我把他害了。若杀该隐遭报七倍，杀拉麦必遭报七十七倍。"（《创世记》4:23）——译注

阿拉伯世界的习俗。在军事方面,《申命记》里有规定,在军队征
召的时候,"谁惧怕胆怯,他可以回家去"(20:8),这多半被解释
成先知时代的纯乌托邦的神学构想,但就历史而言或许也可以连
结到贝都因人出征时绝对自愿性参与的习惯。不过,这个军事习
俗的由来,并不是承袭自贝都因人,而毋宁是对(后面会提到的)
畜牧部族特有的习惯的回想,只不过刚好和贝都因人的习惯一致
而已。

第四章

城市与吉伯林姆

位于阶梯另一端的是城市（gir）。我们必须更深入一点来加以分析。城市的先行状态，在巴勒斯坦，如同在其他地方一样，无疑的，一方面是军事首领为自己和其扈从所建的城寨，另一方面，在危险的地方，特别是邻近沙漠的地区，是为牲畜和人所盖的避难所。关于这两方面，在我们传承的资料里，都没有详尽的描述[1]。从经济上和政治上看来，传说里的城市呈现出非常多样的面貌。有的只是个拥有市集的防卫性小农耕市民共同体，和农村之间仅有程度上的差别。相对的，一旦获得全面的发展，在整个古代近东里，城市不仅是市集的所在地，更是个防卫要塞，同时也是军事团体、地方神及其祭司、君主制或寡头制权力担纲者的居所。这让人直接联想到地中海的城邦。

叙利亚－巴勒斯坦的城市，在政治体制上，事实上是和古希腊

---

1 西拿基立（Sanherib）在其碑文里记述他破坏了希西家（Hiskia）王的许多城寨。《历代志》里也提到希西家的城寨和罗波安（Rehoboam）的许多边境城寨。守备军可能也有受封的城寨。阿马纳书简里所记载的某些城市显然也不过是这类的城寨而已。卡理斯玛首领也同样拥有城寨，诸如大卫和更早期的亚比米勒（Abimelech）。

的"门阀氏族城邦国家"（Geschlechterpolis）相接近的一个发展
阶段。早在前以色列时代，腓尼基人的海岸城市和非利士人的城
市就已经组织成完备的都市。图特摩斯时代的埃及史料透露出巴
勒斯坦有许多城市国家的存在，其中有一些还一直延续到以色列
的迦南时代（譬如拉奇许 [Lakisch] 所指出的）[1]。阿马纳书简的土
版文书里指出[2]，在阿蒙霍特普四世（艾克阿顿）治下，较大型的
城市里，其中最清楚明了的是提洛斯和比布洛斯[3]，除了有法老的
封臣和城市领事及他们的守卫队、仓库、军火库之外，还有一个
掌握了市政府（bitu）权力的城市居民阶层存在，他们追求独立的
政治运作而往往有悖于埃及的支配。姑不论此一阶层的其他种种
特质，他们显然必是个拥有战斗力的城市贵族[4]。他们与法老的封
臣君侯及总督们的关系显然已经类似后来城居的以色列氏族与这

1　参见 W. Max Müller, *Jew. Quart. R. N. S.* 4（1913/1914）S. 65。

2　阿马纳（Tell el-Amarna），即本篇第二章有关阿蒙霍特普四世的注释里所提到的阿顿城
　　（Akhet-Aton）古城遗址及其附近墓葬之所在地，位于现今明亚省（al-Minya）艾斯尤特
　　（Asyut）以北 71 公里处。约公元前 1348 年之际，艾克阿顿在位时，在尼罗河东岸令人
　　勘察新址构筑此城，建为王国的新都。艾克阿顿死后四年，首都迁回底比斯，阿顿城亦
　　随之废弃。尽管阿顿城在历史上仅属昙花一现，它却是古埃及城市中少数经过认真发掘
　　的一座。由于艾克阿顿选择一块未经使用过的地点建都，也由于该城占居时间很短，考
　　古家们得以重新构拟该城原有规划图样，做到精确异常。所谓的"阿马纳书简"指的是
　　1887 年于此处发掘出来的楔形文字泥版，共有约 360 份从巴比伦、亚述、叙利亚、巴勒
　　斯坦等地的国王那儿发送给埃及法老艾克阿顿的书简，从中我们可以获得当时外交关系
　　的大量信息。——译注

3　提洛斯（Tyros）的市政府有别于法老所派任的总督的市政府（Knudtzon Nr. 129）。书记
　　官提醒法老要注意这个事实，决定提洛斯市政的并不是书记官总得面对的总督而是掌握
　　市府权力的那些市民。这个总督后来惨遭杀害。

4　每当提到城市的"大人物"时（Knudtzon Nr. 129），所指的是官员还是氏族长老，还很
　　成问题，不过，无论如何，对市政具有影响力的是城市居民。敦尼普（Dunip）的民众
　　请求国王准许某特定男子来当他们的总督（Nr. 50）。比布洛斯的城市居民反对他们的总
　　督（一个迦南人），便和起而反叛的总督之弟联合起来，封闭城门（让总督吃闭门羹）。
　　其他地方，城市居民则是和入侵的外敌串通起来：总督受到死亡的威胁。埃及的守卫队
　　一旦由于生活物资的补给不及或市民拒绝为总督和军官的封地服劳役因而撤退或反叛，

类军事君侯——像基甸之子亚比米勒就是其中的一个[1]——之间的关系。此外，从另一个观点看来，前以色列时代和以色列时代甚至后期犹太教时代之间，也有明显类似之处。在犹太圣典的材料里，已清楚区分出许多个地方层次的范畴，其中特别是各武装的首要城市有一些隶属的田庄市镇，而村落则是作为政治的依附体隶属于两者。不过，同样或类似的情况早已被视为前提似的出现在阿马纳书简里[2]，并且也出现在起自列王时代的《约书亚记》里[3]

（接上页注）城市随即沦陷。我认为，Nr. 117:37、Nr. 138、Nr. 77:36、Nr. 81:33、Nr. 74、Nr. 125 等处及其他经常引用之处所提及的情形，应当作此理解。部分而言，这和 O. Weber 在 Knudtzon 版的第二卷里所做的精彩解释有所分别。在我来说，把因为生活物资匮乏而撤离城市的那些人解释成"农民"，是很不对劲的。的确，同样的词被使用时，在美索不达米亚指的是"佃农"（相对于完全自由民身份的城市贵族）。然而，法老的 μάχιμοι（战士）大体上只领有非常小的封地（采邑授封兵卒），而史料上提到的"huubshtshi"应该就是近东与埃及典型所见拥有徭役配给的军事俸禄者。根据史料 Nr. 74，总督的田地，也就是采邑，因为人民拒绝服徭役而一直闲置荒废着，这使得他生活拮据。守卫队也一样面临捉襟见肘的窘境，因此而有叛离的事情。守卫队的人数显然相当有限：有时候，总督会请求再增派五十名或更少的兵员。一般景况说来微薄凄凉：米吉多（Megiddo）封君的牛只贡纳额不过是三十头。硬要说把城市交付给敌人（Nr. 118:36）的就是农民，实在没什么道理：他们干吗要这么做？比布洛斯也好，其他城市也罢，运作通敌叛离的，正是城市居民。此外，O. Weber 认为比布洛斯或其他城市的贵族阶级是埃及人，而民众（demos）则是敌视埃及支配的（a. a. O. S. 117—118）；这点我也难以苟同。当时，有势力的民众即使是在较大的城市里也几乎是不存在的。对埃及统治下的徭役与赋税感到负担沉重的，毋宁是城市贵族，亦即定居于城市经商贸易的富裕氏族。史料上历历可见数额庞大的货币给付。

1　亚比米勒是颇有争议性的一个士师。详见《士师记》9。——译注
2　根据 Knudtzon Nr. 290，耶路撒冷地区的一个市镇发生反叛。Nr. 288 则是提到耶路撒冷的副君，在较早的时代里，在海上拥有船只。哪一个海？我的推测是在死海的南方（因为提到以东 [Edom] 的赛耳 [Seir] 之变）。支配耶路撒冷的君主总是想方设法要掌控住通往死海的骆驼商队的通路。换言之，城市的支配甚至延伸到远处的沙漠。
3　除了《约书亚记》15:45—47 之外，只有村落（zerim）而别无城市被提到隶属于城市。然而，凡是提到"女儿"之处，必定是指从属城市，而不是村落。整体详情请参照 Sulzberger, *Polity of the Ancient Hebrews*, *JQR, N. S.* (1912/1913), p. 7. 关于东约旦的家畜饲养者部落（例如流便 [Ruben]），一大特征是经常提及"贵胄氏族、城市、女儿"。圣经重编之时，这种组织尚未完全贯通于此一地区。

（15:45—47；17:11；13:23；28；参照《士师记》11:27 和《民数记》21:25；32）。显然，在整个我们所可以得知的历史里，此种情形总是存在于武装团体的城市组织达到政治与经济上的完全发展之处。此时，从属的地区便处于城外人（periocoi）地区的情况，亦即没有政治权力。支配性的氏族是或者被认为是居住在城里的。耶利米的故乡亚拿突（Anathoth）住着的，只是些对他的预言全然无法理解的"既贫穷又愚昧的人"（《耶利米书》5:4），所以他只好前往"高贵人"居住的城市耶路撒冷，期望有更好的结果。一切的政治影响力全都掌握在首都的这些贵族的手里。西底家（Zedekia）当王的时候，在尼布甲尼撒[1]的命令下，一时之间不是这些贵族在掌握权力，尤其是官职，这被认为是异常。发生这种事，在以赛亚看来，是对贵族们长期以来的腐败的惩罚，但同时也是共同体组织的恐怖祸害。无论如何，亚拿突的人们既非寄居者，也非特殊身份者，而是以色列人，只不过是不属于"贵族"罢了[2]。这也就是位居支配地位的门阀氏族城邦国家完全依古代早期的方式发展的典型：有

1　尼布甲尼撒（Nebuchadnezzar II，前 630—前 562），巴比伦的加尔底亚王朝的第二位，也是最伟大的一位国王。约公元前 610 年他以行政管理人员的身份开始了他的军事职业。刚从埃及人手中赢得了叙利亚（前 605 年），他父亲就去世了，他继承了王位。公元前 597 年他攻击犹大，占领耶路撒冷，将犹大国王约雅斤（Jehoiachin）掳到巴比伦。公元前 587—前 586 再次占领耶路撒冷，把一些著名人士俘虏到巴比伦，开始了犹太人的俘囚期。他花费时间和精力重建巴比伦，铺路、重建寺庙、开凿运河。至少在民间传说中，是他修建了巴比伦的空中花园。——译注

2　在我看来，迈尔（Eduard Meyer）的精彩论述里（Die Israeliten und ihre Nachbarstämme，以及 Entstehung des Judentums）唯一的缺憾，就是没有强调这个区别——此一区别贯通了整个古代早期直到"民主制"（城邦）时代。在古代国家里，特别是城邦国家，并不是所有的自由民土地所有者都是完全市民（Aktivbürger）或政治平权者，唯有那些在经济上具有完全武装能力的人才是。在以色列，他们是吉伯海耳（gibbore chail）。在充分发展的以色列城邦国家里，当然也有自由的土地所有者存在，他们不在吉伯海耳之列，因此就像希腊的城外人和罗马的平民（plebs）一样，身处于完全市民阶级之外。

一些附属的地方，虽不具政治权力，但被认为是自由民居住地的城外人地区。

氏族组织在城市里仍旧维持其基本的重要性。然而，尽管其于贝都因部族的社会组织有着再重大不过的意义，在城市里，土地所有的参与分配，却成为权利的基础，最后，比起前者还来得重要。在以色列古代，社会组织通常是以父系家庭（beth aboth），也就是家族共同体为单位来编成。家族是氏族（mischpacha）的分支，而氏族则是部族（schebat）的一环。不过，诚如我们所见的，在《约书亚记》的传说里，部族已分解成城市与村落，而不是氏族与家族。是否每一个以色列人都属于某个"氏族"，类推之下或许尚有疑问。史料假定，每个自由以色列人都具有武装能力。但是就在这些具有武装战斗能力的自由民里，某种分化节节展开。传说里，有时候，例如《约书亚记》（10:2）里的基遍（Gibeon），便明白地将城市里的所有市民（anaschim，在他处，例如《约书亚记》9:3 里为 josebim），都等同于吉伯林姆（gibborim）——战士（骑士）。但实情并非总是如此。其实，吉伯林姆通常被理解为布内海耳（bne chail）——"财富之子"，亦即世袭地的所有者，又被称为吉伯海耳（gibbore chail），与普通一般的男子（阿姆['am]）区分开来[1]，在阿姆当中部分受过军事训练的人（《约书

---

[1] "阿姆"和"吉伯林姆"比肩并排地出现在底波拉之歌的稍嫌破损之处（《士师记》5:13）。如果我们接受基特尔（Kittel）的解读，并且如葛雷斯曼（Greβmann）所提议的那样将结尾处读成 kaggibborim，那么意思就很清楚了：'am 和 gibborim 是两回事，后者是"骑士"，前者则为以色列农民（参照 11 节与 14 节），他们"像骑士那样"战斗，但并不是骑士。相反的，米罗斯（Meros）这个城市（根据第 23 节）似乎有义务要以骑士（gibborim）来支持联盟军，而具特征性意义的是，这首胜利之歌诅咒这个**城市**，认为在圣战里应该唾弃并消灭它，但却未及于同样背弃连盟的农民部族。

亚记》8:11, 10:7；《列王纪下》25:4）后来被称为"兵丁"（'am
hamilchamah）。《路得记》里的波阿斯（Boas）便被称作是个吉伯
海耳。米拿现（Menahem，以色列王）为了筹集献纳给亚述的贡
奉而向大地主课征每人五十舍客勒的强制税，这些大地主也叫做
吉伯海耳（《列王纪下》15:20，迈尔也曾正确地举证的最紧要处），
而一般的战士有时候显然也同样被通称为吉伯海耳。只是，"宾海
耳"（ben chail）就像西班牙文的同义词"Hidalgo"一样，很少用
来指任何一种的土地所有者。倒是"布内海耳"（bne chail）指的
是由于继承的地产而在经济上具备完全**自我武装能力**，亦即在经
济上具有十足战斗能力与战斗义务者，也因此在政治上握有充分
特权的氏族。无论何时何地，只要所费不赀的武装与训练仍为军
事的关键所在，政治权力无不掌握在这些氏族的手上[1]。

此外，正如古代早期经常见到的情形，只要是一个世袭性卡
理斯玛的城市君主（nasi）身居城市首领之位的情况下，他必然要
以同侪者第一人的身份和这些氏族的长老（sekenim）分享权力，

（接上页注）吉伯（gibbor）往往是个骑士豪杰，正如《创世记》第6章和大卫的勇士名
单所见的。至于特别是在《约书亚记》里所用的，同时也出现在《列王纪》里来指称
"兵丁"的 'am hamilchamah，并无清楚的面目。在《约书亚记》10:7里，它和"gibbore
chail"**并置**连用。在《以赛亚书》3:2里，gibbor 和 'am hamilchamah 恐怕是以两造的方
式并连出现的，然而在《以赛亚书》5:22里，gibborim 却是作为 'anshe chail 登场。以此，
绝非所有的参战者都是 gibborim，参见《耶利米书》5:16便可得知，那儿说的是为了惩
罚犹大国进军而来的外国军队阵容，说他们全都是"勇士"（gibborim），在此，毋宁是
指受过训练的战士。

在《撒母耳记》成书的时代里，用来武装一名吉伯的花费到底有多么可观，从歌利
亚（Goliath）的故事里便可以知道：他需要有一个拿盾牌的人，而扫罗（Saul）也被说
到有这么个人。

1 迈尔认为，以色列的"四万人"（《士师记》5:8）所指的就是吉伯海耳，这似乎并不可能。
底波拉之歌里提到的吉伯林姆，并不是在以色列，而是在米罗斯城。

同时也与他自己的氏族里的家族长（roschi beth aboth）分享权力。后者的权势有可能相当庞大，大到甚至于超越过城市里所有的其他氏族及其长老之上。此时，就像我们在以色列历史里惯常见到的，这个城市出现的就是一种君主氏族的家族长治下的寡头政治。不过，各种情况所在多有。在《创世记》的描述当中，示剑（Sichem）是由一个富裕氏族，亦即哈抹之子（bne Chamor）所支配的城市，氏族首领顶着君主(nasi)的称号，并被称为"示剑之父"（《士师记》9：28）。在重要的事情上，例如接受外人加入市民团体或土地所有团体，这个城市君长必须征得示剑"百姓"（anaschim）的同意。除了这个古老的支配氏族之外，在与米甸人（Midian）的征战之后，出现了另一个更具优势竞争地位的氏族基甸（Gideon），后来在对抗亚比米勒的叛乱里，这个氏族又被哈抹氏族排挤出去。就像早期希腊时代，氏族往往是跨地区居住的：有时候一个氏族掌握着数个城市，尤其是小城市。例如基列（Gilead）的押耳（Jair）氏族就握有一整个帐幕村落群的实权，后来这些帐幕村落也被叫做"城市"。实权惯常都掌握在长老（sekenim）手中。他们出现在传承资料里所有那些以城市制度为基本前提的部分，特别是在《申命记》的律法里，他们乃是坐落在"门里"，亦即在城门边上的市场里进行审判和行政管理的永久不易的当局（ziqne ha'ir）；《约书亚记》不仅以此种当局之存在于以色列城市而且同时也存在于迦南的城市为前提。关于耶上利城（Jesreel），不仅提到长老，还提到"贵族"（chorim）。其他地方，与长老一起出现的还有家族长，他们在后来的时代里（以斯拉[1]）与长老以及当时显然被等同于长老

---

1 以斯拉（Ezra）是公元前5、前4世纪的以色列祭司兼学者，他出生于俘囚地巴比伦，

但称呼有所不同的市政长官，并列为城市的代表人物。前一种情
形指的应该就是构成市政当局的一个或数个门阀氏族的永久性
卡理斯玛支配，而后者指的应是具战斗力的所有城居氏族的家
族长。在较古老的传说里也发现这样的区别。此种专门词汇上
的多样表现，到底在多大程度上对应出实际政治组织的多样性，
我们不仅在传承上找不到线索，也无法证明。一个氏族的卡理
斯玛名望地位首先自然是取决于其军事力量，以及与此相关联
的财富的多寡。此等坐拥地产的城市氏族的地位，大抵相当于
我们从胡格隆杰[1]关于麦加的描述里所得知的寡头制。吉伯海
耳，富有的战斗勇士，相当于罗马的"阿希杜伊"（adsidui，土
地所有完全市民）。非利士人的骑士阶级也是由训练有素的战士
所构成。歌利亚被叙述为"自幼就做战士"[2]，前提是有资产。反
之，古代以色列山居部族的政治首领，一如荷马笔下的君主那样，
有时也被称为"持杖者"。

　　将以色列的情形和前以色列及美索不达米亚的情形作一比较，
显示出：不同于阿马纳时代和后来的拉美西斯王朝时代的一人城
市君主，也不同于巴比伦文书里的一地区一人长老，在以色列被

　　（接上页注）于波斯王亚达薛西二世（Artaxerxes II）时被释还耶路撒冷（前397），与
　　尼希米共同致力于以色列宗教的再兴。以斯拉的重要事业在于将其在当俘囚时所编纂的
　　律法书公布给以色列人，确立了犹太教之律法的、规范的基础。据此，犹太民族虽处于
　　波斯帝国的统辖之下，但亦形成严格的民族主义的教团国家。以斯拉的活动详见《旧约》
　　的《以斯拉记》与《尼希米记》。——译注
1　胡格隆杰（Snouck Hurgronje, 1857—1936），荷兰的东方学者，主要著作有：*Mekka*, 2
　　Bde(1888—1889); *Verspreide Geschriften* (1923—1927)。——译注
2　参见《撒母耳记上》17:33。——译注

提及的绝非一人长老而尽是多人长老[1]。这毋宁是门阀氏族支配的可靠证据，如同迦太基的城市支配阶层苏非特（suffet）和罗马的执政官（consul）的多数原理一样。

不过，当一个卡理斯玛战争君主借着自己的扈从阶级，或自己专属的有给养的亲卫队（常常是外国人出身者），并借着任命出生于这些扈从或奴隶、解放奴隶、政治上无权的下层阶级的人来担任从属于个人的官吏（sarim），而成功地摆脱这些长老们的贵族支配，跃居为独立一人的城市君主时，情况便有所不同了。若他完全基于这样的权力资源来径行支配，那么君侯制（Fürstentum）便告成立，后来在对君主怀有敌意的观点下，被人和"王制"（Königtum）的概念连结在一起。对他们而言，古代合法的世袭性卡理斯玛君主是骑驴的，因此未来的弥赛亚君主必然会骑着这种前所罗门王时代的驼兽再度来临。一个"君王"，在他们看来，是像法老那样驾着骏马与战车的人。他靠着自己的财宝、仓廪、宦官，尤其是自己所给养的亲卫队，从自己的城寨里支配着城市及其周边地区，并设置行政官员，给予他的扈从、军官与官吏封土，特别是城寨采邑，大概就像示剑的"城砦"（米罗［millo］）人所拥有的那样（《士师记》9:6；20）。他还强征徭役，并借此扩大自己的领地上的收益。亚比米勒王在示剑设置了邑宰（《士师记》9:26—30），而令哈抹之子古来的世袭性卡理斯玛权威不得不退

---

[1] 这样的对比并不是绝对的。在巴比伦的洪水神话里即预先假定了民众与"长老们"的存在（参见 Gunkel 的翻译，*Schöpfung und Chaos*, S. 424, Zeile, 33）。另外，哈抹被称为示剑之"父"，尽管只是个有力氏族的名目先祖。个别的长老也已出现在乌尔城（Ur）的古老文本里（N. d. Genouillac, "Textes juridiques de l'époque d'Ur", *Revue d'Assyriologie*, 8, 1911, p. 2）。

让。古代的以色列传说将此种单一个人的军事支配视为"僭主制"
(Tyrannis)。在荆棘支配下的比喻，以及火从亚米比勒发出烧灭示
剑的城市贵族或反之亦然的诅咒，清楚显示出卡理斯玛僭主和世
袭性卡理斯玛贵族之间的敌对。就像雅典的"僭主"佩西斯特拉
图斯[1]，依靠雇来的"光棍"(rekim) 进行支配，而他们又是一帮"无
赖"(pochāzīm，《士师记》9:4)——至于其社会出身，我们后面
会谈到。不过，君侯制与城市君王制之间的转换，实际上是相当
流动不定的。因为通贯整个以色列古代，即使对最有威势的君王
而言，大土地所有的氏族及其长老一直都是无法长期忽视的一大
要素。就像古代里，"娼妇之子"，亦即暴发户如耶弗他[2]那样成为

1　佩西斯特拉图斯 (Peisistratus，前 600—前 527)，公元前 6 世纪雅典政治、经济、宗教
　和文化生活中的重要人物。公元前 594 年佩西斯特拉图斯的亲戚梭伦实行宪法改革，提
　高雅典下层阶级的经济地位。但是贵族们为夺取执政官的职位而展开激烈的争斗。到
　佩西斯特拉图斯成年时，他们已经形成两大派别，即以赖库尔戈斯 (Lycurgus) 为首的
　平原派和迈加克勒斯 (Megacles) 所领导的海岸派。雅典于公元前 565 年左右与麦加拉
　(Megara) 进行战争时，佩西斯特拉图斯由于攻占麦加拉的港口萨拉米斯而声名鹊起。
　他开始组织自己的政治集团，取名山地派。他拥有一支以棍棒为武器的公民卫队。依靠
　这支卫队，他占据了雅典卫城，在公元前 560—前 559 年一度执掌政权。为了得到更多
　的支持，他与迈加克勒斯的女儿结婚，再次执掌雅典的政权 (前 556—前 555)。不过好
　景仍然不长，赖库尔戈斯和迈加克勒斯联合起来将他从雅典赶走。佩西斯特拉图斯在希
　腊北方漂泊数年，公元前 546 年他来到埃维亚岛的埃雷特里亚 (Eretria)，以此作为入侵
　阿提喀的跳板。在帕伦尼 (Pallene) 一役，他在正午的酷热中，趁雅典军队正在赌博或
　者酣睡而发起突袭，大获全胜。佩西斯特拉图斯第三次成为雅典的主宰，大权独揽，直
　到公元前 527 年去世为止。他的国内政策是竭力增进雅典城邦的统一和尊严。佩西斯特
　拉图斯为了改进雅典的供水状况，曾敷设一条输水管道。他整顿和美化市场，在恩尼亚
　克鲁诺斯 (Enneakrounos) 河畔兴建一座奥林匹亚宙斯神庙。在农村地区，佩西斯特拉
　图斯发放农具和贷款给小农，并建立巡回审判制度，对农村地区的诉讼案件就地审理和
　判决。他自己也经常到各地巡视。亚里士多德曾说："僭主佩西斯特拉图斯的时代是个
　黄金时代，这是每个人都称道的。"——译注
2　耶弗他 (Jephthah)，一个盗贼出身的以色列士师。据《圣经》所说："基列人耶弗他是
　个大能的勇士，是妓女的儿子。"(《士师记》11:1) 韦伯对耶弗他的经历显然有相当的兴
　趣，本书中也有不少相关叙述。耶弗他的故事详见《士师记》11。——译注

卡理斯玛领袖的情况是稀有的例外。王国时代里，这样的人成为国王官吏的情形也是例外。当然，北方王国里有数名君王没有父姓，亦即并非出生于具有完全资格的氏族；暗利（Omri）根本就不是以色列人名。因此《申命记》里的祭司君王律法认为有必要强调，以色列的纯正血统是成为君王的前提条件。不过，无论何处，君王都必须要顾虑到吉伯海耳，亦即充分具备战斗能力的土地所有阶级，以及名门望族的代表，亦即大氏族的长老。在《申命记》里纯正的政治传说的编纂者看来（《申命记》21、22、25，相对于受到神学影响之处 16:18、17:8—9），只有他们才是人民正当的代表。权力状况并不稳定。事情紧急的时候，君王也敢向吉伯海耳课税，就像米拿现为了亚述的贡纳所做的。并且，值得注意的是，不同于所有其他的时代，在所罗门（约前 970—前 930 年在位）与约西亚（前 640—前 609 年在位）之间的时代里，城市的长老在史料上明显退居后位[1]。这很可能是因为他们的裁判官地位，至少在王居所在的城寨里，完全被君王所命的邑宰和官吏所取代，而只有在地方上才维持其古老的地位，正如几乎所有的亚洲王朝里所发生的情形一样。王制的权力地位一旦低落（由于革命的结果，例如耶户[2]的情形），到了俘囚期之后王制终至全面废弃，城市的长老们马上再度跃居古老的权势地位。更重要的是，王室奴隶与宦官在官职机能代表的位置上有所发挥的话，也只是绝无仅有的例

1　关于这点及一般关于长老，参见齐思曼（Seesemann）优秀的莱比锡大学博士论文：*Die Aeltesten im Alten Testament*, 1891。首先将《申命记》里的此种对立加以申述的是 A. F. Puukko, "Das Deuteronomium", *BWAT*, S. 237。

2　耶户（Jehu）是列王时代北方以色列王国的国王，公元前 841—前 814 年在位，时当先知以利沙（Elisha）活跃的时代。耶户夺取政权自立为王的故事详见《列王纪》。——译注

外。外国出身或从低下阶层崛起的扈从、军官和官吏，自然是有
的。多半是出现在一名新君刚刚上台的时候。平常时期，恐怕除
了大卫和所罗门的时代之外，重要的官职，至少在犹大城市王国里，
无不集中在古老的本土富裕氏族手里。例如大卫的军长约押（Joab）
就是属于这一类人，传说（《撒母耳记下》3:39）告诉我们，由于
他的氏族强大，大卫王甚至不敢惩处他，因此只能在临终时交代
所罗门为他报仇。以赛亚的预言（22:15）喊出耶路撒冷的权贵氏
族对于外来者家宰舍伯那（Sebea）的愤恨。一般而言，没有任何
君王能够违拗门阀氏族的意志而长久统治。耶利米说到"犹大的"
和"耶路撒冷的官员"（sarim）（34:19），就文本的关联看来，是
将他们视为犹大国最富裕家族的代表（首领）。

像这样高度发展的古代以色列城市，无非是经济上具备武装
能力的世袭性卡理斯玛氏族所组成的一个团体，和希腊早期及中
古早期的城市没什么两样，而且此种团体的组合也如同彼处一样
并不安稳。在前王国时代，某些氏族会被新迎进城并赋予完整权
力（《士师记》9:26），而某些氏族则被驱逐出城。城市氏族间的
流血复仇与械斗以及某些城市氏族联合起来对付城外族群的事情，
显然并不少见。个别的城市氏族也有能力给予外人客人法的保障，
不过，根据传说资料，这往往也不可靠。

在政治上，此种情形大概如同惯见于希腊门阀氏族城邦的情
形，一如罗马在克劳狄氏族[1]被接纳进市民团体时的情形。只不

1　克劳狄（Claudius），古罗马最显贵的氏族之一。克劳狄·萨比努斯·因雷基伦西斯（Claudius Sabinus Inregillensis, Appius）为其传说中的奠基者。约公元前 504 年，他从萨宾人（Sabine）境内的累基隆（Regillum，或累基里 [Regilli]）迁居罗马，在罗马被授予贵族头衔和在阿尼俄河（Anio，今阿涅内河 [Aniene]）对岸的一片土地，从此，这块土地便成为克劳狄一族的聚居中心。——译注

过以色列这一方的凝聚力显得比较松散。形式上的城市强制聚居
(Synoikismos) 是从以斯拉和尼希米的建城开始，有义务进城定居
的氏族都被分派定额的徭役。不过，城市的税赋和军役在初期是
如何分派的，我们不得而知。在与范围较广的政治团体（例如部族、
联盟）的关系上，城市显然是个出兵分摊的单位，相当于许多个
五十人战术单位[1]，而常常是个千人组[2]。至于部族团体与城市之间的
其他关系，史料陷我们于一片漆黑之中[3]。此处，"部族"或许是传
统上隶属于它而在经济上有武装战斗能力的诸氏族要去介意的事。
反之，完全自由身份的平民只属于其居住地的地域团体。我们从
俘囚期之后的城市强制聚居里的平民在形式上的处境，便可做此
推测。军事技术的变迁必然也在其中扮演了一定的角色。总之，
在非利士与迦南的城市团体里，城市贵族对于城市周边地区及其
居民的军事与政治支配，乃是奠基于骑士氏族的铁制战车的征召
集结，而无疑的以色列的城市也是如此。

　　和希腊古代及意大利古代的城邦一样，城居的门阀氏族不止
在政治上，同时也在经济上支配着城外周边地区。他们仰赖乡村
地产的年金收入过活，这些地产则是借由徭役奴隶、租税奴隶、
农奴，或者佃农（实物贡纳佃农或分益佃农）来耕作。这些劳动
力是以古代典型所见的方式，特别是由债务奴隶来补充，而地产
则是靠着不断压榨自由农民来扩增。古代的阶级划分，亦即城居
的贵族作为债权人而城外的农民作为债务人的情形，也发生在以

1　"五十人"意指"受检阅者"（《出埃及记》13:18，《士师记》7:11，《约书亚记》1:14、4:12）。
2　千人组等同于定居区域（《士师记》6），例如俄弗拉（Ophra）。
3　关于 schebatim、mishapachath、'alaphim（部族、氏族与千人组），参见 Sulzberger, *Polity of the ancient Hebrews*, *JQRNS*., S. 3(1912—1913), p. 1f. 颇有争论余地的论述。

色列的城市里。在此，城居的氏族用来榨取城外地区的手段，部分是来自直接或间接从商业利益里获取的收入。因为，在我们所得以回顾的历史时代里，巴勒斯坦一直都是处于埃及、奥伦提斯河（Orontes）与幼发拉底河流域、红海与地中海之间的通商走道地带。远程商队的通路对于经济的意义，在底波拉之歌里大大突显出来[1]，其中强调，由于迦南的城市贵族与以色列的誓约共同体相互征战，不止农民弃耕废种，通商大道也因而闲置，商旅们不得不在羊肠小径里穿行。各个城市之所以企图征服周边山地，基本上为的是要支配这些通路，而有力的氏族之所以极欲定居在城市里，在此和整个古代早期一样，确实是为了此种商业所能带来的重大利益，而不止是为了在政治支配地位上分一杯羹而已。做法有二：其一是，由氏族本身来从事地方贸易或海岸地带的海上贸易或内陆地区的远程商队贸易，方法上特别是采取康曼达的形式或类似的资本预筹的法律形式，这都是古巴比伦法律所明示而为以色列所熟知的办法；其二是，这些氏族掌握住货物的仓储、转运或护送等权利，或者从中课取关税。详情我们不得而知。总而言之，这些收入主要是用来作为积聚土地和压榨农民成为人身债务奴隶的手段，也是供应自我武装配备和军事训练的手段。所有这些都是古代早期城邦的典型现象。对城邦而言（不管是对以色列或对其他各处的城邦），关键性的要点在于：城邦就是当时最高度发展的军事技术的担纲者。在巴勒斯坦，城居的贵族是自公元前 2000 年中叶起普及于中国至爱尔兰各处的骑士车战的担纲者，

---

1 底波拉是公元前 12 世纪左右以色列的女先知、士师，激励以色列人对抗迦南人。底波拉之歌即底波拉于战胜西西拉（Sisera）之后所作的歌。见《士师记》4—5。——译注

自我武装车战所需花费不赀，唯有最富资财的氏族才经得起这样的经济负担。支付得起年金租税也就是最肥沃土地上的农民，在城市贵族收括土地积聚地产的过程中，处境最为不妙，而其军事上的抵抗力也是最为薄弱的。这也和我们所知道的地中海地区的城邦情形一致。就像在阿提喀（Attica），最肥沃的佩迪亚（Pedia）是城市贵族的土地领主制的所在地一样，在巴勒斯坦，则以平原地带为主。此外，在阿提喀，迪阿克里欧（diakrioi，山地住民）居住在骑士阶级最难以武力控制的山区，亦即并未缴纳年贡的土地上，在以色列则是自由农民与牧羊人氏族，他们也是城市贵族力图课以纳税义务的对象，只是成与不成则要视情况而定。

第五章

以色列农民

　　早期以色列的自由**农民**显然大部分都是生活在所有的城市团体之外，关于他们以及他们的社会与政治组织，我们从史料上得不到任何信息。这个现象本身是典型的。正因为缺乏关于自由农民的详细史料来源，人们相信罗马早期除了城市贵族之外只有被保护民，而晚期只有大地主与奴隶，埃及则只有官员与不自由劳动者或国王领地上的农人，至于斯巴达，不管愿意不愿意，人们总是受制于这样的想法：那儿只有斯巴达人和隶农。同样的，古代以色列的自由农民也湮没于史料无言的幽深暗影里：我们几乎一概不得而知，除了他们的存在及其初期的权力地位。底波拉之歌毫无疑问地显示出这点，歌中称颂以色列农民阶层在底波拉和巴拉（Barak）的领导下战胜了西西拉（Sisera）所领导的迦南城市联盟。至于他们的生活状况则幽晦难明。

　　尤其不得而知的，是他们的政治组织。加诸农民领导人身上的各种相互矛盾的古老称号，例如底波拉之歌里所表现的，丝毫未透露出关于其政治团体内部结构的任何信息。同样也没能告诉我们关于社会分化的方式与程度，而这显然是存在于山区农民里的。以千人为单位的军事编组，似乎早就有的 [1]——底波拉之歌里提到的全以色列能够征战的四万人的概数，算是个暗示。进一步的情形就不得而知了。经济方面的事情也一样。我们找不到共同耕作体的确切线索。有人把某些文案做此解释，并且以现今的一些事情做比附，譬如在巴勒斯坦的某些地方，有些或许是由佃农晋升上来的地主时而进行着土地分割的事。只不过，这是东方的苏丹制下的亦即政治制约下的事情，全然得不出以色列早期农耕时代的任何消息。据记载，耶利米动身到他的"民"（'am）那儿去取得自己的份地（《耶利米书》37:12），这倒是个重要的引证点，不过意义并不明确，而且应当这么解释：大氏族依情况而处分其所有地，不管是对永久性的氏族共有地做周期性的重新分割，或者是对某氏族成员无人继承的地做出处置。总之，耶利米并不是"农民"。《弥迦书》的一个段落里（2:5），将共同体里的女性持分称为 chelob（绳），这只不过意味着持分地唯有在安居落户之际以准绳来测量而已，并不是什么周期性重分配的证据。"安息年"是否能和一段共同耕作的过往扯上什么关联，我们后面会加以讨论，不过，话说在前头，这是很成问题的。至于其他方面，自由农民的状态只能间接加以推论。底波拉之歌显示，古代以色列的誓约联盟无非就是农民团体，并且将农民与迦南城市联盟的骑士并置于对立的局面，且赞扬他们"像吉伯林姆那样"勇于征战。在历

1　"千人组"似乎也是以东人（Edomitern）和东约旦地区的本土建制。基甸说到他的"千人组"，而亚比米勒和扫罗提及的是他们的氏族（mishpacha）——参见迈尔的说法。只不过，基甸的传说曾遭到大幅修改，而以东人的卡理斯玛王国的军事组织根本算不上是游牧或半游牧民原本特有组织的确实证明。迈尔自己就把千人组和城市定居才会有的克里娄(clero，持分地 [chelek]）关联起来。

史时代，誓约联盟从来就**不止**是农民团体，这也是可以确定的事。到了后来的列王时代，军队里就不再提到"农民"，或者至少农民并不是战事的担纲者。极有可能的是，经济的变迁与军事技术的变化，在此和其他任何地方一样，扮演了同等的角色。随着军队自行武装原则的通行，武装配备趋向巨额花费的转变过程，阻隔了那些经济上无法负担的小土地所有者通往具备完全战斗能力的军事团体的门路；尤其是，小地主在经济上的"余裕"根本比不上那些依靠租税年金过活的土地领主。吉伯海耳之所以抬头跃居于自由战士民众（'am）之上，无疑是奠基于此种情况，而且，尽管细节上无法证明，我们也不得不这么推想：在经济上具有武备战斗能力的战士阶层，因而也就是构成以色列在政治上具有完全资格的那一小部分人，随着武装花费的节节升高，人数也愈来愈少。在俘囚期之后所编纂的《历代志》里，确是把吉伯林姆与布内海耳视同于所有那些"带盾与剑"和"射箭"者[1]，或者简单说"弓箭手"[2]。不过，《历代志》（在政治观点上）是站在虔诚的平民这一边的，并且按他们的资料来做解释。根据较古老的传说，吉伯林姆是以枪为武器，（尤其是）身披甲胄，显然是战车战士，与农民步兵成对比，后者的武器配备，依底波拉之歌所示的同样也是枪与盾（《士师记》5:8），不过往往只有投石器而已，基本上是轻装备，特别是没有甲胄[3]。便雅悯（当时的）农民部族战士在《士师记》里被说是"拿刀的"。完全的战士除了必须负担骑士装备的费用之外，还必须有经济上的余裕以接受战士的训练。在西方，此

---

1 譬如以当时早已消失的东约旦部族为例，《历代志》5:18。
2 像是关于便雅悯，《历代志》8:40。
3 大卫就不习惯甲胄，相反的，歌利亚是个穿戴甲胄的骑士。

种情况导致相应的身份阶层的出现。在以色列，当迦南的大城市被编列到誓约共同体里之后，最后也循着相类似的轨迹发展。史料上确实从来未曾提及一个真正世俗贵族的特殊身份阶层。具完全资格的氏族相互间是平等的，国王显然可以和任何一个自由的以色列人通婚。不过，并不是所有自由的氏族都是政治上平权的。由于经济上的武备能力——一切政治权力的前提条件，也由于某些省城的君侯氏族基于其世袭性卡理斯玛而来的政治与社会优越地位，造成政治权力上的强烈差别。王制之前的时代，传说里往往以骑驴的氏族成员人数来标示某个氏族的重要性。到了《列王纪下》的时代，以"阿姆哈阿列次"（'am haarez）一词来指称国王、祭司与官员之外的政治重要人物，是其特色。有时候，此一称谓只是单纯的意指"全国百姓"，而不是单指"乡间草民"。不过，在某些章节里，这个词却显然是别有所指 [1]。它指的是一群人，

---

[1] 与 Klamroth 的见解（*Die Jüdischen Exulanten in Babylonien*, BWAT, 10, 1912, 附论，S. 99f.）相反，我无法相信，阿姆哈阿列次原来只是"地方属民"或"臣民"，并且部分而言"带有轻蔑意味"，部分而言用来指称总之与国王、祭司阶级、贵族阶级相对立的"下层民众"（Pöbel）。的确，他们是与祭司、国王（君侯）、官吏和军官区分开来的。他们是"采邑所有者"（Mannen），更是土地所有者，原先本为武装兵丁。不过，其中显然也特别是有居住在乡村的完全氏族包括在内，愿意的话也可称他们为"乡村贵族"。因为，他们不是什么缺乏领导者的"农民"，而是阻挠耶路撒冷建城的群众（《以斯拉记》4:4），而且在《以斯拉记》3:3 里他们被称为 'ammê haarezoth，亦即各农村地区出身的采邑所有者。只不过，此一概念在俘囚期及俘囚期之前的意思，由于史料的表现不够严谨，所以难以确定。在圣经初六卷关于逃离埃及的一段相信是后来所添加的文句里（《出埃及记》5:5），法老口中所用的这个词只单纯表示"民"（以色列人）的意思。在较老的文献里，这个词主要是出现在《列王纪下》和《耶利米书》及《以西结书》里。这两位先知对于阿姆哈阿列次的态度显然并不友善。如果君王、官员、祭司和阿姆哈阿列次与耶利米敌对的话，耶利米将成为与他们对峙的铜墙，这是耶和华召唤耶利米时的许诺（《耶利米书》1:18）。在《以西结书》里（22:29），阿姆哈阿列次欺压"穷人"（ebjon）与寄居者，所以被认为是社会有力人士。在《列王纪下》25:19 里，提到一名西底家的军官，他必须征集训练阿姆哈阿列次，

其中的某些人（数目似乎不多）当时是由国王特派的一名军官来
施以军事训练：尼布甲尼撒在耶路撒冷便发现到六十个这样的人，
并且把他们俘虏到巴比伦去。他们与后来的先知们敌对，也对抗
耶利米之建议臣服于巴比伦，后来成为俘囚归还者所组成的耶路
撒冷教团国家的敌对者。情节如出一辙的是，"布内海耳"及其
领导者尼探雅的儿子，也即以利沙玛的孙子（军长，《列王纪下》
25:23）起而对抗尼布甲尼撒从先知群中拣选出来的总督基大利
（Gedaliah），并将之击杀。被俘虏而去的阿姆哈阿列次（《列王
纪下》25:19）和被留滞在耶路撒冷的单纯"农夫"（《列王纪下》
25:12）并不能等同视之。他们毋宁是属于撒列哈哈雅林姆那一党
人。若用来意指"平民"（pleb）的话，会附加特别的但书（《列王
纪下》24:14）。有鉴于前述关于阿姆哈阿列次接受军事训练的报告，

（接上页注）而巴比伦军在城里发现了他们六十人，并把他们俘虏回巴比伦。就在此之前，
亦即耶路撒冷围城之际，阿姆哈阿列次已无粮可吃（《列王纪下》25:3）——和阿马纳书
简里的守备军的情形一样——结果兵丁们（'am hammilchamah）逃出城去（25:4）。有
些人视他们为乡下招募而来并课以训练的自由的兵丁团，而与国王所给养的士兵（尤其
是佣兵）区隔开来。当然，这仍旧在未定之天。不过，根据《耶利米书》34:19 的报告，
在西底家之下立约要解放债务奴隶的，除了首领、官员与祭司之外，还有"全体阿姆哈
阿列次"，因此他们之中似乎也有人拥有债务奴隶，就像上述《以西结书》那里所暗示的。
"全体阿姆哈阿列次"向约施王欢呼吹号（《列王纪下》11:14），捣毁巴力神坛，杀死
亚扪王的谋害者（21:24），并且在约西亚死后立约哈斯为王（23:30）。赎罪祭的献牲顺序，
首先是为全会众，其次是为君主，最后是为阿姆哈阿列次（《利未记》13—29）。其中的
用语无疑是相当模糊的。实际上，阿姆哈阿列次往往只是用来意指"民"，不过，原先
绝对不是指"臣民"，或相对于贵族的下层民众，甚或"愚蠢的农民"。无知的农民被耶
利米称为"dallim"（5:4），在《以赛亚书》里（2:9）农民被称作"adam"，相对立于"isch"（男
丁），意思是'ish hammilchamah，兵丁。然而，阿姆哈阿列次是具有完全资格的以色列
人，显然原本是居住在乡村里古来即负有服军事义务的人（并没有和城市的土地所有者
区分开来）。理论上，他们和从前一样，是军力的担纲者，因此也就是政治权力的担纲者。
从他们平复亚扪王时的叛乱——或许是耶和华信仰对亚扪王的反叛——看来，他们显然
是各地方圣所的利害关系者。

我们可以选择做此设想：当时国王在政治上无权的平民当中强制性地选拔一些人出来并加以训练，因而这个平民阶层便被委以这样的称号。不过，从他们参加国王的欢呼赞同仪式和参与反革命运动的事看来，却是此种设想的反证。或者，我们也可以选择将他们视为：重点是，在其农村追随者支持下，与当时反对地方性农耕祭奠（ländliche Kulte）的耶和华信仰清教徒为敌的、民族主义的"豪强"（die nationale "Squirearchie"），这样的阿姆哈阿列次是在俘囚期之后出现的。

然而，在俘囚期之前，完全的武装能力，也就是政治权，首先是落在**城市**定居的氏族身上的。先知的史料以如此典型的方式对举出"大人物"（贵族）与"民众"，所以前者想必是意指在法律上不是但事实上却是闭锁的圈子。俘囚期前的氏族名簿，在《耶利米书》里（22:30）似乎早已作为前提存在（至少就耶路撒冷而言），而名簿显然只包括这个圈子的氏族，并且无疑是用来当作世俗贵族登录负有兵役义务的吉伯林姆名单。"海耳"除了意指"资产"之外，也是"军队"和（战斗）"能力"的意思。因此，先知时代的"高贵人"指的也就是那些氏族，他们提供身披甲胄全副武装且训练有素的战士，并因而掌控了国家政策的决定权，既然法庭与官职全都落在他们手里。随着农民愈来愈被排除在军队之外，显然氏族制也就在农民之间解体。这最能够解释为何当以斯拉聚集居住在耶路撒冷的民众时，出现那么多未具氏族系谱而仅以出生地登载名单的人：氏族名簿包括的仅是武装战斗力具足的氏族，在罗马来说就是"克拉西斯"（classis，担任重装步兵的有产市民阶级）。

不属于这些完全资格氏族的自由人，被某些著名的学者（例如迈尔）视同于史料上的"格耳"（ger）或"托沙布"（toschab），亦即未具市民权的城居者（Beisasse）、寄居者（Metöke）[1]。只是，事情最不可能是这样。因为，依其资产规模而不具骑士战斗力的以色列农民，即使参加底波拉的军队和扫罗的召集军，也无法获得古代时格耳林姆（gerim，ger 的复数形式）所固有的礼仪上的特殊地位（未受割礼！）。举凡提到"细民"而与"贵人"相对举之处（在先知书里，尤其是《耶利米书》），前者无非是受到贵族欺压的以色列同胞，并且是正确的生活样式与虔诚信仰的担纲者。经济上不具完全战斗力的以色列自由农民所处的地位，本质上正如我们在整个古代所见到的 agroikoi（农村居民）、perioikoi（城市周边从属地的居民）和 plebeji（平民阶层）以及我们可以从赫希欧德那儿相当清楚得知的情形[2]。他们的人身是自由的，所欠缺的是积极的政治权利，尤其是不得参与裁判官职（不管是法律上，或是事实上）。城市贵族便是在此利基上径行其高利贷剥削，将他们

1　这个用语通常是这么译的。迈尔建议将托沙布译为"Klient"（被护民，客）。不过，客是以与某一主人的关系为前提，而对于托沙布，史料上并不能明确指证这点。律法书上似乎正是将某个家的客称为"格尔"（《出埃及记》23:12）。亚伯拉罕屡屡被称为 ger we toschab，而未被认为是某一个人的客。祭司的托沙布和其雇工人一样，都不可以吃圣物（《利未记》22:10）。这条礼仪规定或许使托沙布有近似客的意思。不过，托沙布在此似乎正是意指不属于家族成员者，一如"sakhir"指自由的日雇劳工，正相对于 'ebed（奴仆）。后者和托沙布一起提到时，应是指 inquilinus（外国人）。《利未记》25:47 连同格耳一起提及的托沙布，是成了富人的自由寄居者。至于两者经常在史料上连用的原始法律意涵，恐怕不再是能确定的了。

2　赫希欧德（Hesiod）为公元前 8 世纪希腊诗人。在西方文化中他最早把劝诫或教训写入诗中。他的《神谱》（Theogony）记述诸主宰神之间为争夺权力而进行的血腥战斗，而另一部著作《工作与时日》则说明人类在尘世间的处境在他所谓的"铁的时代"，还是同样悲惨的。我们从《工作与时日》中了解到一些他个人的情况。其父自小亚细亚移居于希腊的波提亚（Boeotia），经营海上商业而累积若干财富，尔后以拥有土地的农民身份定居于 Helicon 山麓。他的一生大部分是在 Helicon 山麓附近的阿斯克拉（Ascra）村度过的。原是牧人，后来才成为诗人歌手。只有一次离开家乡，过海到埃维亚（Euboea）岛参加为葬礼而举行的歌唱比赛。——译注

压榨成债务奴隶，并歪曲法律而滥权威制。对此的控诉，通贯于
整个旧约里。以色列所发生的这种经济的阶级分殊化，毋宁是整
个古代早期的城市共通的现象，尤以债务奴隶为其典型。在传说里，
所有的卡理斯玛君侯，打从耶弗他（《士师记》11:3）、扫罗（《撒
母耳记上》13:7，做非利士人奴隶的希伯来人），尤其是从大卫（《撒
母耳记上》22:2）一直到犹大·马喀比[1]，身边的扈从和佣兵都看得
到他们的身影（《马喀比前书》3:9）。在与迦南的城市贵族战车骑

1　犹大·马喀比（Judas Maccabaeus），公元前 2 世纪时领导犹太人反抗塞硫古（Seleucid,
又称叙利亚，因其定都于叙利亚的安提阿城）王朝统治的犹太英雄。公元前 2 世纪时，
巴勒斯坦（包括耶路撒冷）皆在接续亚历山大大帝的塞硫古王朝的统治之下，当地的犹
太人自不例外。公元前 168 年，塞硫古君主安泰奥克斯四世（Antiochus IV Epiphanes,
前 175—前 164 年在位）被犹太人的一些反抗行径所激怒，决心要以希腊宗教来取代犹
太教；以此，犹太教被宣布为非法，并采取各种严厉的措施来消灭犹太教：如下令废止
一切犹太教的节期、禁止行割礼、禁守安息日、大肆焚烧圣书、悍然在耶路撒冷圣殿里
竖起希腊神祇奥林匹亚宙斯的祭坛，并在其上用犹太人视为不洁的猪进行献祭，并强令
犹太人吃猪肉等。安泰奥克斯四世以上的倒行逆施引起犹太人的极端痛恨。在这样的压
迫下，出身耶路撒冷西北莫丁城（Modin）里最为显贵的氏族哈斯蒙家（Hasmonäer）的
老祭司马提亚（Mattathias）终于号召全城居民起来抗暴。由于马提亚在举事的第三年（前
166）即告去世，此后数年（前 166—前 161）的抗暴运动皆由其三子犹大·马喀比所领
导（"马喀比"本为犹大的绰号，意为"锤子"）。犹大·马喀比智勇双全，屡败塞硫古军，
并在公元前 165 年光复耶路撒冷；因此，他虽然在公元前 161 年不幸阵亡，犹太人仍视
其为最主要的建国英雄，整个抗暴运动因此被称为马喀比抗暴。在他死后，他的兄弟约
拿单·亚腓斯（Jonathan Apphus）与西门·太西（Simon Thassi）继续他的使命，终于
在公元前 143 年争取到塞硫古王朝给予犹太人完全独立自由的权利。西门所建立的王朝
一直持续到公元前 63 年才被罗马人灭掉，史称哈斯蒙王朝，不过为了纪念马喀比，亦
称为马喀比王朝。
　　在马提亚掀起抗暴运动后，一时声势颇大。然而由于抗暴军多为虔信教徒，他们严
守摩西律法，为男孩补行割礼、遵守安息日等。正因如此，塞硫古开来镇压的军队曾有
一次利用了抗暴军和百姓守安息日的时候发动进攻。抗暴军竟然束手待毙，既不加以还
击，甚至也不去堵塞藏身的洞口，这一次的突袭，犹太抗暴者，男女、儿童，殉难者达
一千人。血的惨痛教训叫他们醒悟过来，马提亚因此和其他领导人决定：此后即使遇到
安息日，敌人胆敢来攻，也必须毅然进行反击，绝不能重蹈覆辙。韦伯在下一章里提到
的在战后，哈斯蒙一家被（虔信教徒）视为令人唾弃的希腊人即指此一事件。
　　至于《马喀比书》则是记述整个抗暴建国事件的史传，被列为《圣经次经》之
一。——译注

士征战时，曾经是以色列誓约共同体军队核心的自由农民，随着以色列大氏族逐渐移往城市居住以及战争技术逐渐趋向战车阵仗发展，如今也愈来愈成为自己民族里的平民了。

反之，寄居者，格耳或托沙布，完全是另一回事。他们的状况必须结合俘囚期之前与之后的史料才能够理解。

第六章

格耳林姆与族长伦理

　　首先，大部分的工匠与商人是处于"格耳林姆"的状态，这在城市里也好，在城外的沙漠贝都因人那儿也罢，全都一样。从阿拉伯的情形来推断，他们在贝都因部族团体里根本得不到团体成员的地位。就算对贝都因人而言最为重要的工匠，锻冶工人，也几乎总是被视为礼仪上不洁净的客属工匠，至少多半被排除在通婚范围之外，习惯上也不能同桌共食。他们形成一个贱民种姓（Pariakaste），只享有传统上的、多半是宗教的保护。对于贝都因人不可或缺的游吟诗人和乐师，情形也是如此。与此完全相对应的是，在《创世记》里（4:21—22），该隐既是锻冶工和乐师的部族祖先，同时也是第一个城市建立者。以此，我们可以推断，在这个部族系谱形成之时，这些工匠在巴勒斯坦，如同在印度，不但是处于吉伯林姆之外，同时也位处于一般的以色列同胞社会之外的客族（Gastvolk）。虽然如此，我们当然也发现到某些技艺高超的工匠被视为自由的卡理斯玛工艺者。耶和华的灵充满了犹大支派中户珥的孙子、乌利的儿子比撒列（《出埃及记》31:3 以下），也就是一个完全的自由人，并且教导他雕刻宝石金属和木头等各样的工。又从但族那儿出现另一个完全自由人做他的帮手。这使我们想起在印度拥有礼仪上的特权地位的卡玛拉工匠[1]，他们也发挥着同样的技艺。相似之处还不止如此。卡玛拉是从外地输入到印度南部、拥有特权的王室工匠。根据传说，但族是居住在西顿地区。《列王纪上》7:14 里记载，所罗门圣殿建筑工程的大工头户兰（Hiram）是个推罗人，传说他的母亲是拿弗他利族人，换言之，这样一个混血儿被所罗门王召唤到宫廷里。我们或可假定，王室的建筑工程与军事需求上的重要业务都被组织成王室手工业。在俘囚期之后的《历代志》里，提到外族的亚麻织工、陶工与木工，或许就像俘囚期之前的王室工匠。关于这点，我们会在其他的关联里再予讨论。耶路撒冷城破之际，尼布甲尼撒从城里带走的，除了有战斗力的氏族之外，还有工匠，尤其是王室工匠。等到结束俘囚归来，在以斯拉和尼希米的领导下重新建设共同体组织的时候，金匠、小贩和香油商人在旧有的氏族团体之外，另行组织行会。这时，他们被脱卸异邦人的属性，而被接纳到犹太的宗教共同体组织里。不过，直到耶稣宾西拉的时代[2]，或者更晚的时代

1　卡玛拉（Kammalar）是印度的一个工匠种姓，韦伯曾在《印度的宗教》里提到这个特殊的种姓："此处让我们留意一下卡玛拉这个由熟练的金属、木材和石材工匠所组成的种姓的情形。他们自称是工匠之神维斯瓦卡玛（Visvakarma）的后裔，应诸王之聘而遍布于缅甸、锡兰与爪哇，声称自己的阶序要高于祭司和新来的婆罗门。显然，他们以巫术性技艺的担纲者之身，成为其他种姓的导师（Guru），亦即精神上的灵魂司牧者，以至于说：'卡玛拉是全世界的导师。'"（页 95）——译注

2　耶稣宾西拉（Jesus ben Sira）为传说中公元前 2 世纪的以色列智者，被列为《圣经次经》的《西拉书》据说即为他的著作。《西拉书》大约于公元前 2 世纪初用希伯来文写成，共分 51 章，于公元前 130 年左右由他的孙子在亚历山大译成希腊文。《西拉书》是希腊化初期出现的篇幅最长的犹太智能书。作者在书中采用长短不一的格言形式，叙述了诸如宗教、道德以及实际生活等多方面的问题，并结合个人的生活经验对犹太民族传统的智能做了总结。该书带有强烈的护教性格。它阐明，以色列民族的神圣历史、

里，相对于古老的以色列氏族，工匠在政治上仍然没有担任官职的资格。以此，他们所形成的是一种城市特有的"人民"(Demos)。这个平民阶层在当时，也就是在俘囚期之后的城邦国家里，所包括的不止是工匠与商人。而是一如迈尔令人信服的指证，还包括以下这些人：(1) 在居鲁士 (Cyrus) 治下归回故土的民众里，许许多多并不是按照**氏族**登录，而是出生于耶路撒冷从属地区内某**特定地域共同体** (Ort) 的男子 (anaschim)，亦即从属于首都的某个城镇的地域共同体里的平民成员；(2) 并无此种地域共同体属员的申报而被算成是"卑微女子之子"(bne hassenu 'ah) 的数千人，米歇里斯 (Michaelis) 和迈尔很正确地将他们视为耶路撒冷城邦共同体居民里的平民。这两种人显然是不包括在古老的吉伯林姆氏族名簿里的以色列平民。这个阶层的成员，无论在先前的时代里是否被视为以色列平民，或者（例如大多数的工匠）被视为寄居者，如今在俘囚期之后的城邦国家里，依照迈尔有条有理的推定，如果他们接受法律的话，就依氏族那样按照分割配给到的土地而组织起来，并依出身地域罗列姓名而登录到新的市民名簿里。由耶路撒冷的重新建构所体现的城市聚居是以古老的氏族名簿为基础而得以完成的：那些在首都里比庐为户的家族被视为古老氏族的定额代表。不过，此种古老氏族体制的遗绪，后来便消失了踪影，显然是因为其军事作用，在全然非军事的、受监护的城邦国

(接上页注) 文化与生活远非希腊人或其他外邦人所能企及，耶和华已将真正的智能给予了他的人民。真正的犹太人要在神的指引下，发扬光大民族传统以抵御希腊化的影响。智能在作者看来并非人类经验之总和，而是神的智能。神通过智能创造了世界，神的智能由神之口道出，并渗透整个被创造的世界秩序，包括人类的道德世界。但与这种传统保守的立场相配合的还有一种犹太人的外部世界开放的意义，有一种做世界公民的理想。这种理念可以归因于当时希腊化通俗哲学的影响。——译注

家（Clientelstadtstaat）里，全无用武之地所致。

俘囚期后的《历代志》所呈现的官方观点（《历代志上》10:2）里，除了完全自由的以色列人之外，就只有宗教礼仪限定下的积极特权世袭身份（例如祭司与利未人）和消极特权世袭身份（例如尼提宁人[Nethinim]），但未见任何世俗世袭身份者。在俘囚回归之际尚且存在而被入列的大卫氏族，后来就消失了。福音书里耶稣祖先的部族系谱就是为了符合古老的应许而捏造出来的。理论上仍然存在的氏族编制，以及起初即有确实仍在的宗教祀奉义务的编制（很快会谈到），在面对个人直属"qahal"或"cheber hajjehudim"，亦即犹太教团的情况下，意义尽失。自此之后，一则是借着生为犹太人且承担礼仪义务，一则是通过个人主动接受，成为犹太教团的成员。在旧犹太人和新犹太人这两个范畴之间，只不过残留着些微的身份差异的痕迹（尤其是与祭司通婚）。至于其他方面，两者是平等的。唯有祭司氏族身份上的特殊地位仍旧维持着，我们后面会特别加以讨论。就像农民（不管是自耕农或小佃农）一样，所有的工匠，只要信奉耶和华，尽管仍然不能担任官职，但全都被视为完全的犹太人，这意味着，在典型的身份分化意义上，一种**城市**的"人民"（Demos）的形成。俘囚期之前，这样的"人民"并不存在，因为礼仪上的部族分离原则抑制了此种身份分化。即使是在俘囚期之后，平民也从未被**组织**成一种真正的、古代古典的城邦国家体制的专门术语意味下的"人民"。同样也未组织成中世纪的那样一种"popolo"，亦即"市民阶级"。就我们所知，也未曾出现像古代那种 Demoi、Tribus 的集会，或类似的由全体定居市民组成的、政治性防卫和选举团体的地方集会，或者像中世纪那样按照行会所组成的、市民的誓约兄弟团体或代

议制 [1]。同样的，此时也欠缺政治的前提条件，亦即古代重装步兵或中古市民军队那种军事组织，而此乃西方平民的政治权力的基础。

尽管法律上有所变化，俘囚期之后的实际社会与经济情况和俘囚期之前原则上并没什么不同。富有的地主多半居住在耶路撒冷，并且在那儿消费他们的年金收入。此时的确也有有力的氏族，他们本身并不居住在耶路撒冷，但通常被视为某个城市的市民。哈斯蒙家（Hasmonäer）的氏族，尽管其陵墓高耸在地中海海岸边的山冈上，但仍是莫丁城（Modin）里最为显贵的氏族（《马喀比前书》2:17）。那些**并未**聚居在耶路撒冷的显贵世俗氏族，一般而言是礼仪严正的犹太教团的敌对者，其中，宣称自己是祭司后代的虔诚的哈斯蒙家，毋宁是个例外 [2]。城市里，尤其是耶路撒冷城里，经济上与政治上的有力氏族借着高利贷和扭曲法律来压迫平民，一如俘囚期之前，先知们所谴责的那些"高贵人"。特别是诗篇的作者发出了恐怖的控诉与复仇的怒吼。这些富人被冠上独特的称谓"肥仔"，相当于中世纪意大利的术语"富裕市民"

1　有人相信可以将犹太的阿姆哈阿列次视为一种古代希伯来人的国民议会。Sulzberger, 特别是 Slousch（"Representative government among the Hebrews and Phoenicians", *JQRNS*, 4 [1913]），p. 302ff.）为此引用了类似的例子：例如在提洛（Tyro）、西顿（Sidon）、迦太基等地的货币上的 'am Zor、'am Zidon、'am Karthachdeschoth，时代则为阿姆（'am）开始支配之后。此处的阿姆是家族长，但无疑只是城居门阀氏族的代表。就像在耶路撒冷，根据《尼希米记》第 10 章，阿姆是宗教契约的签署者，恐怕是人数有限的小圈子，这也暗示，他们所形成的是一种寡头政治的军事团体，一如出现在民主时代之前的希腊城市里的情形。

2　就礼仪上看来，哈斯蒙家的英雄打从一开始就是相当不端正的。和那些逃往沙漠（《马喀比前书》2:29）而在安息日里让自己束手遭受屠戮的虔诚民众（2:38）相反，马提亚决定和他的徒从在安息日里出战（2:41）。解放战争一结束，真正的虔诚者即视哈斯蒙一家为令人唾弃的希腊人。

(popolo grasso)[1]。就像传说里先前围绕在亚比米勒身边，后来围绕在大卫身边的被压迫者尤其是债务奴隶那样，他们现在围绕在犹大·马喀比身边，作为他的扈从追随他屠杀所有犹大城市里的无神者，也就是诗篇里经常提及的"肥仔"（《马喀比前书》3:9）。身份分化的经济基础因此是非常稳定的。唯一重要的新现象是，在俘囚期后的发展过程里，城市的人民，也就是小市民阶级，愈来愈成为虔诚信仰的纯正担纲者，跃身成为"虔敬派（哈斯丁）的教团"（Gemeinde der Hasidim），并且随着法利赛派的抬头，最后扮演了决定性的角色，虽然形式上其政治权利并无任何改变。城市人民事实上的重要性和形式上的无权利性，二者（后面会加以讨论）与后期犹太教城邦国家的神权政治的特质关联甚深。此一特质，亦即共同体国家的这种宗教基础，同时也决定了以下事实：昔日，客族工匠乃相对于以色列人的外来部族，如今这个旧有的性质去除之后，对于"寄居者"的古老用语，也失去其原有的意义，并且获得一个后面会加以说明的崭新意涵，亦即"改宗者"（Proselyten）。不过，在此我们首先还是要进一步关切其古老的、俘囚期之前的意义。因为，尽管经济的基础持续不变，俘囚期之前的城市人民的法律地位却是相当不同的。

俘囚期之前的寄居者（格耳）和完全的外国人，亦即诺克里（nokri），是清楚分隔开的。后者毫无权利可言。格耳虽是部族外

---

1 所谓的 popolo grasso，指的是中古意大利城市中的一个特殊身份团体，根据韦伯的说法："popolo grasso 指的是受过大学教育或拥有资本的阶层，他们被组织成七个上层行会（arti maggiori），亦即：法官与公证人、货币兑换商、进口布商、佛罗伦萨毛布商、丝织品商、医师与药物商，以及毛皮商人的行会。原先，所有的城市官员都必须由这七个贵族所加入的行会里选举出来。直到数次的暴动之后，popolo minuto（下层市民）——小企业经营者——的十四个行会（arti minori）才正式获得参与权利。"（《城市类型学》，页134）——译注

的人，但受到法律保护。部族外的人可以两种方式获得保护关系。他可以投靠某一个家长而成为受保护团体里的成员。以此，他便受到家长纯粹个人的保护，而事实上此种保护就连完全陌生的诺克里，譬如四处旅居的客人，也可以享有。至于保护周到与否，亦即受保护者是否免于遭受护主本族人的恣意妄为，就看这个保护主的权势如何了。如果护主使不上力，客人就只能依靠上帝的愤怒或自己族人的复仇来保护。住在所多玛（Sodom）的罗得（Lot）家中的两个天使为客[1]，以及基比亚的利未人[2]，他们的命运说明了这点。不过，一个寄居者从某个以色列部族转而为另一个部族所接受时，在此意义下也是没有法律权利的，正如基比亚匪类恶行故事里的利未人的处境。同样的，这个例子也显示出，在某个以色列部族里拥有完全资格的人，一旦移居到另一个部族里去，即使这两个部族间就像便雅悯和以法莲之间，有着近亲的关系，也往往仅被视为寄居者，而不是弟兄成员。他可以有一个家，而且被视为一个"家族长"，就像那个故事里在基比亚的以法莲人。至于是否还可以另外拥有土地，就不是那么清楚：在早期，似乎不太可能，尽管并不是完全不可能；后来倒是肯定的，记录显示，有两名族长原先是被视为格耳林姆。（问题在于：是属于哪个团体的格耳林姆，氏族的、地域团体的还是部族的？并且，随着土地的获得而来的，还有哪些其他的权利[3]？）很可能是从俘囚期前的时

1　详见《创世记》19:1—13。——译注

2　详见《士师记》19、20。——译注

3　只要牵涉到的是农民的土地，而不是战士的份地（或许已有此种情事），格耳林姆的获取土地很可能被认为是各个村落内部的事。我们想起，赫希欧德的家族也是移居到波提亚（Boetia）的部族外来者，可是诗人本身却成了当地的一名地主，以术语来说，一个"periocoi"。

代流传下来的一则规范里的规定（《利未记》25:35）："穷困的"，换言之，失去了土地的以色列人，应被视为格耳，依此，很可以理解，没有地产便成为格耳的一个普通的（即使或许不是普遍的）判准。不论就土地所有权这点而言其地位为何，史料上所说的"格耳"，一般是意指无市民权的城市居住者（Beisasse），这样的人**不仅**是处于个人的私下保护与客人法的宗教保护之下，而且其权益也受到**政治**团体的规定与保护。此种法律关系，古老的法律集里是以"ger ascher bisch 'arecha"这样的用语来表示，亦即"你家门里的寄居者"，换言之，是属于城市的法律管辖范围内被纳入法律所规制的保护关系里的寄居者[1]。因此，格耳非但不是仅止于处在个人一时的、就连诺克里都可以享有的客人保护关系下，而且也不是处于单一个主人的私人永久性的恩护关系下。史料上似乎是认为他们有出庭的资格，因为曾有警告不许欺压他们：或许他们要求有代为辩护者。神圣的律法里强力规定，同一个法律全体通用于以色列人与格耳身上，无论在哪一方面。这给人一种事情有所更张的印象：格耳林姆的宗教同化正在进行，而且其中确实有某些范畴，我们后面会看到，属于耶和华信仰的主要担纲者。不过，原先，一个非以色列人是可能处于格耳的法律地位的，意思是就像其他部族出身的以色列人。通常的情形确是如此，因为，完全自由的以色列人的各种礼仪规定原本**并不**通用于格耳。这些礼仪规定适用于整个家族共同体，然而也仅止于聚居在家族共同体里并共享家族祭典会食的这个人际圈子。在现存律法书的最早期编

1　传说里的"利未人的城市"里，祭司部族利未——我们至此尚未加以讨论——的地位，最足以显示传统上是如何看待寄居者的一般状态的。

纂时代里，唯有安息日歇息的规定也适用于格耳，这或许是为了防止格耳的劳动与以色列人的劳动相竞争[1]。不过，根据较古老的法律，割礼并不强迫格耳遵行，而是可以自由选择（《出埃及记》12:48），反之，在此规定的时代里，所有的奴隶都已经要行割礼。因此，奴隶可以参加逾越节会食。此种情形必然早在俘囚期很久之前就已经有了很大的改变。因为，当祭司法典建立原则（《利未记》17:10；《民数记》9:14—16），无论在哪一方面，同一法律与同一礼仪义务应一体适用于以色列人与寄居者，这当然是为数甚多的格耳林姆已是行了割礼且过着礼仪严正的生活之后的结果，而我们将会看到此事何以发生，又是如何发生的。反之，依《申命记》之前的法律，奴隶似乎并没有被要求恪守安息日休息的义务（《列王纪下》4:22，故事来自耶户王朝时代的先知传说）。

　　圣经的法律命令与道德命令一般说到格耳时，就像是在说一个孤立的个人。然而，这和我们得知于传说里，完全发展的城邦国家里的情形并不一致，而且和早期的情形更不相符。在早期，被视为格耳林姆而在政治上并未被计入以色列部族里的那些人，一如政治上并不具有完全资格的以色列人（农民），通常被认为是组织成各种团体的。农民组成村落，格耳林姆部分组成各地域共同体，不然的话，组成氏族与部族。当某个以色列部族不得不并入一个外人的政治团体时，其部族体制仍然维持不变。在底波拉之歌里，但族人在腓尼基人的船上服务，这也不能证明什么，因为，

1　根据尼希米时代的安息日命令的立论方式，那时禁止每周市场交易是主要的重点所在，而此一规定无疑是为了以色列人的利益（防止非犹太人的不当竞争），而不是为了外人。阿摩司和耶利米的时代也是如此。这情形相较于古老的时代里农耕劳作的歇息乃安息日规定的关键因素，自然是两回事。

此处很可能只是个别人等受雇为薪酬劳动者而已。不过，在雅各的祝福里，以萨迦部族一般都是被称为"赋役仆人"。因此，以萨迦人显然是在政治上非自愿地被并入到一个支配性的外族城邦国家里，但仍然保有自己的部族组织。另一方面，同样的，传说里所知道的迦南的基遍人，移居到迦南时，因其军事领导阶层和以色列结为同盟，所以成为对以色列负有赋役义务但同时又得以自治的臣民。此种关系必须和以下这些人的身份处境区分开来，亦即在有关以斯拉和尼希米领导重建耶路撒冷的报告里出现的守门人、乐人、神殿仆役（nethinim）以及这些人之外的"所罗门的仆人"。因为他们是世袭的在氏族编制之下负有赋役义务的**犹太人**团体，而不是格耳林姆。可拉之子（bne Korah）——其先祖在摩西的传说里作为祭司的反叛者已扮演了一个角色[1]，以及亚萨之子（bne Asaph），二者皆为诗篇的担纲者[2]，正是这样一种歌者氏族，曾经是格耳林姆，不过如今已是完全的犹太人。

　　古代以色列的格耳林姆和他们的情况是不相同的。一方面，相对于那些圣幕传奇故事里系名于氏族和部族之下完全自由的以色列的卡理斯玛艺术家，另一方面，相对于那些所罗门圣殿工程记事里没有被提到氏族名称的、外地来的王室工匠，我们看到，《创世记》里的锻冶工匠和乐人是和以色列人不同部族而源于某一名祖的氏族。同样的，在那些或许对国家负有赋役义务的王室工

---

[1]　可拉是利未族人，他曾联合族人与摩西之兄亚伦争夺祭司一职（《民数记》16），结果被耶和华消灭，连带被杀者据《圣经》所言有 14700 人。不过可拉的儿子并未全部被杀，利未人之中仍有可拉一族（《民数记》26）。——译注

[2]　《诗篇》当中的第 42—49、84—85、87—89 章被指名为可拉的后裔所作。亚萨所做的是第 50 章及第 73—83 章。

匠里，无论如何，亚麻织工[1]、陶工[2]可能连同木工[3]，总是被视为格耳林姆。同样被视为格耳林姆的还有我们很快就会谈到的牧羊人，他们在部族系谱里，连同打铁工和乐人都被算作该隐的后裔（《创世记》4:20）：在杀害兄弟的故事里（《创世记》4:2），该隐就是被当作农人，正相对于他的兄弟牧羊人亚伯，后来在上帝的诅咒下，该隐被安排成了贝都因人（《创世记》4:12），在这个部族系谱里清楚明白且一般通贯地成为以色列内部所有典型的客人部族的始祖，而他的兄弟塞特则是以挪亚为代表安居落户栽种葡萄的以色列人的始祖。在挪亚所分出来的三个部族里，迦南是个对其他两个部族负有赋役义务的不自由的部族，一方面是对闪族，亦即包括希伯来人在内的内陆诸支配民族的部族祖先，另一方面是对雅弗族，亦即北方与西方的海岸及岛屿民族的部族祖先。不过，雅弗是"住在闪的帐篷里"，因此无疑被认为是自由的寄居者，而且也可能是商人。这个传说应该是形成于与迦南人的残存者尖锐对立而与腓尼基人保持友好关系的那个时期。向残存下来且仍住在原地的全体迦南人普遍课以纳税义务的事实，传说上是推溯到所罗门

---

1 《历代志上》(4:21)："织细麻布的各家。"他们被编为氏族，并且连同其他各氏族，被视为犹大之子的后裔。然而其特征是，没有自己所源出的名祖（Eponymous）。因此，犹大的系谱应该是俘囚期之后的伪作。

2 《历代志上》(4:22、23)：约阿施和萨拉，他们是摩押地的家族长（baalim），并且"古时所记载的，这些人都是陶匠，是尼他应和基拉的居民，与王同处（围墙里的庭院），为王做工"。他们因此拥有服务采邑。

3 《历代志上》(4:14)：西莱雅之子约押是"木工之谷的父祖"，亦即居住在耶路撒冷城里的某个地区。因此，木匠似乎是像佃农那样住在约押的土地上。或者（更有可能）他是他们的护主，而此种恩护关系是王所给的俸禄。对于这些木工并没有相关氏族组织的记载。

王（《列王纪上》9:20）[1]。依此，似乎有各种不同类型的格耳林姆存在，或是自由的，或是负有赋役义务的，关于其法律地位，详情无法肯定[2]。无论在此一传说的建构所表达的或令人回想起的是怎样的实际状态，总还可以肯定的是：格耳林姆并不被算作是负有战斗义务的以色列之子，不管是作为吉伯林姆或作为"兵丁"（'am hamilchamah），并且，被视为**外来部族者**而且被**组织**起来，部分成为定居的被保护部族，部分成为非定居的客人部族和客人氏族。正如示剑和第拿（Dina）的故事所显示的，原先他们是在礼仪上和以色列人分隔开来，并至少因此而被排除于对等的通婚权之外。客人部族受到礼仪上的禁断区隔的现象，我们从印度那儿知道得很详尽。对我们而言最为重要而且在传承里也最容易辨识出来的两个格耳林姆的例子，饲养小牲畜的牧人和利未人祭司，便是属于没有自己的土地财产的客人部族的这种类型。这两者在传说里共有的特征是：不能参加政治上具有完全资格的防卫团体的土地分配。不过，两者也和其他所有的格耳林姆一样，与定居的人民保持着一种坚固的法律关系。两者在以色列部族的领域内不能拥有农耕地，但可以有居住地——尽管多半是在城门外，同时也获得放牧其牲畜的牧草地使用权。基于宗教史的缘故，我们有必要

1　这个传说极有问题。《列王纪上》9:22 里曾说到，与迦南人相反的，唯有以色列人，所罗门王（不使他们做奴仆而是）使其做他的战士（'anshei hamilchamah）、军官或官员，这是偏向于以色列平民的利益。然而以色列一般的自由臣民也被课以赋役义务，这在《列王纪上》5:13 里清楚表现出来，此处，以色列人必须提供三万名劳工。不过上述（22 节）的记事也显示出，当时未具武装能力并且不能参与分配自由地产的男子，断然不是以色列人，而是格耳。

2　根据《历代志上》22:1 所载，大卫王从全以色列境内的格耳林姆当中征调石匠，要建造上帝的殿。事情似乎应该是反过来，石匠本是王室工匠，因此是格耳林姆。

针对这两个范畴做更进一步的考察：牧羊人，由于传说里称呼他们为"族长"，也因为他们在先知的耶和华宗教的形成上扮演了重大的历史性角色；利未人，则是因为他们乃是耶和华崇拜的担纲者。

　　上述的**城市**组织到底会往哪些地方扩展，取决于政治的情势，特别是取决于能够将贝都因人控制在哪个地区的防线上。在罗马帝政时期，城市组织深入推展到沙漠地区里，后来因伊斯兰教的入侵，至少东约旦地区落入了贝都因人的手里，并且与西方地区相敌对，城市组织亦告消亡。贝都因人对城市组织共同体的侵袭，贯穿了整个巴勒斯坦的历史。在阿马纳书简里，被冠上 Sa Gaz 这个称号——至今仍无法弄清如何发音——的战士，部分而言，并且也通常是，埃及的诸侯和总督们必须对战的敌人，部分则是为这类诸侯卖命的佣兵[1]。从汉谟拉比[2]的书信集里所得知的 Sa Gaz 则是美索不达米亚西方边境上的游牧民，置身于君王派遣的某一个总督的治理下。侵入叙利亚和北巴勒斯坦的 Sa Gaz 放火焚烧被征服的城市[3]。或者唆使当地的居民杀害埃及的封臣，和他们同起同行，"像 Sa Gaz 一样"[4]。或者他们征服城市但不加以摧毁，而是取代先前的埃及封臣与党属的地位，俨然成为向周边从属领地课取赋役的领主。问题在于，所有诸如此类情况下的这些 Sa Gaz[5]，是

1　Knudtzon, Nr. 196.

2　汉谟拉比 (Hammurabi)，巴比伦第一王朝的第六代国王。这个王朝是阿莫里特 (Amorite) 部族建立的。汉谟拉比自公元前 1792—前 1750 年统治巴比伦，他继承先王遗志，继续为取得幼发拉底河河水的使用权而奋斗。在这一抗争中，他统一了美索不达米亚地区。他曾颁布一部著名的法典，亦即汉谟拉比法典。——译注

3　Knudtzon, Nr. 185.

4　Knudtzon, Nr. 74.

5　Chabiru 属于 Sa Gaz，这点根据 Bhogazköi 的发掘已无疑问。

否真的都是贝都因人，亦即沙漠地区的骆驼饲育者，或者也许是完全不同的人。

在两方之间，亦即一方是定居人民，也就是城市贵族、自由农民或被课以赋役或贡纳义务的定居农民——他们栽种谷物、果树、葡萄也养牛，另一方是饲养骆驼的自由的贝都因人，在这中间还存在着至今为止仍是遍及整个地中海地区的一个特色独具的阶层：半游牧的小牲畜饲育者，亦即**饲养绵羊与山羊的牧人**[1]。这个阶层的生活方式在地中海地区无论何处，尽皆取决于前往远方**替换牧草地**的必要性与易于实行性（正因为是饲养小牲畜，而不是牛）：越过阿布鲁济山（Abruzzi）到达阿普利亚（Apulia），穿越大半个西班牙，以及同样发生在北非与巴尔干半岛的情形。在西班牙被称为"Transhumanz"（季节性的土地交替）[2]的这种生活方式，决定了以下两个事实：首先，共同的季节性移动，因此相对于贝都因人毫无章法的集结，使得内部更加紧密团结的共同体得以形成；其次，对外得以和行经地区的土地所有者形成强固的规制关系。收割后的残茬使用权、休耕地牧草使用权以及移动路线通行权，都必须有稳固的协议才行，如果没有的话，总是常发生的暴力相向将会导致永远的敌对关系。因为这些牧羊人总是试图僭越属于他们的通路权和放牧权，任由他们的牲畜提早侵入田野并踩踏移动路线上的田地，就像耶利米（12:10）所说的，他的葡萄园和农

1　关于"牧羊人"对于耶和华崇拜的意义，已有 Luther 的论述，参见 Ed. Meyer, *Die Israeliten und ihre Nachbarstämme*, S. 120f.。

2　关于这点，最近 R. Leonhard（"Die Transhumanz im Mittelmeergebiet", in *Festschrift für Brentano*）首度整体性地加以处理，极有贡献。

田的遭遇[1]。这个游牧放羊人阶层的存在与重大意义,对于巴勒斯坦的无论哪一段历史时期而言都是确实肯定的。此种方式如今也发生在骆驼饲养者身上，他们从东约旦地区驱赶牲畜到加利利的残茬草地与休耕地。不过，这并不是典型的例子。小牲畜饲育者在巴勒斯坦古代早期的古典代表是利甲族（Rechabiten），一个誓约兄弟共同体，他们肯定从南到北地穿行于几乎这整个地区。他们是基尼人（Keniter），而这个部族一方面是与南方沙漠的亚玛力人（Amalekiter）接界，有时也与之结盟，另一方面，在底波拉之歌里，我们发现他们是在北方。利甲族的固有牧草地，在耶利米的时代，显然是位于犹大的山地，战争危险之际，他们便将牲畜赶往耶路撒冷城墙里。两个半世纪之前，当北方王国发生耶户的革命时，他们即扮演了决定性的积极角色。他们是小牲畜饲育者。就像贝都因人，他们瞧不起住屋与定居，忌讳土著耕种，绝不饮酒（《耶利米书》35）。对他们而言，这种生活方式是上帝通过部族的先祖利甲的儿子约拿达所吩咐下来的神圣命令。其他的小牲畜饲育者团体也和他们一样四处远程迁移。根据传说，后来消失的古老部族西缅，一方面曾和示剑交涉约定城市周边的牧草地使用权，另一方面传说里又把犹大南方的荒野视为他们的出入所在。除了利甲族所呈现出来的纯粹典型之外，当然还有许许多多过渡的形态。通常，牧羊人为了自给起见也会多少从事些依规模地点而定的不定期农作[2]。因此往定居农民的方向推移的过程是流动不居的。彻底的土地占有，在他们来说是不可能的，因为，首先，这些土地是

1　另外，在《耶利米书》6:3 里先知预言有敌来袭，便把敌人比喻为牧羊人那样，在四周搭起帐篷然后让牲畜啃光草地。

2　东约旦的英雄耶路巴力—基甸在打麦子,《士师记》6:11。

牧草地带，而他们的资产重点是摆在牲口数上。小牲畜移动缓慢，使得他们的移动自由度受到限制，比不上贝都因人，也注定了要遭到后者的掠夺。因此，他们便成了与他们处境相同而被劫掠更惨的定居农民的自然同盟伙伴。在"耶和华与亚玛力之间"存在着"永远的敌对"。该隐，被文身的贝都因人，相对于牧羊人亚伯，被认为是受到诅咒永远不得安居过活。除此之外，我们也时而发现牲畜饲育者（基尼人）和贝都因人结成同盟，并强烈感受到他们与以东人的亲缘关系。从贝都因人的生活方式推移到半游牧的牲畜饲养的生活方式，过程自然是特别变动不居，并且也有结合各式各样牲畜饲养的情形出现，譬如族长们，以及例如约伯（Job），传说他拥有羊、驴、牛和骆驼，并且过居家生活、饮葡萄酒。起先被视为沙漠的贝都因人的该隐后裔，基尼人[1]，到了历史时代，正如《创世记》里的系谱所呈现的，被认为是特别敬畏上帝的牲畜饲育部族。基甸时代的米甸人所拥有的牲畜，显然并不止是骆驼而已。以东人确实也是如此，而在赛索特里斯[2]时代将埃及的亡命者西努黑[3]当作客人一样接待的那个酋长，也无疑是如此。朝另一方向推移的情形，也同样是变动不拘的。

1　参见《民数记》24:21、22；将他们视同为贝都因人这点，时而有不合情理的异议出现。

2　赛索特里斯（Sesostris），古埃及第十二王朝统治者（前 1971—前 1926），曾经征服叙利亚、努比亚等地，并开发西奈铜山。——译注

3　西努黑（Sinuhe），埃及中王国第十二王朝（前 1991—前 1786）官员。他是阿门内姆哈特一世（Amenemhat I）王后为其夫留下的后宫官员。在一次征讨利比亚途中，他听说阿门内姆哈特一世被刺（前 1962 年）后，或由于恐惧，或由于同谋关系，遂即潜逃。他本想前往南方，但在横渡尼罗河时被风吹向北方，进入巴勒斯坦。他在巴勒斯坦和黎巴嫩漫游很长时间后，被邀请到南叙利亚和一酋长同住，这位酋长收留了他，并以长女许之为妻。西努黑遂在该地成家并成了一位名副其实的族长。阿门内姆哈特一世之子法老赛索特里斯邀请西努黑返回埃及，国王以重礼欢迎他归来。西努黑传记成为人们喜爱的史话流传下来，他的传记是以事实为根据。西努黑事迹由现代芬兰作家米卡·瓦尔塔里改写成通俗小说《埃及人》（1949）。——译注

　　小牲畜饲育者与城外农民和城内居民之间的关系，通常是奠基于根据契约而确定的牧草地使用权和通路使用权。换言之，他们是格耳林姆。这样的关系很容易致使经济力强大的氏族，不管是通过协议，或经由武力斗争，拥有完全的市民权而入居于城里。根据传说，但族人有很长一段时间在以色列并没有定居地点（《士师记》18:1），直到他们在西顿地区里占领了莱许城（Lajisch）为止。

　　不过，游牧的牧羊人一般而言是处于某些特定的发展趋势之下。在和平时期，人口的增加与财富的累积往往意味着，对牧草地加以限制以利于耕地利用的扩增，而这必然使得剩下来的牧草地被更加集约地利用。两者都促使牧羊人愈来愈集结于更加固定且更小的牧草地区，而这又无可避免地使他们的社会单位缩小化。相对应于以上情况，这样的社会单位是不稳定的。小牲畜饲育者普通的社会组织和贝都因人的类似：大家族构成经济共同体，氏族是借着血仇报复义务来保障个人的人身安全，部族则是氏族集合体，以军事来确保牧草地的担纲者。由于上述情况，这些团体在小牲畜饲育者这边并不必然比在贝都因那儿维持得更长久。就前者而言，部族的形成似乎特别经常是只靠着卡理斯玛领袖的领导开创：后来消失了的部族玛吉（Machir）似乎是如此，或许玛拿西（Manasseh）以及"便雅悯"（bne Jemini）部族也同样是如此，换言之，从以法莲山起程向东方与南方的山区牧草地推进的所有部族，大概都是如此。不过，这些领袖通常都欠缺稳固的权力基础。纯粹由小牲畜饲育者集结而成的部族，由于生活条件的性质，面临瓦解的机会比起贝都因共同体来要大得多，后者至少还能得力于部族君侯制的经济稳定性的支撑，不管是在绿洲的支配上，或者是在商队通路的掌握上。在纯粹牲畜饲育者的部族里，战争君侯制的纯卡理斯玛性格与不稳定性的一个例子，是传说里对于耶弗他的地位的看法：耶弗他是东约旦地区的战争英雄，基列部族的长老们起先只加给他"kazir"的头衔，相当于日耳曼的"Herzog"（元帅），而且仅限于对抗亚扪人的解放战争期间（《士师记》11:6）。他拒绝了，于是军队（ha'am，士兵）在长老们的提议下赋予他终生的但非世袭性的"rosch"（首领、君侯、领袖）的称号（《士师记》11:11）。以色列早期许多昙花一现的士师[1]，部分只是卡理斯玛的军事领袖，部分或许也具有裁判智能的卡理斯玛。他们的权力纯粹是个人性的。东约旦的英雄耶路巴力—基甸，带着一个纯粹出于自由意愿的扈从去参加对抗米甸人的战争，根据传说，他拒绝了"某些以色列人"提供给他的世袭性支配权（《士师记》8:23），只满足于自己的掠夺品份额，并且以此成立了一个宗教基金（或可推测这可以为他自己及其子孙从朝圣者身上取得收入）。永久性的政治建构多半恰恰是存在于中间地带，亦即存在于固有的沙漠贝都因人地区和巴勒斯坦东部与南部的山岳牧草地之间。譬如说亚哈[2]时代的摩押人王国，有碑文流传下来；耶弗他时代业已存在的亚扪人王国；特别是以东人的王国，在被大卫征

1　《士师记》是旧约中的一卷。与《申命记》《约书亚记》《撒母耳记》《列王纪》同属成书于公元前 6 世纪中叶的"申命记法典"（Deuteronomist）之一。在以色列人进占上帝应许之地迦南以后，迭受异族人控制，以色列人中一些卓越人物拯救同胞脱离这种控制，这些人被称为"士师"（shophtim），意思是"审判的人"，他们显然处理一般民政，也判决与法庭有关的事件，必要时也有成为军事领袖者。他们活跃的时代大致在约书亚取得迦南和扫罗建立王国之间，亦即公元前 1150—前 1030 年之间，被列为士师者大约有十二人，当然还有一些有争议的。《士师记》的作者（们？）身在巴比伦为奴，对异族人的控制感受甚深，在复述士师时代的历史时，不免根据个人感受而加以渲染，例如特别强调以色列人之所以为异族所征服，乃是由于他们敬拜迦南诸神，而背离耶和华。——译注

2　亚哈（Ahab）为先知以利亚时代北方的以色列王国的国王，公元前 874—前 853 年在位。——译注

服之前，这个王国是由十个衔接不断的支配者来加以统治，并与犹大之间维持着一定的关系。这个以东人的王国显然并不是世袭性地依次承袭王位，这似乎点出了支配者地位的纯粹个人性卡理斯玛的特质。相反的，小牲畜饲育者那边，纯粹政治性的建构是非常不安定的。由于贝都因人的威胁，或者反之，由于牧草地的军事扩张的机会，他们更加坚实地团结在一名军事领袖之下，形成更大型的团体组织。反过来，在和平的时代里，意味着朝向上述提及的那种发展趋势，亦即氏族的分裂与部族的瓦解。在底波拉战役的报告里，我们发现女主角雅亿（Jael）的丈夫，一个基尼人，被说是牲畜饲育者，与自己的部族分离，并基于友好协议而得以在一个迦南城邦君主的支配领域里，作为格耳，架起自己的帐幕来[1]。古老的部族西缅与利未在雅各的祝福编纂之时已被"分割与离散"，到了后来的摩西的祝福里（《申命记》33），西缅根本就未再被提及，而利未只是个职业的祭司阶级。俘囚期之后的《历代志》里所知的个别的西缅有力氏族是在以东人治下定居在西珥（《历代志上》5:41—42），其余的则是"在犹大领取他们的份额"，换言之，融入了这个部族。流便部族，一度是同盟的盟主，在雅各的祝福里已被剥夺了势力，摩西的祝福里则祈祷他们不会整个消失，不过后来即不知所终。从约瑟部族里分裂出各个牲畜饲育者氏族：在底波拉之歌里有个后来行踪不明的部族玛吉，后来又有个内部发生分裂的部族玛拿西，与以法莲并立。西缅与利未部族的灭亡，是与他们对示剑的反叛和武力斗争相关联。事实上，因

1　《士师记》4:17，后半段正如许多学者的推测，应该是插入的，不过即使如此，还是可以很清楚地显示出插入当时的状况来。

战争而导致牲畜资产的损失，或者因疾疫而造成牲畜的大量死亡，都会致使一个纯粹的牲畜饲育部族突然瓦解，或者沦为富有的邻近部族的奴隶。不过光是随着定居的扩增从而压制过牧草地的这个事实，就已起着同样的作用。在此种压力的作用下，从半贝都因人的生活方式到小牲畜饲育、再到定居生活、从而更进展到城市定居，此一缓慢的过程处处都映照在传说与历史故事里。传说中，亚伯拉罕除了饲养羊之外也养骆驼，并且不饮葡萄酒，当神的使者三人显现时，他用牛奶来款待他们。他作为依据契约而取得牧草地使用权的格耳，游走于各地，直到人生的终点时，传说里才让他经过冗长谈判后于希伯仑取得一块世袭的墓地（《创世记》23:16—20）。以撒基依契约在基拉耳架起帐幕并挖掘井水，但仍不得不一再地转换居所。相对于农夫以扫，雅各基本上是居住在帐篷里的牲畜饲育者，不过却在示剑当个格耳居住下来并购买土地（《创世记》33:19）。到了晚年，他使了个诡计，向法老介绍自己是个纯粹的小牲畜饲育者，以便能够当个礼仪上隔离的格耳而不会和埃及人混居在一起。他从事农耕并需要谷物过生活。所有的族长都被描述为牛只拥有者。约瑟最后成了埃及的大臣，统理当地的土地税收。

这些推移意味着政治组织与**军事**上的深刻变化。

在历史传说里[1]，对各个以色列部族而言，什么样的变迁都可

1　根据传说（《士师记》18:1），但族长久以来在迦南并没有固定的居所。在底波拉之歌里，但人是在腓尼基人那儿做工当划桨人。传说常称这个部族为"氏族"。在雅各的祝福里，但族是个强盗部族，"像蛇一样地倚在商队通路边，并咬伤马的脚后跟"；在摩西的祝福里，但族是"小狮子，从巴珊跳出来"，巴珊就是哈兰。似乎在非利士人第一次推进之时，可能在底波拉战役之前，但人已无法以其军力（根据传说是 600 人）保住他们当时的搭帐之处，亦即犹大山地的"但的营地"——但人的英雄参孙所征战对抗的非利士人，

以发现到，从半贝都因人的生活方式到半游牧的小牲畜饲育，以及从两者渡过临机性农耕的中间阶段（《创世记》26:12，以撒）到定居于城市而成为支配氏族，或者定居农耕而成为自由或身负赋役义务的农民。朝向城市定居的这种广泛而普遍的变迁，在巴勒斯坦的政治地理上淋漓尽致地表露无遗，正如我们在《约书亚记》里所看到的。约书亚本身便获得某个城市为封邑以犒赏他的功劳（《约书亚记》19:50），以此，所有的部族，包括犹大本身，都被描述成城市的拥有者，附有周边村落为从属领地（参见《约书亚记》15），而其外的所有土地似乎都被划归到这个城市领域里。只不过就时代——可能是此一段落书写的年代——而言，此事恐怕仅止于理论上而已。因为，即使到了历史时代，南方的各

（接上页注）或许正是他们的敌人；不过那些地方后来都落入犹大族的手里。此后，但人迁徙到北方，并征服了西顿的山地城市莱许，而在那儿定居下来。但族后来就被局限在这个以其命名的城市共同体里，称其为部族不过是虚构而已。但城被视为宗教上特别严正的城市，或许正显示出传说里所描述的迁徙生活是真确的。因为，宗教的严正正是所有古老的牧羊人部族的前提。基于雅各的祝福里二度提到但族这点看来，我们应该可以正确判断，但族曾经一度失去其政治的独立。同样的，关于以萨迦，在摩西的祝福里只简短提及他们是过帐篷生活的部族，在雅各的祝福里则有清楚的描述：是往定居生活转移的结果，"他以安静为佳，以肥地为美，便低肩背重，成为服苦的仆人"，无疑的是定居的农夫。以萨迦至少有部分是居住在以色列肥沃的平原上。拿弗他利部族在雅各的祝福里叫做"被释放的母鹿"，所以应该是个半贝都因的部族（如果不拿这个族名来作双关语的话）。根据底波拉之歌，他们的住处是在山上，但在摩西的祝福里，提到他们受到耶和华的祝福住在海滨并拥有一个城市(米罗斯)。同样居住在海岸边的部族亚设，由于生产油而富裕闻名，在雅各的祝福里似乎是要纳贡给某个腓尼基城邦君主以应其食桌之所需。反之，在摩西的祝福里，他们的城寨（铁与青铜的门闩）与强大的军队是受到赞扬的。西布伦部族必定在雅各的祝福与底波拉之歌各自做成的时期当中改变了住处（摩西的祝福第18节的解读似乎是错误的）。在雅各的祝福里，他们是住在海边，并且"靠着西顿"，意思应该是从属于西顿，然而在底波拉之歌里，他们是山地的战士部族。便雅悯在雅各的祝福里是个强盗部族："是个撕掠的狼，早晨要吃他所抓的，晚上要分他所夺的。"在摩西的祝福里，他们得到安居与和平。迦得部族后来（在麦沙与亚哈的时代）好像成了摩押人的一个部族。迦得有可能是个古老的福神的名字。

犹太部族在政治上仍依贝都因的方式，主要是以氏族为单位来编制，反之，北方部族则除此之外（显然尤其是在行政上）还按美索不达米亚诸国的方式，进行千人队和五十人队的编制。作为召集单位的千人分遣队，自然可以就这么转换成牲畜饲育者部族。我们可以将一个部族或部族的一部分，对等于一个或数个千人队，召集的方式则听任部族自行决定。结果导致各式各样的召集方式。底波拉之歌使用了许多不同的词汇来称呼各部族军队编制单位的首领，而这也可以让我们推想出许多非常不同的军事结构。君主制当然企图事权统一。就像"五十人队"后来变成征募与召集的一般技术用语，在传说里，千人队与五十人队的队长也总是被视为和平时期里在其征募地区上握有裁判权的人。这无疑是王制时代才有的产物，而且即使是在那个时代也并非普遍且永久通行。在东约旦地区以氏族单位编制的牲畜饲育者部族，以及同样在犹大部族，出现的或许是另一种情况：至少他们所认知的平日官长，并不是上述的那些将官，而是仅止于他们的部族长老。

　　据史料所知，按五十人与千人队编制的誓约同盟军，既不是唯一的，也不是最古老的军队组织。另外还有其他两种方式。位于北方部族与犹大之间的便雅悯部族，根据相关事件的报告——因为基比亚秽行而发生战争之后的情形[1]，亦即关于便雅悯人之中显然是众所周知的掠夺婚的一则推究因缘的传奇故事来判断，这强盗部族原先似乎确实是有个依"男子集会所"的方式而建构起来的、严格居住在家庭之外的青年团组织。或许正因为如此，尽管其领地

1　所谓基比亚秽行详见《士师记》19:1—30。此事导致以色列其他部族与便雅悯人的战争。——译注

虽小，有时候却也声势盛大。另一方面，如前所述，固有的牲畜饲育者部族一般而言对于战争是采取同样的态度，也是典型常见于贝都因人的态度：参战与否完全听凭自由，亦即纯粹的卡理斯玛主义。《申命记》里视此为真正的古典样式。传说里，基甸两度筛选他招募来的军队：首先，凡惧怕胆怯的，可以回家去；其次，凡是因为口渴而抛开勇士体面在水边像狗一样舔水喝的，一律淘汰（《士师记》7:5）[1]。前者是《申命记》的构想的一个典范（第20章），与有所偏执的"游牧理想"（后面会加以讨论）相互一致。依此构想，不止是新婚者或新近建屋、新辟农地或葡萄园者，还有任何畏惧胆怯者，都应该留在家里。因为——这点是神学的立论——光是信赖耶和华就足以打胜仗。马喀比召集犹大军队时，即再次重提此一典范。史瓦利（Schwally）认为这些规定并不是源自神学的建构，而是起源于古老的巫术观念。这似乎并不确实。相反的，我们后面会在对信仰战士（拿细耳人 [Nazir]）的自愿"奉祀"当中，认识到宗教军队的形成的各种形式，而这些神学构想可以与此关联起来。只不过，其起源应该是在贝都因的种种习惯里。

实际上看来，这些形式里的战争，无非是一种扈从阶级的战争。事实上，以色列士师时代几乎所有的战争都带有这种性格。基本上，传说里肯定指出的誓约同盟军全体召集的例子，只有三个，亦即：底波拉战役、针对便雅悯的同盟战役（可能仅是传闻）以及扫罗的以色列解放战争。所有这三个例子，都属于我们后面要说到的"圣"战的类型。祭司传说里，神所喜爱的王，是大卫。然而他获得其地位与遂行首次战役的方式（对歌利亚之役），在以色列史上

1　现今的解读部分有所扭曲。

是扈从阶级战争与卡理斯玛君侯体制的最后一个例子，同时也是转向一个新时代的例子。

在关于前面几个王的传说里，也显示出了农夫与牧羊人的二元性质。扫罗被算作农夫，而大卫是牧羊人。传说里，扫罗以召集国民军的方式展开解放战争，而大卫召唤党人来战斗。尽管现存的传说带有偏执的性格，两者在支配结构上的某些差异还是可以辨认出来。作为权力的基础，扫罗的背后有自己的氏族和便雅悯部族的战士团为后盾。最重要的官职，他都让便雅悯族人充任。然而，在其战士当中，有些异族的勇士担任他的私人扈从。支持大卫的，首先是纯粹私人的扈从（《撒母耳记上》22:1ff.），根据传说，这些扈从是由几类人组合而成：（1）自己的氏族，（2）"受压迫者"，尤其是债务奴隶和亚提利拿的反抗者，（3）受雇的克里特和非利士佣兵（《撒母耳记下》8:18）及其他各处提及的基利提人与比利提人。除了这些要素之外，比起附随在扫罗及其一族身旁更远为显著的，是在大卫身边的（4）真正私人伙伴的扈从团，亦即其勇士与骑士的那个圈子，诸王传说里一一列出他们的名字并细数他们的事迹。首先，他们是来自犹大氏族，部分而言相当强大的氏族(例如约押)。此外，由于扫罗的勇士(例如押尼珥)[1]投诚，也纳入了非犹大族的甚或许多非以色列的骑士：数量相当可观的纯粹私人的"卫士"（Hetairoi）。犹大部族本身直到大卫叛离非利士人时还是他们的属民，后来才全体一致臣服于大卫。北部地方是在扫罗的氏族被肃清之后才加盟大卫，而且是基于他与各部族

---

[1]　押尼珥（Abner）的事迹，参见《撒母耳记下》3:6ff.。——译注

长老间所立下的一份特别的**契约**（berith）[1]。一份契约，亦即一种誓约同盟，换言之，依此建立，而且也是头一回，在一个民族君主之下的民族统一，包括所有后来的十二个以色列部族。也就是通过这样的一种契约（这也是传说的立场），一个卡理斯玛的军事首领才能够成为有权召集誓约同盟军的正当的君主：君侯的扈从团与君侯的雇佣军相对立于由契约所立的君主的正统国民军。大卫王国，起初乃是在犹大的牲畜饲育者之中借助于私人的扈从团与犹大强盛氏族之力而建立的王国，打一开始便随着耶路撒冷的攻占而成为一个**城市**王国。在扫罗党人的反叛以及随之由押沙龙、亚多尼雅、耶罗波安等人所领导的叛乱之后[2]，继起的是农民部族与城市支配之间的古老对立，最终导致王国的分裂；北方王国，随着暗利王朝之兴建撒玛利亚城[3]，也遭受到同样的命运，而耶户的叛变也改变不了什么。南方王国，在北方部族叛离之后，便和俘囚期之后的神权政治城邦一样，几乎仅等同于耶路撒冷城的支配领域。

此种政治发展是导致以下两种情形的主要因素，首先是半游牧的小牲畜饲育者的人数至少相对而言急遽的减少，其次是他们的部族因牧草地区的缩小化而瓦解。对我们而言，最重要的结果是牧羊人的**非军事化**。他们分离四散的氏族，对于定居的农民，尤其是对于武备的城市贵族，只是既弱小又被容忍的存在而已。据现存史料的描述方式，亚伯拉罕被认为是在希伯仑的赫族人里

1　大卫与以色列长老在耶和华面前立约，事见《撒母耳记下》5:1—3。——译注

2　押沙龙（Absalom）和亚多尼雅（Adonijah）都是大卫的儿子，关于他们的反叛，分别参见《撒母耳记下》13—18，以及《列王纪上》1:5ff.；耶罗波安的反叛，见《列王纪上》11:26ff.。——译注

3　暗利（Omri）建撒玛利亚城的事迹，见《列王纪上》16:24。——译注

或其他滞留的城市里没有政治权利的寄居者，并且在撒冷（Salem）还有义务要缴交十一税给当地的祭司王[1]。雅各在示剑的时候，也像所有的格耳林姆一样，在城门前购地居住（《创世记》33:18）。在此一史料编整的时代里，当时尚存的小牲畜饲育者大多数确实是处于这种状态。然而传说里认为，族长们就像后来的雅各那样，是非常富有的人。不过，极有可能的是，对后来时代的牲畜饲育者而言，此种光景普遍是一去不再的了。因为，对游牧的牲畜饲育者来说，贫穷零落的可能性一般总是存在的，而且总之在耶利米看来利甲族并不是什么大畜产的拥有者，而是像犹大族提哥亚的阿摩司[2]那样以桑葚及其牲畜维生的小老百姓。整个地中海世界到处都是类似的情景，除了个别的例外，当然时而便是个畜产大王。

　　当律法书、先知及诗篇作者提到"穷人"（ebjonim）时——的确时常提起——到底想到的是哪些经济范畴？对于这个问题，以上事实或许确有其重要性。直到俘囚期之后，才有可能将所谓的市民（städtischer Demos），亦即小商贾、手工匠及自由的契约劳工，当作穷人来理解（或者事实上是误解）。在俘囚期之前，属于穷人的显然特别是饱受城市贵族剥削的乡下农民。除了他们之外，可能比显现在史料里更加穷困的，尚有小牲畜饲育者。或许不无可

1　见《创世记》14:18。——译注

2　阿摩司（Amos），公元前8世纪的犹太先知。他在耶和华突然的召唤下，前往北边的以色列国，成为活跃的先知。他对王国内阶级的对立与社会上罪恶横行痛加批判，并预言正义之神将会对富者与贵族加以审判。作为倡导伦理的一神教的第一人，他被称为神之正义的预言者。关于他拒绝被称为拿比一事，见《阿摩司书》7:12—15："（伯特利的祭司亚玛谢）又对阿摩司说：'你这先知哪，要逃往犹大地去，在那里糊口，在那里说预言，却不要在伯特利再说预言；因为这里有王的圣所，有王的宫殿。' 阿摩司对亚玛谢说：'我原不是先知，也不是先知的门徒。我是牧人，又是修理桑树的。耶和华选召我，使我不跟从羊群，对我说——你去向我民以色列说预言。'"——译注

能的是，为穷人着想的许多社会伦理规定，曾被广泛地深入探讨（尤其是在后期犹太教的拉比[1]的决疑论里），原先正与小牲畜饲育者的这种境况相关联。可以为证的，首先是拾穗权（Nachleserecht），以及后来的所谓"穷人角落"（Armenecke）权。以色列的慈善规定是，必须将残株的落穗留在田里，并且不能收割到最后一穗为止，而是应该留下一些给有需要者。较古老的说法，保留在《申命记》里（24:19）：在田间收割庄稼，若忘下一捆，不可回去再取，要留给寄居的（格耳林姆）、寡妇与孤儿。较新的说法（《利未记》19:9f.），以祭司编纂版的典型方式仪式化为：田地与葡萄园应**刻意**不要收割殆尽，而要在田角园边留些给穷人和寄居者。规定的古老说法有其迷信的起源：耕地的努米那（numina）神灵们要求在庄稼收获里分得他们的份，因此，凡是落在田里的，都是他们的。不过，显然是后出而又偏袒于"穷人"的说法，引出了问题：到底这"穷人"原先指的是谁？（慈善规定的）实践的古典出处（locus classicus），是在《路得记》：获得拾穗好处的是一个嫁给以色列人后来守寡的外族人。她避人耳目地——也许这

1　拉比（rabbi），经过正规宗教教育，学过圣经和犹太圣典（Talmud）而担任犹太人社会或犹太教会众的精神领袖或宗教导师的人。取得拉比身份须经另外一位拉比正式任命，一般都是由师父将拉比证书发给门徒。拉比并不享受特殊宗教地位。自古拉比的培训主要是传授犹太圣典，自从 19 世纪以来，人们开始注意培养具有多方面知识的拉比。犹太教内正统、保守、改革三派拉比的职权大同小异。婚礼自然须有拉比参与，但其他典礼则大多不一定需要拉比参加。"拉比"一词到 1 世纪已普遍使用，此前也有所发现，形式略有不同，例如，耶稣基督的门徒就称他为拉比（《约翰福音》1:49，9:2）或"拉波尼"（rabboni，《约翰福音》20:16）。领受薪金的拉比裁判官和不领薪金的拉比教师逐渐出现，主持日常礼拜事宜。到 14 世纪拉比教师都像今天拉比一样领受薪金，以便他们摆脱非宗教的职务。中世纪欧洲出现大拉比之职，但他们大多数是由政府委派，因此威信不高。现代以色列国设有拉比院，其中有两位大拉比，一代表西班牙系犹太教，一代表德系犹太教，犹太教并没有统一的中央拉比院。——译注

就是（穷人）原来的意思——在她的姻亲吉伯（gibbor，世袭地所有者）波阿斯的田里工作。因此，所谓穷人，似乎首要指的就是城市贵族的佃农与农地劳工[1]。不过，至少可以这么想：此种规定实际上也典型地被适用在与小牲畜饲育者——以残株牧草和捡拾落穗维生的无土地的寄居者——的典型的誓约兄弟关系上。现今在阿拉伯，此种有利于无土地阶级的情形仍广布于各处。必须提出的一个问题是：对巴勒斯坦土地立下的一则时常被讨论而且是以色列特有的社会伦理规定，宗教的休耕年（"安息年"[Sabbatjahr]），是不是与小牲畜饲育者的这些权利有任何的关联？在现今的说法里，这规定是：每七年，耕地、果园与葡萄园都要完全休耕，以便让穷人甚或是野生动物可以享用自然生长的果实谷物。此一规定，在一般而言最古老的法律与习惯集成里，亦即所谓的契约之书（Bundesbuch，《出埃及记》23:10—11）里，便是以这种严峻的形式呈现出来。要注意，这个规定在性质上绝非制定法，纯就形式而言，也不列在法律集里，将法律要件以还算有系统的顺序编排并受到法理严谨规定的那一部分。显然的，这个规定毋宁是源自宗教训诫（Paränese）的诸多规定之一，是个道德规定，而不是法律命令。不过，到了后期犹太教里，此一规定成为制定法，无疑的，不仅具有理论意义，而且还有实际效用。这清楚地显示在一些报告和拉比们对于违规种植的谷物该如何处置的许多回答里，并且也在当今犹太人重返巴勒斯坦定居的锡安运动里扮演了一定

1　关于这个问题，现今可以参照 v. Gall, "Die Entstehung der humanitären Forderungen des Gesetzes", *ZAW*, vol. 30 (1910)，S. 91f.，他极力强调（这点本身毫无疑问）迷信的源头。问题在于：在其他文化地区已告消失的这种规定，为何在此保留了下来？

角色[1]。最后的律法编集，亦即祭司法典（《利未记》25:4—7），对
此规定加上了详尽的批注：不可在田地上工作，而且地上自然生
产的要给自己和自己的仆人（'ebed）、雇工（sakir）、寄居者（toschab）
和客人当"食物"，另外加上，"也要给你的牲畜和你地上的走兽
当食物"。此处的意涵和契约之书上的稍有不同。这个规定所要施
恩的对象，是那些与地主处于私人保护关系的人。或许可以解释成：
这原先是为了佃农所施行的租税与徭役的减免年。此一解释恰好
和以斯拉带领返乡的犹太教团的誓约义务里提及第七年时的方式
相符合："我们要放弃第七年的收入。"（《尼希米记》10:31）[2]。《申
命记》的汇编，起自列王时代，虽经窜改添补，整体而言仍称得
上流传下来不错的编纂本，但此一律法书——以其作为宗教伦理
纲要的性格而言，这点毋宁是重要的——终究对农耕的安息年**一
无所知**，而所知的完全是另一种制度：第七年的债务免除。契约
之书上所载的安息年规定，说到底是不可能真正在俘囚期前的农
民里施行的，有鉴于此，安息年很有可能是取自祭司法典而添加
到契约之书里的。尽管如此，若此一规定还有可能回溯到古老的
习俗上的话，那么可能其一是从游牧牧羊人的间续性农耕而来的

1　耶路撒冷的拉比们主张，此一命令至今仍然有效。如果我没记错的话，德国的犹太人当
　　局也是如此认为。相反的，东犹太的拉比则宣称，重返巴勒斯坦定居是多么为神所喜的事，
　　所以这个古老的规定免了也罢。锡安主义（Zionism），在巴勒斯坦有一座古代耶路撒冷
　　的小山，名为锡安山（Zion）。锡安主义运动亦即犹太民族主义运动，目标是在犹太人
　　的故乡巴勒斯坦（希伯来语："以色列国土"）创立和维持一个犹太民族国家。虽然犹太
　　复国主义于19世纪下半叶产生在中、东欧，但它在许多方面是犹太人和犹太宗教对于
　　历史上巴勒斯坦地区那种古老的民族主义眷恋的继续。这个运动的最后结果则是在第二
　　次世界大战后，以色列国的建立（1948）。——译注
2　韦伯在此所引圣经德文译文是："wir wollen das siebente Jahreseinkommen fallen lassen"，
　　不过一般圣经版本的译文都是解作"凡欠我们债的不必追讨"，"we will cancel all debts"
　　（*Good News Bible*, American Bible Society, 1976）。——译注

一种制度,亦即带有期间限制的土地占有——期限性的"共同耕作"（Feldgemainschaft）——的古老制度的遗绪，其二可能是游牧牧羊人在定居氏族的土地上行使休耕牧草地使用权时，关于行使方式的某种典型的规定。当然，在《申命记》债务免除规定的影响下，神学上追求首尾一贯性的共同作用，以及俘囚期间安息思想的全面提升，在在都是促成（契约之书上记载安息年规定）的因素。和后期犹太教的其他制度一样，此一（安息年的）制度应该是俘囚期教团（Exilsgemeinde）在当时加以仪式化，从而将之添加到契约之书里的吧。说到头来，游牧牧羊人在这个规定上到底扮演了什么角色，至今仍是个问题。

在我们对于这些个别的社会伦理制度的经济意义的理解上，仍有一些相当不确定的可能性存在，但就我们的思虑关联而言，更重要的是，列王时代的民间传说对于小牲畜饲育者的状况，一般来说有什么看法，并且此等看法又如何呈现在传说对于族长的见解里。这样的看法本身是种种独特情境的一个归结，并且对犹太教产生了重大的影响。族长传说里把族长看做是极为特殊的和平主义者[1]。他们的神是爱好和平者的神（《创世记》13:8f.）。他们现身为孤立的家族长。政治团体对他们来说一概不存在。他们是被容忍的寄居者。他们的处境是牧羊人的处境，以家族的方式和定居者立下和平的契约以确保其牧草地，必要的时候，譬如亚伯拉罕和罗得之间，和平地分家别离。丝毫不见个人英雄主义的色

---

[1]　关于族长传说，参见（部分和迈尔对立）Greßmann, "Sage und Geschichte in der Patriarchensage," *ZAW*, 30 (1910), S. 91f., 他将大部分都归类为"童话故事"，不过若就古老的圣所要不是与他们有牵连就是他们的归属之处而言，这说法也未免太过了。但是，对于族长之名必然是英雄或部族之名的看法，他持否定的态度，这倒是对的。

彩。他们被赋予的特色是：对神完全信赖仰望的恭顺与善良，混合着神支撑他们的精明狡狯。叙事者期待他的听众认为故事这么发展是理所当然的：族长宁可把他令人艳羡的美丽老婆当作自己的妹妹交出去给当时的保护主[1]，尔后听凭上帝降灾给保护主以使她能从后宫里解放出来，而不是由自己来保卫妻子的荣誉。为了不使客人法的神圣性遭受侵害，他们认为值得令人敬佩的做法是宁可牺牲自己的女儿也不牺牲客人。他们的人际交往伦理（Verkehrsethik）是蛮有问题的。雅各与其岳父之间长年上演着一幕交相狡诈的有趣画面，包括为了娶得妻子时的讨价还价，以及女婿如何充当仆役来换取牲畜等。最后，以色列的部族祖先（雅各）悄悄逃离了服役的主人也就是他岳父家，并且偷走他的护家神像，以免泄漏行藏。在语源上，他的名字也颇合适这些特质，而"雅各的诈欺"一词到了先知时代似乎成了个流行语。传说故事里似乎一点也不以为意，当这个被强调为虔诚牧羊人的主角用些许食物骗取了他饿着肚子返家的哥哥（以扫）的长子名分——和雅各正相反，以扫被描述为没有头脑的农夫[2]和猎人[3]。接着，他又在母亲的帮助下骗得了父亲的祝福。后来，在与哥哥相会之前，他极为畏缩愁烦地求告于上帝（《创世记》32:10以下），并且施用诡计及摆出战斗英雄所不齿的卑微态度躲过了可怕的报复。传奇故事里备受喜爱的主角约瑟，由于梦见自己成为兄长们的主人，因而

1　故事说过三回，《创世记》12:13、20:2、26:7。

2　因为"isch sadeh"（"田地人"，《创世记》25:27）应该翻译成农夫，而不是现今常常译成的"草原上（sadeh 并没这个意思）的流浪者"。

3　就像牧羊人亚伯对比农夫该隐那样，柔和的雅各相对于粗野的农夫以扫，是个"住帐篷的虔诚牧羊人"。而且，另一方面，就像该隐变成了贝都因人，以扫成了个贪婪的猎人。

受到他们的嫉妒且意图置之于死地之后将他卖为奴隶，对此，约瑟表现出一种混合着感伤雅量的道学美德。他在法老的臣民遭受饥荒时施行聚敛与救济所表现出来的财政手腕，使他荣登法老臣宰的大位，即使如此，也未能让他免于唆使其家人，在关于他们的职业上，向法老说半真半假的话。变通自在的奥德修斯[1] 的海盗伦理与海外商人伦理，以及他在危急时向雅典娜呼求的那种呼天抢地的狂乱模样，对我们而言总是落失了英雄体面的行径。不过，我们上面叙说的故事情境可未曾着落在奥德修斯身上。那是贱民民族伦理的特色，这种特色对于犹太人在离散成为国际性的客族之时衍生出的对外道德的影响绝对不可轻估。此外，这种特色与族长身上特征性的信仰的顺服加总在一起，这才绘出了传说里予以圣化的此一阶层的内在态度的总体图像。毫无疑问的，这正是个身为无权势的寄居者、居处于武装市民之间的小牲畜饲育者所构成的阶层。

　　现代的分析愈来愈强调此一阶层在宗教史上的重要性，不过却倾向于将半游牧民的这种和平主义的性格视为其天生必然的特

1　奥德修斯（Odysseus），荷马史诗《奥德赛》中的主角，英文则为尤里西斯（Ulysses），西方文学经常描述的人物之一。在荷马笔下，他的智能、口才、机敏、勇气和耐性都很出众。在《伊利亚特》中，奥德修斯是一个最适合调解希腊人中间人事纠纷的人物，并且在战斗中多次表现了自己的勇敢和能力。在《奥德赛》里，奥德修斯有很多机会表现了他玩弄诡计和进行欺骗的本事；但与此同时，他的勇敢、忠诚和宽厚仁慈也不断得到证明。古希腊作家有时把他说成是一位肆无忌惮的政客，有时又把他说成是一个明智可敬的政治家。哲学家通常都欣赏他的智力和智能。实际上，在每个时代，人们都在不破坏原始形象的情况下，按照自己的方式对这个"具有多种气质的人"重新加以解译。——译注

性。事情绝非如此[1]。此种性格毋宁是小牲畜饲育者趋向定居后，非武装地分散化的结果。他们一旦被组织到强力的政治团体里，就再也见不到一丝这种性格。在以色列人的意识里，族长绝非总是占有现今版本的律法书所给予的地位。特别是俘囚期前的古老预言，并不把亚伯拉罕和以撒当作人物来认知。阿摩司所知道的族长以撒、雅各和约瑟都只是民族之名（《阿摩司书》7:9、16，13:6，6:8，7:2，5:6、15）。亚伯拉罕和雅各在《弥迦书》里是耶和华的许诺的接受者（7:20），在《以西结书》里（33:24）才现身为以色列人民最初的且正当的迦南地拥有者。神学的文士圈子，特别是所谓的"耶洛因学派"（Elohist）和申命记学派，似乎始创现今版本里对于族长的强调。在此，族长的性格显然经历了重大的变迁，这也和牧羊人如上所述的社会零落及非军事化相关联。依部族祖先的辈分来序列的部族古老顺位里，排在前头的是流便、西缅、利未和犹大，他们全都是十足半游牧的同时，也是极为好战、以暴力出了名的部族；前三者后来离散了，犹大则于武力取得霸权后组织成城市王国。如此强大的畜牧部族绝非处于被容纳的客居者的状态。战争的传说里，他们是当地的主人，而从属于他们

1　我们不可误解以下事实。以现今形态保存着的各个族长传说，恐怕是源于远古时代才对。许多证据指出，它们部分是形成于西台人（Cheta）支配下位于叙利亚与美索不达米亚之间的草原，部分形成于埃及人支配下位于南犹大的草原。不管哪个时代，故事的前提是，当然有一些处于特别微弱且和平主义状态的畜牧者存在。然而具有决定性的是：他们与以色列耶和华誓约同盟的各部族族长们产生关系绝对是后来才有的事，因为完全且根本无法和作为古代史之前提的各种现象相符合，尤其是当我们相信以色列人之"征服"迦南的事时。某些族长传说里设定了非历史的前提，譬如法老馈赠骆驼给亚伯拉罕一事，因为那时埃及对于骆驼还一无所知。族长可能成为全以色列诸部族的祖先，应该是在全境统一以后，亦即大卫以后的事。尤其是，族长传说里原**本地方性的**性格，似乎是借着——与特定的地方性圣所相连结才被确定下来的。

的城市要不是负有赋役义务的受保护亲族，例如基遍，就是负有军事应召义务的，例如底波拉之歌里的米罗斯城。族长传说所知道的也是类似的情况：以撒的财富和宾客仆役愈来愈多，对于他所寄居的城市基拉耳来说是太过强盛了（《创世记》26:14、16）。雅各在原先的传说里也是一名强健的勇士，他于夜间的一场角力里战胜了一位神。根据他对约瑟的祝福（《创世记》48:22），他将那块"以剑与弓"赢得的土地优先留给这个领导部族为遗产，也就是后来成为以法莲的中心地的示剑。不过，后来加进来的和平主义的传说（《创世记》33:19）里，这块地并不是他所征服的，而是和平地买来的[1]。这倒是挺具象征性意义的。最后，经常被讨论到的《创世记》第 14 章[2]，认定亚伯拉罕是位战争英雄，他率领数百名家丁上战场，把美索不达米亚的联盟君主（包括汉谟拉比在内）和迦南的城市诸王征战时取得的战利品再度胜利地夺取回来。战士的荣誉感和牧羊人功利主义的和平主义之间的对立，清清楚楚地显示在一方面是息事宁人的族长雅各，另一方面是他好战的儿子西缅与利未，对于底拿（雅各之女）遭受示剑的污辱所采取的相对的立场上（《创世记》34:30、31）。在这类的片断里散布着极为不同的特色，并且显然由于后代的种种情况，才被完全掩藏到上述的和平主义的态度之下，而此种态度毋宁是与当时

---

1 后期犹太教的传说自然是相信《创世记》48:22 所指的那块地是在撒玛利亚一个"雅各之井"的村落里（《约翰福音》4:5）。传说的现今改编本根本不晓得要告知什么雅各的土地征服。换言之，此一特性已被扫除了。

2 以其现今的写法应是相当后代的这个第 14 章，是将古老的回想汇纂到历史故事里头。说这尽是在巴比伦为了政治—立法目的而杜撰出来的政治小说（例如 Asmussen, *ZAW*, 34, 1914），在我看来太不可能了。俘囚期时的以色列应该不可能会进行文献的研究以求确定亚兰人的王的记名方式，并且 Kudur (Kedor) Laomer 这个名字的书写方式是纯正的。

的形势相应和的[1]。对于在此形势下所形成的或被纳入的和平主义的传说而言，雅各是因为仍然居住在帐篷里，所以是虔诚的。同样的，亚伯是良善平和的牧羊人，而其谋杀者该隐一方面是定居的粗暴农夫，因为献上不带血肉的牺牲而受到神的鄙弃，另一方面他是受诅咒四处漂流的贝都因人。最后，他是城市的建立者：此三者正是其时被夹在他们当中丧失了权力的小牲畜饲育者的典型敌手[2]。

农民与牧羊人这两个集团同样是站在城市贵族与贝都因人的对立面，因此两个集团之间发展出对立于这两者的利害共同关系。阿马纳书简、底波拉之歌、雅各对于以法莲的祝福以及关于基甸、耶弗他和撒母耳的传说，无不在在以各种不同的方式呈现出这种利害状况。甚至最前面两位君王的时代也在其政治的种种结果上显现出这样的形势。

各个部族在构成上有着显著的差别。亚设与但似乎是最早定居于城市的，以法莲、以萨迦、西布伦、拿弗他利诸部族则似乎是被定居的纯正农民渗透得最厉害的。也因此他们的经济与政治独立特别饱受腓尼基人、非利士人与迦南人的城市贵族的威胁，

1　关于族长与迁入迦南的问题，现今可参阅 Weinheimer（收入 ZDMG, 1912）的文章。他的说法并非全然皆可采纳，不过值得注意的是，关于三个族长从"游牧者"亚伯拉罕到"农夫"雅各的发展阶段的论点。

2　Luther（收入 Ed. Meyer, *Die Israeliten und ihre Nachbarstämme*）认为，是耶和华信仰者才有意地把原先被描述为定居农民的族长扭转成为半游牧者；此一看法为的是要应和 Budde 所谓的先知时代的"游牧理想"。这样一种转变本身并不是不可能的。不过，由于族长传说里的许多特征性的倾向，尤其是族长伦理，很显然是形成于尚且相当无邪的牧羊人当中的，所以以此一看法似乎不确。基拉耳的以撒的农耕被描写为"游牧民方式的"耕作。常常被讨论到的，在埃及的碑文里出现族长亚伯拉罕与约瑟的名字一事，似乎是相当有问题的，参见 W. M. Müller, *M.D.V.A.G.*, 1907, I, S. 11, 23。

而以萨迦早就弃降了。反之，东约旦地区的畜牧部族特别是暴露在沙漠贝都因人——米甸人与亚玛力人——侵袭的危险下，这样的侵袭迫使他们逃往洞窟避难，如同基甸时代那样。西约旦地区的部族当中，特别是以法莲便时而要尝到这些"弓箭手"的苦头。扫罗召集农民军参加的战斗，起码有一半是在对付亚玛力的贝都因人。直到大卫治下，由于征服了以东人并因此而确保了直达红海的商队通路，这才形成较长一段时期定居人民凌驾于沙漠部族之上的优势。对于此种沙漠的和平化，城市贵族、农民与牧羊人有着完全一致的利害关怀。至于其余，则往往是尖锐的利害冲突。首先是发生于农民与牧羊人之间。东约旦地区的以色列畜牧部族与以法莲人之间暴发武力冲突。传说里特别提到以法莲人与胜利的基甸之间的一场征战（《士师记》8:1f.），以及为了扫除此种对立的调停措施。部族玛吉与玛拿西分离出走到约旦河东岸；以法莲为争霸权首先与基列、然后与玛拿西征战（描绘于雅各对于以法莲与玛拿西的祝福里）；同样的，"幼弟"便雅悯分离到南方去，以及后来的传奇故事纳入的以法莲与强盗部族便雅悯的征战；所有这些事件所代表的，部分而言，是农民入侵畜牧者所住的山区里最容易耕种的地方，部分而言，是畜牧部族对农民地区的反击与掠夺。犹大对便雅悯的斗争，以及早先犹大对便雅悯与但人固有地区的领土扩张，无非是这个新兴的畜牧部族对北方的以色列古老部族的进击。农民与畜牧者之间的这种对立，清楚表现于整个早期以色列传说里，也表现于诸部族对外的政治态度上。

已经定居的尤其是居住在山区的农民，以及至少是西约旦地区的半游牧的牧羊人，必须共同起而抵御的敌人，是居住在肥沃平原上和海岸边的武装的城市贵族。这些城居的贵族企图借由战

争掳掠男女奴隶，并获取劳役与贡纳，根据底波拉之歌，特别是
掠取美丽的家内生产物品。除此之外，如先前注意到的，为的是
要控制商队通路。山区的自由农民与牧羊人，除了想要支配商队
通路以及因此所带来的利益之外，更欲确保自己免于劳役与贡纳
义务，而与城市贵族奋战不已；他们反过来也尽可能夺取城市，
部分加以破坏，部分则进据定居成为支配阶层。此种对立，本质
上与以下诸例并无二致——如果这种比较是有意义的话：圣哥达
隘口[1]沿线的瑞士各州与苏黎世的对抗，萨谟奈人[2]与罗马的对抗，
埃托利亚人[3]与希腊城邦联盟和马其顿君王的对抗。稍微打松点儿
说，或可说是山地与平地的对战。此种自然而然的对立，直到犹
大王国的时代才告终结。前此，这样的对立一直支配着整个——
打从有史料可循的年代以来——巴勒斯坦的历史。从阿马纳书简

1　圣哥达隘口（Saint Gotthard Pass），瑞士南部勒蓬廷阿尔卑斯山脉隘口，是中欧与意大
利之间重要的公路和铁路信道。隘口长 26 公里，海拔 2108 米。罗马人虽然已经知道这
个隘口，但在 13 世纪初以前并没有广泛用作穿越阿尔卑斯山的路线。一条长而蜿蜒曲
折的汽车路通过隘口，隘口下的圣哥达隧道长 14 公里以上，通过隧道的铁路连接瑞士
的琉森和意大利的米兰。——译注

2　萨谟奈人（Samnite），古代居住在意大利南部山区中心的好战部落。这些部落可能与萨
宾人（Sabine）有关。最初他们与罗马一同抵抗高卢人（前 354），后来三次卷入反抗罗
马人的战争（前 343—前 341、前 316—前 304、前 298—前 290）。尽管被击败，但萨谟
奈人后又帮助皮洛士和汉尼拔反抗罗马人。他们还参加过同盟者战争和反苏拉（前 82）
的内战，在内战中被击败。——译注

3　埃托利亚人（Aetolian），古希腊中部埃托利亚的联邦国家，原本可能只是个松散的部落
集团，但到公元前 340 年左右成为军事强国。公元前 322 年和公元前 314—前 311 年曾
击退马其顿的入侵，并把版图扩展到德尔菲，公元前 300 年左右与波奥蒂亚（Boeotia）
结盟。公元前 279 年击退高卢人的进犯，在约公元前 270—前 240 年与马其顿结盟。公
元前 245 年打败波奥蒂亚人，确立了同盟在希腊中部的霸权。公元前 3 世纪末开始衰
落，领土被马其顿夺取。公元前 220 年马其顿的腓力五世将同盟首府塞尔莫姆掠夺一
空。后来埃托利亚人与罗马人结盟反抗马其顿。公元前 197 年埃托利亚在库诺斯克法莱
（Cynoscephalae）大败腓力。但罗马人后来强迫埃托利亚成为其永久同盟（前 189），最
终它丧失了领土、权力和独立。——译注

的时代起，敌人——萨迦兹（Sa Gaz）和哈比鲁（Chabiru）——就"从山地"威胁着平地的城市。传说中，在为了取得迦南地的征战里，以色列人无法攻取的就是配备了铁制战车的城市。在所谓的士师时代里，所有的以色列英雄都是乡居氏族的成员，他们骑的是驴——山区的骑乘物，而不是马，并且他们的财富与权势，如我们先前所见的，是以骑驴的氏族成员的人数多寡来计算。扫罗的住所尚且是山间的一个村落，而大卫的将军约押也不知道该如何处置掳掠来的马，只能把它们绑紧了事。不过，农民与牧羊人在与城市的对立程度上有所不同。在与城市贵族的斗争里，最主要的利害关系者是那些最饱受赋役奴役化威胁的定居农民。底波拉战役基本上就像是一场农民战争。歌里最受到称扬的是未受训练的山地步兵就像骑士（吉伯林姆）那样征战且得胜。未参加战役的，一方面是对此战毫无兴趣的东约旦地区的畜牧而非农耕部族流便与基列，另一方面是同盟城市米罗斯，尤其是，具有特征意味的，早早便迁往海边城市定居的部族亚设，以及同样是迁往西顿地区城居的部族但。对抗非利士人的战争也是这样，北方的以色列农民和（南方的）山区牧羊人犹大一直到后来才组成共同战线，后者最初完全远离战场并且忠于非利士人。因此，传说里与非利士人对抗的首先是扫罗，一个放下耕犁成为国王的便雅悯农夫，然后是传说的宠儿大卫，一个身上只配备投石器的犹大牧羊人，以此二人为以色列的两大范畴的典型代表。当然，事实上大卫原本是一群居住在山地里带有阴谋性格的扈从团的首领，并且是非利士人的一名封臣，直到成为耶路撒冷的城市领主时才脱离非利士人独立，换言之，是在他当了王以后，才发生他的一名战士与歌利亚格斗的事。

　　招募车战骑士从而创建统一的军事王国，此事决定了以色列自由农民与牧羊人同盟军的命运。尽管传说中扫罗已经拥有一支包括外族人在内的私人扈从团，便雅悯的支配基本上仍不出地方农民部族霸权的范畴。驴子依旧是扫罗时代的特征性动物。北方的以色列古老农耕地区时时一再起而反抗大卫的城市王国。在所罗门治下，王的军事实力是由骏马与战车组织而成，这是（如果史料还算可解的话）他从借着婚姻而结盟的埃及输入的。反对的声浪立刻涌现（我们后面会详细讨论），直到拉比的时代，这事仍使所罗门的评价极为分歧。在他死后，尚未有城市组织的部族便起而反叛他的城市王国，几代之后，随着撒玛利亚城的建立，他们还是成立了城市王国，并且也反复遭受乡居篡位者叛乱的威胁。此种朝向城市王国的发展始终未殆，直到传说与叙利亚碑文一再提及其无数战车的暗利王朝方尽其功。前此相互并立并存的社会体，亦即畜牧部族、农民部族与城市，如今融为一炉，首都与居住其中的支配氏族跃居政治的顶峰。反之，所罗门之前的时代，古老的誓约同盟的真正核心所在，一方面是人数上愈来愈占优势的山地农民，另一方面是相对而言逐渐减少的草原地区的畜牧者，此外再加上山间谷地和隘口上的市集与城镇，再次才是慢慢强大起来的要塞城市。大量的人口增加，一方是畜牧者，另一方是城市居民，必定要等到大卫治下广大的犹大地区加入才形成。而从其中获得好处的，无论在政治上或在社会上，仅是如今已居枢纽地位的城市贵族的权势。不过，在平民阶层里，于北方占优势的定居农民和于南方掌握势力的小牲畜饲育者之间，仍持续着古来的内在对立，而且，我们后面会看到，这对宗教的发展也产生了影响。以色列古老的社会排列组合，一方面是有战斗力的农耕的土地所有氏族或牧羊人氏族，另一方面是工匠、日酬雇工和乐人等处于被保护关系下的客人氏族，如今逐渐完全被另外一种组合所取代：一方面是作为骑士战斗训练担纲者的城居地主贵族，另一方面是负债的或土地全失的也就是无产阶级化的以色列人，以及改宗耶和华祭典仪式的寄居者，在纯粹祭司的眼光里看来，这两者已形成对立于城市贵族的一个由"穷人"所构成的单一阶层。这并不是一个社会或经济方面统一的阶层，而是包括了所有不在**武装**氏族成员之列的人。

第七章

以色列法律集里的社会法

　　以色列人此种相当复杂又变化多端的社会构成，逐渐朝向城市贵族支配城外地区的方向推移。此一发展以独特的方式反映在俘囚期前流传下来的**法律集**里。比起法律集的形式特质及内容来，社会的周遭状况更加呈现在法律集对于前述那种典型的对立所采取的态度上，亦即更加呈现在法律集的一个个征兆及其"精神"（Geist）里。因为在其中显现出以下情事的决定性影响：巴勒斯坦打一开始就是活跃的商业活动的通路，有许多的城市广布其中，并且也是深受古来经济发达的文化大国影响的地区。债务农民与城居的债权人之间的对立，自古以来即已存在。此种对立已显示于被惯称为"契约之书"（Bundesbuch，《出埃及记》21、23）的古老法律集里，虽说其编纂年代不明，但可以肯定是在第一个王的时代之前。此一契约之书以有系统的排比方式叙述出主要与法律相关的内容，并且附带有主要是训诫性质与商业道德性质的附录[1]。其中几乎没有贝都因法的踪影，就像我们在其他流传下来的

1　有关这点，参见 Baentsch 关于契约之书的有名著作，以及 Adalbert Merx 在 "Religionsge-schichtliche Volksbücher" 里的通俗叙述。

法规集子里也很少看到一样。无论是水井权，或是骆驼、枣椰树，都未被列为权利对象。蓄水池在"契约之书"里只扮演了一个角色（《出埃及记》21:33）：万一牲畜掉进里头受伤的话。不过，契约之书的法既不是半游牧民的法，甚至也不是具优势的畜牧者的法。牲畜特别经常被提及为动产的主要对象，不过尤其是牛，其次是羊。颇具古风的是：用角撞人的公牛本身要被投石击杀以示负责[1]。不过，此处所处理的显然是农民的牲畜财产，以及免于他人牲畜带来伤害的农民保护。因牲畜而造成农耕地和葡萄园的损害，也都有规定（《出埃及记》22:5），只不过其设定的前提是：造成损害的牲畜的所有人，是定居的地主，而不是半游牧民。马并未出现。牛和羊为畜产的大宗。法律所关怀的几乎仅止于乡居或城居的农耕民的利益。其中还有关于侵入家宅（《出埃及记》22:7）和关于地主对于佃农应负责任的规定（《出埃及记》22:8）。即使在形式上，此一法律也绝非原始的。因为，同态复仇[2]的原则，巴比伦也有，本身绝不是个原始的原则，在契约之书里仅仅适用于

---

1 类此见解的遗绪尚可见之于古罗马的 actio de pauperie 里。actio de pauperie 是指动物做出违反其本来性情的动作而造成他人损害（pauperies）时的加害诉权（actio noxalis）。此时，动物的所有人将此动物委付（noxae datio）给被害者以免其罪责。——译注

2 同态复仇（talion），指早期巴比伦法律所发展的一个原则，即犯罪分子应当受到和他施加给受害人完全相同的伤害或损失来作为惩罚。许多早期的社会都原原本本地应用这个"以眼还眼，以牙还牙"的原则。在早期的巴勒斯坦，伤害、致残和盗窃都被认为是私罪，所以不是由国家来惩罚罪犯，要由加害人和受害人之间自己去解决。同样的做法也曾盛行于早期的罗马。但同态复仇是原告所提要求的最终实施，并不是强制性的。如受害人愿意，他也可以获得金钱方面的抵偿。根据两个不同的人不可能有完全相同肢体的原理，巴勒斯坦的圣贤曾制订一项法律，从而使受害人不能向使他失去一只眼睛的加害人讨还一只眼睛，但可以索取和他眼睛相等的价值。这一来就在巴勒斯坦废除了同态复仇。到公元前5世纪的罗马，罚金在许多情况下也开始取代了这种同态复仇。一直到18世纪末叶，同态复仇原则还为许多体罚，如鞭打、烙印、断肢、手枷和颈手枷等提供根据。这一原则现在仍然部分用作对轻罪犯确定罚金时的根据。——译注

公然争吵时所造成的伤害（《出埃及记》21:22ff.）[1]，反之，也是经常被疏忽了的，并不适用于其他情况的身体伤害，或者原则上根本不适用于所有的犯罪。血仇虽也存在，但已另有一套相当发达的人命金制度和罚金制度，并且某种程度而言也存在着一套区分谋杀与致死、蓄意与偶发的真正的刑法。同样也有还算合理的风险分摊原则。比起例如沙利法典[2]里所见的发展，所有这些全都代表着本质上更加进步的阶段。这是个深深受到巴比伦影响的文化，并且法律本身更是受到巴比伦的决定性影响，此一事实不仅显示在《汉谟拉比法典》里毫无疑问的相对应处[3]，尤其是显示于

1　在带有特征性偏见的较后出的法律集里，这又是另一回事。

2　沙利法典（Lex Salica），日耳曼民族最早的成文法，确切的编纂时期现在尚不能肯定，但大体上可以认为是在486—495年之间，即法兰克王国的创立者克洛维统治时期。在编纂方法上，沙利法典也具有代表性，即它是从搜集、整理习惯法开始，经由当时懂得习惯法而又有文化的人士汇集处理，与地方长老商讨，再由国王委派若干名既懂法兰克方言又能书写拉丁文的罗马法学家或基督教僧侣进行编纂，并译成拉丁文。沙利法典虽然是习惯法的汇编，但在外表上是以立法的形式出现，是经过民众大会通过后才公布的。法典在一些章节的开头都特别写上"相互同意遵守"的习惯用语。有的法制史著作因而肯定地认为，沙利法典是由全体法兰克人和他们的领袖共同制订的。法典的内容主要是由习惯汇集而成，因此，都是一些具体的、个案性质的条款，例如"关于偷猪"的规定，法典是这样写的：(1) 如有人偷窃一只小猪而被破获，罚款120银币，折合3金币。……(4) 如有人偷窃一只满一岁的猪而被破获，罚款120银币，折合3金币，另加所窃猪只价值和赔偿损失。这里，既没有关于偷窃行为的抽象定义，也没有关于偷猪的概括性规定，说明其立法层次尚处于早期社会阶段。由于没有法典，也不可能把所有的习惯包括在内，因而经历了不断修订和增补的过程。最后一次增补是在819年由查理大帝的儿子虔诚者路易（Louis le Pieux，778—840）完成的。可以说，沙利法典一直处于发展当中，没有一个固定的体系。——译注

3　复仇原则的公式化方式（《汉谟拉比法典》第196节），危害孕妇（第210节），尤其用角刺人的牛的处置（第251节），与《汉谟拉比法典》是如此的酷似，所以绝非偶然。无子的妻子提供妾给丈夫的办法（第145节），与夏甲的故事（《创世记》16:1—3）完全吻合。

既已发展的货币经济里 [1]。除了实物借贷（《出埃及记》22:14）和牲口的康曼达（《出埃及记》22:10）[2] 之外，也有货币借贷（《出埃及记》14:25）和货币存款（《出埃及记》22:7）。人命金和罚金都是以货币来给付。动产抵押、奴隶买卖尤其是亲生子的买卖（《出埃及记》21:1f.）以及无疑的将自己卖为债务奴隶的情形 [3]，也都存在。作为训诫的一部分而附属在真正的法规里的祭典规定（《出埃及记》23:14f.），全然是一种定居的农耕民的规定。后来普遍被接受的牧羊人的大祭典逾越节，根本提都没提到 [4]。出现的反而是后来与逾越节连结在一起的无酵面包节（除酵节），这也是一种农民的节庆。

1　我们必须指正 Baentsch 的是，契约之书里根本未提及硬铸货币。货币金属是以自然形式称量的。不过，这绝非"原始"的状态（一如 Procksch 所主张的）。古老的商业城市罗马，早在拥有自己的铸币很久之前便已进行海外贸易的协议，除此之外，我们也该回想到，例如迦太基这样的贸易城市，直到政策转向招募外国佣兵部队之时，方才采用了铸币。腓尼基人的整个商业扩展过程都是在没有铸币的情况下进行的。

2　韦伯在《非正当性的支配：城市类型学》一书里，对"康曼达"（commenda）与"海外贸易公司"（Societas maris）有如下简短的叙述："外出经商者（Tractator）负责将本地货物运到东地中海沿岸地区的市场销售，至于购买本地货物与海运的资金则全部（或部分）由当地资本家提供（外出经商者当然也有可能是空船而往的），销售所得再采购东方货物回本地贩卖，最后的经营所得则由外出商人与资本家依契约条款分享。"（页 8）简而言之，即由资本家提供资金，经营者（出海者）执行业务（有时也提供部分资金），最后再根据所定比例来分享利润的一种契约。中世纪时流行于地中海一带，普通是随每一次的航海订定一回海上商业契约。若资本家现身于外，则为"合股公司"的原型，若资本家并不现身时，即为"匿名组合"的起源。一般而言，"康曼达"指的是经营者完全不出资的一种契约，如果他出部分资本，则称之为"海外贸易公司"，实际上的用法却没有如此严格区分。——译注

3　这是《出埃及记》21:1 以下所意指的，否则，此一规定可以用转卖来加以回避。

4　逾越节（Passover）是犹太人一年当中第一个重要的节日，源自《出埃及记》12 章。传说，犹太人在古埃及生活时期，遭到法老的残酷迫害。上帝命令摩西把犹太人领出埃及，但法老不准犹太人离开埃及。为此，上帝决定予以惩罚，杀死埃及家庭的所有长子和头生牲畜。为了避免误伤犹太人，上帝吩咐摩西通知所有的犹太人，在自家门框上涂上羊血，上帝的使者见到羊血时便"逾越而过"。法老迫于上帝的威力，只好同意犹太人离开埃及。为了感戴上帝的恩德，此后犹太人把每年犹太历尼散月十四日起的七天定为"逾越节"（通常在公历的三四月份），以示纪念。——译注

至于其他的庆典也都是与农耕和收获有所关联。

就此一法律集（契约之书）的"精神"而言尤具特征性的是诉讼法、奴隶法与寄居者法。律法书的这个部分及其训诫的附录最能够与下列这类法律相比较，亦即：为了调解城市贵族与平民之间的斗争而由希腊的仲裁者 [1] 与罗马的十人委员会 [2] 所制定的法律，以及类似的但是由美索不达米亚的支配者根据祭司影响下的福利政策而针对同样的关怀点所制定的法律。最为广泛的规定则非训诫的那部分莫属：不能收受贿赂（《出埃及记》23:8），不能枉屈穷人（ebjon）的权利而偏向有地位者（《出埃及记》23:6），以及摆在首位的不能应和多数人的要求而扭曲现行的法律（《出埃及记》23:2）。最后这一则显然是当所谓的多数者（rab）是指未居官职但属完全自由民的平民（plebs）时方有可能。寄居者不能被压榨（《出埃及记》22:21），也不能（在诉讼上）受到不公平的对待（《出埃及记》23:9）。对于纯粹的畜牧者可能毫无实质经济意义可言的安息年，被明白认定为劳作牲畜、奴隶（"女奴之子"）[3]

1　仲裁者（Aisymnete）是指公元前 7 至前 6 世纪时希腊地区平民——为了追求政权参与的中层市民与苦于负债之重压的下层市民——与门阀贵族之间的激烈斗争下，经由双方的同意而被赋予国制上的全权以调停两者之对立的领袖。雅典的梭伦即其典型。如众所知的，他采取了取消债款、禁止人身抵押、根据所得将市民分为四个等级以规定其参政权与兵役义务等措施。韦伯之运用此语，不仅限于希腊，而是用以广泛指称担当同等角色的人，例如本页注 2 所说的法典制定十人小组的官员亦包含在仲裁者中（M. Weber, *Gesammelte Aufsätze zur Sozial-und Wirtschaftsgeschichte*, S. 219）。——译注

2　十人委员会（decemvir），在古罗马，指任何由十人组成的政府委员会。这一名词最常用于指称"法典制定十人委员会"（decemviri legibus scribundis）——一个在公元前 451—前 449 年间取代正式长官职权的临时性立法委员会。其任务是制订一套法典，以解决贵族与平民之间的权力斗争。第一届十人委员会施政稳健，于公元前 451 年草拟十表法。第二届委员会完成了十二表法，其中两项法律对平民不利。公元前 449 年十人委员会因暴戾专断而被迫下台。——译注

3　由于母亲的权利是决定性的，所以此一限定在法律上被加以相当明确的成文化。

与寄居者的休息日（《出埃及记》23:12）。在此必然要假定，此处的寄居者被认为是田地耕作者，是身处城市团体之外的隶农[1]。我们已讨论过，安息年在现今的文本里，要不是后来才添加进去的，就是原来意思已有所扭曲的[2]。不过，最激进的还是债务法以及与之直接相关联的奴隶法。因为奴隶首先被想到的就是债务奴隶，无论是自己卖身为奴，或是父母在贫困之际将他卖为奴隶（在罗马就是被置于"约束"[mancipium]）。确实，限制典当的训诫（禁止典当衣服，《出埃及记》22:26）在以色列的法律集里，并不如《汉谟拉比法典》走得那么远（禁止典当劳作牲畜）。反之，训诫里却包含着影响相当深远的禁令：借贷给贫穷的同胞时，既不许使他蒙受损害，也不许向他收取利息（neschek）（《出埃及记》22:25）[3]——犹太人对内道德与对外道德之区隔的来源——这在巴比伦的法律里是未曾见到的。此一禁令主要是源自邻人团体（Nachbarschaftsverband）有义务在危难时提供无息援助的古老的兄弟伦理（Brüderlichkeitsethik）。文本里相当一般又模糊的行文方

1　隶农（coloni），罗马帝国后期和中世纪的佃农，由赤贫的小自由农、半解放的奴隶和作为农业劳动力的蛮族人演变而成。他们以货币、产品和劳役支付地租，虽然根据规定他们是自由民，但一代代传下的债务和限制他们迁徙自由的法律把他们束缚在土地上。在公元 332 年以前，允许地主可以把有逃跑嫌疑的隶农囚禁起来。未经地主许可，隶农不得转让其财产，除地主擅自增加地租外，不得控告地主。他们随地主的土地出售而转移；他们死后，其子孙按照同样条件使用土地。——译注

2　现今的文本里有关安息年的规定，相对于有关安息日的规定，本质上更加抽象地谈及贫穷的部族伙伴（ebjonej 'am, 'am 在较古老的史料里是指具有战斗力的男子），亦即他们应享有安息年的谷物果实。此一规定，以及甚至野兽也可以享用那个成果的空论似的规定，令人推想这应该是后期的神学建构。

3　后来惯常用来表示利息的"ribbith"显然是从巴比伦那里借用过来的。在巴比伦，这是从"税"和"臣民贡租"的概念领域渗入私法领域的表现，因为原属私法上的利息在此通常也并非固定的利息，而是收成或收益的一部分。《利未记》25:36-37 是以"marbit"来指称"高利贷"（Wucher）。

式，排除了此一规定来自实际法律生活的可能。这是个宗教命令，并且成为下述这些法律规定的补充性训诫——这些规定由于其对于整个法律集的倾向而言特别重要，所以被置于所有法规最前端，诸如（《出埃及记》21:2f.）：（1）一个希伯来仆役，亦即债务奴隶，必须在服役六年之后被解放，除非他从主人的家里娶得妻子，为了保有她而自愿长期维持其仆役的身份，此时必须举行宗教仪式（在家庭守护神前穿耳洞）以资证明；其次，（2）一个希伯来女奴，若是主人未娶之为妻或让她成为儿子的妻子，那么她即可获得自由，倘若成为主人的妻子，而主人却因后来娶的妻子而在食物、衣服和房事上薄待她，那么她亦可获得自由。这些详详细细的规定，无疑是古老的实际法律。前述的第一个规定，在《汉谟拉比法典》里也有，而且期限更短（三年），只不过此处并不是自己卖身为奴，而是家主为了债务而卖掉妻子或儿女的情形。以色列的法律对于出卖妻子的事真的一无所知。不同于巴比伦法，以色列的法律里包含了保护奴隶身体的诸多规定：主人若使奴隶的身体严重负伤，奴隶解放的申请便告成立（《出埃及记》21:26、27），若殴打立即致死，就会招致刑罚（《出埃及记》21:20），若是其他情况，则原则上不过是主人损害到自己的经营资本而已，奴隶是没有法律权利的（《出埃及记》21:21）。《汉谟拉比法典》里（116）也有保护奴隶的规定，以免债权人借着巧取豪夺或恣意凌虐而使债务奴隶走上死路——同样的，此处的债务奴隶也往往被认为是负债者的儿子或仆役。

　　总而言之，这个法律集深刻反映出当时的种种情况，虽然比起古代巴比伦的法律所反映的，是远为狭隘且贫弱的仅仅在小城市间进行的经济状况，但原则上并没有什么不同。重要的对比当然也有。巴比伦法律里的牧羊人是国王所派任的牧羊人，或是大畜产业主的私人雇员（就像故事里的雅各之受雇于拉班），但在契约之书里的牧羊人却是个农夫。个人拥有土地资产是个自明的前提（《出埃及记》22:5），除此之外，关于土地所有权的问题概无涉及。农民在巴比伦一般而言是佃农、债务仆役、奴隶和小作农，尤其往往是居住在城市里的大土地领主的分益性佃农。在巴勒斯坦也有佃农，但法律并不在乎他们，他们是格耳林姆。契约之书里的土地所有者则反之，是用一些仆役、婢女有时也用债务奴隶或政治上无权的佃农来耕耘整治土地，但由自己来经营管理的农耕市民或中级地主，而不是像巴比伦的土地领主那样总是雇用管理人来经营。再者，契约之书里也见不到巴比伦那种大商人和大高利贷业者。商人要不是被认为是外国人，就是寄居者；法律书上并没有提到他们。所有这些情形可说是与底波拉之歌时代里的情形原则上大不相同，尤其是有鉴于自由农民如今已成为发达的城居贵族之下的一个平民阶层。此一法典编纂的需求正是基于因此种发展而导致的以色列内部的对立。东约旦地区的部族，以及在此法律集的时代尚未被计入以色列的南方部族的情形，完全不在考量范围内。此一法律集应该是在以法莲地区形成的，比方说示剑。不可诋毁君主（《出埃及记》22:28）——唯一的政治训诫，以"nasi"一词来称呼君主，正如以"耶洛因"（Elohim）来表示神性，全都符合一般而言君主支配初期时代的整体情况。

契约之书的修订，是以重大的情况变迁为前提，开始于犹大王国事实上几乎已等同于耶路撒冷城邦连同政治上附属的邻近小城与村落的时代，然后被纳入《申命记》的"教本"里（特别是12—26章）。至少是由两个不同部分（12—19、20—25章）所组

合而成的这个教本，到底在多大程度上是打一开始就属于所谓的
摩西的"法律之书"（Sefer hattorah）——在约西亚治下（前621）
由祭司所"发现"，并且在他们的建议下由王宣示为具有法律效力
的律典[1]——这个问题我们在此存而不论[2]。现行法的再现与修正，
神学的教训与道德的乌托邦主义，全都相互杂糅地加入到这些（《申
命记》的）规定里，情形正如大多数以色列传承下来的这类法律集。
不过，由于其与活生生的法律的现实环境关联在一起，所以比起
后来俘囚时期的纯粹祭司的法律集要更加有形有色。不管俘囚期
之前或之后，畜产（牛和羊）都扮演着重要的角色，而骆驼和马——
后者只因为是王的战马才被正视——皆未被提及作为私人交易的
对象。财富最主要的是丰盛的谷物、水果酒、橄榄油、无花果、
石榴、蜂蜜和牲畜（《申命记》7:13、8:8），不过还有甚多的银和
金（8:9）。矿产的采掘被提到是此地的一大好处（8:9）。水井在犹
大的山地意义重大（6:11），而且在与神的关系上，也是与埃及有
重大分别的所在：埃及的地"就像菜园"，人们必须播种且亲自浇
水（11:10），而在巴勒斯坦的山间与谷地，神所恩赐的雨水就会带
来收获（11:11）。土地所有权愈来愈高涨的意义，表现在对于挪
动地界的严厉诅咒（27:17，参照19:14）。家主的古老家族长地位
的衰落，以及氏族古来对外的闭锁性与凝聚性的衰微，一方面显

---

[1]　事情的经过详见《列王纪下》22:8ff.。——译注
[2]　关于这个问题，参见最新的文献，特别是 A. F. Puukko, "Das Deuteronomium"（BWAT）。
他主张正是这个部分（12—26 章）应该排除在"Sefer hattorah"之外。（如后所述的）
基于政治的理由，我认为这些法规的前一部分（12—19 章），亦即极具特征性的君王的
法的部分，不该像 Puukko 所主张的那样被排除除在外，至于另一部分（20—25 章），在我
看来似乎应该是属于约西亚的 Sefer hattorah 的。Wellhausen, *Komposition des Hexateuch*,
S. 189f., 将 12—26 章视为《申命记》原有的文本。

现在禁止侵害长子的继承特权上，另一方面则是排除刑罚上家族
成员的连带责任（24:16）。在这点上，此一法律书是相当现代的。
至于法律的实施本身，根据一则（可能是《申命记》的纂述者的）
传说，甚至被推溯到亚玛谢王（《列王纪下》14:6）。血仇报复在俘
囚期之后也和之前一样存在（《申命记》19:6），然而包括举证法在
内的诉讼法，相对而言在很大程度上被理性化了，特别是借着要
求要有二名证人的命令——至今仍对我们教会的刑事诉讼法发挥
着影响力。

　　同胞爱的伦理命令，在契约之书及其附录的训诫式警语里一
再地以一般性的方式提出（正是因为如此才被怀疑是后来添窜的），
在此被进一步发展成为针对寡妇、孤儿、仆役、劳工、寄居者和
疾病者的广泛性社会保护规定。关于这点，我们在其他的关联里
还会再谈到。对于法官接受馈赠的诅咒（《申命记》27:25，以下
同），对于屈法枉断上述那些需要保护者的诅咒（27:19），以及不
可用任何方式欺压他们的禁令（24:17），并列于对误导盲人的诅咒
（27:18），以及古老命令的一再重申：邻人逃跑的牲畜必须加以归
还（22:1、3）。不可向寡妇拿任何抵当品（24:17），对穷人则仅取
有限的一些（24:10、12）。不可虐待仆役（23:16），并且——一则
相当广泛的规定——若有雇工逃离主人，不可将他交还（23:15）。
雇工，不管是同胞或是寄居者，都要在当日给予酬劳（24:14、
15）。自由的日酬劳工的日趋重要性，全都显现在这些规定里。安
息日至此也被认为是为了农民自身好处的休息日（5:14）。据称，
人民当中总是会有穷人（15:11），但总不会有以色列人当乞丐
（15:4）：此一原则是种种社会规定的基础，而这些规定几乎全都不
明确，因此其起源是宗教的训诫，而不是现行法。

如先前注意到的，此一法律集（《申命记》）并不知道田地的休耕年，这是休耕年后来窜加到契书之书里的有力证据，因为基本上《申命记》是以契约之书为依据的。取而代之的是，为了寡妇、孤儿与寄居者着想，禁止将田地、葡萄园和橄榄园里的落穗剩果收割尽净（24:19f.），并且为了充饥，他们可以进入他人的田地与果园吃个饱（23:24、25）。这两个规定都是土地领主与赋役义务者之间古老的邻人关系法规的遗制，或许也是已定居的农民与非定居的小牲畜饲育者之间的通常关系的写照。

上面显示出抵押法与债务法也是此一《申命记》的社会法的原有领域，而且比在契约之书里的更加广泛。取代田地的休耕年，《申命记》里有一则契约之书里所没有的激进的债务法。希伯来人债务奴隶的奴隶状态过了六年就应予以解放的规定（15:12），虽也载于契约之书里，在《申命记》里不止一再训示，更加规定主人有义务要给予解放的债务奴隶实物给付作旅费，因为他毕竟辛劳地产出了"剩余价值"。就中尤其是说到要在"豁免年"（schnath schmitta，更加精确的，schmitta kesafim）免除同胞——而不是外人——的所有债务。在以色列时代后期，的确已有实际施行安息年（schmitta karka 'oth）的证据，至于豁免年的规定，则即使法律再怎么断然威吓规避此项规定的做法，或者尼希米为首的誓约团体早已严正地谆谆告诫（《尼希米记》10:31），而希勒尔[1]也作了

---

[1] 希勒尔（Hillel），公元前1世纪的犹太学者。生于巴比伦境内并在那里受教育，青年时前往巴勒斯坦，从法利赛派进修圣经和律法。希勒尔并没有制订解释圣经所必须遵循的规则，但他主张自觉而慎重地进行注释，以求正确理解内容。从有关希勒尔的寓言看来，他是循循善诱的导师，无论是用阿拉米文或希伯来文写作，文笔都简练警人。因此他的警句流传至今。《先贤箴言》收希勒尔的语句较其他贤士为多。他是希勒尔派的领袖，解经不拘泥于词意，使人理解经文和律法的真意，这种治学方法受到广泛的赞დ。

最终的敲板定案，然而我们还是发现到有一种可以借着契约而使
此项规定无效的形式存在（所谓的 Prosbul 的形式）。而且根本找
不到使用此项规定的确实线索。它源起于宗教训诫，也仅止于乌
托邦。然而，即使是已非训诫而是法律规定要解放债务奴隶的命
令——这是契约之书及巴比伦法里都有的——在西底家王的治下，
连一次也没有施行，虽然在政治危急之际（《耶利米书》34:8f.）
曾经作出要加以遵行的严正决定（王与民立约，berith），结果契
约毁弃，导致耶利米宣示最为严重的灾祸预言。因此，债务法的
规定，尤其是豁免年的规定，是否原本即有，或者施行到何种程
度，都是个问题；而且，要说债务解除的规定是奠基在某种临时
的处置上，而此种处置乃是由神学的编纂者确立为制定法，并且
将之与俘囚期里愈来愈趋重要的安息思想关联在一起的结果，这
也是不太可能的事。因为，这里关涉到的是一种“负债免除”
（Seisachtheia），一如我们所得知于古代的地中海城市，而且也如
西底家治下的上述那种决定所显示的。城居的贵族通过商业而累
积起愈来愈庞大的货币资产，而农民阶层则饱受他们的高利剥削，
因此形成了典型的阶级对立，而这特别清楚地显示于《申命记》
里紧接着豁免年的那个命令而来的著名应许（15:6）：“你必借给许
多国民，却不至向他们借贷。”再加上相同意思的附语：“你必管
辖许多国民，他们却不能管辖你”。由于现今编纂本里存在着事件
的重复，所以七年一度的一般的豁免年，以及与此相关联的这段
经文，乃是俘囚时期的神学添窜一事，具有高度可能性。在重复

（接上页注）希勒尔了解当代的社会需要和经济需要，重视圣经的词句与精神的潜在力量，
他采用说理的方法阐明自己的观点；因此，后世大多数拉比学者都根据他所提出的方法
讲授犹太圣典。——译注

应许之后（28:12），接下来宣说的是与应许完全相应对的恐吓，也就是背离耶和华所会招致的后果（28:43、44）："在你中间寄居的（格耳）必渐渐上升，比你高而又高，你必渐渐下降，低而又低。他必借给你，你却不能借给他，他必作首，你必作尾。"——这样的宣告，按其精神，我们在先知那儿还会再看到。这些——由于提及格耳的方式——显然是俘囚期之前的行文段落，却同时最清楚地证实了其基础在于前述的阶级对立上。犹太人在中世纪和近代的货币高利贷与典当高利贷——在其中实现了上述应许——的这幅讽刺画，毕竟不是救赎许诺的真正意思。不是的，许诺所真正意指的是：以色列人会住在耶路撒冷，成为世界的**城市贵族**，而其他民族则是处于城门外政治附庸的债务农民的状态，情形正如整个古代早期，从苏美尔—阿卡德时代开始，任何典型的城邦里城市市民与乡村地区之间的关系一样。在犹太圣典时代也同样是以整个古代的典型状况为前提，亦即：债务农民必须将其世袭地交付在债权人手中而成为**借地者**（Pächter），也就是佃农，居住在原先属于他们的土地上。不过，这却不该是以色列部族同胞彼此之间的关系——这才是社会的债务法与附带的宗教训诫的精神所在。**商人**原本总是个寄居者，直到当时也往往还是，这点从《申命记》的灾祸预言里格耳的出场方式即可得知。然而，城市定居的发展状态是如此深刻地影响了以色列人本身，以至于城市贵族的阶级状态如今俨然成为他们不证自明的宗教许诺[1]。定居在外地（大马士革）的以色列商人，在亚哈与便哈达的和约里首度被提及（《列王纪上》20:34）。他们当然早就存在于以色列本身的城市里。

1　根据以赛亚的许诺（1:26），以色列将成为一个正义的**城市**。

即使到现在，谷物交易在巴勒斯坦仍然是阿拉伯农民（Fellachen）惨遭剥削的源泉。《申命记》里所处理的全都是城市的事情，这点在其他的法律内容里也显现出来，诸如：住宅的屋顶要加设护栏以免有人跌落的规定（22:8），为杀人者设置避难城市的规定（19:3），"在城门里"设置审判所的规定（16:8），要使用公正的砝码与升斗的命令等全都是城市里的事（25:14、15）。不可剥削穷困的弟兄（23:20），应该马上借贷给他（15:8）：这是典型的邻人伦理的古老急难救助命令的一个层面。此处的贫困弟兄是否总是指住在城里的人（15:7），尚有疑问，但无可置疑的通常是个居住在城市周边地区（如今被视为不证自明的一个政治单位）的以色列小农民。

《申命记》里现存的法律规范可能是源自俘囚期前的城市王制时代，但确实是经过俘囚期间的神学者的修改。或许所谓的"神圣法典"（Heiligkeitsgesetz）[1] 的情形也是如此，只不过俘囚期神学者加笔的部分更要来得根本得多。包含在此一法律集里，以及同样包含在所谓的"祭司法典"（Priester Gesetzgebung）[2]——完全形成于俘囚时期，构成摩西五书里第三书与第四书的大半史料和第二书的部分史料——里的社会规定，无论就其年代而言，或就其实际的通用性而言，都尚有争议。这些规定是神学上贯彻其首尾

1　众所周知的，为《利未记》17—26章冠上此名的是源于 Klostermann。此一神圣法典属于俘囚期之前，因为其基本资料显然并未区分祭司与利未人，不过，也经过俘囚期之后的修改，因为《利未记》21）出现了大祭司（负有保持特殊的仪式性洁净的义务），并且一再假设有小型祭祀教团的存在（关于这点，参见 Puukko, *Das Deuteronomium*, S. 49）。

2　祭司文书与《以西结书》的诸多关联是再清楚不过的了。然而推崇祭祀文书的是亚伦一族，而不是撒督族（后称撒都该人，见下述），它确实是比以西结的预言要较为晚出，而接近以斯拉的时代。

一贯性的产物，结合了对过去的追想，颁布给"耶和华的神圣子民"——在耶和华所领圣地上的"耶和华的寄居者"，并期待耶和华再度将他们引领回去的一个民族。在这些规定里，除了禁止高利贷的命令外，还有安息年的规定，此一规定可能是在此（神圣法典与祭司法典里）首度展现成现今的形式，并且就此再被添加到契约之书里。除此，还有被更进一步修正的关于债务责任的规范。对于一个负有债务责任的以色列弟兄（《利未记》25:39、46），不可如对待一个人身奴隶那样，而要像对待一个自由的日酬雇工，至于酬劳的给付，则重复《申命记》里的规定（《利未记》19:13）。以色列人只能拥有异教徒或寄居者作人身奴隶（《利未记》25:44、45），因为所有的以色列人都是耶和华的人身奴隶（《利未记》25:42）。如果一个以色列人不得不卖身给一个寄居者，他的氏族或他自己可以随时加以赎回（25:48）。无论如何，所有背负债务的以色列人都要在每七年的七倍时，也就是所谓的五十年节（Jubilee）到临时，被解放。在这个以响亮号角宣告的解放之年里，每一块被卖出去的土地——被认为当然是出于无奈（参照《利未记》25:25）——必须无偿地交还给卖主（25:13f.），假如先前并没有被最近亲的氏族兄弟赎回的话（25:25，他随时有权这么做）。因为土地是不许永远买断的，既然土地是神的资产，而以色列人不过是居住其上的神的寄居者。这也证明了寄居者对土地不具权利的特征。唯有墙垣城市里的住屋是可以永久买断的，能够赎回的时限是一年之内（25:29）。更加广泛的一个决疑论定出了核算到五十年节的年金。可以确定的是，五十年节本身是俘囚时期的神学建构，实际上从未实施过，而且其他规定的推展方式也让人有此推断。虽然如此，问题还在于：实际通用的法与这些神学构想之间，是否存在着接合点。首先，将西底家治下的债务奴隶解放的故事（《耶利米书》34:8f.）与出现在第三以赛亚（61:2）[1] 里的"耶和华的恩年"（schnath razon）关联起来，就可以知道，为了所有的债务奴隶而公开宣告"解放年"（Freilassungsjahr），并不止是个别案例，如西底家治下所发生的，而是个典型的现象，或许是在战争危急之际需要全员的武装投入，在希腊也可以看到类似的现象。其次，土地财产归属于氏族的要求可能也潜藏着对古老法律的回想。因为让人不得不惊奇的是，在律法书里，只有此处谈论到土地买卖的问题，而契约之书与《申命记》都对此保持沉默。换言之，问题在于：是否，以及在何种前提条件下，在以色列古代，土地的永远买断是被允许的？在巴比伦法里，氏族撤销土地买卖的古老权利，是逐渐才被排除掉的。从耶利米的神谕里我们得知，在有人打算出卖世袭地的情况下，其氏族成员中的一人至少可以通过习俗上的规定拥有优先的选择权，而且拥有这项权利者会对拒绝履行这个取回农地的荣誉义务感到犹豫，因为不然的话土地将会落入外人手里。传说里也提到，对于亚哈王出价买地的提议，拿伯的回答是，上天不许他出售先人留下来的地[2]。这显示出，在这个故事编纂的时代里，未经氏族允许而出售土

---

1 《以赛亚书》原则上被分为三个部分：第一以赛亚，包括1—39章，约当南方王国犹大受到强大的邻国叙利亚威胁之时；第二以赛亚，包括40—55章，时当许多犹大人民被俘虏到巴比伦当俘囚，既挫折又绝望；第三以赛亚，55—66章，大部分是先知对返回耶路撒冷的人民所讲的话，值得注意的是61:1—2，耶稣在其开始布道时即以这段话语来表示他所受的召唤（参见《路加福音》4:17—19）。——译注

2 "耶斯列人拿伯在耶斯列有一个葡萄园，靠近撒玛利亚王亚哈的宫。亚哈对拿伯说：'你将你的葡萄园给我作菜园，因为是靠近我的宫；我就把更好的葡萄园换你，或是你要银子，我就按着价值给你。'拿伯对亚哈说：'我敬畏耶和华，万不敢将我先人留下的产业给你。'"详见《列王纪上》21:1f.。——译注

地，本身被认为是法律上可能的事。再加上先知在许多地方严词谴责富人的土地累积，也证实了这点。不过，我们也同时了解到，世袭地的卖出是受到习俗非难的。除了上述提及的《申命记》里的一处之外，祭司法典也是讨论到土地世袭权的唯一的史料来源。土地世袭权当然在所谓的"收继婚"（Leviratsehe）里也间接地扮演了一个角色。换言之，与兄弟无子的寡妻结婚——为了让他"子孙得以繁衍"——的权利与义务，同时也带来继承其土地财产的权利与义务。倘若最近亲者加以拒绝，那么这份土地财产则交由负起结婚义务的较远亲的候补者来继承。甚或，根据传说的观点（《路得记》4:1f.），正好相反，氏族里若有谁想要获得无子之死者的土地，就必须和死者的寡妇结婚。由整个传说可以得知，至少在族长传说编纂的时代里，普遍认为家族长在死前或（如《西拉书》所提及的）退隐到自己的养老份地时，拥有相当大的程度的自由来规定众子间的财产分配，并且显然还通过庄重的祝福与诅咒来加重其处置分配的分量。土地的继承者在此，想当然耳，一如古代所有的军事团体，只计及儿子。我们提过，《申命记》试图保护长子以免父亲侵害了他的继承特权，因为做父亲的很容易受到他所钟爱的妻子的影响，对儿子们做出不公平的处置，正如埃及的故事里所见到的情形。祭司法典做了更进一步的限制。其中规定女儿的土地世袭资格排在儿子之后（《民数记》27:8），并且与此相关联的，规定这些女继承人只能与部族内的人结婚，以免土地流失到部族之外。根据传说，为了这些女子好，摩西颁布规定，她们要嫁给表兄弟，亦即氏族成员。由于部族与氏族并非一直是严格区分开来，所以我们可以推断，此处所意指的是氏族，而非部族。因为，至少按照古老的法律，我们先前也见到，非部族成员根本就被视为格耳，换言之，没有取得土地的资格[1]。

　　总之，除了氏族所拥有的这种拘束力之外，可能还有其他力量在形塑土地所有的结构，而我们可以在这些规定里看到此等力量的残余[2]。我们知道在希腊的城市里，"克里娄"（持分）[3]部分是受到氏族请求权的约束，部分则受制于军事上的出售限制。古希腊的女性继承权，若非全然，也确实有部分是起源于此种军事上的利害关怀。相应于希腊的克里娄一词，正如迈尔正确观察到的，以色列是以"Chelek"一词来表示分派地，其第二义是"掠夺品配额"，换言之，其起源绝非农耕的共产主义或氏族组织，而是军事行动[4]。举凡军事力量是奠基于自由的土地所有者的自我武装之处，土地所有即是战斗能力的函数。同样的，对收继婚和诸如此类的制度而言决定性的愿望，亦即想要在以色列保有氏族之"名"的愿望，除了后面会谈到的宗教基础之外，也应该是有其军事的基础：经济上具有战斗力的氏族的族谱名簿乃是军队召集的基础。底波拉之歌里似乎是这么总结的：誓约同盟军的员额（四万名）乃是以千人的整数来核定——这和通常的出兵分摊数的千人队在后来所扮演的角色相符合——并且从对便雅悯部族之战的召

1　根据《路得记》4:3，在这则传说编纂的时代里，母亲也可以继承其未生子的儿子的遗产。当然，整个故事缺乏法律上的准确性。

2　Sulzberger 前引书，就我所知，是推测有类似关联的唯一者。只不过，在我看来，他对于以色列的誓约同盟对内具有强制力这点，抱持着相当不以为然的看法。毕竟这个同盟仅止于间歇性的运作，而全无机关组织。

3　"克里娄"（Kleros）原来是"签"的意思，原始共同体乃依据签引来分配其所有的土地，以此转而指称希腊市民世袭的私有地。——译注

4　动词派生语 nachal 意指"继承""获得财产"，hiphil（使役动词）意指"使继承""分配遗产""使有资产"，都是用来指迦南的土地；(各人因征服掠夺而获得的)"财产"以及"遗产"称为 nachalah。

集报告里也可以得知，同盟军员额的摊派是——譬如在这个例子上（《士师记》20:10）——从十人里召集一人。由于诸多千人队无疑是誓约同盟的各个组成团体被固定摊派的员额，所以负有出兵分摊义务的部族除了顾及本身的战斗力的固有利益关怀之外，同时也有维护战士的土地持分——取决于此一同盟军体制——的利益关怀。很有可能的是，各个部族也采取了类似希腊城市所采取的手段，在那儿，如众所知的，并不容易决定作为遗制流传下来的克里娄的诸多约制里，哪些是源自氏族的古老权利，哪些毋宁是出自军事团体的利益。在史料里，我们所面对的种种制度，部分是保留其原初形态的遗制，部分则是历经神学扭曲的遗制，其范围起自我们完全无从辨认的安息年规定和负债免除规定，直到收继婚、女子继承权、长老（作为克里娄继承者）的优先继承持分、氏族弟兄在世袭财产上的赎回权的遗制，所有这些制度都有可能在这类取决于军事的手段里找到它们的一个源头。下面这个现象也可以作同样的解释。根据亚伯拉罕的故事（《创世记》15:2、3），在没有嗣子的情况下，仆役的头子（在此甚至是从大马士革买来的家内奴隶）成为继承人。此处，史料的观点所在意的是要有克里娄的继承者存在，而**不在于**继承者是谁。另一方面，贫穷落魄者，亦即在急难时不得不交出自己的土地财产者，便不再具有完全以色列人的资格，并且，根据神圣法典（《利未记》25:35），就此被人以格耳相待。所有这些制度的目的莫不在于防止一个氏族从经济上具备完全战斗力的阶层，坠落到无力筹措武装费用的族群里（在罗马来说，就是 "proletarii"，"普罗、落魄者"），或甚至成为完全无土地者（格耳林姆）。后面我们在谈论到拿细耳人（Nazirite）的活动时，还会再提出与此推测相关联的两三个假设。当然所有这些假设也仍是不怎么确定的。无论如何，种种制度很难说是普遍通用的。因为，即便是在底波拉之歌里和关于北方以色列的历史文献里出现的同盟军事体制，如上所说的，也不尽然绝对走向这些制度。由于出兵分担数的调度或许是各个部族内部的事务，而他们处理此事的办法可能也各不相同。

第八章

契　约

依整体印象，这些法律集的顺序所代表的是法律之逐步**神学化**的过程[1]。在我们检验这个过程的起因与特色之前，必须先认识以色列社会组织的神权体制化是在怎样的外在形态里达成的，而推动此种神权体制化的力量又是什么。以色列社会组织的特异性在最古老的法律书的名称里即已表现出来：Sefer ha berith（契约之书）。我们所感兴趣的，就是所谓"berith"（契约）的重要概念[2]。

对抗埃及支配的一个"誓约同盟"，早在阿马纳书简里便已曾提及[3]。阿马纳石板上也出现埃及总督之敌的名称"Chabiru"（哈比鲁），常有人认为这个名称就是 Ibri（希伯来人）。有鉴于语言上的难处，最近这个词常被关联到犹太教的语词"Chaber"，亦

1　特别值得注意的是，即使像 Procksch 这么优秀的学者，至少在论及《申命记》与契约之书的关联时，都试图为相对的论点作辩护（Die Elohimquelle, S. 263ff.）。

2　关于这点，Kraetzschmar 的著作 *Die Bundesvorstellung im Alten Testament*, （Marburg, 1896）在很多方面都与我下述论点不同（而在此书完成之际我也无缘得见）。Stade 主张契约观念是后来才出现的，但最近则只说摩西的契约并不具立法的形式，这倒是对的。不过，契约思想的重大意义还是不断（在传承里）重新显示出来。

3　Knudtzon, Nr. 67.

即"伙伴同志"（Genosse）。在俘囚期之后的时代里，对礼仪上严正的完全犹太人而言，此语和"Cheber"同样是意指"伙伴团体"（Genossenschaft）。在马喀比的货币上 [1]，此语是指完全犹太人的共同体，而在较古老的传说里（例如《士师记》20:11），也时而被用来指称誓约同盟军(在一场对宗教亵渎所发动的圣战里) [2]。当然，哈比鲁的名称是由此一语词而来的说法，仍旧看似不然的 [3]。

　　在神的庇护之下的各种极为不同的誓约兄弟团体贯穿于整个以色列的历史上，这本身并不是个独特的现象。在古代，任何的政治同盟，以及几乎一切私法上的契约，通常莫不是通过起誓，亦即自我赌咒，而获得保证。以色列的独特之处，首先毋宁是在于，宗教性的"契约"普遍深远地延伸成为各种极为不同的法律关系和道德关系的真正（或思想上的）基础。尤其是，作为政治共同体的以色列本身就是个誓约伙伴团体（Eidgenossenschaft）。因此，一个以色列人，包括一个其他部族的成员——此时他与对方仅处于格耳的关系上——在向以色列同胞打招呼时说的是"兄弟们"

1　马喀比的祭司诸侯的货币面上，刻有"Kohen haggadol w cheber hajjehudim"（大祭司与犹太人共同体）的字样。

2　在关于因基比亚的不法事件而对便雅悯发动的复仇战争里，使用了 Chaber 一词。除此之外，特别是在《以赛亚书》里（47:9、12）用以指巫师与盗贼伙伴，在《何西阿书》里（6:9）用以指祭司的伙伴团体，在《箴言》里（21:9、25:24）用以指家族共同体，在《诗篇》里（119）用以指信仰弟兄。此一语词在当时被使用来表达意思约略等同于古老传说里用以指称朋友和邻人的 rea' 一词，而这词很具特征性的是源自 ra 'ah（放牧、让牲畜吃草）、Piel（强意形）：re'ah（选择伙伴）。换言之，很有可能是从贝都因或畜牧氏族的帐幕共同体而来的。

3　关于这个问题现在可以参见 Böhl 的详细研究（"Kanaanäer und Hebräer", BWAT, 9, 1911, S. 85）。将 Chabiru 和 'Ibrim 视同为一，在此认为是可能且信实的。无论如何，前以色列时代倒也不是没有"信仰弟兄"的概念，这从我们后面会提到的公元前 15 世纪的一封迦南人的书简即可得知。在称呼一个以色列同胞时，所使用的并不是 chaber，而多半是 ach（兄弟）。

(achim)。这就像任何一个瑞士人在公开演说时称呼其瑞士同胞为"誓约伙伴们"一样。根据官方传说，正如大卫是通过契约而成为正当性的君主，此一传说也让北方部族的长老在与大卫之孙罗波安谈判时以签订协约的方式来决定是否推举他为王。不过，即使是畜牧氏族之移民到一个迦南城市里，或反之像基遍人之作为赋役义务共同体而归并到以色列里，通常也都是通过一种——在契约的名下——兄弟誓约关系才达成。所有的格耳林姆，包括族长在内，也都是通过契约而立身于（格耳林姆的）法律处境[1]。根据传

---

1 亚伯拉罕是根据契约而居住在别是巴的格耳（《创世记》21:31、34）。以撒则与基拉耳的亚比米勒缔结誓约同盟（《创世记》26:28）。尽管 31 里强调了义务履行的相互性，但亚比米勒俨然是独自一人，完全如同后来耶和华之于以色列人那样，"订立"契约（26:8），因为在这两种场景里，处于弱势的那一方是消极特权的（以色列是耶和华的格耳！）。以色列对于基遍也是如此（《约书亚记》9:6ff.）。在底波拉的传说里，雅亿的丈夫是根据契约而以格耳的身份在迦南王领地上搭棚而居的。（犹大王）亚撒根据契约而向（亚兰王）便哈达进贡（《列王纪上》15:19）。（以色列王）亚哈与被他捕捉的便哈达立约（《列王纪上》20:34），如同约拿单与大卫立约（《撒母耳记上》18:3、20:8），大卫与押尼珥立约（《撒母耳记下》3:12）。雅比人请求与（亚扪王）拿辖立约（《撒母耳记上》11:1）。在所有这些情形里，正如耶和华与以色列之间一样，都是不平等的相互间的"foedus iniquum"（不平等契约）；相反的，雅各与拉班之间的契约就是个"foedus aequum"（对等契约，《创世记》31:44）。推罗背负的国际法称为"兄弟契约"（berith achim，《阿摩司书》1:9）。总之，我们从这些例子已得知，将 berith（契约）转译为"Bund"（盟约）是完全正确的，并且这对整个古代以色列的宗教而言具有绝对中心的意义，Kautzsch（*Biblische Theologie des Alten Testaments*, S. 60）否认这点，便是大错特错了。大卫（《撒母耳记下》5:3）正是在同样的精神下与长老立下契约而成为以色列的王，如同从前耶和华成为以色列的神。七十子圣经（Septuaginta，译按：公元前 270 年左右完成的最古老的希腊文旧约）将 berith 译为 διαθ ηκη（testament），而不是 συνφθ ηχη（covenant），这符合其时代的见解，而非古老历史年代的理念。祭司编纂本（所谓的"P"典）的神观，就像在陈述神对挪亚、亚伯拉罕、非尼哈（《民数记》25:12）的应许所表现出来的，相应于其对 berith 的见解：此乃一种唯有通过特别的庄重与外在表征而受到保证的、单方面给予特权的神的许诺（《创世记》9:9f.）。（参见 Holzinger, Genesis-Kommentar, S. 129f.，尤其是 Valeton, ZAW, XII. X., 1892, S. 1f., 224, 对于语言使用的详细研究。）对于末世论，也有与禽兽的契约（《何西阿书》2:18）。意指"特权"的契约见《民数记》18:19，意指"规定"的契约（"盐的契约"）见《利未记》2:13。P 典从未指西奈法是契约，

说，誓约兄弟团体的形成在礼仪上首先要当事者之间建立起食桌共同体（Speisegemeinschaft）（《创世记》26:30, 参较《约书亚记》9:14）。摩西受神的委托而宣告的法律集（《出埃及记》24:7）被称为"契约之书"（sefer ha berith），同样的，他按神的命令刻写在两块石板上的宗教规定（《出埃及记》34:28），被称为"契约之语"（debre ha berith）[1]。同样的，《申命记》的 sefer hattorah，亦即"教导之书"，以这样的形态首次出现（《列王纪下》22）之后，接下来在有关其于约西亚治下被采用为法律的后续记载里（《列王纪下》23:2）被称为"契约之书"，其内容则被称为"契约之语"。在《约书亚记》里保留了一则传说，在其中，约书亚完成了迦南地的征服之后与民立下契约（berith），并将内容写下成为"神的法书"（Buch 一部，无法确定。然而，传说示剑在亚比米勒的时代有个"契约的巴力"（Baal berith）之"家"存在，而且这个神殿的财宝同时也运用为

（接上页注）但 J 典则认为何烈契约与摩押旷野的契约都是典型的双边契约（foedera）。（根据《以赛亚书》24:5）以色列破坏了"永远的契约"（berith golam）。如同常受瞩目的，"karah berith"（缔结契约）的表达，相当于罗马的"foedus icere"与希腊的"ορχιατέεμνειν"。在《尼希米记》里此种语法已经逐渐消失，并以 amanah 来取代 berith。

所谓"P"典、"J"典指的是对摩西五书资料来源的分别。按先后列下：(1) 耶和华典（Yahwist），或称 J 典；(2) 耶洛因典（Elohist），或称 E 典，称主为耶洛因；(3) 申典（Deuteronomist），即申命记法典，或称 D 典，所用词汇和文体有独特风格；(4) 祭司法典（Priestly code），又称 P 典。——译注

1　关于契约之书以及这些契约之语，最古老传说的词语到底指的是那些法律集的哪个部分，至今仍是个问题。先前讨论到的法律集，亦即现今称为契约之书的引用部分，在本身的行文里根本没这么指称，而"契约"一词也确实没有出现。然而，礼仪规定的《出埃及记》第 34 章则明白地采用为契约，并且，比起包含了本质上为单方规定（mischpatim, 法律）的其他法律集来，在 34 章这里由于应许的双边性，更加符合契约的性格。《出埃及记》34:28 的"契约之语"，由于被推测是后来添附上去的"十条诫"（Die zehn Worte）这个插语，而被等同为十诫。不过，此一（所谓契约之语的）表现，原本所指的显然是直接在此之前所提到的种种礼仪规定（关于这个问题整体，参见 Baentsch 前引书）。

城市的财宝（《士师记》9:4）。从《申命记》的传说里（主要是《申命记》27:14f.）[1]，我们得知，有一个庄严的仪式，据说是征服迦南地后才开始举行，而按照后来的版本，这个仪式是由六个部族的代表在基立心山，另外六个部族的代表在以巴路山上举行的（示剑则位于两山之间）。这个故事的（四个到五个）异本，给了我们下面这个图像。面向基立心山或在基立心山上，祭司对遵守神圣命令的人予以庄严的祝福，面向以巴路山或在以巴路山上，祭司对违背神圣命令者发出严重的诅咒。在这些命令里提到（《申命记》27:2f.）：要把它们写到墁上石灰的石头上（这也证明楔形文字已不再独步当时了；至于年代方面，当然仍是个问题）。传说里还有许多地方提到这个仪式（《申命记》11:26f.，《约书亚记》8:30f.、23:1f.）。尽管是后出的（《申命记》）传承，但本质上仪式本身或类似的形式，应该是在较古老的时代即已存在，因为其中提到的山上的圣所，必然是编纂者所极不愿接纳的。特别是，根据传承，在那儿还有纪念碑（受到清教徒排斥的一种风俗）以及（同样可疑的）古老神谕的松香树；约瑟的遗骨安置在那儿（坟墓祭祀），神的画像也埋藏在那儿（似乎是按照巴比伦的仪式）。流传下来的诅咒形式（《申命记》27:15f.），亦即所谓的"性的十诫"，列举出十二项大罪：偶像崇拜、轻慢父母、挪移邻舍地界、使瞎子走差路、对寄居者和孤儿寡妇屈枉正直、性犯罪（近亲相奸及与兽淫合）、谋杀（暗中杀人）与法官收贿。尽管年代上无法确定，但有

---

1 《申命记》的这个章节（27）被认为是后来编纂时所加入的。不过其原始素材不可能是源自后面的时代。只是，陈述里的强烈矛盾以及十二个部族只各派一人为代表，都要归咎于编纂者，而场景的模糊转换（在以巴路山上或在示剑之谷），也是一样。（其原史料的）片断被推测是耶洛因派的（elohistic）起源，或许是对的。

鉴于其与契约之书里的规定的关联，事情很有可能是："契约神巴力"乃是个功能神，基于显然是规律性的重复诅咒来保护那些被民众郑重采用的法规[1]。根据一则大失原貌的传说，巴力神的祭典被认为是，在对米甸人的战争期间，基甸和东约旦地区的部族与以法莲人之间相互对立与妥协的折冲之下，引进到示剑来（《士师记》8:1、33）。换言之，契约神巴力应该是以色列通过契约的缔结而重新组织时，契约缔结的保证人。

---

[1] 契约神巴力拥有神殿且仪式像是出自摩瑞树（或神树）林这件事的困难并不是不能克服的。与树林里和山上的祭典相关联，说明了仪式的年代与重要性。这个仪式到了《申命记》的时代虽然可能只是追忆回想，但却不是对所有这些祭典怀有敌意的编纂者所能全面抹杀的。有可能是，此一仪式的意义在应和《申命记》的精神的过程当中有了转变：原本是和召请神的祝福连结在一起的一种对魔鬼的郑重诅咒形式，而根据当时的观点，此一仪式的目的应是在于通过郑重的诅咒仪式而将民众对于罪人的宗教连带责任庄重之地全都转嫁到这些罪人身上。

第九章

耶和华同盟及其机关

　　在历史时代，我们看到以色列的内政史经由一次次仪式性的契约缔结而向前推展：在约阿施治下，建立起耶路撒冷的纯粹耶和华崇拜，后来在约西亚治下，采用了申命记法典，根据传说，这都是通过契约（berith）而完成的[1]；如出一辙的，西底家做出决定，遵照法律解放债务奴隶（《耶利米书》34:8），在尼希米带领下，再度郑重地采用了教团组织（Gemeindeordnung）。在后者那里，如同在那个诅咒仪式里，一些特别重要的法规被挑选出来，依照当时已成习惯的公文书处理方式，由被强制集中居住的氏族首长郑重地签署封印（《尼希米记》10）。就我们此处的考量关联而言，具决定性的正是在于那古老的、俘囚期之前的，并且在这些例子上，创造出法律的、**全体**以色列人的契约。此种契约清楚相对于个人之间或与寄居者之间的契约缔结，不仅仅是契约当事人在神——作为契约的证人与伪誓的复仇者——的保护之下彼此缔结契约和

1　只不过此处是通过在耶和华"前"立的契约，而不是**与耶和华立**的契约。从传说故事里不难了解，此一契约所代表的不过是契约的一方，亦即以色列民众，重新起誓要履行其与神所立的——但并未遵守的——古老契约的义务。

建立兄弟关系，而是**与神本身**的契约缔结，而这尤其是以所谓的
"耶和华崇拜者"（Yahwisten）为代表的古老见解。根据此一见解，
当契约遭到破坏而神施行报复时，神所坚持的不止是在他保护下
忠实的契约当事人的权利，更是神本身的契约权利[1]。这个非常重要
的观念极为深刻地影响了以色列的宗教性质。先知的神之所以宣
示可怕的灾祸威胁，乃是奠基于通过誓约而直接向神本身——作
为契约缔结当事者——起誓的契约的忠诚遭到破坏，而另一方面
神自身也被提醒他曾对以色列先祖们起誓要给予的应许（首先是
《弥迦书》7:20）。传说中的以色列先祖与神的全面关系，对经由俘
囚期的祭司而确定下来的后代观念而言，打一开始便在不断更新
的契约缔结当中得到实现：在与挪亚的契约，与亚伯拉罕、以撒、
雅各的契约，以及最后的西奈契约。然而，其间，随着神观的改变，
双边契约的拟人观点却逐渐弱化为一种神圣的处置规划，而且此
种处置唯有通过特殊的应许才受到保证。即使是耶利米所宣告的
未来希望，最后也是如此：耶和华将会再一次与他的民缔结契约，
但是条件会比他与先祖立约时更加恩泽优厚。——以色列契约观
念的这种特殊性到底从何而来？在源头上，是由某些一般的政治
条件和宗教史上的一个特殊事件汇聚而成。

　　对以色列而言，"契约"概念之所以具有重要意义，理由在于：
以色列古老的社会制度，部分而且是相当本质的部分，是奠基于
土地所有战士氏族与**客族**（Gaststämmen）——作为法律上受保护
的寄居者，包括各处迁徙的牧羊人、客居工匠、商人与祭司——

---

[1] 在尼希米主导下以色列民的单方的忠诚誓约并不称为 berith，而是 amanah（《尼希米记》
10:1）。

之间通过契约而规制出来的永久关系上。此种誓约兄弟关系的错杂纠葛，我们看到，支配了以色列的社会与经济结构。不过，与神耶和华本身的契约，成为以色列在判断自己于诸民族当中处于何种地位时的一个根本观念，而这点又与下述的种种情况密切关联。

如前所述，由于生活条件上贝都因人和畜牧者的所有的政治团体都极为不稳定：所有这些部族组织无不倾向于一会儿分裂为氏族、一会儿又重新纠集在一起。一方是流便、西缅、利未与玛甲诸部族的命运，另一方是犹大部族的命运，都在在显示这样的例子。与此种不安定性形成强烈对比的，是某个特定的团体类型的异常稳定性，而此一团体类型恰好在这些尚未完全定居的阶层当中就可以找到：**宗教教团**（der religiöse Orden）或教团性祭祀团体（der ordensartige Kultverband）。似乎唯有这样一种宗教团体才是永久性的政治与军事组织适切的担当基础。利甲族便是其中一例：历经好几世纪，从耶户时代到耶利米，我们看到他们继续存在并且在宗教政治上活动。在尼希米的年鉴里还提到一个利甲人，到了中古时期，便雅悯·图德拉[1]声称他在巴比伦的沙漠里碰到他们在一名"Nasi"（首领）治下，而其他旅行者则相信在 19 世纪的麦加还可以寻觅到他们的踪影。利甲人所属的、严格耶和华崇拜的基尼部族，本质上似乎也是凝聚于宗教基础上的团体。因为

1　便雅悯·图德拉（Benjamin von Tudela，12 世纪），出生在今日西班牙北部那瓦尔地区（Navarre）的犹太人拉比。他为了经商并了解犹太人处境，自 1159—1173 年大约十三年内，先后到达意大利、希腊、巴勒斯坦、波斯和中国西部边境，是第一个到达中国边境的欧洲人。所著《便雅悯·图德拉旅行记》（Massaot）对 12 世纪欧亚两洲犹太人情况有所介绍。——译注

史塔德（Stade）的论证至少使得事情极有可能是："该隐的标记"，亦即基尼人[1]的部族刺青，不仅是部族的记号，而是，而且自然首要是，祭祀共同体的标记[2]。印度人的教派标记应该也是个模拟。在同样的这个地区里，原则上性质完全相同的教团性团体，最大规模的一个实例自然便是伊斯兰教及隶属于它的战士教团，他们缔造了许多且长存的伊斯兰教国家的基础。——此处，事实重点并不在于：贝都因与半游牧的生活条件"生产出"教团，而教团的成立被看成像是其经济生存条件的"意识形态的指数"。这种唯物论的历史建构在此如同在其他处都是不适切的。事实重点毋宁在于：此种教团一旦形成，那么在这些阶层的生活条件下，它便拥有最强大的机会，相对于其他较不稳定的政治体，在淘汰斗争中胜出。不过，教团**是否**形成，乃是取决于全然具体的宗教史的并且经常是极为个人的情况与命运。宗教的兄弟团体一旦证明其作为政治与经济权力手段的本事且受到承认，这自然大大有助于教团的普及扩展。穆罕默德以及利甲之子约拿达（Jonadab ben Rechab）[3]的宗教宣示，并不能被"解释"成人口或经济条件的产物，尽管其内容也有相当成分是此等条件齐力促成的。这些宗教宣示毋宁是个人的经验与意图的表现。不过，其所利用的精神与社会手段，以及创造出此种类型的重大**成果**，确实应该通过其生活条件来理解，对古代以色列也是如此。

1　基尼人的耶和华崇拜到底有多古老，仍是个问题。König（*ZDMG*, 69, 1915）提醒我们注意以下事实：第一个可以确证的基尼人的耶和华名称是 Jonadab ben Rechab（利甲人的约拿达）。因此，这个先知在基尼人那儿可能是扮演了摩西的角色。

2　"Das Kainszeichen", *ZATW*, 14, 1894, S. 250f.

3　利甲族人称其先祖为"利甲之子约拿达"，并恪守先祖所宣示的遗训，可参见《耶利米书》35:6—10。——译注

　　正如利甲人应将其重要性归功于其凝聚为教团，**犹大**的重要性或许也应归功于其凝聚为部族——成为一个通过特殊的耶和华契约而拥有强大力量的誓约兄弟政治体。这个部族是后来才在历史舞台上登场。底波拉之歌里并没有他们。有时，史料以典型对待畜牧者的方式称他们为氏族。在摩西的祝福的时代，他们处于政治上被压迫的状态，在扫罗的时代则是个非利士人的赋役义务部族。反之，在雅各的祝福里，犹大成为以色列的盟主，同时也是葡萄栽种者，然而，在源自畜牧者圈子的族长传说里，亚伯拉罕尽管居住在以葡萄酒闻名的犹大希伯仑，却不献酒给来自天上的使者。因此这个部族——虽然很难说，如同古德（Guthe）所假设的，经由大卫才形成——可说是在他之下拓展了领域，并且显然是在与迦南人混合的情况下定居下来。按照官方的序列与系谱后来被算成是犹大部族的诸氏族，有部分固然是迦南人，部分明显是源自贝都因：时而与亚玛力人结盟的基尼人便是。西缅部族部分融入犹大，部分居住在以东人当中。最早提到的一个利未人，被说成是个犹大人：大体上利未部族显然是被吸纳到犹大里了。在扫罗治下形成的这种部族地位，仍以另一种形式存在于大卫王朝里：在所罗门治下，其领域至少有大半部分并不属于王国的州省，而是直属于王权之下。总之，借着大卫的军事君主制，犹大才获致其最终的规模，并且和其承继了纯粹的耶和华崇拜相关联。似乎如路德（Luther）所假定的，此一部族的一个特色，是祭司在（借由诉讼神谕的）裁判时所具有的重要地位，而这已暗示了一个特殊的宗教性兄弟关系团体乃是其坚固的部族凝聚性的基础。以此，这个部族毋宁是由许多不同民族出身的分散集团所组成，通过崇拜与祭司的共同体行为而凝结为一体。这样的假定将极为接近事实，如果"Jehuda"这个名称被认定是从耶和华（Yahwe）之名派生出来的话。

最后，就**以色列共同体本身**来说，根据清楚明白的传说，它是个在同盟战神耶和华指导下且与之结盟的军事同盟，耶和华不但是其社会秩序的保证人，也是誓约团体成员的物质繁荣的创造者，当然更是为此所需的雨水的创造者。这可由"以色列"（Israel）之名表现出来，不管这个名称是直接叫做"战神之民"也好，或者（好像不太可能）原先应该念成"Jesorel"也罢——意指"人所信赖的"神。总之，"以色列"并不是个部族名，而是个团体名称，特别是个祭祀誓约团体的名称[1]。以雅各为主角的传说经过神学的润饰之后，才使得以色列之名成为名祖的标号，也因此，此种（名称的）人格化带着蒙眬的性格。——我们必须稍近点儿考察这个同盟的结构。

同盟的范围已有变化。作为一个团体，以色列到了所谓《出埃及记》的法老梅涅普塔的时代[2]，必然已经存在于巴勒斯坦，因为在当时一份著名的碑文里提到[3]，国王军队的攻击使得以色列的人员伤亡财产损失惨重。从叙述的方式里显示出：以色列，不同于大大小小的城邦国家，被视为一个非城居的团体。在底波拉战役里，

1　在神话里，雅各和上帝立约之后获得"以色列"这个名称（《创世记》35:10）。——译注

2　梅涅普塔（Merneptah），埃及法老（前1213—前1204年在位）。他是长寿的拉美西斯二世的第十三子，约公元前1213年继承王位时已年近六旬。公元前1209年曾击败利比亚人及其朋友的入侵，胜利后梅涅普塔命令铭刻四块碑文以资纪念。其中之一就是著名的以色列石碑，叙述在巴勒斯坦镇压叛乱的经过。梅涅普塔把以色列人列为被击败的民族之一。希伯来学者认为：碑文所讲的情况与《出埃及记》和《士师记》所述的情况大致相符。——译注

3　Spiegelberg, in: *Berichte der Berliner Akademie der Wissenschaften*, 1896. Steindorf, in *ZAW*, 16.

我们看到，徒步的农民与骑着白驴出阵的首领构成了军队的核心，对抗城市君主们的车战骑士。底波拉之歌所知的同盟成员包括，参战的山地部族以法莲及其两个分支部族玛吉与便雅悯，以及西布伦、拿弗他利和以萨迦，还有地中海边的定居部族亚设和但，另一方面是东约旦地区的畜牧部族流便与基列，他们并没有来军援同盟，另外特别提到城市米罗斯是毁弃了同盟。两个祝福集子所知的是通常的十二个部族：玛吉由玛拿西取代，基列由迦得取代，犹大与西缅添加进来，然后视利未族是否被算作其中之一——在摩西的祝福里利未被单独视为祭司部族——以法莲与（示剑的所在）玛拿西合计为"约瑟家"，或分计为两个部族。在底波拉之歌的时代，无疑的，犹大、西缅与利未都未被视为属于同盟的部族。当时和后来以法莲或约瑟无疑被认为是同盟的核心部族，譬如在底波拉之歌里的先头地位其源于雅各的爱妻以及其为雅各的爱子（或爱孙）的特征，都证明这点。在底波拉之歌里，回想起这个部族与贝都因人的征战，在雅各的祝福里也提到这些"弓箭手"是他们的敌人。在摩西的祝福里明确地并且确实是以古老的传说为依据，提到正是这个部族与摩西的荆棘显现有一层关联。换言之，他们在导致耶和华被接受为以色列战神的历史事件里，无疑是个要角。传说里，第一个具有耶和华崇拜名称的同盟军领袖约书亚，就是个以法莲人，并且葬在以法莲领地里。在底波拉之歌里，耶和华从以东的西珥出来，在暴风雨中降临并消灭了迦南人，被大大称颂为同盟——在以法莲做盟主之下的同盟——的战神。在属于以法莲领地的耶和华崇拜圣所当中，首指祭祀"契约之神巴力"的示剑。不过，原来的圣所似乎是位于这个传说中长久以来即被视为迦南的城市之外。显然，以法莲直到北方以色列兴建撒玛利亚为首都为止，一直都是以山居的自由大农户为主的一个团体，而以色列的势力曾经如此地仰赖于他们的武力，以至于这个部族之名后来一直被通用来指称整个北方王国。不过，还有个必然是古老的回想：流便、西缅与利未为同盟的核心，在祝福集里被排行在前头，并且是源于（雅各的）最长之妻利亚。反之，犹大直到相对而言较晚出的祝福语里才出现，并且到大卫时才获得其地位。扫罗的大元帅押尼珥尚且视犹大族人为"狗头"[1]。

　　就我们所知，这个不稳定的以色列同盟直到列王时代一直都没有持久性的政治机关存在。诸部族时而相互争斗。宗教性的国际法，例如禁止砍倒果树，如果可以推溯到古代的话，或许正是针对这种团体内部的争斗。在底波拉之歌里，部分同盟成员拒绝出援同盟军。这有时候但并非总是会招来诅咒，并导致针对誓约破弃者的圣战。共通的市民权并不存在，有的话，似乎也仅止于部族之内。任何以色列人在任何其他部族里都享有的寄居者权利，若遭到严重侵害，在某些情况下会受到同盟的报复。在和平时期，什么样式的统一法庭，或不管哪一种类的统一行政管理当局，显然一概都不存在。同盟的统一性毋宁是表现于：一个受耶和华所托的战争英雄或军事先知，正规地宣示超出其部族界限的权威。人们从远方来找他排解法律纠纷，或寻求关于祭祀与道德义务的教诲。底波拉据报导便是如此（《士师记》4:5），而传说的现存版本则将整个古老同盟时代的卡理斯玛战争英雄都变成以色列的"士师"，亦即"法官"，他们一个接着一个延续成从未间断

1　按《圣经》原文，押尼珥所说的是："我岂是犹大的狗头呢？"意思是他并没有背叛扫罗去当犹大的走狗。参见《撒母耳记下》3:8。——译注

的序列，并且在全以色列享有法律上的权威，而最后的一个便是
撒母耳。撒母耳在任期间，每年都巡行到伯特利、吉甲、米斯巴，
以"进行审判"（《撒母耳记上》7:15、16），然后，在选出君王并
告引退时，他就像个罗马或希腊的城邦官员那样，留下官方的答
辩报告并召集民众对他提出任何可能的不满控诉，如此才郑而重
之地辞去职务（《撒母耳记上》12）。关于撒母耳的传说，毫无疑
问的是个对君王怀有敌意的申命记史家的构想，呈现出耶和华所
喜的理想君主的行为以为典范，以对比于当时的君王。根本上，"士
师"的地位到底如何？史塔德的看法是 [1]：后来的传说径自把古老的
耶和华战争英雄打造成和平的"士师"，然而克罗斯特曼则巧妙地
将以色列的"士师"比附为北欧的尤其是冰岛的实例："宣法者"
（Gesetzessprechern, lögsögumadr）[2]，亦即口述法律传承的担纲者与
书面法律成文化的先行者。他试图以此方式来解释俘囚期前的诸
法律集的形成与文学特色，而且这些法律集也同样是源自此种"宣
法者"的官方法律训示。特别受到普寇（Puukko）彻底批判的这
个假说，若按为数甚多的法律社会学模拟实例来看，也不失某种
真实价值。无论何处，法律莫不是通过具有卡理斯玛资质的法知
识的担纲者的法神谕、睿智与应答而发展出来的。不过，并不是
每一处的这类担纲者都能获得北欧的宣法者的这种相当独特的地
位，其官职——的确是个官职——与日耳曼的司法共同体组织有

1　Stade, *Biblische Theologie des Alten Testament*, 1905, S. 285.

2　Klostermann, Der Pentateuch, 1907; 对此的彻底批判，Puukko, *Das Deuteronomium*, S. 176—202。克罗斯特曼试图通过其假说使得《申命记》特殊的文学性格更容易令人了解。他认为这是份公开的说教性法律演讲。将"发现"的故事拿来和摩奴"法典"作比较，实在有点无谓。

着紧密的关联。出现在传说的现今版本里的所谓"士师"，显然带有彼此相当不同的特征，不过，一般而言，远非法知识的固有担纲者。传说将普通的法律指示（Rechtsweisung［审判］）交在长老（sekenim）的手里。另一方面，神判与正规的诉讼神谕则是祭司的事，而后者，如同后面会提到的，在较古老的时代是借由纯粹机械性的手段（签）来取得。此外，传说还提到许许多多不同称谓的名望人士，他们在自己的部族里享有传统的权威。因此，唯有**依傍**着法发现的所有这些源头，才有卡理斯玛式的法律指示的空间。在所谓的《士师记》的现今版本里出现的"士师"，毋宁是各式各样的人物。撇开那些只被报道说曾经存在的人物（睚珥、以比赞、以伦、押顿）不提，参孙被视为为自己的血仇奋战到底的纯粹个人英雄，以笏同样也是个个人英雄，不同的只是他打杀了以色列的压迫者，俄陀聂、珊迦、巴拉、基甸、耶弗他或者包括陀拉在内，被认为是以色列有成就的军事首领——事实上显然仅止于他们自己和邻近的部族。当中只有部分人在承平时于以色列做"审判"，而且仅只是极为一般性的被注意到。所有的重点全摆在他们作为"救世主"的功业上，亦即：严重的军事危急状态下的拯救者。此外，在一场被视为"圣战"的契约强制执行行动中（《士师记》20:28），有个出身以利氏族的祭司（非尼哈）现身为同盟军的神谕授予者。以利是个纯粹的祭司。他的儿子们也是祭司，但同时也被视为同盟军对抗非利士人的职业领导人。关于以利族的后面这些传说，是极不可靠且晚出的，而关于撒母耳的传说则全然不足采信，在其中，他一会儿是拿比（Nabi'［职业先知］），一会儿是先见（Seher），另一会儿是传道人（《撒母耳记上》

4:1)，一会儿又是拿细耳人[1]、祭司，最后又被当作军事首领。在这些叙事被编纂的时代，对于同盟时代的真实情况，显然已不再有任何确实的认识。最可靠的史料，底波拉之歌，显示女先知**并立**于军事领袖拿弗他利族的战争英雄巴拉之旁，作为同盟军的领导人，巴拉有许多其他部族出身的有力结盟者和他站在一起。传说清楚知道且报道的，只有底波拉和撒母耳，他们有规律地进行"宣判"，亦即应要求而给予诉讼神谕。现今版本的摩西六书[2]也报告了同样的事：创造出"客观的"、永久适用的法规范且将之书写成文固定下来的，是摩西与约书亚，还有撒母耳。在一个确实的传说场景里，亦即在选立扫罗为王后，他确立了王的特权。总而言之，在"士师"这里，北日耳曼的类似例子里所见到的那种持续发挥功能的"宣法"，是没有成立余地的。底波拉这类的"先知"所给的是政治神谕而非诉讼神谕，卡理斯玛"士师"的特殊技能是政治—军事决定，而非法律判决或睿智。依此，实情极有可能是：两者，受到肯定的先知与战争英雄，即使在承平时也被要求调解纷争，而世俗的战争英雄一旦像亚比米勒那样确立其支配后，也总是不约而同地会将此种调停视为支配权而掌握在自己手中。不过，最初的几个王主要并不是被视为法律的担纲者或法律的创造者，而是军事领导者。传说里假定大卫曾在某个情况下插手干涉血仇斗争（《撒母耳记下》14:2f.）。不过显然直到所罗门才有系统地将司法掌握在手里（《列王纪上》3:16f.）：传说里提到在他治下由他兴建了一个法院（《列王纪上》7:7）。或许由于此番更张，他被后

1　拿细耳人就是许了特别的愿皈依耶和华的人。关于拿细耳人当守什么戒律、该行什么祭礼，在《民数记》第6章有详细的规定。——译注

2　摩西六书（Hexateuch），即将前面所提到过的摩西五书加上《约书亚记》。——译注

世视为审判智能的源泉。不过，我们首先就从未听说列王曾设置任何官职以求法律的统一，甚至在亚哈治下，宫廷还借着左右法官而扭曲法律[1]，而在此，王显然并非法官。直到耶利米时才首度看到王于午前坐镇于法庭（《耶利米书》21:12）。不过，审判先知本身的法庭倒是由官员（Sarim）与长老，连同作为审判助手的人民（kahal ha'am）一起组成（《耶利米书》26）。

传说不会是如此，如果法创制是士师及权力后继者（亦即诸王）的主要贡献，或者这是现存诸法律集的来源。上述提及的传说的各个意味不明之处，显然是后来才添加进去的，我们将看到，时当"美好的古法"与理想的承平君主和堕落的当代两相对举的时代。诸法律集本身也必定是另外一个样子，如果它们是源自以色列原本就行之有素的统一的官职裁判。倘若果真如此，那么毫无疑问的，这些法律集也必定在现实里具有长远不坠的实际通用效力。事情正好相反，至少就债务奴隶法而言，换言之，在整个社会法实际上最重要的部分上，如我们所见的，确实正相反。

一如世界各处，法律在以色列也曾经由古代司法集会所的法律实际适用而得到发展。一旦公布的判决会被视为先例，人们极不愿有所背离。"Chuk"似乎是通过判例所形成的约束性风俗习惯与法律惯习的古老典型表现[2]（《士师记》11:39）。按照如此形成的习惯而给予法律指示的领袖（在底波拉之歌里也包括军事指挥者），

1　弥迦也激烈反对法官依君主的意愿来下判决（《弥迦书》7:3）。

2　Chuk（chukah）除了意指传统的法律与传统的习惯之外，也意指自然法（在《约伯记》与《耶利米书》里）。在特别是《利未记》与《民数记》的祭司语言里，是用来指神的秩序，通常加上"永远的""不变的"等形容词。Chuk 和 Thora 在《阿摩司书》(2:4) 和《以赛亚书》(24:5) 里被连用在一起。

在古代以色列称为"Chokek"[1]。在后来的史料里，有时候也使用同
义词 Thora、Gedah、Mischpat。其中，Thora，精确地说，是指**神
谕**与我们后面将看到的，通过利未人的灵魂司牧的**教诲**；Gedah，
如后面还要更加确定的，是借着军队集会的决定而受到承认的**命
令**。最后，Mischpat 既是判决也是法规范，因此也是这些词语里
最决断性的纯粹法律用语。只要是涉及规范问题，此语特别被乐
于使用来指被理性地定式化的法律[2]，与 chuk 相反。奠基于巴比伦
影响的契约之书的规范，是 mischpat 而非 chuk[3]。不过，这两种法
律史料有个共通点：只运用或确认已经通用的法律、假定通用的
法律或假想的法律。至于有意识地创造新法律，在以色列首先考
虑到的是口头神谕（debar Jahweh 或 debar Elohim，以耶和华或耶
洛因之名）。后代的神学家也是以"汝当如何如何"这样的命令的
范畴形式来表达他们的社会伦理训示。有意识的法律新创制的第
二种形式，是以色列特有的：庄严的"契约"（berith），通常紧接
神谕之后。这自然只发生在特别重要的时刻，包括一时性的措施，
譬如西底家治下的奴隶解放，以及承认永久性的规范，譬如传说
里申命记法典的采用。就其内容而言，申命记法典现今已因矛盾
丛生的添窜而歪曲不实，但其被推测为纯正的核心部分则绝非官
方的宣法者运作下的产物，也绝非精通法学者的产物。正如传说
所传达给我们的，其内容毋宁是某个特殊的神学派别的内部营作
的产物，至于此一派别的特性此处暂且存而不论。申命记法典中

1　Chokek 做出错误的判决（Chuk），《以赛亚书》10：1。

2　在俘囚期前的先知用语里，这层意思相当纯粹地确定下来（《阿摩司书》6:11 及其后）。

3　除了 mischpat 与 chuk 之外，我们还看到"mischmereth"（《创世记》26:5）。此词原来是
用以指称被指派的工作和"秩序"等意味下的"实务"，换言之是来自官僚制的观念。

从法传承之中汲取出来的律例（Mischpatim，Mischpat 的复数），亦即《申命记》第 12—26 章，在何种程度上原本就属于被公布出来的《申命记》纲要，并无法确定。但是这些律例总之是从城邦国家的土壤上生长出来，诸多神学概念（Theologumena）贯穿其中，并且是将"契约之书"里的法规范浸染上浓厚神学色彩的延伸产物。不过，即使是契约之书的律例也可能只是古代以色列的整个法律中的极小部分，根本不适合畜牧共同体，也绝非农民特有的法律，而是——在扣除了可能是添窜的神学概念后——利害妥协的产物，而此种利害关系的前提则是古代典型的阶级对立的发展。正如班曲（Baentsch）与霍钦格（Holzinger）正确指出的，形式上，其结构为：一个相当有系统地整理过的律例法典（Kodex von Mischpatim，《出埃及记》21:1—16），被毫无组织地附加上或这或那的神谕（debarim）——部分是法律性的、部分是道德性的、部分则是祭礼性的。实质上，无疑地，这些律例带有可以追溯到遥远过去的巴比伦的影响。形式的法律技术与精确性，在纯世俗的律例方面倒是所在多有，至于神谕方面部分而言是极度缺乏。因此法律部分的编纂必然是交付在有经验的法实务者的手中，而这些人或许只能从——既然不用考虑王及其官员——参与法发现的长老们的圈子里找到，也就是从人们为了法律咨询而经常造访的北以色列的司法重镇里去找，譬如示剑。这些固有的法规范的内容——相对于作为附录而组合进来的教谕——总之并不是源自祭司的法发现。《申命记》里祭司所提出的要求：要求参与法发现并在疑难时做最后的决定，到底在多大程度上与俘囚期前通用的法律相符合，是很成问题的。在王制时代，一般而言，必然可以想见的是，古老的诉讼神谕的意义往后消退，就像在巴比伦也可观察到的一样[1]。《申命记》的此种要求，与埃及在阿蒙神祭司支配的时代的现行法是一致的。对那些被认为妥当适用而提示出来的法律是否为神所喜且正当公平，予以大力考量，并且将神谕也附加进来，在在证明了这样的推断：《申命记》是一部"法书"，亦即一部私人的著作，在形式上不具权威性，但就像萨克森律鉴和摩奴法论那样广为民间所通用[2]；这部作品是在热心神学的圈子的影响下形成，并且借着补充增添而扩大篇幅。

在古老的同盟时代，以色列根本没有具形式权威的共通的裁判所存在。有的不过是卡理斯玛战争英雄间歇性的大大小小的权势、受肯定的神谕授予者的声望、同盟战神古老圣所（尤其是示罗）的威信以及最后或许（但不确定）某些周期性的誓约同盟的仪式

---

[1] 古巴比伦的市民审判是从神殿审判发展出来的。关于这点以及关于祭司在新巴比伦时代的协同运作，参见 E. Cuq, "Essay sur l'organisation judiciaire de la Chaldée", Revue d'Assyriologie, 7, 1910。

[2] 萨克森律鉴（Sachsenspiegel），Eike von Repgow 私人编纂成的日耳曼法律文书，成于 1215—1235 年。内容是有关 Ostfalen 一地法律记录，其中很少显示罗马法的影响，主要因为罗马法尚未渗入日耳曼法而罗马法实际上还无人知晓。萨克森律鉴可分为两部分：第一部分为国土法（Landrecht），相当于现在所谓的宪法，也包括刑法、民法及程序法；第二部分为领地法（Lehnrecht），由封建法规构成。此书虽成于私人之手，但一般公认具有甚高权威，曾被很多城镇用作为他们宪法及法典的模式，例如被称为马德堡人的法律的马德堡法典（Magdeburger Recht），即被日耳曼及东欧的许多城市所模仿。

摩奴（Manu），印度神话中之人类始祖，据说有十四世，每世 432 万年，第一世摩奴名斯婆阎菩婆（Svayambhava），一说系梵天之孙，一说系梵天与舍多噜波（Śatarūpā）之子。摩奴法论（Manu-smrti）为印度婆罗门教法典，系以摩奴法经（Mānava-dharma-sūtra）为基础修订而成。为印度法典中之最古老者，其编成年代约为公元前 2 世纪至公元 2 世纪之间。据该书自述，系由梵天著成，并传予其后代，即人类始祖摩奴，再由其后代波利怙（Bhrigu）传到人间。

摩奴法论全书共分十二章，含 2685 偈，内容为关于吠陀习俗、惯例与说教之法律条文，其中诉讼法、民法等规则拙劣不全，适足以显示该法典之古老程度。摩奴法论古来即为印度人生活法规之准则，缅甸之佛教法典即依此法论作成，暹逻法典亦根据摩奴法论而成，爪哇亦有摩奴法论，巴厘岛现在仍实际应用之。——译注

典礼，或许就像示剑的祝福与诅咒仪式，以及多次被提到的每年在示罗举行的耶和华祭典（《士师记》21:19 与《撒母耳记上》1:3）。形式上，同盟唯有在同盟战争时才积极行动。此时，Gedah，特别使用于全以色列的全军集会，对违犯军法者以及违犯耶和华的礼仪与社会命令者进行审判。正如以 Gedah 一词来表示"命令"所显示的，亦可借此之名来发布一般的指令。以上两种情事，军队均参与其中，而且多半就像这类场合所采取的方式，对于由君侯从各支队的长老当中遴选出来的某些军事指挥官——可能有时被冠上"以色列的长老"的称号——予以欢呼赞同。这些长老在被提名之前，本身应该是征求到神谕的。

第十章

圣战、割礼、拿细耳人与拿比

　　关于战利品的分配，特别是关于没有出去打仗的人应得的份，据说（根据《民数记》31:27）都依固定的原则而行，不过，在大卫分配战利品的故事里（《撒母耳记上》30:26），此种分配原则的实施似乎是从他才开始的一种革新。同盟战争的盟约条例（casus foederis）、战争的指挥者以及战争的目的，全都以卡理斯玛和预言的方式通过同盟军的统帅耶和华的激励与神谕来决定。耶和华本身被认为是同盟战争真正的最高指挥者。誓约破弃者拒绝援助的，不仅是誓约同盟伙伴，而且是耶和华本身，因此就像押别洗那样被灭亡。以此，同盟战争就是一种**圣战**[1]，或者随时都可能变成圣战，并且在危急之际的确总是被宣称为圣战。盖达（gedah），亦即集合起来的军队，在底波拉之歌里（《士师记》5:11）以及在对抗便雅悯的圣战里（《士师记》20），直接被称为"上帝的兵丁"（'am Jahwe 及 'am haelohim）。随之而来的首先是种种仪式上的

1　关于与此种状态相关联的个别现象，以精彩的方式加以处理的是：Schwally, *Semitische Kriegsaltertümer, vol.* 1, *Der Heilige Krieg im alten Israel, Leipzig,* 1901。

归结。在对抗非利士人的时代里，根据撒母耳的传说，可携式的野战神龛（"上帝的约柜"）被带进军营里，并且根据包含在祭司传说里的一段话，上帝在仪式性的恳求下，自约柜中——无论是作为他的容器也好，或作为他的宝座也罢——起而引领军队，同样的，战争结束后则再度归回原位。以弗得（Ephod）亦即后来的祭司服，似乎有时也出现在营地里（《撒母耳记上》14:3，23:6、9，30:7）。通过开战前对敌人的诅咒，以及神谕与起誓，交战之际的祝祷咒术，人们试图以此确保耶和华的介入。在这样的手段当中，至少在战事危急存亡之际，活人祭献也是其中之一，玛拿西王最后一次使用了此种手段。不过，除了全世界都可见到的这些特殊的誓愿之外，军队在圣战里必须实行禁欲，尤其是斋戒与断绝性交。传说里认为，大卫及其扈从可以吃祭坛的圣饼，如果作为战士的他们断绝性交的话。当他与拔示巴通奸的结果（怀孕）显露出来时，大卫让他的士兵乌利亚从战场上回来以便与他的妻子同寝，好让罪证湮灭，然而却徒劳无功，因为乌利亚遵守军队纪律不行性交。只要有人破除禁欲，尤其是斋戒，那么耶和华的怒气就会威胁到全员，因此注定这名违犯者难逃一死：唯有以另一个代罪羔羊献祭，军队方才挽救了扫罗之子约拿单的命[1]。

有个传说将普遍行**割礼**一事和约书亚为带领以色列人入侵迦南做准备两相关联起来。除了从海外移民进来的非利士人外，割礼是以色列及其周遭民族共通的，尤其是埃及人，根据希罗多德的说法，叙利亚与腓尼基人便是从埃及那儿传袭到割礼。割礼也许是以色列的种种仪式中唯一从埃及传来的。至于其原始意义，

1　详见《撒母耳记上》14。——译注

如众所知的，尚是个争议不休的问题。割礼在埃及或许一开始并不是普遍施行的，而是只适用于贵族[1]，并且可能和战士的冠戴礼或祭司的修业式相关联。在幼年期即行割礼，确实是后代才有的产物。亚伯拉罕直到以实马利十三岁时才对他行割礼[2]。另一方面，《出埃及记》里的摩西与齐波拉的因果传奇显示出，割礼也被认为是要对付性交时恶魔的侵扰。割礼与子孙繁盛的应许之间的关系，经常出现在拉比的传说里，但此种关联到底有多么古老，仍然是相当有争议的。反之，俘囚期之后的和平时代里，割礼对于改宗者的不可或缺性，至少并不是绝对确定不移的。在较古老的俘囚期之前的时代里，值得注意的是，不具兵役义务的格耳林姆，亦即迦南地里整个并未定居土著的人民，也不受割礼的束缚。这可说是主张割礼源自战士禁欲的主要论据，而且也是最有可能的一种假定。但另一方面，家族里的任何成员，依照年代无法确定的一则规定[3]，包括奴隶在内，都必须行割礼，而且这被认为是参与家族的逾越节会食的前提条件（《出埃及记》12:48）。因此关于割礼来源的种种线索仍然晦涩不明。即使是未受割礼的人（'arel）死后要下放到别的一个阴府里去的记述（《以西结书》31:18，32:19f.），都无法让我们得出更确切的信息[4]。无论如何，未受割礼的外邦人，

1　最近 Gunkel 提出坚强的理由反驳 Reitzenstein，主张割礼在埃及的普遍施行（*Archiv für Papyrus Forschung*, vol. II, Sect. 1, S. 13f.）。Origen 后来的评论指出祭司只准教授象形文字给那些行过割礼的人，恐怕是行不通的。《约书亚记》5:8 毋宁清楚地显示出，其作者认为割礼乃是**军队**的事，为了避免埃及人的嘲笑，约书亚才全面施行割礼。

2　根据纪念碑文，割礼在埃及并不是于幼年时期施行，而是于少年时期。

3　奴隶行割礼确实是个革新，这从后来与亚伯拉罕立约的故事里（《创世记》17:12）可以清楚得知。

4　和平主义的族长传说把割礼作为契约的印记和作为幼儿的必行仪式，毫无端由地仅借着神对亚伯拉罕的命令而穿插进来（参见《创世记》17:9—14）。

在特殊意味下，被视为礼仪上的野蛮人，而敌人的包皮，在埃及就像敌人的头皮在印第安人那儿一样，被视为战利品。总而言之，最有可能的情况是：割礼起初总是与战士的禁欲和青年战士团的入会仪式有着某种关联；除此之外，是否与其起源地常见的阳具崇拜的狂迷祭典有什么关联，这就永远不得而知了[1]。至于卫生学上的理性主义的解释，至今仍常出现，在此一如多半的情形是不足取的。

与军队的神圣化手段并列的，是在圣战里关于掠夺品的仪式性禁忌：将战利品奉献给同盟军的战神耶和华作为牺牲——cherem（赫忍，永献）[2]，到了俘囚期之后转变成为和平的宗教共同体的时代里，赫忍仍以将生活不端正的共同体成员破门出家的方式继续存在。私人的禁忌化的遗绪在以色列似乎也可以发现。不过，将或死或活的掠夺品全部或部分禁忌化并奉献给神，是极为普遍通行的，尤以埃及最为著名：在埃及，国王基于仪式性的义务而杀戮战俘。敌人在两地都被视为无神者，换言之，在这两处全无骑士精神的丝毫痕迹可循。赫忍在战时可以有各种不同程度的推行，而我们从有关战利品分配的规则里可以得知，通常并不会将所有的战利品都全加以禁忌化，包括男人、女人、小孩、牲畜、房屋与家具。部分而言，只有成年男子——"所有面墙小便

---

1 逾越节原先为贝都因战士的肉食狂迷的可能性太不确定，以至于无法考虑作为割礼起源的解释。当然，可以想见的是：成为家内祭典的转变，是我们先前提过的畜牧部族随着逐渐定居化的进展而离散之后所造成的结果（同样的见解，Ed. Meyer, Die Israeliten, S. 38f.）。不过，在门柱上涂血与禁止食血，似乎显示出：肉食狂迷，如果有的话，在古老的时代早就被去除了。

2 cherem 在中文圣经有几种译法，一般译为"永献"（《利未记》27:28），有时也译为"诅咒""驱逐""当灭""毁灭"等（《约书亚记》6:17—18，《以西结书》44:9）。——译注

者",或者只有君侯和贵族们,被当作牺牲而杀害。除了圣战之外,和伊斯兰教一样,古代以色列的军法也区分敌人为自愿降服的和顽强抵抗的,前者可以保住性命(《申命记》20:11)。不论迦南地之内或之外,都按此军法处置。直到受先知影响的理论出现——首度出现于以利亚的时代,论说这块神所应许之地的特殊神圣性,这才要求将此地的偶像崇拜者全都杀戮尽净(《申命记》7:2—3)。只有战争先知的理论和俘囚期的理论,以及犹太教朝向教派的发展,才导致倾向于这种狂热的原则:将迦南地的敌人彻底扑灭[1]。并非所有的战争,而是唯有同盟战争——而且并非总是——被视为圣战,除此事实之外,从扫罗对于传说借撒母耳之口提出的种种要求抱持反对态度的事上看来,赫忍的终极归结是相对晚出的。赫忍的这些终极归结也以毫不留情的严峻姿态被贯彻于传承的形成过程中。此种本质上是神学性的血腥军法产生出一种独特的结合,亦即将一种几乎是耽于肉欲的残暴狂想与宽大对待弱者和寄居者的命令——成为圣经多处章节特征所在的命令——结合在一起。

与一般的战士禁欲相关联的,以色列的战争也存在着战士忘我(Kriegerekstase)的诸种现象,包括也广见于其他地方的两种形式。其一是从战士的战舞及其肉食狂迷和饮酒狂迷当中产生的集体忘我。传说里可以找到一些线索,其中最为清楚的是以色列人在耶和华的约柜到达军营时发出令非利士人丧胆的呼喊(Teru'ah,《撒母耳记上》4:5),或许这是环绕着约柜的战舞;有

---

1 这与较古老的法律集里人道的外人权利的相关规定自然是没有矛盾的。因为那些规定的对象是格耳,而不是完全的外邦人。再说,礼仪上被区隔开来的寄居者在那时(俘囚期之后)根本不存在。

时候也提到在打胜仗之后生食肉类与饮血（因此是背反于通常的礼仪，《撒母耳记上》14:32）。其二是卡理斯玛英雄的个人忘我，普遍见于诸如泰迪乌斯（Tydeus）、秋秋连（Cuchullin）或"杀人狂"（Amokläufer）之类的英雄身上，尤其是以典型方式出现在北欧的"狂战士"[1] 身上。在出神忘我下，他们迷醉于狂暴嗜血般地投入敌人当中，并且在半无意识的状态下尽情杀戮身所能及者[2]。此种狂战士的一个典型是传说中的参孙（Samson），不管他的由来，一如其名 Schamasch 所提示的，是否出自一则太阳神话。当上帝的灵降到他的身上时，他就会做出撕裂狮子、放火燎原、拆屋倒墙、有什么工具趁手便屠杀随便什么人，以及其他野蛮的战争狂的行为。他的确是传说当中某个类型的代表人物。在以忘我的狂战士登场的个人英雄和战舞的热烈集体忘我之间，还有一种职业战士集团为导入战争忘我的禁欲训练。这可以在"拿细耳人"（Nasiroth）身上找到一些端倪，他们是"被隔离者"[3]，原先恐怕真的是受过禁欲训练的战争忘我专家（Kriegsekstatikern）。在唯一的一则确实的传承里，他们既不剪发也不饮酒，原先恐怕也不性交[4]。参孙也被认为是这种人，在原来的宗教传说里，他由于被诱惑而打破了性的禁忌，因此被毁灭。拿细耳人在无疑是古老的摩西的祝福里关于

1　"狂战士"（Berserker）是北欧神话中的勇士，原意为可变幻为熊的人（Berserkr=Bärenhaut），后转为具有异常力量，发怒时常不着铠甲即迎向战斗的勇士。——译注
2　人们（东罗马皇帝）后来在君士坦丁堡还豢养了一些这类的北欧蛮人，就像先前人们在养战争用的大象一样。至于北欧狂战士的战争忘我是否计划周详地运用毒品引导出来的疑问，如今大抵是被否定了。
3　犹太圣典（Talmud）指出，Nasiroth 与 perischot（"Pharisäer"，法利赛即由此词而来）在当时的概念上是同一的。
4　不剪发与禁酒代表战士禁欲的两种形式，这种说法，还有人支持（譬如 Kautzsch），似乎并不确实。

约瑟的话语里，是军队的核心（《申命记》33：16），而献身于战争的（hithnadeb）兵丁（'am）的"飘飘长发"（？）出现在底波拉之歌的开头。在后来的和平主义的发展过程里，拿细耳人由于誓愿保守礼仪模范的生活样式而转变成苦行苦修的禁欲者，尤其是要避讳不净。这当然不是拿细耳人原来的样子，因为传说里的参孙碰触了（狮子的）尸体，但仍然被视为拿细耳人。在流传下来的拿细耳人礼仪里已经有此特征（《民数记》6）。这些规定原来的目的，除了为忘我做巫术性的准备之外，应该是在于体力的充分维持。在古老的律法书里耶和华要求凡人的初生子都奉献给他，后来则由一笔赎金来取代；在鲍迪辛（Graf Baudissin）的假说里，此一要求原先是意指誓约团体成员有义务要将长子奉献给耶和华作为拿细耳人，亦即职业战士。我们或可将此与长子应得双倍继承份——以使他有经济上的"余暇"——的规定连结起来。不过这都只是饶有兴味但无法确证的猜想，尽管，特别是在有关约瑟的摩西的祝福里（《申命记》33:16—17），"拿细耳人"与"初生子"的紧密关联，或许有利于这个说法。总之，在有关约瑟两个祝福集里都提到拿细耳人的这个事实，提示了以下可能：在这些祝福集的时代，这个（约瑟）部族里存在着耶和华崇拜信仰战士团的核心，亦即一种耶和华崇拜的军事教团（如果容许这么说的话）、战斗力的担纲者。进一步的详情就无从得知了。同样的，古代的拿细耳人，与古老农民军时代的另一个现象拿比（nebijim）[1] 有着怎样一种关系，我们也所知有限。这两者有过紧密接触。在传说里，撒母耳是被父母亲奉献出去侍奉耶和华的，这和拿细耳人的方式

---

1 在语源上，关于以色列的拿比（nabi'，复数为 nebijim），人们经常相引照的是阿拉

相仿；在另一个有点问题的传承里，他被认为是对抗非利士人的战争英雄。另一方面，他又被视为一个拿比（nabi'），而且是个拿比宗派的首领[1]。无论人们如何评价此一传说，拿细耳——战争忘我的专家，与拿比——巫术性的职业忘我者，总之是相接近的。拿细耳与拿比的相互交错相融，也完全相应于其他信仰战士组织为人所周知的本质。

"拿比"并不是以色列或近东特有的现象。在埃及（托勒密王朝之前，即公元前 4 世纪以前）和美索不达米亚都没有类似的忘我形式存在的证据，只有在腓尼基发现到。其原因确实只在于狂迷祭典的失去信用，以及占卜之术早在大王国早期就已受到官僚体系的规制及俸禄化，就像在中国的情形。在埃及，只有特定几类的神庙俸禄保有者才被叫做"先知"（Propheten）。然而在以色列，一如在腓尼基与希腊以及在印度，先知的忘我由于官僚体制化之阙如而保持着活跃的势力，在以色列尤其是当解放战争的时期，先知的忘我是作为群众入神（Massenekstase）而与民族运动相结合。以色列的拿比在本质上和训练有素的职业忘我专家显然并没有什

（接上页注）伯语的 naba'（宣告）及巴比伦语的 Nabu（神祇会议的决定的记述与宣告者）。注意一下"Nebo"山的意涵，这个山名或许与 Nabu 有所关联。摩西和以利亚就是从 Nebo 山或其附近被耶和华带走。关于书记先知时代之前的先知，如今可参见 Sellin, Der Alttestamemtliche Prophetismus, Leipzig, 1912, S. 197ff., 以 及 G. Hölscher, Die Propheten, 1914；另参见本书第二章。

nabi' 在希伯来语中一般是指先知、预言者的意思。在以色列，这种较早时期的先知组成各种集团四处活动，流浪于各地及各祭典的场所，一方面做狂迷忘我的预言，一方面则用音乐及舞蹈带来宗教的狂热。其后，在所谓先知时代出现的真正内省性的个别预言者，认为这种基于异常知觉与行为的预言者集团应加以批判，故不断地攻击之。中文圣经通常将此一名词译为"先见"。——译注

1 撒母耳的事迹详见《撒母耳记》。撒母耳为拿比一事详见《撒母耳记上》9:9—19，不过，此处中文圣经将拿比译为"先见"。——译注

么差别，后者在全世界各处都可以见到。拿比成员的补充是根据个人的卡理斯玛并且多半来自平民，这从后来的传说以轻蔑的态度待之就可以知道。他们就像印度的托钵僧那样在前额刺青（《列王纪上》20:41），并且穿着特殊服饰，就中尤其是一种特别的袍子，宗派首领（"父"）似乎是借着袍子加身所产生的巫术作用来指定其弟子或继承人。他们在特别的居所共同修炼，似乎有时是在山上（例如迦密山）[1]，而以色列的各个地方，诸如基遍、拉玛、吉甲、伯特利、耶利哥，也曾提到"拿比"。没有传说他们实行永久的禁欲或独身生活（《列王纪下》4:1）。音乐与舞蹈在此和其他地方一样也是导向忘我的一种手段（《列王纪下》3:15）。腓尼基的巴力神的拿比，在暗利王朝时进入北以色列，他们以一种舞蹈——在狂迷地自我残伤当中围绕着祭坛跳的跛足舞——来作为祈雨魔法。自我和相互残伤（《列王纪上》20:35f.），连同全身痉挛状态及疯言谵语的产生，都是耶和华的拿比的修业，只是详情无法一一得知，其目的不外乎获得巫术力量。此一宗派的最后一位导师以利沙在传说中（《列王纪下》4:1f., 4:8f., 4:18f., 4:38f., 4:42f., 6:1f., 8:1f.）所行的奇迹，带有全然是职业魔法的典型印记，如同在印度和其他的巫师传奇里所发现到的那样。那些魔法故事，包括以利沙的传说，让我们认识到，拿比就像所有这些出神忘我的魔法师一样，部分被要求做看诊下药者，部分担任祈雨施术者，而部分则像印度的那揭（Nāgā）和最足以与其相提并论的得未使那样，作为随

---

1 见《列王纪下》4:25。——译注

军教士或直接参战的信仰战士[1]。耶和华的拿比于民族战争开打时在北以色列现身为战争预言者，尤其是在对抗未行割礼的非利士人的解放战争里——十足的宗教战争。不过，出神忘我的预言显然并不是那时才首次出现，而是出现在所有真正的解放战争里——底波拉战役是第一个。此种预言首先根本与什么"预告"都不相干（神谕直到基甸的时代都还纯粹是靠签卜），其作用毋宁是，如"以色列之母"底波拉所做的：鼓动信仰战争、应许胜利、借由忘我以获取胜利的魔法。我们无法确实证明此种个人的忘我战争预言与后来训练有素的拿比忘我之间有直接的关联：底波拉之歌和《士师记》即不知后者的存在。

然而，两者确实是有关系的。战争忘我绝不仅限于早先时代的卡理斯玛狂战士和战争先知的个人忘我以及后来农民军时代的得未使集团的群体忘我。种种衔接环节广见于各处。所谓的士师时代的卡理斯玛战争领袖绝大部分，如果不是全部的话，确实都具有忘我战士的特质，而且，以色列的第一个王在传说里更是如此，特别是与拿比有着种种关联。根据一则已不再了解古代情形的传说，就在"耶和华的灵"使其受膏后，马上就要公开现身为以色列王之前，扫罗据说"偶然地"置身于一个拿比团体当中，并且

---

1 在《印度的宗教：印度教与佛教》一书里，韦伯曾提到以"那揭"及"得未使"为代表的"修道僧的信仰战士"："具有新兴印度教之宗教意识的托钵僧与苦行僧，亦促成了一种现象。此一现象在亚洲、特别在日本的佛教徒身上，但最为首尾一贯的是在伊斯兰教的苦行僧（Derwische）那儿发展出来，亦即：修道僧的信仰战士，此乃教派竞争的产物，也是外来支配（起先是伊斯兰教，后来是英国的支配）的产物。相当多的印度教教派发展出所谓的'Nāgā'类型，这是裸身但武装的、在一个导师或法师的严格统制下宣传信仰的苦行僧。"（页448）"得未使"，原来是"贫者"之意，不过并不单指物质上的贫穷，而另有"求神之恩宠者"与"信心深者"之意。得未使在修道院里过着集体生活，靠捐献与托钵为生。——译注

被拿比的忘我所俘虏（《撒母耳记上》10）。但后来还在与大卫斗争的时期，又再度据说偶然地造访撒母耳的拿比团体时为忘我所掳获（《撒母耳记上》19：24），他因而赤身露体地四处游走、胡言乱语并晕厥了一整天。在听到雅比人投降讲和的消息时，他在耶和华所降下的神圣怒气笼罩下撕裂了一对公牛，在对迟疑不决者发出宗教性的诅咒后，号召全以色列起而进行解放战争。他之所以不可遏抑地向大卫发怒，据大卫派传说的评估，是由于恶灵所造成的，而且同样是由耶和华所降下的灵。他显然和穆罕默德同样，是个战争的忘我达人。不过，大卫也和扫罗一样，流连于撒母耳的拿比团体住处。他在约柜前舞蹈，当约柜在战争胜利后被移回原处时。从这样的信息里我们无法更进一步确认其间的详细关系，但关系确实存在。

　　但是后来的传说，如同对待扫罗的忘我一般，也稍带体恤地为大卫的这种忘我行为辩解。对这些传说而言，这些状态是不符君王身份的。大卫之妻米甲说得很明白，王不该"像个平民"那样行止，而俗语说"扫罗也列在拿比中吗？他们（拿比）的父亲是谁？"[1]，表达了完全一致的态度：对这些没格调的平民的轻贱。一方面，对这点有所影响的是，后来的王制时代的文士阶层对于古代的忘我之士的态度已经转变，我们后面还会谈到。另一方面，得未使僧团的地位在这期间产生了变化，这是由于自大卫定都于城市而所罗门继之为永制之后，**王国**的结构彻底改变所造成的结

1　中文《圣经》是："素来认识扫罗的，看见他和先知一同受感说话，就彼此说：'基士的儿子遇见什么了？扫罗也列在先知中吗？'那地方有一个人说：'这些人的父亲是谁呢？'此后有句俗语说：扫罗也列在先知中吗？"（《撒母耳记上》10：11—12），此处是以"先知"来译 nabi'。——译注

果。在登基为城市君王之前，大卫是个古代意味下的卡理斯玛战侯，只因战功而被正当化为上帝所膏者。因此当亚玛力人强夺了其扈从的牲畜与女人时，他便陷入了必须为此负责而当下被杀的危险。随着世袭性卡理斯玛的**城市定居**的王朝稳固抵定，以及继之而来的军事体制的改弦易辙，一切情况也就大不相同了。所罗门自埃及引进骏马与战车，并以此建立起骑兵队。由王室府库所供养的，至少包括亲卫队及部分（如果不是全部）的车战战士（《列王纪上》10:26）——他们被安置在特别的"战车城市"（屯车的城邑）里。传说的编纂者可能自此之后便直接称"军队"（譬如法老的战车队）为其"财产"（chail），而称王的军队最高长官为"sar chailim"（财务总长）。除此之外，还有背负赋役义务的宫室工匠和徭役民工，由他们来修建要塞、宫殿与神殿，并耕种不断扩大的王室领地；领有俸禄和封土的王的官吏，由他们来担任军官和至少是首都里的法官；王的军事教官，由他们来训练军队兵员；王室宝库，用来作为权力手段及赏赐忠臣；为了充实王室府库，设有国王自己的红海通商队，还有来自附属的外邦地区的贡纳，以及为了王的膳食而由分割成十二个行政区的人民依规定每月轮流提供实物贡纳；最后，还有埃及那种方式的强制劳动徭役。为了能够参与国际政治舞台，王的正式妻室的纳娶多与周边强权支配者，尤其是埃及与腓尼基，建立起婚姻关系与同盟关系，结果是外国祭典崇拜的引进，部分只是出于为外国嫔妃的宫廷礼拜之便，部分则是由于将外国的神祇融入自己的崇拜里。这些都是王权立竿见影的各种结果。以此，王国获得了东方军事强权的典型特征。

王的书记官、大臣、家宰、税务长以及典型的埃及官位称号"王友"（re 'eh hamelech）都出现了。即使世俗的官位也充斥着担任书记专员的祭司或祭司之子（《列王纪上》4:1f.），在此，和他处一样，这意味着受过正规教育的祭司权位高涨，取代了卡理斯玛的忘我专家。不止如此，通过以上这一切手段，所罗门试图将农民、牧羊人氏族、小山城等所组成的松散的誓约共同体打造成一个组织严密的政治体。王国依地理所区划成的十二个行政区，取代了借着耶和华同盟而统一起来的部族，换言之，这些部族现在变成为了国家税收摊派而存在于所有古代城邦国家里的部族（Phylen）。支配部族犹大的大部分似乎因分享王室特权而受到豁免，如同大多数君主制国家结构所见的。除此之外，其地理的区划组织大多和古老的部族边界一致。约瑟划分为以法莲和两个玛拿西，恐怕也与此有关。以色列十二部族的定型化应该是借此才确定下来。即使在撒玛利亚兴建之后北方部族的一再叛离，都丝毫未能改变南北两王国自此以来的这种（十二区划的）特征。以此，并且特别是随着战车兵团的比重愈来愈高升，古老的忘我的、英雄的卡理斯玛主义与古老的同盟召集军的重要性，必然随之低落。常备军，亦即王的亲卫军与佣兵队赢得重要地位而以牺牲古老的农民召集军为代价。古来的吉伯林姆如今只是誓约同盟军里具有重装步兵武备能力的"克拉西斯"（classis，以罗马的称谓来说）。不过，随着装备费用的逐步提升，他们成为一个骑士阶级，为此之故，一般自由民的召集兵团则逐步往后退。粮仓库藏与军火库愈来愈成为王国军力的基础，特别在有关希西家的实力里被提到（《历代志下》32:28）。这导致我们先前说过的农民阶层的**非军事化**。随着城市发展所形成的此种状态和古代以色列的誓约共同体的状态，两者之间的关系就好比"握有伯恩（Bern）大权的主子们"之于瑞士各州省原来的农民同盟之间的关系。只不过，在以色列由于赋役王国的支配，使得此种关系在本质上较为尖锐。我们心知肚明，古老的同盟及其军队已有了不同的社会面貌，而赋税与王国的徭役对自由的以色列人而言无非是新的苦果。

古老的自由先锋，拿比，深受此种变化的打击。他们是古老的农民召集兵的精神领导。米利安、底波拉，根据后来的(有问题的)传说也包括撒母耳、古老的狂战士—英雄、得未使徒众等，在一般民众的回忆里都被视为受到同盟战神的"灵"降身的、真正虔敬的、英雄精神的担纲者。敌人则是车战的骑士——埃及人、迦南人与非利士人，耶和华借着唤起英雄与先知的忘我而将胜利交在农民军的手里。如今，他们自己的王所拥有的军队本身，却是由训练有素的车战骑兵和外国出身的佣兵所组成，其中没有拿比与拿细耳人立足的余地。也因此，拿比的忘我与拿细耳人的禁欲全都遭到**非军事化**——这是此一内政发展里一个对宗教史来说相当重要的倾向。我们先前看到，借由米甲之口说出，宫廷社会对于大卫的忘我舞蹈有多么的厌恶。耶户的一个军官称某个拿比——由耶和华的拿比团体首领以利沙派来给这将军(耶户)涂油要他自立为王的那个拿比——为"癫狂的人"[1]。在这场耶户对抗暗利王朝而由利甲人所支持的耶和华崇拜的革命里，忘我的拿比在以利沙的带领下，再一次现身为政治的要素。令人惊奇的是，在关于以利沙的拿比的报告里，忘我的现象比起在扫罗和撒母耳传说里的要平缓得多：忘我的担纲者不再是四处飘荡、(酒神)狄俄倪索斯式狂飙的党徒，而是经由音乐导入忘我的、定居的宗派。而这也是我们听到他们以此种方式成为政治要素的最后一次。下一次

1　参见《列王纪下》9：11。——译注

提到时，则是否定的：先知阿摩司，在耶罗波安二世治下，抗议
说他并不是个"拿比"[1]。此处所指的（阿摩司）显然是个受过职业
训练的忘我专家，靠着忘我来**营生**。因为，在另一处，阿摩司也
使用拿比之名作为荣誉的称号。不过，记述先知却一再抱怨关于
拿比的虚伪与堕落。那时所指的多半是**职业**的忘我专家。

史料显示，职业的拿比忘我只有部分是政治取向的，而其他
单纯只是巫师的行当。这些自由的拿比显然并不具有以色列国族
的性格。在某些情况下他们也会为非以色列人提供服务。以利沙
抵达大马士革，亚哈的敌人（亚兰王）便哈达向他垂询意见。他
也为患了麻风病的亚兰王的将军（乃缦）提供巫术性的解救办
法，因此这名将军改宗为耶和华的崇拜者。他预言大马士革王的
大将哈薛——后来成为以色列的死敌——注定要登上叙利亚的王
位[2]。同样的，在对摩押人的战役时，他也应自己的王的要求当个
忘我的魔法师。不过，他并不局限自己在固定的服侍上，传说认
为他是个自由拿比的团体的领导者。在腓尼基，拿比服侍君王是
自古就有的事。亚哈王即因其腓尼基人妻子之故而任用巴力的拿
比，不过就其为儿子取了耶和华信仰的教名来看，他必然也任用
耶和华的拿比。两者都依叙利亚古来的典型方式成为食君之禄者，
亦即仰赖国王的食桌过活。不过，那时显然还有一种拿比的范畴，
他们**一概**拒斥运用忘我的卡理斯玛于任何一种营利目的。这被认
为是以利沙的立场，虽然稍有待商榷。他使接受酬劳的弟子得了
大麻风。**此一**立场相应于我们常在其他地方的知识阶层身上，包

1　参见第一篇第六章 p.80 注 2。——译注
2　参见《列王纪下》8:11f.。——译注

括希腊的哲学家，发现到的那种注重身份体面的诫命，而阿摩司之拒绝拿比的称号，也是基于此一见解。不管是职业的王室御用拿比，或是这个自由的拿比阶层，都自认为是纯正的耶和华传统的守护者，而由于他们自车战技术的运用以来已丧失其作为信仰战士的直接军事作用，最多不过是一种行使巫术的从军教士，因而促使他们致力于发展这类忘我专家固有的另一种天赋：忘我的**预言**（Weissagung）。

拿比的忘我和预言的关系无疑是古老的，从"拿比"（非希伯来文）一词与巴比伦降神谕的神之名相关联这点即可明白。腓尼基的城邦君主在拉美西斯时代便已任用忘我专家为预言者，并且言听计从，就像美索不达米亚的君王遵从神庙祭司的神谕一样，这从埃及的书记和阿蒙神祭司文·阿蒙（Wen Amon）——约当底波拉之歌的时代——关于巴比伦的游记里可以得知。王的预言者之一，在忘我中发出一则神谕，奉劝要善待来客，王便听从。以色列古老的卡理斯玛战侯要不是自己直接从神那儿祈求兆头或者以一定的征兆来下决定——传说里基甸前后有过三回，就是被忘我的拿比召唤上战场，其中特别是巴拉受到底波拉召唤这个例子。历史传说里首度关于扫罗的报告，是他在寻找一位"先见"（Roeh），同时也是个拿比（撒母耳），以求得一个神谕，以及祝福己军并诅咒敌军的、具有巫术作用的话语。在关于先前时代的传说里也把同样的施为加在一个运用政治巫术的先见巴兰身上，而且如同这则有点晦涩的引述所暗示的（《民数记》24:1），这个可能是摩押人或米甸人的先见，被认为是个忘我专家。传说里介绍他是由敌方的王召请而来，但被耶和华强迫违反意志转而祝福以色列。不过，这样的情节毋宁是源于后代关于先知召唤的本质的观念。巴兰对于以色列的祝福话语，以及对于亚玛力、该隐和以东的灾祸恫吓，相应于所有典型的**福祉预言**（Heilsprophetien［救赎预言］）。

此一福祉预言所预设的历史状况和最初几个王的时代的状况一致，因此我们或可将此一归于巴兰的话语视为关于**全体**以色列的福祉预言的最初的确实代表。至于巴兰这个人物与北方以色列典型的那种忘我之间的关联，从后来他被非难的事上即可得知（《民数记》31:16）。这类祝福集当中的某些个祝福话语在时间上可以推溯到比巴兰的话语更早的时代。譬如尤其是雅各的祝福里对于约瑟部族的祝福（《创世记》49:22f.），而更古老的版本则是在摩西的祝福里（《申命记》33:13f.）。不过，其与巴兰的话语不同之处在于：其目的显然并不是要对特定的政治事件施加巫术性的影响。此种祝福绝非福祉预言，而或许是部族祭典时由游吟诗人所唱颂的赞美诗歌，称颂部族美好丰饶的土地，连带祈求居住在荆棘里的耶和华给予祝福，祝福勇敢的拿细耳人与部族的初生儿。同样的，无疑比较晚出的、摩西对于犹大的祝福里（《申命记》33:7），犹大被认为是处于敌人的欺压下，不过终归要成为同盟的霸主。本质上是文学性格的祝福，至于其他部族的祝语，部分是对于领地或部族军队的一般性赞歌，或者反之，是非难与嘲讽的话语，例如对流便、西缅与利未之所以没落的事后的辩解。整体上并没有真正预言的性格，唯有雅各的祝福里关于犹大的话语带有不同的特色（《创世记》49:9f.）。除了赞美葡萄满溢的犹大领地之外，并且保证这个部族保有王笏并出现以色列的伟大英雄。这番话语很显然是在大卫的权势大为扩展下的产物，而且无疑是个事后的预言（vaticinatio ex eventu）。然而，这具有福祉预言的样式而出之以**王的**预言的形式，时间上或许是以色列所保有的这种预言中最古老时代的产物。所有东方的宫廷里，特别是邻近的埃及，都有这种宫廷的福祉预言，而自大卫起即由以色列的王的预言者（Königspropheten [宫廷预言者]）来示现。在犹大的祝福话语里，福祉且及于成为盟主的王的这个**部族**。典型的宫廷预言里，福祉是加在王身上。于此，王的首要关注无非是其王朝的存续，并且通过清楚明白且具有效力的神谕而获得保证。在流传下来的关于大卫王朝的最古老的福祉预言里所展现的形式是（《撒母耳记下》23:1f.）：这样的神谕是由耶和华直接授予大卫个人的。其中，宫廷预言者将其祝愿王朝的话语借由第一位王的口中说出，而传说里的这个最初的王是因耶和华的灵附身为忘我者而登上王位的。对所罗门及其神殿抱持好感的一则后来的传说，也就是试图支持其有疑义的正当性的同样那则传说里，将前先知时代的其他传承里被视为自由的"先见"的拿单（Nathan）塑造成一名宫廷党人，涉入大卫死后的宫廷与祭司的阴谋；但这则传说却也借这名先知之口说出相应的福祉神谕给所罗门及其神殿的兴建，应许大卫王朝的王位将永远传承下去（《撒母耳记下》7:8f.）。如果这则神谕可以归溯于古老年代的话，那么它即是后来这类福祉预言最早先保留下来的一个。至于以色列后来的诸王，传说特别提到亚哈，说他雇用了显然为数甚众的宫廷拿比来当神谕授予者，同时也担任具有巫术效力的幸福许诺的授予者。在严格耶和华信仰的耶户王朝治下，首度有了以下这样的报导（《列王纪下》14:25）：迦利利的迦特人亚米太的儿子约拿给了一个神谕——无疑是在与亚兰人激战的时候，预言大卫王国的国境将再重建，而这事经由耶罗波安二世的军事行动而达成，因此他也就是预言中的王。此处，关于救世主君王的预言并不光是——像雅各的祝福里关于犹大的话语——作为文学的形式出现，而是个真实的神谕。无疑的，我们此处所面对的也是个宫廷的福祉预言者。其于南北两王国的长期受到任用，也可从他处加以确定，并且从后代自由的记述先知针对王的伪先知所发出的猛烈攻击里得到充分的证明。

诚如上述所见，现今版本的传说已不再区分"拿比"与"先见"。有时候甚至清楚表示，先见是拿比的古老名称，于此，其所理解的"拿比"乃是后来的记述先知。只不过，这根本不对。如今呈现在我们眼前的人物，诸如巴兰、撒母耳、拿单包括以利亚，之所以如此无可救药地模糊不清，并不只是由于先知类型的转变在此和他处一样是变动不拘的，而更是由于古老的矛盾对立处都被有意地加以抹除与混淆。典型的"先见"原本是什么模样，在上述引用的拿单的福祉神谕里显现出来：他是在**解梦**的基础上作出神谕，要不是成功地解读自己的或（就像小说般的故事里的约瑟）解读他人的梦，就是——而且主要是——在无感的忘我当中有了清晰幻象。其与古老的拿比的不同之处在于：尤其是，不使用拿比典型的狂迷陶醉手段，因此也包括集体忘我。他在孤寂中获得幻象，而他的顾客则为了寻求其解答而来造访他。不过，一般而言，人们通常——虽非总是，譬如拿单的例子——相信他具有巫术力量。具有巫术力量的这种先见，似乎被人们称为"神人"（isch haelohim）。撒母耳在历史传说中的地位原先或许可以从以下这点获得解释：他首先在解放战争之时为了**政治性**神谕而运用自那时起即被承认为古典的、耶和华启示的形式，亦即梦与千里眼般的脱我幻象。大卫时的拿单与迦得（《撒母耳记下》24:11），所罗门与耶罗波安治下的示罗人亚希雅（《列王纪上》15:29），以及巴沙治下的哈拿尼的儿子耶户，似乎全都属于这个类型。后来他们就被人和拿比——不管是自由的或王的预言者——混为一谈。然而，政治性神谕的授予，显然并非"先见"原本的活动，更不是长期性的主要事务。另一方面，被任用的耶和华祭司的官方神谕，乃是政治性的、诉讼上的，并非通过梦或幻象而是通过签卜的神谕。

先见的忘我首先也是私人的事务。传说里尚且提及，各式各样的日常问题，譬如驴子的下落，如何被带到先见那儿，通过千里眼幻象所得的神谕又如何用谢礼来酬佣（《撒母耳记上》9:6—7）。总之，后来的传说所认为的神人与先见却是这样一个人，他将契约神的意志传达给权威当局，诸如长老、君王或被他唤起成为卡理斯玛战侯的英雄。撒母耳和拿单便是如此行事。只是，在此，深受先知影响的现今版本，尤其是将撒母耳推举为首领的申命记宗派，显然是以完全不同的另一种人物取代了古代真实的"先见"。所有至此讨论过的类型，全都属于北方定居的农民部族区域。这并不意外，我们后面会有所说明。畜牧部族及其天生的耶和华信仰所知的，反之——同样也不意外——是另一种方式，在此方式下，神性让自己的意志为人所知。最古老的一种就是神的显现（Epiphanie）。此种显现，在所有的族长故事里，在历史传说里——首次是传说中的民众集会于波金（《士师记》2:1），最后一次是基甸那儿——都可以找到。只不过已经变成由耶和华本身所派来的神的使者。因为在后来的传说里，只有摩西曾面对面地见到耶和华。然而，不管怎么说，问题的重点是在于：得享显现的人总是能**听到**耶和华或其使者活生生的**声音**，而不是只领受到梦的**幻象**。因此，这又是另外一种先知类型[1]。此类型的代表人物认为他们比那些"梦见梦幻者"更加优越，因为那些梦幻既不可靠又不可控制。在他们眼中看来是决定性表征的，在后来的古典预言时代里仍是如此：个人必须在神的"天上会议"里亲自和耶和华有所交接，并且听到主本人的声音，如果神谕要有效的话。传说里受到此种影响的部分因此认为梦的神谕是非古典且虚假的，光是解梦的先见也是可疑的。尽管受到无情的攻击，尤其是耶利米的攻击，解梦在后来的俘囚期之后的时代（《约珥书》3:1，《但以理书》2:1f.），仍在巴比伦的影响下重新得回威信，总之，未曾完全遭到拒斥。不过，至少在俘囚期之前的时代，按照美索不达米亚的梦书那种方式由祭司来担任的解梦**教学**是没有成立之可能的。"听见"与"看见"的各种结合出现了：阿摩司被他的对手称为"先见"（Choseh），而他的灵感则是"幻象"及耳闻耶和华对此幻象的解释的结合。不过，这是**醒着**的时候在现实里看到的幻象。在他而言"听见"超越其他，而对此一类型而言，这也是决定性的。

　　一个听闻的先知，换言之，并非通过无感的忘我中的梦幻，而是通过听见声音而感动地被激发灵感的先知，其气质自然是比梦幻者更加狂热且积极。因此"拿比"之名显然也被用在这些神谕授予者身上。其类型在传说里留下鲜明的印记。自那时起，对

1　幻象与听闻自然不是严格区分开来的，而是有各种不同方式的结合。第一个先知何西阿通常只是说"耶和华的话语"（debar Jahwe）临到他身上。阿摩司则提到各种视像，而耶和华为他解说（1:1, 7:1, 4:7, 9:1）。耶利米也时而碰到类似的情形，以西结也是（只是稍有不同）。反之，以赛亚并不是看到需要解说的图像，而是看到**并且**听到他所应告知众人的；或者他看到上帝的光芒，然后接到他的命令。不过，总之听见声音的重要性具压倒性的优势。作为"先见"的先知叫做 choseh（从 choseh 派生的词后来意指"夜幻"[Nachtgesicht]）。详见本书第二篇。

传说而言，所谓的"神人"便是一个传达契约之神的意志给政治权力拥有者的人，这样的人或者如约西亚治下的拿比户勒大和西底家治下的耶利米是响应求问才这么做，而部分则是且愈来愈是未受求问即行告知，不管神谕是否讨权力者的欢喜，事实上正当其不讨喜时，才要加以宣告。传说里认为撒母耳是因其威信而得以如此行事的第一人。后来的看法则强调，一个没有官职并且不属于祭司氏族的人也可能被这种先知的、耶和华的灵所掳获；此一见解有时显然也遭到利害关系者的驳斥，然而其分量已变得如此之重，以至于为此而在伊利达与米达身上创造出一种特殊的摩西式范例（《民数记》11:26）。在圣者传说的以利亚这个人物身上，此一类型达到其顶点，同时，部分而言已转向后来的（记述）先知的新类型。新类型的先知与古老的神人之区别在于：他们的神谕至少部分而言是以政治利害相关者的"民众"的**公众社会**为对象，而不再仅止于体制上的当权者——王或长老。以利亚是以色列史上第一个特属"圣职者的"人物，带有偏见的拿比传说使他与以利沙——仍带有传统的性格——的拿比宗派至少间接关联起来。以利亚之所以变成一个以利沙类型的巫师，全拜此种传说与这名古老拿比的追随者的企图之赐——企图使自己成为以利亚的后继者，甚至于在传说里显现成个"野心家"。相反的，以利亚的出现之所以如此的形象鲜明，显然全在于他除了以祈祷单纯地呼求耶和华之外，再不使用其他的手段，完全相对于巴力拿比的忘我魔法。我们将看到，传说认为以利沙是个定居的农民，这绝非偶然，而以利亚则是约旦河彼岸的提斯比人，亦即出生于牧草地区，过着游牧生活，穿行于整个耶和华崇拜地区直到何烈山，受到北方王国的王后（耶洗别）的死亡威胁，然而以利沙却担任亚哈王的军事巫师。以利亚在孤独中接到从耶和华而来的命令，并且就像他的神的使者那样亲自宣告这个命令，如同当时的耶和华崇拜者的见解通常将此事归之于耶和华天使的显现。他无与伦比的威望即奠基于此，也奠基于他至此为止面对政治权力者的态度之前所未闻的毫无忌惮。不过，他的历史重要性在于，他是史上第一个可以相当清楚确认的灾祸先知（Unheilsprophet），也是我们现今的文学史料里起自阿摩司终至以西结的一系列大人物的先行者。他们成为反对王权及其所造成的各种（真正的或表面上的）变革——从禁忌的外国和迦南崇拜起，到对于曾是同盟召集军的担纲者的社会压迫——的精神担纲者。如同无感忘我的梦幻先见，**孤独**是他们有别于狂迷的集体忘我的拿比的决定性识别标志。当然，在心理学上，如同我们已暗示过而后面还会再加以讨论的，他们是基于（与幻视先见）完全不同的根由。不过，他们之所以孤独，在社会学上，理由首先是在于：灾异预言并不像福祉预言那样可以做**职业性**的传授，再者，灾异预言也无法用来作为**营利**的事业，因为没人会去买恶兆——所有的灾异神谕无不是恶兆；最后，所有的社会权势者与共同体全都会避开灾祸先知，或者甚至斥逐他们是民众与一切好运兆的败坏者。换言之，孤独，以及自灾祸先知起才被提升为原则的拒绝以神谕来营利[1]，乃是社会的情势使然，而只有部分是自愿的。不过，此种形势也注定了耶和华崇拜的伟大意识形态者会自他们之中产生，这些人无所忌惮，也因此造成了巨大的影响。亚哈王称以利亚是个灾祸者和人民败坏者。事实

1　《弥迦书》（3:5）里痛斥那些有好价钱就说吉言福祉、报酬不佳就说凶兆灾异的先知（在此，我们须注意到：神谕被认为是具巫术效果的前兆）。同样的（3:11），一概反对先知收受金钱。

上他的确是后来的先知在精神上的完整典型。传说里的他，是个最激情的那种被上帝怒火之灵降身的人，在经过神判而打败了竞争对手巴力祭司之后，他在国王车前束装从迦密山一路跑到王宫。不过，传说里也视他为信仰英雄，像摩西那样与他的神格斗并责难他，而被神认为值得显现，就像他对摩西那样。传说里认为他是最后一个伟大的巫师，并且也是现今版本里唯一被赋予这样的荣耀者——被耶和华接引到天上。以此，这个人物直到最近代都还占据着信徒的幻想，期待他的再度降临。与此一被传说抬高到超人程度的人物同时，我们在传说里也发现到一个纯粹的历史人物，从所有这类的超自然特征里被解放出来，而且在某个关键点上已和后来的"先知"类型相符合。这个被传说的编纂者打造成其"原型"之一的人物是音拉之子米该亚雅：他在开战之前起而以一则灾祸预言对抗亚哈御用的数百名福祉先知，而这个预言实现了（《列王纪上》22:8f.）。这个**政治性的灾祸威胁**同时也被巫术性地评估为凶兆，而对以利亚的同时代人（《列王纪上》21:20），以及同样对弥迦和耶利米的同时代人而言（《耶利米书》26:18），似乎是一种特殊的预言的特征性标志。此种预言在政治上是危险的，不过，去冒犯那些被神的灵降身的灾异告知者似乎也是危险的。此一标志如今也被往回投射到从前较早期的"先见"之类的半传说的人物里，并借此而使得（假定的）摩押人巴兰和以利沙变成违反本身意志而分别对以色列和哈薛发出福祉预言的先知。

　　独立的、政治取向的"先见"——这些"先知"乃是其后继者——之首次登场，与大卫和所罗门治下的**王国**所带来的以色列政治结构及社会结构的大变迁，有着极为紧密的关联，这一点儿也不意外。神殿兴建的问题、王位继承的问题、王的个人的罪的问题、祭典的问题以及各式各样的政治与私人决断的问题，全都是其神谕所针对的，也是其多半未被提问却往往极为尖锐的批判的对象——以利亚是第一个把王的社会不公义也涵盖在内者。不过，在传说里，这些批判断然**有个**判准为其基础，亦即古代以色列同盟的"美好古法"（gute alte Recht）——正如批判的担纲者所了解的。对他们而言，一切的祸害都起源于国家转变成为赋役制国家，变成一个埃及式的"奴役之家"，并且与车战战争和世界政治相关联。整个官僚制组织是埃及式的暴政，而人口普查——即使是耶和华为了惩罪之故而自己提出来——则带来瘟疫。这和民众的见解是一致的。以色列农民知道自己曾为了免受劳役而和骑士交战过。如今他们则感受到王与城市贵族在政治与经济上的优势和自己本身逐渐的债务奴隶化。独立于王的先见与先知，亦即在军事上已无插足余地的拿比的民间后继者，因而光彩化那美好的时代，也就是耶和华本身作为元帅率领农民召集军的时代，骑驴的军长并不依赖骏马、战车和盟邦，而只信靠同盟军战神及其援助的时代。自此，对耶和华的应许的"信仰"给予高度评价一事，开始进入到以色列的宗教性格里。"万军的耶和华"（Jahwe Zebaoth）[1]——摩西五书和《士师记》所不知的——这个名称，从此之后才开始被先见及后来有样学样的记述先知，尤其（但不止）是灾祸先知，在指称神时几乎专门使用。"Zebaoth"起初是耶和华天上的侍者，尤其是已出现在底波拉之歌里的共同作战的星灵军（Zebah）与天使。然而，在世俗的传说里，如同考区（Kautzsch）正确强调的，在这

---

1 Wellhausen 与附随他的 Hehn（*Die biblische und die Babylonische Gottesidee*）以相对而言普遍主义的方式来解释这个备受争议的概念：耶和华是存在于世上的所有神灵之主。不过，其与**征战的**"队伍"之间的关系是绝对错不了的。

个词**并没有**和神的名称相连结出现的所有的地方（26 个），总是意指以色列的古老召集军。在这群人的眼里，召集军的神就是耶和华，因此当先知在取神的称号时，无疑的至少也作此联想。在现实政治里已成为和平主义的时代所产生的、较晚出的传说里，我们也发现到这样的地方。其所表现的是一种对以色列过去的誓约团体时代的事后追诉的、理想的且有所偏好的构想。耶和华信仰的灾异预言之所以需要这样的表征，不只是因为古老美好时代的预言乃是战争预言，也不只是因为要表现出唯有耶和华才是以色列召集军正当的军王（Heerkönig，《以赛亚书》6:5 首度如此主张，参照 24:21）。而是，也因为神的古老应许，其目标除了物质的福祉之外，更在于以色列的军事荣誉，而这是耶和华信仰的预言所不能也不愿割离的。所以，除了族长传说的和平主义的描述——在非军事化的小牲畜饲育者圈子里有其根源，以及古老的社会法的光彩化，尤其是非军事化的平民与之关系甚深的耶和华契约的社会的债务法，还要再加上先知的特殊信仰战士的传说——他们同样也被非军事化而只是仍在空想里和耶和华共同作战，虽然如今已不再是从军的得未使和忘我的神疗者与祈雨师，而是具有文学教养的政治意识形态者的一个阶层。根据时而被引述的阿摩司的说法（2：11f.），王的官僚制似乎有意识地打压民主的信仰战士、拿细耳人和自由的拿比等麻烦人士。参照其他地方的所有模拟情形，这应该是极有可能的，而且若就以下事实看来，便更加可以肯定，亦即：在强大的政治支配运行之时，预言也随之缄默。然而，当政治权力衰微而又有外来威胁时，古老的民主回忆马上就复苏了。其担纲者的乌托邦幻想，将随着这些人在其间愈是被非军事化而愈加浸淫于耶和华军事英雄行为的血腥画面。正如当今我们在所有的国家里都可以体认到，文士阶层最是热衷于战争，尽管他们与战壕离得最远，性质上也最无缘于战事。对这些文士而言，真正的绊脚石必然就是王国的政治，因为古老的召集军组织与社会秩序的所有变化都是此种政治所导致的。在这场反抗政治与社会变革的对峙里，利甲族与其他在耶和华祭司领导下的牧羊人、农民、模范性虔诚的耶和华崇拜者，全都加入了将纯耶和华信仰和自由耶和华同盟的美好古老时代光彩化的旗帜里。此种对君王的批判之所以具有内在外在的独立性，全拜王国欠缺教权制的性格所赐。以色列君王不具丝毫祭司身份。当大卫穿上以弗得（祭司服）时，可以看到一点端倪，至于其余，君王也只是处在这样的地位：他可以任用和解雇由他所供奉的圣所的祭司[1]，也待他们如同自己的官员，而大领主（弥迦）于他们的私人礼拜堂也同样施为。王也像原先所有的以色列人一样可以燔奉牺牲，但他没有资格传达神谕、封圣与赎罪。这等事是保留给具有卡理斯玛资质的人：先知及后来受过教育的利未人。共同体献牲祭祀的意义在耶和华宗教的传说里相对而言往后倒退，乃是因为同盟原本就欠缺恒久性的权威，以及耶和华与誓约共同体之间的关系的性格，而这才助长了自由的拿比（如同后来的律法教师）相对于王的教权制权力地位的独立自主性。

后来的传说把撒母耳尊奉为"先见"与"拿比"，同时也是古法的代表人物，并借他之口描述出传说所憎恶的新王法的内容。由于百姓不顾一切警告坚持要选立一个王，撒母耳不得已只好将之

---

[1]《阿摩司书》(7:10、13)：伯特利的祭司向王耶罗波安诉愿，说先知阿摩司引起叛变，因此强迫他离开"王的圣所 (mikdasch) 与宫殿 (beth)"。

书写下来（《撒母耳记上》10:25），也就是，相应于至上的契约观念，如同处理一份宪法文件般地明文记载（《撒母耳记上》8:11）：王必派人当千夫长、五十夫长，必使以色列人的儿子供他的战车差遣，其他人则被迫制造武器、装备战车；他们的女儿必须造香膏、做饭烤饼以供王的食桌和军队所需；王将取人民的田地、葡萄园和橄榄树园作为赏赐官员的封土，并要人民完税纳粮，尤其是强制劳动，人民的婢仆牛驴都要为王的领地耕作，而葡萄、农作与牲畜的十分之一将用来作为其官员与士兵的酬劳；自由的以色列人全都成为王的"奴仆"（换言之，变成臣民，而不再是誓约团体的成员）[1]。带有政治倾向的传说反对此种状况，并改编了传承。但真正的传说知道，譬如大卫的一个骑士伯利恒人伊勒哈难击杀了迦特人歌利亚（《撒母耳记下》21:19），而政治宣传式的传说里歌利亚却是被并未装甲的无名小卒牧羊人之子大卫以农民的方式，亦即用石头杀死。类此方式的许多倾向性特征，部分是无视于其他传说而从真正的传说里筛选出来，部分则是重新杜撰。我们或许该感谢此一传说对农民召集军的偏爱才使得古老诗歌集里的底波拉之歌得以保存下来，另一方面也从而得知迦南的征服与士师时代的战争是以何种方式改编成传说故事。尤其是，沙漠旷野时代被光彩化了的誓约共同体成员间有如兄弟般的平等与朴质——布德（Budde）相当巧妙地称之为"游牧的理想"——也得算在此种偏好的账上。因此，此一倾向非常明显地支配着从古老的法律集里筛选出如今我们仅见的前述那些社会法的规定，也支配着在此

---

1 《何西阿书》（13:11）：耶和华"在怒气中"将王赐予以色列（只不过这里所指的是北以色列的非正当的篡位者）。

过程中或许范围相当广泛的乌托邦神学构想之被穿插窜入。

基于同样的倾向，古老传说的代言人要求，王不该为了获得骏马与战车而"回埃及的奴役之家去"（《申命记》17:16）。他们厌弃所罗门宫殿与神殿的光彩壮丽，而偏好古老的农民自由与土制神坛上古老朴实的祭典。虽然如此，有鉴于王国盛大的神殿礼拜相关联的重大利益，这些要求本身即使在虔敬的耶和华崇拜者的圈子里也不是没有反对者。因此，对于所罗门奠基打底的改革与对于王权的一般态度，在史料里并不一致。传说当中有一部分知道，在没有王的时代到处皆无秩序且恣意横行，举凡后来从礼仪与伦理端正的立场看来为恶的事都被原谅，借口是：那时以色列中没有王，因此"各人任意而行"（《士师记》17:6，21:25；同样的，18:1，19:1）。强大的权力地位，尤其是大卫的，也包括神殿建造者所罗门的，自然而然促成光彩化的方向正对着这两个王，而牺牲掉农民君主扫罗及后来南北分裂的诸王。在解放战争里获得重大军事胜利成果的时代及随后的时代里，王权有着无比的威信[1]。王通过涂油礼而领受耶和华的"灵"，在他身旁尚无任何一种恒久有力的教权制祭司权力与之相竞，他身着祭司袍服（根据传说大卫是这么做的）亲自供奉牺牲给上帝，并且掌管祭司地位与圣所，几乎如某些美索不达米亚的大君主那样自由。以此，这个传说里的王就像个"弥赛亚"，耶和华的"受膏者"（hamaschiah），如同俘囚期之后的大祭司。涂油受膏在一般的王位继承时似乎并不是必要的，但在先知要正当化篡位者（大卫、耶户，据此推量，在

1　参见 K. Budde, "Die Schätzung des Königstums im Alten Testament," Marburger Akademische Reden, Nr. 8, Marburg, 1903。

三个传说中之一的扫罗）时即可发现到；也许这是从本土的城市领主（或许是耶路撒冷）的古老习俗借用而来的，已经获得了某种仪式上的意义[1]。

不过，传说的另外一部分却笼罩在后来王国权力的衰退与先知威信抬头的印象之下。此一传说知道：在以色列立王之前，契约之神本身是唯一且直接的支配者，他不需要——如现今的君王所需的——诸如官职、税制、赋役之类的机构，而是通过前代的先见与英雄来宣示他的意志与意愿，并且当人民遵从他的命令时，他总是一再地帮助他们。

这种调子似乎在以法莲的农民间较盛行，比起支配着耶路撒冷周遭的南方王国更为浓烈。在先知里，何西阿是第一个将此种意向表现出来。大卫王朝——唯一持续不坠地保有王位的王朝——的威信，在南方王国几乎不可能遭受到废除王权之要求的直接侵害，因此而有在此推动去除王权所带来的诸种变革的计划。尤其是针对政治的领域，诸如去除军国主义及其军马、战车和王室宝库，去除外国后妃的后宫及他们的祭典崇拜，去除充任官员的国王宠幸，以及去除子民们的土木工事与农地耕作的强制劳役。《申命记》里要求王应该去除苏丹式大王般的高傲姿态，再度成为卡理斯玛型的同侪者第一人，而不要太多军马与战车，换言之，成为一个骑驴的贤明士师与单纯老百姓的保护者。那么昔日的同盟神耶和华必定会如往昔和农民召集军在一起般地与王同在，对抗

---

1 反之，Schwally 认为表示"君王"与"贵族"的 nadib 这个词是源于对战争的自我封圣，这是很成问题的。nadib 在此和在所有其他地方一样显然都是指"给予者""赏赐者"；唯有 hithpael，如同在底波拉之歌里（《士师记》5:1），才具有"自我献身"的意思（底波拉之歌的另一处——《士师记》5:9——也一样，尽管解读方式有点问题）。

不管看来多么军容壮盛的敌人，只要——这是其他所有一切的前提条件——王放弃其世界政治的诸般主张，亦即一切诸多变革的根本原因所在。我们将会看到，祭司的权势利害与神学的意识形态如何地汇集在这个计划里，计划将申命记法典在约西亚治下真的付诸实施，就在耶路撒冷陷落前的数十年间。

王国政权在以色列并非家产制的福利王国，而是与吉伯林姆的权力结合在一起。古老传说的代表者因此同时两者都反对。俘囚期前的记述先知在神谕里极力地表现出此一潮流。关于他们的整个政治地位与意义，我们会在后面的相关环节里加以讨论。在此，重要的是，他们从民间对于社会政治情况的批判里提举出来的各种非难。排在最前头的是接受馈赠、贿赂与扭曲法律（《阿摩司书》2:6，《以赛亚书》1:23、5:3），由于这点而使得"公义变为苦胆"（《阿摩司书》6:12），血汗钱被人吸取（《阿摩司书》5:12），无辜之血横流（《以赛亚书》1:15，7:6，22:3），民众受虐待（《弥迦书》3:2—3），判决有利于无神者而不利于穷人、寡妇、孤儿（《以赛亚书》10:2）与正直者（《阿摩司书》5:12），公义未行而有的是暴力（《耶利米书》7:6，22:3）与肆虐（《以赛亚书》5:7），（富者）以房接房、以地连地（《以赛亚书》5:8，《弥迦书》2:1—2），而贫者（《阿摩司书》8:4）尤其是"城门口的穷人"（《阿摩司书》5:12），亦即在城市贵族支配之下的乡村居民，遭受压迫且被夺走大量的谷物（《阿摩司书》5:11），女人与小孩被逐出家门（《弥迦书》2:9），贫乏者被曲枉（《阿摩司书》4:1），从他们质当的衣服所取的利益——违反质当禁令——富人又吃又喝（《阿摩司书》2:8）。富人们高傲自大（《阿摩司书》6:4f.，参见《以赛亚书》3:16），吉伯林姆酗酒颓废（《以赛亚书》5:22，参见5:11），而祭司则是贪得无厌（《阿摩司书》9:1，以及俘囚期之后的《哈巴谷书》3:9）。这些现象举世皆有，不过尤其显见于西方的前资本主义时代，亦即古代与中世纪早期。这是平民阶层针对宫廷官员或针对城市贵族的大氏族所发出的指责，其代言人，譬如希腊古代的赫希欧德便是。在以色列，如我们所见的，王权与经济力足以提供武备的富裕氏族是紧密相关联的，而国王的官吏也泰半出于这些城市贵族。此种典型的社会对立，鲜明地跃然于先知预言里。

第十一章

同盟战神的接纳及其特征

　　对城市贵族与王权怀有敌意的这个传说，总是一再援引古老的**契约**为其例证，此一契约据称是耶和华通过摩西和以色列所缔结的，完全有异于所有其他民族，同时，也总是援引此一独一无二的契约缔结据以为基础的独特历史事件来证实。实际上，对以色列而言，此种特殊关系正在于：契约的缔结并不止是在神的保证之下，而是与**神本身**作为契约当事者而成立的，所以非常显然的真的是具体事件的产物，而整个以色列的传说率皆一致地以此具体历史情境为出发点。对所有的先知而言，耶和华奇迹似的消灭红海上的埃及军队而将以色列人从埃及的赋役义务里解放出来，不但是神的大力及其应许的绝对可靠性的表征，同时也是以色列对于他永远背负感恩之情的表征。此一事件的特异性在于：这个奇迹是由一个以色列**此前并不认识的神**所造就的，这个神并且因此而借着庄重的契约（berith），在摩西创立耶和华崇拜之际，被接纳为同盟之神（Bundesgott）。不过，此一接纳是奠定在双方相互承诺的基础上，靠着摩西为两方彼此作中介。人民所承诺的是对神永远的特殊义务，而神相对于此的施恩承诺则使得他成为如此非凡的意义上的，也就是说在世界史上其他任何地方闻所未闻的一个神，一个对以色列的**应许之神**（Gott der Verheißung）。这是传说里十分明确的见解。"背离"耶和华乃是特殊重大罪恶的概念，便是以此见解为前提，这是再明白不过的，而在周遭世界里从未出现过的这个概念，早已是底波拉之歌里所设定的前提[1]。并且，此一见解尤其是先知预言与福祉预言获得其他任何地方皆无可比拟的重要意义之不可或缺的思想基础。当然，财富、长生、多子多孙与好名声，从来都是世界各地的祭司与秘法传授者所答应给他们所信奉的神的信徒的，同时也是君主们让御用先知许诺他们的事。同样的，无论何处也都理所当然地认为部族神或君主的神总是会帮助他们对付敌人。以色列也不外如此。以色列会子孙繁盛，结果子民多如海沙，以色列将战胜所有敌人、获赐甘霖、丰收无虞且产业安然，最后，传说中的先祖之名与受祝福的民族本身之名也一如神赐的祝福语——凡此都是民众所冀望于他们所接纳的、强而有力的同盟神的。不过，由于他们与神的关系是奠基于一则契约，所以这样的期望获得了异常坚实的基础，并且被认为是以明确的应许也就是神的誓约为磐石。应许本身原先并不被认为是有特殊条件的牵连，并且在传说的最古老定式里也未曾让应许取决于以色列人任何特殊的譬如特别在道德上的行为。应许毋宁是——不证自明的——只和一个条件结合在一起：耶和华是以色列的神，并且只当如是待之，如此，耶和华便会与以色列患难与共。这就是重点所在，并且是耶和华的"灵"的战斗担纲

1　Hehn（*Die Biblische und die Babylonische Gottesidee*, S. 272）正确地提醒我们注意，此一**概念**自此并不再见诸其他任何近东宗教的地盘上。而此一概念也只能从古老的契约关系上才能获得解释。

者，拿细耳人与拿比以及信仰战士所深知的，而且（正如底波拉之歌早已示现的）也是让同盟军深切铭记在心的。对于其他古代宗教而言完全陌生的一个观念，亦即"偶像崇拜"乃是罪恶的观念，亦因此而获得其贯通一切的全面性意义。是耶和华自己的誓约——《申命记》里仍然如此谆谆教诲（7:7—8）——让他独厚以色列而有别于其他民族，非关其他一切，譬如以色列的道德较为高超之类。不过，这样的观念总是还不能与民众的想法相磨合。民众所想的——就像任何民族一样——是其他民族的价值不比以色列，而神必然也这么认为。尤其是，这样的价值不等性无非是基于其他民族有着不同的生活习惯，且做出"在以色列所没有过的"事。由于耶和华如今已通过契约而成为同盟的礼仪与社会秩序的契约当事者，所以对耶和华而言，其他民族比不上以色列的原因便在于：他们不知或者反正没有这种神圣秩序。耶和华做出高下区分的这个消极的理由当然也出现在《申命记》里，而且和前述那个观念结合起来。不过，宗教上的利害关怀者所抱持的见解在那时已走得更远了。在全世界，神祇们莫不守护着他们的社会秩序，惩治破坏者，奖赏维持者。将自己与同盟神的关系视为契约的这种看法，必然会以特别热切的方式来相信这点：一找到机会便要提问，神的作为**理由**何在？这样的机会随着以色列政治权势地位的衰落而出现。

我们可以清楚注意到，对于摩西与契约的记忆，以及关于"契约"思想的一般意义，时而会式微消退，尤其是在上述辉煌的王国权势地位的影响下，然而尔后，就在俘囚期之前以及俘囚期间祭司传说的编纂之际，又到达了一个新的高点：此乃政权威信的衰落与追问败亡原因之下自然而然的结果。契约的古老律法与遵从耶和华命令的重要性乃是神赐恩宠的条件，如今强而有力地彰显出来，并鲜明地刻画在未来的希望上：现在这个希望是与顺从古老命令的前提条件连结在一起，而"契约"思想，则以一种其他民族绝无仅有的方式，成为祭司教说与先知预言的诸多伦理观念的特殊原动力。以色列对耶和华的宗教关系，乃是通过与神本身自由订定"契约"的概念而透彻无余地彰显出特色来，这是记述先知据以为既定事实的想法。当然，对以色列的灾祸威胁，亦即先知的特征性要素，尚未见之于那些被视为纯正"耶和华的"（jahwistisch）与"耶洛因的"（elohistisch）诸多传说。神加在亚伯拉罕身上极为鲜明的福祉应许当中被推断为最古老的一则（《创世记》15:18—21），支配全迦南地的许诺（附带说：从埃及边境直到幼发拉底河！），也只属于威尔豪森所谓的"耶和华信仰的"版本，也就是先知的时代。此一应许同样是通过神与族长之间形式礼仪的契约而达成的。于此，神的誓约是族长无条件地信仰神的结果，神也因此为他"称义"。这是个非常抽象的因而显然是后起的表现，与俘囚期编纂后流传下来的形式相符合（《创世记》12:2f.）。然而，顺从本身自有意义的想法，绝对必然是古已有之的。因为，例如以撒作牺牲的故事作为真正无条件的信仰的典范，似乎是前先知时代的——"耶洛因信仰的"——的版本，尽管神的誓约话语明显地一再重复，也因此而被认为是后来附加上去的。换言之，以应许作为顺从的报偿这种形式，而让契约的内容定型化，是后来才出现在我们现今的版本里。不过，在记述先知时代的起始之际，契约观念本身即已如此根深蒂固，以至于最初几个先知当中的一个，何西阿，便得以用婚姻的方式来说明与神的这种关系的宗教意义：以色列对神的诸义务若遭任何背弃，便犹如背弃耶和华的通奸行为。对于此一远古的直到后来晚近都还是完全不证自明的思想基础，再没能比以下事实更具说服力的了：收录于现今圣典里的"雅歌"当中部分而言极为放浪的情歌诗集，仍然被评价为耶和华与其子民之间的关系的适当表达，即使对那已经十足"虔敬"且多愁善感的后裔而言，仍是适当的。因此，耶和华对于其他神祇的"嫉妒"（kin'ah），成为其最为确固不移的特性之一，这点在所有的先知来说，从何西阿到以西结，莫不众口一致[1]。

耶和华乃是通过摩西的崇拜体制而被接纳为以色列军事同盟之神[2]，此事在两大史料集当中较古老的那个所谓的《耶洛因典》（Elohist）里，记述得清清楚楚。根据最古老的传说——同时也保存在对以法莲的祝福话语里——耶和华在何烈山附近的沙漠间的荆棘丛中的火焰里，突如其来地向摩西显现，那时摩西被认为是在米甸人那儿做工的以色列牧羊人。当神被问到叫什么名字时，根据改编过的传说，神以语源学上的巧语推托道："我就是我"，不过随后说出显然并非以色列名字的"耶和华"之名[3]。族

---

1 关于这点，参见 Küchler, *Zeitschrift zur A. T.Wiss.*, 28（1908），S. 42f., 他同时也提示我们，自耶路撒冷陷落以来，耶和华的"嫉妒"，依以西结之说，已不再针对其他神祇甚或针对信奉这些神祇的以色列人，而是针对以色列的敌人。

2 这点特别是 Budde 极力加以强调的，参见其著作："Das nomadische Ideal im alten Testament"，*Preußische Jahrbücher*, Bd. 85, 1896; *Die altisraelitische Religio*n。

3 关于希伯来语的四个子音所组成的 Jhwh（学者加上元音后读成 Jahweh）的语源问题，与 Jahwe 到底是从 Jah（以固有名称出现）和 Jahu（或 Jao, 这是 6 世纪时埃及的伊里芬丁岛 [Elephantine] 的犹太教团所使用的名称，而且也出现在表现神名时的固定名称当中）增添而来的，或是反过来，Jah 和 Jahu 是 Jawe 的略字呢的问题，同样都是有待解决的争议。关于这点，以及添缀元音的问题，除了一般文献外，另参见 J. H. Levy, in : *Jewish Quart. Rev.* XV, p. 97. 从巴比伦的 Ea 衍生出来的看法（A. H. Krone, 同上书，p.559）似乎沦为空想。认为阿马纳书简里的 ja 和巴比伦名称里类似的部分要素以及 Yahwe 应该有关的看法，大体上也是不太可能的（参见 Marti, in : Theologische Studien und Kritiken, 82, 1908, S. 321; W. Max Müller, Asien und Europa, S. 312—313）。Hehn

长们的神——后来被视同为这个耶和华——在这个古老的史料里
尚未有耶和华之名，而是以"神"（El, 耶洛）这个语词在各种组
合方式上来称呼，在后来的祭司传说里最最尊贵的组合语是"El
Schaddaj"——在语源学上同样不是以色列的用语。"摩西"和
"非尼哈"都是埃及名称，而在一则传说里，摩西因其"古实人
的"妻子而受到米利暗和亚伦的指责[1]。这是祭司氏族门阀之间古老
争执的遗记，从这当中似乎后来在大氏族之间还保留着这样的认
识：耶和华及其祭司被认为完全是或半是外来的。当然，当埃及
支配着巴勒斯坦和西奈沙漠之时，埃及名称并不足以证明同盟的
创建者甚或他的神就是源自埃及，正如后来犹太人的巴比伦或希
腊名字也不足以说明其血统来源一样。然而，与约书亚成对比的，
摩西原本就没有以色列的部族征示（直到后来才有，而且是人为
建构的），而利未人乃（以利的）祭司氏族——最有可能追溯到摩
西的祭司氏族——的后裔这样的说法，同样也是后来才有的构想。
无论如何，古老的传说清楚显示出，当这个神被接纳之际，已经
是以色列之外的其他地方的崇拜对象。以色列南部边境的贝都因
部族与绿洲部族里，他显然已享有有组织的崇拜。打一开始，神
座是在山上。不过，最古老的传说认为西奈沙漠里的加低斯绿洲
才是他真正的圣所，而此处也是女先知米利暗的埋骨所在[2]，并且可
能是建立以色列的决定性行动的发生地点。对于利未人的起源而

（接上页注）（参见其著作：*Die Biblische und die Babylonische Gottesidee*）认为 Jahwe 之
名是摩西的神学构想（"他是存在的"）似乎是不可能的，因为耶和华并不只是在以色列
受到崇拜。

1　非尼哈为亚伦之孙，参见《民数记》25:10f.。米利暗和亚伦的指责，见《民数记》
12:1。——译注

2　见《民数记》20:1。——译注

言最为重要的地点，亦即其有组织崇拜的所在，是加低斯的"争水"之畔（《申命记》33:8），亦即绿洲的水源处，在那儿，他的祭司宣告诉讼神谕。他的祭司叶忒罗[1]，传说里摩西的岳父兼建言者，被认为是个米甸人。同样的，在传说里身姿模糊的巴兰，以耶和华之名说预言，也被认为是个外邦人，部分说是摩押人，部分说是亚扪人，而根据正确的解释，他应该是个以东人或米甸人的先见，后来在战争里为以色列人所杀。至于在加低斯发生的事件，如今应该怎样和神的定居于西奈山以及后来的传说里契约的缔结移位到西奈山一事连结起来，此处姑且不论。以东人早就征服性地推进到埃及边界，并且，耶利米和俄巴底亚仍然视以东——尤其是雅各的兄长以扫定居之处的森林地带西珥（《创世记》32:3），后来也是早就下落不明的西缅部族的其中一支所居住的地方（《历代志上》4:41—42）——为耶和华智能的古老发源地。属于利未氏族的可拉族原本似乎是可以推溯到以扫（《出埃及记》6:21），也就是源于以东人。在底波拉之歌里，耶和华自西珥起身驾临战场，而出现在以赛亚的神谕里、俘囚期间美妙的守望者之歌的诗人，尚且听到从西珥传来的呼声"夜里如何"[2]，尽管当时是与以东处于相当敌对的状态。基尼人，后来特别热切的耶和华崇拜者，原本就不属于犹大部族，更别说是以色列。对以色列而言，该隐，不管是在杀人传说里，或在古老的巴兰宣言里，都是被诅咒者。至于说

---

1 叶忒罗**作为耶和华的祭司**向他奉献牺牲，亚伦与以色列的长老并与他同桌共食（《出埃及记》18:12）。

2 《以赛亚书》（21:11—2）："论度玛的默示。有人声从西珥呼问我说，守望的阿，夜里如何，守望的阿，夜里如何。守望的说，早晨将到，黑夜也来，你们若要问，就可以问，可以回头再来。"——译注

西奈山——后来被视同为何烈山——就是在现今所谓的西奈半岛东边的红海附近，阿拉伯西北海岸上的那个火山，这个说法也遭到不少疑问。不过，传说从未主张那地属于以色列的领域，就连加低斯也是。同样的，古老的传说的确也不认为耶和华是以色列原有的神，也非仅属于以色列的神或居住在以色列。直到使耶和华成为世界神的摩西六书的最后编纂，才理所当然地认定，族长们除了耶和华之外绝未崇拜其他神。在古老的传说里，例如在耶弗他的故事当中，耶和华仍是和其他神并列的一个神，只不过特别强而有力和更加崇高而已。再说，耶和华是"以色列的神"且对耶弗他而言是"我的神"，就像基抹是亚扪王的神一样，只不过，是在一种相当特殊的意味上。他是——而且成为后果相当深远的一个观念——"从远方来的神"，从其遥远的、接近天际的山上宝座下来进行支配，并且必要时亲自插手干涉事情的神。此种"遥远"，打一开始便给予他一种特殊的威严。的确，古老的传说当中，有一则还知道，以色列的长老们曾在西奈山上与他同桌共食。然而，后世的压倒性看法则是，万民当中唯有摩西曾面对面地见过他（《民数记》12:6f.），并且自此之后摩西的脸上闪耀着如此超自然的荣光，以至于他必须在众民面前遮蔽容颜——这或许是对古老的家神面具（Teraphim-Mask）的回想，后面我们还会说到。真正的意思是（《出埃及记》33:20），甚至连摩西都只能在耶和华应其要求从他身旁走过时看到他的背而已，因为任何人见他的面就不能存活。——令以色列誓约共同体蒙受圣灵的，不是个古来信仰的地方神或部族神，而是个充满神秘的未知之神。

根据传说，这个神的强大威信可以从他消灭埃及军队之举得到解释，而此举显然是借着西奈半岛东边的红海突发的退潮、继之以同样突发的海啸袭卷而完成——诸如山上的火柱、云柱、赤焰等现象所暗示的，很可能和某种火山活动的现象有关。红海上的这个灾难和以色列人的滞留于埃及，一再遭到怀疑。不过，根据埃及史料，草原上的畜牧者在遭遇干旱或外来威胁时，到埃及边境地区作为寄居者寻求保护的情形，一点儿也不稀奇。所以，理所当然的，他们也时而会被君主们征调去服强制劳役，而同样自然的是，一有机会他们也会设法逃脱此种赋役的重担。然而，以色列人何时迁居到埃及，而又何时从埃及出走，的确是很难决定的问题因为据称以色列人也愿协同出力的那个边境要寨，似乎是在拉美西斯二世治下兴建完成，但在其后继者梅涅普塔当政时，以色列已被列为埃及在巴勒斯坦的敌人；再者，若将更早时代，亦即阿蒙霍特普三世（前 1390—前 1353）与四世（前 1353—前 1336）时代以埃及敌人的姿态在巴勒斯坦登场的"哈比鲁"（Chabiru）与"Ibrim"——"彼方之人"[1]，易言之，约莫是东约旦地区的人——等同视之的话，那么上述问题就更加困难了。因为，即使从外邦人的观点看来，这个称谓是用以指认传说里的以色列人和被认为与以色列人有族裔关系的其他部族，然而这样的称谓出自以色列人自身之口者，除了亚伯拉罕——他被认为是个游牧的牧羊人，而且总是被称为"希伯来人"（Hebräer）——之外，仅

1　自从 Winckle 在 Bhögazköi（Chattušaš）的发掘以来（MDOG, vol. 35, 25），多数学者，包括 Böhl（Hebräer und Kanaanäer），认为 Sa Gaz 与 Chabiru 乃二而一者，是可以确定的。然而并非偶然的是，Chabiru 显然是从东南方而 Sa Gaz 是从北方与东北方进击而来，并且只有后者在美索不达米亚被提及。

仅出现一次在契约之书里 [1]，除此几乎只出现于与外邦人交往的场合 [2]。几乎可以确定的是，后来加入以色列誓约同盟的各部族是分成好几拨次第侵入西约旦地区，而誓约同盟本身的组合，如先前所举证的，也历经更迭，一方面诸如迦南人，另一方面诸如早先的贝都因部族，纷纷包拢进来。同样可以确定的是，滞留在埃及的并不包括所有后来的以色列部族或其先祖。根据最值得信赖的也是最自然的传说，很晚才形成的犹大部族是从南边而不是从东边侵入到他们的栖息地。我们不清楚，腓尼基人是否如据称的（事实上不太可能）是从波斯湾那儿迁徙而来，或者部分的游牧民 Sa Gaz 是否有可能从美索不达米亚边境移徙进来；同样晦涩不明的是，以色列人的某些部分，如隐藏在亚伯拉罕（或亚伯兰）传说背后的，早在先前（譬如说早在阿马纳时代）就已从美索不达米亚的牧草地区迁徙到这儿来。这倒也不无可能。Abiram（亚伯兰）一名在巴比伦是常见的。虽然归之于亚伯拉罕的宗教信仰里，但丝毫也没含带着丁点儿属于巴比伦的特征。其中，基大老玛的传说

1　契约之书里称债务奴隶为"希伯来仆役"（《出埃及记》21:2；同样的，在西底家的债务免除决议里也是如此，参见《耶利米书》34:9—14，《申命记》15:12）。此种表达在此或许是回想起城市贵族与农民——而不是与非"希伯来人"（在此指的是定居于城市的贵族）——所缔结的古老的债务免除契约里的用语。在《撒母耳记上》14:21 里，特别将"以色列人"与服侍非利士人的部族弟兄"希伯来人"明显区分开来，应该也是出于同样的道理。

2　'Eber 是直到叶门为止的整个阿拉伯地区的诸部族的祖先（《创世纪》10:21, 24f.，这是耶和华宗派的资料）。比祭司编纂版更早年代的资料里，使用 'Ibrim 一词的场合，诸如在《创世记》（39:17）、《出埃及记》（1:15f.、2:6f.）、《撒母耳记上》（4:6f.、13:3、13:19、14:11、29:3），总是涉及与埃及或非利士人的关系（参见 Böhl 前引书，S. 67）。令人侧目的是，《民数记》24:22（巴兰的话语）里预言灾祸时，将"Eber"和"亚述"关联在一起。

却真真是惊人地独树一格[1]。传说的其他特征也让我们推测出迁入迦南地的好几拨活动。无论如何，就祝福集与祭司传说而言，以色列誓约同盟的核心所在，正如底波拉之歌所知晓的，是摩西为了征服和固守西约旦地区而和施行红海奇迹的神之间所建立的契约。怀疑摩西这个人物的历史性[2]，是毫无道理的[3]。问题只在于，如何衡量他的事功特色所在。

　　要真正确定事件的历史过程，看来是不可能的。倘若认为契约的缔结是为了订定一部律法书（例如契约之书）或一份伦理义务的目录（例如十诫），那不仅与历史不符，而且也是不切实际的，更不用说还存在着其他无法克服的困难。不管是基于纯粹客观切

1　基大老玛是以拦王，也曾是迦南地区的军事盟主，后来有些盟邦背叛，于是发生传说里的四王与五王的战争，在其中，亚伯拉罕（当时尚称亚伯兰）的侄儿罗得及其财物都被掳掠而去，于是亚伯拉罕率众杀败基大老玛和与他同盟的王，将侄儿罗得及其一切的财物和妇女人民全都夺回来。参见《创世记》14。——译注

2　关于摩西，参见 Volz, Mose, Tübingen, 1907; Greβmann, *Mose und seine Zeit*, Göttingen, 1913. 反对他将摩西解释成"医者"的，参见 König, ZDMG, 67, 1913, S. 660f.。

3　撇开传说中这个纯粹世人形象本质上不可能是造作出来的这点不谈，其历史真实性正是通过传承当中某些极为醒目的特点——这些特点足以让我们推测到某些尚未被理解的古老争端的残迹——而更为肯定。Musi 这个名字一再出现于利未族裔里（《出埃及记》6:19，《民数记》26:58 及其他多处）。有个古老的传说提到摩西的小孩（《出埃及记》2:22、4:20），并且但族祭司阶级的系谱也溯源于他。然而后经祭司改编过的整个系谱里，摩西的后裔全然付之阙如。根据《出埃及记》18:2f.，摩西将他的妻子连同小孩送到叶忒罗那儿，后者又带着他们归回到旷野里的摩西身边。在《出埃及记》2:22 里被称为摩西之子的革舜与以利以谢，出现在《历代志上》6:1、16、17 以及 3 时（中文《圣经》此处的译名为革顺与以利亚撒），则被列为利未和亚伦的儿子（以利亚撒也以此身份出现在《民数记》26:1 及其他多处）。为了使摩西带上纯粹利未人的印记，传说里（《出埃及记》6:20f.）安排摩西之父暗兰娶其姑母约基别为妻（利未族族系谱之错乱，只要比较《民数记》26 章的第 57 与 58 节就特别清楚地显现出来）。摩西因娶古实人为妻而受责难。萨多克族与亚伦族所关切的不过是因此而显现没有可以上溯到摩西的血统纯正的利未族存在。埃及名称，摩西便是其一，也出现在他们的主要竞争对手以利族当中（非尼哈）。在整个历史传说里，以及在先知那耶和预言文体的《历代志》里，摩西仅仅扮演了极微不足道的角色，这或许是因为（神的）荆棘显现原本只和北方以色列部族（以法莲）有关系

事的理由也好，或是依据所有可能的（包括伊斯兰教在内）的模拟也罢，此一兄弟誓约关系（或许并非这类关系的头一个）的实质内涵，正是由以下三者所构成：首先，承袭自耶和华古来崇拜地点所施行的礼拜习惯——显然与其周遭环境相切合的极为素朴的礼仪（没有神像摆设的祭拜，或许包括割礼，但确定的是爻签神谕）；其次，适合于草原游牧民征服劲旅的某些极为简单的、维系兄弟关系的社会秩序；最后，战争预言本身的威信。神对于谋杀同胞与侵害客人权益的特别严厉禁制，以及严格的掠夺禁忌，同样也都切合于此种关系的由来。在不至于太过妄自臆断的情况下，我们可以说这（明确地或事实上）就是以色列通过契约所背负的义务。这些义务没有任何丁点成分不是在同样情况下其他地方也会在历史上发生的。那么，耶和华呢？

他是而且一直都是个**拯救**与**应许**之神。但重点在于：拯救与应许所关涉的是**现实政治**的事，而非关个人内在事务。神所提供的是脱离埃及奴役状态的拯救，**而不是**脱离一个枝枝节节毫无意义的世界，他所给予的应许是支配人们所欲征服的迦南地，并在那儿幸福生活，**而不是**应许超越性的价值。正是这种原始而未遭破坏的自然主义，并且正是那种可以溯源于原始的物质与社会文化关系的礼仪特质成为重心所在。其契机始发于以色列侵入迦南而立即与当地精神上殊异且理性的文化四处遍布的各种要素相融合的过程。因为，极为普遍的现象是：文化的接纳承袭一般而言，正是在有机会而且有必要与一连串的思想融合的情况下，就会产生出全新且独特的体质面貌来——只要这一连串的思想本身尚未被精纯化，并且也未经由祭司、官方或文学的打造而被定型化，因而迫使古老的理性化结构必须去适应诸多全新的且相对而言较单纯的条件。

以摩西的创建为根源的以色列诸观念，将广布于迦南的东方文化要素摆放在此种必要性跟前。然则，此一过程要靠哪些固有的性质来完成呢？换言之，首先要问的是：根据传说，摩西为以色列同盟新引进的神以及这个神与以色列的关系具有哪些独特性质呢？——先别说这个同盟是如何建构成的。

在古老的传说里，耶和华展现出各式各样的独特性。高度拟人化的特性[1]，正是其于传说的较古老的部分特别是源自南方的（所谓的"耶和华信仰的"）那一部分所带有的特色，而这却正是古希腊和其他军事民族的神祇的共通点。不过，有一种属性，虽非总是而且也非打一开始，但显然是相当早而且后来便理所当然地就附着在耶和华身上，其强烈程度亦非常见，那就是他的接近，在某些情况下，即使是被他的"灵"（ruach）所降身的"神人"的接近，都是恐怖而又危险的，而且如前所见的，连瞥见他一眼都是致命的。对于耶和华极高度的特殊**神圣性**的概念，正如紧跟着鲍迪辛的研究而今广为一般人所接受的，原先全然是或在本质上是意味着，神的这种——由于一旦碰触或瞥见到神便有危险的结果——不可接近性和隔绝性，除非是在承受其接近上具有特殊的礼仪资格的人或物。此一重要性质，部分而言和我们后面会谈到的耶和华崇拜自古以来便无神像的特性有关，但首先是和我们现在要谈

1　耶和华身体的各部分，例如眼、耳、鼻、唇、手、臂、心、气等，部分是被指明，部分则被认定像前提一样存在。

的耶和华的本质及其示现的方式相关联。他类似印度的因陀罗[1]，因为就像后者一样，至少对以色列而言，他主要是而且尤其是个战神。一则古老的传述的异写本里称他为"战士"（《出埃及记》18:25, isch hamilchamah）。他是嗜血的，渴求敌人的血、不顺从者的血和牺牲的血。他的激情强烈到无以复加。发起怒来，便用烈火烧尽敌人，或让他们为大地所吞噬，或像米利暗的二行古老诗歌里所描述的埃及战车那样被翻倒进大海里，或让他们的战车像底波拉战役里的迦南人的战车一样卡在雨水暴涨的溪流里，然后以色列农民便得以肆行屠杀，就像后来十字军东征时代拉丁骑士在希腊本土曾经遭遇到的状况那样。在先知来说，他的愤怒与战斗力的可怕，是最突出的面目。不过，他的恩宠亦宏大如其愤怒，因为他的激情心性是反复无常的。他会懊悔善待人类，如果他们没有好好回报他的话，但又再度懊悔发了太大的怒气。后来的拉比传说甚至让他自己祈求：但愿自己的恩慈大于愤怒。他在暴风雨中亲临战场援助同盟军。并且毫不客气地施行诡诈欺骗来帮助己方，就像雅典娜援助奥德修斯那样。但是人们无从确定，即便是一点无心之过就足以招惹他大大生气，或者会被他的灵气里的哪一个神灵突如其来且毫无道理地袭击，并且遭到灭亡的威胁。耶和华的"灵"在前先知时代既不是伦理的力量，也不是宗教的持恒惯性，而毋宁是带有各式各样但总是且多半是可怕性格的一种激烈的、鬼神的、超人的力量。以色列诸部族里野性的卡理斯玛战争

1　因陀罗（Indra），吠陀神界中最受重视之神，其地位接近印度民族神。《黎俱吠陀》赞歌中，超过四分之一皆赞颂此神；为屠龙（乌里特那［Vritra］的勇士，喝苏摩神酒，举金刚杵退治恶魔，天地为之震动。此神之神格颇复杂；雷霆之神、战神等，大抵皆偏向勇武一面，而较缺乏道德（伦理）的层面。后为佛教所吸收，即帝释天，为佛教之护法神，忉利天（三十三天）之主。——译注

英雄，像参孙那样的狂战士，拿细耳人和狂迷的拿比，都知道自己是被这样的力量所附身，并且感觉自己就是他的扈从。所有的战争先知和女先知都是以耶和华之名登场；像耶路巴力（Jerubaal）那样取了其他神（巴力神）的名字者，也作为军事王侯而采用了一个新名（诸如基甸）。

耶和华也和因陀罗同样适合作战神，因为他和因陀罗一样，原本就是个**自然灾害**的神。地震（《撒母耳记上》14:15,《以赛亚书》2:12f.、29:6）、火山现象（《创世记》19:24,《出埃及记》19:11f.,《诗篇》46:6）、地下的火（《以赛亚书》30:27）与天上的火、从南方与东南方来的沙漠之风（《撒迦利亚书》9:14）以及大雷雨，都是伴随着耶和华出现的现象，而闪电在因陀罗如同在先知与诗篇里是他的弓箭。对巴勒斯坦而言，随东南风吹入迦南地所带来的虫害，尤其是蝗虫灾害，也是天灾之一。所以神用蝗虫来折磨其子民的敌人，派遣蜂群到阵前骚扰敌人，并且用蛇群来惩治他自己的人民。最后则是瘟疫（《何西阿书》13:14）。神降瘟疫于埃及人、非利士人和其他冒渎他神圣约柜的人（《撒母耳记上》4:8, 6:6、19）。耶路撒冷神殿的耶和华祭司的蛇杖或许正暗示着他先前作为瘟神的角色。因为，作为疾病之"主"，如同各地的情形一样，他也能够抵御疾病而为医治者。所有可怕的、命定的自然现象因此都是神的主宰范围：他集合了因陀罗与鲁特罗[1]的特性与一身。除了这种好战且自然神话的野蛮性格外，他在古老

---

1 鲁特罗（Rudra），印度吠陀之神，其色为褐色，着金色装饰，辫发，手持弓矢。怒时即以其武器所谓霹雳之矢普杀人畜，损伤草木，故为可畏之暴神。然此神亦非全然恶神，有治疗者（Jalasa-bhesaja）之称号。此外，尚有三母（Tryambaka）、兽主（Paśśupati）、杀者（Śarva）、大天（Mahādeva［摩诃提婆]）、荒神（Ugradeva）等称号，亦即后来湿婆神特有的名号。——译注

的传说里也已显示出作为降雨之主的友善特征。他清楚明白地向他的子民指出，以色列并不像埃及那样，农地收成乃是由灌溉所决定，换言之，收成是俗世君主的官僚行政及农民自身劳动的产物，在以色列，收成毋宁是取决于耶和华依其自由的恩典所赐的甘霖雨露。强风暴雨，特别是沙漠边缘的草原地带固有的大雷雨，便是他的杰作。雨水打一开始便将他与个人及其经济的相关利益连结在一起，并且促使一个富有恩慈的自然神与天神的特色后来不断加深渗透到他的形象里。尤其是，在周边文化国度及巴勒斯坦本身广布的最高天神观念的影响下，神的这种升华与理性化的形象往前推进成为明智的世界支配者。除此，我们将会看到，在以色列知识分子间发展出来的天意信仰（Vorsehungsglauben）也起了连带作用。不过，昔日耶和华固有的、可怕的灾害之神的特性却未曾自其形象当中消失过。这些特性在所有那些神话和受神话所影响的形象里——先知的话语即借这些神话与形象来赋予他无可比拟的崇高性——扮演了决定性的角色。耶和华所主导的自然事件与过程，直到俘囚期甚至俘囚期之后的时代，不外是此种力量的证明，**而不是**清明有理的秩序的证明。耶和华的性质之所以一直到俘囚期之后的时代都还被坚持认为是个可怕的自然**灾害**之神而不是个自然**秩序**之神，除了种种事件一般而言多与战争相关联之外，自有其纯粹历史的根源，亦即：这位神利用本身的这种（自然灾害的）力量于战场上，首先是对付埃及人，然后是在底波拉战役里对付迦南人，后来同样用来对付以色列的敌人。"耶洛因的战栗"（cherdath Elohim，《撒母耳记上》14:15），亦即借自然的干预，特别是地震、暴风雨（底波拉战役）所引起的敌人的恐慌，被归之于耶和华，而起因于火山活动的（埃及人的）这种恐慌，则导致了以色列之接纳耶和华。这一直没被忘记。

　　不过，实际上至关紧要的是，耶和华除了此一性格之外，至少对古代以色列而言，他还是而且一直都是个**社会团体的神**。这其中也有着独特的意味。我们必须如此认定，自摩西以来，他就是以色列誓约同盟的契约神（Bundesgott），并且相应于此一誓约同盟的目的，他根本就是个同盟战神（Bundeskriegsgott）。不过，他自有其独特的方式。他乃是通过誓约同盟的契约而成为战神。而且，此一契约的缔结必然不仅止于同盟成员相互之间而已，而是与他自身缔结，**因为**，他并不是居住在民众之中的神，一个熟悉的神，而是在此之前并不认识的神，一个"来自远方的神"。这就是此一契约关系的关键所在。耶和华是个选择的神。同盟的民众通过与他缔结契约而选择了他，就像他们后来通过契约而选立自己的王一样。反过来，他也是依其自由的决断而在其他诸民之中选择了自己的民。耶和华后来借由祭司的律法书与先知的神谕一再地训诫他的子民：出于自由恩典，他拣选了这个而非其他任何人民来做他的子民，并且赐予他们其他人民所未有的应许，而为此也接受了他们对他的承诺。因此，同盟民众本身一旦立下契约，那么，耶和华，这个神，便是在观念上的契约当事人。所以，对此神圣规约的任何违犯，就不止是违犯了他所保证的秩序——就像其他的神也会维护其所保证的秩序一样——而同时也是对他本身的背叛，背离了最为庄严的契约义务。举凡不接受同盟军的征召者，不仅是背弃了誓约同盟，而且是背弃了耶和华本身：那些人"不来帮助耶和华"（《士师记》5:23）。同盟军被称为"耶洛因的百姓"（'am haelohim）（《士师记》20:1f.）。

以此方式，耶和华不止成为同盟战神，也成为通过契约而确立的同盟法——尤其是社会法规下的秩序——的契约当事人。由于同盟本身首先就是个毫无国家组织而由诸部族所组成的团体，新法规的成立，不管是关于祭礼的或法律的，原则上一如原初的同盟那样，别无他法而唯有通过基于神谕的新协议（berith）才行。因此所有这些法规全都奠定于同一基础上，一如存在于神与其子民之间的古老契约关系那样。就国家法而言，王国时代之前的"契约"（berith），绝非仅止于理论建构而已。就其于宗教观念而言，同样也是如此。在《耶利米书》里（2:5），耶和华问道："你们的列祖见我有什么不义的吗？"而另一方面，耶利米也提醒他（14:21），不要背弃与以色列所立的约。

这个被认为是契约当事人的以色列誓约同盟神，既不可光是被视为任何自然现象或社会制度的功能神，也不可被视为像东方城市尽所皆知的那样一种地方神。他不止是个"土地"神。其实，以色列誓约同盟军的**人群**共同体必须被理解为他的子民，是通过共同持守契约而与他结合在一起的人民。这正是传说的真正古典见解。将神圣性移转到政治领地上而使之成为"圣地"，是后来才有的观念，或许是以异质性的神观——部分源于巴力崇拜，部分源于将耶和华地域化为王居所在的神——为媒介所形成的观念。此一圣地的观念最初是在王国时代一则年代未明的有关大卫的传说里得到证实，后来也在北方王国关于以利沙令乃缦改宗的记事里得到确认（《列王纪下》5:8f.）。

作为同盟秩序的保证人，耶和华维护其道德与习俗。凡是以色列"未曾听说"的事，也是他所憎恶的。然而，相应于其原初的性格，耶和华并不是像婆楼那[1]或类似的神祇那样来守护同盟法律与习俗，换言之，他并不是无可变更的既有秩序——法律秩序或在固定判准衡量下的"正义"——的传统神圣性的守护者。相反的，以色列的这个实定法是借着与耶和华的积极契约而创造出来的；这个法并非既存永存的，而是可能经由新的启示和与神的新订契约而再度改变。并不是自保罗才开始，而是某些先知（耶利米、以西结）已经（尽管只是有时候）这么相信：神将某些法规有如重轭或惩罚加在人民身上，正如同民俗神话里加在亚当身上的劳苦与死亡。（以色列的）法并非永恒的如中国人的道（Tao）或印度人的法（Dharma），而是由耶和华热切地监视着是否被遵行的一种实定的神圣法规。神的法典后来才时而被申命记学派的伦理理性主义称为"永恒的"（《申命记》4:2），并且称颂神的公正秩序原本就具足伦理的完美性（4:8），这是其他人民绝未享有的。只不过这种时而出现的说教性论证并未涵盖法律的"契约"性格所不可避免产生的典型态度。神的举措掌握在自己手里，说变就变。尽管神也会因契约而受到束缚，但那也是出于他自己的自由决断。永恒的秩序是直到**祭司**的编纂之后才为人所知，而且几乎全都是**祭礼上的**规范或牵涉到俘囚时期跃居祭祀垄断的亚伦族人的权利的规范，正因为这些规范是变革更新的，所以才被激昂地附加上这样的表现：永恒的法规（chuqqath ʿolam）——《出埃及记》

1　婆楼那（Varuna），吠陀神界之司法神，极受敬畏。此神原本具有极大的能力，在自然界支持天、空、地，司四时昼夜之运行；在人间则总裁祭事，维持道德。代表古代印度民族最高的道德理想，亦即普遍的道德律，遵奉者有赏，背叛者则受罚。不过，随时代变化，其地位渐次低落，先为夜神，再转为水神（《阿闼婆吠陀》），《摩诃婆罗多》史诗中即以水神的身份出现。后为佛教的密宗所吸收，称为水天，密教十二天之一，护世八方天之一，为西方之守护神，乃龙族之王。——译注

27:21，《利未记》3:17、16:31、23:14、31:41，《申命记》12:1，是关于祭礼的规范；《利未记》7:37、24:3，《民数记》18:23，是关于俘囚期以来的祭司法法规；《创世记》9:16 里的 berith 'olam（永远的契约）则是挪亚契约的神学建构。唯一的一个世俗性的"永恒的"法规，亦即以色列与格耳林姆（寄居者）永远都享有同等的权利的规定，同样也是俘囚时期由祭司所创造的变革。人们正可以从"永恒的"这个词的使用里，得知哪些是更新的规定。以色列古代文学里从来未曾主张，除此别无其他社会秩序，**由于**其内在的完美性，**本身**是永远不可变更的，因此也是耶和华所守护的。最具特征性的是，当约伯要求神解答人的存在里的秩序之不公义时，神在雷雨中现身，一句不提他安顿人类关系之秩序的智能——诸如儒教所认为理所当然的那样，而是彻头彻尾地只辨证其于自然发生的事情里的崇高力量与无上伟大。直到早期基督教的自然法学说形成的时代为止，此一取决于历史的神的特质持续发挥着巨大的影响力。

打一开始，耶和华便具有某些超越以色列立场的特色，换言之，在关于耶和华的观念里存在着某些普世性的特质，更贴切地说，这些特质毋宁是存在于——基于纯粹历史缘由——以色列誓约同盟与这个神的独特关系里。最近争论不休的问题是，古老的耶和华观念里具支配性的，到底是单神崇拜（单只崇拜众多神祇当中的一个）[1]，或是单一神教（Henotheismus，实际地认为现今呼求的

---

1 所谓"单神崇拜"（Monolatrie），是指某一社会集团（部族、民族、城市等）虽承认其他神的存在，而只与特定的一个神有关系，并且永远地以此神的崇拜为集团内唯一的一种信仰。就其承认他神的存在这点而言，虽与一神教相异，但对其他神祇的极度不宽容与排他性，实为其特性。单神崇拜可于古代以色列宗教在向明确的一神教转移以前的阶段中看到。——译注

神是唯一强而有力的），还是一神教（Monotheismus，原则上唯一的神）。这样的提问方式或许根本就是错的。对于耶和华的看法不仅随时代而改变，即使同一时代也依不同的社会族群而各有不同。战士清楚知道，他所呼求的神就是**他的**神，所以敌人的神是另一个：《士师记》（11:24）的耶弗他故事里和《列王纪》的摩押战役故事里（《列王纪下》3:1f.），就是这么看待耶和华与基抹[1]。对于君王与城居的阶层而言，尤其是神殿祭司和城市贵族阶层，不过也包括城市里的信仰群众，很清楚的：神是居住在城市神殿里的地方神，其他地方还有其他的神；自己的神随着城市的存在而兴衰起落；凡是必须离开城市（或城市管辖地区）者无法再服侍自己的神，而必须信奉其他的神（就像大卫，《撒母耳记上》26:19）；反之，从外地来的人最好信奉当地的神，以免他愤而报复（就像耶和华对撒玛利亚的亚述殖民者所做的，《列王纪下》17:25—6）。这是城居文化的产物。对一个神殿城市尤其是耶路撒冷的以色列人而言，耶和华就住在神殿里。自古以来耶和华的约柜自然而然地有助于这种地方化。传统的仪式显示出，战地里的战士认为耶和华便居身于这个营地神龛里。

　　当然，半游牧的畜牧部族的立场完全是另一回事。受其影响的传说理所当然地认为，即使在外地，神都与以色列人同在（《创世记》28:20）。他们很清楚知道，耶和华也受到非以色列部族的崇拜，而且在传说的种种故事当中已前提预设，不止是拉班（因为他总算是个亲戚，《创世记》24:50、31:49），即使是对拉基耳的亚比米勒而言（《创世记》20:11、21:23），神与以色列人同在如同自

1　基抹看来也是许多部族共同崇奉的神。

明之理。在约瑟传奇里（《创世记》41:39）可以循线觅得四海为家的经商民族，诸如希腊人和晚期罗马人，典型所见的想法，亦即天真地将特定的异邦神祇与自己的神等同起来，就像俘囚期之后的犹太教里所发现的尼布甲尼撒的神和波斯王的神那样（见《但以理书》）。不过，整体而言，这样的思考方式是古代以色列所没有的，因为耶和华是通过契约而成为**他们的神**。根据原初的看法，至少耶和华不可能像守护以色列那样地成为外国君主的贴身守护神，譬如马杜克或阿呼拉·玛兹达[1]。古代的职业性耶和华先知，拿比与先见，显然并未确信耶和华是唯一的神，或者他们的神就只专属于以色列。这些先知在某种程度上有着国际性的顾客来往关系，而以利沙传说至少在某处便前提预设了西顿的寡妇也接受到耶和华的命令（《列王纪上》17:9）。除此而外，他们的神虽非唯一

1　马杜克（Marduk），巴比伦王汉谟拉比（Hammurabi）的王都巴比伦城的守护神。例如在《汉谟拉比法典》的序文里即有这样的记载："巴比伦的守护神马杜克（Marduk），从天的最高神阿努（Anu）与恩利尔（En Lil）二大神那儿，取得作为天地之主与决定国之命运的恩利尔神的地位，以此，马杜克使巴比伦称霸世界，并将其基础牢牢地盘固于天神身上，朕，汉谟拉比，受到阿努与恩利尔呼唤，出来为国伸张正义、扫除邪恶，使强者不得凌虐弱者，负有照料太阳神夏马休之子民的使命。"马杜克在闪语中是"光辉的（宇宙的）山之子"的意思。在巴比伦成为中东一带政治、文化中心之后，马杜克神即成为其他各神之上的主神，并吸取众神的性格而具备了许多权能。在天地创造神话中，他杀死了黑暗与混沌之神而成为万神之主，造作出新的世界秩序。一如埃及的阿蒙·雷神，巴比伦在第一王朝之后，主神马杜克与另一主神恩利尔（闪族人称之为 Bel）合为一体，成为主神贝尔·马杜克（Bel-Marduk）。贝尔神与后来的巴力神（Baal），亦即圣经中提到的"巴力崇拜"，有千丝万缕的关系。

　　阿呼拉·玛兹达（Ahura Mazda），祆教的主神。ahura 是"主神"之意。mazda 则意指"贤明光亮"。象征光明与火。根据祆教圣典 Avesta 中的偈颂指出，世界之初有代表善恶两原理的两个神存在，亦即光明、生命、清净之神阿呼拉·玛兹达，与黑暗、死、不净之神 Daeva，此善恶两神的斗争构成了宇宙的历史。不过，此战最终是由善神阿呼拉·玛兹达获胜，这时包含天上与地上的"神的王国"、"善的王国"建立起来，信奉者会被送往那儿与善神共度永远净福的生活。——译注

的，但当然是最强的一个，其他的神终归"算不了什么"。这也是古老的耶和华信仰的战士传说所能接受的（《约书亚记》2:9）。对此一传说而言，要紧的是以色列由于契约所拥有的特殊地位；确信不移的是，别人尽管也崇拜耶和华，以色列却受到他特殊的庇护；耶和华并非外邦异族的敌人——直到王国时代的福祉预言先知的民族狂热和俘囚期之后的祭司的宗教狂热，才偶尔发出相近的见解——但唯独以色列对他而言是重要的。这和任何时代的任何地方神或地方圣者或任何地方化的圣母所受到的期待并无二致，只不过，在耶和华而言，导致相似结果的这种见地，起初**并不是**源于神的地方化，而是源于一种（相对而言的）普世主义以及其与以色列立定的特殊契约。

　　种种不同的看法比肩并行，而其中的逻辑矛盾性通常不会被感受到。总之，我们必须提醒自己别总认为比较"歧异分立的"神观必然就是较古老的神观。在某种程度和意义上，恰好相反，而就耶和华而言，无可避免的正是如此。在带有韵律的古老的神的话语里（《出埃及记》19:5），在宣告即将使以色列成为其属民的契约缔结内容之前，耶和华直截了当地自称为"全世界之主"。此一观点，与其他观点并置，甚至早就见诸前先知时代。在此意义上的"普世性"的确也出现在其他民族的神身上，尤其是世界帝国首都的大君主的神。在埃及，阿蒙神在拉美西斯时代后期的祭司阶层支配下，宣称拥有施行救赎的普世力量[1]。以色列诸王的顾

1　文·阿蒙（Wen Amon，根据 Breastead, *Records*, IV, S. 80）向巴比伦王（他正走失了法老所送来的银货）宣告说：法老无法做到阿蒙神所能做到的事（正因此他不会馈赠任何物质性的礼物），也就是给予他长生与康健（当然，这与古王国的宫廷风格不相符）。所以巴比伦王也"属于"阿蒙，他会给顺从他的任何人带来救赎。

问与宫廷先知在回想大卫王朝之际，也被耶和华如此告知[1]。不过，就历史而言，耶和华独特的（相对而言的）普世性并非奠定在这样的基础上，而是奠定在接纳他的这个事实上。早在以色列向他奉献牺牲**之前**，耶和华业已存在——以有别于其他神的方式存在，并证明了自己的实力。这造成了诸多重要的**祭礼上**的后果。即使耶和华乐于享用牺牲而因此被认为这是赢得其眷顾的适切手段，但是在其他地方往往浮现出来的观念——神的存在是仰赖牺牲的供奉——却难以发生在耶和华崇拜上[2]。耶和华的宝座是在遥远的山顶上，并不需要牺牲，尽管他也乐于享用。此外，必须注意的是，在王国时代之前的和平时期里，根本**没有什么政治当局或教权制当局存在**而**得以**以誓约同盟之名来**供奉牺牲**。这样的事我们一无所知，而且也不太可能存在。因此，正是在古代，牺牲在与耶和华的关系上，**无法**获得其于其他地方所能获得的意义。以此，先知们后来所强调的是再正确不过的：不止在旷野时代，而是一般连同以色列誓约同盟时代，人们是不用供奉牺牲的方式来侍奉神的。誓约同盟的民众得以与神一再不断接触的特殊形式就是契约（berith），所以履行神的契约成圣的**命令**，被认为至少是和奉献牺牲——不论是个人时而有之的奉献或是后来诸王和神殿祭司的奉

（接上页注）阿蒙神（Amon）为古埃及的主神（亦称 Amen），原为"隐身者"之意。他原来只不过是底比斯的地方神，当第十二王朝兴起于底比斯，最终统一了全埃及之后，阿蒙神崇拜即扩展到全埃及，而占有国家之最高神的地位。其后此神与太阳神雷（Ra）融合，而被称为阿蒙·雷（Amon-Ra）。到了十八王朝时，阿蒙神在艾克阿顿（前14世纪）的宗教改革下被阿顿神所取代，不过此一改革在他死后即宣告终结。——译注

1　关于周遭世界（特别是美索不达米亚）的诸神形色与耶和华的不同之处，参见 Hehn 的精彩论著：*Die biblische und die babylonische Gottesidee*, Leipzig, 1913。

2　在埃及，与此对反的，神祇需求人们奉献牺牲来供养，就像死者的亡灵那样（v. Bissing, *SMAW*, 1911, Nr. 6）。

献——同等重要，甚或严格说来更加重要，而此种见解也是部分
纯正的耶和华崇拜者所一再主张的[1]。王国时代后期，以色列总是有
这么一个圈子存在——包括那些最为有力的记述先知在内，譬如
阿摩司和耶利米——他们令此种状态的记忆保持鲜活，并且使得
一切牺牲燔祭之于耶和华如同可有可无。可以理解的是，最少在
固定的圣所定居者，亦即小牲畜饲育者，也是最为忠于此种想法
者。显而易见的，严谨遵守他所独具的礼拜仪式，并且外加服从
他的启示，正是这个强势的天上军王所真正要求的。此一影响深
远的观点——又是由于政治——最初无疑便一直活现于那些古老
传说的最热切守护者之间。无论耶和华原先加在战士同盟身上的
伦理命令有多么原始和野蛮（如今再也无法确定），在上述的那种
意味下，他无可避免地是个远比其他神祇更加"心切的"神，极
为在意特定**命令**——仪式与社会伦理的日常规范——的履行。要
注意，他不是个守护永远妥当的伦理的神，也不是个可以用伦理
准绳来衡量的神。那样一种想法是后来才慢慢浮现出来的、知识
分子的理性主义的产物。不是的，他行事有如君王，既暴怒又激动，
如果因契约而欠负于他的义务没有被履行的话。就像被选出的支
配者所要求于其子民的，重要的是恪尽本分，履行没有半分虚拟
的责任义务，至于这些义务的绝对伦理价值，人们根本不加细思，
并且也无从探究。那是"在以色列未曾听闻的"，而通过契约所正
面确定的，便是当为当行的内容。神之珍视其实现，至少如同牺
牲燔祭，依据早已广为流传的观点，甚至更为珍视。古早的传说

1　对于这一整个关联，特别可以参照 Budd 关于古代以色列宗教的一系列演讲。他对于以
　色列宗教的伦理特色乃取决于神作为选择的神的特色有着最敏锐的观察与强调。

里已提到他大发怒气，并不只为仪礼上的过失，而且也为了伦理上的违犯。作为自明之理而设为前提的是，誓约同盟可以基于重大违犯伦理义务的缘由——因为这样的事"在以色列没有行过也没有见过"（《士师记》19:30）——而对同盟成员发动圣战。不过，誓约同盟基于此等理由而出面干涉的基础，亦即古代以色列的同盟法之所以具有如此特殊强烈的伦理取向的根源，在于同盟成员对于任何个人的犯罪负有宗教的**连带责任**。全体要为知或不知地包藏在他们之中的任何犯罪负起责任的这个前提，极其重要且带来深远后果，就像至今为止在所有的国际关系上得以动用报复权一样，这在譬如以色列这样一个民族——以**自由人民所组成的一个团体**来面对自己的神——的宗教信仰里也是理所当然的。个人要为其先祖和近亲族人的罪负责任的思想，在巴比伦的诗歌里可以发现到，然而，整个民族要为所有个人负起连带责任的想法——所有的先知灾祸预言的前提——在一个纯粹官僚体制的国家里自然是理念上无以发展开来的。因此，政治结构在此也扮演了决定性的角色。就像国民相互间负有连带责任，子孙也为其久远年代前的祖先所犯的罪过负有连带责任。血仇的情形与此完全相同，所以一点也不稀奇。随着血仇的式微，连带责任的思想有了变化。《申命记》的思辨看出，为他人的罪背负连带责任的这两种形式，亦即为同胞与为祖先，是件冷酷无情的事，然而却无法真正去除这种想法。对以色列而言，这是与神本身的契约关系所造成的结果。

这个神作为通过特殊契约行为而被接纳的同盟战神与同盟法的保证人的性质，也说明了他的另一种具有重大意义的独特性，亦即，不管再怎么基于神人同形同性的观点，他是而且一直都是**既未娶妻**因而也未生子的。即使是《创世记》第6章里的"耶洛因之子"（bne Elohim），也绝非"耶和华之子"（bne Jahwe）。就其地位的特质而言，根本不会有娶妻以使其性质完整的问题。他之所以无须此种补足，正如同时而所见的某些保障社会秩序的功能神（例如婆楼那和阿波罗）及自外传入的神祇（例如狄俄倪索斯[1]）也无妻室的情形那样，其理如出一辙。就耶和华而言，此种情形却在根本上极为有助于其一开始就显现出多少不同于其他神祇的独特性及其更加与此世界远离的特质，尤其是，如我们后面会看到的，摒除了纯正的神话建构——总是以"神的系谱"（Theogonie）的方式呈现。此一相当重要的独特性可能也是取决于其祭典的形成之时的政治特殊状态。

如先前所见的，这个同盟战神比起其他神都高高在上的这些特征，绝不至于必然导引出排他性地唯其为神的要求来。我们已谈论过他与其他民族的神处于何种外在关系上：耶弗他完全理所当然地承认亚扪人与后来也是摩押人的神基抹的存在与能力。即使到了亚哈治下，这样的想法也没有任何改变：摩押王寄望借着奉献他自己的儿子为牺牲，而使得基抹强大到其怒气足以压倒以色列和以色列的神。不过，在此重要的是，神的排他性事实上即使对内也不成立。就草原地区的半贝都因人而言，誓约同盟的伟

1　狄俄倪索斯（Dionysos）原来是希腊北方色雷斯的神，主掌植物与动物的生命，被称为巴卡（Bakchos，英文Bacchus）。大约是从潜藏于植物与动物的神秘的生命力与生殖力被神格化而来的，于公元前8世纪（一说公元前15世纪）传到希腊，而被认为是与葡萄树相结合的酒神。酒神崇拜在希腊是以一种密仪宗教进行，对此神的信仰主要为女性，传说在早春举行的祭典里，陶醉的信女集结在一起，手持火把并挥动着常春藤头饰木杖，在夜半的山野间乱舞，将出现的野兽裂为八块而食之，确信这样便可承接酒神的生命。雅典的僭主佩西斯特拉图斯（Peisistratus，前600—前527）保护此一祭典，并奖励悲剧与喜剧的新作于卫城（Acropolis）南麓的狄俄倪索斯剧场中演出，狄俄倪索斯以此亦成为戏剧之神。——译注

大战神极有可能打一开始就被认为是唯一重要的神。此种单神崇拜可以很简单地从以下事实得到解释，亦即：在他们那儿，因功能神而产生的**分殊化的文化并不存在**，并且政治共同体对他们而言，别无其他，仅仅只是用来对外军事保护与征服牧草地而已。所以可能打一开始这些半游牧的部族，尤其是南方部族，就是耶和华在单神崇拜意味下的"唯一性"的代表人。并且以此为起点，此一观点便转嫁到耶和华自始便特有的功能的职业性代表人物身上，亦即：**战争预言者**（战争先知）。最早提到以色列被指责崇拜"新神"的古老文献，是底波拉之歌（《士师记》5:8）。针对城市贵族、迦南人以及非利士人的所有战争都是以耶和华之名发动的，而很可以理解的，每当这样的时候，便会浮现如此想法：单只信奉那应许在战场上帮助他们的神，乃是以色列人的一种契约义务。在解放战争里的所有非俗世的而是先知型的——男的或女的——领袖，都是或因战争而变成是所有其他神祇的敌人。除此之外，对于定居的以色列人而言，再肯定不过的是，他们除了耶和华，还拥有其他的神。起初，这完全是正当的。拥有其他的神只不过意味着还有其他并未奉献给耶和华的祭礼存在而已，撇开那些传入的外邦神灵不谈，这样的存在即使是圣经经由祭司来编纂也无法抹杀的[1]。

---

1 Eerdman（den Altestamentliche Studien）坚决强调，《旧约》的某些部分根本不认识耶和华，并且特别是多神教的。对此的反驳，参见 Steuernagel, der Theologische Rundschau, 1908, S. 232f.。

第十二章

非耶和华的崇拜

首先，传说里提到各种氏族的祭祀和家内神坛。大卫为其未出席扫罗的牺牲祭典所提出的辩解，是他得参加自己氏族的祭典，这样一种祭典是耶和华的祭祀体例所完全不知的。再者，不只拉班，而是以色列的任何一个完全的氏族成员都有自己的家内神龛和家庭守护神（根据契约之书里关于世袭奴隶制仪式的规定，以及根据大卫逃离自己的家的相关故事）。这些"家神"（Teraphim）到底是什么，是否可能就是氏族长或家长在狂迷的模仿舞蹈时所穿戴的面具或人偶，就史料的状态而言或许无法加以确定，而此处也无意探究。不过，从他们自改编过的传说版本中失去踪影的方式看来，证明了他们与某种（相当不可能的）"家内的耶和华崇拜"一点关系也没有，而且恐怕和氏族祭典也同样不相干。详细情形当然都还无法确定。

同样的，人们也在另一个重要的问题上处于既无法决定又争论不休的状态，亦即：死者崇拜是否曾流行于古代以色列，而盛行的又是怎样的一种死者崇拜，以及后来其完全销声匿迹同氏族在社会与祭祀上的意义的退减有着多大的关联。

　　史塔德与史瓦利认为以色列原来就有祖先崇拜的才华洋溢的构想，终究抵挡不住特别是葛林奈森（Grüneisen）的彻底批判。无论如何，死者的灵魂在古巴勒斯坦的巫术里似乎曾经是一种相当受瞩目的力量。只是到后来这种力量却成为一种挺奇怪的存在。和其他许多的观念一样，以色列观点下的"灵魂"并不必然就是个单一体，而且和埃及的想法共通的是，至少国王被认为有着多个灵魂。不过古早时代的埃及思辨里已具优势的"卡"（ka）的统一性概念，并未为以色列所接受，而且好像也未发挥任何影响。后来的见解，也就是融合了各式各样古代以色列所固有的和一些或许是接纳来的想法后所产生的见解，把人区分为三个部分：（1）身体（basar）；（2）灵魂（nefesch），在血液里 [1]，是日常感受、"个体"（换成我们现在的说法的话）以及一切日常生命现象的载体；（3）"灵气"，"生命气息"（ruach）。灵气是耶和华吹进人体的神的呼气，借着这样的呼气才会使得全然无力的或者仅如植物般的身体变成活生生的人。譬如通过他以西结在幻象中的魔咒，耶和华让"四方来的风"吹起气息而使得遍布于以色列的枯骨复活。不止如此，灵气还是一种神力，相当于"mana"和"orenda"，表现为在英雄、先知和艺匠身上超日常成就的卡理斯玛，或者反过来表现为极度激情和非日常性状态的恶魔附身。灵魂与灵气在史料里并非总是一清二楚地区分开来。出现在后来改编过的创世历史里的二元论（《创世记》1），生的神气（神的"吹气"）与死的混沌的二元论，是经由知识分子的思辨而从腓尼基的思想那里接纳过来的，并使得灵气—肉体二元论的观念成为可能。这恰巧迎面碰上

1　智性位于心脏，感情在肾脏。

祭司反对死者崇拜的敌对倾向。按照后来的想法，灵气在本质上与风是一样的，随着最后一口呼吸而复归天上，个体消亡，个别灵魂的死者世界终归是子虚乌有。这一点都不符合古代的民间信仰。关于灵魂的命运，古人的想法尽管莫衷一是，但显然总认为灵魂是继续存在的。耶利米一度出现古埃及原先也有的见解：灵魂停留在坟墓里。但这关系到的是个女性主角（拉甲），而此种观念的缘由无疑是，有个古老的墓冢崇拜存在。反之，氏族成员的"先祖天庭"的观念似乎无法证实。某些高贵门阀的氏族坟冢是有的，譬如时代稍后的马喀比一族，根据祭司传说，远古族长的坟墓也是有的。这唯有在定居的部族间才有可能。"被集合到其祖先那儿"，这个可能是古代的用语，总之毋宁是意指和氏族成员埋葬在一起，而不是指集合到一个特别的祖先的天庭，尤其是当此一用语替换成"被集合到他的民（'am）那儿"时，所指的很可能就是氏族成员或战友。战士天堂的想法同样也无法得到历史的证实。在一般的民俗信仰里，耶和华夺去特别蒙受其恩宠的宗教英雄后，他们仍继续存活于其天上的军团里，换言之（在某个观念里就像埃及那样），存活在耀眼的星军里，或者可能是存活在耶和华的天上会议里，不过，正确的见解恐怕是：他让他们安然消逝于其臂弯里，像摩西那样。至于其他人的灵魂则如冥府（Scheol）里的暗影存在。和埃及不一样的是，根本没有与此区分开来的、受恩宠者幸福生存的一个地方，也没有任何重生的机会开放。所有死者的幽灵，如同希腊人的见解，毋宁是"涣散的"（rephaim），然而并不因此而为无害的。用石头击杀被恶灵或咒语驱使下的灵附身的人或动物，目的无疑是在于彻底封锁其不安亡魂的去路，以免在地上到处作祟。虽然打从类似点出发，埃及发展出"卡"的理论[1]，然而以色列关于"灵魂"的观点却始终充满矛盾。后来的申命记宗派和祭司之所以不时地要求不食带血肉类的严格祭仪禁令，是他们认为即使动物的（附着在血里的）灵魂也不能为人类所食，要不然就会招来恶魔或被附身。然而，关于人与动物的灵魂的命运，却未发展出什么理论来。在冥府里，灵魂不过是像生者的影像般活着，因为它既无血也无气息。即使根据诗篇的表现，人们一点也无法获知耶和华在那儿的任何作为，也无从赞美他：记忆已化为乌有。一如阿基里斯（Achilles），人们期望尽可能久久长长地不要落入这样的命运，并且感觉这种存在不要像是"在彼岸的生命延续"[2]。再者，从地府崇拜发展而来的死者审判——这是在埃及伦理备受祭司影响的基础所在——那样的"彼世报应"的思想，在以色列全然不存在。后来的先知仅仅开始有些恶人下到地狱里的构想，不过，如同希腊人和巴比伦人，此种构想并没有得到进一步发展。所有这些想法的模糊性格可以简单地从以下得到解释，亦即：冥府与灵魂乃是军队和民间信仰的古老构成要素，而耶和

1　在埃及，卡是"生命力"，亦即"灵魂"，同时也是灵魂继续存在所需的给养。就其进入死者国度这点而言，卡 (ka) 相当于灵魂 (nephesch)。参见 v. Bissing, *SMAW*, 1911, Nr. 6。

2　参见 Homer, *The Odyssey*, Book XI, p. 489。

　　按：荷马史诗《奥德赛》第 11 章记载尤里西斯入冥间访预言人而与诸鬼魂问答。当他见到特洛伊之战第一勇士阿基里斯的鬼魂时，即安慰他："你死后又领导群魂，所以你纵辞人世，毋用悲辛。"阿基里斯答道：

> 显赫的尤里西斯，你听！
> 你休要把死后光荣来慰藉我阴魂。
> 我纵然做得冥君，
> 能使地府幽灵都听命，
> 也毋宁在阳世做个佣人，
> 即教我事一寒微之主也甘心。

　　　　　　　　　　　　　　　　　（傅东华译，《奥德赛》，第 11 章）——译注

华信仰的担纲者在此则将两者同样丢置于一旁，绝不**愿意**接受"灵魂"在彼世的继续存在 [1]。反之，他们所采用的是"灵气"的概念，此一概念起初恐怕是从战士禁欲的泛灵论的复活观念那儿接收过来，然后和神的世界气息亦即耶和华的风连结起来 [2]。对他们而言，存活下来的而且将继续留存下去的，完全是另类的东西，例如英雄长存于战友与子孙里的**令名** [3]。如我们所见的，对于名声的高度评价，是典型的贝都因特色。不过在埃及也是如此。在以色列，如同在埃及，人们的想法是：任何名字，人名也好物名也罢，莫非是本质的、实在的。耶和华将把恶人的"名"从他的"书"上抹除，就是一种恶人被威胁永远磨灭的表现（《出埃及记》32:32—3f.）。个人的卡理斯玛与战争英雄的名誉之重要性，与高贵氏族在取名和编排领导氏族组织之际以名祖（Eponymos）为其祖先的关联，恐怕也起了强化这个观念的作用。一个人的名字若在生平里显然是受到神的祝福，可能就成为一个"祝语"，而为其后代子孙所使用。你的名字也将如此，这是亚伯拉罕从耶和华那儿所得到的最高应许。因为，在后来改编过的物语里（《创世记》18:18、22:18、26:4、28:14），唯一古老的（耶和华信仰者的）版本里记载着，亚伯拉罕的名"将成为祝福"，将来"地上的万族都将因你的名而得福"（《创世记》12:2—3）。这不过是意味着：亚伯拉罕自己和他的所有都将过着世所周知的幸福生活，丝毫没有"弥赛亚的"

---

1 换言之，后来的三分法（Trichotomie，将人类三分为精神、肉体与灵魂）可能是从两种二分法的观念融合而来的。Kautzsch 即使坚决反对三分法，也不得不承认后来此种分法的存在是个既成的事实。

2 尽管耶和华以其"灵魂"起誓。

3 Giesebrecht, *Die altestamentliche Schätzung des Gottesnamens und ihre religionsgeschichtlichen Grundlage*, Königsberg, 1901.

意涵。为了这个珍而重之的名不会湮灭于以色列，人们渴望子子孙孙孳生繁盛（《申命记》25:6、7、10，《路得记》4:5、10，《撒母耳记上》14:22，《撒母耳记下》14:7）[1]。这绝不是像其他地方那样，是为了死者的灵前供奉[2]，尽管这也存在。不过，至少就我们手边可得的史料而言，没有任何一处暗示说，牺牲供奉对于死者的命运或供奉者本身的命运是特别重要的[3]。此种沉默，和人们可能如此相信的祭司有意识地对抗坚持祖先崇拜的**氏族**既有势力的斗争，至少原先并不相干。到了后来的时代，如同一再显示出来的，祭司宗教与氏族势力反向操作的对立，盖无疑问，虽然如此，这在本质上是潜在的，而且总之并不是耶和华崇拜对死者崇拜采取完全异质性敌对态度的出发点，因为氏族势力尽管常常但并不必然或总是与死者崇拜走在一起。在埃及，死者崇拜强烈盛行到无处

1　当约伯坚定自己的信念说"他的血债复仇者活着"，他的意思是耶和华将会再度恢复他因朋友的怀疑而受到伤害的**名声**。第三以赛亚（56:4—5），与基于反对宫廷宦官的立场而来的古老禁令相反的，准许宦官加入教团，并且许诺他们比有儿有女"更美好的**名声**"，如果他们履行神的命令的话。

2　同样在埃及，必须存活的是**名字**，而不是死者的子孙。对有钱人而言，祭祀并不是子孙的义务，而是被献上俸禄的死者祭司所负有的义务。不过名字的继续存在决定于灵魂于彼世的继续存在。正是此种在以色列和在埃及都重视名字的观念的这层紧密关系，强烈地映照出以色列之拒斥一切彼世的期待与死者崇拜。根据（大英博物馆所收藏的）一则碑文所载，普塔（Ptah）降惩罚（瞎眼）于滥用其名者，正如同以色列之严禁滥用耶和华之**名**（Erman, *SBAW*, 1911, p. 1098f.）。

3　迈尔经常表示，灵前的供物并不是因为死者（对现世）的力量之故才被奉上的，而是反之，假设死者若无供奉则支撑不下去。这是个片面的见解。一般而言，相当正确的是，无论神祇或死者灵魂都**需要**牺牲供奉（正如荷马的冥府里的影子们需要血食一样）。就埃及而言，即使是古王国时代的碑文也已提到死者的力量。死者会对伤及其福祉者施加报复，对献上祷告与牺牲者报以美言于大神或承诺其他的祝福。中国的整个祖先崇拜，尤其是其中意义已全然被忘怀了的丧葬礼仪，也是以死者灵魂的力量为前提。因此力量关系是相互的：死者需要牺牲供奉，而他也如同神祇具有力量报偿或报复牺牲之有无。绝对可以肯定的不过是："祖先崇拜"本身绝非宗教的普世性究竟阶段。这也就是为什么，如埃及所显示的，**死者**崇拜与**祖先**崇拜绝不必然要凑合在一起。

足以比拟的程度，但绝未导致与巫术或祭祀相互结合起来的氏族团体的形成 [1]，这样的氏族团体在那儿毋宁是几乎所有其他地方所未曾见地彻底付之阙如，因为赋役国家的家产制官僚体制早在死者崇拜达到其超越一切的最后极致形态之前就已打垮了氏族的意义。另一方面，古代以色列曾有过的显着发展的氏族组织，并不容许带有中国或印度特色的真正祖先崇拜出现，也不容许带有埃及印记的死者崇拜产生。当然，死者崇拜很容易从家族长的家族祭司地位和氏族祭典里发展出来，而且一旦形成，便会大大提升氏族的力量及其祭礼上的威信，从而成为纯粹耶和华信仰之普及的重大障碍。（犹太人的）客族组织可能因而导向种姓的形成。就此而言，意义不可谓不重大的是，耶和华信仰显然打一开始就对**死者崇拜或祖先崇拜**的形成抱持**拒斥**对立的态势 [2]，因为形成这些崇拜的典型端倪似乎业已存在。祭拜某些真实的或据称的部族英雄的事虽然无法确定，但关于他们的墓地的故事却似乎是有祭祀这回事，当然后来的祭司编纂相当刻意地加以另外一番解释。比起外典的《托比传》里对死者虔敬的高度评价——或许是受到波斯的影响——更能彰显出业已步上死者崇拜之路的，是《申命记》(26:14) 里提到的灵前献牲与服丧习惯以及死者神谕的遗记。然而比起所有这些蛛丝马迹都远远更能说明死者崇拜之存在的，不外

1　根据墓上碑文所载，甚至古王国时代的死者早就不是诉求于其子孙，而是转向任何为了祈祷或献牲而靠近坟墓的人，并且对那些顺服他的人承诺为他们说项。不过，死者的祭祀是因祭司俸禄而得到保证，而不是基于子孙的宗教义务。

2　对于埃及死者崇拜的拒斥绝不是由于部族的异质性，也不是由于生活条件的差异。同样是不同部族的利比亚的贝都因人就照章全收了埃及人的死者崇拜仪式（参见 Breastead, *Records*, IV, 669, 726ff.）。不止利比亚的贝都因酋长，闪族的贝都因酋长也常常出现在埃及及其宫廷里，采用埃及神名的利比亚人也出现在那儿。

乎耶和华宗教之公然刻意的严厉拒斥所有这些迹象，并扼杀其进一步的发展。此种敌对性带有一种鲜明的偏执性格。其关键点并不在于一切死者及与坟墓仅有间接关联的一切东西的不净，譬如供奉的食物。因为即使是在以死者为祭祀对象的埃及，死者也是"不净的"，换言之，死者以及一切与之有关的事物都是巫术性沾染的来源。耶和华的祭司绝对不许参加（除了其最近亲之外）任何丧葬仪式，其意义远超过光是以死者为不净之源的观念所能说明的事。即使只有部分是用来供奉死者或供给丧礼宴飨的一切食物全都是仪礼上绝对不净的，同样也是如此。亦即这是个人"在耶和华面前"时不得不作出"否定的告罪忏悔"的对象：该要献上作为牺牲的东西在这方面是仪礼上纯净的（《申命记》26:14）。对于死者神谕的禁忌绝不小于这点。死者神谕成为禁忌并不是如同其他被禁止的神谕施为一样由于此等神谕是骗人的，而是由于它们如同撒母耳的宣誓实例所示现的，既有实效又能揭露真相。不是的，真正原因在于：此种死者神谕是耶和华祭司所执行的神谕形式和他们所发展出来的崇拜祭典的**竞争者**，对于耶和华崇拜而言显然是个危险的对手。除了迦南本土的地府崇拜之外，头号敌人终究属于国境直接相邻的埃及的死者崇拜，因而导致一切的死者崇拜都被严格禁止[1]。在巴勒斯坦发现到的许多甲虫模样的宝石，众所周知的是用来保护死者——在死者审判官面前发挥巫术性的保护作用，据此不难推断，埃及式的死者崇拜在那儿并不是不为人所知的。然而，再也没有什么更能清楚证明耶和华宗教在面对所有关于"彼

1　明白禁止丧葬时自我残伤的禁令（《利未记》19:18），当然是针对狂迷忘我及其巫术作用而来（后述）。不过，将尸体熏香涂油的技术，以色列是知道的（《创世记》50:2—3）。

世"之事时——由于这种与埃及秘法和冥府秘祭的全面可见的敌视对立——的深刻愤恨怨怼，那就是与所有显然无可避免地会导往这个方向的思想通路一概决然断裂[1]。包括所有的先知、诗篇作者和传说叙事诗人在内的旧约文学整体无不如此表现。对先知而言（《以赛亚书》28:15），与埃及政治结盟，无异于与冥府结盟，也就是与死神结盟。这也说明了他们之所以如此顽强敌对此种外援。

尽管以上总总，我们所得到的印象却是：在巴比伦以秘法形式存在且取决于天体神话的复活信仰，在俘囚期之前的时代并不是一无所知的[2]。此种信仰像是个既有的理念般突然出现在《但以理书》里，到了马喀比时代之后则成为（法利赛人的）民间信仰。当然，巴比伦官方宗教对于此种信仰，如同以色列宗教般，所知甚少。对巴比伦宗教而言，死亡是所有人皆无可避免的一种灾厄。因为生命之树乃是在恶魔的照管下深深隐藏在地下世界里，这个黄泉地府在巴比伦同样也是个幽暗国度。难免一死的凡人只有某些个别者，如同在以色列，会因神的恩宠而被引领到幸福的国度里。不过，在以色列，我们可以嗅得出这个死后的世界不止是个被漠视的问题，而是被加以拒斥。死者的国度与灵魂的命运的这一整个领域，对官方的祭司与先知宗教而言，一直都是令人不敢领教的。以色列宗教的代表人，尤其是那些伟大的代表人物，也未曾采用埃及宗教与祆教里本土自有的彼世报应的思想——直到法利

1　所以在以西结对死者骸骨的幻象里，他们因咒语而复生一事，端只被评价为耶和华力量的证明。第二以赛亚里主的仆人（'Ebed Jahwe）也只是将来会享有荣耀的生活，其中，游移在末世论的人格性与末世状况的人格化之间的此种形式，显然是以后面这种性质为考虑重点。

2　关于这一整个问题，参见 Beer 探讨圣经的冥府的精彩论文（*Theologische Abhandlungen für* H. Holtzmann, 1902）。

赛人的时代，才在这方面作了改变。孝敬健在的双亲，被高度称赞，忤逆则被严格禁止，然而即使再怎么辉煌的祖先，关于其彼世的命运却从未被提起过，尽管耶和华的信仰者所冀望于他们的神的是报偿与公义的平反，也尽管氏族的连带责任确立子孙须得为先祖的罪过背负责任。在后来的时代里，我们将会看到，先知的应许，以其特异殊胜的性格，更加重一层地作用于这种对所有个人彼世报应思想的拒斥，以有利于在此世的集体的救赎希望。然而在早期时代，法律集与史家口径一致地拒斥任何彼世思维的这种特征性的态度，特别是出现在对埃及再熟悉不过的邻国里，似乎也不是什么意外的事。当然，最贴近且最直接的对手，或许应该首推迦南的冥府神祇努米那（Numina）的狂迷崇拜。先知（阿摩司、以赛亚、弥迦）与律法书里（《利未记》19:28，《申命记》14:1），所列举的禁忌的丧葬习俗（毁身伤骨、剃毛落发以及诸如此类的行为），显示出不只埃及特有的而是冥府崇拜的一般性特征。这样的禁令动机在于与耶和华的关系（《申命记》14:2），亦即出于**崇拜上的缘故**。就我们所知，耶和华**从未带有冥府神祇的任何一点特征**。他总是住在山上或神殿里，从未在地上。冥府或黄泉从未被说是耶和华所创造的：这是全宇宙上下唯一未被声称是他所创造的地方。他从来就不是个死者之神或死者国度的神。冥府之神与死者之神的崇拜无论何处皆有其特殊的固有特征，而在耶和华崇拜里找不到此种特征的任何蛛丝马迹。他同样也未曾是个植物（农耕）之神或天体之神：对这类神祇的崇拜通常会产生出复活的希望。此种**崇拜上**的对立，是耶和华祭司与律法书教师之态度立场的关键所在。不过，与死者崇拜连结在一起的复活观念，在巴勒斯坦应该也不是不为人所知的。只不过，耶和华祭司阶层与之无关，也不愿与之有关，因为他们自己固有的**仪式**习惯与星宿崇拜和地府崇拜是无法兼容的。除了与死者崇拜的祭司和死者神谕的解析者的这种外在的对立之外，他们之所以态度坚决，或许也是担忧，一旦对彼世思维有丝毫让步，可能便会被那些在民间极为普遍的崇拜所打败或压制，譬如埃及的奥塞利斯崇拜[1]，不论是此种崇拜本身也好，或由此衍生出来的狂迷的复活密教也罢。某些事或许也有利于对一切死者崇拜和祖先崇拜的这种拒斥，譬如，通过他埃及的社会体制结构，祖先的智能被光彩地**书写**固定下来的这回事，并没有发生在古代以色列；同样的，因个别祖先的崇奉而导致的真正的贵族发展，也不存在。因为，由于耶和华祭司对于丧礼习俗的敌对态度，勉强可称之为"祖先崇拜"的发展几乎是没有的，尽管如此，禁止借由身体毁伤而行服丧苦行（Trauerkasteiung）的命令，与**刺青文身**（Tätowierung，《利未记》19:28）——无疑是将部族祖先流传下来的氏族或部族族徽纹刺在身上——之间的关联，却也显示出，此种敌对态度实际上也发挥在氏族本身的崇拜祭祀意义上。纯正的耶和华信仰者针对氏族祭祀团体的形成所发动的斗争，反过来又阻挠了祖先崇拜的形成，因为祖先崇拜原本可在氏族团体里获得其容身之处。结果，氏族祭典后来也彻底消失了。

1　奥塞利斯（Osiris），占埃及主神之一。他统治已故之人，并使万物自阴间复生，如使植物萌芽，使尼罗河泛滥等。约自公元前 2000 年起，人们认为人不分尊卑，死后都要与奥塞利斯合为一体。但这并不是复活，因为连奥塞利斯自己都不复生。与奥塞利斯合成一体就是获得永生，这种永生延续到将来的世界并体现为子孙后代。对奥塞利斯的崇拜传遍埃及，而且往往与各地对丰饶神和阴间诸神的崇拜相结合。在新王国时期（前16—前11世纪）以前，奥塞利斯的形象是一具木乃伊，双臂交叉在胸前，一手拿着弯杖，另一手拿着连枷，颏下胡须编成辫，头戴阿特夫冠（atef-crown），即上埃及白色王冠，两侧各饰一根红色羽毛。——译注

第十三章

安息日

与前述相反的，耶和华崇拜首先就必须与以下事实相妥协，亦即在巴勒斯坦农耕地区农民一般崇奉的神祇，星宿之神与典型的植物神崇拜，依旧继续存在[1]。除了既已存在或被输入的腓尼基崇

1　韦伯此处所说的是他接下来提到的四个神祇：摩洛（Moloch），亚斯她录（Asteroth, 希腊文则为 Astarte［亚斯塔特］），搭模斯（Tammuz）与月神辛（Sin）。除了月神辛之外，另外的三个神祇基本上都与"生育—丰饶、死亡—再生"有关。摩洛是巴力的众多名号（分身）之一，属于巴勒斯坦盛行的巴力崇拜的一支，他与亚斯塔特的问题我们将在本篇第十八章里再谈，这里先讨论月神辛与搭模斯。月神辛是来自美索不达米亚的神，在美索不达米亚有许多名字，最通用的就是苏美尔语中的南纳（Nanna），后来阿卡德语称为辛（Sin）。他是个男性，掌管命运与死亡，传说中月神的形象是只凶猛的小牛，有强壮的角、健美的四肢，以美丽的青鸟为伴，早在乌拜德文化时期，就曾发现铜塑小牛像的额前有一弯新月的记号。盛行于古埃及孟斐斯（Memphis）的阿庇斯圣牛（bull of Apis）崇拜应该与此有些渊源。月神辛以女神宁伽尔（Nigal）为妻，生下了金星伊希塔（Ishtar），她在日后成为美索不达米亚最重要的女神。在旧约里，我们找不到什么月神辛的信仰痕迹。唯一有点关联的是约西亚王（前 640—前 609 年在位）在公元前 623 年清除非耶和华崇拜（淫祠）时，"废去向巴力和日、月、行星，并天上万象烧香的人"（《列王纪下》23:4—5）。不过这里并没有具体说是月神辛，应该只是一般性的星宿崇拜。也有可能月神辛已与当时流行于迦南地的巴力（Baal）崇拜结合起来，我们可别忘了在旧约里巴力可是曾有多次以金牛犊的形象出现。最著名的当然就是摩西上西奈山求取十诫时，亚伦在山下与其他以色列人所铸造的那只金牛犊（《出埃及记》32）。

　　有关搭模斯的资料在圣经中其实仅出现过一次，"他领我到耶和华殿外院朝北的门口。谁知，在那里有妇女坐着，为搭模斯哭泣"（《以西结书》8:14）。根据古代巴比伦的

拜（尤其是摩洛与亚斯塔特）和从未被耶和华祭司所承认的美索不达米亚的神祇（搭模斯与月神辛）之外，从耶弗他之女的故事里似乎也可确认有个祭祀古代植物女神的年祭悲叹仪式存在[1]。这些外国神祇对于耶和华教的形成并不具任何关键意义，此处可撇开不谈。因为他们的影响力只及于许许多多的个别点上，而不及于对生活样式的基本形式具有关键意义的仪式上。唯有一个例外。极为重要的安息日（Sabbat）制度，和巴比伦也盛行的月亮崇拜的

（接上页注）宗教文献记载，搭模斯的故事是这样子的：伟大的母亲女神、大自然生殖力的化身伊希塔有一年轻美貌的情人，名叫搭模斯。按照神意，他每年都要死亡一次，从欢乐的人世去往阴冷的冥间。这时，他那痴心的情人伊希塔就要踏上寻找丈夫的旅程。伊希塔离开后，大地的绿色消失了，爱的激情停止了活动，人和动物都忘了生育子嗣的责任，所有生命顿时都受到了灭绝的威胁。神祇死去了，自然界凋零枯朽的悲哀就只能由世间的人来承受。怎么办呢？——于是在仲夏季节，在用神的名字命名的月份（搭模斯月）里，悲痛的人们要为他举行隆重的哀悼仪式。在笛子的乐曲伴奏下，人们一面用清洁的水擦洗这位神祇的偶像，一面唱着哀歌。歌中，搭模斯被描述为："一株得不到水喝的园中柳……一株无人浇灌的垂柳……一株得不到水喝的园中草。"人们的哀告似乎产生了作用，神祇终于被感动了。冥间女王勉强在伊希塔身上洒上生命之水，让她和情人一起返回世间，于是，自然界重又充满了生机。上述圣经的引文描写的应该就是这样的一个仪式。希腊神话里阿多尼斯（Adonis）与阿芙罗狄蒂的故事则可算是搭模斯与伊希塔传说的一个翻版。——译注

1　韦伯此处所提到的故事详见《士师记》11:30—40："耶弗他就向耶和华许愿，说：'你若将亚扪人交在我手中，我从亚扪人那里平平安安回来的时候，无论什么人，先从我家门出来迎接我，就必归你，我也必将他献上为燔祭。'于是耶弗他往亚扪人那里去，与他们争战；耶和华将他们交在他手中，他就大大杀败他们……这样亚扪人就被以色列人制伏了。耶弗他回米斯巴到了自己的家，不料，他女儿拿着鼓跳舞出来迎接他，是他独生的，此外无儿无女。耶弗他看见她，就撕裂衣服，说：'哀哉！我的女儿啊，你使我甚是愁苦，叫我作难了；因为我已经向耶和华开口许愿，不能挽回。'他女儿回答说：'父啊，你既向耶和华开口，就当照你口中所说的向我行，因耶和华已经在仇敌亚扪人身上为你报仇。'又对父亲说：'有一件事求你允准，容我去两个月，与同伴在山上，好哀哭我终为处女。'耶弗他说：'你去吧！就容他去两个月。'她便和同伴去了，在山上为她终为处女哀哭。两月已满，她回到父亲那里，父亲就照所许的愿向她行了。女儿终身没有亲近男子。此后以色列中有个规矩，每年以色列的女子去为基列人耶弗他的女儿哀哭四天。"至于这是否可以跟什么"祭祀古代植物女神的年祭悲叹仪式"扯上关系，那就是见仁见智的问题了。——译注

斋戒日（Schabattutage），显然是相关联的[1]。正如"发誓"一词在希伯来文的语源里的字义是"使成七之数"所显示的，在巴比伦"七"被视为神圣数字，连同"七重神性"也是神圣的，这样的观念在巴勒斯坦也是同其古老的。然而安息日之通行于两处，很难说是基于纯正的借用，而毋宁是基于共通的传承。在安息日最早被提及之处，两地的差异便已显现出来。在美索不达米亚，斋戒日与月亮的运行紧密相关：新月与满月，以及后来的一个月由七日所分割而为七乘七日。在以色列，一直都是以每个第七日为假日，与月亮的运行无关，尽管新月的神圣性在那儿也是古已有之[2]，而满月在昔日的神圣性也是有迹可循的。或许安息日之名正如比尔所主张的，原初是意指满月之日，后来才转变成"第七日"（《出埃及记》23:12，34:21）。与巴比伦共通的只是七这个数字的运用，而方式不同。此外，在美索不达米亚，斋戒日在历史时代是个忏悔日。在以色列，第七日首先彻头彻尾就是个快乐的工作休假日，人们在这一天所在意的是日常职业劳动之外的事，特别是去探访神人（《列王纪下》4:23）。特别如《尼希米记》（13:15）所载的，这一天也是农民赶往城市、市场和大市集的日子[3]，就像罗马的乡村周市（nundinae）和某些蔬菜产地盛行的五日短周里的那一日。先知阿摩司指责那些认为安息日太长而妨碍到商业进行的谷物商人

1　关于安息日，目前特别可以参考 G. Beer 相当精确的论文："Einleitung in die Übersetzung des Mischna-Traktats Schabbath", *Ausgewählte Mischnatraktate*, ed. by P. Fiebig, Nr. 5, Tübigen, 1908, S. 10f. 以及 Hehn, "Siebenzahl und Sabbat bei den Babyloniern und im Alten Testament", *Leipziger Semitische Studien*, II, 5, 1907。

2　新月与安息日对早期的先知而言是耶和华的祭日。

3　Meinhold 认为（最后发表于 *ZWA*, 29, 1909）安息日应该是在俘囚期时才变成周日的看法因此似乎是不可取的。正是那些残留在巴勒斯坦的人清楚知道固定的每周安息日是市集之日。也正是基于这个道理，我才无法赞同比尔的主张，说安息日正是直到在巴比伦的俘囚时期才成为定期循环的周日。

一事（8:4—5），显示出劳动休止在当时至少已经实施于（在此关联里:城居的职业性）商人之间。此种实施是有必要的，否则的话，将有利于格耳林姆的竞争力，这在《尼希米记》（13:16f.）里有相当贴切的比较。根据源自耶户王朝时代的先知传说（《列王纪下》4:23），奴隶与牲畜当时并没有被包括在内，而要到《申命记》的时代才开始施行于他们身上，或许直到那时**慈善的**目的才成为中心点。安息日最后被提升到成为，除了割礼之外，以色列最重要的表征，并且成为一种绝对的同时也是纯粹仪式性的克制义务——一切超过仪式规定范围之外的活动都要加以禁绝的义务——是到了俘囚期时代的事。这是当时祭司致力于为以色列人制定出其他民族无可超越的而可以"宗派的"规准加以识别出来的义务时所造成的结果。因为光是实行割礼这个事实绝无法成为为神所喜的生活样式的保证，所以安息日就变成不断重复被热切教导的仪式上的主要命令，并且和禁止杀人、偶像崇拜、吃未放血的肉等命令同具重要意义。同时也因神做了六天工的神话编纂而获得了宇宙的背景。在这个时代的祭司看来，违犯安息日休息的命令就等于是死罪（《出埃及记》31:14f.）。然而，关于安息日的起源，当然无法在旷野或草原的畜牧者身上觅得——在那儿安息日实际上既不可行也无意义，而且月亮的运转也无甚重要——而是要着落在农耕地区。至于在此，"七"这个数字到底是计算星宿运行之数，还是月亮的运行的四分之一之数的问题，答案是正确地逐渐有利于后面的这个假定[1]。然而在以色列，与巴比伦相反，休假日变成（或

1 Budde 总是征引《阿摩司书》（5:26）为证（星神的亚述名 Kaiwan），而今 Kanig 则反对月亮崇拜（西奈山之名与亚伯拉罕的妻妾之名）对耶和华宗教具有重大意义的信念（*ZDMG*, 69, 1915, S. 280f.）。

者一直是）定期往复的日子，很可以从以下事实获得解释：在巴勒斯坦，农民以地方市集为取向的经济利益与习惯占有比较强烈的优势，而巴比伦则是以高贵的祭司的天文学知识为重。天文的正确性在巴比伦有着礼仪上的基本重要性，反之，以色列在将安息日习惯固定下来的时代，农民与小城市市民对于市集定期举行日期的关注才是关键所在。安息日的实施最后恐怕是随着市场经济的强化方得以实现。《申命记》这个独特的城邦国家法已不再提及古老的拜月祭典。以色列人实际上无法靠着自己的力量来得出星宿运行的正确性：我们只需想到，单是为了正确确立某些单纯的天文事实，即使是后代的拉比们都吃了多少苦头。

安息日的仪式轻易地就摆脱了其与月亮崇拜之间的关联，并且融入耶和华宗教里，甚至成为其仪礼上的主要命令之一，然而农民的其他崇拜可就抛下了与时俱增的种种难题。这些崇拜有的是耶和华同盟的以色列人因定居部族的加入而接收过来，有的是他们本身在转为定居的过程中所碰到的。就像哈比鲁的神祇在阿马纳土版文书里被称为"ilani"一样，迦南人和定居于北方的以色列人的神祇被称为"elohim"（耶洛因）——处处被理解为复数的一个名称（文法上的用法通常是复数），或许对以色列的神祇也是如此。然而在当今的编纂本里，只要谈到的是以色列的宗教时，这个名称全然被认为是个单数。不过，就在契约之书的某个段落里似乎就出现了一个例外（《出埃及记》22:28），同样的，在亚伯拉罕招呼三个人的神的显现时，由其用语的文法关系里似乎也可推断说，称谓的单数并不排除视多神教为起源的观点。以复数来表示一个无上的、同时也是抽象的、远在天边的最高存在，的确普遍见行于邻近的腓尼基，不过，在巴勒斯坦也多半也是如此[1]。在后来的巴比伦用语习惯里，复数的"ilani"，如同以色列的 elohim，是"神性"的表示。尽管如此，此种表达背后原先仍有可能是以某种万神殿的建构为其基础的。不过，特别是黑恩的看法让我们相信，在以色列人移入迦南时，就已碰见对"神性"或"最高神"作为集合名词的称呼方式。对耶和华崇拜者而言，同盟神耶和华的至高无上，自然是确固不移的。耶和华对他们而言是"elohim"，因为他就是他们的独一无二的"神性"[2]。同样的现象也可见于巴比伦及受其影响的地区之设置最高天神的地位，以及迦南人阿希暗（Achijam，公元前 15 世纪）在书简里称最高神为"Bel ilanu"（众神之主）。耶和华自然而然很轻易就与这样的至高神祇融会起来。在相对而言较后期的段落里，他还被称为"众神之神"。人们对于此事——亦即这些神曾经是对峙于耶和华的独立神祇——的回想仍然呈现在以赛亚排拒诸神（elim）的暴怒言词里，也继续表现在他们某些个的名字里，以及显然是事后才将之视同为耶和华的事实里。根据现今编纂本里无疑是后出的一则传说（《创世记》14:18），亚伯拉罕时代耶路撒冷（？）的祭司君王麦基洗德所崇拜的就是"至高神"（El eljon）——根据其他报告这可能是位居万神殿顶端的天神的腓尼基名称——而亚伯拉罕便使用同一名称

---

1 Baumgärtel, "Elohim außerhalb des Pentateuch," (BWAT, 19, 1914) 当中指出，elohim 作为神名出现的频率，从《士师记》到《撒母耳记》再到《列王纪》，一路递减；在《第二诗篇》和《第三诗篇》及《箴言》里已非常少见，而先知书里则几乎不曾使用；明显将"elohim"作为箴言用语，是古迦南的语言习惯。后来的写作里使用 elohim，自然是由于避讳使用四字母（Tetragrammaton, 耶和华的希伯来语四子音，JAVH 或 YHWH）。

2 参见黑恩前引书（有些许不同的表述，在我看来并非全无疑问）。

来称呼耶和华[1]。古老的称呼 El Schaddaj，根据德利奇的说法，与 Shadu（亦即巴比伦语里的山）相关联，指的也是同样的事物[2]。在后来的传说观点里，其他的天上存在被认为是从属于耶和华的使者与襄助者。不过，原先他们确实都是神祇，而这似乎可以从幔利树林里向亚伯拉罕作显现的三个人被处理得全面模糊的身影里看出来，同样的，从《创世记》的神的会议里屡屡自称为"我们"的场景里，似乎也可以看出这点来。残缺不全的古代巨人神话里（《创世记》6），"神（elohim）的儿子们"喜爱人的女子，便与她们生下 nephilim，亦即（巨大星座的）巨人（《民数记》13:33），而亚衲族人和已逝的迦南远古时代的骑士（吉伯林姆）便是他们的后裔，（以色列人的）祖先不得不和他们奋战，而按照原本的叙事关联，天神把他们消灭在大洪水里。星军，如前所见，在北部以色列的底波拉之歌里，乃是围绕着耶和华的——后来在先知的幻象里也是如此——天上扈从团的核心。努米那——似乎未被视同为耶和华——埋伏狙杀勇士，这样一种神性则被雅各在摔跤格斗里击败（《创世记》32:24）。艾克阿顿的太阳教对于耶和华崇拜的直接影响应该是相当不可能的，因为在巴勒斯坦的那种宣传既不确实也不热切[3]，而且年代也已久远。反之，北部

---

1 后来的史料，譬如（次经）《西拉书》，以及（有时候）《诗篇》与《但以理书》等，又再度知道"至高的"神——或许是考虑到改宗者的周遭世界（黑恩前引书）。

2 在《约伯记》里（5:17，8:5），此字被翻译成 παντσκράτωρ。《创世记》的祭司改编本使用此字，目的在于使以法莲的古老 El 崇拜等同于后来的耶和华崇拜。

3 王（艾克阿顿）"已将其名永垂此地（耶路撒冷）"（阿马纳书简），并非意味着，如人们所相信的，太阳唯一神教存在在那儿，而是：政治支配。

以色列抽象的神的称呼"El"（耶洛）[1]，倒是与巴比伦的一致，对高居于基利心山顶和其他山顶上的至高神的崇拜，也与巴比伦人欲借巨大的阶梯神殿之塔来进行崇拜以尽可能接近天神的企图相一致。

　　几乎所有这些近东的神祇都具有天体之神的特征，同时也具有植物之神的特色，彼此之间非常类似[2]。就像其他各处一样，他们之朝向人格化的发展是慢慢才出现的：原先，人们并不区分星宿与星宿之灵[3]，只有文化的功能神，例如巴比伦的书记之神尼波[4]，才是一开始就被当作完全具有人格性来理解。不过，倒转回非人格性的倾向仍然是他们大多数的特征。最高的天上神祇（譬如巴比伦的阿努，Anu in Babel）[5]，总是抽象的，也是民间崇拜所不熟悉的。普遍存在的是多宗教混合的倾向，以及太阳神被抬高为最高

1　Greßmann（*ZAW*, 30, 1910, S. 1f.）主张，"Elim"是半游牧部族的神祇，反之，"Baalim"则是定居农民的神祇。确实有多方可以支持此一观点。首先，"巴力"（Baal）之名在整个族长传说故事里以及一般而言《创世记》里，从未出现。其次，就事情的本质来考量，巴力是农耕地区的神祇，其与海岸城市尤其是腓尼基人的城市的关系无可怀疑，反之，耶洛则指向东方，亦即游牧部族在美索不达米亚与叙利亚之间来回移动之地。然而，将哈比鲁的神祇称呼为"ilani"，则毋宁暗示了与此相反的说法，换言之，耶洛必定也是定居民众所知晓的。同样的，"El eljon"也很可能是个文化民族的神。不管怎么说，这个命题似乎值得专家思量，因为它将能正面评价祭司法典关于前摩西时代族长们的神崇拜的构想（El schaddaj）。

2　Luther 在迈尔的著作里（*Die Israeliten*，等等）有此主张：在大卫时代，巴力崇拜是迦南农民的崇拜（因此是狂迷性质的），而耶洛崇拜则是与树木和树林连结在一起，耶和华崇拜在基遍（？）和示罗是战神崇拜。

3　这是黑恩（前引书）的见解，与 Dhomme, *La Religion babylonienne et assyrienne* 所见相同。

4　尼波（Nabu，Nebo），亚述人和巴比伦人所崇奉的重要神灵，马杜克之子，他护佑文学，化育草木。他的标志是泥版和尖笔，因为他将众神为人注定的命运记录在案。——译注

5　阿努（Anu），美索不达米亚地区所祀奉的天空之神，与贝尔（Bel，苏美尔语作恩利尔）、埃阿（Ea）合称三神。阿努同许多天空神祇一样，尽管理论上位于最高天祇之列；实际在美索不达米亚神话、颂神词乃至祭祀仪式中并非重要角色。阿努是众神之父，亦为群魔之祖，此外，还是万王之神和历律之主，其画像戴有角之头饰，象征力量。——译注

神的倾向——在知识分子眼中根本是唯一的神。不过,在巴勒斯坦,此种倾向只有些微痕迹可寻,既然耶洛因的抽象概念早已朝着这条路上发展。

第十四章

巴力与耶和华，偶像与约柜

　　真正与耶和华竞争的最重要神观，毋宁是来自迦南且深受腓尼基影响的神观。这类神祇属于某种类型，在发展成熟的巴比伦宗教里业已大为变形，那就是**巴力**类型(Baal-Typus)。原来的情况，更正确地说，进占迦南之际的情况是：有个特别的神，是主宰自然或社会生活的特定事物或事件的"主人"，我们在全世界各地的原始民族之间都可以找到其原始形式，而且有点像是印度的"祈祷主"或古代中国的土地神。事物或事件分"属于"个别的巴力神，就像一块土地或一头牲畜或一项被独占的"职业"属于某个人一样。以此，形成神祇的两个主要范畴。其一是功能神，"契约神巴力"(baal berith) 或许正是其中之一，他是"契约主"，"职司"契约的缔结，并报复契约的毁弃。或者如以革伦的巴力西卜[1]，他是散布

1　以革伦 (Ekron)，位于现今以色列中部，古代迦南和非利士人城市，为非利士五城邦之一。虽然在被以色列征服后被划归予犹大，但仍为大卫时代的非利士要塞。公元前 918 年左右被埃及攻占。公元前 7 世纪臣服于亚述王国。希腊化以后被称为阿卡龙 (Akkaron)，至中世纪晚期城市不复存在。以革伦的巴力西卜 (baal zebul von Ekron) 为《圣经》里的故事："亚哈谢（北以色列国王，前 853—前 852 年在位）在撒玛利亚，一日从楼上的栏杆里掉下来，就病了；于是差遣使者说：'你们去问以革伦的神巴力西卜，

瘟疫的苍蝇之"主"；或者诸如梦之"主"或怒气之"主"，等等。另外一类是生产作物的土地所属的神祇，就此意义而言，就是"地方神"。以色列的誓约同盟神耶和华是个人类的民族共同体的神，类似亚述好战民族的贝尔神（Bel），性格上比较像个军王。然而，巴勒斯坦某个地方上的巴力神就是那地方和地上一切产物的主人，俨然是个家产制的土地领主，类似巴比伦的贝尔神，肥沃土地之主。我们后面会更加见识到大多数（尽管并非全部）极重要的巴力崇拜的这种土地（地府的）性格在仪式上所具有的重大意义。土地所出的一切产物的初次收成，以及依此土地维生的牲畜与人类的初生头产，全都要归给巴力神——祭司将此转归于耶和华，这对他而言原本是闻所未闻的。我们先前提到的义务，不可将田土收割殆尽（《利未记》19:9、23:22）的宗教动机，正如"我是耶和华你们的神"的动机所明示的，全是来自那样的思考模式。在耶和华神观和巴力神观之间的那种虽非绝对对立但取径却不相同的想法是：前者是人类共同体的神，后者是地方团体的神，一个是天神，一个是地神。在迦南地区，直接从城市定居生活和城市贵族大地主制孕生出来的后面这种观念，的确是非常古老的。任何城市都有自己的这种地方神。在阿马纳时代，城市总督便向国王抱怨说，在其庇荫下法老得以成为城市之主的城市神祇离城而去，所以城市便落入敌人之手。以色列人似乎是将巴力之名冠加在自有名号的许多神祇身上，譬如以牛犊像而被膜拜的哈达德（Hadad），

（接上页注）我这病能好不能好.'但耶和华的使者对提斯比人以利亚说：'你起来，去迎着撒玛利亚王的使者，对他们说：你们去问以革伦神巴力西卜，岂因以色列中没有神吗？'所以耶和华如此说：'你必不下你所上的床，必定要死！以利亚就去了.'"（《列王纪下》1:2—4）baal zebul 在新约则译为别西卜（《马太福音》12:24），又称为"鬼王别西卜"。——译注

以及在暗利王朝[1]被引进的腓尼基的密尔克（Milk）或美尔卡特（Melkart）。总而言之，与耶和华相竞争的最重要神祇，就是因功能之故而被普遍崇奉的地方神巴力，亦即经济与政治意义上的"领土"所有者。不管是以和平方式或武力手段而合并到以色列的诸城市里，这些巴力神自然依旧占有城市及其神坛。在原有的观念里，这对伟大的同盟战神是一点都无伤的。当然，他与这些神祇的地位关系，随着他的威信之高涨，必然要做出某种调整规制。他一则可以如天神般高居于万神殿的顶端，而此种方式似乎也回响在耶洛因的称呼里。不过如此一来，他便陷入某种危险，就像所有这类最高天神终归黯然失色一样，因为失去了任何足以因应日常所需的永续性崇拜处所。反而是巴力仍为活力十足的崇拜的主角。或者，他干脆就被视同为巴力，或在祭拜时不管怎样就和他们连同在一起。直到俘囚期之后的时代，耶和华就这样被犹太人毫不在意地连同完全异质的神祇在同一所神殿里崇拜[2]。在与地方神巴力结合的情况下，于和平繁荣的时期，自然是巴力较出风头，而在战争的危急关头，耶和华在这混合神格里（或联合崇拜里）当然胜出[3]。这是实际发生的事，而且说明了为何后来激烈反对巴力的清教徒似的耶和华先知正是在和平繁荣的时期里处境最为艰困，反之，每当民族战争或外来侵略和威胁发生之际，耶和华这个发

1　暗利是北国以色列的一个国王，公元前887—前876年在位。——译注

2　根据纸草文书，在Syene的耶和华教团里就是这种情形，而据他们的许多以法莲名字可以推测，此一共同体来自北以色列（Bacher, *JQR*, XIX, 1907, S. 441）。更详尽的情形，参见Margolis, *JQR*, New Series, 2, 1911—1912, S. 435。据此，牺牲供品是分别给一个神Jasu和一个女神。

3　由于耶和华经由契约而被确定的民族性格，对外国人而言，混合神性里的巴力似乎扮演了主要的角色。如同W. Max Müller所指出的，在埃及发现巴力以一个位居山上的外国军事神而被接受，换言之，其特色当然并非得自自己而是得自耶和华的形象。

动红海大灾难的古老神祇便占上风。不过，我们很可以假定，两者在很长一段时间里是和平共存的，尽管巴力显得再怎么强势也未被视为耶和华的敌手。甚至北以色列受到崇奉的英雄都还可以发现到取了巴力的名字，其中特别是耶路巴力（Jerubaal），当他作为耶和华的战争英雄时则相当特征性地获得了一个新的名字（基甸）。同样的，优秀的耶和华信仰君王扫罗的儿子们，他们的名字也被后来的传说做了此种特征性的改变。

由于耶和华与地方神巴力或功能神巴力经常被视同为一，所以耶和华崇拜也采纳了巴力崇拜的属性，尤其是崇拜的神像。若就传说和考古发掘的指证看来，原初的以色列誓约同盟的崇拜理应被视为**无神像的**，而且显然是以此种形式被接纳的。这当然不是古老神观的怎样一种思维的"高度"的产物。而是恰好相反，此乃原始的崇拜手段的一个结果，而且由于古老的同盟战争仪式之高度神圣性，所以非常早就被坚定地定型化。之所以一直都维持着无神像，乃是因为在接纳他时就已如此——由于在他被接纳的地区的物质文化水平。基于同样的道理，最古老的法律书规定用土与未凿的石来造简单的祭坛，一如当时当地所通行的。此种不具神像的崇拜即使在艺术制作业已发展的时代仍然维持不坠，绝非耶和华崇拜所单独特有的。这在譬如某些早期的希腊崇拜和古老的克里特崇拜里都历历可证，并且在如同以色列之受到巴比伦影响的伊朗人身上也可看到。最重要的崇拜圣所当中的某几处之所以维持无神像如故，关键点无疑在于：这是那儿由来已久的并且因此种悠久而特别显得神圣的崇拜形式，偶像难以被接受，且唯恐一旦改变即会招来恶魔。以色列的发展唯一的独特之处端在于其反偶像的运作之贯彻始终。至少在这一点上与以色列的发展相接近的，只有受其影响的伊斯兰教的发展，以及部分而言袄教的发展。至于其他地方，偶像的严禁不过局限在某些个礼拜所或针对特定的神祇，除此而外，艺术在宗教领域的内外皆获得自由挥洒的空间。在以色列，耶和华成为唯一的神，而且随着宣称耶和华为拜一神教之真神的推进高拔，无神像的崇拜的代表们不止严禁耶和华神像的制作，而且排斥一切神像模样的祭坛装饰品。此一立场最后终于达到这样一种高度：几乎在原则上敌视一切造像艺术的施为，十诫的第二命令即就此臻至最终的定论。这对后来的犹太教之压抑艺术运用与艺术美感极具重大意义。此种终极激进的神学的彻底癖性，乃是祭司奋力不懈下的产物，他们所追求的是绝对有作用力的仪式命令，亦即（区分以色列人与异邦人的）"识别命令"。这在较古老的史料里根本未曾出现，同样有问题的是，古代的耶和华信仰的清教主义是否只严禁城市文化所产的铸造神像，或者也包括（或针对）雕刻神像甚或一切偶像——三个十诫在这点上是相互矛盾的；若就装饰品工匠的艺术技能还被视为神圣的卡理斯玛而言，此种极端的神学排斥更是古史料里所未见的。这样尖锐的敌视程度是在极为激烈的斗争过程当中产生的，亦即古老的无神像崇拜的代表者对抗迦南文化地盘上形成的耶和华神像及其他祭祀装饰品的一场不得不然的斗争。这些祭坛装饰品的面目经由后来的传承而严重模糊，特别是以弗得的地位也暧昧不明[1]。就像家神像（teraphim）一样，以弗得原为何物，无法确定，时而被认为的男根特性是难以证实的[2]。某些报告推断说是个画像，

1　对此的最新研究，参见 Sellin 在 *Nölde-Festschrift*（1906）中的论著。
2　Foote, Journal of Biblical Literature, 21, 1902.

其他说是件有口袋装神谕板的肩挂，又有的说是件外袍。很有可能的是，在后来的无神像崇拜观的影响下，意思起了变化。如果说它一开始是个画像式的装饰品，那么它或许是原初的耶和华崇拜所未知的。最强力暗示此种解释的，是北以色列的报告。耶和华的"会幕"是否比后来的神学构想有更多的含义，此处可姑且置之不论。因为，远比这个更重要的，是可移动式的"**耶和华的约柜**"，显示出无神像的耶和华崇拜之本质的装置。

这个柜子，是否特别如同迈尔所主张的，原先是个偶像柜，也就是源于埃及，或者是否如底比理乌斯较为可能的论断 [1]，原先是个柜子似的上天的宝座，因此是起源于近东—巴勒斯坦；或者，虽是个柜子，原先却有一颗或许刻上了鲁尼（Runen）文字的圣石在里头；或者，如同史瓦利在与伊斯兰教的战地神龛（Machmal）作比较后所推断的，一开始就是个空柜子，人们可以用法术将神招请到里头来；所有这些看法可能终究皆无法确定。不过，无论如何，底比理乌斯总是从最古老的传述里（《民数记》10:35—36，连同《撒母耳记上》1:9、4:4 以及耶利米的素描 3:16）作出最为可能的推论：在对抗非利士人的解放战争的时代，约柜应该是个有刻纹装饰的坐席，耶和华隐形地坐在上头，人们在战争紧急时将之置于战车上运往战场。战争开打前，耶和华被有韵律的高声呼喊所召唤,起身迎战敌人,在胜利之后,同样的再度回归原席（《民数记》10:35—36）。在（后来的）撒母耳传奇里，耶和华出现为被局限在其圣所的约柜里头，或者可能是上头。这或许是出自完

1　M. Dibelius, "Die Lade Jahwes", *Forschungen zur Religion und Literatur des Alt-Testamentlichen Judentums* (Göttingen, 1906)．关于在克里特岛的无神像崇拜，参见 *Archiv für Religionswissenschaft*, VII, S. 117f.。

全定居之时的后来观念的产物——只不过，逻辑上不兼容的观念往往并陈共存。耶和华在战争之际隐身坐镇于约柜的宝座上的信仰，与譬如底波拉之歌里耶和华从西珥的林木山巅宝座挟带暴风雨席卷而来的看法并不相同，不过或许并不是绝对不兼容的。依据希罗多德的说法（7:40）[1]，波斯人——和以色列人一样是与车战的平地民族比邻而居的山居民族——同样是将他们目不可见的神阿呼拉玛兹达运上战车而出战[2]。人们原先或许是想以驾着战车的天上君王来和驾着战车的敌方军王与偶像相对抗。莱歇尔也多方证实了空着的神之宝座也存在于希腊地区。一位神，若其自古传下来的崇拜便是**无神像的**，则他必然是——通常而言——**看不见的**，并且也由于此种不可见性而更增添其独特的尊严与可畏。此处，同盟神纯粹由历史所决定的崇拜形式，促成了这个神的**精神化**，而此种精神化不仅由于上述的那种性质使然，而毋宁是因此种性质而必然。在传说里，约柜是与示罗以及古老的以利族祭司门阀连结在一起的，也就是北以色列的。同样的，约柜也与耶和华作为战神和万军之主的性质紧密结合。只不过，底波拉之歌和非利士时代之前的战争故事对约柜是一无所知，而且当时即使出现也不过如昙花一现，所以它起初是何时、为何又在何种程度上，被承认为耶和华信仰的崇拜装置与战争标志，至今仍然混沌不明。直到申命记的神学才使之成为"约柜"（Bundeslade），亦即装着十诫法版的柜子，而申命记神学再也不倡言连结在约柜上的那种

1　希罗多德（Herodotus，前484—前420），享有"西方历史之父"称号的古希腊史学家，著有《历史》一书。——译注
2　巴比伦的最高神祇们显然也不是以偶像形式被置于其宝座上，而是其象征（诸如 Anu, Enlil）。

将神局限在其中或其上的神观。总之，空的约柜及其意义，乃是此种拟人化神观的相对精神化现象的一个征候，也可能是个机缘，正如此一现象之直接决定于无神像的崇拜这个事实一样。高居于西珥森林山顶的同盟神的宝座是全无神像与神殿的，真的是一无形迹可寻。

以西结的年代记告诉我们，有支蛇杖，所谓的青铜之"蛇"，属于后来耶路撒冷的崇拜的祭坛装饰品。相对比于所罗门时代的华丽陈设，此一饰物被追溯到摩西身上，并且显然真的是古老的装饰品，因为它已不再为人所理解，并且要以原因说明的故事形式来加以解释。摩西在传说里被当作是神愈奇迹的施为者，特别是个瘟疫危难时的拯救者。这倒与瘟疫乃耶和华对付敌人的特殊手段一事相当吻合贴切。依据原因说明的传说故事，我们很可以如此推断——不过当然无法证明：蛇杖[1]乃是昔日的医者但后来消失殆尽的耶和华祭司的佩饰。真正古老的耶和华信仰的祭坛装饰品已尽于此。

随着耶和华与巴力的亲密混融，文化地区的偶像崇拜侵入到北以色列的耶和华崇拜里，耶和华特别是被描绘成了牡牛，因此可能就是农民所崇奉的丰收之神。耶罗波安王，有个耶和华名字，也有耶和华先知在身旁，还有件事功加在他身上[2]，那就是：为了从耶路撒冷解放出来的目的，他在北以色列的几处耶和华圣所上建造金牛像，其中一处是在但，这是由一支据称是源自摩西的祭司门阀所掌理的圣所，所以也被视为特别正统的一个圣所。暗

---

1 腓尼基的医术之神 Eschmun 也有蛇的象征。
2 先知亚希雅据称为此大发怒气（《列王纪上》14），实为后来的传说。利未人之反抗的真正理由，明白呈现在《列王纪上》12:31 里，换言之，他们所反对的是采用平民为祭司。

利王朝治下的北以色列的先知，以利亚与以利沙，尽管义无反顾地对抗着腓尼基影响下壮大发展的巴力崇拜，但是对于公然存在的耶和华偶像的膜拜却一点异议也没有。不过，无论如何，几乎无可怀疑的，在当时针对由外国后妃或因同盟关系而引进的外邦崇拜——全都是偶像崇拜——所发动的斗争里，针对偶像本身的斗争也在耶和华信仰内部揭开了序幕。这场斗争可能是从无神像的耶和华崇拜的圣所所在之处展开的，这些地方和沙漠里古老的非以色列所属的崇拜点一样毫无疑问是非偶像崇拜的。这些圣所的祭司必然很乐于认为此种形式为唯一正统的形式，而且随着外敌压迫之逼近，他们也可以起而动员那种对耶和华崇拜的正统形式——存在于以色列昔日胜利光荣之时的形式——逐渐增强的关怀。在耶和华的约柜成为最为神圣的崇拜对象之处，直到大卫为止是在示罗，从来就只有非偶像崇拜存在。自从约柜移往耶路撒冷后，那儿首先也是全然无偶像的，这点也毫无怀疑的道理。不过，传说让我们明白，神圣的约柜在战争当中被非利士人夺走而示罗也可能被毁之后，并于大卫在耶路撒冷兴建圣所之前，有好长一段时间被半遗忘而搁置在一个私人家里。因此，当大卫借着将约柜——同盟战神无神像崇拜的正字标记——移往耶路撒冷而使得此种无神像崇拜成为王城的崇拜形式之时，或许便意味着有利于无神像耶和华崇拜之权势地位的一个最初的决定性转折点。

第十五章

牺牲与赎罪

完全可以肯定的是，以色列早期时代并没有誓约同盟的——也因而受到一般承认的——祭司身份存在[1]，尤其没有可以同盟自身之名而为同盟神奉献牺牲并独占此一事务的祭司身份存在。后来牺牲所具有的重要意义，在以色列同盟和耶和华的关系里当然是没有的。因为，王制时代之前，如前所述，根本没有同盟当局具足权能，得以在和平时期有规律地奉献牺牲。成为一体的誓约同盟只存在于战时，并且那时，根据传说，战利品的部分或全部被加以禁忌为神所属之物，而作为特殊的仪式手段奉献给神。比起先前的牺牲，这当然会让神对以色列的胜利有着更加强烈的利害关心。自然，就像对所有的神祇一样，牺牲或许是常年奉献给耶和华的，为的是博得他的好意。在战时，牺牲是由誓约同盟奉上，在平时，则是由个人各按机缘而献上。依照传说的理论，每一餐，至少任何有肉食的会餐，都是相当广义下的"牺牲会食"

---

1 参见 Graf Baudissin 的基础著作 Geschichte des altestamentlichen Priestertums (Leipzig, 1889)。有些假定，特别是祭司法典时间上先于《申命记》的说法，如今已被舍弃。

(Opfermahl)，亦即，当此之际神会经由供奉而得到他的那一份。君侯或有时面临此等事态的氏族长，会在开战之前，或在古老圣所有必要时，奉献牺牲给神。根据一则可信的传说，似乎唯有祭坛洒血一事是保留给摩西的，也就是保留给职业祭司。不过，我们无法肯定此一祭拜形式是否也施行于示罗之外，以及年代有多古老。后来的祭司理论当然已将扫罗未经咨询撒母耳的牺牲奉祀（在此撒母耳被赋予祭司的角色）提示为侵犯祭司职权的典型范例——扫罗为此而败亡。不过即使是到了相当后期，这与实定法一点都不相符。大卫在《撒母耳记》里穿上了祭司的衣裳而说出祝福的话语。在经过祭司修改的列王传说里，亚撒王统治时上演了据称是发生在扫罗和撒母耳之间同样的斗争[1]。必然可以肯定的是，君侯和大土地领主都雇有仪式上训练有素的祭司，只不过原先他们可以完全自由作选择。在较古老但后来被《历代志》作者删除的传说里，大卫让他的两个儿子做祭司[2]。在《士师记》里，北方的一个大地主弥迦，依据一则我们在其他关联里很快就要谈到的传说，也是如此行事。由君侯和私人依此方式出资兴建的圣所，被视为他们私人的产业。他们对此握有家内权，譬如北以色列的诸王之于耶罗波安在伯特利所建的圣所（《阿摩司书》7:13）；由他们所任命的祭司，也就是他们的官员，在那儿依照他们的命令行事，根据传说，祭司们甚至（遵从王命）在耶路撒冷按照外国图式建造祭坛（《列王纪下》16:10）。祭司身份的一个总体组织亦因供牲圣所间的彼此竞争而付之阙如。可以理解的是，在北方王国，个

---

1 亚撒的牺牲供奉被（俘囚期后的）年代记作者（《历代志下》26 章以下）视为重大罪过。
2 《撒母耳记下》8:18。在同篇 20:26 里，提到祭司撒督和亚比亚他之外有个睚珥人（以拉）做大卫的宰相。俘囚期之后的《历代志》里抹杀了大卫之子做祭司这点。

人的"私有教堂"相对于王所建立的圣所所处的不利地位,并不
如中央集权的犹大城邦国家里那么严重。高层祭司的名衔是"祭司"
(ha kohen);"祭司长"(kohen ha rosch)的头衔是后来才出现在
耶路撒冷(《列王纪下》25:18);至于俘囚期之后的称号"大祭
司"(kohen ha gedol)前此是否存在并不肯定(《列王纪下》22:4、
22:8、23:4,这几处被怀疑是注释,参照《列王纪下》11:9f.,同样
那个大祭司耶何耶大的称号是 ha kohen)[1]。不过,总之,王的神殿
的礼拜祭司被算作是王的官员(《撒母耳记下》8:16f.、20:23f.),
随同王出征作战,并且在《申命记》之前的时代里未曾扮演任何
值得注意的独立政治角色,唯有一个例外,那就是亚他利雅王之
下的耶何耶大。他们一点也算不得是个宗教"共同体"(Gemeinde)
的首长。那是不存在的。召集军团在古代是个群体,在宗教的事
上也是,后来由完全的以色列人所组成的地方共同体也是如此。
审判耶利米的法庭是由王的 sarim 和 zekenim 所组成,至于宣判之
际他们所扮演的角色,至今仍然存疑。兵丁('am)在此种法庭
集会(kahal)里形同"见证人",祭司是起诉人,不过并不出庭。
即使事情关涉到的是宗教契约问题,此种集会也是由王(约西亚)
而不是大祭司(希勒家)来召集。关于耶路撒冷的古代祭司王国
问题——《创世记》第 14 章的可疑传说里是提到它的存在,并且
由于关切而让此记事复原——此处姑且搁置不谈。总之,根据古
老传说,君侯也具有正当权利和仪式上的资格,为其团体供奉牺牲。
不过,同样可以肯定的是,有一些圣所是自古以来即为人们不远

1　参见 Struck, "Das Alttestamentliche Priestertum", in *Theologische Studien und Kritiken*, 81, 1908, S. 1f.。

千里而来造访之处，在那儿，一切全都由当地具有世袭性卡理斯玛资格的祭司氏族按照古老的规则来为君侯或私人举行特别庄严隆重的典礼。其中尤其是示罗的以利氏族，对先知（耶利米）而言，示罗是特别古老与纯正的耶和华信仰的崇拜圣地。关于当地确实是古老的供奉牺牲方式，传说似乎指出以下几点：圣所造访者，连同他们为了特定心愿得以实现的个人祈求，献上肉类牺牲；祭司在其中取得自己的一份；此外，以酒宴款待参与者的牺牲会食，亦不少见。牺牲会食的意义是我们后面必须详加探讨的问题，至于古代以色列牺牲奉祀的相当复杂的历史则可撇开不谈[1]。此处，我们首先要处理的是牺牲的**供奉**。这在以色列和其他各处一样，主要被认为是个对神强力祈求的合适手段。最古老的祭祀规定，如同保留在契约之书的祭仪追加事项里的，只不过一般性地规定：以色列人应该每年出现三次在耶和华面前，并且"不可空手而来"。并没有其他确实是古老的规定存在。至于此一命令实际上到底有多重要，无法确定。

随着同盟战神的威信因领土扩张而日渐高涨，以及尤其是王国的建立，牺牲供奉的意义首先在量方面产生了变化。大卫王朝和北方王国的耶罗波安，兴建了常年按时供奉牺牲的王的圣所。

不过，牺牲供奉的**意义**上的变化才是更重要的。这是随着迦南地方的政治前景在王权支配的推移过程当中愈来愈趋暗淡所产生的结果。因为人们必定要问：以色列的政治与军事处境的这种不利的发展，到底是什么缘故？答案只能是：神的怒气加在人民身上。以色列的"罪"的概念，连结在纯粹客观的行为事实上，

1　古代以色列的供牲历史概略可参见史塔德的叙述（尽管并不是没有争议的）。

正如罪的古语多半是从 chatah（失误）衍生出来所显示的。一旦犯错，显然最首当其冲的是礼仪上的违犯，就会招惹神的怒气。对于礼仪上的失误及其结果的畏惧，在此和其他各地一样都是最古老动机：试图赎罪。然而，耶和华同时也是与以色列立约的契约当事人，因此奠基于同志爱与兄弟互助上的古老社会法也被认为是对他所负有的义务。以此，罪的概念早就在实质上扩及"伦理的"命令，而且首要就是**社会伦理的**命令。尤其是，耶和华信仰对于因城居所导致的社会变迁的批判，以及对于君主制态势的批判，已使得"罪"的概念，在此和他处类似的情形一样，例如乌鲁卡基纳[1]的苏美尔碑文里所见的，超出礼仪的领域而扩张到社会伦理的领域。这个强而有力的战神将会——看来显然是——施加恩宠于其命令亦即通过契约而被郑重地接受的命令，受到遵行之处，而且施加于除了礼仪的规定[2]之外特别是由他所保证的古老的同盟法受到奉行无误之处。每当失败和政治压迫到来之际，确认是哪些**社会上的**不法行为招惹了神怒以及如何才能加以平息，自然成为愈来愈被广泛讨论的问题。不过，自公元前 9 世纪以来，沉重的威胁一直长期笼罩着南北两王国。相应于此，牺牲作为**赎罪**手段的意义，一如史料清楚呈现的，日益突显出来，最后竟至

---

1 乌鲁卡基纳（Urukagina，前 2378—前 2371 年在位），美索不达米亚地区苏美尔人城邦国家拉格什（Legash）的君主。考古学家曾发现可以归诸他的一些法典的相关资料，虽然并没有真正找到法典，不过根据相关的碑文可以确定是有这么一部法典的存在，这应该可算是至今为止我们所知最古老的法典。当时拉格什外有温马（Umma）的敌对，内有官吏对平民的剥削，于是乌鲁卡吉纳进行社会改革，"建立了拉格什市民的自由"，这是"自由"（Amargi）一字第一次出现在人类的文献上。乌鲁卡吉纳在位第七年，拉格什为温马所灭。——译注
2 不过极有问题的是，除了割礼与战士（特别是拿细耳人）的规定之外，是否还有**任何一**般通行的仪式存在。

压倒性重要的地步。在各个圣所可能花样相当繁多的赎罪牺牲当中，或许出于纯粹偶然的情况，后来只有赎罪祭（chattat）与赎愆祭（ascham）这两者保留在圣典里[1]。以此，为了能够解读神的意旨与确知所必须赎罪的过失，宣示礼仪与**律法**的耶和华祭司的必要性也与日俱增。随着生活的日渐理性化，对于确定罪与赎偿罪的手段的渴求也因而递增，这在世界各处包括美索不达米亚无不如此，而在面临政治命运之压迫下的以色列，这更有其沉重的分量。随着赎罪牺牲的意义日益重大与关于耶和华意旨的教导愈来愈形重要，对于**认知**耶和华及其命令的担纲者的需求也跟着高涨。因为人们必然切望的，首先并非牺牲的供奉本身，尽管其正确性的确极为重要，而是首在于探求神的意旨与得知触犯其意旨的过失。无论是政治与地方团体或是个人，全都面临此种处境。政治团体深切关怀的是对于战争运道的影响与丰沛雨量的降临，此二者为耶和华响应顺从与端正举止的许诺。此外，对于个人，还有各式各样个人困境的解救。传说里的摩西，以利亚也一样，施展了个人医治的奇迹与政治的奇迹，尤其是战争、降雨与供食的奇迹，探求神的意旨与意旨的违犯，后者是而且愈来愈成为耶和华信仰职业担纲者的固有职责。

---

1 赎罪祭与赎愆祭在现今版本里彼此夹缠纠结在一起，但的确是被当作两类来处理。它们首先是在《以西结书》里被提到，而且是以色列共通的确立制度。前此，则无论是《撒母耳记上》（3:14，提及 sebach 和 mincha 作为赎罪手段）或《申命记》（12，详细论及牺牲）都未谈到这两者。后面这则数据清楚显示出，这两种牺牲祭献样式并非源自耶路撒冷的神殿祭祀。不过若就此论断（例如 Benzinger），它们是在俘囚期或稍前才发展出来的，那肯定有误。以西结可能是第一个视它们为以色列共通的制度。不过，赎愆祭的概念早已出现在撒母耳传说里（非利士人的忏悔）。这两种献牲燔祭同属于（所谓的）利未人的"私祭"，对此，《申命记》并没有什么兴趣。根据祭司法典的规定，赎罪祭是这两种仪式中较为总括性的。

　　史料显示，对于神的意旨的探求，周边文化世界所知的几乎所有种类的手段也都出现在巴勒斯坦。但对以色列的传说而言，并非所有这些都是同样正当的。从严正的耶和华宗教的立场看来，后来只有以下三种被认为是正确的形式（《民数记》12:6）：(1) 耶和华通过由其全能所授权的、真正的先见与先知所传达的宣示，至于如何分辨"真"先知与"假"先知，后面会谈到；(2) 在某些情况下，由职业的神谕祭司借助神谕板（乌陵与土明）所做的爻签神谕[1]，而或许原先也借助于箭矢神谕；(3) 最后，梦中幻象的神谕，不过后来对此愈来愈有所保留。除此之外的其他一切探求形式，不管是探求未来、探求诉讼上的重要事实或其他重大事实甚或特别是探求神的意旨，在日渐占上风的观点看来，无非是当受诅咒的有时甚至是死罪的巫术，或者不过是骗局。直到申命记时代只有在少数情况下还进行神判，特别是为了测试妻子的贞操。爻签神谕持续存在直到俘囚期前的晚近时代，其古老的神圣性一如耶和华的无神像性，完全奠基于其单纯性——与草原地的无文化性相应和。不过，相对于先见、先知和其他智者的求问，爻签神谕的重要性日趋低落。俘囚期的传说借着签板的遗失而让爻签神谕灰飞烟灭。死者神谕和其他所有的占卜形式，尽管禁忌避讳，自是继续存在，只不过日益丧失其意义。扬弃爻签形式及其他非

---

[1]　乌陵（urim）与土明（tom）是希伯来文的音译，"乌陵"的意思是"诅咒"，代表"否"，"土明"的意思是"完全"，代表"可"，因此可用来决定事情的可否。据说这两样事物是由不同形状或颜色的石头或木条制成，使用时放入祭司所佩带的胸牌中，祭司则据此来断定耶和华的意旨。"亚伦进圣所的时候，要将断断胸牌，就是刻着以色列儿子名字的，带在胸前，在耶和华面前常作纪念。又要将乌陵和土明放在断断的胸牌里；亚伦进到耶和华面前的时候，要带在胸前，在耶和华面前常将以色列人的断断牌带在胸前。"（《出埃及记》28:29—30）其实也就是圣经里面所提到的古犹太人一种占卜的方式。——译注

理性的决定形式，而代之以先见、先知与仪式专家的求问形式，此种趋势的增长自然是人们所提出的问题愈来愈复杂的当然结果。简单的"是"或"否"，或单纯的签卜，已不足以回答这样的问题。不过，对于纯正的耶和华信仰而言，除此之外，还要再加上另一个原因，亦即出于与耶和华关系的特殊性的一个理由：当耶和华发怒而不对国家或个人施以援手时，那么与他的**契约遭到破坏**必然就是原因所在。因此,无论是官方当局或是个人都必须当下自问：**他的哪些命令被违犯了？** 对此，非理性的占卜手段根本无法回答，而唯有对命令本身的认识和良心的探索才行。所以，活跃于纯正耶和华信仰圈子里的"契约"思想，便将一切对神之意旨的探求推进到一个相对而言较理性的提问方式和**理性的**解答手段的轨道里。在知识阶层影响下的祭司说教因而更加尖锐地转身对付占卜者、鸟占者、日占者、占星者与灵媒等，指斥他们的求神问卜是典型的异教方式 [1]。记述先知及与其立场相近的严正耶和华信仰圈子，继而我们将会看到，抨击起解梦者的可信度，这点部分与这些先知的特殊职业资质相关联，部分则关系到他们对于耶和华的特质与意图的见解。在他们的时代之前，针对占卜与巫术的非理性形式所展开的斗争，除了基于上述的合理因素之外，当然也有纯粹偶然的历史因素。这些因素包括：祭司与占卜师的种种范畴之间的相互角力斗争到底结果如何，以及获胜的形式的担纲者的神谕技术在当时又达到怎样的技术状态。世界各处，中国、印度以及古老的苏美尔城邦国家，我们都发现到被视为异端的"魔法师"。对于往往出于非常偶然的状况而被接受为正统的祭司阶层而

---

1 《申命记》18:10、11、14，《利未记》19:26、28、31，《民数记》23:23。

言，他们是非正统的竞争者，而他们的实际施为自然遭受禁忌打击。爻签神谕的确并不比巴比伦的肝占来得理性，只不过完全没有后者那种对宇宙思辨的连结点。上述提及的种种探究神意的方式之所以被接受，当然不止是偶然而已。换言之，此一事实乃取决于：一切与地府崇拜及其固有的入神忘我相关联的施为全都被拒斥排除[1]。我们很快就会认识到彼此对立的这个侧面。

那么，向耶和华求问的担纲者是谁呢？

我们前面谈论过古老的"先见"有点不稳定的角色。他们后来就整个消失了。不过，古老的军事同盟的耶和华信仰的确知道战争忘我与激动的战争预言者，以及不动感情的恍惚忘我的先见，但官方的同盟祭典却是不为所知的。因此，重要的是，提出要求由自己这边来垄断神谕技术的祭司根本不可能存在。无疑的，打一开始祭司们就心不甘情不愿地必须承认，先知的天赋之可能存在与分布是外在于他们的圈子的。虽然如此，紧张性仍然存在，至少对那些未在王命下任事——如同首都所在的祭司那样——的先知而言。在那些对王国抱持怀疑态度的人眼里，祭典即王室祭典这件事便让"牺牲"本身失去信用。祭司不得不以此为足：根除一切由行会式的组织当作祭典般来经营的种种施为，以及借此而成为其直接的竞争对手的一切作为。祭司们企图独占耶和华崇拜及所有与之相关的行事的日常营运。他们到底是何等人物呢？

1　《利未记》20:6 的警语显示出，针对恍惚忘我巫术的拒斥，在此也扮演了一角（见后述）。

第十六章

利未人与律法书

古老时代的崇拜地点上的祭司，到底真实面目为何，已无法确实得知。古老的祭司门阀，示罗的以利氏族，被大卫迁移到耶路撒冷去，随后又被所罗门贬低地位。成为耶路撒冷领头祭司的撒督（Zadok），在古老的传承里甚至没有父系姓名，直到后来的传说才给予他在传承立场上看来正确的系谱。王权显然握有此等祭司地位的任命权，也支配着祭司的经济供养，而首要的，同时也声称拥有供奉牺牲的权利。在约阿施统治时，又进行了一次改革，亦即在国家的统制下为耶路撒冷的祭司提供圣职俸禄。形式上，所有这些是在犹大王国的最后年代里随着《申命记》改革才有的变化。耶路撒冷的祭司阶层当时觉得本身已强大到足以将十一税和其他献神的税收要求推行到全以色列各地，在当时也就是犹大王国。这些税收要求原本是某些圣所，根据麦基洗德传说来推断，可能正是耶路撒冷的某些圣所，在一定领域内的特权[1]。不止如此，

---

[1] 麦基洗德的故事详见《创世记》14:17—20："亚伯兰（亚伯拉罕）杀败基大老玛和与他同盟的王回来的时候……又有撒冷王麦基洗德带着饼和酒出来迎接；他是至高神的祭司。他为亚伯兰祝福，说：愿天地的主、至高的神赐福与亚伯兰！至高的神把敌人交在你手里，是应当称颂的！亚伯兰就把所得的拿出十分之一来，给麦基洗德。"——译注

我们后面会看到，耶路撒冷的祭司阶层同时还提出强化他们自己垄断祭典的空前要求。前此，必然先行的是，祭司阶层的威信有过一番日益壮大的过程。被申命记法典视为古来唯一正统的这个耶和华祭司阶层，在此一申命记纲要里就叫做**"利未祭司"**。

"利未"(Levi)之名并没有希伯来语源[1]。利未人有可能也曾事奉过米拿族的部族神瓦德（Wadd）[2]。这些有学识的祭司到底自何时起散布各处，无法确知[3]。能够确定的不过是，他们原本并不是定居在北以色列，而是个别迁徙进来散居在那儿，并且，总之在耶罗波安王朝时，或甚至更晚些，至少他们并不被承认是唯一正统的耶和华祭司阶层。所有的证据都清楚指出，他们是起源于南方，沙漠边缘的水草地，从迦得的绿洲到西珥。在一则非常古老的传说里，利未人是摩西一己的个人扈从[4]，他们响应支持他对抗顽强且不顺服的敌对者，并在一场亲族间的浴血战中确保了他的权威。依照迈尔令人信服的解释，这则传说以及摩西的祝福，总之并不知道利未人是个世袭的种姓。反之，根据摩西的祝福，成为利未人必不认他的父亲与兄弟。就此观点而言，他们是个训练有素的职业身份阶层。就算后来他们组织成氏族而且成为具有世袭性卡理斯玛资质的部族，也无可否认这点。因为此种发展无论在

1　Schneider, *Die Entwicklung der Jahwereligion und der Mosessegen*, Leipzig Semitische Studien, V, 1, 1909. 他相信从"蛇"字可以得出"利未"来，并且援引阿多拿（Adonijah）之行军至蛇石，以及大卫的一个父祖之名。

2　迈尔提到这点。另参见 D. H. Müller, Denkschrift der Kaiserlichen Akademie der *Wissenschaften Wien*, Philosophisch-historische Klasse, 37, 1888。

3　雅各的祝福对于利未祭司一无所知。摩西的祝福才知道利未人，而且是律法书教师与祭司（参见 Ed. Meyer, *Die Israeliten*, S. 82f.）。

4　Isch chasidecha，"你的忠实者"（摩西的），在摩西的祝福里是这么说利未人（《申命记》33:8）。

以色列之内或之外总是一再出现[1]。然而，传说的其他部分所知的，却是个非祭司的、拥有战斗力的"利未部族"[2]，也是以色列诸部族的政治同盟伙伴，尤其是西缅族与犹大族。而且，在雅各的祝福里，根本不知道利未是个祭司身份阶层，甚至不知道有所谓利未祭司的存在。史料所叙述的毋宁是他们偕同西缅人的军事暴力行为，雅各的祝福里更预言利未人的离散，因为犯下恶行：任意杀害人命且"撕裂牛只"。他们将分散在"雅各的家"和"以色列各地"，和西缅一样。后来的祭司传说视摩西为利未族的一员。或许在较古老的但后来被刻意删除的传说里，他被认为是部族之父，或至少是利未部族里那个在**礼仪的**意味上是（或成为）利未人的氏族之领袖。因为，在雅各的祝福的时代，必定有非后来意味下的"利未人"的利未部族成员存在。我们不得不在以下两种假定当中做个选择。其一，因政治灾难或经济变迁而离散的利未部族成员，整体或部分致力于耶和华供牲与耶和华神谕的服务，从而成为耶和华祭司[3]。或者，反之，起初是基于个人的训练、后来则成

1　利未人的由来一直是个颇有争议的问题，照《大英百科全书》的说法，利未人是古代以色列人的一个支派，但却不在传统的十二支派中（十二支派中有十支是以雅各的儿子来命名：流便、西缅、犹大、以萨迦、西布伦、迦得、亚设、但、拿弗他利、便雅悯；另外两支是以雅各的孙子约瑟的儿子命名的，即以法莲和玛拿西）。利未人担任宗教职务，在摩西时代他们曾击杀崇拜金牛犊的以色列人（《出埃及记》32:25—29），此点可能是他们占有特殊宗教地位的原因。在后来犹太人历史上，亚伦的后裔显然有世袭祭司之职的特权。在公共礼拜上从事次要工作的人称为利未人，他们在圣殿中服务，原由奴隶和外国人承担的劳务改由利未人负责。在现代犹太教礼拜中，亚伦的后裔（称柯亨 [kohen]），常优先出来宣读律法书。柯亨祝福之前，先由一名利未人为他洗手。第二段律法书总是由利未人宣读，再其次才轮到一般犹太人。——译注

2　或许也可印证在拉美西斯时代的碑文里，有个"Lui-el"似乎是当作部族名。

3　迈尔（Ed. Meyer, *Die Istaeliten*）认为利未"部族"的确是定居于（"诉讼之水"）米利巴（也就是一种印度式的圣法习得者氏族 Pandit，参见《印度的宗教》）。

为世袭性卡理斯玛的职业身份团体而散布于异部族之间的"利未人"，其于南方的俗人氏族，亦即礼仪训练与传统在他们身上已告消失的氏族，被视为一个"部族"或者真的建构成一个部族，并且与西缅结盟，而后同归瓦解消亡。在印度的婆罗门那儿，我们发现到同样发生在利未人身上的斗争，亦即个人性卡理斯玛与职业身份，相对于世袭性卡理斯玛与出生身份，两种资格之间的斗争。并非每个出生为婆罗门者都在礼仪上有资格拥有婆罗门的特权：奉献牺牲、教导吠陀与领受俸禄。而是只有过着礼仪所规定的生活，并按正统教诲而献身圣职者有此资格。在印度，有些村落整个的赐给婆罗门作封地居住，而这些婆罗门有部分是完全或几乎完全放弃了吠陀教育。因此，在利未人那儿也可能是这样。《申命记》里结合"利未人"与"祭司"这两个词汇的方式或可令人作此设想：当时也有未受正式教育且在礼仪上并不纯正因此没有资格执行仪式的利未人后裔存在，他们并不是（或不可能成为）"祭司"。这个假定实际上几乎没有反驳余地。可以想见的是，由于"俗人—利未人"过着这种即使在当时也无法被计入其他任何部族的离散生活，所以使得传说将他们和西缅一起牵连到示剑的污行里[1]。

在《申命记》的时代，利未祭司被组织成世袭性卡理斯玛的氏族，一种排他性的身份团体，并且要求独占一定的神谕形式、祭司教诲与祭司地位。这至少在南方是成功的。在北方，利未祭司只有在《士师记》里被提到过两次（第17章以下，关于但与以法莲）。换言之，直到年代无法确定的这个段落被编纂的时代，利

1　《创世记》34:25：传说里，雅各的儿子西缅和利未用计欺骗示剑族人受割礼而趁他们疼痛未愈的时候把他们都杀了。——译注

未人似乎还是个职业身份而非出生身份团体。然而在受祭司传说影响的沙漠与征服传奇里和《申命记》里，他们却反而是出生身份团体。这个传说径直当利未人是有教育的世袭性耶和华祭司。而且，个别的利未人还拥有私人财产，包括家和各式各样的土地资产。他们被授予施行奉献牺牲礼的独占权（一旦要有个祭司来帮忙的话），并且全权垄断交签神谕与教说，以及为了报偿所有这些施为而给付的贡租与临时收入，理论上，现今版本的《申命记》更是赋予他们收取土地所有收获的十一税的权利。

在较古老的传说里，利未人在法律上是格耳林姆[1]。他们的确是以色列部族共同体里的"客族"的完美典型。在现今的版本里，他们极纯粹地保持着此种地位。我们在基比亚的污行故事里发现有个以法莲寄居者的利未人[2]。无疑地，他是靠临时收入过活。利未人处于战士田产持分者团体之外。他们被豁免兵役义务（《民数记》1:49、2:23），并且他们的宗教服务，正如'ebed一词所表现的，被视为寄居者对于政治共同体的赋役。他们的法律地位逐渐有了确实的规定，而其内部则按父系家族组织起来（《出埃及记》6:25，《民数记》3:14f.），就像是印度的客族的组织方式，也相应于当时的以色列部族的组织方式。传说里的某个部分关于应当分配给利未人居住的城市的规定（《民数记》35:2f.）[3]，并不必然是虚构的，而可能是基于：在某些城市里，他们的生计是靠着分配给他们的房屋建地与牧草地以及一定地区的税收配额而得以确保。我们在

1　就像任何以色列人在其他以色列部族的领域里便是个格耳（寄居者）一样。
2　所谓"基比亚的污行"，最后导致以色列其他支派联合歼灭了便雅悯支派，参见《士师记》19。——译注
3　各避难城市也属于利未人。

王侯（约书亚）身上发现到类似的情形，也与某些印度的模拟相一致。根据另一则较此更成问题的传说（《利未记》25:32f.），利未人的耕作地——或许由于背负着赋役义务——是完全不可转让的，连同他们的住屋也不能像其他以色列人一样自由买断[1]。总之，我们很可以这么假定，他们的营生方式随着地方之不同而纷陈不一[2]。

在某些点上，与婆罗门的模拟还要更进一步。利未人作为地位已确实规定的客族所处的状态，并不是他们与以色列的关系的唯一形态，或许也不是最初的形态。如我们先前谈到的，传说里报告说王侯与领主任用低等出生的人来担任他们家庭礼拜所（小型的"私人教堂"）的祭司，一如耶罗波安之所以遭受非难的（《列王纪上》12:31）；另外也有任用自己的儿子或亲戚。后者的例子，在一则古老的但族传说里提到，是关于北以色列的土地领主米迦。在相关的后续报导里，米迦后来与来自犹大的一个利未人建立起关系，并委托他在自己的圣所里服务，认他为自己的"父"（相当于印度的导师 [Guru]）。最后，但族在其往北迁徙行程中，带着圣所的神像和利未人同行，并且任命这利未人为他们在西顿地区新建城市的神殿的世袭祭司"直到今日"[3]。这和婆罗门在印度的散布方式如出一辙。后来的利未人宫廷牧师亦如同宫廷婆罗门祭

1　利未人的牲畜被称为"耶和华的牲畜"（《民数记》3:41、45）。

2　他们像所有的格耳林姆一样居住在"城郊"（migraschim，《约书亚记》14:4）。他们并未分得农耕地，有如迦勒为自己争取到希伯仑那样（《约书亚记》14:13f.）。

3　米迦铸耶和华神像、分派他的一个儿子为祭司并认一个利未人为父的故事见《士师记》17，但人觅地迁徙、夺走米迦圣所的神像并任命这名利未人为新神殿祭司的始末见第18章，圣经原文是"直到那地遭掳掠的日子"。——译注

司[1]。在此，利未人散布各处的契机清楚可见，那显然是：他们优越的礼仪训练，不止在献牲燔祭方面，而尤其是在"灵魂司牧"（Seelsorge）上，亦即给予忠告如何邀得神宠与避免神怒。王侯与领主任用他们，不止是为了个人求助于此种忠告的需求，而无疑也是为了其作为圣所之支配者的威信，以及为了其作为圣所拥有者的经济收益——由一个训练有素的祭司所主持的圣所所具有的名气而带来的收益。我们先前已看到基甸如何利用其战利品的份额来兴建一所带有神像的礼拜所。后来，如同但人那样，这类共同体之招揽利未人为祭司并提供其生计之所需，应该也是不言而喻的事。除此，利未人也从事自由的营生活动。以此方式，利未人在逐渐扩张的轨道上为自己赢得了祭仪独占的地位，这在申命记时代的犹大领域里基本上获得承认。《申命记》提出的前提条件是：每一地都有个利未人居住，并且依靠牺牲祭祀维生。利未人的这种扩张并非一往而前毫无阻拦的，摩西的祝福里便诅咒那些"恨恶"利未人的人（《申命记》33:11）。就像祭司编纂版的一则传说里，可拉族——后来现身为受贬斥的利未人——连同流便人的

1　Purohita 是婆罗门教里的宫廷祭司，可以说是印度宫廷里国王的最高建言者、帝师。法国人类学者杜蒙曾描述过："（印度）宗教精神原则与王权原则之间的关系可从一个制度获得完全的了解，这个制度把此关系具体呈现为人与人的关系，把抽象的理念相当完整地表现出来。国王不只是要雇请婆罗门从事公共祭仪，他还必须与某一个婆罗门建立起固定的、私人的关系，这个婆罗门即是国王的王家祭师（purohita，字面意思是'在其前面者'）……它的意思是指一种精神上的代表或前锋，几乎是国王的'大我'。众神拒绝享用没有王家祭师的国王所献的祭品……不仅如此，国王一生中的一切行动也都要依靠他，因为没有他就不能成功……其关系像婚姻一样紧密。正如《黎俱吠陀》早已说过的：'他富足的住在其宫中，大地供应他各种礼物，人民自然服从他，他是一个婆罗门永远走在他前面的国王。'俗世的权威之所以获得保障，是因为国王以私人身份向化身为王家祭师的灵性权威表示顺从。"杜蒙，《古代印度的王权观念》，《阶序人——卡斯特体系及其衍生现象》（台北：远流，1992），页 478。另参见《印度的宗教》第一篇第八章。——译注

后裔起而反抗祭司阶层独揽大权的一场革命，证明了以色列内部存在着一个强而有力的阶层，他们追忆以色列最初根本没有这样一种祭司的优越权存在，特别是这种独占牺牲供奉与神谕的世袭种姓。耶和华是通过先知与先见来启示他的意旨。似乎正是同盟的古老盟主、草原部族流便，抱持着这样的立场。这个部族之所以离散，恐怕正因为欠缺一个组织稳固的祭司阶层，也就是犹大之所以强大的条件。利未人神谕授予者的训练，尤其是王权愈来愈允以支持的力量，在在使得此种抗争非难归于沉默。虽然如此，在北以色列亡国之前的时代里，利未人及其神谕在与当地的竞争势力的斗争当中取得了何等程度的权势地位，仍是个有待解决的问题。

第十七章

祭司阶层的发展与耶路撒冷的崇拜独占

在礼仪上，利未人似乎打一开始，就像婆罗门一样，通过遵守一定的洁净规定而与"俗人"区分开来。在这些规定当中，我们此处所关心的仅止于特别严格避免与死者接触尤其是与墓地崇拜相关的规定。这个祭司阶层显然是反对邻居埃及的死者崇拜的主要担纲者。摩西的祝福清楚地告诉我们（《申命记》33:8f.），利未人在其普遍获得承认的时代里的独特成就。其中，一点儿也未提及利未人的神愈机能，尽管如先前所见，摩西本身被认为会施行神愈巫术，而且蛇杖或许是巫术性神愈术的遗物。麻风病的诊断后来还被推为祭司的工作。除此，我们丝毫未曾听闻任何有关利未人治疗术的消息，而后来麻风病患归他们裁决，基本上也是因其被视为礼仪上不净的缘故（这与古代以色列的医疗技术有何关联，我们一无所知。《西拉书》所推荐的医生看诊和药房开药，反映出希腊化时代的状况）。因此，我们可以推断，在历史时代真正的巫术神愈已不再掌握在他们手中。对于病患，他们只照管"灵魂司牧"，我们后面会再提到。看来他们是不使用非理性的神愈手段的。摩西的祝福里摆在最前头的（33:8）是关于在加低斯的"争讼之水"（诉讼神谕之泉）的爻签神谕的回想，其次（33:10）是律令与律法的教导义务，最后才是焚香祝祷与献牲燔祭。摩西（根据 33:8）曾在一场角力中从耶和华那儿夺取神谕：这儿所指的应是诉讼神谕。友好利未人的《申命记》法典训诫人民应该将诉讼事件"带到耶和华面前"，而传说里则让摩西，除了特殊情况下作为巫师外，一整天都被诉讼事件缠得脱不了身，直到他在叶忒罗的奉劝下将之转交给王制时代（固有）的首领（Sarim）为止，这些人被认为是摩西的属下。后来的一则传说还提出由俗人与祭司混同组成法庭（《申命记》17:8、19:17）。这些记述乃是线索，暗示了别处也同样发生的、俗人与教权体制之间在法发现上的紧张性。在前汉谟拉比时代的巴比伦，祭司被排除于法庭之外而以俗人为优先，在由俗人法官所主持的诉讼审判里，祭司的权限仅止于技术性的神谕把式。汉谟拉比法典是在有关魔法的嫌疑和妻子的不贞嫌疑上提到这点。在以色列，神谕在判决里仅限于第二种情况。诉讼裁决，至少在北以色列，单只由俗人法官，亦即长老或国王官吏来进行。在南方，如先前所暗示的，由摩西的祝福里加低斯事件的意义与诉讼神谕的活动之受重视看来，祭司在诉讼上的地位远比北方重要。时而有人认为祭司当时在南方的确具有正式法官的机能，我们已提过，这是无法证实的。不过，若说他们是诉讼当事人和法官再度咨询的仲裁者和神谕指示者倒是不错。他们在南方之所以具有较强势的地位，是很容易解释的。半游牧部族的政治团体通常只以宗教联盟的方式来维持其稳定，所以在他们唯有祭司的神谕——相对于依靠个人威信来维系的酋长权力——才具有真正超乎个人的强制性力量。在源自北以色列的契约之书的所谓"律令"（mischpatim）——可用"如果……的话"

这种法律要件的抽象假设公式来加以识别——里，有一种我们先前提到过的，在巴比伦范式影响下的古代俗人法学的沉淀物。纯粹世俗的命令仅只偶尔出之以"debarim"的形式，亦即"汝当……"或"汝不当……"的形式。此种形式即使不是全面性地也是压倒性地支配了具有礼仪或宗教—伦理特色的命令与禁令，而且也就是那种无疑并非出自俗世法律家而是以先知的神谕或祭司教导的训令为本的命令与禁令所固有的形式。关于后者，也就是并非先知的而是祭司的训令的形成方式，我们后面会再加讨论。总之，利未人在其中也参与有份，摩西的祝福里便赋予他们教导民众法律（Mischpatim）与"律法书"（Torah）的义务。即使俗世的法律（Mischpatim 是从 schafat［审判］一词而来），就耶和华信仰而言也具有宗教上的重大意义，因为而且既然它已被视为与耶和华的契约的一部分。利未人受命要传授 Chukim（《申命记》33:10、11），亦即（礼仪的）传统。

　　利未教师原则上只需教导生活样式上的礼仪规定。但是，"ius"（世俗法）与"fas"（宗教法）的区别，在此并不如教权制影响下的其他社会秩序里那么泾渭分明。在摩西的祝福的时代里，利未人实际上是运用爻签神谕来作为解决法律争论问题的手段（如米利巴之名所指示的）[1]。并且，在律法书成为理性的宗教教示之后，两种法之间的区别变得相当浮动。因为，对利未人而言，何者应被视为耶和华所保证的古老同盟秩序的构成要素，取决于律法书。不过，"律法书"原先并不是意指——如现今仍时而有人这么翻译

1　米利巴即所谓"加低斯的争讼之水"。相关资料请参见《出埃及记》17、《申命记》33。——译注

的——"法"（Gesetz），而是"教"（Lehre）。当然，此一概念同样是和利未人古老的爻签神谕连结在一起的[1]。在史料里，律法书一般而言指的就是应该由祭司来负责教导的整个规定。在摩西的祝福里，Thora 与 Mischpat 区分开来，指的显然特别是契约之神的礼仪与伦理命令，尤其是社会伦理命令，总之，**并不是**法的命令。尽管摩西的祝福里与律法书有关的不甚调和的那一节（第 10 节，紧接在第 9 节之后，而与第 8 节分开）有可能是后来添加进去的，然而此节（连同第 8 节与其他传说）却清楚告诉我们，利未人的扩张普及与权势是奠基在哪些作为上：奠基在他们对"顾客"的、非关诉讼的、咨询所作的解答上。神谕的宣示在此也打一开始便是其工作的固有形式。不过，为了个人所需，纯机械性的掷签工作即使是未受礼仪训练者也能够学会，事实上，我们从基甸与约拿单的故事里也看到，占卜吉凶与箭矢神谕被非利未人利用来探求耶和华的意旨以及确定事实真相。在求问耶和华时，程序上的礼仪正确性是关键所在。尤其是官方当局，亦即司法当局与政治当局，必然无比重视其求问时的这种礼仪正确性，因此，对他们而言，利未人的爻签神谕一直具有历久不衰的重要性。然而，尽管爻签神谕的威信受到官方百般的承认（甚至直到以斯拉的时代，即使其实早已不复存在），此种原始的形式在面对私人顾客时，终究是不可能满足其要求的。社会关系与在此关系下被提出来的问题都日趋复杂。我们已看到，在但族的圣所的全盛时代所流传下来的传说里（《士师记》17），领主米迦如何认那个迁徙来的据称是摩西之后裔的利未人为其"父"，亦即委任他为礼拜神像的祭司

1　"Thora"一词是由"掷签"而来，例如迈尔便如此认为（Ed. Meyer, *Die Israeliten*）。

之外，尤其是任用他来教导圣所的建立者米迦对于耶和华应尽的义务（就像印度的婆罗门告解师父）。同样的，我们也说过，与古老的牺牲供奉（Bittopfern）并列的赎罪祭与赎愆祭总是愈来愈具重要意义。赎罪需求的意义渐增的这种现象，与为了使提问获得合理解答而令机械的爻签神谕意义渐减的现象是同时并进的。此种愈来愈趋理性的教导自然是与为了**私人**的神谕传授息息相关。后者与先知的关系以及与祭司阶层的关系是流动不定的。耶利米特别清楚区分律法书为祭司的事，而神的话语则为先知的事。然而，在《以赛亚书》（1:10、8:16、8:20）里，我们发现到"律法书"被当作"神谕"来解的叙述（就此而言，意义等同于 debar Jahwe，"耶和华的话语"），并且一度（8:16）被说成是被封印起来传授给门徒的、先知的神谕书卷。除了祭司，耶利米也称 Kohanim——应该是耶路撒冷神殿的礼拜祭司——为"律法书教师"（Thosfê hattora [掌理律法书者]）。

总而言之，利未人并不是通过为**共同体**举行牺牲祭祀的训练而获得其威信，而是通过他们关于耶和华命令的纯理性知识以及在礼仪手段的知识上的教育而取得威信。换言之，他们借着赎罪祭、赎愆祭、斋戒或其他手段来弥补赎去人们对耶和华的冲犯，并借此免除即将面临的不幸和消解业已降临的灾祸。这相当吸引君王和共同体的关注，而这尤其是私人顾客的关怀所在。随着以色列政治困境的日益窘迫，此种需求更是普遍蹿升。借着教导顾客而解决其困境，**这件事本身**如今成为利未人的"律法书"的唯一真正意义。律法书的教诲因应雇佣报酬而施予（《弥迦书》3:11）。利未人成为罪过的告解对象（《民数记》5:6），然后由他来向耶和华为犯罪者求"赦免"（《利未记》4:20、31，5:10，6:7）：这就是他对私人顾客最重要的服务。属于农民召集军的、古老的狂迷与非理性的战争先知与拿比逐渐失势退场，相应于此而登场的是，利未人的这种相对而言**理性的正因其为教诲性的**影响——不管人们起初认为其内容有多么的原始。

　　利未人的律法书也由于其神谕手段的技术特质而被推上**理性的**方法论之道。相对于内脏占卜、鸟类飞舞或其他走兽姿态的观察，尤其是相对于任何一种恍惚状态的预言方式，以"是"或"否"来回答具体问题的原始的爻签方法担负了绝对最低程度的秘法、激情或神秘的非理性。表现在巴比伦的预兆之书里的那种理论，在此根本没有生存发展的机会。利未人的神谕所强烈要求的，完全不同于此：为了能够通过简单的爻签就确认事实真相与神的具体意旨，**问题**必须正确地提出来。一切都取决于提问的方式，换言之，利未人必须掌握一种理性的方法，寻求某种表达方式以使呈现在神前的问题可以用"是"或"否"来回答。不过，必然有愈来愈多根本无法以爻签的手段和以"是"或"否"就可以直接解决的问题浮现出来。在这些问题被带到神前之前，复杂的初步问题必然要先加以解决，结果在此种初步解决之后，有许多情况根本就不再有通过神谕来加以决定的必要。如果通过质问就可以决定顾客到底犯了什么样的罪过，那么对应的赎罪方式已由传统所确定。只有在**谁**是罪人还成问题的时候，如亚干（Achar）的故事作为典范所指出的[1]，必须求助于爻签神谕。不过，特别是对于个人的需求而言，与理性的罪的决疑论相反的，爻签神谕的意义无

---

[1]　"以色列人在当灭的物上犯了罪；因为犹大支派中……迦米的儿子亚干取了当灭的物；耶和华的怒气就向以色列人发作。"（《约书亚记》7:1）亚干的故事详见《约书亚记》7。——译注

可避免地愈来愈走下坡，直到《申命记》的神学的理性主义（18:9—15）实质上令其不再有任何信用，或者至少不再提到它。至于某些情况，素来就习惯且不可避免地要行使爻签方式，亦即律法书教师的传统已派不上用场之处，所余的唯一手段只有求问于先知。

　　利未人的律法书的威信历尽更迭。如果各种回想可以相信的话，此种威信早在古老的誓约同盟时代就已经开始，然后随着南方的犹大部族之加入此一同盟而无可避免地升高，尔后或许由于王国的分裂而趋于衰微，不过，随着北方王国威信的衰落，其威信又再度回升，并且逐渐在南方王国成为一枝独秀。在埃及，似乎并没有赎罪牺牲这回事。巫师在此取得利未人在以色列的地位。总之，直到较后来的时代，有关伦理义务的理性教诲的契机与诱因，基本上才由奥塞利斯祭司的死者崇拜，也就是最属于庶民信仰的祭仪，来提供。相反的，在美索不达米亚，我们发现有献牲来赎罪的情形，尤其是由于被视为招惹神怒的结果因而生病之时。为了除去礼仪的不净（亚述语：mamitu），罪人必须在祭司的带领下吟诵古老的（部分而言前巴比伦时代的）忏悔诗歌。种种做法的特色，在此，和埃及一样，是巫术性的，而不是伦理—教诲的。以西结的确提到有关巴比伦的爻签神谕（21:26），不过，就目前所知的，这早就不再是祭司技术的一端而湮灭已久了。并且，此种爻签神谕在此并不是由理性的律法书来填补替代，而是由征兆的搜罗汇集与体系化以及有关征兆之意义的祭司专门教说来取代，后者在一极为诡异的文书里流传下来[1]。我们后面会讨论此种发展上的重大歧异是基于何种道理。

1　参见 Ungnad, *Die Deutung der Zukunft bei den Babyloniern und Assyrern*, Leipzig, 1909。

当其扩张时，利未人顺应于既有环境。就像米迦的例子所显示的，古代的利未人毫不迟疑地服膺北方王国的偶像崇拜；也许他们也属于那些认为偶像就是耶和华偶像的人。然而，当偶像斗争起始之际，根据传说，无疑是南方出身的利未人，便令其后续部队愈来愈倾向于偶像敌对者这边。很有可能的是，我们将很快讨论到，后来没有资格出任祭司官职的利未人和被贬落为神殿仆役的利未人的一部分，便是出生于偶像崇拜的利未氏族。对此，印度的婆罗门祭司阶层的发展同样提供了一个模拟。

和婆罗门的情形一样，利未祭司的威信的固有源泉在于他们对耶和华权威性规约的"知识"。尽管，由于政治因素，祭祀并不具有那么重大的意义，崇拜本身也远不是那么古老，而且欠缺像吠陀那种性格的圣典，然而利未人的威信源泉正是在于他们对于正面而非消极禁止的礼仪与伦理命令的知识，以及他们对于人们如何借着服从这些命令而讨神的欢喜或如何平息因违反命令而招惹神怒的方法所具有的知识。情形正如同，倘若在印度只有家庭经与法经存在，而礼仪命令也只不过是少数一些简单的规定。正是在这一点上，其与婆罗门之间存在着重大的差异。再者，所有印度意味下的秘义（Esoterik），在此也尽付阙如。从南方渐渐涌进迦南地的这个（利未人的）波涛，既未带来巫术性的或秘法传授者的知识，也未带来圣典知识，以及占星术的、神愈术的或其他神秘的知识。秘法只能在拿比——忘我的土地中生长，并且在我们所见的以利沙——奇迹当中发展出来。令人又惊又怕但也受到虔诚崇拜的"神人"，不止现身为巫术性的急难救助者，而同时也是与耶和华之间的调停者，并为人带来罪的赦免，这从《创世记》20:7 开始，传说的指证多得不胜枚举。然而从中并未发展出，如在印度，一种活生生的救世主那样的人类崇拜。这种倾向被利未人的律法书阻挡了下来。这些南方人及其利甲族和其他部族同盟者所知唯有：耶和华—誓约共同体的古老美好律法，这是经由摩西的告示之后，耶和华与以色列召集军之间通过契约所确立的法，对这些法规的任何破坏，必定会招惹耶和华的怒气。除此，正如《申命记》所显示的，就只有对牺牲供奉的素朴热诚，再加上在当时尚属简约的仪式命令和私人伦理与社会伦理的**理性教说**。

如同婆罗门，利未人和各地方的种种古老祭司阶层相互同化。另一方面，不容置疑的是，各个圣所的祭司门阀之间也爆发了激烈的斗争。参与被拒斥的祭仪的祭司，会遭受贬降[1]。从南方迁徙而来的利未人，与当地的古老祭司门阀之间起初的关系为何，仍是个问题。示罗的以利族古老祭司门阀，若按出现在族人中的埃及名称（非尼哈）看来极有可能可以追溯到摩西，后来确实也被视为一个利未人的门阀。但人的祭司门阀同样也是如此。不过，以利族原先似乎并不被认为是利未人，他们与两大祭司门阀——撒督族与亚伦族之间的原初关系仍然非常隐晦不明。撒督族在申命记时代与俘囚期初时，亚伦族在俘囚期之后的时代，扮演了决定性的角色。两者后来被归属于利未人的部族系谱，自然是伪造的。撒督族自所罗门以来便是耶路撒冷首屈一指的宫廷祭司门阀。《申命记》认为他们是利未人，因此，他们必定早就认为与利未人融合是件明智之举——此亦利未人的威信在当时已被确认为历史悠久的明证。反之，最成问题的仍是亚伦族与亚伦这个人本身的原

1　譬如可能是源于狂迷崇拜的、俘囚期之后的"歌者"和"Nethinim"便是如此。

本地位[1]。在前申命记时代的最古老报告里(《出埃及记》24:1、9,18:12),亚伦似乎是被视为以色列长老中最尊贵者,因而并不是祭司。在后来的特别是俘囚时期的编纂本里,他是个祭司,并且地位不断上升,起先是成为拙于口舌的摩西的代言人,再来成为女先知米利暗的兄弟,然后变成摩西的兄弟,而且是兄长。最后,在最晚近的编辑里,唯独他直接获得了有关他和他自己族人权利的启示(《利未记》10:8,《民数记》18:1、9、20)[2]。从而,撒督族被当作是亚伦族的一部分。出现在古老传说里的摩西后裔——除了以利族的祭司门阀之外,特别是把但族计算在内——在令人咋舌的大胆作风下被割离于摩西,而归属于亚伦。由于耶和华信仰的改编本似乎根本不认识亚伦,并且把他和公牛膜拜牵扯在一起,所以人们便断定亚伦乃源自北以色列。由于亚伯拉罕传说的亚伦祭司改编版里(《创世记》17),让神以"El Schaddaj"(全能的神)之名向亚伯拉罕显现,所以可能亚伦族便是个古老的耶洛神(El)祭司门阀,并且因而要大大强调他们的神与俘囚时期已被抬高为世界唯一神的耶和华是二而一的。《约书亚记》最后一节里的记述,又令人推量起其与便雅悯的关联——后者在雅各传说的后来版本里是被极为偏爱的儿子。然而,所有这些都是不确定的。

祭司门阀间的激烈斗争,不止反映在传说版本的屡屡修正上,也反映在传说里所呈现的相互诅咒上。譬如对非尼哈,示罗的以利族祭司门阀的祖先,有一则据推测是古老的、夸大的祝福话语,反之,在以利族于所罗门治下没落之后,《撒母耳记》里载有一段

1　关于亚伦,参见 Westphal, "Aaron und die Aaroniden", *ZAW*, 26, 1906。

2　Schneider 在前引书里试图从约柜导出亚伦族,这个想法似乎有点道理。不过,他们并不如他所设想的与示罗有任何关联。

此一氏族将遭灾祸的预言。祭司权威，如可拉族的反对者将会为大地所吞没；后来可拉族却贬降为歌者氏族。从翻修过的传说的蛛丝马迹看来，不止怀抱着清教精神的耶和华信仰的祭司阶层，还有尤其是北方的古老圣所的利害相关者，必然是非常激烈地反抗所罗门的神殿兴建，以及这个圣殿因此所踞的优越地位。实际上，北方王国的崩溃，本质上的一个因素就是由于此种祭司门阀间的对立及其祭仪规定上的相互对立，例如耶罗波安为了但与伯特利所设定的崇拜规定，尤其是他们通过君王来做出此种处置的动机所在。此种尖锐的对立最清楚明白地显现于：在互有偏见的宗教传说里，就连耶和华崇拜的部族祖先们都不得脱身豁免。亚伦族祭司的宗教传说把针对摩西本身——尤其是他的异族婚姻——的严重非难，归之于亚伦与女先知米利暗。传说明示摩西之所以不得加入行进应许之地的行列乃是由于他的罪使然。然而，另一方面，根据摩西的宗教传说，米利暗却因此事而得了麻风病。最最无法确定下来的，是亚伦本身的地位：除了其他一些罪行，他特别因参与公牛的祭拜而遭到谴责——在此一传说的最终编纂时代里这可是个死罪；虽然如此，在传说里他却未因此而招致什么灾难。

　　祭司阶层间的此种斗争想必更加激烈，当耶路撒冷的祭司阶层（当时为撒督族）在北方王国的政治性崩解之后得出最后的结论，并提出古老传统中根本闻所未闻的要求：自此之后，**唯有在耶路撒冷**的一个神殿、一个礼仪上具有完全资格的献牲之所存在，并且，在山丘上与林木下的古老耶和华礼拜，以及在伯特利、但、示剑和其他地点的古老地方性与州省所属圣所的耶和华祭拜都要停止。这样的要求或许并非绝对是新的，但可能就在北方王国殒落后便已形成。因为，似乎是当希西家陷入对抗西拿基立的苦战时，就已着手致力于实现此种要求。只不过当时地方圣所的观念上与物质上的利害关系者——亦即农民与领主——的反抗恐怕是太过强大了。到了玛拿西治下，此事也就不用再提了，因为他作为亚述的封臣，在耶路撒冷实行美索不达米亚的天体星辰崇拜。和他怀抱同一精神的后继者亚扪，在一场可能是由耶和华信仰的党人所煽动的军事暴动里，和彼时北方王国的暗利王朝治下相类似的，被扫荡尽净。不过，当时对祭司的此种要求的强烈反抗，在以下事实里显现出来，亦即：革命是由地方圣所的利害关系者镇压下来，这些人首度以后来不断出现的党派之名 'amme haarez（"国人"）登场。虽然如此，祭司在与高贵门阀氏族——他们也与耶和华信仰的党人友好——结合下，成功赢得了对未成年的约西亚的影响，并且在对抗亚述帝国的大联盟形成——导致约西亚的垮台——做好准备时，此一要求再次重新浮现。这便是**申命记**法典的核心要求。此一法典是群集在耶路撒冷祭司阶层身旁的知识阶层的学识产物。它被认为是由神殿的雇员在神殿里所"发现"的。希冀赢得耶和华的援助以对抗长驱直入巴勒斯坦的法老尼哥，此一乌托邦的希望显然是促使约西亚去履行此一发现——据称真正是古老的摩西的法书（sefer haattorah）——中所包含的命令的动机。约西亚在庄重的契约里让人民负有遵守此一法律的义务，并拆毁古老圣所，且用死者遗骸令其蒙受仪式上的不净（前621）。然而，约西亚王在米吉多战役里的挫败与惨遭杀害，为所有这些希望画上句号，并且一般而言也是对利未人的耶和华党派的一记可怕打击。此一申命记纲要想要取代其他一切法律集的明显要求也因此而遭受当头的挫折。然而这依然是当时唯一有强固组织的耶路撒冷祭司阶层的理想要求。其编纂者以巧妙的方式将此种独占的要求与其他

有利于其权势地位同时也相当受庶民欢迎的要求连结在一起。首
先是对所罗门赋役王国的古老抗议。人们从未或忘，极具威信的
大卫王朝是通过与长老们的契约而获得王位的，而且古代的以色
列领袖乃是骑在驴背上的卡理斯玛人民君主，既无战车营、宝库、
后宫、徭役与租税，也没有世界政治的主张与应对。这都该认真
地复原重建。王的尊荣应由祭司的爻签神谕来决定，王应受《申
命记》的摩西法律所约束，并且日日加以诵读。关于扫罗如何由
撒母耳授命为王的相关记事，如今被插入到古老的传承里，同样的，
放羊的小孩大卫打败歌利亚的宗教寓言取代了真正的传说。在诸
王传说的修订编纂里，如今每个王的评价都一应其对于偶像崇拜
与山上礼拜的态度而定。同理，契约之书的古老社会法也被相应
地做了变更而纳入新的申命记纲要里。由于西底家在巴比伦的采
邑领主有意于（以色列）王权的弱化，所以十足可信的是，在此
王治下，对于这些要求的实现的确做了些努力。

　　流传到俘囚时期的这个申命记纲要是唯一首尾一贯的神学，
其他流传的不过是些片段与未完全整合的传奇故事与传说的集子。
申命记法典实际上最极力要求的，打一开始便是耶路撒冷及其祭
司阶层的祭拜独占。当然，也就是这个要求制造了最重大的困难。
撇开非耶路撒冷的俗人利害关系者的反抗不谈，问题在于：向来
在其他圣所供职的那些利未人和其他祭司该怎么办？后来被添窜
得相当厉害的申命记法典有关这点，在现今的版本里包含了两个
互相矛盾的规定：其一，训示所有的以色列人，不得让"你们里
的利未人"没有供养，换言之就是让利未人成为不具祭祀权利的
坐食者，并且只与祭司分享法律"教导"的权利；其二，这些祭
司可以迁居到耶路撒冷并参与当地的礼拜，不过，这并不是由祭

司本身带入法律里的规定，而且若要认真实施起来，耶路撒冷的祭司阶层是不会同意的。再来，到了俘囚期，意思是：所有的祭司氏族全被俘虏到巴比伦。此时，不争的事实利益在于：所有的祭司都言归于好。以西结仍然呼吁由耶路撒冷的撒督族独占祭礼，并且相应于《申命记》的理论，把"利未人"和他们分开，成为不具献牲权的第二流祭司。然而，撒督族的独占显然是无法贯彻的。到了波斯时代，最后的妥协显然由身负文书教养的祭司以斯拉所发现，而妥协的内容似乎也是经由各个门阀对于宫廷的影响程度而共同决定的。其中，以斯拉视撒督族为亚伦族的一支，并将唯一圣所耶路撒冷的供牲礼拜的权能交在全亚伦族人的手中，所有其他被承认为利未人的门阀则从属于亚伦族，降格为轮番执勤的次级祭祀官吏，其他一些人则成为负有义务的"神殿奴隶"（Nethinim）、歌者与门卫。教权制的三区分，祭司、利未人与神殿奴隶，在福音书里仍然存在，在最后者消失后，则为祭司与利未人，这样的区分便是源于此番规制。至于使得此种规制得以被采纳的手段则是对于物质条件的规划：在全圣地（耶路撒冷教团国家支配下的全地）贯彻普遍性的十一税，然后将此一收益与一些与此无关的其他税收，分配给各个教权制里的利害关系团体。决定古老的斗争以此种方式来收场的，一方面是俘囚期教团的特殊情况，另一方面则是与波斯宫廷的政治关系——有关此种关系的性质我们后面会谈到，而这也对新的规制起了决定性的作用。再者，此种解决方式则是通过古老法规与传说的大量改订添窜，以及通过所谓"祭司法典"诸多规定的新制定而被正当化。以斯拉郑重地责成重新安顿集中居住下来的教团担负遵守此一法典的义务。在此，我们不再进一步追查此种外在规制的细节，而是要再次回首前俘囚时代，端详一下此种独特发展的内在理路及其推动力。

耶路撒冷的祭祀独占首先有个非常重要的结果：向来，至少在理论上，被视为"献牲"与"牺牲会食"的家内屠宰与家内肉食聚餐的世俗化。其神圣性格已完全丧失，只因牺牲供奉唯有在耶路撒冷一地举行。唯一有所保留的（尽管起先在意味上挺有问题的保留）是：至少不是住得太远的贡纳义务者，都应该在圣城里一如牺牲会食般消费掉他们的供品，至于其他人则容许转换成货币。所有的私人会食的这种世俗化，在死者崇拜遭到拒斥之后，成为耶和华信仰对于**氏族**之宗教意义的可能性的最后一击：从此不再可能有由**氏族**长领导下的祭祀会食存在。因为逾越节会食早已不再是氏族会食，而是一种家内的家族庆典。氏族的重要性在俘囚期之后的时代里急速衰微，恐怕也与此有关。必然导致此种结果的上述那个规定很难说是有意针对氏族所采取的措施，而毋宁是崇拜独占的一种副产品，正如为了消耗掉贡纳品而制定出来的那些半调子的规定所显示的。祭祀会食本身毋宁早自俘囚期之前的时代就已逐渐但稳稳地褪去其原有的意义。现在我们必须将焦点集中在其曾有的意义，以及此种意义与利未人的挺进有着密切关联的转变过程。此中蕴藏着清教式的耶和华宗教独具的深奥特性，唯此特性方足以解释其代表者对其他崇拜所抱持的态度。

第十八章

耶和华信仰对狂迷之道的斗争

唤起吾人注意，有关以色列的"契约"里的崇拜形式，在北以色列的主要圣所示剑与耶路撒冷之间存在着具有特征性的对立，这是迈尔的功劳。根据《约书亚记》，示剑的契约具有一种祭祀会食的性格，亦即一种共饮共食、与神"交契"（Koinonia）的性格，就像一则古老的关于西奈契约的北以色列的故事所报道的，七十个长老出席为耶和华餐桌的客人，如同反过来，耶和华也前来做客，参加祭祀伙伴们的牺牲会食。在犹大所传袭的礼拜式则与此相当不同。这在有关西底家治下的契约里有着详尽的报道，而且也在关于神与亚伯拉罕的契约的宗教传说里被视为前提般地妥当。供作牺牲的走兽被撕裂，誓约者诸如王、祭司或个别情况下的氏族长老或全体兵丁（'am），一一从中穿行而过。在那则宗教传说里，耶和华便在夜里这么做。因此，在此并无那种圣礼式的与神交契发生。撕裂牺牲的场景也出现在另一个典礼里。意欲召唤以色列参与圣战或对抗外族或不法誓约团员的英雄或先知，撕裂一只走兽并将肉块传遍全国。这被视为一种有义务响应耶和华号召而出征的警告。此种形式只被报道过两次，而且正好都是关于北方部族：

以法莲与便雅悯。换言之，撕裂兽类的这种形式若可被认为是与
犹大的契约形式有着某种关系的话，那么可以想见的，此种形式
在北方也应该不是不为人所知的。果真如此，我们可以作此设想：
在示剑的定居民众间常见的与神交契的形式，是与**和平的**神建立
关系的古代迦南人的形式，相对于此，同盟战神耶和华所固有的
对**军事的**同盟关系有所助益的另一种形式，则是山区里并不那么
定居的农民与牧羊人原有的乡土形式。此种设想之所以非常有可
能，乃是因为肢解牲兽应该是古老的狂迷信仰里撕裂牲兽的一种
仪式痕迹——非洲的贝都因人是撕裂一头阉过的羔羊；而且此一
现象也见之于山区与草原的民族，譬如伊朗人似乎是经由琐罗亚
斯德[1]——或许是在美索不达米亚文化的影响下——才根除了此种

1　琐罗亚斯德(Zoroaster,古伊朗语作 Zarathustra)，伊朗宗教改革家和琐罗亚斯德教创始人。
琐罗亚斯德教在印度又称为帕西教，中国史籍则称之为"祆教"。至目前为止，我们尚
无法以任何准确的范围来确定琐罗亚斯德的生卒日期，根据琐罗亚斯德教的传说，他主
要在"亚历山大之前258年"活动，亚历山大大帝于公元前330年征服阿契美尼德王朝(前
559—前330年统治波斯)的首都波斯波利斯 (Persepolis)。根据这个日期推算，琐罗亚
斯德在公元前588年说服希斯塔斯普 (Vishtaspa)——他很可能是花剌子模 (Chorasmia,
中亚咸海南部地区)的一个国王——改变信仰，根据传说，这件事情发生时，他四十岁，
由此推测他的出生日期是公元前628年。他出身斯皮塔马(Spitama)这个朴实的骑士家族，
可能位于米底亚的拉各斯镇(Rhages, 今德黑兰邓区)。琐罗亚斯德把古来印度、伊朗的(雅
利安的)诸神 (即印度吠陀中的提婆 [devas]) 斥为邪神。他宣称阿呼拉·玛兹达 (Ahura
Mazda [智能之主])为最高的神、物质世界和精神世界的创造者；而安格拉·曼纽(Angra
Mainyu) 则拥有众邪神，专事破坏，与之作对。这就是他的一神信仰兼有二元论的教义
的特点。其教义认为：世界分为善与恶、光明与黑暗、真与妄两种势力，二者经常战斗。
人有自由意志，可自行选择参加一方。恶的势力终将被消灭。他宣扬人应以"善念、善言、
善行"对邪恶势力作斗争，这样在死后经过审判得升入永远光明快乐的国土。琐罗亚斯
德所说善与恶两种势力的斗争，反映了当时亦农亦牧的居民与游牧部族间的矛盾。他反
对崇拜多神的教说，遭到旧祭司和部落军事贵族的反对。他离开本氏族部落远游，在巴
克特里亚、阿利亚 (今赫拉特) 和阿拉科西亚 (今阿富汗南部) 各地传教，琐罗亚斯德
教于是大行于世，进而传入西部伊朗，琐罗亚斯德的生平及教训的记录，后成为该教的
经典，即阿维斯塔 (*Avesta*)。——译注

习俗。而且，如此推断想必不错：犹大诸部族曾对原始的，例如在狄俄倪索斯祭仪里也可见到的肉食狂迷发动有计划的斗争而将之铲除。后来在礼仪上**严禁血肉吃食的命令**或许正意味着此一斗争之路的一个阶段，而后来"不可吃动物的灵魂"的动机，则是保留了昔日泛灵论想法的痕迹。因为，就像我们时而所见的，上述的禁令看来原先并不施用于战场上的军队。其发展过程应当是这样的：血肉之食原先只有在平常时期是被禁止的，除了保留给战神的肉食狂迷之外；后来在我们所熟悉的非军事化的过程和根除狂迷的影响下，才变成无论何时都被禁止的。但这只不过是个不确定的假设罢了。最后，在传承里（《出埃及记》24:6、8）还出现建立契约关系的第三种形式：以牺牲的血喷洒耶和华共同体，同时也喷洒祭坛。这是以祭司的助力为前提，因为只有祭司才能做这个举动。由于此一形式被插入长老与耶和华同桌共食的那个非常古老的故事里——这个食桌共同体在此是缔结契约的结果，而不是宗教性交契的建立——所以可能也是古老的，并且以此例来说，起源于南方。不过这也无法确定。对我们而言，重要的只在于：在历史时代，南方诸部族并不知晓一种与神建立神圣交契的典礼。以此，我们来到了一个重要的论点上，这不但决定了南方纯粹的耶和华信仰相对于北以色列与巴力及相关的农耕祭仪相融合，两者间／古犹太教第一篇以色列誓约共同体与耶和华／的决定性对立，也是契约形式本身更加形式上的对立的外在表征。

和多半的古代农耕祭仪一样，巴力崇拜终究是而且一直都是**狂迷的**，特别是**酒精**的与**性**的狂迷。在田地里的仪式性性交，作为祈求丰收的一心同感的魔法，纵酒与乱舞狂迷以及不可避免随之而来的性的杂交，后来变成较平和的供牺会食、唱歌跳舞与神

殿卖淫，相当肯定可以证明这也都是以色列农耕祭仪的原始构成
要素。其痕迹显而易见。根据传说，摩西反对"围绕着金牛犊跳
舞"，先知激烈反对"奸淫"，而祭典上的轮舞则到处都留下痕迹；
在法律集里、在宗教传说里（例如他玛的故事）以及先知们都明
白证实神殿女奴（Kedeschen）的存在；所有这些都在在显示出古
老而欢乐的巴力崇拜的性—狂迷的性格。明文记载的史料报告里
也看得到这些特征。巴力和印度的丰饶之神一样，一点儿也不欠
缺女性伴侣。这个伴侣名为巴拉特（Baalat），她被视同为亚斯塔特，
而后者又被视同为巴比伦的伊希塔，性领域的神[1]。打从巴力崇拜混
融于耶和华之际，性的狂迷之道也入侵到耶和华崇拜里。耶路撒

1　巴力在巴勒斯坦一带其实还有不少其他的名号，例如摩洛（Moloch）等，摩洛根据旧约
　的说法为亚扪人所崇拜的神，除了摩洛之外还有其他名号："于是大卫聚集众军，往拉
　巴去攻城，就取了这城，夺了亚扪人之王所戴的金冠冕（王：或译玛勒堪；玛勒堪就是
　米勒公，又名摩洛）。"（《撒母耳记下》12:29—30）而巴力则是迦南一带传统上的农业神，
　掌管气候生产等事项，在以色列人逐渐由游牧转向农耕定居的过程中，地位自然日渐重
　要起来。根据旧约的记载，遇到灾荒时，以活人（尤其是儿童）献祭为其祭典特色。此
　一信仰在以色列人中有其根深柢固的潜在势力，而与耶和华信仰产生激烈的斗争。例如
　《利未记》20:1—3，耶和华对摩西说，你还要晓谕以色列人说："凡以色列人，或是在以
　色列中寄居的外人，把自己的儿女献给摩洛的，总要治死他；本地人要用石头把他打死。
　我也要向那人变脸，把他从民中剪除；因为他把儿女献给摩洛，玷污我的圣所，亵渎我
　的圣名。"一直到先知耶利米时（前 7 世纪末），耶和华还要通过他抱怨："他们在欣嫩
　子谷建筑巴力的丘坛，好使自己的儿女经火归摩洛；他们行这可憎的事，使犹大陷在罪
　里，这并不是我所吩咐的，也不是我心所起的意。"（《耶利米书》32:35）欣嫩子谷（Valley
　of Hinnom）是在耶路撒冷城西南方的一个山谷，信奉摩洛的以色列人常将小孩送到此地
　当祭品，后来，这个地方就被人们认为是"世所遗弃"的地方，由此而产生 Gehenna 一词，
　从希伯来文 Ge Hinnom 衍伸来的字，是地狱、炼狱、受难处、酷刑处、燃烧的地方等
　意思。
　　亚斯塔特（《旧约》里则称之为"亚斯她录"）的身份就比较复杂了，她与当时（或之后）
　流行于东地中海沿岸地区的好几个女神，例如美索不达米亚的伊希塔（Ishtar）、希腊的
　阿芙罗狄蒂（Aphrodite）以及罗马的维纳斯都有些藕断丝连的关系。亚斯塔特的职掌是
　生育与丰饶，因此也是农业神，其实在神话里，她本来就是巴力的配偶。在旧约里，以
　色列人对她的崇拜时常是与巴力（或是摩洛）的崇拜并列的。"以色列人又行耶和华眼

冷的神殿里也的确有神殿女奴的存在。

　　针对巴力崇拜的这种狂迷的、纵酒特别是**性的**狂迷的性格，以及受到此种崇拜所影响的宗教性，纯粹的耶和华信仰的代表者发动了激烈的斗争。利甲族针对葡萄酒的斗争，绝不光只是为了保守旧有的草原习惯，而是特别针对定居民众的纵酒狂迷的斗争。尤其是耶和华信仰的仪式与耶和华信仰的伦理对于性生活所抱持的态度，乃是此种深刻对立的明证。事奉巴力，意思不外乎"随之行淫"。通过对性的这种斗争，性领域的全面规制在犹太教里留下了影响深远的印记。破坏他人婚姻乃是死罪的这种宗教禁忌，当然也不过是和受到先知或祭司所规制的所有宗教里一再出现的事项相互一致而已，不同的只是惩罚的方式特别严厉。婚姻作为生儿育女的手段与作为经济上保障为人之母者的手段，这种看法自然算不上是以色列所特有的，而是普遍所见的。同样的，关于性事的理解方式所带有的鲜明的自然主义色彩，也绝非仅止于以色列所固有的。祭仪的和战士的禁欲的贞洁规定、月经妇女的禁忌与不净规定等，同样广见于各地，当然各有相当不同的方式。这些规定不过是表达出，视性领域为魔鬼所支配的特殊领域的观念，而此种观念无论何处都正是通过性的狂迷之道而呈现给理性崇拜与理性宗教的担纲者。然而，以色列的仪式与以色列的宗教传说，而且特别就是在耶和华信仰的影响之下时，应对此一领域

　　（接上页注）中看为恶的事，去事奉诸巴力和亚斯她录。"（《士师记》10:6）"以色列人就除掉诸巴力和亚斯她录，单单地侍奉耶和华。"（《撒母耳上》7:4）以色列的名君所罗门王也曾为他们立庙祭祀，"从前以色列王所罗门在耶路撒冷前、邪僻山右边为西顿人可憎的神亚斯她录、摩押人可憎的神基抹、亚扪人可憎的神米勒公（摩洛）所筑的丘坛，（约西亚）王都污秽了"（《列王纪下》23:13）。——译注

的程度与方式，正显示出此种理性宗教见解的一种激进的极端立场，而这唯有从其与巴力狂迷之道的偏执对立这点上方能获得解释，这正如我们必须将其拒斥任何彼世思维的倾向推溯到其反对埃及死者崇拜的偏执态度上一样。在性的领域里，针对狂迷的毫无羞耻之心的这种反击倾向，以及对于狂迷之道的担纲者迦南人的蔑视与诅咒，尤其是显现在其强烈禁忌任何肉体的裸露上。光是肉体的裸露一事，或仅只情欲地瞄一眼亲人（《利未记》20:10），都会被视为近亲相奸而犯下死罪，迦南人的部族祖先在《创世记》里就被视为一切不知羞耻的始作俑者，应该承当令其子孙承受永远沦为奴隶的诅咒。另一方面，任何的近亲相奸、与父亲姬妾的任何接触以及其他未受允许的性交，全都以肉体裸露的一种表征来论处（《利未记》18）。在古老的仪式里，走上祭坛的阶梯是绝对不许的（《出埃及记》20:26），以免发生肉体裸露于阶梯的事，既然阶梯也是耶和华理想宝座的一部分。在原人享用了知识之树的禁果而得以分辨"善"与"恶"之后，标志其最初辨识能力的就是，他们是"裸露"的。同样的见解与倾向贯通了所有与此相关的规定与决疑论。手淫是禁忌之罪。根据现今版本的传说，这是破弃了为兄弟留传子孙的义务。不过，原来对手淫之罪的明确拒斥应该是取决于耶和华信仰者对某种摩洛狂迷的敌视（《利未记》20:2），后者将男人的精子奉献为牺牲。狂迷的、近亲相奸的或违反自然的所有被禁制的性交种类——当然不光是这些，不过首要的就是这些——都着落在耶和华信仰特有的"愚蠢"概念之下（《创世记》34:7，《申命记》22:21），而这个词汇仍标示在最后期的传说里，而且在福音书里仍是可能被用来数落以色列人的词当中最过分的一个。以色列特有的、在此无法一一加以细论的、规制性行为的所有规定，因此并非伦理性的，而是**仪式性**的规定。古代以色列的实质上的性**伦理**并不比其他由祭司所制定的规制更加严格。十诫里的奸淫指的是对他人婚姻的破坏，而不是对自己的。男人的婚外性行为之受到禁止，是后来在俘囚期之后的时代才开始的，而且不过是着眼于处世的智能——和儒家的明训与埃及（譬如智能导师普塔和泰普）的箴言如出一辙[1]。伦理意味下的"贞洁"一字，在以色列的古老言语里是没有的，直到受了波斯的影响（我们将会看到），这才开始进行规制，并且起初也仅止于旧约外典（《托比传》）。反之，根据古代以色列的观念，引诱少女而未先与其氏族订定契约便会招来女方氏族的报复，如同第拿的例子所示的；不过法律集却也规定了以结婚来赎罪的办法，亦即付出赎款以取得少女，如同盎格鲁撒克逊法律里以对象损害的方式来处理这种事一样。对于被视为性无耻之事的反感，和贝都因人那种特殊的"道德的纯洁"一点关系也没有。耶利米指责沙漠的阿拉伯人（《耶利米书》3:2）"在道上行淫"，意思是——如同他玛（Tamar）的行径所显示的[2]——他们行淫于卖淫妓女经常出没的地方，而神殿女奴也在其中，后者正是先知们，连同一切性狂迷的其他残迹，所加以拒斥的。只不过，一心同感的性**狂迷**（die homöopathische sexuelle Orgie）对于贝都因人而言是礼仪上前所未知的事，这点与农耕人民的祭典正相反。

1　普塔和泰普（Ptahotep）箴言，完成于埃及旧王国晚期至中王国时代，即公元前23世纪至公元前16世纪的作品。详见蒲慕州，《尼罗河畔的文采——古埃及作品选》(台北:远流，1993)，页140—159。——译注

2　他玛为犹大的媳妇,后来因故伪装妓女与犹大"同寝,从犹大怀了孕",故事详见《创世记》38。——译注

直到后来都还广泛保存下来的这一整个性的决疑论里，那种特别是礼仪上的主要并非伦理的性格，赋予此一决疑论某种独特的格调，其道理并不在于以色列的性的决疑论是不同于其他的一个种类，而是在于只有在以色列，性的决疑论被如此偏执地贯彻到这种程度。在处理与讨论性的种种现象时的那种古老的自然主义的悠游自在，与对于肉体裸露的这种全然是礼仪性的焦虑结合在一起，而此种结合与特殊的尊严感——通常和我们那种被封建的或市民的惯习所贯穿的羞耻感反应相结合的尊严感——一点关系也没有。那样的结合，对于深受封建的、市民的与基督教的观念所影响的现代的羞耻感而言，很容易就像是幅真正羞耻感——我们所熟知的意味下的羞耻感——的讽刺画。此种独特性的源泉，就历史而言全然在于与北以色列农民的狂迷之道——如同其祭司阶层所行的狂迷施为——的尖锐对立。伊斯兰教所知亦无不同，由于伊斯兰教对于裸露的反感，所以凡于伊斯兰教普及之处，其自然成为发展纺织工业或至少在市场方面的担纲者。

与狂迷之道和狂迷忘我的这种对立，也决定了南方对于出自这两种形态的忘我达人的态度。施行集体忘我的古代拿比，基本上毫无疑问的是个北以色列的现象，部分源于腓尼基的，部分源于迦南的巴力崇拜。《撒迦利亚书》（13:5）仍理所当然地认为，假先知就是农夫，他们所谓的自我残伤不外是妓女的指甲所造成的。为狂迷的群众祭典服务的卡理斯玛忘我达人，无论何处都集结成行会或学派。以利沙的拿比学派和更早期拿比学派只不过是和此种一般现象一致而已。拿比忘我所源出的狂迷之道，如我们所见的，尤其是一种一心同感的丰饶的狂迷。这类事情，游牧民和半游牧民是一无所知的。如果他们真的对肉食狂迷曾有所知，那也

是战士狂迷的一部分。的确，最古早的以色列，而且毋宁是北以
色列，便知晓拿细耳人的战士禁欲与狂战士的战士忘我。同样的，
令集体进入忘我状态的古老的拿比，如我们所见的，至少部分也
是军事先知。不过，以下三点是昭然若揭的。首先，相对于巴力
的祭典狂迷，拿细耳人的战争忘我确实有**酒禁**的规定。其次，底
波拉时代的古典战争预言，与拿比相反的是**个人的**战争预言。最后，
令人注意的是，底波拉之歌谈到以色列所皈依的"其他神祇"。这
可能不过是意指地方神，也就是巴力。数百年之后，我们再次看
到以利亚的个人预言之对抗同样的"其他神祇"与狂迷的集体忘
我。随同耶户上战车的先知，是个利甲人，亦即纵酒狂迷的敌对者。
此种斗争总是一再地由南方出身者或至少主要是畜牧团体出身者
来发动主导。典型的个人先知以利亚，巴力忘我的死敌，便是出
生于基列，并且是个典型的游牧者。集体忘我专家以利沙，根据
传说，是个农夫。相当一段时间之后，从对抗北方祭祀方式起家
的首位先知阿摩司，也是出自提哥亚的牧羊人。以此，得出以下
结论：在迦南的狂迷与忘我的影响下，集体忘我的拿比与非理性、
感情性的巫术形式，来自北方；理性的利未人的律法集与理性的
伦理的使命预言，来自并不知晓农耕地区狂迷之道的南方。此种
预言深知，狂迷之道的这种毫无羞耻对耶和华而言是极可厌之事，
并且，对古老的契约之神而言，比起履行其古老的命令，祭典与
牺牲一般说来毫无意义可言。换言之，南北的这种分歧，显然打
从迁入迦南地开始便隐隐地贯穿于整个以色列的历史。随着敌对
狂迷的两大势力——利未人与灾祸预言者——的思维世界愈来愈
趋于理性的性格，此种分歧也变得尖锐起来。这至少部分而言是
知识阶层的文艺文化日益增生滋长的结果。因此，我们有必要清

楚分说，这两种彼此根本不同的宗教性——利未人与灾祸先知——的基本要素在相互或隐或显的角力当中，如何在古代以色列的**文士阶层**内部里发挥出影响力。

第十九章
以色列的知识阶层与邻邦文化

俘囚期前的以色列的文学作品之繁盛丰富与多彩多姿，显然不输给世界上的任何文学。各色情歌，诸如带有骑士风的火辣情歌、宫廷的淫情艳歌与田园风味的柔美恋歌，早在得撒[1]的华丽宫廷里甚或更早之前便被歌咏朗诵着，后来在受波斯影响的时代里有所曲承转化，然后被收集成为"雅歌"。除了包含在诗篇当中的一些赞颂王的热烈高扬的诗歌之外，还有许多宗教的赞歌被保留下来，以无可匹敌的完美赞颂着本质上是巴比伦式的伟大天神的主宰。因此，至少在王制时代，必然有些世俗的以及宗教的游吟诗人存在，他们构成位居纯粹民间诗歌担纲者之上的一个阶层，因为这些诗歌显然是艺术作品。说到底波拉之歌，这是一首极精彩的即兴诗，半是宗教性的胜利之歌，半是政治性的讽刺诗——针对的是城市里的古老敌人与拖拖拉拉的同盟成员，代表了这类

1　得撒（Tirzah）是北国以色列的首都。所罗门王去世之后，以色列分裂成北国以色列和南国犹大。北国以色列在耶罗波安一世（前930—前910）带领之下，在得撒建都（详见《列王纪上》14:17、15:33）。《雅歌》6:4描述："我的佳偶啊，你美丽如得撒，秀美如耶路撒冷，威武如展开旌旗的军队。"——译注

作品更加久远的年代。在当时世界所有可能的沟通手段里，拼音
文字算是最容易学习的。根据文·阿蒙的游记所证实的输入到巴
比伦的纸草书，拼音文字可以追溯到公元前 2000 年末期，尽管我
们只能举公元前 9 世纪摩押人的美沙之石（Mesastein）作个例证。
拼音文字或许是为了商人的实务所需才发明出来的，因此可能就
是在腓尼基。此种文字促成了某种诉诸**读者**的真正文学形成于以
色列，同时也非比寻常地促成了书写与阅读技巧的普及。首先这
当然是帮了国王官厅的忙。Mazkir（多半译为"廷宰"，同时也可
能是王国的年鉴史官和王的"顾问"）的官职和大卫宫廷与两王国
里的 Soferim（书记官）显示出，文书行政至少从大卫时代即已存
在，或许，如一份现存的名单所暗示的（《撒母耳记上》14:49f.），
甚至从扫罗就已开始。对所罗门的徭役国家而言，一个精通文书
的官吏身份阶层是不可或缺的，他们显然不少是来自祭司，但也
由有教养的世俗氏族来补充。在后来加以实用性地改编的《列王
纪》里，便一而再地引用官方的诸王年鉴，同样的，一份耶路撒
冷神殿的年鉴恐怕也是存在的。如同基特尔，我们不得不作此设想，
即使大卫王国之史的最初编纂也是由一名得以出入王室档案库但
独立地以自己的见解来记述事情的作者汇纂而成。

　　相对于毕竟时而强大的王权，传承的高度自由一般而言取决
于以下这两个事实。一方面，与东方其他大多数君主专制国家相
反的，在以色列，如同我们先前所见的，具备武力的大氏族仍维
持着强势的地位；另一方面，精神上独立于王权且与之极为批判
对立的先见与职业耶和华教师有其重要意义，这是个基于古老同
盟战神的威信而为王权所不敢忽视的神之"灵"的担纲者集团。

　　记载于《列王纪》里的种种奇迹故事是出自北方组织成学派

的拿比集团。从以利亚的部分记述，以及应该是前申命记时代才
初次编纂的有关昔日的先见尤其是撒母耳的故事里，显示出有一
个圈子，不但完全自外于宫廷的影响，而且同样也完全自外于组
织成学派的先知的影响，而另外有个圈子，不但与宫廷保持关系，
也与批判对立于王权的耶和华信仰者维持关系，而且有系统地加
以支持。这只可能是富有且颇具政治影响力的虔诚平信徒。在耶
利米的时代，我们也发现到某些高门第的氏族，总是不断有氏族
成员出任宫廷的官员，然而同时也历经好几代都是义无反顾地批
判宫廷与祭司的伟大耶和华先知的保护者。这是事所必然，一旦
王权的威信因对外的失利而动摇不稳之时。这些独立的平信徒与
受他们保护的纯正耶和华崇拜者显然早就致力于汇集有关王国时
代之前的现存古老传承。时而被引用的古老诗歌集，《耶和华的战
争之书》与《勇士之书》，恐怕是在王制时代初期就已收录成书。
平信徒用心收集整理的可能是民间的就耶和华信仰而言有价值的
而非纯粹军事的诗歌作品。古老的宗教传说、童话、寓言与箴言，
最初毫无疑问的是，落在民间的亦即农耕民与半游牧民当中四处
可见的游吟歌者与说唱人这个身份阶层手中。的确，古老的传说
只知道一个歌者的客族,他们是犹八的后代[1]。然而说故事人也未缺
席：更古老的族长传说确实留下了此种传说者由来的印象。反之，
例如现今流传形式下的约瑟的长篇故事，已具有一种教化"小说"
的性质，亦即由一个有学识的诗人为受过教育的耶和华信仰者所
精心造作的艺术作品。因此，在这二者间存在着中间环节，尤其

---

[1] 《创世记》4:20—21：“亚大生雅八；雅八就是住帐篷、牧养牲畜之人的祖师。雅八的
　　兄弟名叫犹八；他是一切弹琴吹箫之人的祖师。”犹八（Jubal）亦有译为“犹巴耳”
　　的。——译注

是，在具有文学教养的并且关怀政治与宗教政治的独立平信徒圈子与民间箴言文学和宗教传说作品的担纲者之间，存在着种种直接关联。这点从某些残存的"寓言"（Maschal）类型的作品特色当中可以看得出来。就人为造作的想象而言，诸如亚比米勒故事里的荆棘寓言，或借拿单之口而说出的穷人之羊的寓言，就足以媲美福音书里最珠圆玉润的寓言。也正是在这一点上，这类寓言明显有别于后来典型的拉比寓言[1]，后者大多是书本思考的产物，因此在直接造作白描下多半显得滑稽怪异而已[2]。这样的分别就有点像是耶稣的寓言与保罗的寓言之间的差别，众所周知的，保罗（当他试图使用农耕寓言时）不时犯下特征性的譬喻倒错[3]。

到了耶利米的时代，初次有某些迹象显示出来，那就是由一些有学识的人在实用功利的日常问题上所给予的劝告（《耶利米书》18:18），正如后来的 Chokma（智能）导师及其文学作品所提供的。不过，文人学士对于庶民利害关怀的这种关系，在俘囚期前的时代里，显然远远被当时压倒一切的政治关怀及与之直接关联的宗教关怀和以宗教为基础的社会政治关怀抛在后头。前此所举的那两则寓言就是这种情形的例子。它们显然远非纯粹艺术性的纯真产物，而是为敌对王权的耶和华信仰倾向效劳。从引言用语和断简残篇推断起来，异常丰盛且多样的一整个前俘囚期的民间诗作与文学，都经过宗教政治观点下的加工改造。如果这些作

1　相关的例子收集于例如：Fiebig, *Altjüdische Gleichnisse und Gleichnisse Jesu*, Tübingen, 1904。

2　巴勒斯坦的 Tannaites 时代里的某些寓言确实多半是例外，特别是 Pirke'aboth 的论文里所举的那些例子。此处的判断自然不过是相对而言罢了。

3　《罗马书》11:17，完全错误的接橄榄枝寓言。

品里只有那些被纳入现今版本圣经里的东西而且只以那种形式被保留下来，那么这就是一心关注耶和华信仰的知识阶层极为殚思竭虑工作下的结果。这项工程部分是俘囚时期才展开的，但精要的一部分则早在俘囚期前即已进行，有的甚至是在记述先知出现之前。尽管在我们如今看来，如歌特已部分指出的许多点上，就文学而言是瑕疵处处，但若就其困难度来考量，此种集结工作的成就，确是意义非凡。前俘囚期时代的文学作品之间，以及其担纲者之间，在倾向和精神立场上存在着尖锐的对立。就这点而言，首先是王室的福祉预言、国家的游吟诗人与历史记述者等的文学作品，与受王权压迫的耶和华信仰阶层那部分，处于无法兼容的对立状态。收集于"雅歌"里的古老艳情诗的残篇里与同样现存为数不多的古老的君王诗篇里，与耶和华信仰的知识阶层的文学作品里，吹拂着完全异样的风情。和所有邻近地区一样，王的宗教性，只要毫不掩饰地表现出来的话，是与民众的虔敬之心呈现强烈对比的。吃到饱、喝到醉、健康、长寿、心灵与感官率皆舒畅、子子孙孙永远在位、日日快活且尼罗河水位高涨，这就是拉美西斯四世所求于奥塞利斯的——作为他献给这个神的供物的相对报酬。生命的享受与长远而幸福的统治，同样也是直到尼布甲尼撒为止的所有巴比伦君王所祈求的。在以色列，情况应该不至于有所不同。如果说现今的传说里由所罗门口中说出先前提过的虔诚祈求，那么这和尼布甲尼撒及其他大王往往相当虔诚的碑文并没有什么两样：这和那不过都是祭司的产物。埃及与美索不达米亚的大君们不可思议的自大高慢，相信同样也是以色列诸王大权在握时的景象，而无论在此在彼，这都与平民对慈悲的庇护者与救难者的需求极端矛盾，并且也与耶和华从来对人类的傲慢不逊特别易于横生盛怒极端冲突。耶和华**从来不是**个**王朝**的神，诸如亚述（Assur）、马杜克或尼波，他自古以来就是以色列的誓约同盟神。然而历代王朝无不擅自将其祭礼据为己有，并且使耶和华信仰的游吟诗人与福祉先知为王所御用。而且除了种种耶和华传说之外，还有关于本土的神祇与英雄的各式各样细数从头的崇拜传奇流传着，再加上许许多多要不是直接从埃及和美索不达米亚就是间接从腓尼基输入的或者是自古即为此一地区共通的种种神话与思想，这些都是可以想见无法轻易磨灭的。加以融和汇通也是件困难的事。除此，巴勒斯坦固有的知识阶层文化的产物必然也扮演了重要的角色。问题在于：此种文化产物要如何来面对邻近地区的文化产物？

埃及名义上的支配一直持续到士师时代将近终了之时。不过根据阿马纳书简，历代法老的确并未干涉此地本土的宗教，并且在拉美西斯二世之后也很少在此行使有效的政治权力。然而精神交流的可能性毋宁一如往昔是存在着的。在赛索特里斯时代，巴比洛斯[1]以东地区的半贝都因支配者之间，有个埃及智者的声名远播，或者至少西努黑故事的作者可以假定此种可能性为前提。到了拉美西斯王朝彻底覆灭的时代（约公元前11世纪），巴比洛斯的城市君主对于埃及的阿蒙及其由信使文·阿蒙所传述的权力的确一无所知[2]。不过其宫廷先知似乎多少有所耳闻：这或许也说明了他们其中一人之所以做出有利于那位使者的神谕。总而言之，拜远程商队贸易之赐，南巴勒斯坦的人们对于埃及是消息灵通的。

1　巴比洛斯（Byblos），此城亦名迦巴勒（Gebal），位于西顿以北的腓尼基人海岸城市，在今日黎巴嫩首都贝鲁特（Beirut）北方20英里。——译注

2　关于文·阿蒙的游记，如今可见于 Breastead, Records, IV, 563ff.。

所罗门不仅采纳了战车技术，而且显然也部分照抄了埃及神殿建筑的样式（所谓的"至圣所"）[1]，约瑟的传奇尤其显示出对埃及情事的详知细晓，也暗示了（不管有没有道理）与赫里欧波里斯[2]——埃及智能的首要都城——神殿祭司阶层之间的关系。巴比洛斯王向文·阿蒙致谢说，埃及人的所有教示与技艺都来到了腓尼基[3]。有关摩西的一则传说还让他成了埃及智能的担纲者。若根据约书亚传说，割礼是直接，而不是经由腓尼基，从埃及传入的。我们可以从许许多多的细节当中找到更加广泛的线索，只不过一来此处对这些细节并不感兴趣，二来在适当之处会加以提示。埃及的梅涅普塔（前 1213—前 1204）曾提及他的军队在巴勒斯坦和以色列对阵的征战。但彼此关系绝非总是那么不友好的，这点可从以下事实得到印证。除了具有部族亲缘关系的以东人之外，埃及人后来也在明文昭示下具有加入以色列共同体的资格，尽管传说里并不完全正确的前提假定是：族长们身为畜牧者的特质，在埃及被视为"不净的"[4]。前面曾提及在巴勒斯坦的挖掘，起出了大量的圣甲虫，按艾尔曼的说法，那对埃及人而言"正有如十字架对基督教那般的象征意义"。有鉴于以上所有这些，其中最令人侧目的一

1　埃及的至圣所也是晦暗不明的，并且只有君王，一如后来在以色列只有涂了油的大祭司，才得以进入。

2　赫里欧波里斯（Heliopolis），此词为希腊文。埃及最古城市之一，太阳神的崇拜中心，下埃及第十五省省会，其重要性在宗教方面而不在政治方面。这个文化发达的大城，今天几乎没有任何遗迹。仅存的赛索特里斯一世（Sesostris I）的方尖碑，是现存最古老的方尖碑。图特摩斯三世（Thutmose III）所树立的一对方尖碑，其一现立在伦敦泰晤士河畔，另一在纽约市中央公园。——译注

3　文·阿蒙游记，Breastead 上引书，p. 579。

4　根据希罗多德的说法，埃及人相对于希腊人的礼仪上的殊异性在于：后者吃牛肉，以至于前者无法亲吻他们或使用他们的餐具。是这一点，而不是畜牧者的特质本身，应该才是《创世记》43:32 里所叙述的观念的根由所在。

个事实是：在整体传说当中，埃及的这个支配全然被湮没于死寂里，埃及特有的要素尤其是在以色列宗教的古老基础里全然不见踪影，尽管，我们会看到，后来此种埃及的影响也稍露了苗头。此种沉寂，迈尔相信只能从以色列传说的年代晚近上获得解释。只不过，以色列的传说里时而也保留了些极古老的特征，譬如与美索不达米亚之间年代殷远的关系。关于政治支配的这种沉默或许应该这么解释：即使早从阿马纳时代的 Chabiru 与 Sa Gaz 的观点看来[1]，法老的支配实际上一点也无关痛痒，因为法老只与他们派任的封臣总督保持关联。除了屈指可数的掠夺攻击之外，后来的情形更是如此。不过，对于埃及文化的这种默然以对，光是从耶和华信仰的担纲者绝然有意识的拒斥里即可得到充分的解释。埃及的赋役国家遭到拒斥，尤其是由本土的王权采纳过来的那些赋役制的决定性特色，更是受到非军事化阶层的深恶痛绝。同样被拒斥的还有埃及信仰里最具特征性的部分：死者崇拜。除了古老同盟战神的激进的此世性及其纯粹内在于现世的取向之外，如我们业已见到的，决定性的关键在于：尽管耶和华在不同的时代结合了不同的特性于一身，然而他从来未曾是个地府之神，而且往往与此种神性及其特殊的崇拜方式极端对立。再加上，埃及的圣典与埃及的祭司学识一般而言不是外人得以入手的。埃及的智能导师普塔和泰普的确也如《申命记》那样劝导民众教育，不过显然是把祭司固有的秘传排除在外，而以色列的教师对此要不是一无所知，或者根本也就不欲得知。埃及人那方面也同样如此。一如其他各处，被打败的敌人必然是要尊崇战胜的埃及人的神祇。然而他们并不

---

1 关于 Chabiru 与 Sa Gaz，见本书第一篇第六章与第八章相关本文及注释。——译注

因此而成为埃及人。根据碑文，在叙利亚有埃及神祇的神庙，而在拉美西斯王朝治下埃及也有叙利亚神祇的神庙。然而稳稳根植于埃及书记文化的社会特质里的基本关系却并未因此而有一丁点儿的改变。个人只有以个人之身才有可能融入于埃及的教育与智能里，而这意味着完全放弃自己的精神独立性。对民众整体而言，这不啻是要他们接受可恨的书记官僚制。还有埃及的动物崇拜——埃及的祭司直到后来才为了统治民众的神权政治支配之故而加以体系化，根据以西结的唯一记载来推断（《以西结书》8:10），尤其是耶和华信仰的宗教性所排斥的下流可怖行径。这怎么也无法应和自由的畜牧者与其牲畜的关系，而且特别殊异于耶和华向来的特质。将埃及文化的**所有**决定性特征一律加以拒斥的这点，不过是证明了我们必须以之为历史事实的一个前提：独立且有自觉的耶和华宗教的**精神**担纲者，存在于巴勒斯坦，也如同传说所确证的，存在于以东和米甸的绿洲里。因为，虽然利比亚与亚洲的贝都因人与埃及人之间维持着稳定的通商关系，而巴勒斯坦则是长期处于埃及人的直接支配之下，但前者接受了埃及的宗教特征 [1]，而后者，至少他们当中的耶和华崇拜者，一丁点也未加以采纳。埃及固有的祭司学说，尤其是在第三千年业已发展出来的思辨神学——原先是高度自然主义的，后来则为泛神论的思索 [2]——对于利未人的耶和华信仰者而言，一直都是全然陌生的。反之，在**庶民**的信仰与宗教伦理当中，我们发现到可观的亲和性的线索。

与美索不达米亚精神文化间的关系较为错综复杂。在阿马纳

1　如前所见，甚至包括死者崇拜。

2　Erman, SBAW, p. 1109.

时代，楔形文字与巴比伦的外交及商业用语曾通行于整个近东地区，而且为有学识的埃及人所通晓。如底波拉之歌所显示的，星宿之灵及其对尘世事务的干预，也是以色列所熟知的观念。显然连书记之神尼波都有个圣所。林林总总的个别迹象皆叙说着古老的精神共通性与相互采撷。就中尤其是共通的度量衡与铸币重量，甚至连法律与宇宙发生论神话的重要部分都是共通的。这层紧密关系似乎在腓尼基人于荷马时代崛起而取得商业霸权之际自然产生了变化。浮现在埃及碑文里的海上贸易、海盗、佣兵等诸多古老的地中海民族，当时——至少相对而言——都由于腓尼基人的海上支配而退居幕后；大量的民族迁徙也起了推波助澜的作用。腓尼基的拼音文字当时在巴勒斯坦逐退了楔形文字，而巴比伦语的重要性渐次衰退终至让位给亚兰语（阿拉姆语）。温克勒特别明确指出，巴比伦语即使在公元前 9 世纪甚至直到公元前 7 世纪在叙利亚都还是为人所熟知的语言。亚兰语是在波斯时代才取得其作为近东通用的外交用语的最终重要性。总之，巴比伦沉寂了好一段时期。腓尼基的王室工匠在所罗门的神殿里做工，腓尼基的奴隶商贩则随以色列军队出征以便买卖俘虏。腓尼基的巴力崇拜、摩洛崇拜与亚斯塔特崇拜也流入巴勒斯坦。流传于巴勒斯坦的宇宙发生论，在专家看来，带有本质上腓尼基的印记。某些个别的以色列部族委身于腓尼基的统治之下，其他则运送劳动力到腓尼基港口。腓尼基式的御用拿比在北以色列获得优遇。

腓尼基的祭典崇拜直到以利亚和耶户的革命才被摧毁。古老的忘我拿比则遭到清教徒的斥逐。腓尼基的人牲祭献及其以诺斯替式的洗练手淫方式向摩洛的祭献，都是《申命记》与神圣法典的禁令所严格忌讳的。

　　随着美索不达米亚的强大权力的再度兴起，其影响力也再度升高。在耶路撒冷，如今成为贡纳者的王（特别是玛拿西[1]）也时而崇奉起巴比伦的天上之军，亦即星辰。在广为流传的乐园故事与大洪水故事里，美索不达米亚自古至今一直都被视为世界的中心，而那儿的巨大阶梯神殿则是众所周知的试图接近天神之法。细节上此处姑且不论，因为要点在于：祭司智能的采纳**并未**发生。许多重要断片上的巴比伦（苏美尔）的宗教用语，业已排除了其为以色列祭司所直接采用。一般而言我们也未曾获知任何一丁点关于巴比伦宗教文学的构成要素曾被利用于祭祀目的上的信息。直到相当后来，在编撰诗篇的时代，才有类似某些个巴比伦赞美诗的共通点出现。值得注意的尤其是，耶和华信仰的宗教性不止未曾采纳，而且还极有意识地**拒斥**了对于腓尼基以及巴比伦的宗教形成而言最具关键重要性的祭仪与神学基础。特别是巴比伦的星辰崇拜与占星术并没有被接受，亦即最近被人（耶瑞米阿斯[2]）称之为"巴比伦人的世界观"的大黑柱。在巴勒斯坦，人们对于所谓大宇宙与小宇宙之类的巴比伦祭司固有的秘传，所知或所理解的，如同对埃及的那方面一样少，尽管对于神圣数字与世界周期的思索与运用，在现存的传承版本里的那么多细节上扮演了相当的角色，而后者可能是由于俘囚期与俘囚期之后的修正才导致的结果。

1　玛拿西（Manasseh），南方犹大王国君主，公元前 687—前 642 年在位。——译注

2　耶瑞米阿斯的作品，A. Jeremias, *The Old Testament in the Light of the Ancient Near East*, trs. by（C）L. Beaumont（London: Williams & Norgate, University of Wales Press Board, 1911）。——译注

对于占星术的决定论这个基本学说，人们显然相当理解，也因而极有意识地加以拒斥。因为，倘若个人的命运已加载于星宿里，那么利未人的律法书或先知的神谕又有何用？只给救赎私密集会的灵知留下存在空间的这种决定论，与利未人和先知的灵魂司牧关怀及其权势利益关怀，完完全全无法兼容。与政治倾向强烈的耶和华信仰的神观相抵触的这个教说因而遭到人们的摒弃。以赛亚（24:23）以及人们必然假定他与巴比伦的祭司阶层有着特殊紧密关系的耶利米（10:2）早已向以色列保证，在耶和华的大能之前，星宿的力量将消失无踪。在俘囚期时代，即使是在巴比伦当地，第二以赛亚便不止嘲讽一般的巴比伦巫师，而且特别也嘲讽了巴比伦的天文学知识与占星术（47:13）。到了俘囚期之后与拉比时代，星宿在以色列毫无用武之地的原则依然存在。并不是人们对于星宿之于尘世事务的影响有所怀疑，连先知也不怀疑这点，也不是祭司对于死者神谕的实在性及其相关联的彼世思想存有疑义。在俘囚期间，人们显然也时而就教于巴比伦的占星师，而拉比在私人的职业上也被当作是占星师。占星术的信仰可谓遍及世界各处，从中国到罗马，甚至直到西方近代。在以色列，人们也信仰星宿。不过，关键在于：如同（19世纪末）这二三十年间中国的翰林院首席上书指责当政的（慈禧）太后说，并非星座天象，而是统治者的（儒教的）**德**，决定着国家的命运，一如在印度，是**业**决定着命运，包括星辰的命运，而在以色列，人类命运的**主宰**也**并非**星宿之灵。在拉比时代，此一理念表现在犹太圣典所宣示的那个特征性的信仰里，亦即：所有其他的民族都陷落于占星术的命定之下，除了以色列，因为它是神所拣选的。在俘囚期之前的时代，星灵就是齐巴（Zebah），并且一如所有的

Zebaoth，都是以色列之神的仆役。只有**神**是一切命运的统御者。这才是重要的，而且正是因此而排除了以色列之接受巴比伦文化的决定性基础。在俘囚时代里，我们发现犹太人在巴比伦充斥在一切可能的生活地位上，部分而言还相当显赫，唯有书记官的职业是特征性的例外。这绝不是语言的因素使然，因为以色列人是娴熟民间的亚兰语的，而巴比伦官方语言的学习在他们来说一点困难也没有。我们发现在后来的传说里都还以此为前提：犹太人在各式各样的宫廷官职里，以及作为巴比伦君王及其后继者的波斯君王的宦官，有着相当的影响力。被排除于书记职业之外，无疑另有因素，而且正可能是出于祭仪上的理由：习得此种由祭司所传授的书记教养而不背离耶和华信仰的诫命是不可能的。相对于其与埃及宗教间的关系，以色列的宗教信仰在一个重要层面上与巴比伦和腓尼基的官方宗教有着亲和性，那就是无视于彼世及其相关联的彼世思索。然而巴比伦特有的神观，诸如其宗教混同、诸神的万神殿、将各类神祇都视为主神的"现象形态"而吸收到主神里的单一神教、太阳神总是高居首位等，都与以色列的神观陌路异途，如同其他看似不同但结果相当类似的埃及观念。在巴比伦，凡出现"唯一神教的"倾向之处，基本上若非取决于太阳即取决于政治王朝，而多半是二而为一，如同埃及的艾克阿顿的改革。然而，耶和华既未曾为太阳神，也从未是个王朝的神，而是个誓约共同体伙伴的契约神。再者，巴比伦的强烈倾向，从地府崇拜与植物崇拜，到把人类与动植物共通的生命之神与多产之神变成救苦救难的神，尤其是把伊希塔变成慈悲怜悯的人类代言人，这必然都是与耶和华信仰缘远的。耶和华本身，而且只有他，是救世主。匿甲 (Nergal) [1] 原先也是像耶和华那样一个对众民族而言某种恐怖灾祸的神，尤其是瘟疫之神，然而作为死者国度的神，他则与耶和华异质对立。以神名为其固有名称的阿达德 [2]，作为暴风雨和战争之神而与耶和华有着亲近性，在迦南也出现对他的崇拜，但对于耶和华思想而言却未发挥什么显着的影响力。像巴比伦祭司那样的一个教养阶层，在以色列是有的，但像以色列律法书教师那样的一个教养阶层，在巴比伦却没有。尽管圣书里有着再怎么多的个别引述，对于巴比伦最令人印象深刻的天文学产物的断然拒斥，再度明白显示出巴勒斯坦的知识阶层文化相对于周边国家的强大**自主性**。

因此，我们必须提防自己把巴勒斯坦想象成一个无论什么历史时代都是欠缺固有教养阶层的地方，一个只由野蛮的巫术与极为原始的宗教观念所支配的地方。在一封大约于公元前 15 世纪由某个迦南人写给一位君侯的书信里预告了众神之主对于这名君侯的恩宠，因为后者是个心中有"爱"的"弟兄"，亦即是个信仰伙伴。这个发信人以一种近乎传道者的方式接着强调，那"高居于其头顶之上"并"高居于众城之上"者的恩宠对于君王的成功有多么的重要。这样的观念当然是古代以色列召集军的牧者与农民无法企及的。然而对于重要的城市而言，一切征兆在在反证其完全不见踪影的假设。事实上得以如此成功地拒斥大文化地区的宗教观念——这些大文化地区对于其他所有领域的影响是明显可见

1　《列王纪下》17:28—30："于是有一个从撒玛利亚掳去的祭司回来，住在伯特利，指教他们怎样敬畏耶和华。然而，各族之人在所住的城里各为自己制造神像，安置在撒玛利亚人所造有丘坛的殿中。巴比伦人造疏割·比讷像；古他人造匿甲像。"——译注

2　阿达德 (Adad)，见之于古苏美尔人传说中的风暴之神。——译注

的——并创造出与之特色鲜明背离的观念，必然要有个固有的教养阶层存在——一个独立撷取存在于周边世界的古老神谕与应许并加以理性剪裁的阶层。这不可能是忘我的拿比，因为他们的学派传承只产生出《以利沙传》那样的奇迹故事；也不可能是轻视拿比的宫廷圈子；最后，同样不可能是牧羊人、农民和他们的战争先知。人们的确没有理由认为以色列农是特别的"愚钝"，虽然时而有之[1]。农民变得"愚钝"，只有当他们被圈入于一个与他们异质对立的官僚体制的或赋役制的大国家机制里的时候，或者当他们被出卖给土地领主奴役之时，就像在埃及、美索不达米亚以及在大希腊化时代和罗马帝国晚期时代的国家体制里那样。与此相反，根据后来的追忆与要求，俘囚期之前的以色列平民原先真的是个具有战斗力的自由的誓约共同体成员，并且曾经击败过文化地区的骑士阶级。当然，这种平民不可能借由一己之力创造出旧约里那些理性的观念来。必然是其他人来为他造作此事。不过，对于大多数的观念，他是有接受能力的。并且，就在一个精神昂扬的知识阶层与各社会阶层——由于王制时代的发展而被非军事化和社会地位沦落的阶层——所组成的这个平民阶层之间的交互作用里，存在着耶和华信仰之发展的一个秘密。很少有全新的宗教观念是形成于理性文化的各个中心点。不是在巴比伦、雅典、亚历山大、罗马、巴黎、伦敦、科隆、汉堡、维也纳，而是在俘囚期之前的耶路撒冷、犹太教晚期的伽利利、罗马晚期的非洲省份、阿西西（Assisi）、威登堡、苏黎世、日内瓦、荷兰、德国和英国的文化地带的边陲地区——诸如弗里斯兰与新英格兰，理性的先

1　例如 Klamroth，前引书。

知预言或宗教改革的新形成首先被构想出来。然而，这未尝不是在周遭理性文化的影响与冲击下发生的。其中的道理总是同样一个：宗教性的新观念之所以可能，必然是要人们尚未忘记以自己的**问题**来面对世上所发生的事。就此，正是生活在大文化中心之外的人们有此契机，当大文化中心的影响开始触及或威胁到他们的中心关怀时。当人们一旦生活在文化饱和的地区里并且陷身于其文化技术当中，便很少对周遭环境提出这样的问题，如同每天习惯搭乘电车的小孩很少会问自己这样的问题：到底如何才使得电车开始跑呢？对于世界事象的**惊叹**能力，是可能去追问那些事象意义何在的前提条件。俘囚期前的以色列人共通的经历并且也是诱发他们作此种提问的共同经验是：伟大的解放战争、王国的建立、赋役制国家与城市定居文化的形成、来自大国的威胁特别是北方王国的崩溃以及南方王国作为无以忘怀的光荣鼎盛的最后遗绪，在众人眼睁睁之下走上同样的命运。然后是俘囚期的来临。解放战争创造了耶和华作为战神的威信。古代耶和华召集军的担纲者的社会沦落与非军事化创造出耶和华信仰的历史传奇故事。神义论的大哉问则是到了王国濒临崩溃之际才浮现出来。

　　创造出摩西六书里后来合而为一的两大编纂的精神劳作，显然基本上是属于第二个时期。这是两个宗教文士集团的产物，他们如今通常是按其所使用的神名而被区分为"耶和华信仰的"与"耶洛因信仰的"集团[1]。这些编辑者与撰述者显然是独立地处身于《士

---

[1] 自 de wette 以来，数世代的学者业已试图对摩西六书的史料在两大集成与后来（《申命记》的、祭司的和其他的）添补之间作出资料区分。尽管在个别点上还留有许多疑义，但基本的结论在大多数学者间并无争议。只有试图将两大集成再分解为数层的做法，就好像连已被确定的成果都要加以挑战似的反动，一种无谓的企图。

师记》与《列王纪》的纯粹历史传承与宗教传说的原始编纂者之外，因为试图在这些作品当中彻底区分这两个学派的一切努力似乎全告失败。这两种编辑者或编辑学派的教养程度必然是相当高的，因为他们进行了许许多多的名称的语源追溯和故事的因果说明，极富巧思与智能，多半不可能是源于民间。耶路撒冷的申命记学派属于最后一个时期，对于先前时期的、严格意义上的祭司增补与修订属于俘囚时期或部分而言俘囚期之后，尽管其开端或可推溯到俘囚期之前。

　　耶和华派和耶洛因派的集成[1]，尚未遭遇到困难的神义论问题，这样的问题必然是由于民族国家体制之没落才被提举出来。其唯一神教乃是"天真的"唯一神教。同样的，他们尚未得知逐渐上扬的祭司权势与漠不关心牺牲祭献的先知运动之间的斗争；对于后人之憎恶古老地方神所与祭典装饰和神像，也同样一无所知。反之，这两大集成——前者回溯到所罗门时代，后者至少回溯到公元前8世纪——都受到王制所造成的社会问题的影响。因此在两大集成中，族长传说——耶洛因派毋宁是以此为开端——构成了表述的重要部分，两者无不详尽地铺陈奔亡出埃及、在摩西与约书亚带领下征服迦南与耶和华对当时民众课加祭礼的、道德的

　　（接上页注）关于最近对于"近代批判学派"的根本攻击，参见 Fritz Helling, *Die Frühgeschichte des Jüdischen Volkes, Frankfurt*, 1947。——英注

1　关于两者的关系，现有普洛克许（Procksch）的精彩研究：Die Elohimquelle (Uebersetzung und Erläuterung)，Leipzig, 1906。普洛克许推想以利亚对此集成有某种影响，并且试图解释（S. 197）之所以使用耶洛因之名是意图强调其独一无二的价值。关于这个故事原初是否具有韵文的特性，是个重要的问题，但并不是非专家所能置喙的。参见 Sievers 的论文，收于 *Abhandlungen der Königlich Sächsischen Gesellschaft der Wissenschaften*, XXI—XXXIII, 1901, 1904, 1906；以及普洛克许对此的批判（S. 210f.）。

与法律的禁令等情节。至于史料素材的年代，如祝福集里所见的，或于前者或于后者，应可追溯到更早的时代。契约之书与伦理的十诫是否为耶洛因集成的原始构成部分，而祭礼的十诫是否为耶和华集成原本就有的一部分，全都无法确定，而且对于两大集成的特性而言事实上也不重要。因为按其叙述的方式，两大集成的撰述者本欲借此发挥伦理典范的效果，即使效果不彰，其目的也在于筛除古老的口耳相传里往往相当非伦理的部分。关于亚伯拉罕以来的时代，两大集成使用的几乎是相同的材料。想要在两者之间建构出"倾向"上的真正对立，会是走岔了路。与其读者大众的情绪相应和的，两者皆美化了民族形成的时代。同样的，我们也无从主张说两者的哪一方是较有"人气"的，甚至说有时是此、有时是彼。很难说不是有意的，这两者皆让当时民间流传的应许，并非着落于某个王或其子孙身上，而是被赋予民众的古老传说里的部族祖先，这些应许包括：让以色列成为伟大的民族、他的友人受到祝福、敌人受到诅咒、姓名留传后世并因此名而使后世的所有其他各地族群都受到祝福。或许，将古老传说里的英雄看做是全以色列的部族祖先的这种见解，正是这些撰述者的功劳之一。在他们看来，被赋予祖先的那些救赎许诺还是无条件的、没有任何事功的要求，神的友爱誓将为以色列排除万难，一如宫廷拿比的福祉预言中的许诺，而与后来的先知看法正相矛盾。再者，摩西的颂扬美化，在两大集成里也扮演了那样的角色，这既未见之于政治的、赞美诗的或先知的文学里，当然更未见之于后来的祭司编纂里，后者尽可能将他贬抑于祭司亚伦之下。底波拉之歌与后来插入《申命记》里的祝福集确实证明摩西的民间威信是毫无疑问且古老的，而非后来才构想出来的。换言之，这些编辑者延续了民间古老的难以迎合王权胃口的传说，只不过在手法上两派稍有不同。两者都认为族长是和平的牧羊人。不过耶洛因集成极力强调其格耳林姆的地位，亦即族长是与其通过誓约而结为兄弟关系的定居人民的寄居者，而另一方面，显然深受利未人影响的耶和华派的叙事（在以撒的求婚故事里）[1] 业已明白以色列人不愿与迦南人通婚之事。农耕工作是神的诅咒的结果，基本上是耶和华派的见解。对他们而言，乐园是像草原绿洲那样的一个灌溉十足、草木扶疏的果园。采纳摩西的祝福的耶洛因派似乎多少知道约瑟部族对于王位的要求权，而耶和华派在雅各的祝福里以犹大取代流便与约瑟而为应许的担纲者。这些和类似的独特之处使得著名学者为代表的假设或可成立：整体而言，耶洛因派的编纂较受北方而耶和华派的编纂较受南方的影响；至于年代方面，或在此或在彼出现较古老的材料，但大体说来耶和华派的集成应该是稍早的。再者，耶洛因派倾向于认为亚伯拉罕和一般整体的宗教英雄都是拿比，约瑟族出身的英雄则为拿细耳人，整个说来也透露出其北方的起源。同样的，在耶洛因编纂里，以色列的长老的任命有其来龙去脉的解释，然而对耶和华集成而言，摩西，亦即利未人的祭司是审判官，或许南方的情形大半就是如此，或至少是祭司所要求的。清教式的影响很容易在耶和华派身上发现到。如果说蛇在耶和华派的人类堕落故事当中扮演了如此重大的角色，那么，这让我们回想到，和耶路撒冷神殿里的摩西的蛇杖相类似的杖，在出埃及的故事中是被归给埃及的巫师，而摩西的这根蛇杖在有关旷野故事的耶洛因编纂里则是与巫术性的神疗术连结在一起。

1　参见《创世记》24:3—4。——译注

因此，如果——就像有些人所假设的——蛇的崇拜和利未人的"巫医"曾经存在过，那么耶和华派的清教式传说对此的激烈拒斥——导致希西家治下的偶像破坏运动——便可借此（人类堕落的故事）表达出来：蛇和蛇本身无可怀疑的智能被说成是一切恶的根源。依此，如同某些人所认为的，蛇作为死者国度的神兽的那种惯见的属性，是否也在拒斥理由中插上了一角，似乎还有待商量。

　　两大集成来源出处的差异似乎也表现在神观的处理上。对两者而言，作为出发点而绝对确定的是神的性质：他是通过干预而决定人类在世上的命运之主，但自摩西以来即经由契约与誓约而和以色列连结在一起并保证其法规的一个人格性的支配者。这是无可动摇的。摩西的耶和华与古老的战争先知的耶和华从来就不是个全然原始的鬼神（Unhold），就像人类有时为了某种一直线的发展图式而为神打上的印记。另一方面，他也不会被精神升华为中国或印度那种非人格的世界潜力。由于前面提及的理由，耶和华在两大集成里也带有某些普遍主义的特征，只是各以不同的方式。耶和华派的集成有时候，一如常受瞩目的，以相当彻底的拟人化形式来表述他。俘囚期祭司的壮观但抽象的构想是不用说的了（《创世记》1）：耶和华孵育混沌的灵以一魔术字眼就让亮光闪现，然后单凭他的命令，日复一日，一物接着一物，无中生有地被创造出来。耶和华首先让前此荒芜且干涸的土地涌出水来，然后以土造人，再吹进他的气息使他有了生命，接着才让植物和动物生长出来（《创世记》2）。耶和华将这些都摆在人的面前，并交付他一件在摩西的时代及其周遭（埃及的）世界看来极为重要的事：为诸物命名。起先他没做到一件事，那就是为人提供友好的伴侣，直到他从一根肋骨造出女人来，而人马上就认得这是他的同类。夜凉之时,这个神就像绿洲里的酋长般漫步于他的伊甸园中,并把人也放进来。当人违反禁令触摸了他的树时,他亲自审讯他,并附带诅咒地将他斥逐以为惩罚。不过,为此他必然先得找寻和呼叫那个躲藏起来的人。同样的,为了探看巴比伦的巨大建筑,他也必须先降临到那儿。如果他有什么要命令或应许的,他便亲自向人现身。和后来的传说相矛盾的,他让摩西真的看到了他的面目,并且与以色列的长老在西奈山上同桌共食。因此,他是个以肉身显现的神,完完全全按照人类的动机行事,然而,他却也是个创造天地的神,并且在世界的中心巴比伦展现他的力量。

此种拟人的形体,在耶洛因派的观点看来,显然是挺别扭的。此派的神观,尽管相当普及于民间,但更加受到较强烈留存于北方的古老文化的影响。对他们而言,以色列的神是至高的天神,不会在地上的人类之间游走。在现今的版本里,他们完全略过这个天地创造的故事,而以族长传说为开端。至于这是否原本就是如此,或者是否可能是后来的史料合并时不愿采用已与当时的神观不再相符的耶洛因派的观点,这个问题必须暂时存而不论。总之,耶洛因集成较为偏好让神的命令与应许出现在梦里,或经由天上来的呼唤或通过神的使者(malak)或天使来传达。有时这也可以在耶和华派那儿发现到(《创世记》15:6)。神的使者的观念是古老的。北以色列的底波拉之歌在对米罗斯的诅咒之处便已得知。不过,耶洛因派却将所有传承而来的神的显现全都转变成此种中间角色的出现。这是一种明显的神学概念的建构。在后来的集成编纂里,还有其他的神学概念构想随同出现,而且可能是承接自古老的观念,譬如神的非人格性的"荣光"(kabod)。这特别是被利用来调和神在圣所特别是在神殿的地方化——定居的尤其是定居于城市的住民之间惯常所见的观念，与高高在上的伟大天神的观念。不是神本身，而是他的荣光以光灿的云彩之姿降临圣所（《出埃及记》40:34f.）。或者出现的是灵验有效的另一种非人格性的力量，诸如"颜"（phanim）、"语"（dabar）、"灵"（ruach），不过特别常出现的倒是像埃及那种方式的神的"名"（scham）。所有这些神学概念的构想由来是难以确定的，我们在此姑且不论，只有最后提到的这项，很快就会进一步加以讨论。

如同在所有那些未经神学修订的民间故事里一样，在古老的族长传说里主要是人在行动，而不是如耶和华派的创世故事里是神在行动，就此而言，此种精神化的倾向是挺契合古老族长传说之意的。某些特别古老的显现，因其为原始多神教的，不得不被保存下来。不过，族长的神一般而言是个充满神秘特色的神，人只有在一切命运注定的安排里才间接地认识到他。就像特别以艺术手法创作的宗教小说故事里经常制造出来的一种教化的、时而赚人热泪的特点，最最明显地表露于约瑟的故事和奉献以撒作牺牲的故事里。这种范例乃是那种导致天意信仰（Vorsehungsglauben）的理性主义之源泉。另一方面，前述那种神学概念显示出某种发展非人格性神力的倾向，换言之，一种如同其他各地惯见的与北以色列的神附身的狂迷—忘我特质有着内在亲和性的观念。

但即使是这样的神学倾向后来显然还是再度被有意识地放弃了。唯有不断提升的神的崇高是有用的，那些太过粗糙的拟人的显现则被撤除，而神的使者的古老神学概念便永久地保留了下来，至于其他神学概念在俘囚期前虽有所发展，但也不过是残缺不全而已。理由显然是纯粹实际的。对于遭受灾祸亦即神怒迫害者提供咨询的利未祭司的律法书已赢得其意义，而南方的清教式耶和华派与北方狂迷式的灵交与神附身之间的斗争也业已展开。关于神的意图与命令、关于祭仪与伦理的罪以及尤其是犯罪后果的预防等问题的理性教诲加以关注，已经有所发展，而此种神义论的需求必然随着人民政治状态的愈来愈成问题而更加显得重要。对于民众的这种需求，耶和华派版本里那个生灵活现且曾经亲身与人类谈判的神，远比耶洛因学派较为升华的观念更加能够迎合得多。人们需要**可以理解**的神圣裁决的动机，并因而得以援引神亲身肉体的意志表达。俘囚期前的先知并非通过使者而是直接地接获他们的命令与神谕，尽管在其他方面他们显然经常受到耶洛因派见解的强烈影响。先知预言的首度且影响深远的出现，乃是以北以色列为舞台的结果。在两大古老集成合辑为一体之际，通过现今依威尔豪森之例而多半被称为"耶和华派的"版本，古老的族长之神和誓约同盟之神因而一再频繁地亲自现身。不止如此，与知识分子的理性需求相应和的，他如今更亲自发话或与其先知辩论（《创世记》13:14f.）。或者甚至他的内在思量也表露于字里行间（《创世记》6:5f.）。其实较古老的耶和华派的表述里已为此提供了范例，亦即导致耶和华惩治人的堕落和摧毁巴比伦的阶梯式高塔时所做的思虑。不过，动机的性质起了变化。在耶和华派当中仍具影响力的、原始的观点里，就像在所有的古老神话里一样，神决意如何乃取决于利己主义的关切，尤其是神之嫉妒那威胁到他的高慢（Hybris），亦即人类愈来愈高的智能与力量。反之，在后来的编纂里，决定性的动机则是对人类慈爱有加的关照。在旷野行进的故事的最后版本里，神便思虑着以色列人的态度千变万化的可能性——对于他们的坚定不移，他可是没什么信心的——

从而决定他要如何指引他们的路途。最后他还是一以他们的利益为考量。无论何处，蔚为特征的一直都是：寻求纯粹人类**可以理解**的神的动机，并依此而加以表述出来。

在其他地方也可清楚看到，主智主义升华神观的努力如何与实际的**灵魂司牧**的利益相冲突。古老的传说自然而然地让耶和华"后悔"其决断与行动。撰述者的理性主义似乎从很早以前便怀疑，这与一个伟大的神的尊严是否相调和。因此，从巴兰的嘴里吐露出这样的话语：神"并非人，不至后悔"，此语后来常常被复述（《民数记》23:19、《撒母耳记上》15:29）。只不过利未人的教说的实际需求阻碍了此种升华的贯彻。如果说神一旦做了决断就永世不移，那么祈祷、良心的反省与赎罪都是没有用的。对律法书教师的灵魂司牧的利害关怀而言，这是令人害怕的宿命论的危险归结，如同人们之畏惧命运的占星术的决定论。因此摩西故事的后来编纂本便让先知借其请求来平息神的怒气。耶和华要不基于请求、要不就是基于后悔与忏悔而更改其决定。同样的事发生在拿单传说里的大卫和以利亚传说里的亚哈身上，当他们忏悔之后。这个拟人的因而可以理解的神在当时，如同在今日，较能迎合民众的灵魂司牧的实际需要。《申命记》纲要所找到的出路是：耶和华事先即将其行动取决于人的行为，"看哪，我如今将祝福与诅咒摆在你们面前"——**做个选择**。

同样的，而且基于同样的理由，在其他问题上的态度也是分歧的，尤其是神义论的终极问题。耶和华与其子民的关系的古老基础是契约（berith）。耶和华自愿与这个他视如己出的民族所订立的誓约似乎老是因政治性的威胁甚至毁灭等灾祸而成问题。耶和华信仰者有时，譬如在相当晚近才接纳的大洪水传说里，会借助于这样的说辞：总之，人的一切作为"从来就是恶的"。以此，人总是要遭受一切的恶事。虽然如此，由于耶和华不愿舍弃那牺牲的芳香之气，他决定，正因为人之恶行的不可避免，将来至少再也不会以大洪水来毁灭全世界（《创世记》8:21）——顺带一提，这与巴比伦的洪水传说的结局雷同，我们后面还要提到。关于人的那种悲观论调，应是源于南方律法书教师的忏悔实务。这样的论调并不是一般所接受的，在以色列，人总是被视为脆弱的，而不是天生恶质的（只有以色列末期的灾祸预言才有意重弹此调）。耶和华之前无一人是无罪的，这才是更加合适的表述（《出埃及记》34:7），而且此种论调显然也符合灵魂司牧面对无罪而遭受苦难者时的实际需求。不过，以此并未解决以色列遭受特殊不幸的问题，毕竟，他们是耶和华的子民。解决之道自然是，耶和华的古老应许当然有着条件的连结，那就是人民要履行他的仪式与伦理义务，但却没有做到。事实上，所有古老的应许逐渐地从耶和华原先毫无条件的许诺转化成相应于良好行为的有条件承诺。无疑的，这也是源于对理性神义论的实际需求，并且尤其是，如我们将看到的，先知预言的一个基本命题。其中，困难自是有的：共同体要为每个成员的所作所为、子孙要为其先祖的所作所为负起连带责任的古老观念，在一个自由的誓约共同体里，就像面对血仇与政治仇敌一样，自古即为不证自明之理，而且实际上相当管用[1]。然而反过来令人疑惧的问题是：倘若别人的作为会将无辜的人卷进灾难里，那么履行耶和华的命令于个人又有何用？对于当代人的罪，倒是

1　有关此一观念的发展，特别参照 Löhr, "Sozialismus und Individualismus im A. T." (Beiheft 10, zur ZAW, 1906)。文章是不错，只是题目可能会有所误导。

有个解决办法，那就是借着诅咒把罪人奉纳给神，然后以石击毙。这完全如同人们借着交出犯罪者或其亲属以回避触犯某个寄居者共同体的古老罪行一样，据说大卫时，扫罗的家族便是这样被交到基遍的手里。示剑的诅咒与祝福仪式，至少在较后来的时代里，恐怕同样是为此目的：借着将诅咒转嫁到罪人身上以脱卸共同体的责任。将谋杀犯处以死刑，明白地被视为洗刷境内冒犯耶和华之罪的连带责任，若是谋杀犯逃逸无踪，便得举行特别的赎罪仪式。但是，对于祖先的罪过，就没有这样的手段可用了。于此通行的是耶利米所引用的俗谚："父亲吃了酸葡萄，儿子的牙酸倒了。"（《耶利米书》31:29）不利于灵魂司牧关怀的、宿命论的归结也因而就此有着威胁。如先前所提的，申命记学派在利未人律法书教师的影响下显然因此下定决心，全面摆脱子孙对于祖先的连带责任，不管是在法律的实践层面，或是在伦理的责任上。然而，困难在于：对于神义论的目的而言，祖先之罪会有报应的想法，终究是不可或缺的，因为彼世报应的思想根本不存在，何况眼前的事实似乎一再教示：个人并不会因其罪过或善行而得到相应的惩罚或奖赏。报应的理念对于政治的神义论尤其不可或缺，特别是在米吉多战役的惨痛教训之后[1]。先知也因此总是谆谆教诲共同体和子孙对先人的连带责任。连带责任的想法事实上从未被真正遗弃过。在祭司编纂里（《民数记》14:18），神的恩宠与慈悲的保证，直接与神的报复及于第三与第四代的保证并列在一起。分歧矛盾来自政治预言的现实需求之对立于祭司的灵魂司牧的关怀、与教养阶层的

---

[1]　米吉多战役里，笃信耶和华的约西亚王为埃及人所杀，详见《列王纪》与《历代志》。——译注

理性主义。然而大家都同意的结论是：神应当是个**公正报应**的神，而此一性质特别是申命记学派所极力强调的。

就此，神的命令本身，连同罪过的忏悔，愈来愈往心志伦理的（gesinnungsethisch）方向升华。对天上的支配者而言，重要的是无条件的顺从，无条件的信赖——信赖那可能怎么看都好像有问题的应许，而不是外在的行为方式。这个想法本身早在亚伯拉罕被召唤进迦南和被应许有一个儿子的耶和华派述说里即可发现；亚伯拉罕盲目地遵从指示，盲目地信奉许诺，因而被神"称义"（《创世记》15:6）。这样的想法首次出现在一则族长传说里，并不令人意外。因为，正是在和平主义的半游牧者当中，无可怀疑的，便能找到这样一派人的一个支柱，他们反对由王及其祭司所主导的牺牲祭礼而提出对立的命题：古老的契约之神根本不喜爱牺牲，而**仅仅**喜爱对他命令的顺从，而且尤其是**共同体本身的圣洁**，因此用不着祭司。此一反祭司的信仰自然在古老的战士禁欲和战士忘我当中以及一般而言在古老时代的情境当中找到支持，那时尚未认得什么充任官职和完全世袭化的同盟所属的祭司阶层。不过，毫无疑问的，此一信仰也不难联想到知识阶层。最后，极有可能的是，耶路撒冷祭司的对手耶利米甚为喜好的利甲人教团，也是此信仰的担纲者之一。还有所有那些并未任职于圣所而光靠灵魂司牧与律法书教学来赚取收入的利未人，也可能据此信仰为己有。与此相应的是另一种思想：对耶和华而言，满意的关键点并不在于罪人为了赎罪所带来的牺牲和其他类似的行为，而是在于悔罪的心志本身。这想法可能本就内在于同样那个知识人圈子，而传说的编纂者则令其出于古老的先见之口（第一个是拿单）。另外一部分的利未人，特别是属于申命记学派的利未人，由于与祭祀和牺牲的利益连结得太过紧密，当然不可能导引出这样的结论来。正是那大体上较属南方且受利未人影响的耶和华派编纂，吸纳了纯粹祭仪的命令（所谓祭仪的十诫）。但是，只要祭司仍与王权结合在一起的话，上述那个思想本身还是挺有活力，尤其是在先知预言里。即使后来的祭司编纂也无法抹灭其痕迹。的确，在摩西的故事里，这版本将耶和华对于可拉族利未人的惩罚，与他们主张共同体的神圣性以及用不着祭司等异端想法连结起来；然而即使如此，也无法阻挡这思想继续以极为强势的姿态、活跃于最大有为的先知们的神谕撰述里。

此时，顺从神、信赖神的这种心志伦理有个专对**平民**的转向，亦即将神对于人类不逊的嫉妒与憎恨的古老神话观念铺陈于律法书教师的伦理教说里。如果说埃及智者称许顺从、沉默与毫无自负之心是为神所喜的美德，那么这是源自官僚体制的从属性。在以色列，这则是出自资助者的平民性格。律法书教师与产生先知的那个圈子，专心致力于平民的顾问咨询与灵魂司牧，而这些平民的神则憎恶王及其战争英雄所表现出来的骄傲、高慢与单凭己力的自负，并视之为真正的冒渎。耶和华不喜格耳林姆的情色肉欲（根据阿摩司）与欢快宴饮（根据以赛亚）。先知西番雅断言（《西番雅书》3:12），只有穷人才是真正一切都听凭神信赖神者，因此当时候到了也只有他们才会被宽免于毁灭。耶和华之不喜富贵人，可以从这个高高在上的特权阶级——相对于古老的农民军时代——被外来敌人打败这点得到证明。唯有无条件地恭顺与一切唯神是赖，或许还可能使得古老的契约之神再度如同往昔那样无条件地和他的子民在一起。以此，我们一如已不断重复地再次面对，先知的以及在这点上受其影响的申命记的、乌托邦式的政治伦理的一个基本动机。对此，我们会更辟专章讨论。此处，我们只想再弄清楚一些事情，这些事情是在以色列人与神的全面关系的形式特质的基础所在，就中尤其是：此种理性的心志伦理的极力强调。

第二十章

巫术与伦理

　　诸事当中，特别要提的是**巫术**在以色列**并未**占有如其于他处一般的重要地位，或者毋宁说，尽管巫术如同在任何地方一样从未真正从以色列民众的实际生活当中消失过，但其命运在旧约的虔信当中取决于律法书教师对它的有系统的打击。以色列固然有各式各样的巫师存在，但主导大局的耶和华信仰圈子，尤其是利未人——而非巫师——才是**知识**的担纲者。我们知道，婆罗门也是，只是他们的知识和在以色列的根本不同。正如在耶和华派的乐园故事里，蛇劝诱女人去吃知识之树的果子，并且应许人"眼睛就明亮了，而且便如同神一样"。蛇并未说谎，因为事后神诅咒了人与蛇，又说道"那人已经与我们相似"，也就是像个神，并且是通过**知识**；神将人逐出乐园，"恐怕他又摘生命树的果子吃，就永远活着"。换言之，拥有两样东西，不死与**知识**，就能成神。不过，是什么知识呢？在两处引文里都说是"能知道善恶"。这就是前先知时代的记述者相信可以让人像神的知识，当然，也未必就意指那是理性的伦理知识，而非纯粹仪式的或秘法的知识。在埃及，那些欠缺祭司的书记文化教养的平民也被说成是"不知道善恶"

的人。而且，在乐园的故事里，就我们所见的，人在吃了知识之
树的果子后所体验到的，并不是一种理性的伦理知识，而是纯粹
仪式性制约下的裸露的禁忌。不过，到了希西家时代，弥迦便已
强调：人，亦即任何人，"耶和华已指示你何为善。他向你所要的
是什么呢？只要你行公义、好怜悯、存谦卑的心，与你的上帝同行"
（《弥迦书》6:8）。所以重要的并不是秘法的知识，也不是单纯的仪
式知识，而是彻底公开教诲的伦理与慈善。利未人律法书的独特
之处正在于此种教诲方式的用心维护，而且我们也看到，耶和华
作为与誓约共同体立约的人格性当事者的这种独特关系，首先便
如此地强调"行公义"。其中，领衔角色是摆在顺从与伦理上，优
先于就同盟的结构而言必然是几乎将近没有的祭仪命令，也优先
于在较古老的时代或许仅只发展成少数几条简单规则的纯粹仪式
命令。既然共同体要为每个个别成员的过错对耶和华负起连带责
任，那么这个伦理的难题便成为任何一个共同体成员[1]尤其是关切
国土命运的知识阶层的重大关怀。由此出发，关于神圣知识的本
质的这个观念开始支配着愈来愈被非军事化的、耶和华信仰的平
民圈子，也支配了缅怀着美好古法的所有知识分子。此种知识的
重要性与日俱增。古代神圣的卡理斯玛所知的唯有战争忘我与战
争预言，而这两者均告没落。本来一直有个趋势，如同传说打一
开始所显示的，想将摩西塑造成一个巫师，他的法术就像印度的
宫廷婆罗门的法术般，乃是决胜的关键所在。不过，这已不再存
在，此后再也没有先知被耶和华唤醒来与他面对面，因为时代已

---

[1]　我在黑恩前引书（S. 348）当中发现某些暗示，指出他所谓的以色列的"民主"性格对
于以色列的伦理特质而言有何意义。

经转变。以利沙的战争神谕是传说里所能找到的这种巫术性的政治预言的最后回响。利未人，耶和华信仰唯一延续不绝的永久担纲者，基于其至关紧要的社会功能，发觉自己是此种知识的担纲者：人是由于哪些罪过而招致灾祸，而又如何才能回复如故。如果说表示寄宿在某些巫师身上的神谕之灵 jide 'oni 这个名称（《利未记》20:27、《列王纪下》23:24），顶多不过是意指"小"知识，那么这表征着耶和华信仰的代表人特别反巫术的知识夸耀。以色列的记述先知有时也为王提供建言，如同宫廷先知与巫师。然而，他们总是本着利未人律法书的精神：顺从耶和华，无条件地信赖他。他们从未有人想借法术来解救国家。

当然，巫术性的强制神（Gotteszwang）的发展倾向从来就有，即使是在纯耶和华信仰的圈子里，而且可能一直延续到相当后来的俘囚期之前的时代。除了其他较次要的一些迹象之外，特别是相当普见于各处的神**名**的魔力，亦即相信只要人知道神的名并且正确地呼叫，那么他便会听从，这样的信仰显然一直有所发展。耶和华在荆棘的显现里起初回避指称其名，是不无道理的，正如同和雅各角力的那个神灵一样。后来当摩西渴望耶和华能够施恩和他见面，耶和华便指示他称叫他的名——也就是强制他。如同先前所见的，此一广见于各处的观念特别是埃及本土固有的。耶和华之名也就是其权能的象征，如同法老的称呼一样。就像阿马纳书简里，王将"他的名置于耶路撒冷之上"那样，以色列（《申命记》28:10，《耶利米书》14:9）、耶路撒冷（《耶利米书》25:29）或先知（《耶利米书》15:16）"被称为（归在）"耶和华的名下，他的名"住在"耶路撒冷，那儿为他"建了一个居所"，他的名"从远方而来"（《以赛亚书》30:27），而且"相近"（《诗篇》

75:1），耶和华借着他的名施惠于所有"爱他名的人"（《诗篇》5:12、69:37、119:32）。部分而言，这涉及先前所提的那个神学概念：为了消除耶和华拟人的、亲自现身的那种性质；然而部分而言，这也牵涉到那个在埃及具有支配性的、关于名的本质的观念，而且，并不意外的，所有这类特征性的段落全都是《申命记》的，亦即其起源的时代一般而言展示出与埃及的虔敬形式极高度的亲近关系。神名的特殊神圣性，在埃及也可发现到，譬如一方面，艾西斯（Isis）借着得知雷（Ra）的密名而夺取了他的力量，另一方面，普塔（Ptah）对"妄用"他的名者进行报复。在以色列，神名的神圣性也逐渐增高，尽管原来那儿并没有遍布于其他地方的那种神名的禁忌。后来的见解认为，试图以呼叫神名的手段来强制崇高的神乃是严重的冒渎，会招来神的报复。在先知时代仍盛行的、无所谓地使用神名，退却于那种特殊的畏惧，而那样的畏惧必然早就开始了。不知可回溯到多么久远时代的十诫之一，不可妄称神名，无疑便是意指要以巫术来强制神的企图。此种拒斥在此也很可能是基于有意识地敌对埃及，并且或许更是特别针对埃及的死者崇拜。因为，在埃及，神名的意义再没有比《死者之书》的第125章更加引以为中心主轴的了，在那儿，神名的正确使用是灵魂之命运的关键所在。在地府的每个入口，各个神都要求死者要知道他们的名才能放行。一方面有着相近之处，另一方面又断然拒斥，这绝非偶然。

拒斥巫术实际上尤其是意味着：巫术并未像在他处那样，为了驯服民众的目的而由祭司加以**体系化**。在巴比伦，巫术的体系化在**神义论**需求的压力下有所发展，所以原先是理性的。无罪的人遭受苦难，这样的体验与对神的信赖似乎唯有如此才能合一，亦即并不是神，而是魔鬼与恶灵才是灾厄的起源；以此，神义论步上一种潜在的半二元论的轨道[1]。这在以色列是不可能的。一切的灾厄同样是源于耶和华，这是最早的先知（阿摩司）的基本命题之一。在视一切灾厄为大能之神的惩罚与处置的以色列，以巫术来抵御魔鬼的发展，相对于纯粹**伦理性的**祭司律法书与忏悔赎罪的发展，后者乃是利未人祭司固有的掌控手段。这情形彻底影响了以色列宗教发展的全面领域。首先，在亚洲宗教里，"魔法"（Zauber）所占据的位置，在以色列那儿则是由"奇迹"（Wunder）所占据。亚洲的巫师、救世主与神祇"施法术"，以色列的神则是应呼救与求情而"行奇迹"。其间的深刻对比，先前已经说过。相对于魔法，奇迹是较为理性的。印度人的世界一直都是个非理性的魔术花园。类似发展的端倪在以色列可以从以利沙生平的神奇故事里发现到，其非理性与亚洲的魔法行使完全同在一个阶段上。此一思考模式有可能很容易就占了上风。然而，对抗一切**狂迷忘我**的持续不断的斗争，显然决定了以下的特征，亦即：在纯正的耶和华信仰的宗教传说里，例如在族长的故事里，连同在摩西与撒母耳的传说里，以及一般而言旧约里，**不是魔法**，而是奇迹——源于神有意义的且可理解的意图与反应——占有从未见于其他任何圣典里的那种强大的支配性地位，而奇迹本身在许多古老的部分，多半是在族长传说里，相对而言较少被使用。魔法的这种付之阙如的情形，尤其迫使寻求事情、命运与遭遇之原因的问题走上**天意**信仰（Vorsehungsglauben）的轨道，亦即认为神乃是个以

1　关于魔鬼信仰乃是神义论需求的产物，J. Morgenstern, *Mitteilungen des Vereins für Alte Geschichte*, Bd. III, 1905, 书中已有某些提示。

隐秘的但终究是可以理解的方式驾驭着世界特别是主导着其子民之命运的神。"你们的意思是要害我，但上帝的意思原是好的"，耶洛因派的艺术之作《约瑟传》，便令其主人翁如此言简意赅地表达出此一天意信仰[1]。在此，神的意旨同样宰制着人类企图逃脱的那个领域，如同在印度的故事里，"命运"战胜了所有施弄玄虚以图摆脱它的伎俩。但是，在以色列，并非印度的那种业（karma），而是人格神的某种理性的天意决定着这个命运。

尽管发怒时激愤难当，但终归说来既理性又按计划行事的这个知识分子的神，具有两大特征性的面相。首先，如我们先前提示的，他是个**平民**的神。这可不能被误解。这个面相里的耶和华既不是"大众宗教"的神，也绝非顺应"群众"需求的神。他毋宁正好是在最终获胜的耶和华观念里，部分由先知（战争先知与后来的律法书先知）和律法书教师所组成的那个圈子企图**强制教导**给民众的那个神。这经常遭到反抗。因为群众真正的需求，无论何处莫非寻求巫术或救世主以解救急难，在以色列亦是如此。同样的，不管是耶和华信仰的理想，或是怀抱此种虔信的理想主义者，皆非出自这个所谓"穷人"的圈子。俘囚期之前，不止整个真正的列王传说里的英雄，即使来自士师时代传承的古老残篇里的英雄，莫不是经济境况良好同时又虔诚的以色列人。在虔敬的宗教传说里，族长也都是非常富裕的人。依据古老的应许，在此如同其他各处，财富本就是虔诚的报偿。具有文学教养的耶和华知识担纲者本身极有可能泰半是高贵氏族的成员。不过，自先知时代开始（阿摩司）以来，不止显示出情况已绝非总是如此，

1　见《创世记》50:20。——译注

尤其更显示出：文士阶层希望能够**培育**出而且事实上也真的培育出具有清教式纯正的——因而也就是厌恶狂迷、偶像崇拜与巫术的——**虔信**的那个圈子，在相当大的程度上是平民阶层。至少是在此种意义下的平民阶层：他们既未参与分享**政治**权力，也不是王的军事与赋役国家的担纲者，更不是城市贵族社会权势的承担者。这清楚地呈现于传说的编纂里。除了《列王纪》里的吉光片羽之外，贵族的英雄主义得不到任何发声之处。反之，备受尊崇的几乎全都是和平虔敬的农民或牧羊人，而且陈述与说明的方式也都适合于他们的观念水平。以言词来煽动谄媚群众的做法，当然是根本行不通的。就像在埃及一样，利未人的训诫要求法官，既不可歪曲法律以利于贵胄，也不可歪曲法律以利于大众，而扫罗的厄运，除了其他因素之外，总归要怪他服从愚蠢的民众。个人的价值与权威毋宁是取决于有关耶和华命令的知识。不过，利甲人的那种"游牧的理想"与对于农民召集军的回想，也支配着教养阶层的理想。唯有履行上天的命令才能保证国家与人民的命运，这是儒家的基本信念，完全如同激进的耶和华信仰者。只不过，在儒家，具决定性的是一个高贵的、有着审美素养的、文质彬彬的俸禄阶层的美德，而在以色列，愈来愈被推崇的是乡村与城市里的一个理想的以色列平民的美德。利未人的训诫愈来愈重视这个作为其顾客的平民思想世界。于此，独特之处是：在以色列，而且唯有在此，平民阶层成为一种**理性的**宗教伦理的担纲者。

其次，同样极为重要的，耶和华一直是个**历史**的神，特别是政治—军事史的神。这使得他与所有的亚洲神祇区隔开来，而且其缘由在于其与以色列的起始关系。对于耶和华最忠实的信奉者而言，他始终是誓约共同体成员的同盟战神。尽管他除此之外还是个雨神，或者在北以色列的思维里他被抬高为天上的王，对于纯正的耶和华信仰者特别是先知的虔信而言，他始终是政治命运的神。因此绝非人类可以借着冥思而与之神秘地合而为一的神，而是个超乎人类但可以理解的人格性的主，人必须服从。他业已下达人类必得信守的积极命令。人类可以如同面对一个大王那样，探究他的救赎意图、他发怒的原因与他施恩宠的条件。但除此之外，别无其他。在此前提的基础上，关于世界之"**意义**"为何的印度式思索的发展，彻底被排除。基于不同于此的理由，那种思索在埃及与巴比伦也未能超越某种相当狭窄的范围。在古代以色列，这思索则根本毫无立足之地。

第二十一章

神话与末世论

　　如果说世界图像的理性化一直是如此被限定在固定的范围内朝着一个方向发展，并且正因此而贯彻了理性化，那么另一方面，耶和华的特性也为其**神话化**划下了确切的界限。耶和华的形象，如同其他所有神祇，带有神话的特征。先知与诗篇作者关于他如何行事与显现的伟大身影，无可怀疑的是源于相当古老且广布的神话宝库。关于龙、怪物与巨人——这些是神在创造天地时必须与之格斗的东西——的想象广布于巴比伦，当然无疑的也早已广布于前以色列时代的迦南，这些想象仍以诸如怪鱼利维坦（Leviathan）、巨兽（Behemoth）与大蛇拉哈伯（Rahab）[1]的形态继续存在于祭司修正过的宇宙论外部，在其内部，我们看到混沌的太古洪流取了和巴比伦远古的龙同样的名字（Tehom，Tiamat）[2]。

1　以上这些都是《圣经》里提到过的怪兽。——译注
2　巴比伦创世史诗《恩努马艾利希》（*Enumaelish*）谓天地未成形以前，充塞整个空间者乃是一片无边无际的大水，是曰"深渊"（the deep，即希伯来文的 Tehom，《创世记》1:1—2 云，"起初，神创造天地。地是空虚混沌，渊面黑暗；神的灵运行在水面上"，即受此神话影响）。经过无穷年岁，深渊生一女性之精灵，名曰蒂亚马特（Tiamat），无夫而孕，生出许多儿女。其中半为未来之天神，半则为女怪之党。天神想建立宇宙秩序，终日喧议，

出现在现今版本的创世故事里的种种设想，诸如神的灌溉有加的伊甸园、远古的人被当作是耕作的农夫、世界的大河与亚美尼亚的山岳等，在在显示出所有这些神话原本并不是源于草原地或巴勒斯坦山区。伊甸园里那个家族长的农耕者，与《创世记》第 6 章里 Gigantomachie（巨人族与诸神斗争的神话）的原型恰相对应。而为最晚近祭司编纂本所接受的那个关于神的灵行在水面上的想法，又是取于另一个思想系列。较古老的耶和华信仰的宇宙论并未让耶和华"从无之中"创造出世界来，不过，凡是存在于地上的，都是由耶和华独自创造出来的。派斯克巧妙地称之为"素朴的唯一神教"（naiver Monotheismus）的这个观念[1]，与神的唯一性和普世性一点也不相干。因为几乎所有的宇宙论里都是一个神创造了世界而未顾及于其他神。然而，具有特征性的是，此处是一种朴实的散文体陈述，正相对于以诗文体呈现的巴比伦太古传说，正如先知的尤其是祭司的神话图像随着时日过往而越趋抽象，并且愈来愈少形塑雕琢。这是经由神学的理性主义而导致神话观念有所修正的典型结果。最终的产物是，展示在现今的《创世记》首章里那无比崇高却又全然不造作的天地创造记载；这是个典型的祭司作业成果，形成于俘囚期时有意识地与巴比伦周遭环境相对立。举凡巴比伦太古神话里的一切幻象，尤其是龙的裂解，全都被删除，这怪物本身被非人格化为洪荒之水。创造光靠着神的

（接上页注）女怪恶其扰，兴兵与战，初则屡败，后乃练兵十一队与己共为十二队，将与天神决一死战。幸智能神哀亚有子曰马杜克（Marduk），奉命出战，斩女怪，分其尸体，半造天空，半造大地，又细析其节肉骨骼，造成天地间的各种事物。由于蒂亚马特手下有一巨龙，因此亦有将此巨龙误以为是蒂亚马特者。——译注

1　Peisker, "Die Beziehungen der Nichtisraeliten zu Jahwe nach der Anschauung der altisraelitischen Quellenschriften", Beiheft zur ZAW, Bd. XV, 1907.

"话语"就达成，这话语让光闪现、让水分流，就像神的话语出自教师之口传达给人一样。与此直接并存流传下来的较古老的记述，或许正是在那个时候才被完全剔除其中的神的系谱与巨人传说的遗迹。因为此处便是耶和华信仰的神话编造的决定性界限。耶和华或许能容忍个别的神话，但他终究无法容纳所有伟大神话体系的真正至高冠冕：神的系谱。以色列虽从外面接纳了耶和华，但在以色列内部里，却因为耶和华始终是个无配偶的、无神像的被崇拜的神，因而并不是个有利于带有神谱的耶和华神话的好地盘。耶和华信仰里没有从狂迷与伏魔法术（mimischer Dämonenzauber）里产生出来的崇拜，亦即足以刺激艺术或文学幻想并且通常是所有神话体系之源泉的那种崇拜。并且，即使清净的牺牲祭祀，一般而言也不是人对神的关系上最重要的一环。

除了耶和华的人格性特征之外，其作为社会法秩序的保证人的地位，也使得他两相对立于流传在迦南地与整个近东地区的各色神话。同时这也使得他有别于邻近文化地区的宗教里的伟大普世之神。这种普世神，包括艾克阿顿的太阳神在内，首要的作用领域是自然。政治的命运通常是由王室所在的地方神来保障，社会秩序则通常是由一个或多个功能神来保障，而伟大的天神对此只扮演次要的角色。耶和华原先确实无疑也是个自然神。不过，他是个特定的自然**灾害**的神，利未人的训诫里将此种灾害视为他对不顺从的愤怒的表达。耶和华的态度与个人各种程度的顺从的这种连结，随着律法书在以色列的重要性日益增加而愈益确立。以此，所有的自然神话便从属于神的行为的冷静而理性的取向。既然以色列的教养阶层无可避免地要将普世的宇宙论的神话接纳到耶和华的观念里，那么，这也势必对于这些神话于此之际所采取的形态产生了深远的影响，那就是神话被扭转到**伦理的**方向。而另一方面，神话的采纳对于神观的性质与对于救赎论（Soteriologie）的影响却相当有限，至少要比所能期待的小得多。

对于耶和华信仰的宗教性而言，宇宙发生论神话与人类发生论神话的意义始终是居于次要地位。最最清楚地显示出这点的，莫过于（圣经的其他地方）几乎完全没有任何章节提及对我们现今的观念而言如此基本紧要的神话，最初那两个原人之"堕落"的神话。在整个旧约文学当中，这个神话并未成为具有救赎论意义的事件，也未成为耶和华对于以色列或人类的态度的决定性关键，所能找到的不过是相当片断且仅止于范例性的暗示（《何西阿书》6:7）。亚当的堕落之具有救赎论上的基本重要性，是直到古代基督教的某些特定的思维才开始，而且此种思维无可否认的是起自东方的灵知（Gnosis）[1]，与纯正的以色列宗教性缘远得很。亚当与夏娃的堕落总是关于死亡、劳动与生产的苦楚、与蛇——后来与所有动物——之敌对性的原因论的神话。若说拉比后来把崇拜金牛犊看成是远比亚当的不顺从更加严重得多的罪过——因为在前者，契约被毁弃，后者则没有——那么这倒符合自古即为人所熟知的、耶和华之于以色列的态度的古老基础，神话亦未令其有所动摇。的确，甚至何西阿（上引处）也把亚当罪过看做是"契

1　在希腊化时代的神秘主义思想中，将人的心灵状态区分为以下三种阶段：(1)"肉体人"(ho sōmatikos)，指对真理缺乏理解的无知、无信仰的人，有时亦用"唯物者"(hyliker)一词；(2)"心灵人"(ho psukhikos)，指虽然追求真理，但仍未达充分理解的一般信徒，亦即所谓的"心灵者"；(3)"灵人"(ho pneumatikos)，指被神的灵所充满，达到最高真理（灵知[gnosis]）者，亦可称为"智者"(ho gnostikos)、或"灵知者"(gnostiker)。此种区分虽然已见于保罗的用语中，但主要是诺斯替教派(Gnosticism)所用，早期基督教神父也有许多人继承此一用法。——译注

约"的背叛。不过，这并未成为对以色列宗教性有何重大影响的观念。反之，由于耶和华的特性，倒是对神话产生了颠覆性的影响。出现在阿马纳书简里的巴比伦神话，包括作为书记官练习用的关于原人亚达帕的神话[1]，描述了这原人因为听从另一个神的不实劝诱而丧失了不死性，除此之外，他又被认为从来就是"不净的"，并且因而不够资格升上阿努之天。以色列的观念则由此而形塑出，不顺从的后果之极令人印象深刻的典范。

此种转变，无可置疑的是利未人律法书的一大成果，并且是在创世故事的最终编纂里才被纳入的。因为在《以西结书》(28:13ff.)和《约伯记》(15:7)里，还显示出一种完全不同见解的痕迹，其中，在原人身上看到一种充满智能与美的身影，他就像个无瑕的天使，生活在奇妙的神山上有着（巴比伦式的）宝石装点的神的花园里——这神山的意象亦为诗篇所知，并且符合耶和华山神的性质；不过，他由于高傲而陷于罪过里，终而为耶和华所驱逐。换言之，在此原人绝非耶和华派乐园神话里的"纯粹蠢物"。以西结尚且两度提及挪亚、约伯和但以理是古代三位有智能且虔信的人（《以西结书》14:14、20），甚至描述但以理是个全知者(28:3)，此中所进行的显然是推崇赞颂先祖的超人智能，而此一倾向在整个祭司传说里都可发现到，俘囚期之后的智能教师（Chokmalehrer）则以另一种截然不同的方式再度加以采纳。这对纯正的律法书教

1　亚达帕（Adapa），美索不达米亚神话人物。居住在苏美尔城之埃利都（Eridu，今伊拉克南部）。据传是哲人，具智能之神所赐之非常才智。因打断南风的双翼，而遭天神惩罚；智能之神警告他不可触碰面包和水，后经天国的二位守门神代为求情，天神乃应允赐其永生之食物，然却为其所拒，因此人类终不免一死。此传奇故事，当19世纪时，在尼尼微（Nineveh，亚述之首都）亚述巴尼拔图书馆的楔形文字碑中发现。——译注

师而言是全然生疏的事。在大洪水的故事里——按照专家的说法，这是最后被采纳的神话——巴比伦的洪水传说原型，至少就其触及出现在族长传说里的一个动机而言，是迎合了伦理的需求。诸神谴责引发大洪水的神恩利尔，说他打算毁灭全人类，而不区分是有罪还无罪；唯有埃阿（Ea）——挪亚的巴比伦原型人物——的秘密忠告才有可能拯救他。在接纳大洪水传说之际，特征性的变化发生了：耶和华决心不再引发洪水，因为所有的人"从小时心里怀着恶念"（《创世记》8:21）；他为了人本身之故而珍重人的状态与命运。这样的特征性变化不能说是由于——诸如人们所归之于以色列人的那种——非凡"崇高的"道德性使然。古代以色列人的伦理是粗野又质朴的。关键点毋宁在于：照料平民阶层的灵魂司牧，由于耶和华及其与以色列的关系在历史演化下所得出的特性之故，具有伦理的而非巫术的性格，因而对于神话的兴趣端在于典范性的功能上。灵魂司牧为其本身目的之故所要求的是，理性制约下的奇迹与神的力量、惩罚和报偿的证明，而不是魔法与英雄的事迹。

连同宇宙论神话一起被接受且对后来的发展有着深远影响的一个观念是：由于伦理的罪过而丧失的**乐园**，以及弥漫于其中的**和平**与无罪的状态。乐园的外在形态显然有所变化。俘囚时期的"神山"的观念（《以西结书》28:11ff., 31:8、9、16，36:35），显然目的在于将耶和华从耶路撒冷的地方化当中解放出来，也在于确立其作为普世神的地位。古老的耶和华派的见解为律法书教师所接受。尽管我们在巴比伦那儿也发现到一个有着宝石之树的神的魔法园，以及由神所挖掘的运河，但无法确认那就是个真正的乐园—神话。乌珊纳证实，与动物和平相处的原始状态的神话是相

当广见的 [1]，而且看来也存在于巴比伦（吉尔伽美什史诗）[2]，在那儿，如同在《创世记》里，女性要为此种和平状态的丧失背负起罪责。一个由神所栽种且灌溉的和平乐园的神话，以及人被神驱逐而陷于农耕劳苦和与蛇恶斗状态的神话，极有可能是发源于像美索不达米亚那样的一个农耕地区；至于这神话在迦南有多古老，不得而知。认为人类原先与动物和平相处时是以菜蔬维生，这个在吉尔伽美什史诗里也可找到某些线索而至今仍然活跃的看法，也暗示了这神话的起源是在一个园圃耕作的地区。然而，与神话的借用有着直接关联的所有宗教里，对于无知的无罪状态（Stand der unwissenden Unschuld）似乎全都一无所知 [3]。尤其是，将无知解释成不知道"裸露"乃是不被允许的，这种特殊的意思转换一看便知道是耶和华信仰的礼仪特殊性的添窜。我们从契约思想在以色列所具有的中心意义这点便足以理解以色列固有的一个见解：原人与动物的和平关系是奠基于耶和华与动物所立的契约，而且将来耶和华可能还会再一次立这样的约；这是早已出现在最初的先知之间的一个思想（《何西阿书》2:18，《以赛亚书》11:1f.），而这就是以色列固有见解的最紧要之处。如果人曾一度丧失了幸福

1　Usener, *Religionsgeschichtliche Untersuchungen*, Bonn, 1899, S. 210f.

2　吉尔伽美什（Gilgamesh），阿卡德语（Akkadian language）故事中最出名的古代美索不达米亚英雄。在古尼微城内亚述国王亚述巴尼拔的图书馆中所发现的十二块残缺泥版，是现存最完整的文本；在美索不达亚和安纳托利亚所发现的其他残片足资补充。此外，写于公元前 2000 至公元前 1500 年间的一批泥版上载有关于这位英雄的五首苏美尔语短诗。在诗中，吉尔伽美什被形容为半神半人、精于土木、勇于争战、海中陆上万物无不知晓的人物。——译注

3　在巴比伦神话里，原人阿达帕绝不是处于无罪的状态，他毋宁是个不净的人，他的进入阿努之天还很成问题（参见 Gunkel 的翻译第 57 行）。此外，如先前提及的，原人多半具有神所赋予的大智能。

和平的原始时代，那么若是行所当行，将来或许还能回复过来；先知们借以活动的这个**末世论的**思想，似乎无疑的早在他们之前就已遍布各处了。此种最终状态将一如伊甸园那样（《以赛亚书》51:3），人世间有和平，刀剑皆改造为耕犁（《以赛亚书》2:4），弓、刀与战争都远离地上（《何西阿书》2:18），而且地上借着上天的恩宠将丰盛产出五谷、新酒和油。这就是特别**和平主义的**非军事的农民的救赎希望。

此种和平的期待并不是溯及前先知时代的末世论希望的唯一形式；相应于社会制约下的利害关系状态的多样性，与此种形式并列的还有另一种。**战士**的素朴的未来观呈现出另种面貌。在首位先知（阿摩司）那儿，我们便发现到"耶和华的日子"（jom Jahwe）这样一种期待，按照迄此流行的观念，这是个以色列伟大的救赎之日。其原初的意义为何？耶和华是个战神，所以这是个战争获胜的日子，一如往昔的"米甸的日子"，就是基甸打胜仗的日子[1]。就像我们在基甸和其他人身上常见的，古老的爻签神谕准确地告知战争英雄何时何日耶和华将会把敌人"交在以色列的手里"。这很可能就是此种思考方式的起源。古老的灾祸之神的手段是众所周知的：通过地震或天候变异的"神的恐怖"。因此，耶和华的日子是个恐怖的日子（jom mehumah，《以赛亚书》22:5），但在战士的眼里看来自然是对以色列的敌人而言，而不是对以色列（《阿摩司书》5:18—20）。除此，似乎还有另一个较为和平主义的观念，就是把耶和华的日子看作是个欢快的牺牲会食的日子（《西番雅书》1:7），当日耶和华把自己的东西拿出来招待客人。

1　基甸击败米甸人，拯救以色列人一事，详见《士师记》6—8。——译注

这些或者较为和平主义的或者较为战争倾向的未来期望，如今与**王的**救赎预言连结在一起。就中尤其是葛雷思曼提醒我们注意，邻国的大王宫廷里早有为此而存在的一种相当确立的"宫廷样式"[1]。每一个王都被救赎预言的吟咏诗人赞扬为祝福时代的招来者：病者得痊愈，饥者得饱食，裸露者得衣着，俘囚者得恩赦（如亚述巴尼拔那样）[2]，贫穷者得权利（在巴比伦的王室碑文里经常看到，在以色列则见《诗篇》72）。王本身是由神（在巴比伦是马杜克）所拣选的（一如大卫是耶和华所拣选的，《撒母耳记下》6:21），让他做他的祭司（《诗篇》110），或成为他的儿子（正如以色列的王，《诗篇》2:7），或甚至是他所生的（同前引）。王必须借着为人民带来福祉以证明他是受拣选的，也就是证明自己的卡理斯玛（如同在中国和举凡纯正的卡理斯玛观盛行之处）。为了确证王是出自神，早在早期美索不达米亚时代的苏美尔王古迪亚、巴比伦强权的建立者萨尔贡以及亚述晚期的君主亚述纳西拔[3]，都被说成

1　参见葛雷思曼的精彩论文："Der Ursprung der israelitisch judischen Eschatologie", *Forschungen zur Religion und Literatur des Alten und Neuen Testaments*, Göttingen, 1905, Bd. 6. 其批评见 Sellin, *Der alttestament-arische Prophetismus*, Leipzig, 1912, S. 105ff.。

2　亚述巴尼拔（Assurbanipal），亚述最后一位伟大的君主（前668—前627年在位）。公元前672年被立为皇太子，其父死后，亚述巴尼拔顺利接掌政权。他平定了埃及的叛乱，成功的征服了提尔、巴比伦。至公元前639年，几乎所有已开发处都为其所掌控。他是热忱的宗教徒，曾重建巴比伦和亚述的许多圣庙。亚述巴尼拔的杰出贡献归功于他对学术的兴趣，他在尼尼微（Nineveh）创建古代近东地区第一座系统化收集、归类图书的图书馆。美索不达米亚的传统叙事诗皆因该馆的收藏而得以流传至今。——译注

3　古迪亚（Gudea），古苏美尔人统治者，在位期间约为公元前2141—前2122年。他以拉格什（Legash，在伊拉克东南部底格里斯河与幼发拉底河之间，现名泰洛赫[Telloh]）为都，国力强盛。1880年，法国考古学家萨泽克在泰洛赫发现古迪亚及其子乌尔林吉尔苏（Ur-ningirsu）各种坐姿与立姿的闪绿石塑像，有的比真人的二分之一还大，并且都得到雕像上铭文的证实。塑像的石料是大块坚硬的闪绿石，表现出精湛的造型艺术，让人感受到平静的造型中蕴藏巨大的力量。

是不知其父或者也不知其母为谁，而且是在隐秘处或在山上总之是由一个神所生下来的。特别是——虽然并非唯独——篡位者更要诉诸这种正当化的手段。此一观念在以色列似乎也是为人所知的，因为以赛亚在举出即将出现的不然或许已经诞生的救赎君王以马内利来与不信神的王亚哈斯作对比时，便采用了这样的观念：这个救赎君王完全具有这些特征 [1]。相应于提出此种主张的是较为军事主义的阶层或较为和平主义的阶层，救赎君王可能是个骑乘军马与战车的专制君主（《耶利米书》17:25、22:4），或是个像同盟时代的古以色列卡理斯玛英雄那样骑着驴子的君主（《撒迦利亚书》9:9f.），或者如以赛亚的以马内利那样的和平的君主。在犹太王国里，这样的"受膏者"（hamaschiah, 简单来说就是王）当然是被寄望出生于大卫部族，也就是来自伯利恒；此人将是个"救世主"（moschua'），如同耶罗波安二世为其当代人所看待的那样。在以色列，此种希望的独特性乃是取决于政治。在大文化地区的王权由于太古以来的强势地位，使得救赎论的希望基本上和现存的王

（接上页注）萨尔贡（Sargon），美索不达米亚统治者，比较著名的有两位。Sargon of Akkad，活动期间约为公元前 24 世纪至公元前 23 世纪，他从苏美尔人手中夺取美索不达米亚城邦国家的霸权，建立一个对美索不达米亚的社会和文化产生深远影响的闪米特人王朝。根据民间传说，有个园丁见到河上漂着一个篮子，把篮子取上来一看，里边有个婴儿，这就是未来的萨尔贡。另外一个是萨尔贡二世（Sargon II of Assyria），在位期间约为公元前 721—公元前 705。北国以色列就是亡于他的手中。根据韦伯文中所说的"不知其父或者也不知其母"，此处所提到的应该是较早期的萨尔贡。

亚述纳西拔（Ashurnasirpal），较著名的也有两位，分别活跃于公元前 11 世纪与公元前 9 世纪。不过，亚述纳西拔二世为新亚述帝国的第二位君主（上述萨尔贡二世即属于此一王朝）。韦伯此处所指应为亚述纳西拔一世。——译注

1 详见《以赛亚书》7:14—16。——译注

结合在一起[1]，并且唯有极少数例外——譬如公元前8世纪末埃及法老波科里斯治下[2]——是严正的"弥赛亚"救赎期盼，这与以色列的情形不同。特别是在埃及，随着祭司阶层的地位日益强化，君王（例如第二十一王朝时）不过是阿蒙神认可与正当化的支配者，而不再是，至少按古王国时期的官方看法下的那样一个，活生生的神；在美索不达米亚，进入历史时代以来情形通常如此。然而，在以色列，特别是不断发生军事叛变与篡位的北方王国，王权作为救赎的担当者显然不敌而让位给另一种期盼。对何西阿而言，正当的王根本一个也没有——与其时代相对应。此外，对立于官方王室福祉预言与未来应许的，是这样一种希望：未来要不是由耶和华亲自来执掌支配权而将外邦神祇消灭净尽并重新打造世界（《以赛亚书》10:13、14）[3]，就是他将派遣一个超人的奇迹施行者到来以遂行此事。所有的外来压迫者，不止他们，而是连同本邦里的恶人，都将被他灭除。换言之，在以色列，而且唯有在此，未来的希望在耶和华与其子民的特殊契约关系的影响下，结晶为这种特别是**伦理**转向的希望。这样的转向，在他处找不到任何迹象，在巫术作为普遍的救赎手段而具有支配性的其他地方，也无发展的可能。以此，结果却是：耶和华的日子到来时，也将为本国人

1　法老（拉美西斯二世）作为降雨的祈请者：Breastead, Records, II, 426（甚至为 Cheta 之地祈求！）。

2　波科里斯（Bocchoris），埃及第二十四王朝的第二个国王，在位期间约为公元前8世纪末，为第二十五王朝（埃塞俄比亚）开创者沙巴卡（Shabaka）所杀。——译注

3　在《创世记》第15章的红海之歌里的古老期望是：耶和华将会成世界之主，而不是现在已是，如同 Schön（前引书）所解释的那样。人们所期待的并不是如 Sellin 所假定的耶和华的"审判"，而是他的怒火猛烧。严正的"世界审判"的概念从未真正展现，凡有暗示之处，耶和华乃是作为契约的当事者而与迦南住民进行诉讼：他是诉讼当事者，而非法官（何西阿与《申命记》里皆作如是想）。

民的罪人带来灾祸。唯有余剩者（schearith）[1] 能幸存于耶和华的盛怒之下：对所有的先知而言具有根本重要性的这个"余剩者"理念，也被先知的第一人阿摩司据以为确固的观念而活动，并且以赛亚也将他的一个儿子命名为施亚雅述（Schear jaschub，"余剩者归回"）[2]。当然，余剩者是道德上够资格的人；以此，周遭的末世论自然神话又再度遭到**伦理**转化。关于末世论英雄人物的两个可能观念，显然广泛一般地盛行于耶和华信仰者圈子之间：耶和华将亲自动手对付他的敌人，或者一个末世论的英雄将奉耶和华之命行事，这观念将导向宫廷救赎预言之道——多半发生于耶路撒冷，在那儿大卫一族是此种希望的担纲者——或者导向救赎论的神话。救世主将会是个超地上的人物。在巴兰的神谕之言里（《民数记》24:17），他将像一颗"星"升起。他是个"永在的父"（在《以赛亚书》9:5 这段确实可疑的普通读法里）。"他的根源从亘古、从太初就有。"（《弥迦书》5:2）此一晦涩的暗示，后来在俘囚期进一步发展成第二以赛亚的"神的仆人"，但并未在其他任何地方有更详细的描述。在迄今我们所能获得的出自以色列周边世界的文书记录里，找不到任何直接的类似例子；受到伊朗观念的影响，是个极有问题的看法，古老的伊朗宗教里的伊玛[3]和其他相关的人物也都不是末世论的救赎者。由于关键性的经文（《弥迦书》前引处）

[1]　关于这个概念，参见 Dittmann 的讨论：Theologische Studien und Kritiken, 87, 1914, S. 603f.。

[2]　参见《以赛亚书》7:3；余剩者在中文《圣经》里也译作"剩下的"，《以赛亚书》10:20—22："到那日，以色列所剩下的，和雅各家所逃脱的，不再倚靠那击打他们的，却要诚实倚靠耶和华以色列的圣者。所剩下的，就是雅各家所剩下的，必归回全能的上帝。以色列啊，你的百姓虽多如海沙，唯有剩下的归回……"——译注

[3]　伊玛（Yima），祆教经典里的人物，其角色类似《圣经》里的诺亚。——译注

将大卫氏族视为救赎希望的担纲者，而且在以色列不乏伟大的神的英雄被夺回到耶和华天上的想法（以诺、以利亚），所以那段经文所想的或许是大卫自己再度到来。于此，以色列的期盼之特异处在于那种不断增高的强烈倾向：不管是乐园或是救赎君王，前者由过去、后者由现在，全都被投射到**将来**。这不止发生在以色列，然而，这种期盼却未在其他任何地方随着如此的而且显然与日俱增的动力而成为宗教信仰的中心点。耶和华与以色列的古老契约及其应许——和对惨痛当世的批判相连结——使之可能。但是，唯其为预言的重大压力，使得以色列变成这样一个程度无与伦比的"期待"与"等候"的民族（《创世记》49:18）。

最后，期待中的未来大灾变将会带来至福与灾祸而且先是至福随后是灾祸的观念，确实也存在于埃及的信仰里——至少可以找到某些端倪。人们通常，（迄今）未有充分证据地[1]认为这就是未来期盼的一个确固的模式（Schema），其为先知所采纳，构成了先

---

1 J. Krall 在 Festgabe für Büdinger 里谈论到埃及的灾祸与救赎预言：一只会说话的羊在一个波科里斯法老时代名叫 Psenchor 的人面前预言，起先灾祸会从东北方降临埃及随后则为幸福的时代，然后羊就死了。此外，Wessely 也有所讨论（"Neue griechische Zauberpapyri"，Denkschriften für Königlichen Akademie der Wissenschaften, Philosophisch-historische Klasse, 42），最后再由 Wilcken 加以补充，Hermes, Nr. 40；其中，所谓"陶工的预言"（Prophezeiung des Töpfers）、灾祸从东方来以及大概是亚历山大的毁坏，或许是依循古老的范例。迈尔（Ed. Myer, Sitzungsberichte der Akademie der Wissenschaften, Bd. 31, 1905）根据一则 Lange 做了批注的纸草文而认为：有关救赎君王的预言，在埃及也是被确证的。不过，Gardiner 的新解读显示出，此种见解对于这则纸草或对于被作了同样诠释的 Golenischefy 纸草而言都是不恰当的。其实，前者所意指的是一个神，而后者则是个现存的王。希罗多德所提到的关于 Mykerinus 的预言，以及 Manetho 所提到的阿蒙霍特普的预言（Ed. Meyer，前引书，S.651），在史料的可信度上并不充分。所有这些的确证明灾祸与救赎预言是存在于埃及的，然而，就以色列预言从埃及那儿借用了确固的"模式"这个命题而言，并未提供充分的证据。参见本书第一篇第二章。

知告谕的鲜明特色。的确，这模式在俘囚期之前的预言里至少支配了相当大的一部分，然而却未因此而完全透彻地表达出以色列预言特有本质的特征来。如果"模式"本身真的存在，那么其出自地府神祇和某些星宿神祇崇拜的固有特色一事可能不假：在太阳和植物之神得以再度伸展力量之前，黑夜与寒冬必先铺卷而来。源于星宿神与植物神的崇拜神话而遍及世界且在以色列周遭地区亦广泛可见的观念：神或英雄在获取力量之前要**忍气吞声**的这个想法，在多大程度上，也转进到以色列的庶民观念里，这必然还得留待解决。通常与此种观念相连结的那些幼年神话势必也为以色列所知，这我们从摩西的童年故事里便可明白。俘囚期之前的预言已应用了这些庶民的观念，并以自己的方式加以修正。祭司阶层与神学的知识阶层一般而言尽可能回避这些，取而代之的是利用物质的昌盛、子孙的繁多与尊荣、令名大到足以为祝福之语等极为冷静的许诺。他们之所以回避庶民的末世论，或许是因为其与外邦的星宿崇拜、地府崇拜或死者崇拜有所关联。举凡未来人格性救赎角色的应许出现之处，那并不是指一个君王，而是像**摩西**那样的先知（《申命记》18:15、18）。耶和华在将来会重新亲自掌握支配，一如——按照先知时代才首度出现在撒母耳传奇里的想法——王权建立以前那样，此一希望本质上应该是属于俘囚期时代，当时（见诸第二以赛亚）救世主的称号才被加在耶和华身上。

第二十二章

俘囚期前的伦理及其与邻邦文化伦理的关系

我们必须特别说一说预言是以何种方式来利用此等未来期待。但在此之前我们将先探讨一下在为犹太教打造出鲜明形象的事情上预言的竞争对手——俘囚期前的**律法书教谕**所作出的贡献。因为，并非预言创造了犹太教伦理的**实质**内容，尽管预言的种种思想对于伦理的实**效力**而言是如此重要。预言毋宁正是以伦理命令的**内容**之广为人所知为前提，而光靠先知是不可能将耶和华的伦理要求，即使是近乎大体上，传达给个人。这些要求甚至是打从完全不同的另一个侧面而刻画出鲜明的特色，亦即通过**利未人的律法书**。其工作的成果也包括我们今天通常视之为以色列伦理特别具有意义的创造："**十诫**"，严格说来是一个"伦理的"十诫（《出埃及记》20:2f.、《申命记》5:6f.）和两个十二诫（《出埃及记》34:14f.、《申命记》27:18f.）。人们总是一再试图把年代的渊远加在这些集成上，可能的话，溯源到摩西。尤其是借由这样的议论："单纯"必然是位于"发展"的最前端。在这个领域上，这并非总是对的。我们的"伦理的"十诫（特别是《出埃及记》20:2—17、《申命记》5:6—18），基于其禁止雕刻偶像的命令而证实其作为一般具

约束力的规范的通行年代是（相对而言）晚近的，因为那不符合
较古时代以色列共通的习俗。再者，其中说到邻人的"住家"和
审判证言，亦即以定居住宅和有证人审问的诉讼程序为前提。还
有，其中表现出对于妄称耶和华之名的那种唯有俘囚期之前的时
代才会那么强烈的畏惧。最后，第十诫的抽象措辞："不可贪恋"，
就字词的心志伦理意义而言，应该是后来才取代了原本较朴质的
"屈枉操纵"。顺带地，"杀人"的一般禁令也与血仇报复的权利相
矛盾。另一方面，古代以色列根本特征性的一切规定，全未包含
在伦理的十诫当中：不仅绝口未提割礼，更不用说仪式性的饮食
规定。因此，除了安息日的极力强调之外，伦理的十诫正好给人
一个印象：它是由知识阶层所创造出来的一种超宗派的伦理套式；
基督教不就是一再借以为更新伦理方向的手段吗？这可不同于先
前提及的通常被称为"性的十诫"的示剑典礼上的诅咒套式（《申
命记》27:14—26），也不同于包含在耶和华派简要陈述里唯一的
命令表，在文本里被称为"契约的话语"（debar ha berith）的规定
（《出埃及记》34:14—26，所谓的"祭礼的十诫"）。在前者当中，
特别提及作为社会保护规定的对象，除了寡妇与孤儿之外，还有
以色列社会的特征格耳林姆。然而在后者里，除了拜一神教的规
定（禁止敬拜其他的"耶洛"）和禁止崇拜偶像的规定之外，还一
再谆谆告诫，不许参加迦南人的牺牲祭献，以及和他们立定任何"契
约"；接下来是关于安息日休息和节庆的规定，一年三次到圣所朝
圣，头生的要奉献给耶和华——所有这些都相当平铺直叙；最后
再附加三则非常专门化且无疑相当古老的仪式性饮食规定，其中
之一是关于逾越节。由于在这个"伦理的"十诫里，农耕祭典与
逾越节同时出现，与迦南人立约的情形一直到所罗门时代都还存

在；另一方面，与迦南人通婚（顺带一提，在此十诫里并未绝对禁止）[1]，最早便引起耶和华信仰的畜牧者的顾忌———如为以撒求娶嫁女的故事所显示的，所以现今形态下的这个集成年代不会太过久远。对所谓的"性的十诫"而言，同样也是如此，当其前提是：设置雕刻的或铸造的偶像———耶和华所嫌恶的事———只能在"暗中"进行；在犹大王国，甚至直到王制后期时代，情形都不是这样。现今的内容显示无疑（相对）年代较晚一事，并未完全排除十诫式的命令集成在以色列的年代悠远。不过，现今各种形式的十诫互有差异，尽管共通处正在于所有那些无疑是晚出的规定（例如禁止偶像崇拜），使得其原初形式大成问题。除此，还得考虑到，这样的教义问答手册式的说教成品，譬如《出埃及记》第 20 章为其中之一，依照印度的类似情形来推断的话，通常绝不会是发展的早期事物，而是较晚期的教化意图的产物。我们在俘囚期前的文学里，尤其是先知文学里，找不到任何**确切的**线索，显示十诫被赋予什么特别的价值和意义，或者是把十诫之为众所周知当作前提。可能"伦理的十诫"早在何西阿时代的北以色列已为人所知也说不定，但这无从确认。无论如何，所谓三种十诫的特殊地位，亦即以上种种见解的出发点，是一点道理也没有的。这对"祭礼的"十诫和"性的"十诫而言显然也是完全妥当的。性质雷同的文本，例如《利未记》第 18 章是性的命令的汇集，《利未记》第 19 章是祭礼的、伦理的、仪式的与慈善的种种法规的汇集，也是包罗最广泛的汇集，连我们的"伦理的十诫"的命令也包括在内，最后《利

1　只有在对耶和华的忠诚上，结婚才被说成是危险的。总之，文本所要表示的似乎是：**对等的**婚姻唯有在签订契约之处方才存在，这和其他地方———譬如罗马———的情况一致，而且也与第拿故事的前提相吻合。

未记》第 20 章也含带了仪式的与性伦理的规定，所有这些令人一目了然，简直与"祭礼的"和"性的"十诫如出一辙。至少，《利未记》第 19 章可回溯到一个集子，尽管经过修订，依其原初的内容推敲，年代绝不会晚于任何一种十诫 [1]。不过，年代的问题是与

---

1 若将伦理的十诫特有的伦理和俘囚期之前先知的伦理相比较，醒人耳目的是：后者全然未曾对此一集成之特别尊贵有过任何暗示，如果这集成在当时已因溯源于摩西而具有的威信而有别于其他规范，先知们应该会在意才对。首先，俘囚期之前的先知根本没有少用耶和华之名的想法，甚至这可能被认为是作为先知的特质所拥有的特权。再者，先知所列举的美德与罪过和十诫所列举的，大体上共通处并不多。先知所特别极力强调的是关于社会—政治训诲的种种规定（我们后面会看到），而这在十诫里并没有任何地位，除此之外，针对"其他神祇"和"偶像"的斗争，自然是先知的真正固有领域。与十诫的"第一命令"的定式相磨合的最佳例子见于《何西阿书》（12:10、13:4）。然而在《阿摩司书》里，被斥责为首恶的是贪欲（9:1），其次是倒卖谷物（8:5、在安息日）、偷斤减两（8:5）、诈骗穷人（8:6）与淫乱（2:7：父子同用一个妓女行淫）。第一项罪行显然与先知的社会伦理相关联，最后一项指控则在于反对神殿奴隶制度。先知所特别强调的这些罪行，没有任何一项与十诫的伦理有特征性的关系。《何西阿书》里所列举的广泛罪行包括（4:2）：冒渎神、说谎、谋杀、偷窃与奸淫。这也是十诫里的罪行。其所欠缺的除了安息日与孝敬父母之外，还有第十诫，并且"说谎"在十诫里，众所周知的，仅限于在法庭上禁止。虽然如此，到了耶利米，此种先知的罪行列举与十诫的罪行目录终于出现最相似的情形。如果何西阿——仍然无法确定——真的知道十诫，那么这或许可以提示十诫是源于北以色列地区：何西阿把关于神圣命令的知识称作对于"耶洛因"的认识（dagath）。所有这一切仍然十分不确定。《弥迦书》里（6:10—12）提到的不正的升斗砝码与不义之财，与十诫并无特征性的关联。在纯正的以赛亚神谕和《西番雅书》里，与十诫有关的列举罪行一条也没有。关于真正的私下过恶，以赛亚所提举的是十诫所从缺的酗酒（5:11），在其他段落里所说出的基本控诉，则是针对贵族的不公行径。对第十诫有所暗指者，或可在《弥迦书》里找到（2:2），诚然，借着高利贷而聚积田产，是先知对于富人的一般性的社会伦理指控。直到《耶利米书》才出现了大部分的十诫罪行：掠夺、偷窃、谋杀、伪誓（7:9）、奸淫（5:8）、欺蒙朋友（9:4）、破坏安息日（17:22），究其实，涵盖了所有十诫的罪行，除了妄称神名与第十诫。虽然如此，无论哪儿也找不到称引十诫的特殊神圣性或十诫如此特征性的定式，其或关于这样一种集成的存在；在耶利米是如此，其他先知亦然。真的毫无形迹可循，除非硬要把《弥迦书》里（6:8）关于遵从律例（Mischpatim）之重要性的相当一般性的强调与此扯上关系；不过，在形式上这是得不到认可的，因为十诫是神谕（debarim），而不是律例。反之，特别是在《耶利米书》里出现了比起十诫要走得更远更前进的伦理要求，亦即整体道德态度的心志伦理的升华与体系化。我们后面还要谈到。其实在《弥迦书》

另一个问题相关联的：这些集子到底**源出何处**？

　　杰出的学者们相信，它们应该可以被看成是古老祭礼的"礼拜式"（Liturgie）的构成部分。然而，模拟的例子断然反驳了这样的起源。流传下来的埃及与巴比伦的罪行目录，已被我们再三拿来和以色列的集成加以对照讨论。它们是从何而来的呢？**不是从祭礼**，而是从巫师与祭司的**"灵魂司牧"**而来的。受疾病与不幸所苦的人来询问祭司如何才能平息神的怒气时，会被祭司反问他们早先是否犯下了什么过恶。为此，祭司想必早已发展出固定的问答模式。在巴比伦，一则流传下来的罪行目录，直截了当地呈现出了这样一个模式，而埃及的《死者之书》里的罪行目录也无疑有着同样的起源：其中罗列了死者在地府里会被 42 名死者判官质问到的罪行。

　　我们看到，利未人的律法书正是朝着同样一个方向。祭司法典明文规定罪行的忏悔（《利未记》5:16），以及事发后要把不义之财再追加 20% 赔偿给受害人，这确实是基于古老的习俗。流传下来的有关利未人的赎愆祭与赎罪祭的规定里也显示出，进行奉献牺牲的这种"忏悔"的机会：一种**私人的**献牲，而不是祭礼行事。随着外来压迫的升高，以及人们一般罪恶感因此逐渐上升的压力，利未人此种行事的重要性也愈来愈高涨。根据《申命记》（26:13f.），以色列人每三年要将产物的十分之一奉献给利未人、格耳林姆、

　　（接上页注）里已出现了心志伦理的要求，例如对神要心怀"谦卑"之外，还要"好怜悯"（6:8），这是十诫一无所知的。总而言之，先知预言根本不知道有个"摩西的"十诫存在，或者对诸如此类的东西一无所知。有这些似乎都证实了我们此处的看法：伦理的十诫在年代上相对晚近，并且纯粹是为了教化的目的。另一方面，若将年代往后推到俘囚期之后的时代，不止对性的十诫和祭礼的十诫而言（想当然耳）是推得太过头了，对伦理的十诫而言亦是如此。

寡妇与孤儿，并且宣示：这些贡物是正当取得的，一丁点儿也未
违犯耶和华的命令，特别是未曾在丧葬期间或不净的状态下吃食
贡物或献贡物给死者，一如埃及的无罪清白宣告的形式。然而，
人们所需要的是将此种应付质问的固定罪行目录翻转改写成正面
的规定以持有一张神的命令的清单，特别就像十诫所呈现的那样。
十诫及所有类似的集子，全都**由此而来**。并不是来于共同体的祭
典——被视为招惹神怒而饱受不幸际遇的人**根本不许参加**——而
毋宁是来于利未人为"劳苦与重担者"所施行的忏悔事宜。利未
人在实际行事中必须时时将他们当作"顾客"来对待，**因此**，产
生出律法书对这些被压迫阶层的偏爱，以及对那些"傲慢者"的
愤怒——他们不愿在神前亦即在利未人面前表现"谦卑"（也就是，
不愿为了向耶和华求和而酬谢利未人）。

当然，共同体也因连带责任而间接关心到罪的忏悔。祭礼的
十诫规定全体以色列人都要"来到耶和华之前"，目的或许在于：
为他们提供一个**预防性的**罪行质问的可能机会，以防耶和华的怒
气加在他们和共同体身上。不过，无论如何，这总是在于确保祭
司阶层的权力地位。示剑的仪式以共同体之名诅咒那些有罪在身
的人（他们因利未人而罪无可赎！），以免共同体承受耶和华的
怒气：此一目的，以及罪的诅咒本身，或许是利未人的律法书教
师后来才追加到原本只是为了诅咒魔鬼的某些特定的简单仪式里。
在利未祭司看来，将律法书教导给一般大众的任务——他们宣称
这是他们的义务与权利——也是为了同样的目的：使共同体免于
犯罪，从而远离神的怒气。律法书必须每七年在公众面前诵读的《申
命记》的规定，和与此相关联的"豁免年"的构想同样是晚出的（《申
命记》31:11、12）。**共同体**对于罪行忏悔与罪行表列的关切，也随

着神的怒气日增的征兆而愈益升高。

在现今的版本里，各集成间互有差异存在，以及"赎罪祭"与"赎愆祭"本质上目的一致却难得并置的情形，说明了根本没有统一的组织存在，而是有许多众所周知的利未人官府所在地并存着，并且直到耶路撒冷获胜时也还有许多利未人的供牲所存在（一个这样的利未人智能的古老坐落，人们怀着疑问而前往造访，在《撒母耳记下》里提到）。

总而言之，这三个所谓的十诫不可被视为有别于其他类似的集成。即使在学术考察里，也有人想让我们承认它们的特殊地位，而其理由除了后来的传说里的"约柜"被认为是刻有诫命的两块石板的安放之处外，显然也基于这样的希望，希望多少可以借此而使得命令的**内容**能够被追溯到**摩西**。不过，这样的希望恐怕只是徒然空想罢了。接受耶和华作为契约之神与接受利未人的神谕，是很有道理可以被溯源于摩西的两大事功。而且，事情非同小可：后来所有其他的一切莫非是由于契约神与利未人的独特性——在特定历史连锁的共同作用下——所造成的。然而，凭借着那样的希望而来的十诫的特殊地位，必须被放弃。如果摩西时代的契约在内容上果真包含了超出纯**仪式性的**义务——从接受耶和华而直接产生的义务规定——之外的命令，那么，这些命令确实只能够是：为了使召集军内部维持和平的命令，关于血仇报复的命令，以及或许是为了落魄的武装氏族而定的所谓"社会政策的"保护规定。至于内在的伦理，史料显示，在古代以色列，首先，一如其他各地，**习俗**是"道德方面"的最终判准。标举为"命令"的，一处也没有。Nebala（"愚妄的事"），在以色列是"闻所未闻"的。直到利未人的律法书才开始为了悔罪的目的而制定个别的命令，并将之表列出来。"**伦理的**"十诫（《出埃及记》20）在这些命令当中，据有其他类似的集成从未在任何地方取得过的特殊地位。不过，并不是因为它是"摩西的"十诫，而且这点最不相干，而是因为它似乎是展现了这样的企图：要为**青年教育**提供一个纲要——明白规定了青年在关于神的意志方面所要接受的课程（《出埃及记》13:8、14 及其他多处），如同印度的十诫在俗民（以及见习僧）教导上所扮演的角色。其地位要归功于其表现形式的力道、具体与精准，而不是其伦理要求的精纯与高度（其实是相当质朴）。其最重要的一些特质，尤其是其一方面与仪式的规定、另一方面与社会政策的规定脱钩分离，无疑是要归功于其所诉求的对象：它所想要教导的对象既不是政治的当权者，也不是教养阶层的成员，而是广大的市民与农民中产阶级亦即"人民"的后代。因此其内容，不多也不少，仅包括所有的年龄阶级在日常生活里所必得面对的事情。所谓"十诫"在我们当中基本上不也发挥着以初级青年教育与尤其是初级**民众**教育为目的的功能吗？换言之，许许多多的"神谕"与律法书的集成，包括十诫在内，远不可能是源于共同体祭典或说神殿祭典，而毋宁是源于利未人的灵魂司牧与**教育事业**——我们在俘囚期的巴比伦所看到的"学堂"即其一例，此亦后来的**犹太会堂**的历史先驱形态[1]，原本与"祭祀"一点关系也没有。

---

1 犹太会堂（synagogue），犹太人进行宗教活动、举行集会和学习的场所。有关会堂的最古老资料属于公元前 3 世纪，但无疑会堂的历史此前早已开始。有些学者认为，公元前 586 年所罗门所建圣殿被毁，其后犹太人在住宅进行公共礼拜和宗教教育，后来就设立会堂。另说会堂源起于古代外地犹太人代表每两周在一起祈祷的传统。不论起源如何，会堂制度曾与圣殿崇拜共同发展许多年。罗马总督提图斯（Titus）于 70 年将圣殿毁坏，犹太人的献祭活动和祭司制度停止，会堂的意义乃显得更为重要，无可否认地成为犹太人宗教生活的中心。根据 1 世纪的文献记载，除巴勒斯坦外，罗马城、希腊、埃及、

一如婆罗门原来是为了照料个人的仪式性与巫术性灵魂司
牧而跃升上来，利未人的律法书教师并不是从共同体祭祀里的功
能，而是从仪式性与伦理性的灵魂司牧——尤其是为了个人（包
括君侯在内）——而跃居其权力地位及其文化史上的意义。他们
之参与祭祀可能只不过是次要的，总之并不是主要事务。在古老
的耶和华同盟里，为了同盟祭祀的祭典集中化与官方机构之完全
付之阙如，正好促使古代的先知与先见连同利未人获取其重大的
势力。真正的祭典祭司即使在王制时代也不得不顾虑到这股势力，
因为身居法传承里的广大俗人圈子强力地支持利未人。显然特别
是某些贵胄氏族，其成员出仕于宫廷，并借此对立于古老的长老
（Sekenim）氏族，而倾向于遵照利未人的训诲理性地来看待法律。
然而，对于君王的苏丹制倾向[1]，这些贵胄氏族的内在由衷反对，却
又与利未人的耶和华信仰圈子以及长老们步调一致。女先知户勒
大[2]便是这样一个官员的妻子。同样的由来相当清楚地呈现在一个
《申命记》的集子里，其中"Schofetim"——显然是不同于长老的

（接上页注）巴比伦、小亚细亚等地也有会堂。到了1世纪中叶，人口较多的犹太人社团都已有会堂。在现代，会堂除依照传统发挥作用外，又根据时代要求增加社会服务、文化娱乐和慈善事业等活动。典型的会堂内设有收藏《律法书》的约柜，柜前燃有长明灯，另有两座烛台、长凳和诵经台。目前正统派会堂仍实行男女分座，改革派和保守派则已废除这种旧习，有的会堂还设有净身池。——译注

[1] 苏丹（sultan），在《古兰经》里原指道德或宗教权威人士，后指政治权力，自11世纪起成为伊斯兰统治者的称号。伽色尼王朝（Ghaznavid）的统治者马哈茂德（Mahmud, 998—1030）是称苏丹的第一位伊斯兰统治者。在塞尔柱王朝统治下的安纳托利亚和伊朗，苏丹是统治者常用的称号。奥斯曼（土耳其）帝国的最高统治者亦沿用此一称号。韦伯在《支配的类型》里认为伊斯兰教的苏丹制（Sultanismus）统治可视为家产制支配的一个高度发展的典型。——译注

[2] 参见《列王纪下》22:14以及《历代志下》34:22："女先知户勒大……是掌管礼服沙龙的妻。"——译注

另一种俗人法官——与利未人同为司法审判的担纲者，尽管古老的传说从头到尾都把长老当作是真正正当的人民代表。

利未人原先是以爻签神谕的给予者，然后是作为灵魂司牧者以及因此而为理性的律法书教师的身份而获取其权力地位。随着他们的重要性的与日俱增，以及其观点之愈来愈顾虑到关切耶和华信仰的俗人，"世俗法"（ius）与"宗教法"（fas）的严格分离不再能维持[1]。"耶和华的话语"（debarim Jahwe）对于所有重要决定的那种古老而从未被忘怀的意义，也有助于其对于法律见解的影响力。耶和华信仰虔诚的俗人与在伦理上作反省思虑的祭司的这种合力共作的结果是：一方面，法律的神学化；另一方面，宗教伦理的理性化。北方王国崩解后，在耶路撒冷祭司阶层的支配性影响下所形成的这种共同合作，最为重要的成果就是《申命记》。我们早先提及《申命记》是：（1）律例的编纂，（2）耶和华信仰者反对所罗门的赋役国家与"世界政治"而要求限制王权所提出的纲要，（3）耶路撒冷祭司要求垄断祭祀的纲要，以及与此种垄断祭祀要求并俱的，（4）垄断律法书教导的要求。以色列人应该要遵照耶和华所指定的耶路撒冷圣所里所教导的话语行事（《申命记》17:10）。一般而言，祭祀祭司并非理性伦理教诲的担纲者，

1　有关 fas 与 ius 的问题，韦伯曾在《法律社会学》一书里说明如下：fas 和 ius 的关系在过去普通是作如此的理解，不过后来有人提出了有力的其他说法。若根据此一别解，fas 本来就意味着与神无关的领域，在其中，特别是同时也包含了依据世俗法所规范的生活领域。后来，自（罗马）共和制末期起，出现了意味着为神所容许之事的 fas，与 ius 的命令两相并置的用语法，然而即使是在这种用语法里，fas 也并非意味着与人法的 ius 相对立的宗教—伦理秩序。即便是宗教法上的规定，也还是使用 ius 的（譬如神圣法 [ius sacrum]，又如神官法 [ius pontificium]）。将 fas 理解为宗教—伦理的秩序，是受基督教影响的结果。参见 Jörs-Kunkel-Wenger, *Römisches Recht*, 2. Aufl., S. 19, Ann. 2.。——译注

而通常是纯以仪式主义为取向的。第二神殿时代的情形正是如此。当时耶路撒冷神殿的伟大的"石室裁决所"(Beth Din in der Quaderkammer)——关于其地位与意义，比希勒（Büchler）已在其精彩的研究里彰显出来——是对于生活样式里所有的仪式问题作出决定的中央当局，同时也是世俗法庭来咨询有关"宗教法"(fas)问题时给予专业评比的权威所在。史料里并未留下记录显示俘囚期之前的耶路撒冷存在着这样一种有形式组织且受到承认的统一的裁判当局。不过，国家里最具教养的首都祭司阶层根据那则规定而坚决宣称，他们可以为法庭、律法书教师与私人对耶和华的意旨作出权威性的解释。

《申命记》意欲成为利未人教诲的一个纲要，也就是权威性的"法律之书"(Sefer hattorah)。后面我们必然要处理其与先知的宣示之间的关系。此处我们所关切的是其内容在多大程度上是由利未人的说教与伦理的神学理性化所形成的。唯有东方学专家才能够解决的问题，诸如约西亚治下所采纳的纲要，是否如普寇所主张而与威尔豪森相对反的，原先仅包括这些说教的部分以及那些与祭祀（或连同律法书）的中央化及其关联事务有关的规定，至于其他，亦即不止直接是先知的部分（确实有些是俘囚期或俘囚期之后的东西），还有律例与王的法，都是后来才被杂糅在一起的；这样的问题我们也只能交由专家解决。然而，无论答案为何，王的法与律例的编整全都是来自同一个或一个关系相当密切的神学者圈子，并且致力于相同的标的。《申命记》里真正说教的部分是某一个个人的作品，这个人显然是耶路撒冷神殿祭司阶层圈子里的一个律法书教师。然而，我们从"发现"的方式及其中所提到的人物可以得出这样的结论：《申命记》整体是个既已凝聚于一致观点的同一群党人处心积虑下的杰作。

"听啊，以色列，耶和华是我们的神，唯有耶和华。"——现今犹太人晨祷的发语辞，说教的开头。他是个嫉妒的神（《申命记》6:15），但他是信实的（7:9），他拣选以色列（7:6），并与之立约起誓（7:12），要叫以色列子孙繁衍千代；他爱他的民（7:11），若他让他们受苦受难，那也是为了试炼他们心志的坚贞（8:2、3）。因为他将他的爱与恩宠连结于其命令是否被遵守（7:12）；倘若否，那么他将亲自惩处罪人，绝不延迟（到后代）（7:10）。他尤其憎恨人的自大高傲与自信满满（8:14），特别是信靠自我的力量（8:17），当以色列变得富足之时就常轻蹈此陷阱（8:12、13）。同样的是自认为义（9:4），因为他拣选与偏爱以色列，并不是由于以色列的美德。以色列根本没有，而且在万民中是最少的（《申命记》7:7、8）——对于军事国家英雄夸耀的一种最为强烈的拒斥。他之所以拣选以色列反而是因为他国国民的恶德（9:5、6），无疑的，这尤其是指性的狂迷（23:18）及其他迦南"当地的恶俗"（12:30）。人不可随从当地的这种恶俗生活，以为这样才不会触犯当地的神，而要唯耶和华的命令是从。所有的巫术和各式各样的占卜观兆（18:10、11）、所有的人牲祭献（18:10），包括与迦南人的一切契约缔结（7:2）和婚姻嫁娶（7:3），由于堕落的危险，都要严格禁止：所有的敌人一概注定要沦为诅咒的牺牲。凡是引诱人离开耶和华者，不管他是个先知（13:6）或自己的兄弟或子女，都必须亲手用石头打死（13:7）。至于对耶和华的虔敬关系，人必须敬畏他、崇拜他、只以他的名起誓（6:13），尤其是**爱他**（7:9），并且无条件地信赖他的应许：耶和华有能力守护对以色列的承诺，不管敌对的国民有多么强大（7:17、18），而且旷野里的吗哪奇迹业已显示，人活着不是单靠面包，而是尤其要靠耶和华所创造的一切（8:3）。神的力量被抬高到巨大无比、唯一神教的地步：他是天上地下唯一的神，除他以外，再无别神（4:39）；天上和地上和所有的一切都属于他（10:14），唯有耶和华是神，除他以外再无别神（4:35），这恐怕是俘囚期才形成的添补。不过，唯有当以色列顺从他并遵守他的命令时，他才会为以色列施展这种奇迹的力量。以下的这些应许与诅咒（第 28 章）虽然后来在俘囚期的时候大大地被扩张了，但还是可视为原先即有的：各式各样的物质繁盛会降临；若有敌人来到，耶和华会打倒他们；土地有雨水；以色列将成为其他国民的债主，也就是变成贵族；然而如果以色列胆敢违逆耶和华的话，他会把所有这一切全都翻转过来。

关于"恐惧"对以色列而言是否——与其他宗教**相反的**——为道德行为的决定性动机，有着太多争论，而且泰半是以宗派—护教的方式来争论，所以毫无裨益 [1]。任何面对现实的观察都告诉我们，此一动机（连同性质类似的动机：希望在此世或彼世获得报偿），对于大众宗教（Massenreligion）而言——相对于达人宗教（Virtuosenreligion）——在全世界**各处**都扮演了支配性的角色。就像利未人的律法书教师以赎罪的种种施为办法来教化民众，西方教会则是以忏悔的机制来驯服民众，而不是以爱的说教。神之爱与邻人之爱的说教，在基督教会和在以色列（尤其是拉比的教诲）可说是如出一辙并且同样诚心诚意。唯其这一点是不会错的：一个宗教的**仪式主义**的特色自然会归结出以下的结果，而且这特色

1　关于俘囚期之前的这个问题，参见 Schultz 申述方式不错的论文，收于 Theologische Studien und Kritiken, 63, 1896。

越是强烈，其结果越是如此，亦即，对于纯粹**形式上的**过失——在现代观念而言，与心志伦理毫不相干的过失——的顾忌，成为宗教关系的主要色彩。更正确的是：俘囚期之前的伦理是在惶恐不安的深重压力下发展的，这种不安简直快要让人说是一种"战争恐惧症"，只要看看周遭的巨大征服王朝所发动的惨烈掠夺战争便可明了[1]。我们后面势必还要谈到。唯有神的奇迹，而不是人的力量，才能拯救，这个信念是《申命记》史家们的基调。

　　《申命记》的乌托邦主义的战争规则及其王法全都与此基本原则切合得天衣无缝。在埃及，潘陶耳[2]的诗里也说道：唯有阿蒙才能制胜，而非百万雄兵。不过，实际上却未按此而行。祭司的权力在埃及也和耶路撒冷祭司的要求无甚差异。不过，在以色列，这些特征必然有着更加全盘深入本质的**影响**。所有的这些特征全都奠基于耶和华的威信，唯有耶和华，不用靠以色列的协力，能够引领也真的引领一切走向至福至善，只要人们单单信靠他的话。这让人想到阿蒙神信仰，不过，发生在耶路撒冷的情事显然使得耶和华的威信更加昭彰显着：如以赛亚所预言的，别无其他可能，希西家治下的耶路撒冷摆脱了（亚述王）西拿基立的围城而获得拯救。《申命记》的救赎许诺与灾祸威吓，部分而言，源于福祉预言与灾祸预言所刻画的模式，但也只是部分。譬如关于金钱借贷的应许就特别是市民—耶路撒冷属性的。严格的拜一神教在当时已是古老的耶和华信仰的要求，并且是耶路撒冷祭司对外的垄

1　虽然如此，像 Alphons v. Liguori 或某些虔信派教徒的那样一种罪的焦虑，无论在以色列或在犹太教里根本不可得见。

2　潘陶耳（Pentaur），古埃及法老拉美西斯二世时的宫廷诗人，他为拉美西斯二世远征叙利亚所写的史记以象形文字的形式留在埃及的阿布·辛贝勒遗址。——译注

断要求的内在补助概念。本质上对外已严重的宗派性闭锁，部分是相应于祭司的利害关怀，部分是相应于一个城市市民的但在律法书教师的教权制指导下的知识阶层的虔敬性。相应于针对"外邦人"（nakhi）的闭锁，对内则是虔敬且礼仪正确的格耳林姆与以色列人在宗教与社会伦理上的地位平等，这是平民的非军事化的产物。耶利米不也同时告诉以色列人说，利甲族，亦即典型的格耳林姆，正是神所喜的典范样式的担纲者。所谓"平民的"并不只是对所有现实的政治—军事需求与任何的英雄精神完全地漠然以对，而是对神的心志伦理关系的整体态度：谦卑、顺从、全然信靠的献身——因而不可"试探神"，亦即要求神显奇迹以展示他的力量（《申命记》6:16：以玛撒那地所发生的事为例，参照《出埃及记》17:2、7）——尤其是一种让人怀抱虔敬之心的对神的"爱"，而前此大概只有何西阿将此确认为基调（至少能确定是在《申命记》之前的只有何西阿）。作为整体态度之表征的是：虔敬的心与内在皈依于神的一种心志伦理的升华——有时在说教进行中表现为热切激昂的心境，然而却不会陷入任何激进的神附身状态的激情。根据上述的说明可以得知，此一纲要基本的乌托邦主义的诸前提根本上是取决于伟大的先知，然而这纲要却绝非他们的作品，这点我们后面对先知再加探讨时便很容易判明。专家们毋宁是认为——而且真的很可能是如此——《申命记》的编纂者晓得耶和华派与耶洛因派的集成，并时而加以利用，尤其是后者。

《申命记》作品的完成时期，大概是接近耶和华派与耶洛因派将古老的族长故事与利未人的摩西传说汇整起来的时期（两派的合并汇整即威尔豪森所谓的"耶和华的"汇典）。在这个汇典里

可以发现到许多插入的章节，这些章节令人直接联想起《申命记》
里具有表征性的宗教性。后来经由祭司的补充、添窜、部分而言
改写后，此一汇典已有所变化，而"耶和华典"（Jehowist）尤其
是部分新插入、部分补充了对于族长的大应许。此派与《申命记》
的共通之处是，无视于王权。被应许了救赎的不是王，而是虔敬
的百姓，并且是向宗教传说里的族长说的。这应许和古老的祝福
神谕连结在一起，并被追溯到巴兰身上，亦即所罗门的赋役王国
之前的时代。利未人及与其有志一同的虔敬且关切神学的俗人圈
子应该是孕生这两部作品（汇典与《申命记》）的母体，只不过，
在《申命记》方面，祭司的直接参与远为强烈得多，因为这可是
一部取决于祭司利害关怀的说教作品，尽管是奠基于利未人的律
法书。

　　从宗教观点来看，赋予《申命记》说教特色的是：极力强调
报应思想与天意信仰，以教化的、怀柔的、慈悲的有时是痛悔逾
恒的方式来表现神与人的内在关系，以及反之展现彻底平民性格
的那种谦卑献身的虔敬。这些特色也相当醒目地展露在埃及"新
王国"时期的庶民虔信里，甚至早在古王国时期即可发现其出处。
根据埃及智能教师的教导，神尤其珍爱的是顺从。拉美西斯时代
的手工业者的纪念碑加上：神是"不可被收买的"，显现他的力量
既给大人物也给小人物；阿蒙神则特别听取穷人的呼求，他会——
如同耶和华——从远方驾临来助，带着北风的"甜美吹息"——
这是那儿的人所渴望的，如同巴勒斯坦的西风"悄悄柔和的气息"；
人们应该仰望他且爱他，而他的怒气不会发上一整天。人，如同
在以色列的律法书里，并非因原罪而永远堕落，但天生愚蠢，不
懂"善与恶"；祈祷与立誓——在以色列也是用同样的手段——

会蒙神的恩宠，尤其是行事正义。由于报应思想在新王国的虔信里显然强力增长，生病在此自然也是神罚的普通形式。显而易见的，这整个个人的虔敬本质上一如世界各地普遍的平民阶级的虔敬。在印度，这导向救世主信仰。在埃及，人们仰望法老，借其求请与中介而获福祉，不过基本上是祈求政治安泰或风调雨顺，亦即政治团体无处莫不在意的救赎财。个人私下的安否同样被认为是取决于法老的卡理斯玛。不过，官僚体制立于法老与民众之间。而且，法老个人的宗教信仰是典型纯粹物质性的互惠道德（do ut des-Moral），与平民的那种虔信一点关系也没有。直接与其并立的是祭司的粗野巫术，急难的人向它求助。自以神学秘传为傲的埃及祭司不仅无意于庶民的伦理教诲，而且基于其物质利益所在，他们所介意的是更为有利可图的事业：贩卖《死者之书》书卷与圣甲虫。换言之，与俘囚期前的以色列带有完全相同特色的那种平民的虔信的确也存在于埃及，而且就两者长远且直接的关系看来，以色列受到来于埃及的影响也绝非不可能的事，只不过无法确证罢了。然而，埃及的这种虔信从来就未曾成为有系统地理性化的对象，无论是通过先知也好或祭司也罢。巴比伦的情形也相当神似。美索不达米亚的市民时代的古老忏悔诗篇，从亚述巴尼拔的藏书和其他史料可以得知，无论在调性或内容上都与以色列诗篇的虔敬性非常接近，有时不得不让人有直接借用过来的想法。尼布甲尼撒及波斯前几代君王的虔敬同样也近似以色列的虔敬，而这也是同时代的先知所知道的，所以他们称这些王为"神的仆人"也不无道理。然而，这儿同样欠缺庶民日常伦理的系统性理性化。除了没有理性的律法书教导之外，尽管一般也不缺预言，但绝非以色列特有的那种预言。那些地区之所以没有，而唯独存在于以色列，这纯粹是政治环境使然（如后述）。

　　如果说律法书教师身处于宗教伦理发展的中心点上，那么我们势必要略窥一下他们的**实质**要求，并且要问：其伦理教诲的内容是否从他处挪借过来，而这内容一般而言对于其他文化地区的政治伦理又有着怎样的关系。

　　古代以色列伦理的实质特色，不仅如十诫所呈现的，而且部分而言更加明确地在其他伦理的神谕里表现出来。若要加以评价，整体而言，与其和巴比伦的罪表相比对[1]，倒不如和《死者之书》第125章里的埃及罪表相比较要有趣得多[2]，因为前者虽与以色列的罪表有许多对应之处，但整体上纯就伦理而言并没有太多进步，总之大致不外乎理所当然的老生常谈。《死者之书》的罪表早在以色列誓约同盟形成之前即已存在，并且无疑地是按祭司在质问其顾客的罪过之际所提出的要求而表列出来。在个别的问题点上，其与伦理十诫的要求有时差异显着，但另一方面，两者又相当近似。和十诫里对于"妄称"神名的禁令相应对的，是从未"招引"神

1　由 Zimmern 所编辑（Beitr.1）并为 Sellin 所引用（前引书，页 225）的巴比伦罪表，是与十诫的伦理关系最密切的罪表。轻蔑父母、侮辱长姊、奸淫、杀人、侵入邻宅、偷窃邻人衣物，这些与十诫的罪酷似。移动地界、拘留或拒绝释放囚犯（无疑的，有罪者）、言语下流淫秽、说谎、不真诚，这些虽然未包括在十诫之内，但都是利未人的说教所严禁的恶德。不过，与父母、子女或手足间发生争吵是有罪的，以及"好施小惠，大事不管"是不义的，这样的规定找不到任何直接的对应。纯仪式性的过失与此同列的做法，则与以色列"仪礼的十诫"和"性的十诫"倒是一致的。除此而外，目前还找不到两个伦理间有什么令人注目的对应关系。特别是在巴比伦的说教里（与埃及和利未人的说教相反的）似乎从未强调"邻人之爱"，或许是由于大都会巴比伦商业贸易生活远为强烈发展的结果。同样的，这儿也欠缺（再次和埃及相对的）心志伦理的升华：如第十诫那种对"贪恋"的压制。在埃及，"心志"之所以较被大力强调，或许是由于"心"作为明白自己罪过的载体在死者审判里别具特殊意义吧。

2　我们下面引用的是 Pierret 的翻译（*Le Livre des Morts, Paris,* 1882）。"E"表示导论，"S"表示结尾，"A"与"B"代表第125章各含21项罪的告白的上下半部。

亦即以巫术强制神的保证（B. 30）。对应于"不可有别的神"（原本是"不可向别的神献牺牲"）的埃及要求是：不可在心里轻蔑神（B. 34），这是由于埃及的虔敬性有较强烈的泛神论倾向，因而也比较转向心志方面推进。《申命记》要求敬爱神，在埃及的目录里倒没有以这种一般的形式清楚表现出来。不过，即使普塔和泰普也知道神所爱的是顺从（Pap.Prisse）。此种顺从与"沉默"在埃及是非常政治取向的。埃及对臣民之忠诚的要求（B. 22、27，Kap. 17:1、3、48，Kap. 140），在伦理的十诫里完全从缺，即使在其他地方也仅被降低为"不可咒骂你百姓的君长"（《出埃及记》22:27，参照《撒母耳记下》16:9、《以赛亚书》8:21）[1]。十诫里的对父母恭顺，以及《申命记》里以石头击杀的威胁来严命对父母的顺从义务（《申命记》22:6、7），如同巴比伦法律文献里许多针对不孝子女的规定，应该都是指对于年老的父母，特别是退休的年迈双亲；《西拉书》里也对此多所着墨。相应于十诫与《申命记》的这种恭顺父母的命令，以及巴比伦文书里对于向父或母语出不逊的儿女不断出现的严惩警告，在《死者之书》里只不过宣言：不要对父亲有任何恶行（B. 27）。除此之外，埃及的祭司伦理与书记伦理自然也是谆谆教诲要敬重长者、尊重父母与传统的教导，就像以色列也规定"在白发人的面前，你要站起来"（《利未记》19:32）。十诫里的杀人禁令，相当于《死者之书》里的保证未曾杀人和使人被杀（E. 7、(A) 18）。与不可"欺压"穷人和格耳林姆（《出埃及记》

1　反之，至少在《申命记》的传说里（《撒母耳记上》24:10、26:9、31:4，《撒母耳记下》1:14），视弑君——即使是被耶和华唾弃的君王——为重大罪过，这是由于膏油的巫术意义。此种弑君之罪的看法显然是针对北方王国的篡弑与虐杀而来，尽管首度做出此种杀君罪行的耶户正是在耶和华派的煽动与援助之下而成的，即使是何西阿都予以严厉谴责。

23:9）相对应的是，埃及罪表里的严禁任何暴力（A. 14）和教唆伤害（A. 20）的禁令。许许多多埃及君王与官员的墓志铭里如此称扬：这位死者未曾欺压贫困者。十诫里奸淫的禁令、近亲相奸——甚至包括色情地看一眼亲人——的禁忌与手淫的禁令，在《死者之书》里也可找到模拟，禁止各式各样淫猥（通奸、卖淫、手淫：A. 25、26，B. 15、16）。伦理的十诫里偷窃的禁令及第十诫，在《死者之书》里表现为禁止偷盗（A. 17）或对他人财物的任何侵占（A. 23）。禁作伪证的诫命则被超越为禁止任何一种欺瞒（E. 7、A. 22）、与不忠实（A. 30）。致使渠道偏移（E. 10）也可在以色列对搬动界石的诅咒里找到对应，而禁用伪秤（E. 9）亦为利未人的教谕。位于埃及的告解最前端的是："未对邻人为恶"（E. 4），以及更加广泛的保证："未曾令人伤心苦恼"（A. 10）和"未使人哭泣"（A. 24）也"未惊吓任何人"（B. 18），相当于以色列较为形式的一般规定："不可欺压你的邻舍"（《利未记》19:13），就慈善的升华这点而言，显然落后于埃及的规定。如众所知，"邻人爱"的一般诫命在以色列等同于不可对共同体成员记仇报复的命令，在《死者之书》里也可发现到（A. 27）。反之，在埃及的罪表里欠缺这样的正面规定：要照顾邻人走失的牲畜（《申命记》22:1—4）——在另一处则只是称赞指引正路给迷路的人；要把"仇敌"的走失牲畜牵回去给他的命令则完全阙如（《出埃及记》23:4—5）。在埃及著名的《猫与豺狼的对话》里，以德报怨是相当受批评的。另一方面，从埃及书记行礼如仪的风俗习惯而来的种种规定——部分属于品味高尚的领域，部分则是一种相当升华的伦理——在十诫里和一般在古代的以色列伦理里自然是完全付之阙如的。其中，例如埃及书记伦理（普塔和泰普）的禁令：以辩论上的优势来羞辱对手，以及《死者之书》

里也一再表达的禁令：不可言不及义、言语夸张、激动不已或怒不可遏，也不可骤下判断、吹嘘自大或对真理装聋作哑（B. 25、29，A. 34、34，B. 18、23、21、19）。此种行仪直到俘囚期之后才出现在犹太教里，也就是当犹太教教理的担纲者本身变成"Soferim"（书记官）然后再变成有学养的拉比之后。

在真正的经济伦理领域里，埃及的道德由于对职业义务上的忠诚与职场上的精确准点有着甚高的评价，故而相当出色。这是以赋役制组织下由官僚所领导的劳动为基础的半国家社会主义的经济自然而然会产生的结果。类似的特色，尽管隐晦得多，也在巴比伦发现到，那儿的王子实地学习手工建筑劳动，有时似乎也是惯常的事，由此表现出的是王室工程的中心意义所在。在埃及，早在古王国时代就已出现手工艺者（特别是石艺工匠）的强烈职业骄傲，就像在以色列，摩西的神殿制作的手工艺者有耶和华的灵附在他们身上一样。由于埃及财富的高度不稳定，以及（特别是新王国时代）平民的频频晋身到官僚体系里，所以大地主的官职贵族的贵族身份观念在此早就衰退，并且经济活动也早已被普塔和泰普赞赏为保持财富的唯一手段。然而，政治团体的官僚性格与宗教的严格传统主义仍将此种见解的作用圈制在有限的范围内。书记阶级的身份感，正如拉美西斯时代的一种嘲笑的讽刺文学里所表现出来的，超然于所有其他的职业之上，不管是军事的或经济的，并且蔑视所有非关文字的活动为可怜的庸俗。尽管人身的自由与不自由并没有明确的区别，但文士与无文者之间的隔阂却是泾渭分明。谁是高贵者，全然取决于教育。并且，官僚体制绝对的教权制服从决定了生活理想。"玛"（Ma），亦即"忠诚"，同时也就是"得体合宜""奉公守法""持节守义"——中国官僚美德，礼，稍经修饰的对照版——构成一切超拔卓越的总体。模仿长官、无条件地接受他的观点、严谨遵守阶级秩序——包括在陵墓区里墓地的配置——皆为忠贞臣下应尽的义务。"卑躬屈膝地过完一生"，被认为是人的命运。雇用劳动者从事非其惯常职业，是被禁止的。另一方面，史料所证实的在底比斯陵墓上的劳动者之罢工，并不牵扯到什么社会革命之类，而仅仅是要求发放向来的酬劳——就像基督教主祷文里的"每日的面包"——而已。

在以色列，《西拉书》之前的时代找不到像埃及那样对于劳动忠诚的高度伦理评价。同样也没有官僚组织，"玛"的概念在此并无任何地位，至少在宗教伦理上官僚制的赋役国家还被厌弃为"埃及的奴役之家"。将经济活动评价为一种美德，在此更是毫无蛛丝马迹可寻。反之，吝啬才是真正最大恶德。可见得，在此，虔敬者的仇敌是城市的贵族。任一种"现世内的禁欲"，无论在埃及或在以色列都付之阙如。在埃及，如果男人被告诫要小心女人，那是因为一时的欢快可得付出沉重灾难的代价，这是儒教伦理式的处世慧见那样的一种通则，而且在俘囚期之后的犹太文学里也可找到模拟。不过除此之外，在埃及与美索不达米亚，一切努力的目标终归是生命的享受，以聪慧的处世之术来调整。以色列的心志与此大有分别，尤其是基于比起他处——譬如巴比伦亦可见到——更加高涨的畏罪感与忏悔心情，而此种心绪的不断高涨泰半是政治的命运使然。心志伦理的升华程度，与埃及的不相上下，但整体而言，至少在庶民的实际生活方面，却远比巴比伦的罪的观念实质上要发展得更加洗练得多了；后者在实际生活上，总是一再被巫术性地操弄而终至扭曲破局[1]。

　　尽管在细节上有许多类似之处，但在某个重要层面上以色列的伦理与埃及和美索不达米亚的伦理形成对比，亦即前者相对广泛的理性的系统化。对此，光是伦理的十诫及其他类似集成的存在，相对于埃及与巴比伦完全无组织的罪表，即可视为一大表征。再者，从这两个文化地区流传下来的东西，并无任何足以和《申命记》那样一种有系统的宗教—伦理教说相匹敌者——即使只是相类似。就我们所知，埃及所拥有的是教育性的处世之术与秘传的《死者之书》，巴比伦所有的是不乏伦理成分但发挥巫术作用的赞美歌集与仪礼典籍，像俘囚期之前即已存在于以色列的那种统一概括起来且以宗教为基底的伦理是全然付之阙如的。在以色列，此种伦理乃是代代相传下来的利未人的伦理的律法书以及（尚待论究的）预言的产物。预言对于伦理的内容并未发挥如此大的影响——毋宁是既已有之则采用之，而是更加致力于伦理的有系统的统一，手段是将人民与所有个人的整体生活都关联到耶和华实定命令的遵行上。进一步则是去除仪式的优位以利于伦理。于此，利未人的律法书本身则为伦理命令的内容刻画了印记。不过，两者共同赋予伦理同时具有平民的性格且具有理性系统的性格。

　　古代以色列伦理与其他伦理共通的一个特征性要素，有必要再稍加深入探讨。前面提及的那些伦理规定，部分而言显示出一如现存的律法书版本一般所具的那种相当醒目的**慈善**（Karität）印

1　关于巴比伦宗教里的罪的观念及其发展，参见 Schllmeyer, "Sumerisch-babylonische Hymnen une Gebet an Samas", Studien zur Geschichte und Kritik des Altertums, Supplement, Paderborn, 1912; 以及 J.Morgenstern, "The doctrine of sin in the Babylonian Religion", Mitteilungen des Vereins für Alte Geschichte, Berlin, 1905, vol.3。

记。其中尤其是许多有利于穷人、寄居者、寡妇与孤儿的规定，正如业已出现在古老的集成里，特别是《申命记》里的规定——《申命记》的神是个不受贿赂，也不以貌取人的审判者，为了弱者而"制定他们的法"（《申命记》10:17）。我们会看到，形式法里的债务奴隶的规定在教说里受到了诸多补充，像是有关酬劳给付、债务免除、抵押限制的广泛规定，以及一般的慈善规定。"向你地上困苦穷乏的弟兄松开手"（《申命记》15:11），帮助困苦穷乏与被夺者（《耶利米书》22:16），以及受欺压者（《以赛亚书》1:17），可能是此种义务最一般性的表现，前面提及的拾穗规定与休耕年规定显然也应该归纳到这个范围里。史料让我们看出，以色列的伦理虽然原本绝不是那么的感性，随着教权制的影响之加深，教说里的这个层面的意义却也日益高升。此种倾向到底从何而来？

慈善的发展的两大古典地区，一是印度，一是埃及。在印度，慈善的担纲者尤其是耆那教与佛教。但是一般而言，那是一种本质上受到轮回信仰所强化的众生一体的感情。我们先前已看到，印度的慈善，如其呈现于佛教徒的戒律里的，很快就带有一种形式的而且几乎纯粹仪式的特性。在埃及，慈善受到国家与经济的官僚制结构的强烈制约。无论"古"王国与"新"王国的君王也好，或"中"王国的封建君侯也罢，尽皆是徭役主，因此他们所关怀的是人与动物的劳动力的维护，故而试图使其免于官吏们的粗暴虐待。埃及的史料明白显示，这对贫民保护法的发展产生了多么强烈的作用[1]。对于国土的经济状况与人口状况要向君王负起责任

---

[1] 例如禁令：当一个贫民必须服王的劳役时（第十九王朝），不得于这期间剥夺他的位子，参见 Breastead. *Records* III, 51。

的官吏，是置身于底下的子民随时可以直接上诉于君王的状况下。
早在古王国时代的碑文里，官吏们就已自夸说：他们救助饥荒，
未曾强夺他人的田地，没有滥用其他官员的下属，未曾不公正地
排解纠纷，没有强夺或施暴于任何人的女儿，未曾侵吞任何财产，
也不曾欺压寡妇。或者，他们也说自己给饥者食、裸者衣，摆渡
无船者过河，将下属的厩栏填满牲畜 [1]。以上所涉及的尽是法老委托
给官员的行政区里的人民。一般而言，官员们也这么表白：他们
"未曾对任何人作恶"，而毋宁是做了"让大家都高兴的事"。对法
官收受赠礼的怀疑与禁忌，几乎如同以色列的先知那样，普见于
埃及的宗教诗人与道德家。官吏对君王的畏惧，毕竟由于——如
同俄国的沙皇那样——天高地远，所以又有对于更上诉于另一层
级，亦即神祇的畏惧来补足。第五王朝时代的一位君主说道，他
未曾伤害任何人，所以他"向城市神抱怨"。穷人的诅咒是令人害
怕的，直接是因为恐怕会招来神的干预，间接则因为会危及后世
的好名声——这在埃及人心里是极为重要的。相信基于现实里的
不公不义所发出的诅咒具有巫术性作用，此种信仰在近东显然是
普遍的，因此，这种"民主的权力手段"，即使最低层、最穷苦的
人也适用。以此，埃及的官员也不或忘，强调百姓是"爱"他们的，
因为他们做了让百姓欢喜的事。大人物对于小老百姓有什么样的
责任，或许在埃及的观念里要比在以色列还来得生疏。不过，一
个官员如果能让他的工人信赖他，那么他便"有如神"，反之，如
果他"如同鳄鱼"般地对待他们，那么他会遭到诅咒。普塔和泰

1　Breastead, *Records* I, 239、240、281、328f.、459、523（这些全都来自古王国时期，从第一
　王朝开始）。

普的高贵书记伦理因此强调：乐善好施的报偿是自己地位的稳如泰山（原先来自法老，后来由神）。公元前十二三世纪的小人物（工匠）纪念碑里怀抱着这样的希望：阿蒙神总是倾听"哀怨贫穷人"的心声（而不是"厚颜无耻的"大人物、战士与官员）。因为神引领并保护一切他所创造的，包括鱼和鸟在内[1]。

君王的举止与官员并无不同，不仅埃及的君王，所有近东文化圈里的君王莫不如此。而且，自我们可以溯及的最古老碑文资料的时代以来即已如此。除了侵犯神的财产和违犯国家秩序之外，根据乌鲁卡基纳（Urukagina）的说法，他的前任君王是由于使经济弱势者背负重担才招惹神怒，并以此正当化自己的篡夺权位。在此所显示的是，一个城邦国家在走向货币经济的过程中的严峻冷酷，就像在以色列，所指的是负债与债务奴隶化。篡位者的统治，如亚比米勒那样，是与人民（Demos）一起对抗大氏族。在埃及和后来的美索不达米亚大王国，惯常所见的家产—官僚制福利国家传说为刻板化了的君王慈善特色打下了印记。拉美西斯四世夸耀说他未曾伤害任何孤儿与贫者，也未曾强夺任何人的世袭财产。尼布甲尼撒也作过同样的表白。居鲁士推测拿波尼度[2]治下的巴比

1　关于拉美西斯时代埃及庶民信仰的文献，参见 Erman, *SBAW*, Kl.ii, S.1086f.。关于新王国时代愈来愈高涨的报应信仰，参见 Poertner, "Die ägyptische Totenstelen als Zeugen des sozialen und religiösen Lebens ihrer Zeit", *Studien zur Geschichte und Kritik des Altertums*, Bd.4, Nr.3., Paderborn, 1911。

2　拿波尼度（Nabonidus，前556—前539），巴比伦最后一个君主，是一位哈兰的亚兰贵族之子。自尼布甲尼撒后，他可算是最有才干的统治者。他出身于祭司阶级，是月神辛（Sin）的虔诚崇拜者，对古宗教有极浓厚的兴趣。他重建哈兰之月神庙，发掘巴比伦神庙之故址，恢复许多久已被遗忘的礼仪，他毫不犹疑地革新宗教，然而引起许多既得利益的马杜克祭司的反对。他偏好月神辛，而非马杜克，事实上惹来极度的恶感，最后引起公开的反对，为波斯君主居鲁士所灭。——译注

伦人民负担过重才会导致神对这个王发怒，而在贝希斯敦碑文里[1]，大流士也基于君王为了弱者的福利与保护政策而采取了完全相同的态度。这也就是所有东方家产制国家以及一般而言大多数这类君主的共通资财。在以色列直接交界的邻邦而且恐怕是在埃及影响下的一则腓尼基的君王的碑文（现存最古老的腓尼基碑文）里，显示出完全相同的特征[2]。这些可能无论何处都终归刻板僵化但不必然因此而丧失效力的准则，或许正是由此而传递到以色列诸王的撰述者那儿。

这些承自家产制福利政策及其往上天的世界支配之投射所产生出来的慈善伦理，在埃及似乎是打从中王国时期的家产制君侯与封建领主开始，相当有意识地从业已存在的萌芽那儿发展起来，然后再由书记、祭司与祭司影响下的道德家们加以体系化而相应于教权制社会政策的一般类型。在《死者之书》的第 125 章里，死者在"真理之堂"里必须一一交代的各种分门别类的确认证言里，最起头的就是这样的声明：从未逼迫任何人从事逾越其既定限度的劳动（E. 5），很清楚的是源于赋役国家行政。接下来的保证是：从未令人陷于恐惧、贫困、苦难、不幸、饥饿与悲伤，也未曾致使奴隶被其主人所虐待（E. 6），未曾削减幼儿的奶水，也未虐待牲畜（E. 9），并且未曾危害病人（B. 26）。不过，整个告白的结尾出现这样的保证：为神善尽一己的"慈善"（玛），"必

1　贝希斯敦（Behistun）碑文，波斯君主大流士（前 558—前 486）留下的石刻，有古波斯文、新埃兰文、巴比伦文三种楔形文字。1835 年，法国人罗林森（Rawlinson, Henry Creswicke, 1810—1895）被任命为波斯库尔德斯坦省总督的军事顾问，任职期间在今伊朗西部发现的。——译注

2　关于 Kalumus 的碑文，参见 Littmann, SBAW, Nov. 16, 1911, S. 976f.。

须给饥者食、渴者饮、裸者衣、欲渡者船"。若连结上我们已提及的伦理禁令——不可陷人于苦楚或忧惧，也不可对邻人作恶；再加上出现在埃及伦理当中，虽然颇有疑问的，也要善待仇敌的规定；意味着这些命令，纯就内容而言，远远走在基督教福音的慈善的前头。

以色列的慈善在其发展中也许直接地或间接经由腓尼基受到埃及的影响，最强烈的是在申命记时代。耶和华保护弱者（女人相对于男人、妾相对于妻、被逐出家门的儿子相对于父亲），已是个前申命记时代的信念（《创世记》16:5、7, 21:14；《撒母耳记上》24:13）。这在耶和华派，如同耶洛因派，都有着和埃及一样的宗教理由：贫困者与被欺压者"求告耶和华"（《申命记》24:15），而耶和华就像天上的君王会报复欺压者。在以色列俘囚期的伦理里成为支配性的观念是：最好能忍受压迫，因为这样的行为必定会有神帮他们报复。此一观念可在当时受压迫阶级的社会无助当中找到根源，不过也可追溯到在子孙中保留祝福之名的古老意义。因为，相对于诅咒的作用，贫困者的祝福反过来会让遵照慈善命令而行的人"在耶和华面前就是你的义"（《申命记》24:13）。利未人的教诲、在其影响下的示剑的诅咒形式与契约之书里附属的神谕、《申命记》与祭司法典，在在都使慈善不断更加体系化地发展。尽管有着许许多多而且难以说是偶然的类似之处，以色列的慈善在实质要求上，尤其是在一般的基调上，与埃及大不相同。其担纲者并非祭司影响下的家产官僚体制，而是农人与牧羊人的自由氏族组成（同样在祭司的影响下）的共同体，虽然虔敬的君王在依循外国之例的福利国家伦理里，才首度表达出这样的慈善要求。当然，在以色列也出现埃及那种来自国王官吏的压迫。而且，也有来自君王本身的压迫——就官方而言，这在埃及是不可能的。针对此种压迫，在祭司的典范式编纂里，耶和华的反应是通过先知宣告灾祸。然而，最首要抗争的过恶，并不是因官僚制而起的，而是经由城市贵族而来的压迫。慈善的心志伦理升华在俘囚期之前的伦理当中，因此也只有部分能进展到埃及的程度。然而另一方面，个别的规定则比埃及书记的那种抽象化要更贴近家族长制的家族共同体与邻人共同体关系的性格。直到俘囚期濒临前与俘囚期间已和平化与城市化的律法书时代，才带来神圣法典的抽象思维。例如不止是禁止对"邻人"（《利未记》19:18），亦即对本国人的子女（以及对寄居者，根据《利未记》19:34），公然表示心怀憎恨与报复欲，而且要连结到下面这个原则命题："要爱你的邻人如同自己。"（《利未记》19:18）对于报复欲的这种禁忌可能是利未人的教诲——针对某些先知强烈鼓吹（政治）复仇心的许诺的一种反动。对于同胞的邻人爱规定，在"因为我是主"的加强附句下，显示出这无异于那经常一再被复述的规定：将复仇交给神，"申冤报应在我"（《申命记》32:35），而神的报复会比人所希望的更加彻底。这种将复仇交托给神的想法，毫无真正的伦理意义，完全是从平民的、政治上无力可为的阶层的感情世界所孳生出来的。大卫与拿八的故事（《撒母耳记下》25:24、29），显然是被构想来作为此种更加令人满意的复仇的范例。对律法书教师而言，将复仇保留给神在伦理上自然相当于法律领域里之去除血仇血报，而"爱"邻人的积极命令则是古老的氏族同胞的原则之转移到信仰兄弟上。直到拉比的阐释才由此做成实定的规定：人不可打自内心里憎恨邻人，并挟着复仇念头追迫他们。虽然在实践方面，甚至连他们自己在感情上，这不算是很成功的 [1]。

在以色列，就像时而在埃及的慈善里，除了贫困者的保护之外，也出现对病人尤其是对残障者的保护。人不可诅咒他们，在瞎子前面放置绊脚石或让他们走错路（《利未记》19:14）。埃及的慈善也规定，要为迷失者指引道路，并且不可对患病者为恶，不过对于残疾者则未有进一步的教示。大君主的福祉预言通常都将能够防止残障、疾病与类似的悲苦归罪于统治的君王。他以此证明自己的卡理斯玛。大卫在占领耶路撒冷时的独特宣告（《撒母耳记下》5:6、8），或许正与身负卡理斯玛资质的支配者的统治具有奇迹力量的想法相关联。在利未人的律法书里，保护残障者的理由在于：他们属于利未人最为高贵的忏悔者，而且他们的虔信是太常被感受到了，以至于无法无条件地保守古老的巫术性看法，亦即患者是自己犯下罪过而为神所憎恶。人们可以想见他必然是因为先祖的罪过而受苦，至于聋子与瞎子，则是处身于某种秘不可知的神力支配之下，这很容易就让人产生一种想法：他们可能驾驭着他人所无的力量——这从普遍可见的对瞎眼人的珍重的现象便可得知。伤害他们似乎总不免要招惹神怒。

最后，在《申命记》里也有一些保护动物的规定，例如保护母鸟的规定（22:6、7）以及那一则著名的禁令（25:4）："牛在场上踹谷的时候，不可笼住他的嘴。"——然而在罗马的大农场上推磨碾的奴隶是要笼上口套的。此外再加上尊重安息日也是给牲畜休息的日子，以及安息年作为动物自由吃食的机会。我们从

---

1 在其与基督新教学者的争论中，Büchler 推崇 R. Chanina 是犹太道德性的典型（*Der galiläische Amhaarez*, S.14, Anm.）：Chanina 卷裹着律法书卷而死，因为他相信这样更能确信神对其拷问者的**报复**。

以色列的史料里无从分辨这些神学构想与遍布于整个近东地的信仰——相信人与动物之间一度曾有的乐园式和平状态，将来会再度来临——到底有何种程度上的关联，或者多少也与可能是从地方性农耕祭仪生长出来的古老仪式性的素食主义有关联，或者单纯只是出自爱的命令的结果。巴兰的会说话的驴子只是只民间寓言故事的动物，亦见于其他地方（譬如埃及的法老波科里斯治下的那只说预言的羔羊）。在埃及，虐待动物的禁令原本可能是奠基于国王对于其劳动力的利害关心。拉美西斯二世有个特色独具的许诺，他应许在加底斯战役里救了他的那些马匹，必得在皇宫里他的面前接受喂食，一如他答应他的劳工会得到正当应有的报酬。这是源于骑士或马厩主人与其动物之间的典型关系。由祭司加以体系化的、民间的动物崇拜和死者灵魂具有化身为动物的能力，或许并非善待动物的信念之起源，但这些观念自然会助长对动物的慈善。在以色列，安息日给牲畜休息，也给奴隶休息，一如《列王纪下》(4:23)那则传说里（牲畜与仆人）得不到休息的例子所显示的，这是后期王制时代或许是申命记时代才有的产物。一般而言，善待动物可能是，至少在其一般方向上，受到埃及的影响。

　　总而言之，以色列的伦理与慈善在后来俘囚期之前的时代，在许多细节上，不仅不能排除来自大文化地区之先例的影响，而且很可能特别受到埃及的影响，不管是直接的或间接经由腓尼基。这样一种慈善的决定性特色，在凡是祭司对其受残疾或不幸所苦的顾客的关怀，强大到足以促成将对弱者的关照加以理性化之处，即使不假外借，也必然会发展出来。无论如何，以色列的律法书，即使在外来影响可说显而易见之处，也独立地修正了（伦理的）命令。

　　不过，比起所有个别的差异都远为重要的是，我们业已强调

的根本事实：巫术并未形成履行命令的代用品。举个例子，埃及
的祭司教谕可以提举出不论内容为何的伦理命令或慈善命令。如
果手边就有简便的巫术手段，可以让死者能够在面对死者判官的
关键时刻隐瞒自己的罪过，那么，教谕里能够提供什么补强呢？
事实正是如此。《死者之书》里（第30章，L.I），但愿自己的心
不要做出不利死者证言的期望，后来就以提供死者一个封圣的圣
甲虫来补强，这可以让心有能力抵挡死者判官的魔法威力并隐匿
罪过。也就是，**智胜神祇**。在巴比伦，事情没那么极端。总之，
在新巴比伦时代也存在着各式各样的巫术，作为影响无形力量
的特殊的、庶民的手段。在美索不达米亚，随着文化的愈益理性
化，各时代的罪感，特别是在市民人口之间，也愈来愈增长。不
过，深刻表达罪感的苏美尔与古巴比伦的忏悔诗篇后来也转变成
纯粹巫术的咒式，而往往不再顾及罪的内涵——当庶民信仰里恶
灵成为一切祸害的肇始者而取代了伟大的神祇之后。反之，在古
犹太教里，完全没有这类巫术，也因此那些一旦发挥了伦理约束
力的命令，本质上也必然更具现实的意义。除了神义论问题的另
类转向之外，其原因也在于我们先前已正视过的事实：在以色列，
作为自由的共同体成员所组成的一个团体，成员基于契约而对于
遵守契约之神的命令负有连带责任，如果胆敢包容那破坏命令者
于他们之中，那么无论哪一个个体都得畏惧神的报复。因此以色
列对付罪的反应手段是将神所不赦的罪人破门出家、加以诅咒或
投石击杀。对某些罪大恶极者毫不容情地执行死刑乃是义务，因
为这是共同体本身除罪的唯一手段。此一动机在官僚体制的王朝，
以及尤其是职业巫师活动之处是无迹可寻的。可以模拟的是，古
基督教与清教的圣餐共同体有责任将明显的背德者逐出主的食桌，

而不同于天主教、英国国教和路德派。利未人的律法书的独特伦理转向，必然是在此种关怀的不断压力下获得愈来愈强大的支持。不过，利未人的态度是源于他们与其私人顾客的关系。对于所有这一切，摩西的创制古老契约与神谕功能的采用，是最初的决定性力量。就此而言，摩西被视为此一重要伦理发展事实上的创始者，是正确的。然而，另一方面，以色列的宗教信仰之所以发展成为足以力抗所有外来破坏的这种形态，并历经历史考验而不坠，若无预言的介入则无可能。现在我们必须正视这个已多次提及的最独特且最影响深远的现象。

第二篇

犹太贱民民族的形成

第一章

俘囚期前的预言

在大国的征服政策暂告一段落之后，以色列同盟才得以形成，然而从公元前 9 世纪开始，美索不达米亚的大君主及后来的埃及国王再度重拾他们的扩张政策。叙利亚如今成为前所未有过的军事事件的舞台之一。如此可怕、规模如此之大的一种战争，特别是如亚述君王所发动的战争，更是世上空前的体验。楔形文字的碑文蒸腾着血腥。王以枯燥无味的记录文调子报告他已用剥下来的人皮贴满了被征服城市的城墙。当时被保留下来的以色列文学里，尤其是古典预言的神谕里，传达出对这些冷血的征服者的那种心神俱丧的忧惧。随着迫近的阴郁暗影不断地笼上政治的地平线，古典预言也含带上其典型的特色。

从阿摩司到耶利米与以西结的俘囚期前的先知 [1]，在当时的局

---

1 在最近的文献当中特别值得一提的是 G. Hölscher 贡献良多的著作：*Die Propheten*, 1914，当然在个别的论点上尚有争论的余地。此作运用现代心理学的经验呈现出先知的整体历史背景。至于个别的先知，请参照现代的注释本。

关于先知的忘我情状，参见 H. Gunkel 一如往昔那么出色的著作 "Die geheimen Erfahrungen der Propheten"（演讲，"Suchen der Zeit", I, 1903）。*Schriften des Alten Testaments*, II, 2. 当中不仅有 H. Schmidt 的翻译及关于阿摩司与何西阿部分而言精彩的个别注释（Bd. II.I），

外人眼中，尤其是政治的群众煽动家（politischer Demagog），有时是时事评论者（Pamphletist）[1]。这的确很容易引起误解。不过，正确加以理解，也可让我们获得一种不可或缺的认识。首先，这意味着：先知们宣讲。从事著述的先知直到俘因期才出现。早期的先知公开地向听众演说。此外，这也意味着：若无列强的世界政策威胁着祖国——其最令人印象深刻的神谕多半是在响应此一问题——先知便不会出现，而且，他们也不会出现在列强自己的国土上，因为"群众煽动"（Demagogie）在大国境内是不可能的。当然，叙利亚、巴比伦、波斯的大王，如同以色列在内的任何古代统治者，都让神谕来决定他们的政治决策，或至少是通过神谕来确定其具体措施的内容与时间点。例如，巴比伦的君主在任命任何一个高官之前会询问神谕祭司，此人是否够资格担当职务。然而，这只是个宫廷内的事务。政治的先知不会走上街头，也不会对群众发表演讲。因为既缺乏政治前提条件，也不会被容许。证据显示，公开的预言在那儿是被明文禁止的，而这也符合官僚制国家的情况，特别是在犹太人的俘因时期，史料暗指或曾有过强力的镇压。像古典时代那种性质的政治预言，在近东与埃及，至少至此是闻所未闻的。在以色列，尤其是在城邦国家耶路撒冷情况有所不同。

（接上页注）还包括对于文学特性的入门而言非常有益的分析。其他文献，参见 Giesebrecht, *Die Berufsbegabung der alttestamentlichen Propheten* (Göttingen, 1897)；Cornill, *Der israelitische Prophetismus* (6. Aufl., Strassburg, 1906)；Sellin, *Der alttestamentliche Prophetismus* (Leipzig, 1912)。进一步的文献将会在个别行文处提及。关于旧约里的先知的"心志"（Ethos），E. Troeltsch 在杂志 *Logos* (Bd. VI, S. 17) 里有许多正确的描述，并且对于其"政治"的乌托邦性格予以相较往常更加公允而有力的强调。至于其他的个别分析，在此谨免。

1　例如以赛亚针对舍伯那的批评小册 (22:15f.)，并附加对以利亚敬意的批评——他在最初的编纂里被提及时是带着赞赏的语气。同样的，例如耶利米针对示玛雅的文字诅咒。

第二章

俘囚期前的预言的政治取向

　　誓约同盟时代的古老政治预言所诉诸的是誓约共同体成员整体。然而，这不过是个随机现象。誓约共同体并不知有如多多纳或德尔菲那样的固定且共通的神谕圣所[1]。祭司的爻签神谕，被视为求问神的唯一的古典形式，技术上还是原始的。随着君主支配的到临，自由的战争预言亦告衰微，而相对于宫廷预言，同盟的神谕亦丧失其意义。直到国土与王权的外来威胁日渐升高，自由的预言才得以开展。根据传说，以利亚即曾公然地与王及其先知对立，但终究得亡命他乡。阿摩司在耶罗波安二世治下亦是如此。在强力的统治，或依靠大国的支持而得以确保的统治之下，例如玛拿

1　多多纳（Dodona）是希腊主神宙斯的神殿，位于希腊的伊庇鲁斯（Epirus），在那里举行的祭仪有许多异常的特点。最早提到它的是荷马的《伊利亚特》，它的祭司叫谢洛伊（Selloi）。他说这些祭司"不洗脚，睡于地"。荷马又在《奥德赛》里第一次提到它的神谕。有一棵树（或几棵树）被认为能通过树叶的沙沙声和其他声音传达神谕。

　　德尔菲则是古希腊最重要的阿波罗神庙所在地，也是阿波罗神谕的发布地点。德尔菲在福基斯（Phocis）地区帕尔纳索斯山（Mount Parnassus）低处陡坡之上，距科林斯湾 10 千米，古希腊人曾视此地为世界中心。公元前 582 年，德尔菲重办泛希腊皮托运动会（Pythian Games），以后每四年在该地举行一次。到此时德尔菲神谕的声誉达到了顶点，人们不仅为私事求祷于神谕，而且国家大事亦来问卜，因之神谕之言往往影响国家政策。由于希腊人每逢决定移民海外进行垦殖时也要求卜神谕，神谕的名气遂传播于整个使用希腊语的地区。——译注

西治下的犹大国里，即使在以赛亚出现之后，预言失声了，或者毋宁说被迫噤声。随着王的威信日益衰落、国家的外来威胁日渐升高，预言活动的舞台也一步步地往耶路撒冷挪动。在最初的先知里，阿摩司出现在伯特利的圣所，何西阿出现在北方王国。然而以赛亚则已将牧草地视同荒野（《以赛亚书》5:17、17:2）：他是个地地道道的耶路撒冷人。他似乎偏好现身于公开的神殿中庭里。最后，耶和华命令耶利米："去到耶路撒冷的街头，**公然**宣告。"在危急存亡之际，王（譬如西底家）会暗中遣人去先知那儿求问神的话语。不过，一般而言，先知也会亲自站上街头公然对立于王及其家族，或者通过公开的演说，或者——虽然并不寻常——经由某个弟子将其口述笔录下来[1]，然后传扬出去。有时候，个人或长老的代表人会从先知那儿求问并得到神谕（也包括耶利米：《耶利米书》21:1f.、37:3、38:14、42:1f.）。不过，更加常见的情形是，先知无以自抑地，亦即在自然的灵光涌现之下，站到市场上向群众演说，或者在城门边向长老宣告。先知也为个人批示命运，虽然通常仅止于政治上的重要人物，但其最主要的关怀重点还是在于国家与民族的命运。而且，一般总是采取激情攻击当权者的形式。在此，史上可以证实的"群众煽动"首度登场，差不多相当于荷马诗歌塑造出塞西特斯[2]这号人物的时代。不过，在希腊早期的城

1　实际的例子如：以赛亚令其弟子封存他的一则神谕（《以赛亚书》8:16），耶利米的一封诅咒比巴伦的文书神谕（《耶利米书》51:59f.）。

2　塞西特斯（Thersites）出现在荷马史诗《伊利亚特》的第二卷，诗中叙述塞西特斯利用希腊军统帅阿伽门农（Agamemnon）测试军队士气的机会，大肆批判阿伽门农只管自己享受，不体恤部下，并鼓动士兵"不顾一切，开船回家去"，后来为奥德修斯所阻。荷马诗中对此人的描述是："他如想损他的主子们，总有些现成的挖苦人的话，这些话粗鄙下流，不错，但确能引逗士兵发笑。"详见曹鸿昭译，《伊利亚围城记》，第二卷，页19—21。——译注

邦里，贵族们集会的情形是：民众通常最多不过列席旁听并通过
欢呼赞同的方式来参与，一如绮色佳（Ithaca，又译为伊塔刻）的
情形；与会中人依序发表演说或进行反驳，被递交木棒者获得发
言权[1]。另一方面，伯里克利[2]时代的群众煽动家则是个世俗的从政
者，他靠个人的影响力来领导人民，并在国家规制下的最高主权
人民大会里发表演讲。荷马时代也出现过在骑士阶级的集会当中
接受求问的先见，不过，后来就消失了。像提尔泰奥斯[3]这样的人物，
以及梭伦时代为了宣扬萨拉米斯的征服[4]所做的群众煽动战歌，最
容易令人联想到古老的以色列誓约共同体的自由的政治预言。不

1　同样出自荷马的史诗《奥德赛》，详见曹鸿昭译，《奥德修斯返国记》，第二卷。——译注

2　伯里克利（Pericles，前495—前429），公元前5世纪中叶后雅典最重要的政治、军事领
　　袖。韦伯从支配基础的观点，认为伯里克利可被列为第一个群众领导者或群众煽动家
　　（Demagog）："在伯里克利时代的雅典，由完全发展的民主制所创造出来的真正的政治
　　领导人物，亦即群众煽动家，在形式上通常是位居领导地位的军事官员。然而其实际的
　　权势，并不是奠基于法律或官职，而完全是奠基于其个人的影响力与人民（demos）的
　　信赖之上。因此，他们的权势地位非但不是正当的，甚至也不是合法的，尽管整个民主
　　体制是考量其存在而裁制出来的。"（《非正当性的支配》，页148—149）——译注

3　提尔泰奥斯（Tyrtaeus），希腊哀歌体诗人，以军事为题材的动人诗篇的作者，诗篇估计
　　是为帮助斯巴达赢得第二次麦西尼亚战争而作。希腊传说声称，他是雅典或米利都的教
　　师，勉强依从神谕前往斯巴达去提高斯巴达人的士气。他的诗现仅存残篇。这些残诗既
　　鼓舞战士勇敢战斗和克己自律，又回顾了往昔的胜利，并表示确信今后必将取得成功，
　　创作时期约为公元前650年。——译注

4　梭伦（Solon，前630—前560），古希腊雅典的政治人物、改革者、诗人，以"希腊七贤
　　人"之一闻名。出身贵族，但家道平平。虽然在公元前594年左右便已担任雅典的执政
　　官，但直到约二十年以后他才获得作为改革家和立法者的充分权力。他终止了世袭贵族
　　的统治，废除对血统的要求，允许所有取得一定财富的公民参与政务。此一改革为未来
　　的民主制度奠定了基础。他用更为人道的法律取代严酷的德古拉法典，释放了因债务被
　　卖身为奴的公民，赎回他们的土地，鼓励职业化，改革货币以及度量衡制度。他没有任
　　何掌握独裁权力的野心，但也不是一个平等主义者，有两句诗可以说明他的心情："我
　　既不愿用暴力去当僭主，也不想使贵族和平民秋色平分。"他大概写过很多诗，但只有
　　300多行在别人的引文中存世。
　　　萨拉米斯（Salamis）位于希腊爱琴海萨罗尼克（Saronic）湾内，公元前6世纪中叶，
　　雅典从麦加拉（Megara）手中夺得此地。——译注

过，提尔泰奥斯这号人物与训练有素的斯巴达重装步兵军队的发展有着切也切不断的密切关系，而梭伦尽管是个极怀虔敬心念的人，总是个纯粹世俗的政治家，心智清明透彻，在其内心深处的"理性主义的"精神当中，糅合了对人类命运之不确定性的认知与对自己人民之价值的坚决信念；在气质上，他是个高尚与虔敬风俗习性的布道者。奥菲斯[1]的宗教性和预言与以色列的还更加接近些。与平民友好的僭主，尤其是佩西斯特拉图斯一族，试图与这些平民神学者相连结。波斯人在欲图征服四方的时代有时也会采取同样的政策。"预言者"（Chresmologen），亦即四处云游的神谕授予者，以及各色各类说预言的秘法传授者，在公元前 6 世纪与公元前 5 世纪早期出现在希腊各处，并接受报酬供人求问，来求

1　奥菲斯（Orpheus），古希腊传说中的英雄，有超人的音乐天赋。后来成为一个宗教（奥菲斯教）的护佑者，此一宗教据说是以他自己所著的经书为依据。根据传说，奥菲斯是缪斯——可能是史诗的守护女神卡利俄珀（Calliope）——和色雷斯王俄阿戈斯（Oeagrus，一说是阿波罗）的儿子。阿波罗把他的第一把七弦竖琴给了奥菲斯。奥菲斯的歌声和琴韵十分优美动听，各种鸟兽木石都围绕着他翩翩起舞。

　　奥菲斯参加了阿尔戈（Argonaut）英雄的远征，用自己奏出的音乐挽救了英雄们免受女妖塞壬（Sirens）的音乐的诱惑。他出征归来后，娶欧里狄克（Eurydice）为妻，但她不久即被蛇咬死。奥菲斯悲痛至极，冒险前去阴间，试图使欧里狄克死而复生。他的音乐和悲伤之情感动了主宰阴间的冥王哈得斯（Hades），允许他把妻子带回光明的人世。但是哈得斯提出一个条件：即离开阴间不得回顾。这对夫妇爬向通往人间的大门，奥菲斯在重新见到太阳时，转身想与妻子分享这种快乐，结果欧里狄克又回到阴间。奥菲斯后为色雷斯的妇女所杀，关于杀死他的原因和方式各说不一，但据已知最早的艾斯奇勒士（Aeschylus）的说法，是酒神狄俄倪索斯怂恿迈那得斯（Maenads）在一次祭酒神的仪式中把他撕成碎片，因为他主张崇拜对立的阿波罗神。奥菲斯的头和七弦竖琴仍然在弹唱，向莱斯沃斯（Lesbos）岛飘去，那里为奥菲斯建有神龛。缪斯女神们把他碎裂的肢体收集掩埋。他的竖琴则作为一个星座被置于天上，即天琴座。

　　奥菲斯教是希腊一种秘传宗教，其基础据信是传奇的希腊半神半人奥菲斯的箴言和歌曲。无法根据史料对这一宗教作确实描述。大部分学者认为，到公元前 5 世纪时，至少已有一种奥菲斯运动，由巡回祭司传布道，其教义的基础据信为奥菲斯所作的一批传奇和训诲。奥菲斯的末世论强调躯体死后的因果报应和灵魂转生。——译注

问者包括私人与政坛人物，尤其是被流放者。反之，像以色列先知那样的宗教性群众煽动者深入干预希腊城邦政治的现象，是闻所未闻的。毕达哥拉斯[1]及其学派拥有相当可观的政治影响力，但他们是作为南意大利城市贵族的精神指导者而发挥作用，而不是作为街头的先知。像泰勒斯[2]这类高贵的智能导师，不止预告日食、奉劝处世之道，并且积极介入其所属城邦的政治，而且有时是在领导的地位上。然而，他们欠缺忘我的资质。柏拉图及其学院亦是如此。他们的——终归而言是乌托邦的——国家伦理学对于叙

1　毕达哥拉斯（Pythagoras），希腊哲学家、数学家和毕达哥拉斯教团的创始人，此组织虽系宗教性的，但是其制定之原则却对柏拉图和亚里士多德的思想发生影响，并促进了数学和西方理性哲学之发展。公元前 532 年左右他为了逃避萨摩斯（Samos）的残暴统治而移居意大利南部，并在克罗顿（Croton, 今名 Crotone）创办一座伦理—政治学园。毕达哥拉斯之学说甚难与其弟子之学说区分。其作品已失传。其贡献在于他提出在客观世界中和在音乐中数目的功能作用这一学说。归到他名下的其他数学原理和发现（如正方形的边和对角线不可通约、直角三角形的毕达哥拉斯定理），可能是当数学概念发展到较高阶段时由毕达哥拉斯学派提出的。源于毕达哥拉斯本人的大部分智力传说很可能属于神秘智能，而非科学上的学术成就。——译注

2　泰勒斯（Thales），哲学家，因其以水为万物本质的宇宙论和对日食的预测（一般认为该次日食在公元前 585 年 5 月 28 日）而知名。据希腊思想家阿波罗多罗斯（Apollodorus）称，他生于公元前 624 年；希腊历史学家戴奥吉尼斯·拉尔修（Diogenes Laertius）认为他死在第 58 届奥林匹亚赛会期间（前 548—前 545），终年 78 岁。因其著作失传而当时的资料也已不存在，故难于评价其成就。由于他的名字被列入传说的七贤之中，人们就把他理想化，许多活动和名言（其中许多无疑是假的）都归于其名下。据希罗多德说，泰勒斯是拥护希腊爱奥尼亚城市联盟的务实政治家。希腊学者卡利马科斯（Callimachus）记录了一件认为可信的传说，即泰勒斯曾建议航海者按照小熊座，而非大熊座（都是北天的著名星座）辨别方向。

在几何学方面，据说他曾发现五条定理：（1）一个圆的直径把圆分为两等份；（2）三角形两边相等则两底角相等；（3）两条直线相交时则相对的两角相等；（4）半圆的内接角是一个直角；（5）如果三角形的底线和两个底角是已知的，则三角形即可确定。但其数学成就甚难估计，因为古人习惯于将特殊发现归功于那些因有智能而普遍闻名的人物。将他作为欧洲哲学奠基人之说主要源于亚里士多德。亚里士多德说他是第一个提出单一的宇宙物质基础（即水或湿气）的人。尽管他作为一个哲学家并不相信神话，但他选定水为物质的基本构成材料却在传说中已有先例。在他看来，整个宇宙是一个

拉古王国 [1] 的命运（与没落）的走向产生了很大的影响，然而，忘我的政治预言依然由官方神谕圣所的教权制组织来维系，并以诗意的美词丽句来回答市民有关公务的质问。城邦稳固的军事结构拒斥自由奔放的预言。反之，在耶路撒冷，落地有声的是纯粹宗教性的群众煽动，其神谕有如穿出黑黝沉郁的闪电照射在未来的暗淡命运上，不但具有权威性，而且不顾所有既定的议论。形式上，先知纯粹是私人身份。但正因此，在官方政治当局眼里，自然绝非等闲人物。

将耶利米的神谕集呈交给国家议会与国王的，是出仕于宫廷的高贵市民。因为任何一则这样的神谕，莫非国家的重大事件。这不止是由于民心士气会因此而有所动摇，更因为神谕作为吉凶之兆的咒文，会对事件的进行直接产生巫术性的影响。在面对这些有力的群众煽动家时，当权者或是焦虑不安、或是愤恨不已、或是漠然以对。有时会企图拉拢他们来出仕任职，有时则像约雅敬王，泰然坐定在其冬季暖间里听着宫廷官员在他面前朗读那汇集起来的灾祸神谕，然后一页一页地丢进火炉里，有时则对他们

（接上页注）靠水蒸气维持的有生命的机体。他的重要性与其说在于他选择水作为基本物质，毋宁说在于他以将现象简化的方法来解释自然。他的重要性还在于从自然界本身去寻求原因而不是在具有人形的诸神的难以捉摸的性格中去寻求原因。和他的后继者阿那克西曼德（Anaximander）和阿那克西米尼（Anaximenes）一样，他在联系神话世界和理性世界方面发挥了重要作用。——译注

[1] 叙拉古（Syracuse），西西里岛叙拉古省的省会。古时为重要的希腊城市。约公元前734年科林斯人来此定居。公元前5世纪起由僭主统治。在革隆（Gelon，前485—前478）和其弟希伦（Hieron）统治时期，叙拉古的势力和文化达到高峰。公元前466年发生革命，推翻专制建立民主，伯罗奔尼撒战争中击败雅典人。公元前405—前367年与迦太基人进行三次战争，叙拉古的势力扩大到意大利南部。公元前317年再次建立叙拉古帝国（前289年解体）。公元前211年被罗马人攻占，成为一行省省会。——译注

采取行动[1]。在强权（例如耶罗波安二世）治下，正如阿摩司所控诉的，预言被禁止。如果这名先知宣告神的怒气降临以色列，是因为人们试图镇压先知预言，那么这多少正如同一名现代的群众煽动家之要求言论出版的自由。事实上，先知的话语并不止于口头传达。譬如在耶利米那儿就是以公开信的方式出现。或者是先知的友人与门徒写下他的话语，然后制成政治性的宣传小册。稍后，或者有时就在同时（就像耶利米的情形），这些传单简册会被加以汇整与编修：就我们所知，这是直接针对时事而发的最古老的政治评论小册文献。

俘囚期前的先知的形式与调子也和此种特性与整体情形相磨合。一切都以群众煽动——通常是通过口耳相传的方式——的即时效果为目标。先知的对手在《弥迦书》里被称为雄辩者。先知饱受人身攻击与公开辱骂，暴力斗争更是时有所闻。党派斗争的一应狂乱与躁动激情，几近雅典或佛罗伦萨的情形，有时则更胜一筹：在火爆的演说与神谕册子里（特别是耶利米的），诸如诅咒、威吓、人身攻击、绝望、愤怒与复仇火热等，无所不有。在写给巴比伦俘囚民的一封书信中，耶利米攻讦了对手先知的污秽行状（《耶利米书》29:23）；耶利米的诅咒预言则致对手先知哈拿尼雅于死地（《耶利米书》28:16）。耶和华借耶利米的口说出他对自己子民的威吓话语，但是，如果耶和华撇开子民的种种过恶而未实现其恫吓，就令耶利米怒不可遏，并且在面对敌人的嘲讽之际，祈求神让那预告的灾祸日子降临（《耶利米书》17:18），向逼迫他的人报仇（《耶利米书》15:15），并且不要赦免他们的罪孽（《耶利米

1　详见《耶利米书》36。——译注

书》18:23)，亦即，等到神发怒的那天给予更加可怕的惩罚。他往往显得真正沉湎于那种可怖景象的想法，亦即那由他所宣告的确实会降临于自己民族的灾祸的恐怖。然而另一方面——而且正是不同于雅典与佛罗伦萨的党派群众煽动者之处：在米吉多的灾祸之后，以及经过数十年的预告而终于降临耶路撒冷的大灾变之后[1]，对于预言成真，没有任何胜利感的迹象浮现出来，但也没有如先前的晦暗绝望，而是除了深沉的悲哀之外，又开始期望神的恩宠与更好日子的降临。尽管听众的冥顽不灵在在令他怒火中烧，但他还是聆听了耶和华的话语，让自己不要因卑言秽语而丧失了成为耶和华喉舌的权利：他应言语高尚，如此耶和华才会让民心归向他（《耶利米书》15:19）。既不受制于祭司的或身份的因袭，也完全不为任何一种——无论是禁欲的或是冥思的——自我克制所平抚，先知的火热激情爆发开来，并且向人心的一切深渊坦开胸怀。尽管如此，尽管存在着所有这些人性的弱点——即使是发出神圣诅咒的这些巨人也未能真正从中解放的弱点，但是，君临百般狂乱激愤之上而号令一切的并非那个个我，而是激情的神、耶和华的事。许多诗文，特别是耶利米的，有时令人感觉像是受迫害妄想的畸形产物，描述着敌人如何一会儿窃窃私语、一会儿狂笑、一会出言恐吓、又一会儿嘲讽愚弄。而这却也是实情。对手会在公众街头迎向先知，羞辱他们并打他们耳光。约雅敬王让人从埃及把预言灾祸的先知乌利亚引渡回来，并下令将他处死[2]。耶利米在多次入狱并被以死威逼之后，得以身免，基本上是由于害怕他的魔法力量。不过，先知的生命与声誉总是朝不保夕，而敌对

1　即公元前 586 年犹太人被俘虏到巴比伦，俘囚期的开始。——译注
2　详见《耶利米书》26:20f.。——译注

党派也总虎视眈眈地想借暴力、诡计、嘲弄、对治法术，尤其是对立预言来铲除他们。耶利米为了彰显臣服于尼布甲尼撒是不可避免之事而在颈项上戴上木轭八天之后，哈拿尼雅迎向他，并抓住他的轭，当着众人折断它，为的是粉碎那个凶兆。耶利米起先狼狈离去，后来却又戴着铁轭再度现身，嘲笑着要求对手对铁轭试试手力，并且宣告他不久人世。这些先知全都被卷入党派对立与利害斗争的旋涡里，尤其是涉及对外政策方面，这是无可奈何的事。夹在一边是亚述另一边是埃及这两大世界帝国之间，民族国家所面临的是要存还是要亡的问题。每个人都要选边站，尤其是有公众影响力的人更不能回避这样的问题：站哪边？就像耶稣也不能免除，付贡金给罗马到底对不对的问题。不管先知愿或不愿，事实上他们在当时为内政问题拼斗激烈的诸党派里也起着领导的作用，而这些党派同时也莫不是特定对外政策的担纲者，因此他们也被视为党派成员。尼布甲尼撒在第二次攻陷耶路撒冷之后，对于耶利米的处置便是考虑到，这个先知在犹大王之于巴比伦的忠诚义务上是具有影响力的。如果我们看到沙番氏族历经几个世代都支持着先知[1]与申命记运动，那么想必对外政策的党派利益也在其中掺上一脚吧。然而，如果相信先知本身的政治党派性，诸如以赛亚为亚述或耶利米为巴比伦，决定了神谕的内容并借此劝阻建立同盟对抗那些大国，那就大错特错了。在西拿基立治下（前705—前681），曾经视亚述为耶和华之工具的以赛亚[2]，力陈（犹

1　支持耶利米之例，见 26:24、29:3、36:11、40:6。

2　关于以赛亚的政治地位，特别参见 Küchler, *Die Stellung des Propheten Jesaja zur Politik seiner Zeit*, Tübingen, 1906. 相关的评论亦可参见 Procksch, *Geschichtsbetrachtung und Geschichtsüberlieferung bei den vorexilischen Propheten*, Leipzig, 1902.

大）王与贵族的消沉失志之不是，转而坚决地反抗大君、反对投降。正如一开始他几乎是欢迎亚述人来当惩罚以色列人自业自得之罪的执行者，后来则诅咒这个无神、蛮横、毫无人性地残虐、只以权力和消灭他国为目标的王族及其人民，并预言其终将衰落。后来，此事成真时，先知们无不鼓舞欢畅。耶利米的确不断鼓吹臣服于尼布甲尼撒的权势之下，甚至已到达一种如今我们很可以称之为卖国贼的态度：如果当他在敌人进军之时，许诺投降与臣服者可以获得恩宠保住性命，而其他人则注定死路一条（《耶利米书》21:9），那么他不是卖国贼，又是什么？然而，同样是这个耶利米，在其（发自埃及的）最后神谕里还时时称尼布甲尼撒为"神的仆人"（《耶利米书》43:10），并且在耶路撒冷陷落后（尼布甲尼撒）王的代表还馈赠礼物给他并邀他前往巴比伦的耶利米，却要护送王西底家去巴比伦的将领（西莱雅）带上一封诅咒这城市的文书，并且命他到达巴比伦后大声朗读这书上的话，然后将它投入幼发拉底河中，而借此魔法来保证此一可恶城市的陨落（《耶利米书》51:59ff.）。以上这些无不显示出，先知就其如何发挥作用力这点来看，客观上是政治的尤其是国际政治的群众煽动家与政论家，但主观上绝非政治的党派分子。他们根本不是以政治利害为首要取向。先知预言从未宣扬什么"理想国家"（俘囚时期以西结的教权制构想是个例外），也从来未曾如哲学的仲裁者（Aisymnete）与（柏拉图的）学院那样，试图通过建言于当权者而帮忙把社会伦理取向的政治理想转化为现实。国家及其活动本身并非其关怀所在。他们所提的问题绝非有如希腊人那样：如何成为一个良好的市民，而是，一如我们将会看到的，完全宗教取向，亦即以耶和华命令的履行为取向。当然，这并不排除，至少如耶利米那样，对当代的现实权力关系，或许是有意识地做出比救赎先知更加准确的判断。只不过这并非其态度的决定性关键。因为现实的权力关系之所以如此，全在于耶和华的意志，耶和华能加以改变。以赛亚警告国人要对西拿基立的攻击坚挺到底，赏了任何现实政治可能性的评估一记耳光。如果有人认真抱定，以赛亚先前——在王自身之前！——即已得知有关促使西拿基立退兵的情况的消息，那么这样的理性主义事实上正如同企图解释迦拿婚宴上的奇迹里所使用的酒是耶稣偷偷带进来的[1]。

某些泛巴比伦主义者不无才气地探查出，世界帝国尤其是美索不达米亚地区的大帝国的内政党派——一种"祭司党与市民党"——与耶和华先知之间的种种关系，但是至今这仍是全然不可信的。当然，无可怀疑的，各个时候的对外政策关系与党派对立关系几乎总是会回头对内部的宗教产生作用。埃及党派护持埃及的崇拜，亚述、巴比伦与腓尼基的党派各自护持当地的崇拜，而且一旦形成政治同盟，崇奉盟国的神祇几乎是一种无可避免的保证，再怎么宽容大度的大君主或许都不免要求这点，视之为政治臣服的表征。再者，充分的报告显示出，例如尼布甲尼撒，在耶路撒冷的第一次与第二次占领以及赶走埃及党人之后，也不无意愿，如同后来居鲁士与大流士那种做法：利用耶和华崇拜者的影响力来作为其政治支配的支柱。米吉多战役之后，（埃及法老）

---

1 耶稣所行的第一件奇迹就是他在加利利的迦拿所行的"以水变酒"的奇迹，事见《约翰福音》2:1—11。——译注

尼哥似乎也想要采取同样的路线[1]，只是无法借此赢得先知心向埃及。借本土祭司之助进行支配，这个重要准则的萌芽，我们在北方王国崩解后亚述人如何迎合撒玛利亚的宗教需求的传说里（《列王纪下》17:27f.）很可以看得出来。随着大国的宗教政策的这种转变，对先知而言外来支配所可能带来的宗教恐慌也因而消除，而这应该就是影响耶利米采取那种态度的一个决定性要素。不过，此种契机在影响先知态度的缘起作用上的意义，与此种"教会政治的"考量在希腊神谕尤其是德尔菲的阿波罗对于波斯人的态度决定上的可能分量，是无法比拟的。而且在此神殿里，命运站在波斯人那边的信念，自居鲁士与大流士奇迹般崛起以来，便是神谕态度的根本前提。不过，王（大流士）与（其将军）马东尼乌斯的逢迎皈依及其奉上的大量赠礼，结合了希腊人自认为正当的期待：一旦获胜，波斯人也将在此借助于祭司来进行驯服解除武装的市民阶级的工作。这才是神谕态度最为本质上的支柱。此种物质的考量，在先知身上根本看不到。耶利米回避了前往巴比伦的邀请，而从他对权力状况的正确评估，到某些巴比伦主义者所相信的情形——有一种国际性的党派组织存在，一方是祭司与市民，另一方是军事贵族——两者间的确有着相当大的差距。那样的想法是全然不足取信的。我们将会看到，先知对于对外联盟的一般态度，以及其特别是对于与埃及结盟一贯的排斥态度，无非是出于纯粹宗教的动机。

先知对于内政问题的态度，无论多么鲜明有力，如同其对外

1　可以证实此事的是，他为他所立的王取了神名（耶和华名）。

　　"埃及王尼哥立约哈斯的哥哥以利雅敬作犹大和耶路撒冷的王，改名叫约雅敬，又将约哈斯带到埃及去了。"（《历代志下》36:4）——译注

政策的态度一样，**主要**并非基于政治或社会政策的考量。就其身
份出处而言，先知的来源并不统一。认为他们大多出身普罗阶级
或仅止于消极特权[1]或无学识的阶层，绝对是无稽之谈。若说他们
的社会伦理态度取决于其个人的出身，则更是大谬不然。因为，
尽管其社会出身大不相同，然其态度却始终是统一的。他们始终
热情地为利未人教导要爱护小老百姓的社会伦理慈善命令辩护，
而偏好将其愤怒的诅咒投向大人物与富人。在早期的先知里最激
烈地表现出这点的以赛亚，却是个贵胄氏族的后裔，不仅与祭司
贵族有着密切的交往，而且作为顾问与医者而与王相往还，无疑
的，在其时代里，他是城里声誉卓著的一号人物。西番雅是大卫
一族的子孙，也是王希西家的曾孙，以西结则是个高贵的耶路撒
冷祭司。换言之，这些先知都是富有的耶路撒冷人。弥迦出生于
小城镇，耶利米出生于小村落、一个地方祭司的氏族、拥有土地
的定居者，或许是古老的以利家族的后代[2]。耶利米从贫困亲戚的手
中买入土地。唯有阿摩司是个小牲畜饲育者：他说自己是个牧羊
人，依靠无花果实（穷人的食物）维生，并且出生于犹大的一个
小城，不过显然是受过良好教育的。因为就是他，譬如说懂得巴
比伦流传的蒂亚马特神话（Tiamat-Mythos）[3]。然而，像以赛亚，尽
管对大人物严词诅咒有加，但是却把不学无术又恣意妄为的平民
之支配说成是最为恶毒的诅咒，同样的，耶利米尽管有着较为民

1　有人（譬如 von Winckler）认为阿摩司特别是如此。Küchler（前引书）正当地加以辩驳。
2　这当然是个无法证明的假定，不过我们从耶利米一再说到示罗是纯粹耶和华崇拜的最初
　　圣所，并且将耶路撒冷的崩坏和无疑已半被忘怀的数百年前的示罗的毁弃相比较，或可
　　为此假定提供凭证。
3　详见本书第一篇第二十一章 p. 305 注 2。——译注

主的出身，而且对宫廷与贵族的不法行为有着言辞更加犀利的挞伐，但对于西底家平民出身的大臣也投以同样毫不稍逊的严厉攻击。他也理所当然地认为，小老百姓根本不懂什么宗教义务。反之，对大人物可以做此要求，也因此他们值得诅咒。有个人因素可能在耶利米之所以特别强烈敌视耶路撒冷祭司这件事上起了共同作用，如果他真的是所罗门为了撒督之故而加以放逐的祭司亚比亚他的子孙。不过，相对于客观即事的理由，这点最多不过扮演了加剧的角色罢了。无论如何，没有任何一个先知是"民主的"理想的担纲者。在他们看来，人民所需求的是领导，所以一切全视领导人的资质而定（《以赛亚书》1:26、《耶利米书》5:5）。再者，也没有任何先知宣告过任何一种宗教的"自然法"，更甭说是被贵族欺压民众的革命权利或自力救济的权利。任何一丁点儿那样的事，在他们眼中无疑是无神至极。他们拒绝接受其较为暴力的先行者：何西阿贬斥耶户的革命是以利沙派和利甲人的胡作非为，除了加以最严厉的诅咒，还宣告耶和华对此的报复。没有任何先知是社会政策纲领的宣告者——俘囚时期以西结所提出的未来国家的神学理想建构是个特色独具的例外。他们与其说是提出倒不如说是假定为前提的积极的社会伦理要求，与利未人的教说一致，而此种教说的存在与众所周知，在他们看来不啻是自明之理。因此，先知本身并非民主社会理想的担纲者；有一股反对赋役制王权与吉伯林姆的强大政治—社会力量存在的政治情况，为他们主要取决于宗教的宣告提供了共鸣板，同时也影响了其观念世界的内容。不过，这是通过**知识分子**阶层的媒介才达成，他们不止致力维护前所罗门时代的古老传统，而且与先知的社会处境相仿佛。

第三章

记述先知的心理学与社会学特质

　　有一个重要的原则将先知在身份上统一起来，那就是其神谕的无偿性质。这使得他们与王的先知区分开来，后者被他们诅咒为王国毁灭者。这原则也让他们有别于像古老的先见或解梦者那种方式的一切营利经营，那些人也是他们所蔑视与排斥的。先知的完全的精神独立性，与其说是这种实际作为的结果，倒不如说是这种实际作为的最重要原因之一。他们宣告的多半是灾祸，没人能知道在求问时是否会像西底家王那样得到灾祸的预言，再加上个凶兆。没人会为此付钱的，而且也没人会让自己置身这样的窘境。基本上既未受邀也鲜少因应于求问，先知而是自动自发地就这么将其往往是可怕的神谕抛向听众。不过，作为身份原则，他们这种不求报酬的所作所为，恰和高贵知识阶层的类似做法相互一致。此一原则后来为平民知识阶层拉比所承袭，然后从拉比又为基督教的使徒所承袭，这是宗教社会学上的重大例外。

　　先知绝不只是或大半是在人民那儿找到他们的"社群"（Gemeinde）——如果我们能使用此词的话（详见后文）。相反的，假使他们拥有任何的个人的支持，那么那无非是来自耶路撒冷的个别的高贵虔敬家族，有时那是历经数代之久的先知的赞助者。譬如耶利米的赞助者就是曾经参与《申命记》之"发现"的那一个氏族。在长老阶层当中，先知发现其最早的后盾，因为长老非但是虔敬传统的护持者，而且尤其是古来尊崇预言的护卫者。例如耶利米在面临死刑审判之际，以及以西结在俘囚时期接受长老的求问之时的情形。先知从未在**农民**那儿获得支持。的确，所有的先知无不斥责债务奴隶化与衣物的典当，对于有利于小老百姓的慈善命令的违犯，一概竭力抗议。在耶利米最后的未来观里，农民与牧羊人是虔信的担纲者。不过，这样的预言形式，也只有在耶利米那儿才作数。其实，农民不能算是他的追随者，就像地方上的乡绅一样；"阿姆哈阿列次"（'am haarez）反而愈来愈变成先知的敌对者，特别是连他自己的氏族都起来打击他的耶利米之敌。作为严格的耶和华崇拜者，先知自然是极力反对地方上的农耕祭典的狂迷及其最为玷污败坏的地方圣所，尤其是巴力崇拜的圣所，然而农村人民不管是出于经济或出于观念上的理由都与这些圣所密不可分。

先知从未在**王**那儿得到支持。因为他们是耶和华崇拜传统的担纲者，而此一传统向来反对王权基于现实政治的妥协而容许外来祭典、纵酒狂欢甚或所罗门那种赋役制国家的变革。对任何先知而言，所罗门根本乏善可陈。凡是提到王，总说大卫是个虔敬的支配者。在何西阿看来，北方王国的王都是非正当的，因为他们都是非出于耶和华意旨而获取王座的篡位者。阿摩司提到拿细耳人与拿比是在耶和华的建制之内，但不包括王。的确，没有先知对大卫一族的正当性有何异议。然而，对这样一个既已存在的王朝的敬意，也只不过是有条件的。以赛亚的以马内利预言，很可以说是神会派遣一名篡位者来的宣告。对以赛亚而言，大卫的时代顶多是民族历史的最高峰。对于当代诸王的行为毫不容情地一一加以抨击，日形猛烈。像耶利米对约雅敬的那种狂怒暴发与冷嘲热讽倒是不多见：说他会被埋葬好像埋驴一样（《耶利米书》22:19），而显然参与了亚斯塔特崇拜的太后，会将衣裙蒙在头上，让人人看到她的丑态（《耶利米书》13:18ff.）。不过，以赛亚也对国家发出悲鸣：这国的王"是个孩童，任由女人指挥"；当王长大，他私下会面也不假辞色。关于以利亚的先知传说里，特别刻意地保留了他与亚哈的斗争。王则对此种反感响应以报复。唯有在动荡不安的年代，他们才会放任先知不管，一旦他们感觉安定，就会像玛拿西那样诉诸残酷的迫害手段。引发先知对王挞伐发怒的，除了王基于政治考量而对外来崇拜或不当祭祀加以保护之外，尤其是不论手段或前提都不神圣的世界政策本身。特别是，与埃及同盟。尽管出亡的耶和华先知，例如乌利亚，跑到埃及寻求庇护，尽管埃及的支配确实更远为温和宽大，而且在宗教上也全然非强力宣道的，先知们仍然极其义愤填膺地誓死反对此一同盟。其理由显见于以赛亚（《以赛亚书》28:18）：这是"与阴间所结的盟"，亦即与他们所嫌恶的死者国度的地府神祇所立的约[1]。我们看到，在这点上他们完全是站在祭司传统的基础上，而且他们的政治态度在这些个别特点上也始终是取决于宗教，而非现实政治。正如其反对王，先知也与大人物站在对立面，尤其是官吏与吉伯林姆。他们不仅诅咒其裁判的不公正，尤其咒骂其不虔敬的生活方式与纵欲放荡。不过，显而易见的，先知的对立与这些小

---

1 Duhm 推测，在另一处，耶和华将要毁灭的神祇里，奥塞利斯正是名列其中。

过小恶并不相干。王与政治—军事圈子对于先知们纯然乌托邦取
向的劝谏与提议根本无从下手。即使公元前五六世纪的希腊城邦
寻常会征求神谕指示，但是——尽管神谕在那儿全然是**政治**取向
的——真正到了重大决定时，譬如关于波斯战争的事，毕竟**并不**
遵循神谕。以此，在政治上，要犹大的王这么做，一般说来根本
是不可能的。况且，在此，与他处无异，和先知信仰缘远的骑士
阶级的尊荣感，尤其必定会断然拒绝耶利米屈从巴比伦的那种颜
面尽失的提议。他们瞧不起先知在街头大呼小叫的忘我情态。另
一方面，明显的是，在知识阶层的熏陶下，庶民之敌对于王制时
代的高级战士阶层与城市贵族，也对先知的态度起了一定的作用。
万恶之首在于悭吝贪婪，亦即欺压剥削贫困者。此外，这些先知
一点也不在乎王的军队。他们的未来国度是个和平的王国。于此，
他们绝不是那种"小犹太人的"和平主义者。支配以东和它的民，
支配"所有称为耶和华名下的国"，这是阿摩司对犹大的应许（《阿
摩司书》9:12）。并且，往昔民间的世界支配期望总是不断地浮现。
不过，此一见解逐渐转变成：最后，以色列的政治诉求唯有通过
神的奇迹，就像曾经有过的红海奇迹一样，才能实现，而不是通
过自己的军事力量，更不是通过政治同盟。针对政治同盟，先知
一再不断地暴发怒气。之所以反对，再一次是基于宗教因素。但
绝对不止是因为外来崇拜的危险而已，而是以色列与耶和华立了
约，任谁也不足以与之匹敌，更甭说是仰赖人为的援助：那是无神、
无信仰，必招致神怒。如耶利米之见，如果耶和华决定人民要臣
服在尼布甲尼撒之下，人民就必须服从。如果大君是神之意志的
执行者，那么结成防御同盟来对抗大君，就是违逆神意。如或不然，
而神是想要帮助以色列的，那么也只有他单独来帮助。这是以赛

亚所教导的。或许他正是首位基于此一理由而孜孜不倦且毫无例外地竭力反对任何正在运作的结盟事宜。我们看到，一切，无论是对外政策或对内政策的态度，无不是基于纯粹宗教的动机，而非现实政治。最终，就连与**祭司**的关系也是取决于宗教。

以西结之前，没有任何一个先知对祭司有正面的评价。如前所述，阿摩司只指认拿细耳人和拿比是耶和华的工具，而祭司并不是。光是这种自由预言的存在，自其抬头的时代以来便是祭司权势薄弱的一个清楚征候。如果祭司的地位已达到像在埃及那样，或者只是如同在巴比伦或在俘囚期之后的耶路撒冷，那么自由的预言就会如同最危险的竞争者般为他们所消灭。然而，这是不可能的，因为在同盟时代原本就没有一个中心的圣所和官方的祭典存在，而且还有古老的宫廷先知与先见及以利亚和以利沙派确固不移的威信存在之故。虔敬平信徒的有力氏族站在先知的背后，因此祭司也无可奈何他们，尽管彼此的对立往往如此的激烈。当然，情况绝非始终如此。以利亚与耶路撒冷的祭司紧密地结合在一起，而以西结更是彻头彻尾祭司取向的。不过，另一方面，我们也发现先知与主持祭典的祭司之间爆发所可能想见的最剧烈的私人斗争，最先是在伯特利的阿摩司，以及最后在耶路撒冷的耶利米。耶利米的审判（《耶利米书》26），让人想到几乎如同六百年后在同一地点所发生的事的一个序曲（耶稣的审判），而关于此一事件的传承说不定事实上也对后来产生了一些影响。耶利米被囚处死刑，因为他预言神殿将遭到被非利士人所摧毁的示罗的圣所般的命运。他被拖到官吏与长老的法庭上，而祭司与救赎预言者则是他的起诉人。然而，时代之不同显示在结果上：尽管祭司不忿，耶利米在长老的建言下还是被宣告无罪，理由是，有弥迦的先例可循，他在希西家治下也做过同样的预言[1]。事件显示，针对神殿本身而发的少有的预言——尤其是，即使是那样的神谕——终归来说也未曾对其正当性有任何的怀疑。的确，后来关于尼布甲尼撒来攻而丧失了约柜的事，耶利米从容地安慰了自己和他人。然而他的预言却将神殿的损毁视为灾难，而且只有在作为不知悔改的罪恶惩罚的条件下才会如此（《耶利米书》26:13）。事实上，没有任何先知正面地攻击神殿。阿摩司称伯特利与吉甲的牺牲献祭是一种"罪恶"（《阿摩司书》4:4、5:5），不过这或许只是意指农民们的祭拜形式，而此种形式是所有牧羊人虔敬的代表所深恶痛绝的。人民不应上那儿去，而应该"寻求耶和华"（同上），阿摩司所知的耶和华宝座是锡安，一如何西阿认定犹大是耶和华唯一纯净的圣所。以赛亚在其后来的神谕里深信耶路撒冷之不可攻克，无疑正是基于此——因为那是神殿的所在。他在年轻时就已在一个神殿的幻视里见到天上的宫廷国度。对弥迦而言，尽管其灾祸神谕，锡安在未来仍将是纯正律法书与耶和华预言的所在。先知所竭力反对的，不过是在那儿所行祭礼的不洁净，尤其是神殿娼妓所带来的污染。譬如何西阿，几乎拼尽先知的全力来对抗巴力崇拜，而这场战斗贯穿了俘囚期之前的预言。不过，无论如何他们也未曾为严正的祭司祭拜说过好话。耶利米原先显然是欢迎《申命记》的，亦即耶路撒冷神殿的祭祀中央化（《耶利米书》11:3），当然，后来他指斥这《申命记》是"文士的假笔"之作（《耶利米书》8:8），因为其原作者固守虚假的奉神祭祀（《耶利米书》8:5），并且摒弃先知的话语（《耶利米书》8:9）。这里头所意味的，在另

1　现今的《弥迦书》版本里（1:5）在此事上并不完全正确。

一处明白表现出来（《耶利米书》7:4、11ff.）：若非关键点——生活样式的改变——能够达成，神殿本身是无用的，并且将遭受示罗的命运。除了个别的社会伦理错处之外，此处所特别强调的是倚靠（锡安祭司）"虚谎无益的话"（《耶利米书》7:8）。最后这一项正是决定性关键所在：祭司不遵从神的命令——先知直接从耶和华那儿得来并加以宣告的话语。除此之外，还有祭司私人的过恶。如果布道的祭司个人并不够格，典型的方式是，身俱个人性卡理斯玛者挺身否认官职卡理斯玛具有施教的资格。对于并未参与祭礼的先知而言，教导他们所听到的神的话语（dabar），自然是宗教上的头等大事，所以祭司的活动也应以教诲（律法书）为重，而非祭祀（《耶利米书》8:6、18:18），在耶路撒冷也是如此（《弥迦书》4:2）。同样的，在他们来说，对民众而言重要的自然是遵从神的话语与律法书，而非祭献。而且，也不是后来在俘囚期获得如此决定性重要意义的仪式性命令：安息日与割礼。阿摩司——一个牧羊人！——曾说耶和华受够了不顺从民众的安息日，而对于表面的割礼，耶利米则对举出"心的包皮的割礼"才是唯一真正重要的（《耶利米书》9:25f.）。此中所传达的并非对一切仪式的否定，而毋宁是一种强烈的贬斥。于此，先知也接受了知识分子从律法书衍生出来的观念：至少根据假设，耶和华是个公正的伦理**报应**之神，个人（此世的）幸福——《以赛亚书》（3:10）这么说——对他们而言，如同对民众一样，是直接的"自业自得"：至少在较早期的先知那儿，此种坚定的、伦理的因善称义，是与同样坚定的祭司的仪式主义相并立的。只不过，与祭司对于牺牲献祭的评价相对立的趋势愈来愈高涨，特别是在阿摩司和耶利米时甚至到达完全贬抑的地步。牺牲献祭并不是耶和华所命令的，因此也就是无用的（《耶利米书》6:20、7:21）。在旷野里人们并未献祭，阿摩司早有这样的议论（《阿摩司书》5:5）。如果人民不顺从，双手沾满血腥，那么在耶和华眼中他们的献牲与斋戒不过是罪行恶状，以赛亚也这么教导（《以赛亚书》1:11f.）。就以赛亚与祭司的关系及其对于神殿堡垒的珍视看来，我们很可以确认，此种言论绝非无条件地拒斥祭祀与献牲，而且对于其他先知而言亦是如此。总之，在神谕里，对于祭献的态度是冷漠以至于敌对的。由于文士传统美化了没有王的往日时代，所有的预言里无不回响着"游牧理想"的余韵。的确，牧羊人阿摩司曾应许犹大盛产葡萄酒，本身并非利甲人，耶利米也不是，虽然他是唯一与利甲族教团保有私人关系的先知，并且认为利甲人的虔敬是以色列的典范，但是在其晚年时还是买了一块农地。然而，比起丰裕也因而自大且不顺从耶和华的当代，旷野时代对先知而言才是真正虔敬的时代。到了最后的最后，以色列在经历了荒芜之后将再度变回草原地，而救赎之王和余剩者一样吃着草原食物：奶与蜜。

先知的态度，整体而言，经常被形容成"反文化"。这可不能理解成他们个人的"无文化"。先知只有在其时代的世界政治舞台的巨大共鸣箱上才能够为人所理解，同样的也只有在与分布广泛的一种文化洗练和强大的一个教养阶层的关联上才能被理解；虽然另一方面，由于此前论及的政治因素，他们的活动范围仅限于一个小小王国之内，就像兹文利[1]只活跃于一个省份里一样。他们

1　兹文利（Zwingli, Huldrych, 1484—1531），瑞士的宗教改革运动领袖。1506年在格拉鲁斯（Glarus）任司铎，鼓励教育并开始学习希腊文和希伯来文，博览教父著作。1516年调艾因西德伦（Einsiedeln）任职。1518年在许多人反对的情况下，被任命为苏黎世大教堂民众司铎。1519年鼠疫流行期间，他忠于职守，身染鼠疫幸得康复，而其弟则死于

全都能通文墨，而且显然全体都相当精通埃及与美索不达米亚文化的特质，尤其是占星术，譬如像耶利米之善于使用"70"这个神圣数字的这种方式，很可以让我们推测，他们的熟习不止是一般泛泛而已。不过，没有任何传说令人推想到，他们有一丁点儿印度那种意味之下的逃离现世或文化拒斥的气息。先知除了通晓律法书之外，也懂得处世术教师（chakamim）的智能（chokma）或谋略（'ezah）（《耶利米书》18:18）。不过，另一方面，他们的知识程度很可以说是比较相当于希腊的奥菲斯教徒和民间先知，

（接上页注）次年。经过这些事，他的思想和言论在灵修和教义方面都有新的领悟。1520 年，苏黎世当局批准他宣讲"真正经义"，他的讲演促进反对禁食和教士独身制的运动，而这种运动正是 1522 年瑞士宗教改革运动的发端。

1523 年是苏黎世宗教改革运动的关键时刻，根据预定，兹文利应于一月间在苏黎世与康斯坦茨代理主教进行辩论。事先兹文利发表《六十七条论纲》，该地区大多数司铎赞成该文的主要论点，于是独身制取消，礼拜仪式改革，大教堂也即将接受改革。改革的主要内容之一是改组大教堂的学校，使之成为语法学校兼培训改革派牧师的神学院。十月间，除去教堂圣像问题引起第二次辩论。兹文利和尤德（Leo Jud）在辩论中取得胜利。在 1524、1525 年间所进行的改革包括拆除圣像和风琴、解散修道院、废除弥撒而代之以简单的圣餐礼、改革洗礼仪式、增加朗诵圣经次数、变革神职人员体制和编译本国文圣经（苏黎世版圣经于 1529 年出版）。宗教改革运动迅速从苏黎世扩展到全州及邻近各州。森林地区的琉森、楚格（Zug）、施维茨（Schwyz）、乌里（Uri）和翁特瓦尔登（Unterwalden）五个州借助于天主教神学家埃克（Johann Eck），抵制改革潮流，但巴塞尔和伯恩等重要城市则支持兹文利。苏黎世与巴塞尔及伯恩两州，通过协商成立基督教城市联盟，这个联盟除以过去巴塞尔加入瑞士联邦的条款为基础外，另加共同信仰声明。

1525 年起，瑞士教会内部发生争执，同时又受境外路德派干扰。1525 年 1 月和 3 月，兹文利同再洗礼派举行辩论，但无结果。市政议会逮捕再洗礼派领袖，并在 1525 年 11 月将他们判处死刑。兹文利著《论洗礼》，从神学角度驳斥再洗礼派，指出洗礼象征上帝与信徒立约。在圣餐礼问题上，兹文利同路德发生严重争执。路德拘泥于耶稣"这是我的身体"一语的词句，认为基督的血和肉确实存在于圣餐的饼和酒中，或与饼与酒同时存在，或以饼与酒为表象，虽然饼和酒并没有变成血和肉。兹文利则认为此处"是"一词意为"代表"，后来尽管路德和兹文利在大部分问题上达成协议，但在圣餐礼问题上分歧仍然存在。这时森林地区五个州联合反对基督教城市联盟，神圣罗马帝国皇帝也作出干涉姿态。城市联盟在卡佩尔（Kappel）向森林地区各州联军发动进攻。在第二次卡佩尔战役中，兹文利任苏黎世军队的随军牧师，死于卡佩尔附近的战场。——译注

而不是泰勒斯那种高贵的智能。不止是一般而言对一切审美的和一切高贵生活样式的价值，而且也对一切世俗的智能，他们无不冷眼以待。而此种态度也的确获得其周遭世界的清教徒似的虔敬者所支持，他们抱持的是传统上反货殖的态度，并且排斥宫廷、官僚、吉伯林姆与祭司。然而，就其内在而言，先知的这种态度是纯粹宗教因素制约下的产物，亦即取决于他们领会其自身**体验**的方式。这就是此刻我们所必要面对的。

从心理学上看来，俘囚期前的先知大多数无疑是恍惚忘我者（Ekstatiker），其中，自我证实的是何西阿、以赛亚、耶利米与以西结，而我们则可以不至于太过粗率地安心推定——他们全都是，尽管在程度上与意味上有着相当的差距。就我们所听闻的，光是他们个人的生活样式，就已是奇人的所作所为。耶利米在耶和华的命令下保持独身，因为灾祸就在眼前。何西阿在耶和华的命令下似乎真的而且恐怕是一再地与妓女结婚。以赛亚在耶和华的命令下与一名女先知结合（《以赛亚书》8:3），然后将小孩取了先前就定好了的名字。先知之子的奇妙而有象征性的名字，一般而言也扮演了相当的角色。各种极为不同的病理学上的症状与行动，伴随着他们的恍惚忘我出现或先行出现。无可置疑的，原先正是这些症状被视为先知的卡理斯玛的最重要凭证，也因此尽管只是稍有如此形迹也被指认为是，即使我们未曾有所听闻。其中，部分先知清楚地叙述了这样的状态。耶和华的手"重重加在"他们身上。上帝的灵"抓住"他们。以西结击掌、拍腿又顿足（《以西结书》6:11、21:12f.）。耶利米像个醉酒的人，并且全身骨头发颤（《耶利米书》23:9）。当上帝的灵降到他们身上，先知便颜面扭曲、无法呼吸，有时眼不能见口不能言地失神倒地，痉挛绻缩成一团（《以赛亚书》

21）。以西结在一次幻视之后，在麻痹状态下过了七天（《以西结书》3:15）。先知力行稀奇的被认为富有吉凶之兆的举动。以西结像个小孩似的搬来砖块铁锅玩起围城攻墙的游戏。耶利米当众把一只瓦罐摔得粉碎，将一条腰带埋起来，等到腐烂后再把它挖出来，并在颈上戴着轭到处行走，其他先知则随身带着铁号角，或像以赛亚那样长期地赤身裸体。又有其他人，如撒迦利亚，自残伤身，再如以西结，被要求吃食恶心之物（《以西结书》4）。他们时而向世界大声喊叫（karah）出他们的宣告：部分是难懂的话语，部分是咒骂、威胁或祝福的词句，有时口里流着口水（hittif，"流口水"意指"说预言"），时而却喃喃自语或结结巴巴。他们述说出自己眼见耳闻的各种幻觉，以及林林总总的不正常味觉和整体感受（《以西结书》3:2）。他们感觉飘飘浮浮地被举到半空中（《以西结书》8:3 以及其他多处），有的经验到空间上遥远之处所发生的事的清楚幻象，譬如据说以西结在巴比伦看到耶路撒冷陷落的那一刻，有的则是看到时间上遥远的将来所要发生的事，例如耶利米之预视西底家的命运。他们还品尝异样的食物。尤其是他们听见身边有声响（《以西结书》3:12f.、《以赛亚书》4:19）和说话声（《以赛亚书》40:3f.），有单声也有对话，不过特别常见的是针对他们本身的话语和命令。他们看到幻觉似的交错光影，并且在其中出现某种超人类的形态，比方说天上的荣光（《以赛亚书》6 以及《阿摩司书》9:1）。或者，他们**真的**看见什么无关紧要的东西，譬如一个水果篮、一个铅锤，然后，多半是借由某种声响，他们突然明白，这些东西意味着耶和华对于命运的强力决断（特别是阿摩司）。或者他们，特别像是以西结，陷进自我催眠的状态，强制行动尤其是强制讲论显现出来。耶利米感觉自己被分裂成双重的我。他恳求他的神免除他的讲论。尽管他并不愿意，他还是必须说出他感觉是被灌注的而不是出于自己的话语，的确，他感觉他所必须讲论的是可怕的命运（《耶利米书》17:16）。如果他不说出来，他就得担待可怕的苦恼，热火中烧，而他无法忍受如此沉重的压力，除非一吐为快别无他法。凡是不认识这种状态，又不是出于这种强制而是"出自肺腑"来讲论的，在他们看来根本不是先知。这样一种神谕预言，在埃及、美索不达米亚连同伊斯兰之前的阿拉伯，迄今尚无法证实其存在，而在以色列的邻邦里只出现在腓尼基（和以色列一样作为宫廷预言）和祭司严密掌控与解释下的希腊神谕所。不过，没有任何地方有以色列先知那种说预言的忘我与自由的群众煽动传统存在。无疑的，这并不是由于相对应的心灵状态不存在，而毋宁是由于在官僚体制的王国里，譬如罗马帝国，若有如此的状态出现，宗教警察便会介入干预；在希腊，进入历史时代后，这类的状态已不再被视为神圣，而是被视为生病与不入流，并且一般只承认传统上由祭司所规制的神谕。在埃及，忘我的预言浮现于托勒密王朝时代，在阿拉伯则是浮现于穆罕默德时代。

　　先知的各种症状部分而言互有特征性的差异，而此处并不在于将它们作生理学、心理学甚或病理学上的分类与解释，即使这是可能的——至今为止的尝试，特别是针对以西结所做的，并没有说服力。这也未能提供什么引人入胜之处，至少对我们而言。在以色列，如同在整个古代，精神病理学的状态被认为是神圣的。直到拉比时代，碰触精神错乱者都还是一种禁忌。统御先知的御用监视者被称为"疯子与先知的监督者"（《耶利米书》29:24f.），同样的，传说中当耶户的将领看到那个来给耶户膏油为王的先知弟子时，问道："这个疯子来做什么？"不过，我们此处的关注点并不在此，而在于根本不同的另一回事。首先是，先知的忘我本身**激动的**（emotional）特征，正是这点使之与印度无动于衷的（apathisch）忘我的所有形态区别开来。我们前面已看到（第一篇第十章），古典的预言主要是听觉的特性，与古老的"先见"本质上是视觉的无动于衷的忘我两相形成对比，而这主要纯粹是历史因素使然：关于耶和华如何启示的方式，南方的耶和华派的观念与北方的相对立。在南方，取代古老的肉体显现的，是神亲自的"发声"，但这在北方则基于其本身的另一种神观而遭到理论上的排斥，并且这也与北方从狂迷升华到无感忘我的虔敬性的心理特质并不相符。逐渐只承认听觉为接收灵感的唯一方式并且作为保证预言之纯正性的唯一表征的这种倾向，是与听众对于现实政治的兴奋逐日升高相关联，并且与预言的激动的特征相对应。另外一个更加重要的特征性则在于以下这个事实：先知本身对于他们这些非日常性的症状、幻觉、强制讲论与强制行动**做出**有意义的**解释**。特别是，尽管他们相互间显然存在着心理学上的极大差异，但是他们的解释却总是朝着同一个方向。解释，这个举动本身在我们今天看来似乎是稀松平常，但绝非自明之理，因为首先其所设定的前提在于：忘我的状态并不是因其本身并且作为个人的救赎财而被认为有价值，反之，它被赋予了另外一种完全不同的意义，一种"使命"（Sendung）的意义。并且，这在解释的统一性上展现得更加强烈。让我们更具体地阐明这点。

　　只有部分先知直接在忘我**当中**说话（《以赛亚书》21:3、《耶利米书》4:19f.）。他们多半是宣说**关于**他们在忘我中的体验"耶和华对我**说**"，神谕一般是这么开头，然后有多种层面。一方面，以西结从他的一些幻视当中宣讲出一套套长篇大论，虽然他实在是个病理学上相当严重的忘我者。另一方面，俘囚期前的先知留下许许多多简短的韵文，这些都是在极度激动当中而且显然是在忘我本身当中直接当面甩向听众。最为忘我且切事实时的这种呼叫，一般而言是先知并未被问而发出[1]，纯粹是基于耶和华灵感的压力之下；特别是在国难当头之时或罪恶印象深刻冲击之下，先知的心神被夺而不由自己。对立于此的是俘囚期前的先知相对较少碰到的情况，亦即事前被求问。先知似乎很少马上就给予解答，而是像穆罕默德那样，在祈祷中沉思默想被求问的事。耶利米一度曾默想了十天，直到忘我的冲击出现（《耶利米书》42）。不过，即使如此，先知所看见或听见的，显然通常是不会立刻抛出去给期待中的听众，因为那往往是晦涩且多义的。以此，先知在祈祷中沉思默想其中的意义。直到他有了解释，他才说话。部分是以神的开讲的形式来宣说——耶和华直接以第一人称说话；部分则是以报告关于神的话语的形式。人的开讲的形式在以赛亚和弥迦那儿占大多数，而神的开讲则多是在阿摩司、何西阿、耶利米与以西结。最后，将先知自己的日常生活在内的种种事件全都解释成耶和华饶有意指的表示，这已成了所有先知的家常便饭（特别参见《耶利米书》32）。如果还有什么值得注目的事，那就是俘囚期前的先知共通的典型名言——在惊人的**激情**当中说出或唱出，如以赛亚一度被传闻的那样（《以赛亚书》5:1）。当然，也有一些个别的诗文，或许刻意保留其意味模糊的原样，就像德尔菲阿波罗神庙著名的克洛伊索斯[2]神谕；同样的，另有一些如以西结

---

1 不过，以西结有一次在长老来向他讨教时陷入忘我状态（8：1）。
2 克洛伊索斯（Kroisos），公元前 6 世纪爱琴海附近吕底亚（Lydian）的国王。——译注

的那种——经由理智推敲出来的文章。不过，并非总是如此。再者，相信我们可以分辨出先知诗文的某种文体规则是有意地被维持下来一事，或许也是对的（如果非得举例说明的话，那么，譬如：一般不会指名道姓地说出意指的那个人，除非他是该被诅咒的）。然而所有这些一丁点儿也没有改变预言的实时且激情的特性。总之，神观限制了体验的内容。耶和华活生生的声音对先知而言意味着：一方面，先知感觉到自己绝对地"被神充满"；另一方面，耶和华在传统上的崇高性质排除了神真正"化身"在被造物上，也因此选择了最相近于此的表现方式[1]。无论如何，所有我们所熟知的往往应人们所求而传达的希腊神谕话语，因其有节度且形式完美，远远比不上阿摩司、那鸿、以赛亚、西番雅和耶利米等众先知在自动喷发出来的诗句当中的感情力量。在部分已成断简残篇的传承当中，韵律本身的巨大力量甚且被幻视景象的灼热所压倒，那景象总是如此具体、生动、简明、令人信服且淋漓尽致，往往聚结了空前未有的壮丽与凄绝，就这点而言，实属世界诗体文学里最为宏伟超绝的作品；唯有在必须从混沌的异象里刻画出不可见的神，为了以色列而在空想但又不确定的未来景象里亲身所行的大有为之时，才显得暧昧模糊。如果，至少在许多情况下，原先的忘我—病理学的狂热业已经历且消退，那么，此种激情从何而来？此时，这并**不是**源于此种精神病理学状态本身的激情（Pathos），而是源于先知热烈的确信，确信自己已成功掌握了亲身体验之事的**意义**，因此，更明白地说，先知并不是像个普通的病

1　Sellin 在前引书（S. 227）正确地发觉到，神的话语传达给先知的方式，一点儿也没有被详述出来。最最重要的是：对先知而言，神的意图已明白，也因此妥善地被加以**解释**。

理学的忘我者那样起了幻象、做了梦或听到谜般的声响，而是确实通过活生生的神的声音从而弄清楚且确定，耶和华借着这些白日梦或幻象或此种忘我的激动到底**意所何指**，以及耶和华命令他用令人理解的话语到底要说些什么。他在宣讲时的惊人激情，在许多情况下，是一种可说是忘我过后又再度带有半忘我性质的狂热，而引发出这股狂热的，是因为确信自己真的——套句先知自己的话说——已"置身于耶和华的议事堂"，确信自己必须做耶和华的口，说出耶和华要他说的话，或耶和华借着他亲自吐露话语。典型的先知看来是处于一种不断的紧张状态和抑郁的蛰伏状态当中，在这种状态里，即使日常最不起眼的事物，对他而言都可能变成令人心悬力瘁的谜题，因为它们很可能意味着什么。要让他进入这种紧张状态，根本不需要忘我的幻象。这种紧张状态一旦**化解**——借着听到神的声音触动**解释**的灵光乍现而化解——先知的话语便油然迸发。佩提亚[1]与做解释的祭司诗人，在此并未被分开：以色列的先知是一人身兼二者；**这**说明了他们那种惊人的精神高扬。除此，还有两种更进一步的重要情况。

其一，先知的这些状态，既不是——譬如像佩提亚的忘我那样——与拿比的传统迷醉手段之运用连结在一起，也不是与一般而言任何一种外在的集体刺激作用，亦即一种忘我的共同体相连结。在我们的圣经里的古典先知身上，所有这类的事丝毫也看不到。

---

1 佩提亚（Pythia），希腊德尔菲阿波罗神庙里传达神谕的女祭司。整个程序据说是这样的：佩提亚和向她请示的人都要先在卡斯提利亚（Castalian）泉沐浴；然后她饮卡索提斯（Cassotis）圣泉的水并进入神殿。她显然下到那里的一间地下室，坐到一个神圣的青铜三脚祭坛上，口中嚼着阿波罗的圣树月桂的叶子。然后，佩提亚在精神恍惚中宣示神谕，神谕有时可以解释，有时无法解释。她的话再由祭司们用往往是十分含混的诗句加以解释并记录下来。——译注

他们并未寻求忘我，是忘我临到他们身上。再者，我们从未听说他们其中任何一人通过按手礼或诸如此类的仪式而被纳入一个先知的行会里，或者总的来说属于任何一种性质的共同体。情况毋宁是，耶和华的召唤总是直接降临他们，而且他们之中的古典先知也告诉了我们，关于他们所见的召命幻象或听到的召唤声响。他们谁也没有利用任何一种陶醉手段，反而是只要一有机会他们便要诅咒这类手段为偶像崇拜。我们也从未听说俘囚期前的先知曾以斋戒作为达到忘我的手段——尽管传说里一度提到摩西这么做（《出埃及记》34:28）。因此，激情的忘我并不是以后来古基督教教团（Gemeide）内部（及其可能的先行者）的那种方式出现在他们身上。在使徒时代，灵并不是降临在孤寂的个人身上，而是降临在信者的**集会**或集会的参与者当中的一个或几个人身上。至少，一般而言是如此，而且这也是被教团评价为典型的形式。当福音宣讲时，"灵便灌注在教团里"。口说异言及其他的"灵的赐物"，包括当时的预言，都是展现在教团集会当中，而不是在密室里。所有这些，至少一般而言，显然都是集体作用的结果，或者更正确地说，是群体团聚的结果，并且与此种团聚——至少作为正常的前提条件——连结在一起[1]。在原始基督教里将**教团**本身评价为灵的担纲者，而此种在文化史上如此无穷重要的宗教评价确实有其根据：正是教团，兄弟的团聚，油然打造出了这些神圣的状态。古代的先知完全是两回事。恰是在孤寂当中，预言的灵降临到他们身上。并且不少情况是灵先将他驱赶到孤寂里，去到旷

1　不但"口说异言"全然是如此，连同（在当时关于现在的）"预言"亦是如此。类似的情形再度出现在 16、17 世纪的再洗礼派和教友派里，现今则最为特征性地发生在北美的黑人教会里（包括黑人中产阶级的教会，譬如我自己在华盛顿所经验到的）。

野或沙漠里,一如后来还发生在施洗者约翰和耶稣身上的事。不过,如果说使命将先知追赶到街头群众里,那么,这不过又是他们从自身体验所得**解释**的结果。要注意的是,在群众面前的这种现身,动机并不在于:先知唯有在或确实恰是在这种场合里在群众暗示的作用下,才可能有神圣的体验。先知并不认为自己是,像古代基督教徒那样,担当起灵交的共同体里的一员。正好相反。他们自知不为听者大众所了解,甚至被痛恨,也从未曾感觉自己像古基督教团里的使徒那样,受到他们有如同心一德的伙伴般的支持与爱护。所以先知们从来也没有,像基督教的使徒那样总是,称其听众与讲论对象为"兄弟"。内在孤寂的整个激情压倒了他们自己的心情——在俘囚期之前的预言里正是盈满着严苛与尖酸的调调,或者如何西阿那样,既感伤又悲哀。并非忘我的群众,而是一个或几个忠实的弟子(《耶利米书》8:16),分担着他们的孤寂忘我及其同样孤寂的苦恼。一般而言,是这些弟子记录下了先知的幻象,或者将先知口授的解释行之为文,一如尼利亚的儿子巴录为耶利米所做的。有时候,他们将预言收集起来,为的是要将之呈递给关系者。不过,当俘囚期前的先知出现在群众面前并开始讲论之时,他们通常都感觉到自己是在面对这样的人群:这些被魔鬼引诱作恶的人,要不是行了巴力狂迷或偶像崇拜,就是犯下社会或伦理的罪,或者违反耶和华的决定而做出了最糟糕的政治愚行,总而言之,他们感觉站在跟前的是不共戴天的死敌,是自己的神将致之于可怕灾祸之中的众人。耶利米遭受自己氏族的憎恨(《耶利米书》11:19、21, 12:6),因而向故乡投以诅咒(《耶利米书》11:22、23)。灾祸先知从自己和幻象的孤苦搏斗中走出来,然后在众人战栗与畏惧的目光注视下——总是不受喜爱而往往遭到侮蔑、嘲笑、威胁、吐口水与打耳光的情况下——又再度回到自家的孤寂里。这些先知的神圣状态，在此意义下，是彻底自内而发的[1]，并且，他们自己连同其听众也无不这么感觉：这并不是感情性的实时群体作用的产物，不是什么外来的效应，而是个人内在由神所遣使的状态让先知处于忘我的症状。传统上将忘我视为神圣的高度评价，恰是在先知的时代里显而易见地日渐消退。毕竟，预言与对抗预言就在街头上彼此敌对，两者都同样借着忘我来正当化自己并诅咒对方。任谁都要问：耶和华的真理到底在哪里？结果，人们**无法**靠忘我本身来确认先知的纯正性。事实上，忘我的意义，至少在先知的宣告里，也因而消失了。在忘我当中先知于自己的感情状态体验到什么，只有在例外的情况下，以及只有在作为达到目的的手段之时，才会被提到，因为那——与印度的情形相对反——一点也不重要。忘我并不保证先知的纯正性。唯有听到耶和华这看不见的神的**活生生的声音**，才能赋予先知本身保证，他是神的工具。也因此，这点被如此极力强调。正是靠这点，先知得以自证其正当性，而不是靠其神圣状态的性质。因此，先知并不在其周遭聚集教团——或许在其中能够滋生出集体忘我、或集体条件下的忘我、或一般而言忘我的重生，以作为救赎之道的教团。这样的事对古典的耶和华预言而言根本闻所未闻，而且与其宣告的方式相互矛盾。不像古基督教史料里灵的拥有那样，先知之获得或拥有忘我状态或听见耶和华声音的能力，从未在任一处被说成是先决条件，即使是对其听众而言。预言的卡理

1　当然，必须时时顾虑到的是：所有的对立都是借着种种过渡阶段串联起来的，并且在基督徒身上也可以找到类似的现象。尤其是，在他们那儿，心理的"感染源"同样是个人。

斯玛毋宁是先知的沉重职务，而且是苦恼万端的职务，别无其他。其目的从未如原始基督教预言那样，在于让灵降临听众。相反的，预言的卡理斯玛是先知的特权。尤其，这是神的自由的恩宠赐物，无关个人的资质。在先知关于其接受召命的忘我性质的描述里，此种使得先知之所以为先知的最初的忘我，从未被呈现为禁欲或冥思或什么道德行为、忏悔苦行或其他功德的结果。与忘我状态的内发性特征相应的，这反而毫无例外的是一种不知所以的突发事件。耶和华远从牲畜群里召唤阿摩司。或者，耶和华的一个天使用火热的炭碰触以赛亚的嘴，或耶和华自己用手指碰触耶利米的口，并以此发其召命。有时候，先知起而抗拒，像耶利米，忧心忡忡地拒绝因此种卡理斯玛而落在他身上的义务；有时候，如以赛亚，乐意地自动请缨为神所寻求的先知。与印度的先知相反，同样也与毕达哥拉斯和奥菲斯那类希腊的先知相反，甚至也与利甲族的清教徒相反，没有任何一个以色列的先知想到要去掌握住某种凌驾于日常伦理道德的仪式性或禁欲性的救赎之道，丝毫没有。这正显示出契约观念具有多么惊人的重要性，通过此一观念，清楚厘定了耶和华对其子民的要求——与利未人的律法书相连结，因其已确立了耶和华对此要求的普遍妥当性。律法书并不是从高贵的思想家知识阶层里发展出来，而是从力行罪行忏悔与赎罪实践的灵魂司牧者那儿发展出来的。这件事在此开花结果：若不对此有所介意，那么整个发展即完全不可理解。预言的资格条件也同样表明了这点。如前所见，忘我本身已不足以提供正当性，唯有听见耶和华的声音才算数。然而，用什么来向听众保证，先知真的如其所声称的听见了耶和华的声音？对此，既有历史性的回答，也有宗教性和伦理性的回答。耶利米将传统上与宫廷救赎预言的对立说成是指针判准（《耶利米书》23:16f.），就是历史性的基于耶和华灾祸预示性质的回答。这可以从对抗赋役制王国与吉伯林姆的社会斗争当中获得解释。真正的先知不会宣告这些被唾弃的大人物有何救赎。遵守耶和华的命令，如众所知的(《耶利米书》23:22)，便是基于伦理的回答。唯有敦促民众守德并（以灾祸威胁）惩罚罪恶的先知才不是伪先知。不过，耶和华的命令之为一般人所周知，还是通过律法书。律法书总是一切预言全然不证自明的前提——当然很少被明白提举出来，因为这是再清楚不过的事了。公元前 6 世纪的希腊智能教师也宣扬道德律的绝对拘束性，并且本质上与先知所宣讲的律法相当类似，正如希腊仲裁者的立法的社会伦理与契约之书里的社会伦理，如我们所见的，内容上也是相近的。然而，不同之处在于：在希腊，如同在印度，真正宗教的救赎宣告者与先知是将救赎与仪式性格或禁欲性格的**特殊**前提连结在一起，总的说来，他们是带来"救赎"（Heil）尤其是**彼世的**救赎者。与此正好相反，以色列的先知所宣告的是**灾祸**（Unheil）特别是**此世的**灾祸，而且确实是由于以色列人违逆了他们的神所立的对任何以色列人而言**普遍**妥当的律法而犯下的罪。此中，基于立誓的契约，遵守此一日常道德被视为以色列的特殊义务，因此末世论的威吓与应许的非常强力激情，对此种朴实的——任何人都有能力做到的、在先知看来末世之时连非以色列人都将顺从的——命令的遵守起了作用。因此，一个巨大的历史矛盾就在于：基督教西方世界后来公认的日常伦理——其内容唯有在性方面不同于古希腊与希腊化时代通行的教诲与日常生活实践——在此被高举为以色列这个被万神中最有大能的神拣选出来的民族必须服膺的特殊伦理义务，并且以乌托邦的应许与惩罚一再叮嘱。对于

以色列所被应许的特殊救赎而言，结果一切全系之于道德正确的
行为，尤其是遵从日常伦理的行为。尽管这看来似乎平凡无奇且
理所当然，但是唯有在此，被打造成宗教宣告的基础，而且是由
相当特殊的条件所导致的。

第四章

先知的伦理与神义论

　　由于其召命，先知坚称自己具有特殊的资质。这些俘囚期前的先知相对而言很少，而且只有一人使用耶和华的"灵"（ruach）这个语词来指称自己特殊的内在禀赋（《以赛亚书》30:1、《弥迦书》3:8），虽然"受灵感的人"（isch haruach）这样的语词也时而被某个记述先知所用（《何西阿书》9:7）。直到以西结，然后是第二以赛亚与俘囚期后的先知，这语词才频频出现。较古老的先知之所以不使用或很少使用这语词，似乎是因为与职业的拿比相对立。除此之外，"灵"在言语里是用来指称本质上非理性的、一时忘我的状态，而先知则是将其特殊的尊严感着落于他们对耶和华的意图惯常拥有意识清明且足以言传的**理解能力**。直到以西结，灵又再度成为一种奇妙的神圣力量，若加以蔑视，则如福音书里所见的那般，是亵渎神，并且在俘囚期里（《以赛亚书》40:13、42:1、48:16），灵起先成为超验的，最后成为宇宙性的实体（《创世记》1:2），而第三以赛亚则首度用了"圣灵"这个语词（《以赛亚书》59:21、63:14）。不过，如果先知的卡理斯玛所意指的特别是**理性**地理解耶和华的能力，那么这确实还包含了种种全然不同的非理性特质。首先是施行巫术的能力。以赛亚是记述先知里唯一被提到在王希西家生病时也担任侍医的先知；他在一次政治危局之时请王亚哈斯对他提出要求，施行奇迹以确证他的政治神谕；当王加以回避之后，以赛亚就此说出了那关于"童女"已怀有救赎君主以马内利的著名话语；如当时的情况所显示的，这不只是一则预言，而是耶和华之决断的宣告，这宣告让应许的救赎实现，也是王之欠缺信仰的结果。先知具有通过话语致人于死的能力（《何西阿书》6:5、《耶利米书》28:16）。耶利米交付一名使者一封诅咒巴比伦的书函，以期书函在被诵读并沉入幼发拉底河之后能导致其所预言的灾祸发生。不过，导致奇迹发生的，往往不是什么交感的或其他魔法的操弄，而是简单的**话语**（说出的或写下的）。尤其，此种巫术力量——对耶稣的自我意识而言是如此的重要——在先知的自我确证里全然退到幕后。他们从未提及此种力量是其神圣正当性的证明，也根本不曾宣称自己个人有此力量。当然，耶利米自知被耶和华立于列邦列国之上（《耶利米书》1:10），为的是要消灭他们或把"愤怒的杯"传给他们（《耶利米书》25:15f.）。然而，此种自我感受总是一再转变成自己不过是神的工具的意识。致使预言实现的，绝非其个人的意志，而是耶和华通过活生生的声音而传达给他们的决断，亦即耶和华的"话语"（《耶利米书》23:29）。他们为自己宣称的不过是他们知道耶和华的这些决断、他的奇迹力量及其效果。阿摩司确信，"耶和华若不将奥秘指示他的仆人众先知，就一无所行"（《阿摩司书》3:7），**这就是其自我意识的源泉**。在某种程度上，先知也宣称他们有能力影响耶和华的决断。同样是在阿摩司身上，先知也以调停者的姿态出现，就像传说里所赋予摩西及亚伯拉罕的角色那样。不过，耶和华也并非总是予以响应。有时，他言明"即使摩西或撒母耳来到他面前"，他也不愿更改他的决断，而先知更是连想都没想过由自己施行魔法来强制耶和华的可能性。反之，面对这个可怕的神，这么做可是个死罪。同样的，即使仅仅是在言词上，先知也从来不曾转变成救世主，或者仅止于变成模范型的宗教达人。先知从未宣称自己应受到圣人崇拜那样的礼拜。他们从未宣称自己是无罪的。先知对自己的伦理要求和对所有其他人的并无不同。当然，伪先知较明确的标志似乎除了欠缺民众的道德教诲及灾祸威胁之外，还有他们本身的不悔改皈依及不顺从神的命令，这在先知资质的决定上一直是相当重要的，并且对于宗教意识的性格而言也是影响深远的。不过，先知并不认为自己在道德上就毫无瑕疵，例如耶利米。他为了掩护王西底家而在王的提议下对埃及党人说了谎（《耶利米书》38:24ff.），这与族长伦理是一致的，况且耶和华自己也派遣"伪灵"做事：古代以色列（包括十诫在内）的伦理以及荷马的伦理中的诚实义务，并不如印度那样地绝对，并且也落后于譬如《西拉书》里的要求。不过，无论如何，事实显示，先知本身既已宣称绝对的信仰，他们也就把自己的职务和个人的行为分开。某些先知对于敌对者的那种可怕的憎恨与愤怒的典型无行无状，就连律法书也难以赞同。耶和华有时候的确也将先知话语撼动民心的作用和先知是否以为神所喜的"高贵话语"来讲论连结在一起。然而，除此之外，耶利米知道自己既"不纯洁"又脆弱。没有任何先知自我评断为救赎财的拥有者，他总之不过是宣告神的命令的手段。他一直都是自己当下任务的工具与仆役。"使命预言"的类型从来没有过如此纯粹地清楚展现。即使在古代基督教教团里也没有。没有任何先知属于例如后来的天启派（Apokalyptiker）那样的秘

教"团体"（Verein）。也从未有先知有过创立"教团"的想法。相
对于古基督教预言的一个社会学上决定性的差异在于：此处欠缺，
而且就先知的观念世界而言也必然欠缺建立教团的任何前提条件，
特别是建立一个新的**崇拜**共同体，例如为了崇拜主基督（Kyrios
Christos）[1] 的共同体。先知处身于一个政治的民族共同体当中，他
们所关切的是这个共同体的命运。并且，他们的关怀所在纯然是
伦理，而非崇拜，这与基督教的传道者正好相反，后者尤其是善
于以圣餐礼来作为恩宠的媒介。就这点而言，事实上我们从古基
督教里自古代晚期的秘教共同体当中衍生出来的某种色彩便可得
知，而这是先知完全陌生的。所有这些，再度地又与以色列和神
的关系的独特处相关联——先知以神的名作讲论，同时也与先知
之宣告的意义相关联。而这两者为先知提供的，正是由以色列的
知识阶层和特别是由利未人的律法书已预先准备好了的观念世界。
就我们所知，先知既未宣告新的神观，也未宣告新的救赎手段，
甚至于新的命令；至少，没人有此意愿。于此，前提条件是：先
知的神是无人不知的，而且"他已指示世人，何为善"（《弥迦书》
6:8）。换言之，要遵守神的命令，那从律法书可以得知的。以赛亚
也将自己的宣告称为"神的律法书"（《以赛亚书》30:9）。先知始
终加以口诛笔伐的，就是对这些既已周知的神的命令的背叛。

　　然而，同样的，周遭环境也带给他们在其宣告中占有中心位
置的问题。由于民众对于**战争的焦虑**，有关神发怒的原因、获取
神之恩宠的手段以及一般而言民族的未来前景等问题，纷纷向他

1　Christos（基督）一词源于希腊文，它的希伯来文是弥赛亚（Messiah），即"受膏者"。
　　犹太人的君王和司祭都接受受膏礼，以表示他们是被祝圣的人。Kyrios 与《旧约》中"耶
　　和华是主"的"主"是同一个词。——译注

们蜂拥而至。面对敌人的恐慌、愤怒与复仇欲，面对死亡、蹂躏、荒废、俘囚（阿摩司已提出）、奴隶化的焦虑不安，以及到底应该反抗、臣服或联盟埃及或亚述或巴比伦，才是正确的选择，在在动摇着民心，也反作用于预言。即使先知出于内在的冲动而站到公众面前时，这种普遍的骚动还是影响深入到他们观念世界的最内在核心处。

对于为何有灾祸的问题，答案打一开始就是：那是耶和华，他们自己的神的意志所致。这显得如此简单，以至于怎么看都不是理所当然。因为，尽管对于这个神的观念，至少在知识阶层的思想里，已吸收了普遍主义如此之多的个别特征，然而符合庶民观点的想法应该是：外国神祇不管是出于什么样的原因当时就是比较强而有力，或者，耶和华置他的人民于不顾。但关于后者，先知的宣告更有甚之，并断言：是耶和华自己故意降灾祸给他的子民。阿摩司问道："灾祸若临到一城，岂非耶和华所降的吗？"（《阿摩司书》3:6）关于这点，到底这样的神的决断，是取决于当时的现实状况——一如多半的神谕所引以为前提的，或是如以赛亚所认为的，这灾厄是耶和华"早先所作的，古时所立的"（《以赛亚》37:26），这得视情况而有不同的判断，尤其是要看在观念世界里，是愤怒的契约之神或是崇高的世界君主，哪一方占了上风。不过，不管神的决断是何种由来，阿摩司的那种在庶民观点看来可怕的主张，乃是从耶和华信仰的特殊历史基础上生长出来的。此中的关键在于：阿摩司如数家珍般地回想起（《阿摩司书》4:7—13），耶和华自古以来就特别是个自然灾祸之神，他会而且总是如此，将瘟疫和所有可能的可怕灾祸降给凡是招惹他发怒的人。他一次又一次地把特别是战争的灾祸降到敌人身上，并且从中解救以色列，不过通常是要等以色列在这灾祸中忍受一长段时期后才予解救。因此，也**只因为如此**，先知变成**政治家**：政治灾祸，而且没别的，如今迫在眉睫，落入以赛亚真正的活动范围里的，正是政治灾祸。起初还退居于被期待的宇宙自然灾害之后的政治灾祸，如今在灾祸预言中意义不断升高。此种政治灾祸必然要被归于耶和华，而非其他任何神。然而，另一方面，是这个神在世上万族之中单单拣选了以色列。阿摩司故设矛盾地让他说："因此，我必追讨你们的一切罪孽。"（《阿摩司书》3:2）单单以色列与他立下契约，对何西阿而言，破坏契约等同通奸，他或许是就此确定神的子民与其他不洁的"民族"相对立的第一人（《何西阿书》9:1f.）。耶和华对其子民的先祖做了一定的应许，并且立下誓约。他信守了这个应许，并且在战时与平时皆为这个民族带来无以衡量的祝福。先知们呼唤敦请他不要破弃誓约，而他这方面则问道（《耶利米书》2:5）：你们的列祖见我有什么不义——意思是有什么违背契约的行为？不过，应许的履践是与以下条件相连结的，亦即，以色列不止是应信守契约忠诚以他为唯一真神且不转向其他崇拜，而尤其是要遵从神对他们所课加的命令——这的确是大多数先知（阿摩司、弥迦、耶利米，也包括以赛亚在内）的看法。重点在于，这些是他单只课加于他们的命令。根据阿摩司的说法，耶和华作为世界君主也会对其他民族特别是以色列邻邦的不义施行惩罚。假设有一种通行于巴勒斯坦诸民族间的宗教的国际法，那么破坏此法即为不义之行（《阿摩司书》1:3ff.）。当然，耶和华尤其要惩罚其他民族对以色列所行的不义：大马色对基列的野蛮破坏、迦萨和推罗掠捕并贩卖囚犯给以东、以东肆行残忍无情的战争、亚扪人剖开基列的孕妇。这其中没什么稀奇可言。不过，耶和华也惩罚第三民族对其他民族的不义，譬如摩押人将以东王的骸骨焚烧成灰。此中可说是表现出被理解为部族亲缘关系的巴勒斯坦诸民族的文化共同体。或许，也表征着国际法的制约关系。以东人因破坏与以色列的"兄弟"关系而被谴责不义，推罗也同样被指控无视于"兄弟盟约"——可能是关于战俘对待的一种立誓达成的军事国际法协约。似乎可能还有与其他邻近民族间的类似协约存在——导致耶和华复仇的协约。纯粹伦理的转向随着神观朝向普遍主义的提升而达成。以赛亚便认为，美索不达米亚的大君主之肆行过分残忍的战争，正是招惹耶和华怒气的原因。而且，这些世界君主的傲慢不逊必然要引发耶和华的嫉妒。

　　与此相反的，根据阿摩司的说法，以色列本身因为**一切的**罪孽而受惩罚。特别是由于侵害"正义"，亦即破坏其固有的社会制度，以色列为自身招来神的怒火。在大多数先知看来，正义的内容无非是兄弟之爱的命令，那是利未人的教诲紧跟着古老的法律集而发展出来的。在《阿摩司书》里（2:6f.），首先是以下两者具有特征性的比肩并立：一方面是引诱拿细耳人违犯其仪礼义务以及压迫拿比，另一方面是违犯契约之书里关于对待以色列债务奴隶和关于衣物典当的命令——古老的军事与社会体制的要素，在誓约共同体时代耶和华乃是此一体制的保证人。耶和华，作为誓约共同体的契约当事者之于以色列的特殊地位，在此特别清楚呈现出来。在其他先知的神谕里，与个人的重罪（本质上是十诫的罪孽）相提并论的，尤其是不顾兄弟之爱，不管是以何种形式，但特别是，一如整个近东—埃及的慈善伦理里所训斥的，在法庭上和通过高利贷欺压贫困者。在所有这些引发耶和华怒气的契机里，正如早在阿摩司故设矛盾的话语里，显示出高度的知识阶层文化的作用。

神的惩罚的社会—伦理契机也出现在其他地方。近邻大王国的家产官僚体制总是让家族长的、慈善的"福利国家理想"得以伸展，并且无处不这么相信：**穷人**对于欺压者的诅咒特别会招来灾祸。这个理念，显然经由腓尼基的媒介，也出现在以色列。两河流域的君主在碑文里斥责被征服的敌人，说他们对子民行了社会的不公义（例如乌鲁卡基纳及后来的居鲁士）。在中国的史料里，每当改朝换代或另有支配者占据别立一国时，总是要诏示不法对待子民的支配者的种种失德行状。在所有这类情况里，此种契机无非是官僚制国家里的祭司的或仪式主义的知识阶层的产物。以色列的独特之处首先端在于：对于支配阶层尤其是王的官僚的这些慈善要求，是从诸国借用过来的，而这些要求在他国通常是随着国家官僚体的机制和与其相应的教养阶层的发展而生成的[1]，但是，此种家产君主制的发展本身，却拜昔日小君主的理想之赐，而为虔敬的以色列知识阶层所**拒斥**。再者（其独特之处也在于），此种契机在先知的灾祸威吓里即可发现，而且他们所威胁的并不止是支配者个人，而是连同基于契约而对王与贵族的罪也负有连带责任的人民都要受罚。这与以色列的政治与宗教体制的独特性相关联。

此外，我们也在先知身上发现以色列的司法裁判和智能教导的精神运作成果。除了他们自己固有的神谕"debarim Jahwe"（耶和华的话语）之外，先知还列举以下三项为道德的权威来源：(1)"chuk"（法规），亦即（如我们先前所见的）通过 chokekim（立法者）的法神谕而被确定下来的古老惯习，(2)"thora"，理性的利

1　因为，这是自明之理，律法书的慈善命令并**不是**由农民的邻人伦理本身升华而来的；后者就像所有的农民伦理，与这样的感伤性质是远远疏离的。这些慈善命令毋宁属于近东一埃及王国及其文士阶层——祭司与书记——的意识形态。

未人教说（《阿摩司书》2:4、《以赛亚书》24:5），（3）"mischpat"，官吏（sarim）与长老（sekenim）的判决与法条里所宣示的法律。尽管先知时常与法官尤其是官吏、立法者以及只会空口说白话的律法书教师强烈地针锋相对，然而这些规范的拘束力却未受质疑，而 chokma，亦即智能教师的处世之术，原则上也未遭排斥。总之，先知的态度各有不同。我们看到，的确未曾有任何先知声称要宣告新的命令，就像耶稣有时所强调的那样："虽然法书上如是说，但我要告诉你们。"被认为有罪的毋宁是：耶和华长久以来为人所周知的真正意旨因"书记的不实之笔"而遭到伪窜，立法者为要屈枉穷乏人而设立"不义的律例"（《以赛亚书》10:1f.），同样的，就像受贿的法官做出不义的判决而一再备受谴责。有时候，先知以其受召到耶和华天上会议的权威，全面否定 chokma 以及教师们"光是在嘴巴上尊敬"（《以赛亚书》29:13、14）的命令（mizwat）的价值。耶利米个人对教师甚至抱持更高度的怀疑，即使如此，也丝毫未能更改以下事实：利未人律法书的实定命令与先知的命令，实质上是二而一的。

对预言来说，律法书的意义超过命令的实质内容所要表达的。先知的根本理念——耶和华因为道德的特别是社会伦理的违犯而降下可怕的灾难——乃是根源于利未人的忏悔与赎罪施为以及此种实施通过利未人的道德—理性教诲的发展。神对于个人罪孽和过错的报复，这个想法之转移到民族作为一个统一体的罪孽与过错上，当然绝对是发生在先知时代之前的事，不管记载在现今版本里祭司为整个共同体所行的仪式有多么的古老。因为，这个重要的理念是从以色列未曾被或忘过的特质里发展出来的，亦即以色列乃是个自由的民族同胞基于契约所凝聚而成的负有连带责任的团体。阿摩司的神谕即以此一灾祸神义论为前提。然而如同所有神义论，此一神义论起初可能只是知识分子阶层所拥有的精神资财。它被一个幻视者，如阿摩司，以此种惊人的力量在公众面前，作为**现今**当下灾祸的缘由，活灵活现地宣告出来，恐怕是空前未有的事，而这也说明了他给人造成了多么强烈的印象，这点也从这名先知的神谕是所有先知神谕里首先被保存下来的这个事实得到证明。另外一个事实，当然就是灾祸的应验，这灾祸早在耶罗波安二世治下的政治与经济盛世里已被预言了。我们前面强调过，古典预言的地位取决于南北两王国的势力消颓与外来威胁高升。这可不能误解。灾祸先知的出现并非由此致之。以利亚早已作为对立于王的灾祸先知出现，而且正面冲犯民众的灾祸预言可能早在阿摩司之前即已存在。先知的灾祸幻象本身受到"内发地"制约。只要看一眼他们的记述便会明白，在他们大多数人格中的严厉、尖刻、激烈却又阴郁的气性，是无视眼前情况的天生性格。他们正是在看似幸福的阳光灿烂中看到世界满布灾祸。阿摩司并不直称亚述之名，而是说"敌人"，并且说预言中的俘囚期应该是发生在"大马色的那边"。这就十分清楚了。至于他认为灾祸是从彼方而来的理由，这位先知指出是由于崇拜美索不达米亚的神祇（《阿摩司书》5:26、27）。他们的阴森预感并非基于世界局势，而是其周遭的颓废堕落；就在西拿基立退兵而去的胜利时刻，此种预感再次向以赛亚袭来，一反其先前的胜利确信（《以赛亚书》22:12—14）。灾祸的真正降临似乎毋宁是减轻了先知的精神负担：周遭随处可见的颓废似乎终于得到报应，并因此得以清除。到底在多大程度上我们因而可以说先知——就其经常有上述那种感情状态的明确素质而言——是一种特殊的"人格类型"，还大有问题。

因为先知神谕的断简残篇本身即足供我们分辨出他们气性上的根本差异：阿摩司狂暴、火热且百折不挠的激情，何西阿求爱般的柔情与温暖，以赛亚刚毅高贵且自信满满的活气，再加上强烈又深刻的热血奔腾，耶利米则有颗纤细的灵魂，深受消沉的感情状态与被神强制的念头所苦恼，但是万不得已在召命的催逼下强自振奋为绝望的英雄主义，以西结却是在忘我的激动下内在仍保持冷静的主智主义。所有这些对比昭然若揭，但丝毫变更不了其预言之为灾祸预言的特性。以下这件事更是个明证：随着神殿终于彻底崩毁，灾祸预言也马上**终止**，慰藉与救赎预言继之而起。因此，灾祸预言乃肇因于对于背离耶和华及其命令的罪行的深恶痛绝，以及对于后果的恐惧不安，同时也是源于如磐石般地坚信耶和华的应许以及人民已经失去或即将错失此一应许的绝望信念。至于可怕的灾祸有多大的可能程度会濒临，即使同一个先知自己的看法也显然不是固定不变的。特别如阿摩司和耶利米，有时连同青年以赛亚，似乎一切希望全然落空了。有时则是尚有救赎的可能性、或然性甚至是确信，或者——通常如此——有机会在灾祸之后再度回到更美好的时代。没有任何先知绝对且恒久地驳斥此种希望。况且，如果他还希望对其听众发挥什么影响力，他也不可能这么做。纵使其忘我乃是内发性的，先知也不会就这么冷眼看待这个影响力的问题。他们觉得自己是耶和华所任命的"守望者"与"检验人"。在耶利米看来，只有纠举民众的罪孽并且——与此相关联的——宣告灾祸者，才是真正的先知。不过，灾祸绝不能是绝对且永远的，而是要取决于罪孽。先知——以赛亚先是如此，耶利米则更有甚之——所抱持的态度游移不定。当他们想要发挥教育效用时，耶和华被说成是个会后悔自己决断的神。当他们是在颓废堕落的直接冲击下大发议论时，一切似乎全属徒然，毫无希望。灵魂司牧与教育的实际考量，尤其是律法书教师的考量，对于先知而言，到底有多大分量，我们可以从以赛亚所示现的那种灾祸命运的预定论思想与拿单的示范性故事的两相比较里获知，后面这个显然是源于知识圈子的故事，其真正的主题毋宁在于：排除先知灾祸宣告的不可变性，而更加为耶和华决断的可变性辩护。这样的考量，对于致力于灵魂司牧的律法书教师而言可能是决定的关键所在，对于祭司层的编纂者而言则更是如此，然而，委身于自我幻象的忘我者本身当然不会直截了当地以此为断。另一方面，若是因此而断定，救赎应许是经由祭司的编纂才让它们从先知的口中说出的，似乎也没什么道理。因为，我们可以清楚地辨认出先知们所示现的教育意图，在阿摩司只有一次（《阿摩司书》5:15），在何西阿有数回，以赛亚则是更加频繁，而耶利米（尽管其悲观主义）则是其中最为激烈并且完全当它是个原则问题来处理的（《耶利米书》7:23）。足以说明这点并作为上述插入说之反证的，是早已出现在首位先知（阿摩司）那儿的适时悔改皈依的"余剩者"之存在，也就是完全可加确定是救赎范畴的存在。毋宁说，教说的传统希望以及灾祸不可能是耶和华对以色列计划的终结，此一固有且一再不断浮现的想法，在在都使得救赎思想——无论形式多么模糊，并且单单只施加于"归回耶和华的余剩者"——一再重新复活，而教育的意图也愈来愈对此有所助益，即使在个别情况下先知于抑郁沉重之中所见无他，唯有晦暗的命运。总而言之，我们很难说有一种对应"政治忧郁症"的明确无误的心理决定机制是其态度立场的根源。

　　如果说灾祸预言在很大程度上是源于先知本身取决于天生禀

赋和现实感知的心理特质，那么不会更不肯定的是，先知的宣告
之所以取得其于宗教发展上的地位，全全然然是由于以色列的历
史命运。当然，传统为我们保留下来的，正是那些已经应验的或
似乎是应验了的或应验仍尚可期待的先知神谕。不过，其实不止
如此。预言愈来愈不可动摇的威信一般说来是奠基于那些少数的
但对于当代人而言却是印象极为深刻的事件，在其中，预言因其
成果而出乎预料地被确证为真。阿摩司对于当时强大的北方王国
的灾祸神谕，就是这类预言当中的第一个，然后是何西阿对于耶
户王朝与撒玛利亚的灾祸神谕，再来是以赛亚对于耶路撒冷遭受
西拿基立围城之际的救赎神谕。无视于一切可能的变故，他以梦
游者似的确信鼓舞民众坚持到底。最后的结果虽说是这亚述王暧
昧的屈服，但似乎可以肯定的是，耶路撒冷的围城并未导致弃械
投降，因为西拿基立在其相关的记录当中并未声言此事[1]。接着，众
先知——青年以赛亚、弥迦特别是耶利米与以西结——可怕的灾
祸神谕，尤其通过耶路撒冷的占领与破坏而被证实。最后则是预
言中的出于俘囚而复归本国。自此之后，预言的权威——尽管在
米吉多战役的重大失落之后明显受挫——终至不可动摇。至于大

---

[1]　西拿基立是圣经的译法，又称为辛那赫里布（Sennacherib），亚述国王（前705—前681），萨尔贡二世（Sargon II）之子。他从父亲手中继承了一个从巴比伦尼亚到巴勒斯坦南部，并包括小亚细亚的帝国。尼尼微城即为他所修建。其父萨尔贡二世灭了北国以色列，南国犹大本来采取亲亚述的政策，然而在希西家王的时期却逐渐放弃此一政策。西拿基立遂兴兵问罪，希西家虽尽力以财宝进献西拿基立，仍未能奏效。西拿基立大军扫荡犹大城池，公元前701年围困耶路撒冷。西拿基立此次军事行动的记录仍保存在今日美国芝加哥大学东方学院的西拿基立碑。碑文称亚述王西拿基立攻取犹大46座城池，掠得战利品无数，并且把犹大王希西家像一只鸟关在耶路撒冷的鸟笼里。至于亚述王西拿基立这次围困耶路撒冷的结果却令人惊讶，由于他的军队在耶路撒冷城外突然大批死亡，使得西拿基立不得不仓皇撤退。这件奇迹在《以赛亚书》37:33—38、《列王纪下》19:32—37都有相同的记载。——译注

多数神谕，甚至是收录于流传下来的典籍里的神谕，并未应验一事，全都被忘得一干二净。因为，相对于此，有利于预言的情势是：耶和华的决断的可变性打从一开始，甚至从阿摩司开始，就被极力强调，而且预言的拥护者也可以躲到这个想法的背后，毕竟，利未人的忏悔惯行同样也是以此种可变性为其前提，在其中，罪的赦免保证得以抵御灾祸的濒临。因此，对先知而言，耶和华确实总是个恩宠与宽赦的神——不管他在他们眼里看来一直是多么执拗的一个愤怒与报复的神，也不管他在个别的情况下是多么严厉地肆行其怒气。他就是这样一个神，根据先知的看法，正使得他有别于其他所有的神。一种柔和的特色贯穿在那些恩宠预言里，特别是在何西阿与耶利米但也在以赛亚的某些神谕里出现的恩宠预言。耶和华追求以色列的忠诚，一如爱人之于其被爱者。

　　但是，总体而言，耶和华的特色，即使是在此种恩宠的侧面被加以强调之处，在先知那儿必然比起从律法书教师圈子出来的文学作品里——譬如以《申命记》为代表——所呈现出的，是更加无可比拟的伟大崇高。这个神驾驭着世界的大君主来作为他惩罚以色列罪孽的手段，并随心所欲地操纵他们。这样一个神必然在普遍性与崇高性方面较以色列古老的同盟神及利未人的小市民的恩宠施予者更加高升到完全不同的一个层次。整体而言先知偏爱"万军的耶和华"（Jahwe Zebaoth）这个称呼，也就是同盟战神的名称。无疑的，这是有意与古老的英雄时代相连结。不过，如今则有极伟大的一个天上与世界之神的诸特征与之相融合。就像波斯王——尽管是国家之敌，然而譬如在色诺芬的《居鲁士的教育》[1] 里那样——对于希腊所扮演的角色，大君主们也对以色列扮演了类似的角色，他们的宫廷提供了天上宫廷国家的意象，在其中，古老的战侯身边所围绕的不再是其扈从，亦即"神的众子"，而是一群侍奉他的精灵军，他们的打扮也同样是承袭巴比伦与埃及的样本。对应七大星辰的七个精灵侍立于王座周遭，其中之一则是手执著笔身穿亚麻布，相当于书记之神。他的间谍们带着巴比伦四大风神的色彩骑上骏马穿梭世界报告消息。天上君王由天使们陪同——显然相当于巴比伦祭司们的角色——在超凡世的光灿中驾着马车而来。当然，尽管如此，我们仍可看到他召唤自然界的精灵来为破坏契约的以色列作见证，如同在法庭审判一样。不过，一般而言，他是超乎被造物的整体世界之上的至高支配者。他时而任意施予的柔和慈爱并不妨碍他同时也如地上的君王那样带有全然非道德的特性。一如印度的家产制君主派出他们的煽动间谍（agents provocateurs），他也派遣其"谎言精灵"来欺蒙敌人。他自己的先知有时也会害怕他。以赛亚就说他对付亚述——虽然是他自己召唤来当工具的——的裁决是"野蛮的"。以西结（20:25）尽管一点也不讶异于耶和华对付他自己召唤来与以色列为敌者的、同样的毁灭计划，但他仍然相信，他已为自己子民的败坏颁下了法。他故意地送给不顺服的以色列君王错误的劝告，在传承看来不过是自明之理。唯独何西阿（11:9）对于这样的特性大为不满，如果

---

1 色诺芬（Xenophon，前 431—前 350），希腊历史学家。出生于阿提卡一个富有的雅典人家庭，在雅典与斯巴达的大战时期长大成人（前 431—前 404），曾在雅典的骑兵部队中服役。《居鲁士的教育》（*Xenophons Kyrupädie*）是他众多作品中的一部，书中通过叙述波斯君主居鲁士所受的理想教育来说明他对于培养政治人才的见解，这是他在思想方面最有独到见解和风格新颖的一部作品。——译注

威尔豪森与其他人之间的确尚有争议的解读是正确的，那么是他让耶和华说出，他并非"按激情"而行，因为他是"神圣的，绝非毁灭者"。不过，就连以赛亚也将其经验——即使先知的鲜明话语仍被以色列所鄙弃与蔑视——转而为这样的信念：耶和华自己是固所愿也，甚至坚硬人民的心，以便毁灭他们。在新约的宣告里，以及在后来的喀尔文教里，也变得重要起来的这个理念即源于此。相较于希腊的譬如在色诺芬尼[1]眼里看来的世界神，耶和华因这种逼真—激情的特性而大为不同。也因此，总而言之，他一直是个可怕的神。他的作为的终极目的，往往好像单只是为了彰显自己超越于所有被造物之上的尊荣。就这点而言，他与地上的世界君主简直是如出一辙。所以，他的总体形象始终摇摆不定。在同一个先知的眼里，一会儿见他如沐超世间的神圣真纯里，然后又见他有如古老战神般地心猿意马。如果他因此而保有高度拟人的特性，那么即使是有过最激烈体验的先知也因而不再敢于——像古老的耶和华故事叙述者那样——赋予其天上荣光的幻象太过具体的特征，至少，在直接关系到那位自古以来即不可见的神本身时。先知们所看到的，是"像个宝座似的"，而不是真的宝座：即使以

---

1 色诺芬尼（Xenophanes，前 560—前 478?），希腊诗人和叙事诗作者。他又是宗教思想家和埃利亚学派的著名先驱者，这一学派强调统一而不强调差别，并且把具体事物的个别存在看成是表面的而不是实在的。约在公元前 546 年他被波斯人逐出希腊。曾在西西里居住，并在地中海其他地区流浪若干时候，后在意大利南部的埃利亚（Elea）定居。在后来提到色诺芬尼的少数其他希腊作家中，有柏拉图和泰奥弗拉斯托斯（Theophrastus）。柏拉图说："埃利亚学派开始于色诺芬尼，甚至更早，它的出发点是万物统一的原则。"泰奥弗拉斯托斯则把色诺芬尼的学说总结为如下的公式："万物归于一，而一就是上帝。"色诺芬尼多半是一个诗人和宗教改革家。他把一般哲学和科学的见解应用于通俗的概念，只在很小程度上是巴门尼德那样的自然哲学家（寻求构成自然变化基础的抽象原则）。——译注

赛亚所瞥见的也只是翻飞而至的王袍，而不是神本身。

耶和华的居处也如同其本质一样莫衷一是。如阿摩司所说的，他创造了天与地，并令天上星辰各居其位，不过，这也无碍于他——依照同一个先知的说法——"从锡安吼叫"。以赛亚关于神的荣光的幻象，是个神殿的幻象。此种定位于神殿的想法，想必在神殿摧毁时会危及耶和华的威信。人们看到无数的圣所被征服者捣毁，其中的偶像被撤除，而众神祇没能保护自己。这也会发生在耶和华身上吗？先知们举棋不定。以赛亚在后来的某些神谕里，也就是在西拿基立退兵之后，一反其早先的威吓，坚定无比地确信，耶路撒冷作为耶和华的圣座永远不可能陷落。然而，在阿摩司与何西阿预言北方王国的灭亡乃是耶和华本身的意图之后，如同以赛亚的早期神谕，自弥迦和最终自耶利米以降，连耶路撒冷的陷落本身也都被视为耶和华所决议的命运，而此一命运的最终降临也因此丝毫无损于神的威信，甚而更加提升。战胜的大君王自己的神祇不可能是这场大灾难的肇始者。这些神祇已被神殿卖淫制度和偶像崇拜甚或埃及令人嗤之以鼻的动物崇拜所玷污。因此，其他民族的所有这类神祇顶多不过是鬼神，对耶和华而言只是"微不足道的东西"。自何西阿以来便出现了对偶像崇拜的拒斥与嘲讽，知识分子更加首尾一贯地坚定这样的信念：偶像是人为造作，毫无宗教意义可言，更不用说是神的所在。其他神祇根本不存在的想法，其实尚未出现在俘囚期的第二以赛亚里。然而事实上，耶和华通过先知的灾祸神义论而不断提升到决定世界过程的唯一真神的高度。于此，特别重要的是，首先，他维持了可怕的灾难之神的古老特色。其次，灾祸神义论靠向利未人律法书的赎罪忏悔实践。最后，与以上两者相关的，阿摩司对契约思想的翻转，致使他本身成为一切灾祸的肇始者。结合以上三点的结果是：在先知的见解里，没有任何与耶和华**并立**的神祇存在，也没有任何独立于耶和华或与他为敌的神祇为个人和以色列带来不幸，而是唯独他决定了世界过程的一切具体事象：如我们所见的，此种一元论是整体预言最重要的前提。世界普遍存在的庶民的鬼神信仰，直到俘囚期之后才渗入后期犹太教里，至少是渗入知识阶层的宗教思想里，而其全面性的渗透是在波斯二元论的影响下才完成。先知对于巴比伦的鬼神信仰的确并非一无所知。只不过，对其观念世界而言，那和其周遭的占星术、神话和秘教教义一样无关紧要。耶和华是个政治团体的神，也就是古老的誓约共同体的神，并且在清教的观念里保留住这样的角色，另一方面，尽管他将所有那些宇宙的、历史的普遍主义容纳进来，他仍然保守住那无可磨灭的特性：他是个**行动**的神，而不是永恒**秩序**的神，由此性质导致宗教关系的决定性特色。

即使是先知本身的直接体验，也是由对他们而言确固不移的神的性质所形塑出来的。他们的幻想总是萦绕着一个带有可怖尊荣的天上之王的形象。这首先是与他们的视觉体验有关。幻视的角色依各个先知而有所不同。在最早先的先知阿摩司来说，幻视扮演了最重要的角色，所以他也被称为"先见"（choseh）。在其他先知身上，尤其是以赛亚和以西结，幻视也未曾缺席。不止天上的荣光，先知们还看见其他东西。他们像千里眼那样瞥见远处有一支军队穿过山上隘口进军而来，或者远从巴比伦看见耶路撒冷的神殿里有名有姓的一名男子倒地而亡。或者，先知被某种由火光中形成的东西抓住头发，自巴比伦神游到耶路撒冷。但是，这里头的关键总在于他们体悟到这是神圣的王权所有者的直接介入。

或者，当他看到杏树枝或水果篮，这必然意味着什么，而且被形塑为神的象征。折磨着先知的这些幻象，有时出现在梦里，但往往特别是在白日梦里。然而，就先知而言，正如我们先前在其他关联里所讨论过的，这类视觉的体验，在意义上，远远地被听觉的体验以极为特征性的方式所超越。先知要不是听到某种声音，向他说话、对他下命令并交付任务要他说什么、在某些情况下甚至要他做什么，或者，就像我们在耶利米身上看到的，某种声音通过他的口宣示出来，不管他愿不愿意。此种听觉体验之超越于视觉，如先前所强调的，绝非偶然。首先，这与神的不可见性的传统思想相关联，此种思想排除了意图描绘神本身或其身影的可能性。不过，这也是由于唯独开放给先知、令其得以体悟与这个神的关系的唯一可能方式所造成的结果。像印度那种引发无感忘我的、掏空一切感官与形象知觉的神秘主义做法，在先知身上是无迹可寻的，更没有那种凭神状态的平静至福的喜乐意境，也少有与神灵交的表现，而神秘主义者典型的那种怜悯同情的对待众生一如手足的情感，更是全然阙如。先知的神是在一个无情的战争世界里生活、支配、说话与行动，而先知也自知身处于一个深为不幸的时代。尤其是，许多先知本身的最内心深处更是惨痛无比：并非全部，也未必总是，但经常就是在最为接近神的那一刻。在俘囚期前的先知里，何西阿感觉他被耶和华的精灵所攫获的状态是一种幸福的拥有，阿摩司感觉那种被告知耶和华全盘计划的意识是骄傲的自我确信之支柱。以赛亚迫切渴求预言的荣耀。然而，面对神的某些可怕宣告及其狠心的决断，有时就连他也觉得预言是种沉重的职务。耶利米根本就认为他的先知职务是个无法忍受的重担。耶和华的接近对他而言从来不曾是种受神眷顾的内在幸福感受，而毋宁总是义务与命令，多半是迫人的狂暴要求。就像少女被男人施暴，或像个被压倒在地的摔跤手那样，耶利米感觉自己被耶和华所强暴。与印度和中国的一切预言根本不同的这个宗教史上的重要事实，只有部分是肇因于心理的先决条件，而另外则是由于犹太先知被迫要对自身体验做出解释。他们是被自己那种无从解脱的信仰的性质所强迫，而此种信仰乃是其一切体验的无可动摇的先验存在，也是**筛选**其作为真先知的那种必要状态的关键所在。此种预言无与伦比的强大压力，连同其坚固不移的内在屏障，都在此找到其根源。由于上述那种先验存在，先知不可能是"神秘主义者"。他们的神——直到第二以赛亚——彻头彻尾是人**所能理解**的，而且也必须是如此。因为，他是个人们渴望知道如何获得其恩宠的**支配者**。

　　关于世界的"意义"何在特别是人生的"意义"何在的问题，亦即追问人生之担负劳苦与罪责却又脆弱无常与矛盾纠葛，到底有何正当道理的问题，在印度是一切宗教认知的决定性动力，而在此，不仅先知，（就我们所知）即使是其群众，从来提都没提到过。并且与此相关的，将先知与其群众推向神的，从来就不是为了要使自己的灵魂打从或面对这不完美的世间获得拯救、救赎或臻至完美的需求。先知全然未曾因其体验而感觉自己像神一样或与神合一，甚或从存在的苦恼与无意义当中得到解放，而这正是印度的解脱者所经验的，并且是宗教体验的真正意义所在。先知从未知觉脱离苦难，或者甚至只是脱离罪的奴役状态。没有任何余地保留给神秘的合一（unio mystica），更甭说是佛教的阿罗汉的那种心湖的内在平静。诸如此类的事压根儿都没有，而形上的灵知与形上的世界解释根本不予考虑。因为，耶和华的本质丝毫不含超自然的成分，亦即不包括任何无以理解和无从掌握的那类彼岸之事。他的动机不离人类的理解范围。反之，出于正当的动机来理解耶和华的决断正是先知与律法书教师的任务。耶和华甚至已经准备好要出席世界的法庭为自己的道理辩护。以赛亚在一则源自农耕经济的譬喻里（《以赛亚书》28:23—29），极为简单却又显然详尽地呈现了耶和华的世界支配的方式；这足以作为神义论，而且和耶稣所举的那些极为类似的譬喻同其完美，后者在这方面也是从几乎雷同的前提条件出发。世界的事象并不是由盲目的偶然所决定，也不是由巫术性的魔法力所决定，而是有其可以理解的道理，一如预言本身，其神谕与灵知的秘法相反，是任何人都可以理解的，这样的理性性格使得即使是后世的犹太人都觉得他们的先知确有独到之处。不管耶和华的水平相较于被造物的理解水平是如何的天差地别，但原则上的"不可探究性"是压根儿没有的事。神的决断的这种原则上的可理解性，排除了任何追问这世界的意义——在神的背后或许还有什么意义存在也说不定——的问题，正如同其崇高无比的支配者性格，也排除了任何神秘地与神合一——作为与神的宗教关系之特质——的想法。绝没有任何真正的耶和华先知，更甭说是一般的被造物，胆敢声称任何这类的事，甚或自我神化。先知绝不可能与神达成永久的内在和平。耶和华的本质排除了这点。先知所能做的不过是卸下其内在的重轭。然而，为了使此种沉重的感情状态达成积极且安心的翻转，先知必然得将之投射于未来，作为一种应许。先知气质的筛选便取决于此。如若认为带有印度特色的那种无感—神秘的状态性未曾在巴勒斯坦这块土地上为人所感知过，那可真是毫无道理的。我们甚至无法确切地说，像何西阿这样的先知或者包括其他人在内，是否真的没有过接近那种状态的情形。然而，以色列型的激情忘我，在印度可能转变成一种狂热的苦行禁欲，或者若是其担纲者以群众煽动者之姿出现的话，也必然不会被视为圣者，而毋宁是个野蛮人，根本起不了什么作用。同样的，印度型的无感——忘我的状态性，在以色列也必然遭受到相同的命运。此种状态性不会被耶和华宗教解释为宗教的救赎财，因此也不会像在印度那样成为按部就班地培育的对象。忘我的凭神状态所导致的失规范归结，在此遭到彻底严峻的拒斥。依照耶利米的说法，任何轻蔑耶和华的律法并且不努力带领民众归向他者，就是伪先知。

以此，某个现世外的神的神秘拥有之所以遭到拒斥，是为了有助于以积极的行动侍奉那超现世的但原则上可以理解的神，同样的关于世界的存在之理的思辨之所以被排斥，也是为了有助于切实献身于神的积极命令。任何一种哲学的神义论都没有必要，而且此一问题——在印度总是一再被提出讨论的问题——果若出现，也会被所能想见的最简单手段加以解决。直到以西结为止，俘囚期前的先知的思考，追溯起来并未超越过《出埃及记》。不止族长仅扮演——与《申命记》相反——相当有限的临时角色，而且《以西结书》（28:17）里的"原人"也点出一种与后来所被采纳的版本极为不同的亚当神话。何西阿显然并不知道金牛犊的传说，在他来说，礼拜巴力—毗珥（Baal-Peor）的恶行，扮演了相对应的角色。耶和华的怒气总是被归因于一个主题：耶和华与以色列的契约缔结，后者为一个团体，其成员对于彼此也对于祖先的作为负有连带责任；神的怒气既不被归委于人的原罪所致的素质，也不是源于亚当的堕落。人显然十足具有彻底实行耶和华命令的能力，只可惜他实际上很少贯彻到底，因此需要耶和华一再地施予怜悯。先知所关心的首先根本不在于**个人**道德资质的问题，而是在于：有资格代表人民的君侯、祭司、先知、长老和贵族们违逆神的恶行，然后才是其他所有国民的种种作为，将会而且必然会给**全体**带来的结果。首先，在《以西结书》（14—18）里，问题被清楚明白地提出来：义人到底为什么必须因不义之人而受苦，并且，何处才能对此求得补偿呢？在《耶利米书》（31:29）里，这只有寄望于未来王国：那时，任何人都必然只因自己的恶行受罚，并且，人不再说"父亲吃了酸葡萄，儿子的牙酸倒了"。如我们先前所见，《申命记》业已破除了连带责任的原则。对于全然以国民**全体**的命运而非个人的命运为取向的预言之特质而言，极具特征意味的是：正是在这一点上，预言依旧是较为保守的。总之，就终末救赎而言，打一开始，早在《阿摩司书》里，所被期望的就是：虔敬的"余剩者"得以豁免灾难，并且获得救赎。以此，神义论的问题也在《以西结书》里获得解答，或者根本没被解答：耶和华会在灾祸之日豁免义人，那些未放高利贷、归还抵押品、乐善好施者将得到报偿，所有适时皈依者也不致死亡。但是有罪的人民也不会因为他们当中有多么虔敬的人而得救（《以西结书》14:18）。希望仅只是：当复仇的时日已过之后，神会为那些对他始终信靠如一的"雅各的余剩者"带来更美好的时代。不过，与此同时，预言将人与耶和华的关系视同于血仇、敌对和战争之际的情形：个人必须为其部族与氏族同胞的作为或先祖已做但未曾受罚的行为负起责任。同盟义务的毁弃一再地发生，而且在当代也挺易于指证。结果，神无论如何总是对的，神义论的问题根本不存在。

最后，这类问题导引不出什么彼岸的期待观。末世的事件便是一场"审判"的想法浮现出来，但也仅止于此无处发展[1]：神的"愤怒"已足以说明一切事情的缘由。地府的幽灵国度，在俘囚期前的所有先知看来，一如巴比伦人的看法，是一切死者无可避免的住所，耶和华不会像某些伟大的英雄那样将他们召纳到自己这里来。死亡本身被认为是恶事，而早夭、横死和猝亡则被认为是神怒的表征。阴间大张其口，以赛亚如是说（《以赛亚书》5:14），拯救是要脱离阴间，何西阿说这并不是什么从"地狱"里被拯救出来，而只是拯救脱离肉体的死亡（《何西阿书》13:14）。在此，先知的思维层次，如同巴比伦官方，完全是此世的，大大不同于彻头彻尾运作彼世应许的希腊密教与奥菲斯教。个人的救赎固然也受到关怀，但以色列的预言，尽管与利未人的灵魂司牧相关联，反之仅仅只在乎人民作为一个整体的命运，这点总是一再地彰显出其政治性的取向。包括巴比伦及其他的地府之行的神话，预言全都抛开不顾。这些和虔敬共同体的未来命运一点关系也没有，而且也装不进耶和华信仰里。直到误推给以赛亚的一首俘囚期的诗歌里，才发现到关于死者在地府里的命运的另类形迹，而这无疑是受到后期巴比伦观念的影响。即使在那儿，地府依旧全然保持着荷马式的特征：所有人，包括大君王在内，全都是毫无气力的幽灵，只有一定的重大罪犯才会遭到特殊的惩罚（《以赛亚书》14:9f.、19f.）。耶和华的命令全然是具体、正面且纯粹此世的，一如其古老的应许之具体且纯粹此世。唯有具体、内在于现世的行为的当下问题才会浮现且要求解答。所有其他问题尽在排除之列。如欲推量此等事

---

1 参见 Sellin，前引书，S. 125。

态具有多么重大的意义，我们必得清楚透彻地了解到，心灵问题
在此种解决方式下是多么惊人的节思省力。就像对俾斯麦而言，
排除一切形而上的思虑而代之以在床头柜上放一本诗篇集，是其
行动不会被任何哲学说理动摇的前提条件之一。同样的，对于犹
太人与受其影响的宗教共同体来说，抵御宇宙意义之思维的这种
绝对不会再度被破弃的屏障，也起着同样的作用。人所需要的是
依神的命令而行，而不是对世界意义的认识。

　　一种伦理之所以有其特殊的固有特质，并不是由于其命令的
特殊性——以色列的日常伦理与其他民族的日常伦理并非不相似，
而是由于在此伦理背后的中心的宗教**心志**（Gesinnung）。以色列
预言对此心志的打造发挥了极为强大的影响力。

　　先知的决定性宗教**要求**，并不是个别规定的遵守——不管这
些规定本身是多么重要，也不管真正的先知是如此的自认为道德
的守护者，而且也无论善功的义人时而如此极力地为人所强调，
例如以赛亚（3:10）——而是**信仰**。不是**爱**，即使要求程度甚至不
相上下。在以北以色列为取向的何西阿来说，爱的确是神与其子
民之间的宗教基本关系（《何西阿书》3:1），其他先知也是如此，
尤其是耶利米（2:1f.），在一首温情脉脉的抒情诗里，他描述了古
时候耶和华与以色列的亲爱关系——以色列有如其新娘。然而，
这并非主流，而且独特的神圣状态从来就不是一种**与神的爱的合
一**。其理由，我们从上面已可得知。

　　此种对信仰的要求，在以色列内部最初可能是由先知所发起，
譬如以赛亚（7:9），并且极力强调到这种惊人的地步。这也切合先
知的感灵方式及其解释。他们听到的是神的声音，而这声音所要
求于先知并通过他们而要求于人民的，首先别无其他，就是信仰。

先知必须自我要求信仰，而信仰无非就是献身于神所交付他们的宣示。犹太先知所要求的信仰，因此并不是路德与宗教改革者所理解的那种内在的态度。信仰真正意指的不过是无条件地信赖神的无所不能，信赖他的话语是肺腑之言，并且必定会实现，不管一切外在情势显得多么的不可能。此一信念正是伟大的先知，尤其是以赛亚与以西结，所据以为其立场的根基。顺从和特别是谦卑，乃是由此信念而来的两大美德，耶和华最最看重的就是这两者，尤其是谦卑——不止是要严格避免希腊意味下的傲慢（Hybris），而是最终要彻底避免任何对自我成就的仰赖与一切的自吹自擂。此一理念对后来犹太教的虔信之发展有着巨大的影响。害怕太过幸福会招来神的嫉妒，害怕高慢的自信会遭到神的报复，这种贯穿于荷马时代直到梭伦与希罗多德时代的处世之道里的想法，在以色列**那儿**则因一种对人的命运既聪慧又严肃的看法而作用有限。先知意味下的"谦卑"之要求，有伤英雄的尊荣感，而纯正的天意信仰——要求荣耀尽归于神并卑微屈从神的决意，只可能在世界君主国的近邻里赢得支配优势，而不可能在自由国家里。大王失败、其帝国毁灭，是因为他们把胜利的荣耀归给自己，而不是归于耶和华。先知自己国家里的大人物也同样亦步亦趋地自取灭亡。反之，凡是满怀谦卑与恭顺履行耶和华之道者，有神同行，便无所畏惧。这也就是先知政治的基础。先知是群众煽动家，但是与现实的从政者或政治党派分子完全两回事。以此，我们又回到一开始所谈的话题。

　　先知的政治立场纯粹是宗教性的，全由耶和华与以色列的关系所激发，然而从政治上看来，其立场纯属乌托邦性格。唯独耶和华恣肆己意操控一切。并且，对于最近的将来，其意图有鉴于其子民的举止态度，是威吓与恐怖的。大王及其军队，如我们所见，是他的工具。既然大王的作为是神所意欲的，在以赛亚看来，耶和华要把他自己召唤来的这些人灭亡的这种意旨，毋宁是"野蛮的"。对耶利米而言，尼布甲尼撒是"神的仆人"，在俘囚期之后晚期的《但以理书》里，这个王因此一称谓的结果，变成一个信奉耶和华的改宗者。

这些观念的性质，尤其是这些观念之为以色列的虔信所接受，再度彰显出以色列的特殊地位。德尔菲的阿波罗在一个完全相似的情况下，亦即波斯的攻击迫在眉睫时，也对自己的人民发出灾祸神谕：忠告他们赶快逃去天涯海角。不过，这是注定的命运，而非宗教罪过的结果。其间，一个被激怒的神，即使是自己的团体神，也会降灾祸给自己的子民，这样的想法也是广布于整个古代的，特别也见之于早期希腊的诗歌里。更加特别的一个想法：一个普世的神为了惩罚人民的罪过而招来城市的敌人，并且借此而使之濒临毁灭或者真的灭亡，这想法也不是以色列所固有的。在柏拉图那儿就可找到——在《柯里西阿斯》的残篇和《提玛友斯》里[1]：

1 韦伯此处所指的是有关亚特兰蒂斯（Atlantis）的传说。柏拉图在他的著作《对话录》中，曾两次提及亚特兰蒂斯，分别有提玛友斯（Timacus）和柯里西亚斯（Critias）。在提玛友斯中提及公元前 960 年，一支来自大西洋的军队正准备进攻欧洲，甚至企图攻占亚洲，而这支军队就是来自亚特兰蒂斯，这是一个强大帝国，一个拥有超高度文明的大国，后来亚特兰蒂斯发生严重的地震和水灾，陆地更沉入水中，一夜间整个国家就消失于空气中。《对话录》中的另一节柯里西亚斯，则记录着由柏拉图的表弟柯里西亚斯所叙述的亚特兰蒂斯的故事。根据柏拉图的记述，由于亚特兰蒂斯的文明程度极高，国势富强，渐渐社会开始腐化，贪财好富，利欲熏心，遂发动征服世界的战争。但是他们遇到强悍的雅典士兵便吃了败仗。亚特兰蒂斯这种背弃上帝眷顾的行为导致天神震怒，因而唤起大自然的力量，消灭了这个罪恶之岛。——译注这些篇章很可能是在伊哥斯波塔米[1]战败后雅典权势瓦解的恐怖印象下写成的。而且，在此如同以色列那样，拜金主义与傲慢的恶德，也被视为招惹神来干预的根由。然而由哲学学派首领所做出的这种神学建构，在宗教史上一点作用也没有。耶路撒冷的街头与学院的园林毕竟是大不相同的（宗教）宣示场所，先知粗犷的群众煽动也远远异于高贵的思想家、雅典有教养的青年与（有时候）叙拉古的僭主或改革者等政治教育者，并且秩序井然的雅典人民大会及其理性规制的会议——纵使鬼神作祟的惶恐迷信与兴奋过头的慷慨激昂所在多有——恐怕也不会是忘我神谕的对路场合。尤其是，以色列特有的观念在那儿完全付之阙如，像是耶和华的灾祸本质，或如人民与神所立的特殊契约等，正是这些观念为整个先知的理念注入了昂扬悲怆的共鸣，亦即因破弃与这个可怕的神本身所立的契约而遭受惩罚。因此，尽管神谕与吉凶之兆在希腊古代的个别政治决断里扮演了如此可观的角色，但这样一种先知的神义论却未自其中发展出来，不像记述先知打一开始就为了其灾祸历史的解释而发展出此种神义论为其基础。的确，灾祸的幻象并非此种解释方式的结果。耶利米即曾要耶和华保证说：并不是他为犹大招来灾祸的日子，他只不过是被命令加以宣示而已，而且宣示的是令他万分苦痛的事。同样的，我们看到，以赛亚内心里也反抗对付亚述的灾祸恫吓。然而，对于一旦已发生在

1　伊哥斯波塔米战役（Aegospotami），公元前405年古希腊半岛伯罗奔尼撒战争中的最后关键性的一次战役。斯巴达和雅典的舰队在赫勒斯滂(Hellespont)相持了四天，未交一战。第五天，来山得（Lysander）率领斯巴达海军偷袭雅典海军的停泊地。那里共有雅典舰船180艘，结果最后雅典统帅科农（Conon）仅率20艘脱逃。雅典海军有3000或4000名被俘，后被处死。这次胜利使来山得长驱直入，进逼雅典，迫使雅典在公元前404年4月投降。——译注

以色列身上的灾祸所作的解释还是走上了那条轨道，亦即以色列的知识分子，尤其是律法书教师，奠基于古老的契约思想上的种种观念已经指示出来的轨道。

以色列奉教说的命令为金科玉律。倘若其他民族胆敢触犯耶和华的尊严，耶和华便会出面干涉。以赛亚对亚述的著名诅咒，依其理由看来，动机全然在于以下事实：愈加细察这些大王的态度，先知就愈加认为，耶和华不可能会永久默认此种态度。换言之，这位先知对于亚述的态度表面上有所转变，但在此种转变上，任何的现实政治考量一点关系也没有。对于耶路撒冷，他的态度转变也同样是出于纯粹宗教的理由。这个腐败的城市似乎打一开始就注定要没落。西底家对耶和华的虔敬让他有了这样的想法：耶路撒冷将永不陨灭。虽然西拿基立的退兵强化了这样的见解，但当他痛切感受到冒渎犯罪横行不止一如往昔，最后他又再度走回悲观主义的老路：这是极恶不赦的了。对其他的先知而言，同样的，当权阶层的宗教态度总是关键所在。有时候，似乎任何一位先知都难免绝望透顶。阿摩司、以赛亚和耶利米想必时时陷入此种状态。然而，他们其中未曾有任何一人怀忧丧志弃绝到底。他们的**未来期望**，如同其政治，一样的乌托邦。此种期望从背后支配着先知的一切言行那般，从内在总摄着先知的整个思想世界。

第五章

末世论与先知

先知的空幻想法里充满着逼人而来的兵连祸结，有时甚至是宇宙性的灾难恐怖。虽然如此，或者毋宁说正因如此，他们全都梦想着终将到临的和平王国。就何西阿而言，后来连同以赛亚与西番雅也是如此，这个未来王国带有当时广见于各地的巴比伦—近东的乐园思想的特色。有人主张在先知那儿也可发现到巴比伦的天文学理论：春秋分点的岁差会引起世界的周期性翻转；这当然是说不过去的[1]。先知毋宁是将那普及于全世界的原始状态的观念与未来期望的观想，调和到以色列与耶和华的关系的特殊前提条件里，这些观念观想未必与巴比伦的天文学理论有关，而且在古代我们还看到它们以典型的形式出现在维吉尔的第四牧歌里[2]：

---

1 《西番雅书》(1:14) 里提到的耶和华的"大"日子或许最能让人想到这个伟大的世界之日。然而，显而易见的，这根本一点关系也没有。在俘囚期之前，凡此种种仅有一般性的知识传到以色列。

2 维吉尔 (Vergil, 前 70—前 19)，古罗马最伟大的诗人，拉丁文全名 Publius Vergilius Maro。他的首部重要作品《牧歌》(Eclogues, 前 42—前 37) 包含十首田园诗，可以解读为平静的预言，其中第四牧歌 (Bucolica, 有时被称为救世主牧歌) 甚至可以解读为基督教的预言。这是一个崇高的诗篇，它以响亮而又神秘的词句预言一个孩童的诞生，他将带回黄金时代，驱除罪恶，恢复和平。它显然是在当时内战阴云正在升起的时代写成的，写作日期确定在公元前 41—前 40 年。——译注铁器时代之后,又再回复到黄金时代。耶和华将与以色列立下新的**契约**,而且也与以色列的敌人甚至野兽立下新约。自此以来,这种和平主义的希望,交错着对敌人报复的期望,一再往复出现。末世论中吃着奶与蜜的奇妙的王子以马内利,是以赛亚眼中将要支配极尽全地的和平君主。没一个先知胆敢许诺,死亡将再度消失。不过,第三以赛亚(《以赛亚书》65:20)里说,任何人都将"享尽天年"。这些观念显然是由庶民的原始状态神话移入到知识分子的思辨里所产生出来的结果,而与此并存的还有内容庞杂的市民与农民的未来期望观。其中尤其是,各式各样的外在繁荣的期盼,然后还有对敌人复仇的期望。一旦这些得以遂行,那么军马与战车、一切王权的机构、其奢华铺张及其官员的殿宇都将消失尽净,一个救赎君主会像古代的地方小王那样骑着驴子进入耶路撒冷城。然后军事装备将是多余的,刀剑要被打造成耕犁。

那么此一时而较为市民取向的、时而较为乐园观想的救赎时刻,到底要怎么跟俘囚期前所有的先知所宣告的灾祸威胁关联起来呢? 常常有人相信:可以确定有一种统一的"模式"——先是恐怖的灾祸,然后是不可思议的救赎来临——是贯通于预言的类型,而且认为:此一类型是从埃及传来的。这样一种统一的模式之存在于埃及,似乎无法得到充分的证明——迄今为止,作为证据而被举出来的例子,根本只有两个。况且,我们同样也可以指称说,无疑也普见于巴勒斯坦的植物(丰饶)崇拜与天体崇拜及其神话叙述的影响,是此种急遽翻转的源头(例如特别是《以赛亚书》5:14—17——原文为21:4f.)。因为这些神话里通用的模式是:太阳或春天再来之前,必定先要天黑尽了或冬寒彻底。无疑的,这有可能给人们的想象带来超出固有崇拜范围的影响,尽管我们无法因此确定，这样的影响是否也及于先知。因为，首先这个所谓的模式无法一般性地验证在预言里，特别是在较早期的先知身上，与此模式相对应的神谕绝非通例。在《阿摩司书》里，某种急遽的翻转，我们只能找到一例（9:14）。所余者不过是这样的希望：或许，但不确定，改宗的余剩者将因耶和华的恩宠而得幸存，只有罪人会灭亡（《阿摩司书》6:15，9:8、10）；他的大多数神谕的内容只是灾祸威吓。在何西阿看来，北方王国的命运似乎有别于犹大的命运。在以赛亚那儿，我们看到不带救赎预言的灾祸神谕，而且童子以马内利的救赎预言与任何灾祸神谕都没有关联。从灾祸到救赎的一个真正的急遽翻转，特别是出现在他的一则神谕里（《以赛亚书》5:14f.），在那儿，耶路撒冷沉入阴间里，然后被拯救出来。这自然让我们联想到祭典崇拜的神话叙述。同样的，在几乎所有的先知那儿我们经常发现到完全背离于上述那种模式的、非此即彼的申命记类型：要不是救赎，就是灾祸，全视人民的态度而定（前申命记时代的《阿摩司书》5:4—6，《以赛亚书》1:19、20，后申命记时代的《耶利米书》7、18，《以西结书》18）。一般而言，正确的不过是以下事实：没有任何先知专只宣示灾祸神谕；再者，在某些情况下，救赎预言被连结到灾祸威吓上，作为耶和华怒气平息后的急遽翻转，以及作为对虔敬的"余剩者"的报偿；还有，许多神谕里的灾祸似乎毫无避免余地，并且就像早就注定的命运般，不管在怎样的情况下都要席卷而来；最后，如果我们综观任一先知的神谕整体，我们一定会得到这样的印象，救赎与灾祸两方，当然首先是灾祸，必然无可避免地都要到来。灾祸的不可避免性似乎是早在先祖毫无理由地破坏契约时所犯下的罪过的结果（《耶利米书》2:5）。不过，大多数的先知都未彻底秉持这种宿命论的想法，律法书教师亦然。改过回头并避免灾祸的道路是打开的，纵使只有一名"余剩者"会选择此路。如果我们比较各个神谕，那么即使在同一个先知身上，都无从发现所谓的某种模式那样的统一性存在。预言的内容毋宁是随着罪恶的状态与世界的状况而变化。预言对希腊的 moira 或希腊化时代的 heimarmene——两者都意指命运——皆一无所知，所知唯有按人类的态度而改变其决断的耶和华。唯独以下两者是预言共通的观念。其一，"那日""耶和华的日子"：在庶民的希望里，这是个敌人恐慌与灾祸（尤其是战争灾祸）的日子，然而却是个以色列的光明日子，但也是个自己民族的灾难日子，至少对他们当中的罪人而言。依照阿摩司宣告这事的方式看来，这个重要的观念事实上似乎是他个人的精神资产。的确，将那日视为以色列的救赎之日的解释，此后仍存续下去。不过，作为罪恶惩罚的重大灾祸将同时或前此到来的看法，仍是预言的共通资财。其二，"余剩者"的观念：同样的将会被施予救赎的余剩者，早在阿摩司那儿即已出现，然而是以赛亚将此观念清楚发展出来——他依此为其儿子命名。既然这两个观念一起产生出灾祸对人民（或对罪人）、救赎对余剩者这样的模式来，那么从灾祸到救赎的急遽翻转，或两者的结合，事实上所呈现出的便是这样一个一再不断牵动吸引先知应许的类型。这很难说是借用了某个模式的缘故，而毋宁是事情本身的性质使然——一旦"耶和华的日子"作为（至少，也是）一个灾祸之日的特性被加以接受的话。因为，真的毫无希望的灾祸威胁，将不具任何的教育意义，所以急遽翻转的类型必然得以遂行，至少通得过圣经编纂者的筛选。对先知本身而言，断定其灾祸威吓是以教育为首要目的的假定，一般而言当然是不足

取的。他们宣告自己所看见与所听见的。他们并非字义上所指的
真正的"忏悔的说教者"，就像出现在福音书时代和中古时期的那
种人物。反之，按照耶利米的说法，罪的告发才是纯正先知的一
个特征，而此一重要原则使得他们有别于一切的秘教者。《何西阿
书》打从卷头起就以最为激切的方式揭橥此一原则，并且同样呈
现在《耶利米书》（7）里。虽然如此，伟大的幻视与幻听的直接
内容通常不外是，关于灾祸与救赎，耶和华**已经**做了何种决断，
或者为什么如此决断；并未附加任何训诫而只是严正且清楚地期
望人民，要为他们自己或祖先所犯的罪过负起责任[1]。先知真正的说
教性斥责与呼吁悔改的讲论与训诫本身，一般说来并不是作为耶
和华的话语而被添加进来，而是作为在神的命令下所产生的先知
自己的言论。总而言之，先是灾祸然后救赎的模式，是依事情的
本质而得出，用不着假设是借用而来的说法即可明白。

　　先知的控诉、威吓以及多半极为一般性措辞的警告里所含带
的惊人激情，与律法书的风格形成对比——《申命记》较具教化
的声调，较为古老的教说则是沉重有力，但实事求是地——列举
针对各事项的特殊要求。此种对比并非仅因气质的殊异使然。反之，
气质本身尤其是取决于先知的未来期望的**及时性**（Aktualität）。期
待中的灾祸或救赎很少被推到遥远的未来，多半可能随时就要席
卷而来。不过，通常要不是好像就是确实已贴近在门外。以赛亚
就看到将产下末世论王子的少女已经怀了孕。美索不达米亚支配

1　在《阿摩司书》里（只有一处例外）以及《何西阿书》的一处（5:4），灾祸被呈现为不
　可避免的，显然因为幻视的内容就是如此。同样的事更常发生在以赛亚身上，在耶利米
　这更是个压倒性的事实。

者的每一次进军，特别像是塞西亚人的入侵事件[1]，可能便意味着那"北方之敌"——也许是民间神话期待里的一种人物——的来临或开始接近，在耶利米看来，这特别是末日的带来者，而目前卷进战争中的各国可怕的命运急遽翻转，更是让此种期待一直生气勃勃。不过，末世期望的这种及时的特性，正是预言的实践——伦理意义之绝对关键所在。末世论的期待与希望显然普遍广布于邻近诸国的民间里。然而其含糊的不确定性，就像所有这类事情一样，使得实践的态度成为其几乎完全无法触及边际的事项。说故事人或祭典当中的假面表演者，或者智性的灵知派教徒在其秘教的集会里，知道以此发挥时间上或人身上很有限的效果。这些期望从未被认为是当下随时就要显现并且必须纳入整体生活样式当中的考量因素。宫廷救赎先知的预言，或者包括譬如希腊的云游的占卜预言者，也鼓吹及时的期望。然而对此或多或少加以考量的，在前者不过是狭小的宫廷圈子，而后者则是个别的私人。在以色列，由于其政治结构与情势，如同耶利米的死刑审判所显示的，像弥迦所预言的那样一则灾祸神谕，甚至在百年之后，任何人——至少在长老的圈子里——都知道，所以每当有宣示惊人威吓的先知出现，全民便陷入激动兴奋状态。因为，被预言的灾祸及时迫近，

1　塞西亚人（Scythian，又译为塞种或者斯基泰），具有伊朗血统的一支游牧民族，公元前8至前7世纪从中亚迁徙至俄罗斯南部，以现今克里米亚为中心建立了一个富裕而强大的帝国。这个帝国延续了五百多年，至公元前4至前2世纪被萨尔马特人（Sarmatian）所征服才覆亡。塞西亚人为勇猛的武士，并且是最早的熟练骑兵，因此很早就建立起从波斯西部穿过叙利亚和犹太至埃及的强大帝国。他们被米底亚人（Media）赶出安纳托利亚之后，仍占有波斯边界到俄罗斯南部的领土。公元前513年还曾经击退波斯大流士一世的入侵。其文明产生于富有的贵族，他们的坟墓中有制作精美的金质和其他珍贵材料制成的物品，即著名的塞西亚艺术。我们所知的塞西亚人历史大部分来自希罗多德的记述。现在对这方面知识的扩大则主要依靠俄罗斯人类学家的工作。——译注

威胁到每个人的生存，任谁都必得要问：如何才能躲得过？再者，某些个灾祸神谕之撼动人心而令人无法或忘的确切证实，使得预言获得某种正当性，况且预言本身也受到古来反对王权的强大势力的支持。借着义无反顾且公开的群众煽动而展现出来的那样一种**及时迫近的**期望，并且同时将此期望与自古传来的耶和华与以色列立下契约的观念相结合的事例，是世界所无、此处仅有的。

当然，对于真正信仰耶和华的圈子而言，期望的这种及时性正是决定关键所在。我们从中世纪与宗教改革时期，同样也从早期的基督教教团得知，此种期望的强大作用。在以色列，此种期望观显然也对那样的虔信圈子的生活样式发挥了全面的决定性作用。毕竟，唯有从这种观想才能够清楚解释先知乌托邦式的**现世漠然**。他们之拒斥所有的同盟缔结，他们总是一再地反对现世的徒劳虚浮的追求，而耶利米则是独身不娶，这和耶稣的训诫"恺撒的归恺撒"毋宁是出于同样的理由，或者，也如同保罗以下的训诲，是基于同一道理：每个人都该谨守天职，每个人都要保持独身或已婚如同先前，并且，娶了妻如同未娶一样。所有这些当下的事情自是全然无关紧要的，因为末日就在眼前。正如在早期的基督教教团里一样，期望的这种及时性深切刻画在先知及其门徒的整个内在态度上，这也就是他们的宣告所加之于其听众的力量。尽管救赎之日的延迟不来，每一个新的先知——即使俘囚期之前仅限于狭小的圈子——总是一再能找到同样激情的信仰，直到巴克巴[1]的没落为止，长达千年之久。在此，也正因为这非现实

1　132年，罗马皇帝哈德良（Hadrian）宣告割礼和守安息日为不合法，并且打算在圣殿山建造异教庙宇。愤怒的以色列人在巴克巴（Bar Kochba）率领下起来反抗，使耶路撒冷得着三年的解放。其后哈德良重夺耶路撒冷，驱逐所有犹太人，违者一律处死。

的一面，产生了作用，其痕迹潜入了宗教的最深刻之处，并奠定了其于生活的支配力。唯独它使得生命足堪忍受，亦即给予希望。尤其是，当每一个生存者都不得不指望亲身经历末世论的景象之时，也就是最轻易能够容忍全然弃绝一切彼世希望以及弃绝不管何种真正神义论的时刻——尽管时而总有追问灾祸有何道理的问题，以及要求公平报偿的问题。以色列孕生出来的这些最为激情的人，生活在一种不断等待的心情基调里。一等到灾祸袭卷过后，人指望的便是救赎。再也没有比耶利米在城市倾毁当头所表现出来的态度更能清楚地显示出这点：他买进了一块田地，因为期望中的新时代马上就要到临；他并且告诫被俘因者，要在沿途做下记号，以便寻得回家的道路。

期待中的救赎本身慢慢地被升华了。最初有两种并存的末日希望：一是在何西阿与以赛亚那儿可以看见的，将宇宙意味下的乐园视为末日状态的千禧年期望，一是内容扎实的、实质性的市民的申命记式期望，亦即以色列将是耶路撒冷贵族人民，其他民

（接上页注）哈德良更在圣殿遗址上建造了一所异教庙宇（Temple of Jupiter Capitolinus）。但是巴克巴起义事件的影响并没有那么简单。根据另一份资料的说法，巴克巴的起义反而是促成犹太教与信仰基督教的犹太人从此分道扬镳的关键：“罗马人控制中东之后，灭了犹太人的国家以色列，逢此巨变，人们想抓住某些东西来填补精神的失落，促成犹太教以及早期基督教的蓬勃发展。信徒期盼救世主的出现，保护人们远离罗马帝国的压迫。132 年，巴克巴（Son of the Star）以救世主的姿态出现，当时的犹太知识分子领导人拉比阿吉巴（Akiba）支持他，许多人抱持怀疑的态度，但由于阿吉巴的关系，还是支持他。135 年巴克巴领导叛变，对抗罗马帝国，部分民众拒绝加入，这些人大多是相信耶稣是救世主的犹太人，巴克巴杀了这些人，并视其为敌人、异教徒和叛徒。基督教和犹太教徒就此分裂，信仰基督的犹太人变得两面不是人。他们有双重认同，一方面他们是犹太人，怀念故国以色列，但是得罪了巴克巴，所以不被犹太教见容；另一方面是他们属于新的基督教会，但西方的基督教会却因为他们的犹太血缘而排斥他们。”——译注

族则是债务奴隶与佃农。这两种期望后来逐渐消退，直到俘囚期之后才再度复苏，前者见于《约珥书》，后者见于第三以赛亚（《以赛亚书》61:5、6）。除了特别见于《弥迦书》（4:13）的政治期望，亦即以色列的军事胜利并凌驾支配其他民族，以及除了（《阿摩司书》里）收获丰饶与外在繁盛的古老农耕应许之外，先知们还有更加理想化的和平主义的未来希望，亦即一个和平的王国，有神殿堡垒作为中心点（以赛亚），作为律法书、智能与所有其他民族之教诲的唯一圣所（弥迦）。早在《何西阿书》（2:19）里便已出现这样的希望，亦即耶和华届时必与以色列立下新约并保证有"恩慈、怜悯与认识耶和华"，此种希望在《耶利米书》（31:33、34）与《以西结书》（36）里有了心志伦理的深化：耶和华将会与其子民订定，比起古老的含带着耶和华严厉律法的严正契约，更加有恩宠的契约。他将换掉他们坚硬的心，而代之以血与肉的心，为他们安置新的灵，好使他们自己乐意行善。"我要将我的律法放在他们里面，写在他们心上"，于是"他们不用再教导彼此"，因为他们都认识耶和华。只要宇宙秩序尚存，他们将永不止息为其子民。在此，我们至少稍微想到，罪的存在这个事实本身，会是神义论的一个问题。然而，整体而言，这乃是既已发展的希望观——在一首被归给阿摩司（当然尚有疑问）的诗里（《阿摩司书》9:11f.）——的一种高度伦理的升华。奠基于纯粹心志的这个"新契约"的理念，对于基督教的发展也仍具意义。罪本身，被人指望借着耶和华而得以去除，但其自身也被相当地内在化，并且被理解为一种统一的、背反神的心术，割除"心之包皮"的割礼，在耶利米而言正是关键所在，而不是什么外在事务。而且这与福音书的著名训示也非常类似，在此不再被视为仅是种社会的空想，而是种纯粹宗教的乌托邦。在耶利米，与此种未来期望之内在化与升华举步同进的外在希望呈现出异常保留的低姿态。虽然，《申命记》是以城邦国家与虔敬者的城市贵族地位为其前提条件，至于其预言，只要是涉及此种外在希望，则至少是视犹太人为地上的精神支配民族、全地上的教师与指导者，而这在耶利米那儿也全消失无踪。他只提到过一次锡安作为耶和华信仰的所在（《耶利米书》31:6）。他的确也知道升华形态下的支配民族的理想，但他随着年岁的增长而愈趋保守。将来，耶和华会加以祝福的是虔敬的牧羊人与农民（《耶利米书》31:24），而人人将来都可以再度在地上播种与收割，这对他来说就已足够。一种"角落里的幸福"威胁性地排挤着伟大的末世论世界支配期望：我们处于袭卷而至的摧毁的全面悲惨境况之中，耶利米的预言在其生命的尾声之际以断念作终。他建议人们顺应耶和华所安排的这种命运，继续留在这块土地上，服从巴比伦君王及其指派的治理长官，并且警告不要逃往埃及。虽然起初他曾期望被俘囚者会很快归回，后来他却奉劝他们在新居之处安家落户。在基大利被谋杀而他自己被挟持到埃及去之后[1]，耶利米显然失去了最后的希望，正如他对忠实的弟子巴录所说的他那撼动人心且深切绝望的遗言所显示的："我必使灾祸临到凡有血气的，耶和华说，但你无论往那里去，我必使你以自己的命为掠物。"（《耶利米书》45:5）根据后期犹太教的传说，他在埃及被投石致死。此种全然悲观且唯命是从的态度自然不可能成为处于俘囚状态下的共同体的维系支柱。他之奉劝被俘囚者在巴比伦安家落户，就

---

[1] 基大利是亚述王尼布甲尼撒派在耶路撒冷的省长，后来被犹太贵族杀害，详见《列王纪下》25:25f.；耶利米被带往埃及，详见《耶利米书》43:5f.。——译注

足以使他陷入与对手先知示玛雅的激烈斗争当中，这显示于其寄往巴比伦的气恼信函中。与他强烈对立的，尤其是被掳往巴比伦的先知当中最为杰出的以西结，仍坚守回归希望的及时性。事实上，为了教团的凝聚，此种坚持是绝对必要的。对于先知的强大**影响力**具有决定性的末日希望，当然不是被升华的那种形态，而是与之并存而为所有先知所继续秉持的那种内容扎实的形态。根据经验判断，未能应许审判之日与复活将及时来到的末世论观念，就像寄望于遥远未来的任何一种纯粹世俗的救赎希望那样，很少能够发挥强大的影响力。具决定性的是，在以色列，"耶和华之日"被当作一个事件宣告出来，而这是人人现今都有希望或者可能害怕经历的一个事件，并且，极为巨大实在的**此世的**遽变就在眼前。

与末日希望的各种不同图像相对应的，是救赎者人物观想的种种造型。阿摩司根本没有这类的人物观想，只把重点放在将被拯救的"余剩者"上。但在其他先知那儿，救赎期望则是充满了拯救者的各种形象，诸如传承当中所熟知的古代的同盟英雄、士师、"救世主"（Heiland）等，并且与周遭世界所提供的末世论观念结合起来。当然，这些形象与观念最后并未提供人们可能派得上用场的东西。因为，就先知的想法而言，这名施行拯救的救世主的各种可能形象当中，诸如化身、神的肉体繁衍以及真正的神格化等观想，全都要加以排除——所有这些都与传承中的耶和华特质无法兼容。救世主的角色之着落于一个外国君主（居鲁士）身上，是俘囚期时代才出现的一种观念（第二以赛亚）。在以色列，拯救者的形象必须与"耶和华的日子"相关联，也就是必须与完全具体的末世论事件连结在一起，而事件的本质，如我们所见的，则是由耶和华作为灾害之神的传统特质所造成。在此特殊意味下的一种"末世论的"救赎君主形象，是周遭世界的文化宗教与崇拜（以及，顺带说来，包括伊朗的宗教）所不知的。有可能源于它们的，最多不过是关于一个先前存在的救世主的思辨，这个救世主或者带有星辰的性格（譬如《民数记》24:17 里的《巴兰之歌》），或者带有原人的性格（最清楚的要数《约伯记》15:7f.；其余韵或可见之于《以赛亚书》9:6、《弥迦书》5:1、《以西结书》28:17）。然而，即使这样的宗教传说甚或知识分子的思辨有时也回旋在先知神秘幽深的暗示里，从未有任何先知曾下定决心要以这些必然导引到密教秘法的观念为其立脚点，道理在于担心因此而损害到耶和华独一无二的崇高性。救世主的形象必须保持被造物的性质。所以，要不就是巴巴罗萨（Barbarossa）的希望：在周遭世界就我们所知并不普遍，但很容易从救赎君主的预言当中导引出来，在以色列也就是大卫的再度降临；或者就是一个新的以色列救赎君主的出现：若非大卫一族的后裔，就是个奇迹之子——带有某种超自然的，因此尤其是无父的出生特征，也是特别常被加之于美索不达米亚的当权君主（尤其是篡位者）身上的特征。所有这些可能性都看得到，前者见诸几乎所有的先知，后者特别是以赛亚对于以马内利童子的预言，一个"少女"之子。大卫一族的正当性，没有任何先知加以怀疑，包括出现在北方王国的先知，阿摩司与何西阿。锡安对阿摩司而言是耶和华的圣座，在何西阿看来，犹大并未因以色列的罪尤其是篡位者的耻辱而遭到玷污。他似乎根本不相信犹大会灭亡。对以赛亚而言，"余剩者"似乎本来就是指犹大。对弥迦而言，救赎君主来自大卫氏族的故乡，以法莲的伯特利。在以赛亚看来，很可能救赎童子以马内利这个人物便是意味着对不信的王室家族的鄙弃[1]，而在耶利米与以西结那儿，对于这古老王朝的希望则是大大的减退。在以西结，除了大卫一族，他还指望"那应得的人来到，我（耶和华）就赐给他"（《以西结书》21:27）。不过，先知的应许如果说是敌对君王的，那也仅止于知识分子所支持的庶民的抵抗这样的意味：救赎君主显然并不是个战斗的君王，由他来遂行以色列对敌人的报复，尽管这样的想法自然是时时出现的。照道理，耶和华会亲自执行惩罚。拯救者的形象之带有先知与导师的特色，的确在俘囚期之前的时代就已整备好了，这是通过律法书——作为锡安在末世时必须提供给世界的物事——的极力强调，以及通过《申命记》的预言——耶和华将为以色列唤起"摩西那样的一个先知"——而达成的。在预言里，摩西自何西阿以来（《申命记》12:13），以及与其并列的撒母耳，自耶利米（15:1）与《申命记》以来，便被打上独具一己之召命的指导者（achegetes）的印记。此种本质上纯粹宗教的性格，使得这两个人物大不同于支配者与军事领导者。他们是建言者与告诫者，而不是群众领袖。此种性格倒是让他们适合扮演其使命的角色。传说中的人物以利亚，相当顺当自然地被加入他们的行列，因为他是人们所知第一个起而反对王的（在后来的意味下的）灾祸先知。然而，传统观念里的"耶和华之日"，是个政治的与自然灾害的日子，这使得以一个纯粹宗教人物来取代庶民的救赎君主一事有所困难。因此，

1　奇妙的是，连 Hölscher (S. 229, Anm. 1) 都相信，这个童子以马内利可能并不是个末世论的人物，而是个真实的并且众所周知的人物（甚至是以赛亚自己的妻与子！）；因为若非如此，则根据奇迹的征兆"什么也证明不了"。只不过，根本没有要"证明"什么的问题，而是亚哈的不信造成了幻视——但被视为及时的期望——的事件：拒斥这个王以有利于救赎童子。

有关一个救赎导师的真正末世论的观念，实属俘囚期时代，并且，对于以利亚这个反抗君王的巫师之再临的希望，就我们得知于新约的，直到后代才赢得一般民气。在先知那儿，对于此种末世论形象之本质的思考，显然只扮演相当有限的角色。对他们而言，最紧要的大事莫过于：通过令人瞠目结舌的**耶和华的**作为，马上会有巨大的**急遽翻转**席卷而来。这使得他们与《申命记》有所不同，后者总是按照道德说教者的风格将种种幸与不幸的预言以说教的方式一系列地排比出来。说到最后，巨变之际的人类作为，对先知来说一点也无关紧要。不过，对此的观点尚有变化。**绝对的奇迹**是所有先知期望的关键所在，若无此，想必此种期望将尽失其特殊的激昂热切。因此，俘囚期前的先知对于弥赛亚的形象并没有真正明确的轮廓而言，甚或只是维持不变——即使同一个先知也多半如此。这类预言在各个先知那儿所扮演的角色也各有不同，而在耶利米那儿更是沉到了最低点：他和阿摩司一样，将整个重点都摆在人民当中改宗的余剩者本身，并且仅只一次出现真正的"弥赛亚的"预言。他的同时代人以西结也是如此。大卫王朝的威信被深深推到暗影里。我们发现自己已经来到那深切巨变的路途上：使"以色列民族"转化为"犹太人"共同体的巨变。在何西阿看来，自北方王国崩解之后，犹大已是应许的担纲者，而后来的先知更是愈来愈如此看重犹大，尽管整个民族将于末日再度统一的希望并未被放弃。

　　在我们对朝向犹太教的这个发展深入探查之前，还必须简短碰触一下这个问题：俘囚期前的先知，相较于其他的推动力，到底对伦理的发展产生了哪些影响？在命令的内容方面，如我们先前所见，他们全都是从利未人的律法书那儿接收过来。耶和华与以色列立约的见解，以及他们独特神观的基本特色，也都是承袭自先前的时代。和他们一样对立于王权与贵族的物质与审美文化的社会阶层，也是早就有的。在利甲族的圈子之外也对献牲之事心存怀疑的态度，极有可能一直都存在着。问题在于：一方面，神的灾祸与救赎计划——作为伦理支柱——的强大精神刺激要素；另一方面，关于罪孽与神所喜的行为之广泛的心志伦理的升华，是否应该单独归功于先知，或者是否应该说是先知之前的知识阶层的文化产物？对此，就事情的本质看来，最有可能的情况应该是：这些观念的发展乃是先知与利未人的律法书的逐步理性化以及虔信而有教养的俗人圈子的思维共同合作下所培育出来的。先知的罪表愈来愈与十诫的命令趋于一致，也足资证明这点。先知本身，就他们当时的水平而言，是有教养的人，并且与汇集为申命记学派的那些圈子保持友好的交往关系，尽管有时也出现紧张性。律法书教师在伦理的决疑论的体系化上贡献良多，而先知的灵感则是在心志伦理的升华与集中化上起了领导并下达口令的作用。我们只消将申命记作者说教式的市民本色的思考与陈述方式，和以赛亚的神谕加以比较，便足以驳斥（那正经八百提出来的）见地，说以赛亚亲自撰写了这部说教的著作，并将之"弥封"起来传给弟子。这简直是不可思议的事，而且"祝福或诅咒全视态度而定"的二择一方式，虽与律法书教师的民众教育方式一致，却正与以赛亚及其后的先知之灾祸迫近的幻视形同陌路。此种对立的关键在于：彻头彻尾以**政治**灾难为取向的先知之可怕期望的惊人**及时性**，正好相对于《申命记》的说教，一方面把顾客也就是个人的罪过与虔敬相关的个人报应，另一方面把虽是未来但却相当平庸的希望与忧虑，用一种合于市民需求的训诫调子描绘出来。虽然如此，《申命记》若无预言，当然是无法想象的。因为这部作品的希望所系正是在于未来的**先知**上。并且，《申命记》里天真素朴的军事规则，完全是先知式的纯粹乌托邦性质，而这唯有从先知直接体验的**信仰**观念那儿承接过来，方足以解释。只不过，一切都被转化为带有日常生活色彩的情调。同样的——但在此无法深究——传承与律法书的整个现今版本，只要可被视为俘囚期前之作品的话，莫不受到先知的影响，尽管程度相当不同。不过，无疑的，它们本身并非先知编纂者的造作。尤其是，若无这些全民皆知又害怕的群众煽动家的强大威信，我们很难想见耶和华作为摧毁耶路撒冷又将之重建的世界之神的观念，如何能获得权威性的地位，因为这观念，与纯粹庶民的如同与纯粹祭典祭司对于以色列与神之关系的见解，大相径庭。倘若没有先知的灾祸预言——在大庭广众之下宣告，并且在百年之后仍被记得（《耶利米书》26:18）——经过证实而震撼人心的经验，我们完全无法想象，人民的信仰在历经恐怖的政治命运之后，不仅没有被击垮，反而正是在一种独一无二且空前绝后的历史吊诡里，这才明确恒久地巩固下来。《旧约》的整个内在结构，若非以先知的神谕为取向，将令人无从想象；这些巨人的幽灵横越千年而直达现代：这部犹太人的圣书不但也是基督徒的圣典，而且拿撒勒人耶稣的使命的整个解释尤其是取决于神对以色列的古老应许。另一方面，若没有关于耶和华意图的宏大解释，以及无论如何——的确，正因为所有这些耶和华依照森然慑人的预言而加诸其子民的苦难——都对其应许抱持坚若磐石的信心，那么以色列的内在发展，从政治团体演变为宗教团体，会是无法想象的：正由于以色列的这种内在转化，促成了耶和华共同体在耶路撒冷崩毁后仍旧继续存在下去。

再强调一次，尤其是末世论期望的那种强大激情的**及时性**，决定了所有这一切。俘囚期的人们最最无条件需求的，正是这点。光是律法书与申命记知识分子的教化训诲与慰藉，根本不管用。复仇欲与希望，自然是信仰者一切行动的推动力，而唯有给予他们希望——自己得以**亲身**经历这些激情的期望得遂的日子——的预言，才能够给政治上已崩解的共同体带来宗教的凝聚力。正由于先知并没有为一个**新的**宗教共同体的形成提供任何的实行把柄，而且由于他们的末世论宣告的实际伦理内容光是由传统宗教的伦理升华特别是心志伦理的升华所构成，所以使得新的宗教团体，借着祭仪的封装，得以感觉自己是古老的祭祀民族共同体的直接继承者——这在基督教终究是不可能的。

第六章
仪礼隔离的发展与对内对外道德的二元论

在预言的成果与以色列传统仪式习惯的共同运作下，导致犹太人在世界上处于贱民民族的地位。特别是，以色列的伦理之所以获得其之为贱民民族的决定性印记，是因为祭司的律法书的发展赋予了它排他性的特性。埃及的伦理，就其理所当然地无视于非国人这点而言，如同所有的古代伦理，也是排他性的。不过，埃及人似乎并不排斥与外国人通婚，并且一点儿也不认为他们有什么礼仪上的不净。与以色列相反的是，埃及人如同印度人那样，必须避免接触到那些吃牛肉的民族的嘴与食器。在以色列原先并没有任何与外国人的礼仪禁隔，而本质上与一般类型并无二致的排他性之所以取得其殊要地位，是由于其与宗教团体的发展趋向相结合的结果。以色列共同体的这种转化，总之在俘囚期前的律法书与预言的影响下早已开始。最早是展现在寄居者（格耳林姆）愈来愈被包容到其礼仪的秩序里。原先寄居者，如我们所见的，与此一点关系也没有。割礼并非以色列独有的制度，而在以色列内部也只有具有战斗力的人才有义务遵守；安息日可能是越过完全以色列人的圈子或越过耶和华崇拜圈子普见的休息日，后来才慢慢提升为教说里的基本命令。寄居者之得以接受割礼并因而**被允许**参加逾越节（《出埃及记》12:48），无疑是因耶和华的虔敬圈子之朝向和平主义转型而导致的一种革新。从此成为寄居者的一项义务。在此之前，吃血（《利未记》17:10）与对摩洛的生人献祭（《利未记》20:2），早已是寄居者被禁止的死罪，而安息日尤其被要求恪守。然后《申命记》与最后是俘囚期的祭司教说（《民数记》9:14，15:15、16），终结了完全以色列人与格耳林姆之间一切的礼仪差异："同一律例"，无论对寄居者或对以色列人，永远有效。显然是后来添附的《出埃及记》（12:49）也如出一辙。根据《申命记》（29:11），格耳林姆同属耶和华同盟的成员，在《约书亚记》（8:33）里，这点甚至被纳入示剑的诅咒与祝福仪式里。后来《申命记》（31:12）的规定更明文订定，律法书也要公开地对他们宣读。在此之际，推动力来于以色列农民与农耕市民的非军事化，以及与此相关联的，祭司对于格耳林姆顾客层的利益关怀，他们当中也不乏像耶和华信仰的牧羊人那样的模范信仰者——尽管在可拉族暴动的故事里，他们和"贵族"一起被塑造成反祭司的人物。丧失政治权力或权势不足的阶层，在此，和他处常见的一样，是利未人在俘囚期祭司们愈来愈重要的活动领域。在现今的申命记版本里，关于将所有外国人，最初是埃及人与以东人，接纳到完全的礼仪共同体当中的规定（23:8），应该是俘囚期里才展开的。定居战士与通过契约而被合并的格耳林姆客族所共组的古老团体，如今愈来愈被一种纯粹仪式主义的团体所取代——一种，至少在理论上，设想耶路撒冷为其首都的地域共同体。

　　在耶和华教团未来形态的问题上，最初并没有统一的态度。就在第一次的俘囚事件发生后，耶利米建议被俘者好好以巴比伦为家。另一方面，在耶路撒冷崩毁后，他则呼吁残留者应该留守在当地。如此一来，以米斯巴为中心的某种地方共同体或可形成于巴比伦的主权支配之下。不过，以西结极为激烈地反对这点（依据我们对《以西结书》33:25 应该算是正确的解释）。耶路撒冷对祭司以西结而言，是唯一合法的圣所，若非坚守对锡安的许诺，就毫无未来的希望。实际上，他无疑是对的。对于民族，包括格耳林姆在内，在礼仪上统一的命令，如今被连结到阿摩司时代即已成形的一个见解：耶和华已赋予以色列国土特殊的礼仪洁净，迥异于其他地方。俘囚祭司愈来愈高涨迫切的宗派激情，以此，在理论上要求：礼仪上的不净者，不得被容许为巴勒斯坦的永久居民。就在以色列丧失其现实的领土基础那一刻，政治领土基础的理想价值，便为了自此之后发展成为国际性居民的这个客族，永久地在礼仪上确固下来。唯有在耶路撒冷才可以行献牲祭祀，并且，在以色列领土上唯有礼仪的洁净者才可以永久定居。然而，举凡礼仪洁净的耶和华崇拜者，无论是以色列人或格耳林姆或新的改宗者，都同样具有信仰上的同等价值。

纯粹宗教的奠基于先知应许的这个共同体的本质，就此决定了：对外的这种宗教隔离取代了政治的分隔，并且本质上更加尖锐。我们首先从实质伦理的发展来探究这点。以色列人的义务，打一开始当然也和地上所有民族原先一样，是按其所面对的是部族同胞或部族外人而有所不同。族长伦理对于即使是种族上最亲近的部族外来者——诸如以东人（以扫）或东约旦的游牧民（拉班）——的计谋与诈欺，也不以为忤。耶和华命令摩西向法老进谎言（《出埃及记》3:18、4:23、5:1），并且帮助以色列人在出亡之时侵吞埃及人的财货。即使在以色列本身里头，部族的区分也有着同样的

结果。寄居者在法律上，是于他与其共同体所订定契约的范围内
受到保护，在伦理上，则唯有通过利未人的教诫方得保障。然而，
在较古老的时代里，根本没有任何一种"排他意识"存在。在格
耳林姆之间，如传承所知，也存在着迦南的诸共同体（基遍即是
个范例）。直到耶和华信仰的清教徒起而反对迦南的性狂迷，以及
所罗门之建立民族王国，与迦南人（包括迦南的格耳林姆）之间
的对立，才开始尖锐起来。在俘囚期的看法里，所有的迦南人都
被认为是敌人，并且由于性的无耻而被耶和华注定要遭受奴役，
后来，由于迦南地的神圣性，而且为了避免以色列人受引诱而背
离神（《出埃及记》23:23f.、34:15），他们被耶和华注定要遭受灭
绝的命运。根据此一看法，与他们订立契约是不被允许的，除非，
如示剑传说的保留说法，他们通过割礼而加入礼仪共同体；然而，
有鉴于割礼，如我们已注意到的，在迦南人之间无疑的普及程
度，这说法是后来的添窜。因为，在较古老的时代，以色列对非
以色列人的关系反倒是由政治所决定的，即便是在崇拜与礼仪方
面。起初，并没有排斥同桌共食的事，而且与此相关联的，也没
有不兼容外来献牲祭祀的问题。与基遍人的食桌共同体，依原文
所示的，并非"献牲会食"，而不过是订立契约下的单纯共食。尽
管如此，以色列人即使在仪式性场合里也接受外来吃食。在约瑟
及其兄弟与埃及人的共食故事里显示出（《创世记》43:32），埃及
人之拒绝与外国人同桌共食，在此一传说的时代里是被视为埃及
人之相对照于以色列的特殊性。在耶和华信仰的清教运动影响下，
不准与外邦人一起献牲会食的禁令愈来愈趋尖锐化（《出埃及记》
34:15、《民数记》25:1f.）；若非以色列人先前就如同世界各地一
样本来就不排斥这样的会食，如此严格的禁令也就没有那么必要。

尚有疑问的是，雅各借着牺牲燔祭而与拉班所立的契约（《创世记》31:51f.），在耶洛因派看来（他们视拉班为信奉他神者），是否也就是这样一种献牲会食。不过，我们从以利沙的故事里也可得知，像乃缦那样一个出仕于外国的耶和华信仰者[1]，按照当时的观点，是可以参加其所待奉的王的祭神礼拜，无疑的，因为这不过是一种政治行为。此种见解在后来宗派性的犹太教看来，简直是一种可怕的亵渎，对后者而言，与其屈从于王或王的祭祀礼拜，宁可选择殉教。以契约为决定要素的严格的拜一神教直到宗派主义化的时代才得出此种完全的归结。

异族通婚也无可避讳地被提及。一名俘虏，在此关联里特别是个迦南的女囚，也可以被娶为妻室。她被视为侍妾，并且侍妾之子在以色列没有继承权的确立原则，在此和世界各处无异，是某个时期的发展产物，其时，富裕氏族在女儿结婚时陪嫁一笔妆奁，因此要求其子女得以独占正当性。对于与非氏族成员通婚的疑虑，或许正以此为始，然后在各国王室以公主嫁娶通婚的时代，此种疑虑在虔敬者那儿基于宗派的理由急速地高升。不过，直到俘囚时期才走到真正禁止杂婚这一步。大卫的部族系谱里，如路得的故事所显示的，尚且包含了一个外人。

对非以色列人的内在关系，最鲜明地反映在耶和华对他们的态度的发展里[2]。首先，纯粹政治的动机是其态度的关键所在。非以色列人对他而言是无所谓的。如果与他们爆发战争，他当然是站在以色列这边。但外邦人，即使是信奉别的神，对他而言也不是

1　乃缦的故事详见《列王纪下》5。——译注
2　关于这点，参见派斯克的佳作。有关巴勒斯坦的国际军事法规的意义在细节上无从确定一事，前述业已论及。

什么可憎的。如果他们在战争里援助以色列或帮上其他忙（例如何巴担任通过旷野的向导，《民数记》10:29f.），或者更进一步他们背叛自己的民族而靠向以色列（喇合与斥候的故事，《约书亚记》2），那么他们即拥有特权作为格耳林姆住在以色列。其他民族光只因为是外邦人的关系就必受攻击是没有的事。相反的，耶和华很显然不赞同用政治不轨尤其是背信的方式来加害他们（如示剑事件所显示的），并且，这个和平主义的族长之神显然大大喜悦亚伯拉罕在和平分割土地时对罗得的慷慨大度（《创世记》13），并且聆听了亚伯拉罕为亚比米勒的请愿。耶和华有时候好像也不喜以色列对外邦人的以怨报德。在古老的传承里，其他民族从未因崇拜他们自己的神而在耶和华名下遭受斥责。另一方面，对他们而言，其他神祇的正当性之获得承认也只不过是例外（在耶弗他的故事里，以及在摩押王献其子为牺牲的原版记述里）。所有这些都是一般普通的态度，只有被耶和华对以色列的特殊契约关系稍微修饰过。不过，根据族长传说（《创世记》27:40），耶和华也给了以东——崇拜耶和华的一个古老圣所——一个应许，尽管是比较小的应许，同样也给了被认为是倾向耶和华崇拜的以实玛利。

这些想法的一种普遍主义的理性化是伴同着神学的神义论需求而开始的，此一需求乃基于有必要为以色列的政治威胁与失败做出解释，而从以色列与耶和华的立下契约导引出来，亦即耶和华有权在以色列不顺从的情况下施加惩罚。耶和华仍如先前一般漠不关心其他民族。然而，他利用他们作为"上帝之鞭"来惩治不顺从的以色列（派斯克的说法），一旦他的子民有所改善，他就让他们再度为以色列所灭。这就是现今版本的《士师记》里的实用教训的典型方式。耶和华在乎的是以色列，而且唯有以色列，其他民族不过是为达目的的手段。只是，为使他们能够如此，耶和华必须拥有随心所欲支使他们来达成其目的的力量。因此他也必须，至少部分而言，决定他们的命运。他这样做，绝非只是对他们不利。他为以色列的领地划定界限的工作，的确不是为了其他民族的利益，然而却也给他们带来好处。当时存在于以色列与摩押及以东之间的和平状态，鲜明地表现在《申命记》的说明里：耶和华已给了以扫的子孙西珥之地，给了罗得的子孙摩押地（2:4、9），并且基于这点而禁止以色列与他们争战。他对于外邦人的处置在许多方面愈来愈与其对于以色列的处置相类似。在出埃及故事的祭司版本里，是耶和华刚硬了法老的心（《出埃及记》7:3）——与申命记思考路线相吻合——为的是尽可能荣耀他的大能。主观而言，外邦人——如同法老——的确并不认识耶和华（《出埃及记》5:2，耶洛因派的资料），然而，相信是耶和华将非利士人与亚兰人从远处带领而来的这种信仰，必然可以早早追溯到最初的先知之前，因为他们是以此为前提的。直到神观的普遍主义愈来愈趋增长之后，以色列因耶和华而处于特殊地位这点便成为一种悖论（Paradoxie），此种悖论如今企图借着重新强调古老的契约观念而激活（古老的契约观念如今是以一种片面的神的应许的形式，取决于顺从、出于不问道理的爱，或者由于先祖为他所喜的无条件信赖，或者由于其他民族在礼仪上的亵渎）。以此，契约便从政治团体在历史制约下的社会形式转变为一种神学建构的手段。唯有当耶和华愈来愈成为天上、地上与所有民族的最高主权者时，以色列才成为他的"选"民。此种选民思想，正如我们所见于阿摩司的，是以色列人特殊的仪式与伦理的义务与权利的基础。普遍而原始的**对内与对外道德的二元论**在此为耶和华共同体获得这激越慷慨的下层结构。

在经济领域里，此种二元论最为显眼与鲜明地表现在禁止取息的命令上，从而表现在慈善教诲的社会保护规定与同胞爱的规定里。因为，此一禁令原先仅止于排斥剥削**穷人**（《出埃及记》22:25）——无疑的是指**贫困化的**弟兄（《利未记》25:36），并且只适用于完全以色列人（'am）。《申命记》显然容许对改宗的外邦人（nakhri）放高利贷。原先这放贷取息的对象是寄居者（ger），一如显示于相关的申命记应许里以及与此相应的灾祸威胁里的（后者所说的仍是寄居者，而非改宗的外邦人）。高利贷的确仍是高利贷。不过，若可以如此解读《申命记》23:20 的话，即使耶和华也祝福以色列人的这种放贷取息，如同他祝福他们所有其他的企划会成功一样，只要**不是**对自己的弟兄放高利贷就好。所有其他的社会伦理规定也同样如此：安息年、让穷人收割的田边角落、拾穗权等，全都仅限于自己民族的格耳林姆与贫困者（evyonim）。"邻人"一直是指民族同胞，或如今的宗派成员。对于心志伦理的教诲而言，亦是如此：对自己的民族同胞不可心怀怨憎，而要"爱人如己"，"仇敌"的牛不可任其失迷了路（《出埃及记》23:4），这里的"仇敌"指的并不是政治意味下的外邦人，而是如《申命记》22:1 所显示的，与自己处于敌对立场的民族同胞。以色列人对外人的友好善意与正直公义的行为将会提升以色列的名声，并因而为耶和华所喜，然而教说的道德命令仅限于"弟兄"之内。客人法如同往昔一样是神圣的。不过除此而外，唯有严重侵犯外人才会危及以色列的声名，并遭到耶和华的责难。

经济的对内与对外伦理的区分，对于经济行动样式的宗教评

价具有恒久的意义。如同在清教的意味里那样，奠基于形式合法
性的理性的营利经济从未能获得**宗教上**积极正面的**评价**，而事实
上也从未有过。此乃受阻于经济伦理的二元论，因为，此种二元
论将严格禁止行之于信仰兄弟间的某些行为类型，烙上了行之于
非兄弟则**无所谓**（Adiaphora）的印记。这是决定性关键所在。这
为犹太教的伦理理论家备下了难题。如果说迈蒙尼德[1]倾向于认为
向外人取息正是宗教所**命令**的，那么，除了犹太人所处的历史情
境之外，这无疑的也是由于对容许这种无所谓的想法——对任何
形式主义的伦理而言都是危险的想法——抱持反感所共同决定的。
后期犹太教的伦理已对无情剥削的那种高利贷——即使是对非犹
太人——加以谴责。然而，面对律法书坚实有力的话语及与时进
展的社会状况，其成果想必不足以恃，总之，二元论仍存续于取
息问题里。伦理思想家的理论难题自然还在其次。不过，贯穿于
整个伦理的这种二元论实际上意味着：清教固有的特殊理念，亦
即通过理性的"内在于现世的禁欲"得以获致宗教的"确证"的
理念，是行不通的。因为，此种理念不可能立足于本身既拒斥某
事而唯有对某些范畴的人们才"放行"的基础上。以此，禁欲的
清教的整个宗教的"职业"观念，打从一开始便无迹可循，而我

---

1 迈蒙尼德（Maimonides, Moses，原名 Moses ben Maimon，1135—1204），犹太哲学家、
法学家和医师，出生于西班牙境内哥多华名门，从其父和其他大师学习。在伊斯兰教统
治下，他不得不秘密信奉他的信仰。为了获得宗教自由，他定居埃及（1165），在那里
因医术高明而成名，并成为萨拉丁苏丹的御医。23 岁起开始编撰他的首部著作——用阿
拉伯文撰写的《密西拿评注》，十年后方才完成。其他著作有：关于犹太人法律的不朽
巨作《密西拿律法书》（希伯来文）；宗教哲学经典著作《迷途指津》（阿拉伯文），号召
人们更明智地学习犹太教，并试图将科学、哲学和宗教融合。他被认为是中世纪犹太教
最伟大的知识分子。——译注

们（在《西拉书》里）可以得见的那种对忠实的职业劳动的无比
（却传统主义的）评价，亦无从改变这点。其间之不同，历然可判。
我们会看到，拉比确实——尤其在宣扬改宗的布道时代——极力
教诫犹太人对待周遭民族的正义与可敬的态度。在这点上，犹太
法典的教诲与其他信仰共同体的伦理原则并无不同。特别是，古
代基督教（亚历山大的圣克雷蒙）[1] 在关于经济伦理上也倾向于同样
的二元论，也就是旧约的取息法所制约的二元论。清教的信仰战
士对于教外人的态度——部分而言在旧约的熏陶调教下——也如
同以色列的祭司法典之于迦南人那样嫌弃厌恶，只不过，任一个
清教徒的口里应不至于吐露出像以色列预言那样的话语，亦即明
白宣称一个非教内的世俗君王，例如尼布甲尼撒和居鲁士，为"上
帝的奴仆"。然而，在**经济**伦理的领域上，约莫十七八世纪的基督
教教派（尤其是洗礼派与教友派）的文书里，特别明白显露出他
们的几点骄傲，亦即他们**正是**在与**无神者**的经济往来上以合法、
诚信与公道来取代作假、占便宜与不可靠，他们始终贯彻固定价
格的体制，他们的顾客即使只派小儿前来也总是取得物合所值斤
两不缺，无论是存是贷在他们那儿便安全无虞，正因如此，无神
者更偏好光顾他们的商店、银行与工坊实业而甚于所有其他同行，

1　圣克雷蒙（Clemens von Alexandrien, St., 拉丁名为 Titus Flavius Clemens, 150—215），
基督教护教者，到希腊化世界宣扬基督教的神学家。生于雅典，在他的老师潘代努
（Pantaenus）引导下，接受基督教，他是斯多噶派哲学家，后出任亚历山大教理学校校长。
按照克雷蒙的解释，希腊人心目中的哲学就是犹太人心目中的摩西律法，都是真理的入
门。他主张基督徒关心现世，但认为逻各斯的律法高于世俗律法，曾主张以正义战争反
对奴役人民的政府。201—202 年，罗马迫害基督教徒，克雷蒙被迫离开亚历山大，寻求
耶路撒冷主教亚历山大的庇护。他一直被拉丁教会尊为圣人，但在 1586 年教宗西克斯
图斯五世以克雷蒙某些观点背离正统为由，将其名从《殉教圣徒录》中剔除。——译注

总之，他们优质的由宗教所制约的**经济心志**（Wirtschaftsethos），让他们顺着"诚实为最上策"的原则，在与无神者的竞争里获得压倒性的胜利。此情此景正如同我们尚可在最近几十年的美国中产阶级生活实况里体验到。类似情形也发生在印度的耆那教与袄教徒身上，只不过，在印度，礼仪的束缚为经济经营的**理性化**之贯彻发展套上了坚固的枷锁。就像正确的耆那教徒与袄教徒那样，虔敬的清教徒极少插手介入殖民资本主义、国家政商挂钩资本主义、租税与关税承包资本主义或国家独占资本主义。这些古代的、欧洲之外的、近代市民发展之前的种种资本主义的特殊形态，在他们来说是伦理上遭拒斥的并且不为神所喜的、粗野的货币积累类型。

犹太教的经济伦理与此全然不同。首先，要说族长对待"非同胞"的伦理从未发生影响是不可能的，那伦理中确实含带着"让谁来上钩"的相当透彻的一个准则。总而言之，其中欠缺任何让经济的对外关系导向伦理理性化的**救赎论**动机，亦即没有任何致此的宗教报偿在其中。这对犹太人的经济行动样式造成了广泛的结果。自古以来，犹太人的贱民资本主义便如同印度教的商人种姓的贱民资本主义那般恰恰通晓（除了纯粹的高利贷与商业之外）清教所憎恶的国家资本主义与掠夺资本主义的种种形态。这对两者而言原则上并无伦理考虑的问题。当然，若有人作为无神的犹太君主的甚或外国势力的包税者而对自己的族人进行放贷剥削，便会深受拒斥并被拉比视为不净。不过，对于外人，此种赚取钱财的方式，在伦理上是无所谓的——尽管在道德家这方自然有所保留：径行诈欺总是不受允许的。然而，正因为如此，经济经营终究无法成为宗教的"救赎确证"之所在。如果上帝是借着经济的成就来"祝福"他的子民，那么并不是因为其**经济的**"确证"（其救赎），而是因为虔信的犹太人在此种营利活动**之外**过着为神所喜的生活（《申命记》的取息论已如此教诲）。正如我们后面将看到的，这是由于在犹太人来说，生活样式里的信仰确证之所在，是全然有别于"现世"——特别是经济——之理性确证的一个领域。在宗教制约下的生活样式里，到底是哪些部分让犹太人得以在我们的经济发展里扮演上一角，留待后面再谈。总而言之，在他们居住最长久且大多数人据以为家的东方、南欧与东欧等地，不管是在古代、中世纪或近代，都未曾发展出近代资本主义所**特有的**面相来。他们在西方的发展上真正的参与，根本上是基于其**客族**的特色，而这是他们自愿性的隔离所产生出来的印记。

此一客族地位乃是经由**礼仪的**闭锁而建立起来，而此种闭锁，如我们所见的，是在申命记时代扩展开来，而在俘囚时代并经由以斯拉与尼希米的立法而被贯彻实行。

民族国家体制的没落与俘囚事件，对北以色列和对犹大而言，别具不同意义。在撒玛利亚，亚述君王以美索不达米亚的殖民者移居此地来取代被俘虏的战士，正如传承所透露给我们的，这些殖民者很快就顺应了"当地的神祇"，亦即当地的耶和华崇拜形式，据说，这是因耶和华吓人的神迹所导致的。至于耶路撒冷，尼布甲尼撒在长考之余显然相当违其所愿——因为他比较想利用耶路撒冷成为抵御埃及的桥头堡——但仍彻底地加以摧毁，并且以不断的驱逐手法掳走了城居的贵族与官员家族，亦即宫廷贵胄、熟练战士、王室工匠、圣职者以及乡居的豪族。居留下来的基本上是乡村的小农民，并且，由于巴比伦早就不再有强大的农民人口存在，所以**并未**发生美索不达米亚或其他殖民者移入的情形。被俘虏到巴比伦的民众，命运似乎也有了变化。可以肯定的是，他们大部分的人——即使难以说是全部的话——被安置定居在靠近首都的乡村地区，而且无疑的，就我们在美索不达米亚大君的碑文里一直以来所发现到的，他们还挖掘了一条运河（或加以整修），也就是说他们集居在自己的那个地区，并且向君王缴纳从他那儿所获土地的租税，必要的话也服徭役。徭役之事，先知们历有所指（《以赛亚书》47:6，《耶利米书》5:19、28:14，《耶利米哀歌》1:1、5:5）。贫乏困苦以至于饥馑的怨叹之声亦有所闻（《以赛亚书》51:14、19）。拿波尼度治下[1]，一反以未米罗达的作风[2]，加重了压迫——如克兰罗特所视为真实的，这并不足为奇，因为居鲁士的碑文业已揭露，这个王也加重了自己人民的徭役负担。个别的监禁关押，在先知的只言词组里似乎属实，很有可能是起因于反抗，而这反倒可能是肇因于救赎先知的活动，起码他们在西底家治下耶路撒冷崩毁之前即已出现（《耶利米书》29:21）。一般说来，压迫纯就客观而言应该不会是很沉重的，因为在耶利米致俘囚教团首领的书信里即已假设了这样的前提：俘囚民握有营利活动的自由，并且在巴比伦大致上得以从心所欲地成家立业。我们就在首都里发现俘囚民的人数愈来愈多，并且，根据宾夕法尼亚的探险

1　拿波尼度（Nabonidus，前556—前539），详见本书第一篇第二十二章 p. 344 注 2。——译注
2　以未米罗达（Evil-Merodach），巴比伦王，这是《圣经》里的名字，亦即尼布甲尼撒的儿子亚美马杜克（Amel-marduk），在位仅仅两年（前562—前560）。即释放约雅斤出狱的那一位国王。——译注

队所发掘并出版的穆拉束文书[1]，他们有着极尽不同的各式职业地位，仅除了纯政治性的官职地位之外，因为此种官职地位是以接受巴比伦的**书记**教育为必要条件（但此种教育显然并不开放给犹太人和其他非巴比伦人）[2]。犹太姓名的数目在巴比伦，特别是自波斯时代起，愈来愈见增加，并且当起地主、收税者与巴比伦和波斯贵族的雇员。最后，无疑也愈来愈多的是从事于商业特别是货币兑换业，而这项行当在巴比伦确实早自汉谟拉比时代起即已令"金融业者"的类型得以成形。由于人种上与语言上——因俘囚期而接受了亚兰语的民众方言之后——仅有些许差异，因而打一开始便防止了像在埃及所发生的那种迫害或是像当时的亚斯文（Aswan）纸草所显示出的那种犹太人聚居区（Ghetto）方式的生存[3]。教团愈来愈兴盛。仅次于波斯人，他们似乎是在所有的外来民族当中扮演了最为显眼的角色。俘囚民里有相当一部分人，就返还时可观的神殿捐献可知，是非常富有的，而正是这些富裕者，为了不使财富有所损失而宁可滞留在巴比伦者，为数不少。这自然是发生在对犹太人

1　穆拉束文书（Murashu-Documents），在卡巴尼（Kabari）运河上的尼普尔（Nippur）发现许多有关贸易的石板，刻有不少犹太人的名字，内容显示，他们在商业界中非常活跃，从事租赁和买卖。石板的日期是公元前 5 世纪，因此可以说明犹太人被掳巴比伦约一百年后的一般情况。但石板暗示，类似的情况持续了相当的一段日子。这些文件都是在一幢穆拉束兄弟（Murashu Sons）商业废屋中发现的，有许多是合约的形式，记有商务上的合股人的名字。参见 H. V. Hilprecht & A. T. Clay, *Babylonian Expedition of the University of Pennsylvania*, Series A. vols.IX-X, 1898, 1904; ANET, pp. 221—222; DOTT, pp. 95—96。——译注

2　参见 S. Daiches, *The Jews in Babylon in the Time of Ezra and Nehemiah according to Babylonian Inscriptions*, Publ. Con. No. 2 (London, 1910)。

3　在巴比伦俘囚期的同时，也有一批犹太人逃难到埃及，大概就是挟持耶利米到埃及去的那批人。他们定居在今日尼罗河中游亚斯文地区的伊里芬丁岛（Elephantine），或称"象岛"，并形成一个特殊的犹太人聚居区。有关此一聚居区的情况，详见本书第二篇第七章韦伯的叙述与译注。——译注

相当友好的波斯支配下的情形，而且犹太人宦官，例如尼希米，也被视为君主个人信赖的人。不过，要说巴比伦政权就是针对俘囚民施加有系统的压迫，倒是不太可能的事。宗教的不宽容并无法证实，即使在某些情况下大君坚持被征服者要崇敬他的神祇，那么这也不过像所有的古代当权者一样，仅只是出于国家理由所采取的行动。同时，所有这些东方的专制君主浑然不知像罗马晚期的皇帝崇拜那样的一种真正的支配者**崇拜**，因为尽管支配者的确要求君主崇拜与绝对的服从，但他仍然位于神祇之下。此种情形有利于宽容。虽然如此，对于巴比伦（Babel）的憎恨是异常强烈的，正如波斯战争临近之际第二以赛亚的灾祸预言里的欢呼之声所显示的。这使得俘囚教团在俘囚期过程中紧紧凝聚在一起。不过，这特别是**祭司**的功劳，他们直到耶路撒冷崩毁之际的最后驱逐之举里才大量被囚捕而来，前此，尼布甲尼撒显然还冀望援引他们为支柱。

在俘囚民当中，具有权威的首推"长老"，在耶利米的书信中最先提到他们（《耶利米书》29:1），然后才是"祭司与先知"。在官方上，他们或许仍是负责与巴比伦政府应对的永久代表。以未米罗达王的确对被监禁了一段长时间之后的前末代犹大王约雅斤施加恩典，并令其加入王的食桌。作为王室血脉的大卫一族必然因此而在俘囚民当中赢得优越崇隆的地位，不过，毕竟也仅止于此。事实上，愈来愈站上台前的毋宁是祭司，以及我们后面会谈到的几个先知。就像民族大迁徙时代里，主教的权势的抬头，也是基于同样的道理。人们从《以西结书》里即可得知他们早在俘囚最初时期里便已具有重大的意义。以西结是祭司的后人。他关于以色列未来国家的计划，显示出王权的信用尽失。对于神权政治架构下的这个教团而言，君侯（Nasi）根本不过是个教会保护者。

耶路撒冷的神殿"大祭司",在以西结来说首先就是未来的教权制秩序的中心人物。他的提案里所见的那些乌托邦的同时也是图式化的细节,在此并非重点。实际上,其中饶有意味的倒是,除了大祭司的角色之外,首度在此实行身份上的区隔,亦即区分出执掌祭仪的祭司(Kohanim),与其他未具献牲资格的"利未人"。不过,即便是这点,自然也是困难重重。就以西结而言,耶路撒冷的撒督族,作为唯一的祭仪祭司,仍扮演着决定性的角色。在这样的基础上,要将各大祭司门阀统一起来是不可能的。必然要等到发展的进一步过程才会达成与非撒督族祭司,亦即亚伦族的调停。随着波斯支配的开始,祭司赢得了绝对的指导权。这与波斯君王始终遵循如一的政策相关联:无论何处皆扶植教权制,以便利用其为驯化附属民族的手段。居鲁士就是一方面尊崇巴比伦的神祇,另一方面却也自豪将那些被巴比伦人废了位的神祇,和被搬迁到巴比伦的神祇偶像与财宝,都复归到他们的故居。同此,他也允许以色列人归返故乡。虽然如此,他在利用祭司这方面尚不如大流士那么彻底。波斯的政策最初还试图支持正统的大卫王朝。两位大卫族裔,设巴萨(Sheshbazzar)与所罗巴伯相继成为归还民的君侯[1]。不过,或许正因为大卫氏族的地位在伪斯麦尔地[2]

---

1 详见《以斯拉记》1:8、11,2:2,3:2、8,4:2、3,5:2、14、16。——译注

2 斯麦尔地(Smerdis,或称 Bardiya),波斯王居鲁士幼子。居鲁士死后,长子冈比西斯二世(Cambyses II,前 530—前 522)继位,为了巩固自己的王位,冈比西斯即位之初即谋杀了他的兄弟斯麦尔地。公元前 522 年,冈比西斯征服埃及,回程途中驻扎在巴勒斯坦迦密山附近时,接到他的兄弟斯麦尔地起兵夺取波斯王位的消息,或许是心中有愧,冈比西斯当时就自杀身亡了。斯麦尔地的夺位不久即被冈比西斯的一个将军大流士(也是居鲁士的旁系亲属)所平定,而大流士最后也登上王位。根据后来的调查,这个斯麦尔地其实是一个名叫戈马他(Gaumata)的人所冒充的。这当然是平定叛乱,并因而登上波斯王位的大流士的说法,历史的真相究竟如何就不得而知了。所谓"伪斯麦尔地的反乱"即指此一事件。——译注

的反乱里，被证实是有政治上的疑虑，所以这项政策被迫放弃。先知哈该当时曾对所罗巴伯预言，大卫的王座即将再建。所罗巴伯是否做了相应的努力，不得而知。不过，他自此之后即音信全无，而他的氏族对波斯人而言也已无关痛痒。一般而言，原则上大流士是以和民族的祭司阶层结盟为出发点。在埃及，资料证明大流士重建了古老的祭司学校。埃及宗教的教会式组织、其宗教会议及其国家的权势地位，是从这时才开始。对小亚细亚的阿波罗崇拜而言，情形同样是如此。就希腊而言，可以确定的是，波斯人有德尔菲神谕和各色的平民先知站在他们那一边，而马拉松、撒拉米斯和普拉帖（Platea）战役的结果则是捍卫了本就不受祭司支配的希腊文化[1]，使其免于沦落在奥菲斯的灵魂轮回说或其他秘法神道和波斯所护持的教权制的支配之下。波斯对于以色列祭司的政策，自大流士以来即如出一辙且获得全面性的成果，而自亚达薛西起更加贯彻始终。祭司对于重建大卫一族的王权一点兴趣也没有，而是倾心于让自己成为一切社会与内政事务的决定性势力，纵使必要时屈从于外族的，亦即与教团毫无内在关系的代官之下也无妨。这倒迎合了波斯政策的利害关怀。俘囚期前不为人知的"大祭司"这个角色，之所以能借着提高洁净的要求，赋予进入神殿至圣所的特权与施行特定仪式的独占资格而被形塑为地位显要的教权制代表人，乃是祭司影响下的俘囚期预言与礼仪命令在祭司的编纂与添窜下所共同造成的结果。律例与律法书的祭司编纂本提到"君侯"之处，仅止于禁止诅咒他们，除此则全然无视。所有这些全都贴合波斯政策的要求。另一方面，祭司也彻

1　公元前 6、前 5 世纪之际波希战争中最著名的几场战役，希腊获得了最后的胜利并保住其自由。——译注

底预先做好与波斯王权之间——好比在亚达薛西治下那样——的谅解工作。首先是热心做成名簿的登录，登录了应该被承认具有完全资格的祭司氏族，以及与此一氏族愈来愈形分离且不具职务能力的利未人与司祭人员，还有同此，教团的成员。包括部分而言较古老的传承，以及广泛且明显存在矛盾的氏族名簿，就是在当时做成的，而这些则构成了现存传承的祭司编纂本如此重要的一小部分，从而有被企图作为未来具有祭仪资格的唯一认证。进一步的工作是为生活样式上的礼拜规则与仪式命令作出规定，并且白纸黑字地确定下来，还有将前此以文书形式存在的历史传承和利未人的律法书整体作一番与上项工作相符的修正。传承在当时，公元前 5 世纪，即具其今日的姿容。完成了这些准备工作之后，祭司凭借其于亚达薛西治下的宫廷关系，成功地实现了以下诸事：（1）一位犹太人宦官兼国王的宠幸，尼希米，以其作为代官的全权，重新组织了耶路撒冷的教团国家，并且借着都城围墙的重建与强制集中居住（Synoikismos）来确保这个教团国家的存在；（2）一位祭司，以斯拉，借助王的权威而宣告，那部由俘囚期教团的祭司在巴比伦所拟定的"法典"，是对这个教团国家具有拘束力的，并且促使这个国家的代表人通过庄重的文书为此法典负起责任。在这些现象里，于此最最引起我们关注的首指这个教团国家的礼仪性**隔离**的贯彻。此种礼仪性隔离在俘囚期里被加以实行，因为，当北以色列人在亚述的放逐下，几乎完全被吸纳到当地的环境里去的这个事实，为祭司与律法书教师所得知之后，他们必然从而学习到，对他们固有的利害而言，此种礼仪性保护壁垒的建置具有多么决定性的重大意义。

实际上，最重要的一点莫过于绝对禁止**通婚**的命令。以斯拉

借助于非常戏剧性的手段而将此项禁令贯彻到底，并且义无反顾
地强制执行，甚至包括解除既已存在的通婚事例。前此，此种禁
制之微不足道，既已显示于古老的史料（《创世记》34、38，《士
师记》3，《申命记》21:10）与大卫一族的混血情形里（路得！），
再者，定居于以色列的人当中，除了有力的贵胄氏族及为数不少
的祭司与利未人之外，还有大祭司的家族也都身在触犯此罪的行
列里（《以斯拉记》10:18f.）。在祭司编修版里，这场对抗通婚的
斗争展现在一连串的神学论述当中，譬如对于在田里播下混杂的
种子、在织布里交织混杂的纱线以及对于杂种动物的驳斥。若说
这些个禁令至少部分而言与不知名出处的古老迷信相关联，倒也
不无可能。只不过一般而言更有可能的是，所有这些禁令无非是
形式主义的祭司基于与非犹太人"混血"的禁忌而后有的神学建
构。因为譬如毫无顾忌地使用骡子，在俘囚期之前的时代是确实
的。就种姓似的排外性闭锁而言，次于通婚的，究属**同桌共食**
（Kommensalität）的问题。我们看到，与礼仪上的外邦人自在地
同桌共食并不是没有的事，只不过这当然和其他各处一样，仅止
于发生在通过誓约而永久结盟或通过客人法而一时同盟的圈子里。
埃及人与希伯来人在约瑟的故事里的确是各就其食，不过对于同
桌共食的这种拒斥，其实是要归因于埃及人对于食事的观感与以
色列人有所不同。直到祭司法典对于**饮食法**的极度强调，方才肇
始了实践上触手可及的种种困难。

在"祭仪的十诫"里的确包含了一则高度专门化且后来经扩
张而造成深远影响的饮食规定（不可将小山羊放入其母的乳汁里
烹煮），但在此"祭仪的十诫"里，或在其他确实是俘囚期前的规
章里，都未曾包含或提到后来以色列人极具特征性且特有的饮食

禁令，只不过除了许多部分而言相当重要的动物（《利未记》第11章）的相关禁令之外：（1）禁食坐骨神经，在其后来的专门化里演变成几乎全面不准享用兽类的腰肉；（2）禁食脂肪（《利未记》3:17，7:23、25），后来这被解释成仅限于四脚动物，而迫使以色列人使用鹅的油脂；（3）禁食血，这使得肉必须经盐腌和水洗；（4）禁食已死或已裂解的动物，这（连同第3条规定）决定了屠宰的仪式性规制。这些禁令的某些部分（例如《利未记》3:17），已经由其形式呈现出祭司法典制定之修订的特征。吃食驴肉是《列王纪下》6:25的前提。禁食死兽或遭撕裂的动物在《以西结书》（4:14；相较44:31）里的前提是只适用于祭司，而在第三以赛亚（《以赛亚书》66:3）里只提到以**猪血**来**祭献**是可憎的亵渎。这些禁制的部分内容，包括或许是对于猪肉与兔肉的疑虑以及在撒母耳传说里提及的禁食血的规定（《撒母耳记上》14:33f.），部分是作为一般性的禁忌，部分是为了敬神之故的献牲禁忌[1]，部分则是作为祭司的洁净禁忌，必然要追溯到古代。追本溯源的传说故事——一般而言是事情已历史久远的一种可靠征兆——只发现到关于不可吃坐骨神经的习惯，亦即关于不可食血禁令的一种形上学的也就是相对晚出的（从动物灵魂信仰而来的）解释。在所谓的祭仪的十诫里的那则不可将小山羊放入母乳里煮食的禁令，在后来的犹太教里扩展成不可以任何方式将肉与奶一起烹调的规定，然而这禁令似乎是源于示剑祭仪的地方性禁忌，并且在那儿并未发现令其成为积极法规的动机。禁食死伤兽肉的命令可能和献牲的规定相关联。关于特定

1　《士师记》13:4似乎是提示，不可吃"不净之物"的禁令原本只是俗人因起誓之故而须信守的义务。

种类动物的禁令，我们找不到任何溯本追源的传说故事有所指涉。取而代之的毋宁是一种自然科学的区分方式，这确实并不古老，而是祭司的图式化的产物，相当类似于——部分而言根本就是——摩奴法论里的那种方式，而且可能非常扩大了禁食肉类的范围。追溯各个禁令的形成原因，可能是件徒劳无功的事。在巴勒斯坦，确实直到福音书时代都还豢养猪只，如同其他牲畜。猪鬃即使到后来也未被视为不净，而是仅止于吃食猪肉。直到犹太圣典时代，所有的小牲畜饲育者，包括山羊饲育者在内，才被视为不净的——他们可曾是耶和华信仰的担纲者——不过并不是因为他们吃食猪肉，而是因为他们利未人式的不洁净的生活样式。最有可能的是，如同日耳曼之禁食马肉的教会禁令，在此是基于对异邦人祭典牺牲的饮食有所避忌。不过，若就其相当广泛可见——亦普及于印度与埃及——这点来看，此项禁令也有可能是从外面传进来的。

比起这种排斥一系列广受其他地方所钟爱的肉食料理来，禁食血的命令与愈来愈担心要避开一切实际未经屠宰而死的兽肉的这种顾忌，对于同桌共食的可能性产生了更强烈的影响，而且正因此而导致有必要，如俘囚期之后的时代所发生的，具备一套在礼仪监控与规制之下得以适用于所有动物的特殊的屠宰（shachat）方法。一切未经正确方式宰杀的牲畜，以此皆被视为"腐肉"（nebelah），即使所谓的不正确仅是由于刀上有了缺口（会使兽肉被"撕裂"），或因为屠宰者的其他疏失——他们非得经长期训练才学会这项技艺。礼仪严正的犹太人之所以难以离群索居或小伙群居，正是肇因于需要有个礼仪正确的"屠宰者"在身边的必要性，而这也使得在美国直到现今为止，礼仪上正统的犹太人无不集中居住在大城市里（而改革派的犹太人则得以独自从事以高利贷榨

取乡下黑人的利润优沃的事业）。此种饮食与屠宰礼仪的决疑论的
完备论述，是属于古代晚期的事，不过基本上来说是要追溯到俘
囚期的祭司的教说。由于饮食习惯的这种仪式主义化，使得同桌
共食相当困难。任一种真正的同桌共食禁令，从未为官方犹太教
所认知。《禧年书》[1]（22:16）里劝诫，要与异教徒分离且**不可与他
们共食**，此一见解之少为人所接受，正如视异教徒的家或与他们
的个人接触为一切不净的见解之未曾被确认一样。在较往后的时
代里，唯有欲举行崇拜仪式的犹太人方得信守与一切异教事物严
格分离的命令（《约翰福音》18:28）。总之，希腊与罗马作家的著
述里证实，严正的犹太人对于任何与非犹太人同桌共食的事自然
存有相当大的疑虑；"憎恨他人"（odium generis humani），对犹太
人的责难，首先无疑要归根到这点[2]。

　　严格的**安息日**圣化在俘囚时期浮上台面，成为最重要的礼仪
性"识别命令"之一，一来是因为谨守安息日，相对于行割礼的简
单事实，是当事人实际上认真对待其为教团一分子的一种确实且
人人睁眼得见的表征，然后是因为崇拜祭典与耶路撒冷的礼拜圣
所相连结，而安息日则是唯一独立于所有祭礼机构之外的节庆。
谨守安息日当然相当可观地加重了犹太人在职场上与非教团成员
共同合作的困难，也因此，再加上守安息日之高度的招人侧目，
在在极力地促成了隔离之事。安息日又由于神的六个工作日，而

1　《禧年书》(Book of Jubilee)，亦称《小创世记》(Little Genesis)，伪经之一。该书把《创世记》
　至《出埃及记》第 12 章所叙之事按七七四十九年为一禧年作为纪年单位编排，意在使
　犹太人得以按正确日期庆祝宗教节日。现存完整的伊索比亚文本，从以希伯来文本为依
　据的希腊文本转译而来，尚有希腊文本和希伯来文本的残篇。——译注
2　礼仪严正的犹太人一般而言倒不会因为饮食规定而对于盛情款待非犹太人有任何犹疑，
　不过他们自己却拒绝异教徒和基督教徒的盛情好客。法国的宗教会议即力斥此为贬抑基
　督徒而反过来严命基督徒拒绝犹太人的好客之举。

借着祭司编纂的伟大创造描述，取得其最为醒人耳目的溯源神话。安息日的仪式化在十诫文本的错综广泛的插文里表现出来。源自耶和华派的田地休耕命令（《出埃及记》34:21），与耶洛因派的一般性的工作休止规定（《出埃及记》23:12），如今变成禁止一切活动的命令，亦即禁止离开住处（《出埃及记》16:29）——后来借着包含了种种转圜可能性的所谓"安息日之道"的限定而得到舒缓——禁止生火（《出埃及记》35:3），也就是必须在礼拜五就煮好——对于灯火则经由各种可能的说辞而得以融通、禁止搬运货物与埋葬驮兽、禁止上市场、禁止签订任何交易契约、禁止打斗与高谈阔论（《耶利米书》17:19ff.，《以赛亚》58:13，《尼希米记》10:31、13:15ff.）。从军服役基本上由于安息日与饮食禁令而在塞琉古王朝时代被宣告为不可行[1]。虔敬犹太人最终决定性的非军事化就此定案——除了信仰战争的情况之外，根据马喀比的见解，目的正当化手段。

特殊服饰的创造初见端倪，就像后来的"经匣护符"（tefillin）[2]之于模范的虔信者所表征的那样，但至少起初显然并未有进一步的发展。

1　塞琉古王朝（Seleucid，前312—前64），马其顿人建立的希腊王国，由塞琉古一世创立。是从亚历山大大帝的帝国分割出来的，领土范围包括从色雷斯到印度边境的广大地区，其中涵盖了巴比伦尼亚、叙利亚和安纳托利亚。犹太人马喀比革命独立事件（详见本书第一篇第五章注释）即发生在此一王朝安泰奥克斯五世在位期间（约前175—前164）。安泰奥克斯五世去世后，王国加速衰退。德米特里一世和安泰奥克斯七世即使想尽力挽狂澜也无法阻止王朝终结的命运，公元前64年为罗马庞培所亡。——译注

2　犹太教器具。是小型黑色皮方盒，两个一副，内装书写律法书经文的羊皮纸条。根据《申命记》6:8的规定，犹太男子年满13岁始佩带经匣护符，以纪念上帝，不忘遵守律法。根据教规，在除安息日和节日以外的各日上午礼拜或阿布月（五月，公历七八月间）初九的下午礼拜中，都要佩带经匣护符，一在左臂，面向心脏，另一戴在额部。——译注

第七章

俘囚期、以西结与第二以赛亚

在后期犹太教里，如同在早期的基督教里，存在着实践上的两项重大顾忌，其一是忌讳从事任何可能仅止间接有利于异教牺牲礼拜的劳动，其二是避忌任何可能意味着间接参与这类礼拜行事之危险的社会交往。这两大顾忌从拉比才发展起来，但基础却是由预言与律法书打下的。而且，此种拒绝参与任何一种**献牲**会食的态度，在古代是绝无仅有的，也是犹太人在政治上的贱民处境的关键所在。这些隔离倾向的特色独具之处在于，其担纲者乃是巴比伦的**俘囚**教团，与受其决定性影响的回归巴勒斯坦的团体组织者。流亡埃及的教团，根据盛行于其中的姓名来推断，很明显的大都源于北以色列，也因而延续了北以色列宗教混合的传统；反之，巴比伦教团则是源于犹大的，并且正如在巴比伦的俘囚期里许多新名字的创造——全都是以"耶和"(jah)而非以"耶洛"(el)为语干来形成——所显示的，这是个具有强烈耶和华信仰起源的集团。尤其是，此一教团乃是以**预言**传统的持续为其轴心，相对于敌对预言的犹太人转而投向埃及，并且以暴力挟持耶利米到埃及去，何况这种与埃及的政治结盟往往受到预言特别强烈的排斥。

整体而言巴比伦的俘囚教团比起亡命埃及的集团的处境优沃得多，尤其是受到周遭环境拒斥的情形更是少得多，虽然如此，反过来却是巴比伦的犹太人，而非埃及的犹太人，借着对外造设决定性的礼仪屏障、对内建置教团组织而掌握了主导地位，如同后来其之为犹太圣典集成的担纲者；盱衡回顾这些事实，我们便得以评量出，预言与因预言所带来的种种希望对于犹太教的形成与维持，具有多么压倒性的重大意义。埃及的犹太教团当然也有祭司。但是在巴比伦深受预言影响的祭司阶层，却借着活生生地将申命记传统维系于他们之中，而成为犹太教后续发展的唯一核心。在巴勒斯坦，是**市民**人口，而非富裕的乡居氏族，也非富裕的祭司，支持清教的传统。后俘囚时代影响深远的社会对立，一开始便已显现出来。被掳归回者的敌人最初就是**撒玛利亚人**。根据传承（《列王纪下》17:24），他们是从美索不达米亚与亚兰诸城市移入者与当地土著以色列人的混合，在北以色列祭司的带领下崇拜耶和华，但多半连同其他神祇一起祭拜。他们最有影响力的阶层，一方面是常住在撒玛利亚且出入代官官厅的官员和其他的利害关系者，另一方面是农村和乡镇的富裕氏族，亦是地方性祭祀的利害关系者。当耶路撒冷的神殿建造工程——似乎是始自大流士治下——展开之际，他们也来一起出力，但是就如罗德斯坦所推断的[1]，由于哈该的一则神谕（《哈该书》2:10f.），所罗巴伯拒绝了他们（《以斯拉记》4:3），以至于神殿建造工作被强行中止。他们对于耶路撒冷人的敌意一直持续下去，特别是阻挡一切城市防御工事的企图。

1　Rothstein, "Juden und Samaritaner", BWAT 3 (Leipzig, 1908). 在耶利米的时代（41:5），就有来自示剑与撒玛利亚的人们参与耶路撒冷的献祭。

使得耶路撒冷人一直生活在不安状态中的这些敌对者（《以斯拉记》3:3），被称为"乡下人"（'amme haaratzoth）。不过，尼希米治理下的状态显示出，耶路撒冷城及其周边乡村地区的有产者阶层，不论是平民或祭司或官员，有相当可观的一部分，尤其包括大祭司家族在内，都和巴比伦系清教主义的敌对者联婚通好，部分是声息相通，部分是态度摇摆不定（《尼希米记》5:1、6:17f.）。这情形也一直持续下去。即使到了希腊化时代（一如约瑟夫斯所期望的）[1]，大祭司的一个兄弟尚与撒玛利亚的一名省城代官缔结联婚之谊并迁居到那儿去[2]。唯有大王所赋予的全权，如以斯拉与尼希米所

1　约瑟夫斯（Josephus，本名 Joseph Ben Matthias，37?—100），犹太历史学家，66—67 年犹太人反罗马人起义的军事指挥官。出生于耶路撒冷的一个高级教士家庭。早熟，14 岁就与大祭司讨论犹太法问题。16 岁开始在蛮荒之地作三年旅行，回耶路撒冷以后，曾加入法利赛派（Pharisee）。64 年出使罗马，圆满完成使命。同时，他对罗马的文化和军事力量留下了深刻的印象。在反罗马大起义的前夕，他回到耶路撒冷。66 年犹太地方的犹太人驱逐罗马的行政长官，在耶路撒冷建立一个革命政权。约瑟夫斯被任命为加利利地区的军事长官。67 年春罗马军队进达加利利，约瑟夫斯坚守要塞 47 天。加利利城陷落之后，他与 40 名战士躲藏到附近山洞中，战士们虽然身陷重围，但决定宁愿自杀也不向罗马人投降。约瑟夫斯惊恐万状，诡称自杀不符合犹太教的律法，因此每个战士要依次杀死挨着他的人。大家抽签决定顺序，约瑟夫斯用计把自己排在最后。当仅剩两人时，他杀死另一个人，然后向罗马人投降。罗马人把他带到统帅韦斯巴息安（Vespasian）面前。但他情急智生，自称是先知，预言韦斯巴息安马上就要当皇帝。这使他免于一死，此后两年留在罗马人的军营中当囚徒。69 年底韦斯巴息安被部下拥立为皇帝，约瑟夫斯的预言成为事实，这位善于逢迎的犹太人终于获释，并转而为罗马人效劳。70 年罗马人围攻耶路撒冷时，约瑟夫斯随罗马军队参战，并打算充当双方的调解人。但是，由于犹太人不原谅叛徒，罗马人又不信任他，他未得逞。耶路撒冷陷落后，他定居罗马，从事文学事业。他在罗马获得公民资格和一笔年金，曾是韦斯巴息安、提图斯和图密善三朝宠臣。

　　他的第一部著作《犹太战争史》（Bellum Judaicum）共 7 卷，于 75—79 年陆续问世，其中对 66—70 年的大起义作了详尽的叙述。他极力渲染罗马军团的威力，显然，他写作此书的目的之一是劝犹太人赶快放下武器向罗马人投降。书中对犹太爱国者表现极端的仇视，对他们的命运竟然丝毫没有同情心。93 年完成 20 卷《犹太古事记》（Antiquitates Judaicae）。书后附有一篇《自传》（Vita），为自己的变节行为进行辩解。身为历史学家，他的分析比较肤浅，年代也常有错误，并且往往夸大和歪曲事实。——译注

2　这等事情或许在尼希米时代即已上演。

掌有的，显然才能让那些贵族世胄听命行事。提哥亚的平民确实是参与了城墙的建筑，但提哥亚城的贵族（adirim）却没有（《尼希米记》3:5）。就连耶路撒冷人的有产者阶层，一如俘囚期前的时代那样，也来高利剥削小自有产者，因而形成了激烈的冲突（《尼希米记》5:7）。尼希米本身除了有一支亲卫队来支持他，靠的是他自己显然相当庞大的个人资财及巴比伦俘囚民的丰厚货币手段之外，还有群众的支持。为了迫使耶路撒冷的富裕者解除贫民的负债，他招聚了一个"大会"（kahal hagedolah，《尼希米记》5:7）。同样的，以斯拉（10:8）为了强制解除与外邦人通婚者的婚约而招开"被掳回归者的会"（kahal hagolah），并且以宗教惩罚相威胁，亦即将那些没来参加集会者迫门出家（迫出俘囚民会 [golah]），并禁治其家产（cherem）。在此情况下的禁治令，到底只是禁忌化，亦即杯葛，或是有效的抄灭，在此不得不存而不论：正如尼希米的叙述所显示的，敌视反目的情形如火燎原。在以斯拉的年鉴里（6:21），出现了"自我隔离者"（nibdalim）的称呼，意指礼仪严正的俘囚民的教团，以及加入他们这边的人。不过，此种教团形成本身无疑是要推始于尼希米所做的工。

形式上，尼希米的事功指向两大方面：（1）将贵胄氏族与地方上被解放的部分住民强制集住于如今已防御守备起来的耶路撒冷城里；（2）通过尼希米自己与祭司代表、利未人和人民（ha'am）的"长老"（rashim）共同签名封印的兄弟关系之缔结，形成负有一定起码义务的教团。换言之（根据《尼希米记》第 10 章），（1）废弃与迦南地人通婚，（2）杯葛所有安息日的市场交易，（3）免除第七年的所有债权债务，（4）为神殿所需课征每年 1/3 薛克勒的人头税，（5）为神殿所需捐输木料，（6）按照祭司法典献出初

熟头生物或其代偿品，（7）供给神殿祭司各种实物及供给利未人
十一税，（8）保守维持神殿本身。《历代志》的报告让这个兄弟关
系的缔结，与摩西律法——亦即俘囚期祭司之于祭典与礼仪规定
的编纂——的强制，两相连结在一起。然而尽管就在这个律法里
已预示了大祭司的重大祭仪地位，大祭司竟全然未曾参与这个立
约行动，而且其签名也未出现在尼希米的教团建构的保证人当中。
新建制的独特的两面地位在此油然呈现，而且一直存续在几乎整
部犹太历史的过程中。一方面，这是个形式上自由结合的宗教性
教团组织。另一方面，这个由模范的礼仪严正人士所组成的共同
体最终声称自己是以色列的宗教地位，因此也是政治地位的唯一
继承者。实际上，真正的政治实权往往是掌握在波斯总督、后来
的希腊化时代的省长及其官员手中，或是在如尼希米那样的一个
王所特派的全权者手中。同样的，以斯拉的地位形式上也全是奠
基于波斯国王所赋予他的权威。由《历代志》作者重现于圣经的
国王书面任命，要以斯拉实行"天上的上帝"的律法（《以斯拉记》
7:23）并且有必要的话行之以暴力（7:26），是否真实可信，姑且
置之不论；然而以斯拉相对于大祭司的地位，若无国王所赋予的
广泛性全权，是不可想象的。国王显然并未授予新教团国家的执
事者任何的世俗权力，特别是司法裁判权。当尼希米到达耶路撒
冷时，驻在撒玛利亚的国王代官似乎是拥有司法裁判权，而犹太
的地方性管区官僚则掌管当地的行政。这点以及对国王的贡纳义
务上，显然并未出现过任何永久性的改变。唯有祭司、利未人与
神殿奉事者被（所谓的）国王书信免除赋税。不过，教团国家拥
有自己的统治权，是连听也没听说过的事。同样的，祭司与利未
人的十一税恐怕唯有在中间时期里真正被强制课征过，亦即在由

一个礼仪严正的犹太君侯所统治的时期而且是其力所能及的情况下。宗教性的强制手段，亦即尼希米盟约里的禁制条款，后来是将未缴十一税者在礼仪上降格为阿姆哈阿列次，想必保证了这个款项。这事情的混沌不明，以及新的斗争一再发生的来源，全都跃然呈现于文献里。所谓犹太人，无非就是个纯粹宗教性的教团团体（ein rein religiöser Gemeindeverband）：就连其所课征的租税，形式上似乎也是任人自愿承担的。公元前 407 年来自上埃及的犹太人为了斡旋耶和华神殿之重建的请愿书简，是他们先前为此写信给"其同僚，耶路撒冷的大祭司与祭司们"却渺无回音之后，才投递给撒玛利亚的代官和耶路撒冷的代官的。显然他们并不很清楚，谁才是真正的当局。他们得不到耶路撒冷祭司的任何响应，其实倒也不足为奇。

因为，犹太教团的形成意味着在礼仪上与撒玛利亚人以及所有形式上未被纳入教团的以色列人或半以色列的迦南住民分隔开来。尤其是与撒玛利亚人分离，尽管他们也接受俘囚期祭司编纂下的整套律法书，并且拥有亚伦族的祭司。耶路撒冷的祭礼独占在此是决定性的分歧点。正是在祭礼独占这一点上，巴比伦的俘囚民独具一格地灌注了决定性的力道。他们是唯一这么做的一方。如伊里芬丁（Elephantine）[1] 出土文书所显示的，埃及的流亡

1　在前一章的注释里我们曾提到，在巴比伦俘囚期的同时，也有一批犹太人逃难到埃及，他们定居在今日尼罗河中游亚斯文地区的伊里芬丁岛（Elephantine），或称"象岛"，并形成一个特殊的犹太人聚居区。1903 年在当地发现大量亚兰文字的纸草，根据考订这批纸草的日期应该是公元前 5 世纪。纸草的内容性质不一，其中一记录著名的贝希斯敦碑文（Behistun Inscription），是波斯君主大流士刻在伊克巴他拿（Ecbatana）附近之峭壁上的，这份碑文是用三种文字写成的，对近代鉴别古亚喀得文提供了非常珍贵的钥匙：一份是结婚证书；另一份约写于公元前 419 年，提到波斯政府下谕令，吩咐伊里芬丁的

教团建造了一个自己的神殿，甚至在马喀比党派斗争的混乱中逃往埃及的大祭司欧尼阿斯（Onias）也毫不犹豫地在那儿建造了一座神殿。整整一千年里，巴比伦俘囚民的压倒性影响力之持续不坠，再清楚不过地表现于他们打一开始即坚持固守的原则最终得以贯彻。对此结果，真正重要的关键是：为首的祭司门阀与受到预言影响的高贵人士——《申命记》的出产者——被流放到巴比伦去，并且保障了传统的延续。这点比起巴比伦俘囚民优越的经济地位来，更加重要。因为后来，至少亚历山大的犹太教团的经济地位也足以与之媲美。此外，还要加上种族的特别是语言上的因素：巴比伦的犹太人立足于日常通用的亚兰语基础上，与母国完全声息相通，而在希腊化地区的犹太人则否——这甚至还在基督教对双方的改宗者的宣教命运上产生了特征性的影响。一旦**献牲祭祀**首度排他性地获取**教团**祭献的性格，耶路撒冷祭献独占的确立——连结上犹太人的离散存在（Diaporaexistenz）——便具有救赎论上的无比重要性。与耶路撒冷的日常祭献事宜相对应

（接上页注）犹太人，按照耶路撒冷圣殿的规例，遵守逾越节。当地犹太人拥有耶和华的圣殿，可说是意义深远的事。因此，虽然远离耶路撒冷，他们却没有忘记独一的真神。然而，耶和华的崇拜并不单纯，因为发现了某些居民还崇拜其他三个神祇。公元前410年发生暴乱，由埃及克农神（Khnum）的祭司率领，与波斯的官长共谋，结果耶和华的圣殿被毁。伊里芬丁的犹太人因为这事，而函耶路撒冷的大祭司约哈难，求援重建圣殿，但毫无回音。然后在公元前407年，再致函给当时的犹大省省长巴阁阿斯（Bagoas），也写信给撒玛利亚省长参巴拉的儿子第来雅（Delaiah）和示玛雅（Shelemiah）。这事引起总督阿撒米斯（Arsames）的注意，他显然曾竭力相助；因为后来的一份纸草说明，圣殿至迟在公元前402年重建了。相关的纸草史料详见，A. Cowley, Aramaic Papyri of the Fifth Century B.C. (Oxford: Clarendon Press, 1923)；参考 ANET, pp. 491-492; DOTT, pp. 256-269 的摘录。较后期的一组在美国发表，参考 E. G. Kraeling, The Brooklyn Museum Aramaic Papyri (New Haven: Yale University Press, 1953). G. R. Driver 发表另一组的资料，Aramaic Documents of the Fifth Century B.C. (Oxford: Clarendon Press, 1954, abridged and revised, 1957)。——译注

的，是**个人**自此根本就**停止**祭献，赎罪祭与赎愆祭，至少对于离散的犹太人而言，仅止于理论上还存在：个人缴纳一定的贡租给耶路撒冷以取代自己祭献。不过，实际上，这个巴比伦派观点的胜利，为犹太教的国际性散布提供了极大的便利。在耶路撒冷的祭祀，如同奉耶和华之命那样，井然有序地如期进行，对离散的犹太人来说是至关紧要的。然而，身为异地的客族，既然不必负担建造自己的神殿的义务，自然是使他们获得了无比的移动自由。

原则上，俘囚民（gola）拒斥其他任何的神殿为非法的。进而，与撒玛利亚人的对立愈来愈趋尖锐。我们发现，在托勒密王朝时代，犹太人与撒玛利亚人早就在埃及相互激烈竞争。关于撒玛利亚人的命运，我们就此打住。不过，在宗教史上，他们倒是有个重要的负面价值，那就是我们可以借着相互比较他们与犹太人的命运来研判，他们那种专以律法书为取向的以色列祭司的宗教，要成为"世界宗教"的话，到底缺了什么？以色列之子（bne Yisrael），如他们所自称的，始终是纯粹的仪式主义者。他们所缺乏的是：（1）与犹太的**先知群像**（Prophetentum）的结合。他们拒斥这些先知，因此他们的弥赛亚期望仅止于期待一个内在于现世的君侯，亦即 ta'eb（"再来者"），而没有先知的神义论和社会革命的未来希望观所具有的那种惊人的激情；（2）尽管犹太教堂存在，他们却没有律法的继承发展，亦即通过拥有庶民权威的平民阶层——以拉比为代表——来发展律法，亦无其产物密西拿（mishna），这律典的意义我们后面会认识到。他们并未发展出法利赛主义（Das Pharisäertum）——犹太法典正是从这个主义的精神里产生出来。

他们拒斥复活的希望，在这点上他们与耶路撒冷的撒都该派相近[1]，并同享与希腊文化的友好关系。换言之，我们可以说，他们所欠缺的，是**宗派的**发展，亦即固守在先知与拉比的救赎论的内容上与固守在独特的法利赛人的理性主义上的宗派发展。他们在中世纪（14世纪）还经历过复苏，并且在17世纪扩展殖民于东方（直到印度），但并未发展出一套民族的宗教伦理，如其然，或许能赢得西方也说不定。如今他们只能像个小小教派那样存活下来（而且，声名狼藉地，有如东方最恶质的骗子，连正派的学者都成为他们骗术的牺牲者）。

发展的结果可以确定的是："犹太人"，如同那誓约共同体自此之后也公然被如此称呼的，变成一个礼仪上被隔离的宗派性教团，由出生与纳入**改宗者**来补充成员。因为，与礼仪的隔离相应对平行的，是鼓励改宗者的加入。改宗运动的真正先知是第三以赛亚（《以赛亚书》56:3、6）。虽然祭司法典仅提及天生的以色列人与"格耳"（ger）的地位平等，但明白地排除"外邦人"（nechar）于逾越节之外（《出埃及记》12:43）。第三以赛亚却呼吁尤其信守安息日与耶和华其他命令的外邦人加入"誓约"，并因而同享以色列的救赎福祉。改宗者看来在俘囚最初时期即已打造出来。在波斯时期，当犹太人已跻身宫廷官员时，改宗者想必增长更多。以利沙与乃缦的故事似乎是被当作一种典范——当时或许已受认可（但后来由于对罗马与希腊化的皇帝崇拜的反弹而被严格禁止）的犹太宫廷方面对于外国神祇相当松弛的实际态度的一个范例，而

---

1 撒都该派（或撒都该人，sadduzäische Partei, Sadducee），大卫王之大祭司撒督之后代。——译注

被纳入到《列王纪》记事的编纂里。第三以赛亚之容许先前不见
容于犹太人的宦官地位，或许正是为尼希米个人量身剪裁的。然
后在后俘囚时代则将这个一般原则带入律法书里：外邦人氏族借
着接受律法的义务，三代之后就会被完全等同于旧有犹太人，只
是不能与祭司通婚。如同我们后面会加以讨论的，人们将对待格
耳林姆的古老原则运用在那些虽未全盘接受律法义务但自认为教
团之友的外邦人身上。在犹太人本身的内部当中，《历代志》作者
所认知的身份团体只有祭司，亦即亚伦族的后裔、利未人以及沦
落为种姓那样且后来消失无踪的 Nethinim（厕身于各种下级神殿
仆役之中的神殿侍者）。不过，特权身份团体自与所有其他旧有犹
太人通婚无碍并且完全能同桌共食；他们原先只负有比较简单特
殊的洁净义务，而这些义务在大祭司身上又被更拉高一层。以此，
一方面，高贵的祭司门阀在社会上到底是如何与平常的亚伦族区
分开来，另一方面，阿姆哈阿列次的概念在礼仪上又是如何产生
变化，这都有待我们后面详加讨论——俘囚期之后，所谓阿姆哈
阿列次，首先是被视同为外在于 kanal hagolah（通过克尽礼仪义
务所建构起来的教团）的迦南住民，尤其是撒玛利亚人。总而言之，
犹太人由于巴比伦俘囚教团主导下的礼仪法典之强制，以及俘囚
民（gola）教团的形成，而成为一个**贱民**民族（Pariavolk）：有其
在耶路撒冷的礼拜中心及中心教团，以及国际性的分支教团。

其后果最为深远的社会独特性打一开始就在于：现实里完全
严正恪守礼仪，对**农民**而言，真的是困难无穷。这不止是因为安
息日、安息年及饮食规定本身，在农业情况下，是难以遵守的。
而尤其是因为，成为生活态度之规准的种种命令愈来愈决疑论式
的发展，必然使得礼仪上的**教导**成为严正生活的必要条件。然而，

祭司的律法书自然是很少伸展到农村地区。如我们下文所及的，对农民而言，相对于城居市民，要遵守那些模范的虔信者后来一直不断宣传的纯正的利未人的洁净命令，简直是几近不可能。此种困难性却没有任何对农民有利的相对诉求来加以平衡。以斯拉强行制定的俘囚祭司的祭典行事历，剥夺了所有古来祭典先前与农耕劳动和收成的周期之间的关系。此外，在外族当中讨生活的犹太人，若要在农村地区过一种所谓礼仪严正的生活，也实属不易。犹太民族的重心必然会愈来愈往一个方向移动：变成一个**城居的**贱民民族，而且正如所发生的。

若无**预言**的应许，一个愈来愈"市民的"信仰共同体不会自愿地沦落于此种贱民状态，也不会在赢得改宗者加入他们这件事上获得举世的成功。一个神，不仅不保卫自己所选择的民族来对抗敌人，甚而让他坠入或者自己将他推入羞辱与奴役，然而这个神却反倒更加受到热烈拥戴敬拜，此乃空前巨大的矛盾，史无前例可比的现象，也唯有从先知的宣告所具有的强大威信才能获得解释。如我们所见的，此一威信，纯就外在而言，乃是奠基于先知的某些特定预言得到应验，或者说得更确切些，奠基于某些事件被解释成预言的实现。就在巴比伦的俘囚教团当中，我们很可以清楚地认知到此种威信的确立。相对于埃及党人以暴力挟持耶利米，并且不顾其神谕的可怕应验——或许正因为如此——而憎恨他（据说将他投石致死），在巴比伦，以西结起初被人们嘲笑为蠢人，但随着耶路撒冷陷落的打击性消息传来，气氛完全改观。尚未彻底绝望的人，自此无不视他为建言者与安慰者，并寻求他的忠告。同时，相对于撒玛利亚人，想当然地拒斥了总是宣告撒玛利亚的古王国必定灾连祸结并且只以耶路撒冷为其关注所在的预言，但在俘囚教团的内部里，却因为宣告俘囚将归回的救赎预言之实现，而使得预言获得其屹立不摇的地位。人们在巴比伦的俘囚时期里不仅紧抱此一救赎预言不放，并且将耶路撒冷的俘囚民教团之成立视为此一预言的实现。这个教团被认为是自阿摩司以来尤其是自以赛亚以来即已被应许救赎的"余剩者"，而这余剩者于俘囚期的未来，早已是当时愈来愈翻转成救赎宣告的预言之对象。紧接着耶路撒冷的陷落亦即耶和华的可怕威胁完全实现之后，这种向救赎预言的翻转便由耶利米尤其是以西结来完成。如果说在柔弱且忧郁的耶利米身上，温馨的慰藉与卑微的希望，希望还会有一天能在家乡和平地耕种度日，基本上构成了未来期待的整个内容，那么恍惚忘我的以西结则是沉湎于敌人陷于可怕的最终灾难、前所未有的奇迹与辉煌的未来的美梦里。他倒未胆敢宣告对巴比伦的直接威胁，就像直到耶路撒冷的陷落为止忘我的救赎先知所一向宣告的，并因而引来政府的强烈干预及耶利米的忍耐与顺服的呼吁[1]。波斯人尚未出现。因此他致力于其希望的隐晦暗示。针对幸灾乐祸的邻邦提洛、西顿、亚扪、摩押、以东、非利士人的城市以及被证实为不可靠的同盟伙伴埃及所发出的灾祸神谕，为以色列将只借耶和华之力而再建的希望创造了空间。对埃及的威吓是利用世界大灾难的神话母题。歌革似乎就像个野蛮人君王那样的人物，原先被设想为小亚细亚地区里（土巴与米设——《以西结书》38:2）的一个君侯，然后凭空高升为北方——所有民族迁徙的古来发源地——的大王，有朝一日带领着所有的蛮族来进攻复兴的耶和华的神圣民族，而耶和华则以一场

1　关于以西结，参见 Herrmann, *Ezechielstudien*, Berlin, 1908。

恐怖的大屠杀歼灭了歌革和耶和华自己召来的所有以色列的敌人，所留给以色列人的任务不过就是已尸横遍野的污秽圣地（《以西结书》38、39）。然后呢？以西结原本想的是大卫或大卫族人的再来（34:23）。但是王族不受教的言行态度，以及认识到唯有祭司力量才能集结起共同体的事实，让他的理想起了变化。他本身是撒督族人，所以在历经二十五年的俘囚岁月后，他所形塑出来的最终希望是，我们前述所及的那样一个理性建制起来的神权体制。关于王的期待就此埋葬。不过，虔信不二者也被确证保有此世内的丰裕富足，而且就如耶利米已说过的，耶和华将和这个他赋予有血有肉的活跃新心以取代其走向堕落毁灭之石心的民族订立一个新的永恒契约（36:26、27），并且在所有称扬耶和华之名的民族之前高居荣耀之位。他早年狂放出神的幻视与幻听已然消逝，以西结如今所描绘出的是未来体制的一副宏大全景的图像，并且既巧妙又文绉绉地将其幻象改造成一个文人所构想出来的乌托邦（第40章以下）：他是第一个固有意义上的记述先知[1]。

　　不过以西结，如我们先前提及的，并不光是个著述者，而是身为祭司，同时也是个灵魂司牧者和（可以这么说）"宗教政治的"建言者——不论对个别俘囚民也好，对俘囚期里虔信者之权威代表长老也罢。以西结自视为民族的"守望者"（Wächter）。并且，在其灵魂司牧的经验当中，加在以色列身上的灾祸的"罪责"问题，尤其是律法书教师汲汲处理的集体罪责与连带责任的问题，

1　以西结在此幻象里的未来审判法庭，与后来俘囚祭司的教会政治设计及以斯拉和尼希米就此设计的推行，并不相符，因此，如往常认为这个部分乃后来添窜的想法，是毫无道理的。从出神忘我者的半病理性的、末世论的天启倾向，遽转为精心筹策一个未来国家计划的主知主义倾向，一点儿也不是什么独特罕有的现象。

特别是他的切身关怀。我们可以清楚观察，他如何试图界定其立场。在其病理性麻痹状态的痛苦当中，他感觉自己有时是注定要偿赎民族古来的集体罪责（《以西结书》4:5）。另一方面，在其灾祸神谕的狂怒激愤里，就像他的先行者一样，他将绝望堕落的罪责加诸民族全体，并且好似宣告整体终将灭亡。不过，这连他自己都无法忍受，并且有鉴于俘囚民至少部分而言的无妄之灾，对照着耶路撒冷残留民政治上的无可救药与经济上的自私自利，对他来说，唯有俘囚民才是一切希望与未来福祉的担纲者（11:16），反之，祖国残留民则要担负一切灾祸的罪责。然而，耶路撒冷陷落之后，这想法对于神义论的需求而言也属多余，尽管此一信念在当时是如此地支撑与决定了俘囚教团的宗教自觉。在俘囚民内部存在着经济的等差，而且愈来愈尖锐化，然后一方面是富裕者漠不关心与适应现状的倾向，而另一方面虔诚的贫苦者的怨恨都愈来愈高涨。民族整体必须承担父祖往昔罪责的想法，如今愈发不可忍受且不受支持。对耶和华忠诚应受奖赏的要求，如箭在弦，所以以西结也作出决断，如同先前的申命记学派，要与古老的连带责任思想一刀两断（18、33），同时也与或许是在巴比伦的占星信仰提示下衍生出来的见解断然决裂，亦即：耶和华毫不留情地要人们接受"己罪己受"的报应，有如命运——此一见解不啻是对灵魂司牧不利的宿命论归结，而且必然导致巫术或秘法的结论。根本没有什么个人解脱不了的罪责重负，不管是由于个人自己所犯的罪或是父祖所遗留的罪过。耶和华会因应个人行为的变化而赦罪：凡是遵守耶和华的律例、慈善命令与裁决的正人，将会得生；真心诚意的悔改，就连重罪都可以洗清。俘囚民自当时以来沛然不坠的**忏悔**基调，借此获致宗教的下层结构，同时也为那贫富差别做好准备：相对于富裕者与权力者的浮夸，唯有卑微的"虔信者"得以蒙召得救赎——后来，尤其在《诗篇》里，为犹太教的宗教意识画下印记。不过，为了借着识别标志来确保教团得以牢牢掌握在祭司手中的需求，本身亦属祭司一员的以西结将其对生活态度的积极要求彻底转向祭仪与礼仪主义的这个面相。以此，心志伦理——从铁石心肠转变为血肉之心的美丽图像——与祭司的形式主义，俨然直接比肩并立：前者为古老预言特别是耶利米预言的遗产，也是个人宗教体验的产物，后者则是祭司的现实关怀的体现。

在俘囚期之后的初期先知身上，情形并无二致。哈该与撒迦利亚，所罗巴伯治下短暂的希望时期里的救赎先知，再度采取纯粹民族的向度，以王制与神殿为取向。撒迦利亚是个有学养的祭司，其夜视幻象是一种艺术的构想：七眼的星辰精灵（《撒迦利亚书》3:9）、天上的天使与"控诉者"，显示出巴比伦的影响，援引古老先知为权威（1:6）、耶和华的天使为上帝命令的担纲者来取代直接的灵感，显示出由著述者散发而来的性格，以及对往昔自然主义的肉体表现的嫌弃，究其实，一切莫不是围绕着神殿建造打转，神殿完成，救赎便将到临。与此鲜明相反的事例，出现在第三以赛亚的神谕里（《以赛亚书》66:1f.）：排拒神殿，因为天上本身就是耶和华的神殿。此乃古老预言对于祭仪相对而言较不关注态度的一种润饰回想，同时也是古来极力强调社会与人道义务比一切斋戒都更重要的表示（58:1f.）。一如俘囚期之前，偶像崇拜与外国祭仪是决定性的罪恶。另一方面，正是这个先知以赛亚，极力强调外在礼仪生活秩序的实践——如今这已是教团所属成员唯一的表征。他再度宣扬耶和华之日的希望（66:12f.），说这日是以色列得慰藉的日子，也是敌人得灾祸的日子；他对于敌人的可怕报复欲望，生龙活现于上帝的伟大形象里：他就像个被以东人的鲜血染得通红的葡萄农，大步跨过山脉而来（63:1f.）。同样的，在《约珥书》里（2:20）也出现了如今已定式化现身的"北方之敌"，以及驰骋想象描绘出来的万民的审判（3:1f.）。然而，整体而言，移转动向业已达成，此乃决定于小市民阶级的教团之对立于有敌意的或无所谓的城市贵族的态势：无论就第三以赛亚或就当时的其他先知——譬如玛拉基（3:18）——而言，相对于无神者，虔信者乃救赎期望的担纲者，神乃谦卑者的神（《以赛亚书》57:15）。在第二撒迦利亚（9:9f.）里，未来的王骑着驴，因为他是谦卑者与贫者的君王。《哈巴谷书》（2:4）里的因信称义，与以赛亚的思想并无二致，只不过未达其逼真的乌托邦壮丽情境。因为一切皆已转换成小市民的基调。一场严重的蝗灾让约珥（1:4f.）趁机来做了一番构思独特的忏悔说教，但最终不过是以斋戒、献牲、忏悔与祈祷之日作结，而玛拉基则是将耶和华之怒归咎于通婚。耶和华的确爱其子民（《玛拉基书》1:2），但虔信者期待报偿（《以赛亚书》61:7、8），所以玛拉基借用了波斯的想法（3:16）：神会将人的行为记在账簿里。另一方面，在第二撒迦利亚里（11:4f.），似乎是借用了四个世界王国的理论。对此，约珥则将古老的早在前先知时代既有的乌托邦期待——期待一个最终的乐园——非常写实地描绘成古代庶民期望下的那种富饶繁荣的幸福景象。支配着这个末期预言的大部分篇幅的，是文学教养与时而令人印象深刻的宗教热情的一种独特的混合，但另一方面则是对小市民教团成员素朴的习俗与需求的顺应——整体而言，这教团是生活在一种和平且舒适但当然是小小的关系网络里。可以清楚肯定的是，尼希米时代的先知是公开从事政治活动的，因为他本身就和同时代的救赎先知有过激烈的斗争。但是这时期的许多神谕与预言诗歌却带着纯文学的性格，而这在以西结后期以来的俘囚期里业已成风，并且就像无数的诗篇，往往只有在纯属意外的情况下才没有被列为预言诗歌（反之亦然）。然而这并不是说，这些作品就毫无宗教发展上的意义，尽管在当时未必有什么影响。

尤其是，文学的俘囚期预言创造出古犹太教最为激进的（我们可以这么说）唯一真正本格的**神义论**。同时它也是苦难、悲惨、贫困、卑微、鄙陋的一种神化，就其首尾一贯性而言，尚为新约里的宣告所不及。创造出此种思想如今被称为第二以赛亚（《以赛亚书》40—55 章）的著作者[1]，显然是考虑到巴比伦的官方检查而

1 尽管现存以赛亚书的这些篇章作成于俘囚时期是可以完全肯定的，而且其著作者与后来接续部分（第三以赛亚）的作者并非同一人也愈来愈受到承认，但仍有问题的是：是否应将列为第二以赛亚的篇章归属于一个著述者，或者将所谓的耶和华仆人之歌（'ebed-Jahwe-Lieder, 'eved-Yahwe songs）归给另一人，而且这"神的仆人"之歌本身如今依旧是个解释的难题。在应予参照的研究文献里，除了 Duhm 的以赛亚书注解（1892）之外，还有 Sellin, *Die Rätsel des deuterojesajanischen Buchs*（1908），其他著作为 Gressmann 在我们先前引用到的 *Eschatologie*（1905）当中的讨论，以及 Laue 在 Theologische Studien und Kritiken（1904）中的论文，还有 Gieseb-recht, *Der Knecht Jahwes des Deuterojesaja*（1902）。我们要特别一提 Rothstein 对于 Sellin 旧有解释（Sellin, *Studien für Enstehungsgeschichte der Jüdischen Gemeinde nach dem babylonischen Exile*, 1901, 第一卷）的透彻评论：*Theologische Studien und Kritiken*（1902, Bd. 1, S. 282）。最新的研究特别是 Staerk 的论述（BWAT, Bd. 14, 1912），他区分以赛亚书里的四首歌（42:1f.、49:1f.、50:4f.、52:13f.）与另一首神的仆人之歌，其中的 'ebed 是指以色列民族。在前四首歌里，神的仆人是一个人物，而在前三首他半是个英雄人物，半是个殉教者，被描绘成一个普世救赎者的先行存在，事实上是从对大卫一族的期待到先知群像的转移。对于 Sellin 的批评，很多是具有说服力的。虽然如此，他的提问在某些重要点上仍具长远价值。Sellin 是约雅斤假说，同时也是第二以赛亚书为统一体的主要代表人物。此书也许是在对居鲁士热烈希望冲击下片片段段写然后集合成书的，而不怀偏见且真诚地阅读下来，应该会愈来愈感受到著述统一性的论点是可信的。反之，认为约雅斤是神的仆人的解释似乎就难以令人接受，因为其中所刻画的是个律法书教授的人物，

匿名著述[1]，因为其极为激情地期待巴比伦会被居鲁士所摧毁的（落空）希望，势必使其戒慎恐惧。

对于贫困与苦难的态度，在以色列宗教思想里一般而言历经了各种不同的阶段，而且并不是说新出的就完全排挤掉旧有的。在此，和其他各地一样，原本的想法是：富有、健康、有名望的人，是蒙受神的完全恩宠者。诸如波阿斯、约伯与其他虔信者等族长，都是有钱人。破产、疾病与不幸都被认为是神怒的表征。这对约伯的朋友来说是自明之理，而先知们也威胁说此种命运乃是神的审判。但是，我们已看到，对于各社会阶层的态度如何随着城市定居文化的走向而转移：当具有战斗力的以色列农民与牧羊人逐渐成为和平主义的城外人（periocoi），而贫困者（ebjon）被威胁沦落为债务奴隶，当虔信的先见取代了战争先知，当君王、徭役制、骑士、城市贵族债权者与地主取代了家族长的地方君侯，当周边诸大国的慈善伦理影响了律法书教师的教谕。无论在祭仪上或在伦理上，富裕者与贵族的生活样式显然并非无可非议的。此

（接上页注）换言之，是一个先知，而不是个王。此书给人的印象是一个智性高超且狂热的思想家为一小群志同道合的圈内人所写的宗教诗。所以，可以容我们这么认为：在个人与集体两可解释性之间的摆动，是此一先知神义论意图之中的艺术形式。不过，对我们而言，Sellin 的假说的决定性核心在于：与某一个人（约雅斤）相关联的诗歌在其死后被著作者本身转换成以色列民族，并因此而将之与原先在居鲁士到临下所作成的片段加以连结修订成书。以此，Sellin 最终接受了这样的主张：第二以赛亚在最终编修之时，无论如何已不再视约雅斤而是视以色列民族或其虔敬核心者为原先与王相关联起来的那些资料特质的担纲者。唯有文献学专家才能对此才气焕发的构想道出关键话语。即便如此，最终编修时，著作者的意图仍是此处所预设的模棱两可。

1　除了 Duhm 之外，最近 Hölscher 也令人称奇地提出（基于《以赛亚书》52:11、43:14）巴比伦之外的起源说，并推想是埃及（特别是 Syene，由于 49:12）。只不过，由于对居鲁士的现实关切，这似乎不太能让人接受，更不用说书里强烈地关注于纯粹巴比伦的事务。

外，他们的威望也随着国家权势地位的衰微而低落。在《西番雅书》里已可看到，审判余存之民的贫困，是与其虔信连结在一起的。不过，俘囚期之前的伦理立场并未对穷人有如对虔信者那样的积极评价。穷人、病人、衰弱者、孤儿、寡妇、寄居者与薪酬劳动者，是慈善义务的对象，但本身并非较高道德或某种特殊宗教节操的担纲者。平民的支配被视为神的惩罚。不过，在利未人教诲的影响下，耶和华愈来愈被视为悲惨者与被压迫者权利的守护神，只不过这当中并无一丁点自然法的平等权的意味。总之，先知与申命记观念里的耶和华是个尤其憎恨高傲自大的神，而且愈来愈独独珍视平民特有的**谦卑**美德。从这些观点出发，第二以赛亚在俘囚期的苦难里，基于其首尾一贯归结出的普世性神观，推衍出最后的结论。在第二以赛亚里，富人在某个段落（53:9，当然，读法不尽确实）里，被如此地视同为无神者：神的仆人（尽管正义）被径直说是"有如财主"那般死亡。俘囚里的虔信者往往正好就是饱受敌人欺压与凌虐者。因为基于父祖行为的解释已不再为人所接受，所以第二以赛亚为此创造出新的神义论。对它而言，耶和华是普世之神（Weltgott）。其他神祇的存在毋需绝对否定，然而，耶和华会将他们召到座前，并摧毁其僭取的光环。唯有耶和华是世界的创造者与世界历史的驾驭者，历史过程是在实现其隐藏的计划。以色列的屈辱命运正是为了实现其世界性救赎计划的一个，而且的确是最重要的一个手段。首先，对以色列本身而言，这是个净化的手段（《以赛亚书》48:10）。并不是"像人熬炼银子"那样，耶和华净化他的信奉者，而是"在苦难的炉中"使他们成为他的"选民"。然而，这并不是像在所有其他的预言里那样，只是为了以色列本身而已，同时也是为了其他民族。此一主题展现于已多所讨论的"神的仆人"（'ebed Jahwe）之歌里。这个仆人角色的独特构想，至少在文本的最后拍板定案里，显然始终摆荡在两者之间，一者是单一个人，一者是以色列民族或者毋宁说是其虔信核心者的人格化。关于前者，出现了许许多多让人无法接受的推想人物之外，还有一说就是王约雅斤：他在年少时被俘虏到巴比伦，经过长年监禁后获得恩赦从而被纳入巴比伦王的食桌，而《列王纪》即以其获释出狱作结。然而，除非我们硬是要把各不相同的诗歌关联到彼此完全相异性质的神的仆人的担纲者上，否则不仅这个设想，或者其他任何设想，都不具真正的说服力，并且对于这是指单一个人或集体的人格化的问题，也无法获得统一的解答。作者似乎是将其听众日习为常的命运与苦难，尤其是俘囚入狱者"被刺穿的"脚踝，和不知其由来的一个末世论人物的特征连结在一起，而且，这显然是个精心设计的艺术形式，如其来来回回地摆荡于那苦难命运的个人承担者与那受苦的集体之间，而让人很难说在个别情况下到底何种可能的解释含义浮现在他的脑海中。以色列是耶和华的仆人，书上这么说（《以赛亚书》49:3），而先前也这么说（48:20）：耶和华救赎了他的仆人雅各。然而，紧接着前段之后（49:5、6），耶和华的仆人被召唤，要使雅各归向他，并复兴以色列诸部族。因为耶和华已赐予他受教者（门徒）的舌头，让他可以适时地用言语扶助疲乏的人（50:4），并且更进一步（53:11，当然，在未确定的解读下），他的知识被称作是救赎的源泉。由于先知与律法书教师都经常这么说，所以人们也会倾向于在神的仆人这里寻求预言的人格化吧。再者，当作者——这位熟知并拒斥了巴比伦智者的巫术与占星术的人——的预言进一步扩展到神的仆人注定要成为"异教徒的光"、成为"直到地极的救恩"时（49:6），此种倾向就更加高涨。有鉴于古来的应许如今借着居鲁士而得以成就的形势，预言在此感受到本身就像是超越民族的普遍力量，而预言的这种强大自信，也在其他段落中显露出来，并且也是事情的本质所然。另一方面，某些个段落听来无可否认的是一个支配者而不是个先知在发声。不过，预言的原型，摩西，既是祭司统治者也是民族领袖，而就在俘囚时期麦基洗德这样一个贤明的祭司君主人物又再度登上了台面。相应于普遍主义神观的，是世界宣教。即使第二以赛亚本身与世界宣教并无具体的关联，但并不令人意外的是：现存《以赛亚书》的后来编纂者直接将这第二以赛亚的著作与那俘囚期之后的不知名作者（第三以赛亚）的著作相结合起来，而后者正是最热切致力于宗教的世界宣传与最极力主张凡尊奉耶和华秩序规定的改宗者皆具宗教平等性的代表者（《以赛亚书》56:6、7）。世界宣教的任务与荣耀，事实上在第二以赛亚已有理念上的奠定，同时他也是救赎先知当中，相对而言最少言及犹太人的社会秩序凌驾于其他民族之上作为救赎标的或者应许对敌人的复仇的一个先知，而几乎所有其他的救赎先知都这么做，第三以赛亚也不例外（60:10、14、15），他期许异教徒的臣服作为以色列长期受辱的代价。第二以赛亚的确也详细告了对巴比伦的审判（47）、对以色列敌人的羞辱与报复（49:23、26 及其他）。不过，这并不是其救赎预言的核心所在。对他而言，神因以色列父祖的不信故而掩面离弃以色列，他并提醒劝告：要寻求主、要悔改、要避开无神的道路与意念（54:6—8，55:6、7）。不过，将苦难当作是罪过的惩罚的这种评价，一如这位先知偶尔提及的要忏悔的劝告，都远远退居于苦难本身的另一种全然不同且积极的救赎论意义之后，而且就是与俘囚期前的预言最针锋相对的**无罪的**苦难的这层意义。在此，表达方式又再度摆荡：一下子是以色列或预言，被认为是此一饶富救赎意义的苦难的担纲者，一下子是一个末世论的人物。知晓义与教（律法书）者被告诫，不要害怕世上的羞辱与威吓（51:7），并且这位先知以第一人称赞美道：已得神恩赐的我（50:4），任人打我的背，拔我腮颊的胡须，并且"人辱我吐我，我并不掩面"，而是"硬着脸面好像坚石"（50:6、7），因为我知道主与我同在，我必不至蒙羞。显然，神的仆人在此是被理解为预言本身。不过，接下来的诗歌里，这角色又有了人格性与救赎论的转向。耶和华的仆人让许多人感到惊吓，因为他的容貌比他人丑恶(52:14,许多学者视此为注释)。他是最受藐视、被所有人厌弃、多受痛苦经常忧患的一个人，人们掩面不看他，认为他不值一顾（53:3、4），而且因为人们以为他受责罚，被上帝击打苦待。所谓"我们以为他是"，在此很可以说是受鄙视的以色列或受自己人民羞辱的先知，相应于各种情境的人格化表现。神的仆人为作恶者求告（53:11），就预言的立场而言并不是什么新思维（《耶利米书》15:1，《以西结书》14:9、10、14）。他献出生命，为了"承当许多人的罪过"，这点或许可能，尽管也大有困难，还和古代的以色列神人沾上边，例如摩西，被相信会献上生命，如果他的民得不到赦免的话（《出埃及记》32:32）。代罪牺牲本身，在古以色列也是个本土思维。早在以西结的恍惚痉挛状态里就一度表呈了这样的想法（4:5）：以色列可耻行径的那许多岁月必须由先知以同等时日的麻痹瘫痪来为他的人民赎罪，其间以色列也会在异邦人中成为羞辱讥讽的对象（5:15）。不过，第二以赛亚却将其全盘重点置于（53:12）：神的仆人由于自身的苦难也**被列在罪犯之中**，并且与无神者同埋，尽管他**并不**属于他们。借此，他担当了许多人的罪，他"为我们的过错受害（刺穿），为我们的罪孽压伤"，耶和华"使我们众人的罪孽都归在他身上"（53:5、6），而当他饱受欺压折磨时，他"却不开口，像羊羔被牵到宰杀之地"，献出他的灵魂也就是他的生命为赎罪牺牲（53:7、10），就这样成就了他带来救恩的功德。就像后来的约伯，苦难的巅峰并不在于他被供为牲或他献己为牲，而是除此再加上他本身被视为罪犯又顶受神怒。征之于一旦经由第二以赛亚所纳入的诸多思想关联，这些观念丝毫也没有异质到足以令人信服外来起源的假说。它们顶多不过是既已萌芽的观念之首尾一贯的总结和理性的重新解释。纯粹外在的描述，特别是"刺穿"本身，只是暗示了犹太教殉教者类型的想法。不过，并非不可能的是，有个民间神话的末世论人物浮现其间；果如其然，这人物可能是来于一种广为普及的崇拜，不管是搭模斯崇拜（经常被这么认为）[1]，或是另一个濒死的神的崇拜——像第二撒迦利亚所提到的（12:10），与同样是所谓"被刺穿者"形象相连结下的，米吉多平原的哈达·临门[2]。但是，如果真有这样一种借用或影响存在——当然这是很成问题的，那么，根本性的意义翻转毋宁是更令人印象深刻的。此种濒死的神祇，的确和某一共同体的罪及为赎此罪的救赎论目的没有任何关联。此处（第二以赛亚）所指的完全是另一回事。基于神话论建构下的宇宙论或神统记的理由而不得不死去的神或神子，相应于耶和华主义的本质，变成献上自

---

1 搭模斯崇拜，详见第一篇第十三章 p. 208 注 1。——译注

2 哈达·临门（Hadad Rimon），可能是巴力神的一种别称，是迦南与叙利亚地区的植物神。每年当植物枯死时，巴力的崇拜者便认为他也死去了，并为他举祭哀悼。根据《列王纪下》（5:18）的记载，乃缦因搀扶他的主人亚兰王进临门庙叩拜并随之屈身，因而求告说："我在临门庙屈身的这事，愿耶和华饶恕我。"——译注

己作为赎罪牺牲的神的**仆人**。救赎者并不是濒死的神的仆人，而是耶和华本身（54:8），如今他相应于其他先知的许诺，与他的民订立比大山更恒久的永约（54:10），更新应许大卫的恩典（55:3）。对耶和华而言，神的仆人无罪殉教而死，是为成就此事的**手段**。**此中**，确实有与传统观念相异之处。为何需要此一手段？"我的意念非同你们的意念，我的道路非同你们的道路。"（55:8）换言之，这或者就是一种"唯知之者知之"的奥义，而反过来却也透露了先知的幻想受到某种末世论神话的影响[1]。只是，一如人们往往所强调的，此一救赎论的伦理翻转欠缺一切古来众所周知的关于死去的或复活的植物神或其他神祇和英雄的神话叙述。所有这些通常全都是完全非伦理的。因此，此一翻转，就我们所知，是先知的精神资产。其性质与方式必须被正确解读。这翻转并不是在于或仅仅全然屈就于苦难作为先前罪孽的惩罚的那种功能——若按先知的传统或如第二以赛亚也提到的那样。情形毋宁是，神的仆人这个角色愈是突显到台前，那么愈是被极力强调的是其苦难的**无妄**。事实上，其他民族和无神者当然并不比受苦难的耶和华召选民族来得优越，而这先知也比其他先知更少将重点摆在古老契约的破弃上。相反的，他使用了先前的先知较少取用的做法：往上连结到神对亚伯拉罕与雅各的应许（51:2）。不过，这也只是表面文章。并不是应许，也不是契约，而是在一个明智的神的世界统治的普遍观点下，以色列的苦难的神义论问题，这才是他的论

---

1 "自从母胎耶和华就召选我"（《以赛亚书》49:1），这话一方面相应于巴比伦的王室御用术语，另一方面相应于耶利米说自己未出母胎已受神意召命的记事（《耶利米书》1:5）。Sellin（前引书，S. 101ff.）已极力证明，在作者的文体里回荡着巴比伦赞歌与叹歌的强烈余韵（再说，Kittel 也已论及这点：Cyrus und Deuterojesaja, ZATW, 1898）。

难所在。在此问题点下，对他而言，他之所以高举标榜苦难、丑恶与屈辱的意义何在？当然，这先知让那么世论人物一再地从以色列的人格化流转为预言的人格化，然后再翻转回去，从而使得以色列一下子像是救赎的担纲者，一下子又成为救赎的对象，这绝非偶然，而是有意如此。全盘的意义尽在于：**贱民民族境况的荣耀化与在此境况中忍耐坚持到底的荣耀化**。借此，神的仆人与以此人为其原型的以色列民族，便成为为世界带来救赎者。因此，如果神的仆人被设想为个人拯救者，那么他也就只能是个自愿担负起俘囚民贱民状态的人，并且无怨无悔地忍受悲苦、丑恶与殉难。包含在乌托邦式的福音书训示里的所有要素，例如"不要与恶人作对"[1]，率皆存在于此。如此的贱民民族状态及其顺从忍耐，将借由其之获得一种世界史性的传道意义，而被提举为神前最高度的宗教尊严与荣耀。苦难的这种热烈的荣耀化，亦即作为担当世界救赎的手段，对这位先知而言，显然是神对亚伯拉罕的应许——他的名终必成为"地上万族的祝福"——的终极的且就其方式而言至高无上的提升。

不抵抗的特殊悲情的伦理在《登山宝训》里重生再现，无罪受刑的神的仆人作为牺牲而死的观念则有助于基督论的诞生[2]。当

1　语出《马太福音》5:39。——译注

2　有关神的仆人的章句特别强力地被使用在《对观福音书》（马太、马可、路加福音）与《使徒行传》里，其次是《罗马人书》与《哥林多前书》里，但也用在《约翰福音》里。《哥林多前书》15:3 显示出，作为代罪牺牲而死的救世主的观念已借着传承而传达给保罗。与先知预言的关系则出现在《马太福音》26:24（《以赛亚书》53:7、8）耶稣的话语里。与第二以赛亚按字逐句相对应之处所在多有，例如耶稣是那被拣选的（《路加福音》9:35、《使徒行传》9:15、《以赛亚书》42:1）、神所喜悦的（《马太福音》3:17、《以赛亚书》42:1），是上帝的羔羊（《约翰福音》1:29、36，《以赛亚书》53:4f.）、万民的光（《约翰福音》1:5、《以赛亚书》42:6f.），他要努力招徕那劳苦担重担的（《马太福音》11:28、

然不只是这个观念，而是结合了后来的启示论述：《但以理书》的人子说与其他神话叙述[1]。但是，无论如何，十字架上的话语"我的上帝，我的上帝，为何离弃我？"乃是《诗篇》第22篇的起始句，这句话可说是自始至终都在铺陈第二以赛亚的悲情论调与神的仆人的预言[2]。如果事实上首先将此话语加诸己身的并非基督教教团，而是耶稣自己，那么，让我们可以从中推断出的，并不是——有如那十字架上的话语所经常被如此奇怪解读的——耶稣之怀疑与绝望的深渊，而是，恰好相反的，确实是第二以赛亚意味下的弥赛亚的自觉与此一诗篇结尾处所表现出来的种种希望。

　　然而，在犹太教的正典文献里，此一诗篇是在整体内容上完全以第二以赛亚的救赎论为取向的**唯一**产品，尽管对第二以赛亚的个别引用与回响于《诗篇》各处也所在多有。其实第二以赛亚

（接上页注）《以赛亚书》55:1f.）而自屈卑微生活（《腓立比书》2:7，《以赛亚书》53:2、3），沉默似羔羊地忍受误解（《使徒行传》8:32f.，《以赛亚书》53:2、3）、控诉（《马太福音》26:62f.）与鞭笞（《马太福音》27:26），要为恶人求赦免（《路加福音》23:34）、要舍命作多人的赎价（《马太福音》20:28、《以赛亚书》53:10f.），借此而使罪得赦免（《路加福音》24:47、《以赛亚书》53:5ff.），并因而得神荣耀（《约翰福音》13:31、14:13，《使徒行传》3:13，《以赛亚书》49:5、55:5）。尤具特征性的是《罗马人书》4:25（《以赛亚书》53:12），此处保罗依从了七十子译本相当容易受误解的翻译。此外，使徒的角色也不时以第二以赛亚的形象来刻画（《使徒行传》13:47、《以赛亚书》49:6）。所有对应之处都相当便利地汇集于 E. Huhn, *Die messianischen Weissagungen des israelitisch-jüdischen Volks*, Bd. II, 1900。

1　常常径以"人子"来取代"神的仆人"，这显示出此一观念通过（密教）中介承转而来。

2　提及"手与脚"的《诗篇》第16篇，在解读上是有所讹误的。因此，这到底是否意指如同一个俘虏那样踝骨被刺穿或被捆绑，还是很成问题。不过，七十子译本的翻译似乎已证明实情就是如此。而且接下来的诗句（22:18），说到以抽签来分赃衣物，也透露同样的信息。但是，或许由于七十子译本，基督教团必定是把那些章句解读为十足的钉十字架情景，因为整个福音书的表现显然是受到《诗篇》第22篇的影响。据此，事情很有可能是，第二以赛亚的"被刺穿者"浮现在作者的脑海里，而无论如何，《诗篇》第22篇通常就是被这么解读的。这正如基督教团除此之外也混杂地利用神的仆人之歌与这个诗篇来作为基督出现的预言，并以此形塑出耶稣受难的情景。

的**心境**，诸如"虫的感觉"（41:14）、对于自我贬抑与丑陋的积极评价，在犹太教里持续发挥着影响，正如后来在基督教以至于虔敬派里仍收到其成果一般。反之，受苦受难的为他人的罪恶自愿当作无辜牺牲羔羊而死的神的仆人的概念，首先在犹太教里完全消失，而且显然当下消失得无影无踪。这是事所使然。按照第二以赛亚的想法，救赎亦即服苦顺从的报偿，应该就在眼前。他看到世界神所膏的居鲁士来到巴比伦门前（45:1），要将之毁灭。然而巴比伦依然健在，而居鲁士俨然自居为其正当的王。当然，自俘囚归回的事情是实现了。不过情况并不容让人感觉到是得救的状态。而且，出自某个神学思想家的这种神义论确实也无法成为教团信仰的共有财产，正如同印度知识阶层的各种救赎观念之不可能成为如此的共有财一样。被不义刺穿且在末世之日得到报偿的义人，作为以色列的形象，的确出现在第二以赛亚及诗篇里。在《但以理书》里（11:33、12:3），尤其是启示性的智能之书里，第二以赛亚被广为利用。与此一作者的立场相一致的，苦难的预言与神的仆人将再度被高举一事，同样是关联到律法书教师或称义的以色列民族身上。但这样的运用却是全然不完备的，尤其是，一个为赎以色列民族的罪甚或全世界的罪的受苦者自愿且毫无怨言地背负起苦难的设想，更是无迹可寻。约伯丝毫不知道第二以赛亚的那种苦难的神义论及苦难之为神所喜的想法，更何况庶民信仰天真素朴的弥赛亚希望也从未与此种想法相连结。早期的拉比文学同样也是如此。他们所认知的毋宁是个死于战场上的弥赛亚，而不是个作为救世主而受苦受难的弥赛亚。直到《犹太圣典》（b. Sanh. 98b）里才出现这样一个身影，并且打从 3 世纪左右起，受苦难的弥赛亚与苦难本身自有其价值的教说，在严重的压迫下，似乎才又浮现到台面上来[1]。在此之前,唯有第二以赛亚对于无言背负苦难的态度——通过某些诗篇的媒介与深化其心境三昧且因一再不断地被引用而广为人所知——持续发挥着影响力。贱民状态恒久忍耐的激情与犹太人进出世界所抱持的异样眼光,在此一非凡的经书里,拥有其最为坚强的内在支柱,直到这个俘囚期的产物成为形成中的基督信仰里最有力的发酵要素。

　　俘囚期的先知以及一大部分俘囚期后的先知是宗教的著述者,而不再是当下宗教政治的群众煽动家,并且依时代条件而言也不再可能是,这个事实的彻底归结不止表现在文体形式上,也表现在对于先知的卡理斯玛的认知掌握上。较古老的预言,一般而言[2],并不会说,一如古代北以色列的出神忘我者所使用的术语,耶和华的"灵"居住到先知的身体里。如先前所见,这样的意象对于古老的预言来说毋宁是陌生的。神的声音活生生地向他们发话或由他们发话,在一定程度上是以他们为工具来出声,而他们无法抵拒他的话语。举凡神本身被称为"灵"之处,无不是为了彰显他与人的弘远差距。耶和华的"手"直接抓住先知,而先知说,如以赛亚,"上帝的律法书"。这尽管不是唯一的支配性特点,但在所有的先知来说,其特征性的侧面正是在于那极为真切又感情性的出神忘我的灵的状态(Habitus),而当先知在解释或表达之时规制与统御此种状态的,乃是神与人之间的关系的某些特定的观念。在这点上,随着政治迫切性的消逝而有了改变。早在何西阿

1　关于这点,参见 Dalmann, "Der leidende und sterbende Messias der Synagogue im ersten nachchristlichen Jahrhundert", *Schriften des Inst. Jud.* IV (Berlin, 1888)。献身代受苦难的想法本身在拉比时代是个人们非常熟稔的理念。

2　不像何西阿会说先知是"灵人"。

后期的神谕里,他即已脱卸尽净一切原始的野性。在第二以赛亚里,感情性的出神忘我根本无迹可寻。在第三以赛亚当中(《以赛亚书》61:1),"主耶和华的灵"(ruach adonai Jahwe)就像一种**永久的**状态降临到先知"**上**",然后要叫他出去传道。迫切的激情状态总是一再出现在必须去影响当下就要做的政治抉择之时,或者是对于政治仇敌的报复欲爆发开来之时,譬如第三以赛亚的葡萄农的幻象。但是,就先知的灵的状态而言,所罗巴伯时代的当下的救赎预言本身即与俘囚期前的预言有所不同。夜里的幻觉,亦即梦中的幻视,是后者所拒斥或顶多视为没什么价值的,如今再度浮上台面,有如古代的"先见"那样:撒迦利亚只是个祭司,而非群众煽动家。"灵"在哈该然后在约珥和第二以赛亚那儿又再度扮演了角色,如今它是为了回避古老的但现今却令人感到难堪的活生生表象的一种神学概念,但部分而言又变成一种预言上的未来希望。尤其,这个"灵"的担纲者就是**教团**。《以西结书》里耶和华的说明(39:29,或许是出自添窜的),说他已将他的灵浇灌以色列家,因而将来当救赎到临之后也不再掩面不顾他们,这在第二以赛亚里转变成一种未来的应许(44:3):他的灵,也就是(如42:1所说的)预言的灵,将会浇灌在以色列的子孙上。整体"地上的民"是灵的担纲者。当第三以赛亚说到摩西时代曾由耶和华降在百姓中间的"圣灵"却因他们的悖逆而毁损(63:10、11),以及当哈该许诺说耶和华的灵将再度降临(《哈该书》2:6),因为那是耶和华在出埃及之际所应许的,按照文本看来,他们所想的恐怕不是七十个长老在忘我状态下有先知的灵停在他们身上的事(《民数记》11:25),而是设想恪遵契约的民的特殊神圣性乃是永远的灵的状态。不管怎么说,俘囚期前的反祭司的(可拉一族的)理论由此而推衍出：不止祭司，所有的教团成员皆具同等的神圣性与卡理斯玛资质。

在俘囚期后的晚期先知那儿，如约珥（2:28f.）与第二撒迦利亚（12:10），灵的观念再度呈现出本质上异于先前的形式。第二撒迦利亚对于教团，亦即"耶路撒冷的居民（joscheb）"与居首的大卫一族，的确只应许了——为了耶和华的日子——祈祷的灵。但是，这个灵必要是显现自身于众人对那"被刺穿者"的激情悲痛里，悲哀一如植物崇拜里的那种模式；显然，第二以赛亚里虔诚的神的仆人与殉教者的那个末世论的身影又再度显现于忘我的悔罪爆发里。但在约珥那里，这却是个古老的忘我激情的预言的灵：在那唯有呼求耶和华之名的人才能得救的"耶和华的日子"到来之前，这个灵将浇灌所有的教团成员，包括他们的儿与女、仆人与使女，将要使老年人做异梦、少年人见异象、小孩子说预言。此处无疑是回归到俗民忘我的古老传统，而末世的期盼也因而连结上先知禀赋将会被普遍赐予的再现。对基督教的发展而言，这成为重要的一个观念。关于圣灵降临奇迹的报告（《使徒行传》2:16ff.），便是征引这个被详尽引述的段落。基督教的传道之所以如此重视这个奇迹，原因显然尽在于：(基督教所理解的)"主"的日子的到来，如约珥所预言的，似乎确实不远。对原始基督教而言，"灵"作为一种忘我的**集体**现象，乃是其与俘囚期前的预言极度相反的一个特征性面向，而这点之所以被正当化，凭借的是、而且唯其是犹太教预言文学里的这个（《约珥书》的）段落。

第八章

祭司与俘囚期之后的宗派复兴

在犹太教的发展里，前述那样的段落不过是显示出古老预言的真正的"灵"是消亡了。它之所以消亡，并不是由于什么秘密的"内在固有的"心理法则，而是由于犹太教教团内部的**祭司权势**的警察力量掌控了忘我的预言，正如同原始基督教教团里的主教职与长老职之掌控灵的预言那般。忘我先知的卡理斯玛仍继续留存于犹太教里。被归于但以理和以诺(Henoch)的幻视本质上是忘我的，一如其他启示文学作者的许多经验，尽管其心理事实状态如同其意义解说，大异于古老的预言，尤其是作为著述者的技艺形式更是远远超越实际的情感体验。不过，所有这些后期的著述唯有《但以理书》获得官方的承认，然后不得不纳入于正典里。其他的一切尽管受到容忍，但全都被视为非经典的私人作品，甚或径直被视为异端。以此，这些先见的经营活动全属教派和密教教团的事。同样的，直到第二神殿的终了之时 [1]，仍有切时的宗教政治预言存

---

1 公元前 10 世纪，大卫王成为以色列人的君主，并建耶路撒冷为首都。其子所罗门继位为王，他除扩建城市外，还建造了崇拜耶和华的神殿。于是，耶路撒冷成为王室宫殿之地和一神教的神圣之所。一直到公元前 586 年，耶路撒冷为巴比伦王尼布甲尼撒所占领，

在。先知禀赋的神圣性受到庶民心理的支持，而所有先知的身边莫不是前簇后拥，然而祭司总是站在他们的对立面。政治预言的代表人物即极力反对以斯拉与尼希米的祭司改革。这些先知的神谕一点也没被保留下来，祭司所采纳的唯有切合祭司教团组织的东西。先知卡理斯玛的地位之受损，也因神谕的彼此相抵触而使然。以赛亚与弥迦、以赛亚与耶利米、耶利米与以西结的神谕之相互矛盾，必然已动摇了既有的信仰，亦即每一个这种先知的忘我本身无不是确证了其为神之告知的担纲者。那么，人们该从何确认预言的真实不假？依经验看来，即使假先知也拥有奇迹的能力（《申命记》13:3）。自《申命记》的著述者以来（18:22），这问题是依循着预言的灵验与否来解答。但这对当下而言，也就是在紧要的关头上，根本不成其为判准。因此，耶利米就给了第二个指针（23:22）：先知唯有当他会指正罪人之时，也就是将教团紧紧结合于耶和华及**其律法**时，才是真先知，否则他就是个假先知——这又再度与原始基督教教团里**伦理的**判准扮演愈来愈吃重的角色一事相应合。对于**利未人的律法书**的成就坚定不移的尊敬，在此于犹太教团里取得其成果，如同后来旧约之为原始基督教教团所接纳而产生的成效一样。在俘囚期之后的教团里，祭司成功地完全破除古老的拿比—忘我的威信。其结果展现于第二撒迦利亚书

<hr/>

（接上页注）大批以色列人被掳往巴比伦，开始他们"巴比伦俘囚"的生活，神殿亦被摧毁，此即第一圣殿时期的结束。稍后，波斯君主居鲁士征服巴比伦，于公元前538年允许在巴比伦的以色列人返回耶路撒冷。公元前515年，以色列人完成耶路撒冷神殿的重建，此即第二圣殿。第二圣殿一直持续到罗马统治时期。66年，以色列人起而反抗罗马的统治，70年耶路撒冷被围困，在罗马总督提图斯（Titus）的率领下，罗马大军几乎将该城及其居民全部摧毁，神殿自亦无法幸免，第二圣殿时期似乎该就此结束。不过，韦伯在本书里通常是将135年罗马皇帝哈德良因镇压以色列人起事，而再度摧毁耶路撒冷一事视为第二圣殿期的结束。——译注

里之侮蔑先知为"污秽"的灵的担纲者（13:1ff.）。在耶和华的日子，先知连同偶像一起被逐出地上。凡此种作为的人，将会被他的父母揭发为骗子并将他刺穿，他必因他所论的异象羞愧，不再穿粗毛衣（先知的衣着），并且承认他是个农夫，承认他身上传言中的伤痕是被妓女的指甲所抓伤的。以预言的这种侮辱性自我嘲讽的形式，祭司的编纂迫使这些可怕的竞争对手自行了断。如同在基督教官职教会里的情形，在官方犹太教里，预言的时代自此被视同终结，而先知的灵亦告消亡。此种发展总是随着祭司的教权制对付宗教改革者的保卫战全面展开之际开始。首先出现在第三以赛亚的一篇最叫人印象深刻的先知悔罪教说里（63:10、11）的那个说词"ruach ha kodesch"（在七十子译本里是 πνεμα τό άγιον，"圣灵"），后来再度出现在一则深沉悲观的忏悔诗篇里（51:11），同样是被理解为身处耶和华的恩宠之中者的一种灵的状态（Habitus）。鸽子，被迫害的以色列的象征（《诗篇》74:19），同时也被拉比利用来作为此种灵的状态的担纲者，但就内在而言，此种灵的状态之与基督教的激情的灵（Pneuma）大异其趣，正如同其大不相同于古老的先知的灵——按照后来的教说，自先知玛拉基以降便不再有人蒙受。即便如此，只要上帝愿意的话,某种神秘的天籁（bath kol）还是会被听到，或高声呼喊，或轻声细语。然而听见这种声音并非先知禀赋。因为这种声音依情形而定，会对罪人发出，也会对义人与教师发出，就像在新约里的种种情形，有时宣告灾祸、福祉与伟大，有时召唤悔改皈依。听见这种声音并非个人的特权拥有，人根本不可能"拥有"它或被它据有，如同往昔先知之为耶和华的灵所据。听见这种声音的确是（Yoma 9b）对以色列的恩宠赐物，只是并不如古老的先知的灵。

　　蛰伏在（相对而言）较和平的世界里——起先是波斯帝国，然后是希腊化时代——的这个民族日益增长的市民理性主义，使得祭司有机会将预言闷杀了结。除此之外还再加上标准传承在文书上的固定化，以及借此而达成的教说与道德纪律的更张。因此当马喀比时代的政治事端又再度招惹出市民（Demos）的领导者登场，对抗高贵的祭司阶层与富人和知识人的、希腊化式的漠然坐视之时，这些群众煽动家也因而与昔日的先知有着完全不同的另一副面貌。

　　在如今已被剥除了先知卡理斯玛的犹太教教团里的虔敬形态，如尼希米的报告让我们得知的，再度是非常本质性地由那社会结构所共同决定。"虔敬者"，亦即主要在马喀比时代早期被称为哈斯丁（Hasidim）者，在《诗篇》里又被称为 'anawim，是如今正重新开展的犹太教宗教意识的主要担纲者。他们绝大多数（如果不是全部的话）是由市镇农民、手工业者与商人所构成的一种城居的**市民**，并且以典型的古代样式往往极端尖锐对立于城居的或乡居的、无论圣界或俗界的富裕贵族。这根本不是什么新鲜事。新鲜的仅在于这场斗争里如今所展现出来的强度与方式。这是由于市民本质上的**城市**性格使然。虔敬者原先在俘囚期之前的预言里不过是先知与利未人特别是申命记论述圈子所教诲的慈善的唯一对象，如今他们开始宣说心声，并且感觉自己是与敌手对立下的耶和华的选民。在我们的史料里，最清楚展现出他们的宗教心声者，是《诗篇》。

第三篇

法利赛人

第一章

作为教派宗教性的法利赛主义

自马喀比时代以来，犹太教里产生了一种极其重要的变化，结果为犹太教刻印出终极的性格，此即**法利赛主义**（Pharisäismus）的发展。其先行者可以回溯到马喀比时代民族抬头之时。首先占据此一运动中心位置的，是对希腊文化的反动[1]——犹太社会上层耽溺于此种文化中。《诗篇》指称"哈斯丁"（Hasidim）为"虔敬者"[2]，意思是指那些固守父祖习惯的人。他们是马喀比的追随者，一方面反对逐字逐句地解释律法，甚至在安息日也参加战斗，另一方面却又特别强调古老的律法忠诚。推测说在他们当中，亦即犹太圣典称之为"昔日的圣徒"（Hasidim-harishonim）的这些人，是个特别有组织的教派，似乎是不正确的，尽管某些段落的确有此暗示[3]；《马喀比书》的 συναγωγή 'Ασιδαίων 或许就是诗篇的 kahal

---

[1] 希腊化的这种深刻危险，或许正是《诗篇》12:2 所意指的。英译者按：韦伯解读此一段落是指向希腊的诡辩。

[2] "哈斯丁"（Hasidim），犹太教的一个派别。出现于基督教兴起之前，起源不详。该派虔信律法，曾参加公元前 2 世纪反抗塞琉古王朝的马喀比之役，争取宗教信仰自由，反对异教化。他们不关心政治，在重获宗教自由后即退出这次革命。——译注

[3] 见《马喀比书》7:12。

Hasidim，亦即怀抱反希腊文化之心志支持运动的 [1] 虔敬者的集会。十八祝福唱句（犹太教的主要祝祷）里除了怀想 "Zam'kim"（撒都该人）之外，也包括 "Hasidim"，光这点就已驳斥了他们的教派性格。某些特色，譬如在进行仪式性祈祷之前先做一小时冥思的习惯，总是被归属于他们。当马喀比支配迫不得已要使自己顺应一个世俗小国家的需求，并因而接受了作为带有希腊化印记的小王国的种种特色之时，这个运动便告灭亡 [2]。对于此乃政治上无可避免之事的这层认识，使得当时的虔敬者抱持着这样的信念：宁可接受外来支配，也不要一个所谓的犹太君王——虽享有民族的威信，但无可避免的不忠于严正的律法。这信念仍然表露于希律死后虔敬者向奥古斯都请愿不要立（希律之子）亚基老作支配者这件事上。自那时以来，"法利赛人的"运动取代了虔敬者的运动 [3]。

perusha（复数形 perushim，亚兰文 perixhaya，希腊文 Φαρισαίοι）是指任何自我"隔离"的人——当然是隔离于不净的人与物。就精神而言，古老的虔敬者运动亦同此义。不过，法利赛人给予这个运动一种**教团**（Orden）的形式，也就是一个"兄弟团"（Bruderschaft, chaburah）的形式，唯有在三名成员面前依仪式立誓愿意承担最严正的利未人洁净的义务者，才得以加入。当然并不是任何事实上过着有如"法利赛人"的生活者都加入教团为兄弟（chaber），但教团形成运动的核心。在犹太人居住的所有城市里都有其分支。由于教团成员过着和祭司同样洁净的生活，所以

1　他们的直接军事贡献是否如威尔豪森所断定的微不足道，在此无关紧要。

2　这运动一般认为是与 Joshua Katnuta 一同告终。

3　关于这点，参见 Elbogen, *Die Religiösen Anschauungen der Pharisäer*, Berlin, 1904。

他们要求等同于严正生活的祭司所具有的个人神圣性，并且更高于不严正的祭司。也因为此种借着生活变革而得到证明的个人宗教资格，祭司的卡理斯玛失去其价值。此种变迁自然是慢慢形成的。直到 2 世纪，也就是《禧年书》作成的年代，学者与教师都还是市民的宗教指导者，而且至少一般而言都是祭司与利未氏族的成员。相对于虔敬者的民族与宗教运动成果，贵族阶级的那种摇摆不定且往往令人厌恶的，因为无可避免的必须要倾向于政治妥协的态度逐渐根本地改变了此种状况。

兄弟团对犹太教最具关键性的要点在于：他们不仅自我隔离于希腊人，而且也隔离于过着不洁净生活的犹太人，而且正是这些人准此形成法利赛"圣者"与"阿姆哈阿列次"[1]的对立，后者是"乡下人"、不知与不守律法的"无知者"。此种对立极度升高到几近于仪式性种姓隔离的地步。教团兄弟有义务拒绝祭司或利未人的宗教服务——除非他是礼仪纯净的犹太人，因此绝非阿姆哈阿列次；**他们绝不与异教徒或阿姆哈阿列次同桌共食**，也避免和他们通婚和社交，总之尽可能不和他们有所接触。在此种尖锐化当中可以看到，**这是一种变革**。其结果当然是教团兄弟与阿姆哈阿列次之间未必全面但经常可见的可怕憎恨：拿撒勒的耶稣对法利赛人的愤怒言语便是十足的证明。在此我们所察见的，是教派（Sekte）[2]，而且是跨地区性的教派。这教派会预备好兄弟团的推荐

1　阿姆哈阿列次的名称自《以斯拉记》(9:1) 和《尼希米记》(10:31) 的编纂以来是个中性的技术词。不过，被用以指称宗教上较低价值的"群众"是形成于起初与哈斯丁人的对立，然后与法利赛人的对立，具体而言是自马喀比时代以来的事。

2　韦伯对"教派"的定义简述如下："'教派'在社会学意义里并不是一个'小的'宗教共同体，也不是一个从任何其他共同体分裂出来，因而'不被承认'或受其迫害且视为异端的宗教共同体。洗礼派即为社会学意义上的一个典型的'教派'，是基督新教在世上的

信，让来到异地的兄弟马上可以在由相同精神的人所组成的共同体里取得居留权，并因而拥有社会上的（以及，虽非有意但实际如此的，经济上的）有利地位。此乃教派随处可见的作用（发挥得最淋漓尽致的是在近世的清教派与洗礼派的各地区里）。保罗从法利赛人那儿学得了传道的技巧与建立难以破坏的共同体的技术。自马喀比时代以来，离散犹太人集住区的强力兴起及其自我隔离于异邦世界且完全不受其所动摇的现象，在相当本质性的程度上，是其兄弟团运动的成果。此一运动之于离散犹太人与犹太教特殊印记的历史意义，在我们检视过法利赛人的成就之后，就会更加清楚明了。

法利赛人的敌对者是系出城市有力贵胄门阀的血统贵族阶级，尤其是撒督一族（Zadokiden，亦即"撒都该人"[Sadducee]的祭司贵族及其间接相关联者。若从形式与外在态度上的确看不出此种敌对，因为虔敬的法利赛人本就严格恪守一切事物皆依从祭司法典课以十一税，但即事而论便可看出端倪，光是要求祭司必须过着法利赛人所谓的严正生活才可视事这点就够了。除此，再加上种种教团制度——部分是由法利赛人以官方职权所创建的兄弟团，部分是在其影响压力下所创造出来的其他制度。因为如今"教团"是宗教的担纲者，不再是祭司与利未人的世袭性卡理斯玛。

（接上页注）诸派中最大的一个。并且，所谓教派，是指其**意义与本质**必然地弃绝普遍性且必然地奠基于其成员之完全自由的志同道合。其之所以必然如此，乃因其为一贵族主义的构成体，一个在宗教上完全**具有资格者**（且唯有他们）所组成的团体，而不是教会那样的一个恩宠机构，将光亮照耀于义者与不义者身上，并且正是特别愿意将罪人纳入于神之命令的训育下。教派具有'纯粹信徒团'（ecclesia pura）——'清教徒'（Puritaner）之名即由此而来——的理想，其为圣者所组成的**眼而得见的**共同体，害群的病羊要自其中驱逐，以免有碍上帝的眼。"（《支配社会学》，页425）——译注撇开一连串细微的礼仪性差异不谈，这点从以下的革新里表现得最是清楚。

兄弟团所置办的圣餐式（"爱的会食"）不仅在性格特征上和后来基督教同类的制度相当类似，而且可以肯定是其原型，甚至会食时的祝祷也同样相似。法利赛人进而创造出相当受欢迎的运水队仪式[1]——有如印度的导师游行仪式。他们尤其是创造出犹太会堂，这是我们很快就会谈到的后期犹太教的核心制度，在离散的犹太人那儿取代了祭司所主持的礼拜。他们也创造出律法的高级与低级课程，这形塑出犹太教的根本面貌。他们进而缓慢但深刻地改变了安息日与祭典的意义。取代祭司的神殿祭典——正如同我们注意到这在印度也是从婆罗门那儿解放出来的征兆——的是家庭或会堂祭典，因此无可避免的是献牲祭礼与祭司阶层的价值贬落，这在第二神殿崩毁前即已发生。尤其是，当人们在外在或内在危机之际或者对仪式义务有所质疑之时，如今是去找教授律法的教师，而不再是祭司。在法利赛精神下培养出来的索佛学者们（圣经学者）所做的决定[2]，被犹太人视同为律法——违反的结果就是死。不过，索佛对此也要求拥有在必要的情况下得以搁

1　运水队仪式（Wasser-Prozession）是指在"假庵祭"的早上礼拜时，汲取西隆岸的池水，以排列庄严的队伍将之运往耶路撒冷神殿的水门，然后浇灌于神殿祭坛的仪式；在第二神殿销毁后，这项仪式就取消了。——译注

2　索佛（sofer），约公元前 5 世纪至公元前 2 世纪之间的犹太教学者的称号，他们诠释并讲授圣经律法和伦理学。最早的索佛是先知以斯拉。索佛逐渐绝迹之后，研究圣经的传统由法利赛人继承，尔后又次第出现坦拿（tanna）、阿摩拉（amora）和加昂（geon）等称号。索佛约在公元前 2 世纪即已不复存在。索佛在历史上占有重要地位，他们不仅首倡拉比学术传统，而且确定旧约正典；他们在抄写与编订工作中考核谨严，存真去伪。索佛应犹太民族的特殊需要而兴，统治犹太人的异族允许犹太人享受文化自治，并根据摩西律法在本民族中断事。于是索佛担任律法专家，运用圣经律法和口传律法的原则解决日常问题。——译注

置律法与誓愿的权利——可以想见，一种极受欢迎的功能。并且，法利赛教育下的索佛做出决定的方式——尽管仪礼的洁净要求是那么的严格——本质上是完全顺应于市民阶层的利害，尤其是小市民的利害关怀，而后者在此，如一般所见的，是兄弟团主要的根基所在。哲学思辨自然是被视为危险的，尤其是希腊化的，而遭到拒斥。人们不应思索礼仪规定的理由，而要遵行不误，因为"畏惧罪恶，超越智能"。不过，对于哲学的理性主义的这种排斥，乃是与小市民阶层惯常发展出来的那种实际—伦理的理性主义的形成相互关联的。实际的日常生活所需与"常识"，主导着争论点的探讨与解决方式。就在犹太教特质的形成最具关键性的时代，亦即我们的公元开始前后两个世纪里，这些争论点极少带有"教义的"性格（因此犹太教教义的存在与否，其本身的可能性与宗教上容许性，至今原则上仍争议不已），而毋宁是彻头彻尾地针对着日常的问题。犹太圣典里的先知因其任何人都"能够了解"而受到高度评价，同样的，所有犹太圣典的教诲都是能够直接理解的，所以合适市民的平均思维，在这层意义上是"理性的"。撒都该派的实际作为总是紧盯着文字而行，例如按字面实行"以眼还眼"的同态复仇（talion）；法利赛派的实践则是，如西门·宾·约海所代表的[1]，反之，迎向规定的"合理性"（ratio），并且去除悖理的规定

---

[1]　西门·宾·约海（R. Simon ben Jochai, 亦名 Simeon ben Yohai），2 世纪犹太学者，巴勒斯坦加利利地区犹太学者阿吉巴·宾·约瑟（Akiba ben Joseph）的门生。阿吉巴因反对罗马统治而被折磨致死，西门被迫隐居。据传他和儿子以利札（Eleazar）隐居洞穴十三年之久，靠食椰枣和角豆维持生命。离开洞穴后，西门创办犹太教义院，培育出犹大·哈纳西（Judah ha-Nasi）等人才。西门深受犹太人尊敬，乃得代表他们前往罗马交涉，结果使限制犹太宗教礼仪的许多条令撤销。西门主张禁欲苦修，潜心钻研律法书。在制订犹太教有关崇拜礼仪和社会生活的律法方面，他强调制订律法所根据的精神，只要坚持这种精神，执行时不妨变通。——译注

或转以他解（例如容许协议后易课罚金来取代同态复仇）。法利赛人的实践迎合了虔敬者的经济利害——虔敬者作为内在化虔敬的代表而与他们结合在一起；特别是 Ketubah 证书形式[1]的采用及其他结婚财产权保护规则的采用，似乎也是他们的成果。在对于传承的处置上，伦理的理性主义凸显出来。《禧年书》是法利赛人特有的成就[2]，以剔除令人嫌恶之处的方式修正了整个创世与族长的故事。另一方面却又调适于全世界普见的原始的精灵信仰。东方世界共通的天使说与魔鬼说，亦见之于古代后期犹太教，虽然部分是受到波斯的影响，但最主要是在法利赛人的影响下才被接受，不过却受到高贵的教养阶层的极力反对。这种接受除了顺应既有的庶民信仰之外，亦出于"理性"的缘由：最高神至少因此而部分解除了世界之无常与不完美的责任。天意信仰[3]的抬头与神的"恩宠"的极力强调乃源自类似，但有所转向的（理性）动机，并且相应于平民阶层四处普见的宗教倾向。宗教意识的主要担纲阶层的市民性格也说明：在法利赛人的影响下，救世主期盼与来世期待受到相当的强化。弥赛亚期望与死后复活为更美好生命的信仰，完全是由法利赛人所领衔主导的，而至少后面这个思想则为高贵的撒都该人彻底断然拒斥。

另一方面，法利赛人对虔敬的犹太人的要求当然是相当可观的。"天国"终必展现，想要进天国者就必须担负起这天国的"轭"(ol

---

1 Ketubah-Verschreibung 是指作为结婚的必要条件，应由丈夫交付给新娘的证书，其中载明为夫者应尽的义务。——译注

2 写成于公元前 2 世纪末。参见 Charles, *The Book of Jubilees*, London, 1902。

3 当然，至少异教的正统预定论思想通常并不会去碰触 behirah，亦即伦理的自由意志——在救赎或堕落间的选择自由。与其动摇此一自由，有时倒不如认为神的全知全能只是有条件的。

malkas schamajim）[1]或"命令的轭"（ol hamizwoth）。这唯有通过严格的训练才有可能，正如后期犹太教的教导制度里法利赛派的拉比们所致力达成的。生活的"圣洁"被要求。神的命令必须谨守，不是为了报酬，也不是为了什么好处，而纯粹是为了神，尤其是要谨守律法——用来严格区分虔敬者与异教徒及"类犹太人"的律法。割礼与安息日休息如今被认为是为了与他人作区分的这种特殊性格的绝对中心命令，而安息日就其受到破坏则后果严重观之，显然在根本上被加以激化。

不仅要明了，且对我们的脉络而言相当重要的是，此等要求是朝哪个方向激化。就重点而言，法利赛主义具有市民—城市的性格。这并不是说，在个人方面毫无例外尽然如此。相反的，最重要的犹太圣典的拉比有相当多数是地主。然而他们保守圣洁的方式，以及他们对（希伯来文，因此日趋异国语文的）**教育**的着重——而且如我们后面会看到的，不仅是具有权威者，而是每一个人——排除了其追随者的重心可以在农民当中找到的可能性。毫不意外的，阿姆哈阿列次，亦即非法利赛人，原本就是"乡下人"，而犹太的小市镇至少也不可能居于领导地位："拿撒勒能出什么好东西？"兄弟团（chabarah），法利赛人的教团，对不再立足于土地的城居者而言确实是乡下邻人团体的替代品，并且因而迎合他们外在与内在的利益。犹太人之转变为一种跨地区性的、本质上城居的总之就重点而言不土著的客族，根本是在法利赛人的领导下所得致的结果。

犹太教宗教意识在整体上相当重大的移转是法利赛人所造成

1　在每日的祈祷"Schoma"里也是这么说。

的结果，而且仅有部分是基于其掌握了传统的权力。在海卡努斯统治时期，他们是个强而有力的党派，莎乐美·亚历山大更将高等法院（Sanhedrin）交付到他们手中，而阿里斯托布鲁斯[1]则再度排除他们，到了希律诸王时则试图与他们交好。他们最后决定性的支配是随着神殿的崩毁而展开：之后犹太教的一切尽属法利赛派，而撒都该人则变成一个异端的教派。不过，宗教权威的转移在此之前即已开始，此一转移对他们的支配而言是关键所在。血统贵族不得不让路给"教养"贵族：改宗者的子孙往往是法利赛人当中最为出类拔萃者。尤其，**拉比**的势力抬头本身就是犹太教的法利赛—市民的发展的一个产物。拉比是出现在犹太教发展的关键性时期里的一个阶层，而这种阶层唯有在原始基督教和基督教的教派里再度现身，当然，其相似点有如凤毛麟角。

1　海卡努斯（John Hyrcanus），莎乐美·亚历山大（Salome Alexandra，78—69），阿里斯托布鲁斯（Aristobulus），以上所提人名皆为罗马统治前（前63），犹太人哈斯蒙王朝的最后几位统治者。希律诸王（Herodes）则已在罗马治下。——译注

第二章

拉　比

　　拉比并不是什么"法利赛派的制度"，形式上他们与兄弟团一点关系也没有。只不过，在其发展的起始阶段，他们与那运动有着最紧密的关联。在《密西拿》形成的时期里[1]，杰出的教师——即使不是在形式上，但就其意图而言确实——是法利赛人，而其教导乃决定于法利赛主义的"精神"。得先注意到的是，"拉比"之名（从 Rab 而来，意思是"大"，因此 Rabbi 意思是"我的大师"）就犹太教史料可及范围而言是在神殿崩毁之后[2]才成为固定的名称[3]。前此，"索佛"是指圣经学者，是个就事论事、有确定内容的称呼，而"老师"则是指尊敬的人。不过，我们仍然可以毫不犹豫地用这个名称来指称耶路撒冷陷落之前的时代里那些教团的圣经学者的权威人士，因为这称呼不仅极有可能而且确实已被用在

1　《密西拿》(*Mishna*)，犹太教经籍。希伯来文原意为"反复教导"，是继《圣经》之后历史最悠久的权威性口传律法汇编。由许多坦拿（即学者）在两个世纪内陆续编纂，最后于 3 世纪总其成。其内容是自先知以斯拉时代以来的若干口传律法的诠译。《密西拿》分六大部分（回目），共 63 篇专论，每篇专论分若干章。——译注
2　首先用在长老 Gamaleil 身上。
3　因此犹太教学者宣称《马太福音》23:7、8 是"时代倒错"。

这些人身上。那么就这点而言，"拉比"究竟是什么？

　　"拉比"在形式上的正当化是家族长制形成后，亦即神殿崩毁后才有的：那时就要求拉比要经过形式的圣职任命，而且美索不达米亚与巴勒斯坦的学院成立后也制定出确定的课程。在此之前，所有这些都是没有的事。就我们所知，"拉比"之类的官方正当化根本不存在。索佛的传统是唯一的标志：他们是靠着圣经学识与为人所接受的圣书解释而崭露头角并受到公认，他们的亲传弟子与再传弟子则被视为最具资格的学者。被犹太圣典引用格言的那些人物，绝非仅止于索佛或有学识的拉比；相反的，传承里有时好像有点故意地特别将律法书的精妙解释与宗教义务的教诲，借着某个拉比（如伊贝徐茨[1]）的赶驴人之口说出，并且让有学问的拉比去向被公认虔敬且因而有智能的农夫（如 Abba Chilkijat）求教。不过，这总之是被当成特殊的事例。这证明区分并不是那么锐利，但那名赶驴人确实是与拉比有明显区隔的"无知者"。他绝非拉比。福音书设定为前提的种种情况，同样显示出当时至少某种对外坚固闭锁的组织是不存在的，反倒是借着律法知识与解释技艺的卡理斯玛，而事实上获得正当性者成为人们咨询的对象。对此，显然只有当解释的方式煽惑不得体并且招惹出**足够强大的反对态势**时，才会有通过压制方式的消极干涉，不管是由祭司这方面，或

1　韦伯此处所影射的或许是伊贝徐茨（Jonathan Eybeschutz, 1690—1764），波兰出生的犹太教拉比、学者，任阿尔托纳（Altona）、汉堡和万德斯贝克（Wandsbek，三地当时属丹麦国王）拉比时，当地妇女希望他能运用神力使她们免于难产而死。他授给她们护符，据说其中有密写祷词，呼求伪弥赛亚泽维（Shabbetai Tzevi）救助。有一枚护符为严格遵奉犹太圣典（*Talmud*）著作的拉比埃姆敦（Jacob Emden）所获，埃姆敦公开谴责伊贝徐茨为异端分子。波兰境内的众拉比拥护伊贝徐茨，而德意志境内各拉比则支持埃姆敦。这场争吵损伤了拉比的威信，其影响也持续了很长一段时间。——译注

是经由个人或（多半）法利赛教团领导下的群众自力救济（私刑）：从福音书的记述里可以得知，对于某个教师之大孚人望是有多么大的顾忌。当"民众"紧紧追随着教师时，即使其教诲甚为谬误，官方当局还是怯于干涉[1]。拉比教师纯粹在教育与学院支持下造就出来的形式卡理斯玛权威，在许多相似的现象里找到其模拟，从罗马的从事解答活动的法律家（respondierende Juristen）[2]——在必须领取执照的时代以前——到印度的导师（Guru）。其间存在着重大的差异，而这点，亦即拉比独特的固有特色，正是我们此处必须加以检视的。

就重点而言，拉比首先是个**平民的**知识阶层。这并不是说他们当中全无高贵的或富裕的人士。但是，只消看一眼那些犹太圣典里的权威人物或被提举为模范的拉比（及其他证人）即可得知：平民，乃至于田地里的日薪劳动者是其主流，而拉比本身当中，富人与贵族是极少数。这在犹太圣典编成的时代及之前是毫无疑问的。如我们先前所见，其他宗教的许多秘法传授者与教派领袖

---

1 一般而言，这当然仅止于当事者**不只是**个教师，而是因奇迹能力而够格的"先知"的情况。
2 罗马法律家的活动，传统上分为三种，亦即 respondere、cavere、agere。respondere 是指为法律问题提供意见与解答，同时公开讲解，担负起法学教育的任务。cavere 是指为当事者作成必要的行为方式以取得他们所欲的法律效果。agere 则是帮助当事者选择其提起诉讼的方式。换言之，罗马法律家的解答有的是为了法律行为或诉讼行为的当事人而做，有的是为了审判人，有的是为了法务官而做出，对于法生活具有极为重大的影响力。法律家的解答活动原本是自由不拘的，帝政初期的首位皇帝奥古斯都（前27—14）则授与某些著名的法律家"根据元首权威而做解答的权利"（ius respondendi ex auctoritate principis），而对解答活动加以某种程度的统制；不过，这并不是以禁止其他法律家的解答活动为旨趣。其后，哈德良皇帝（117—138年在位）规定，凡有公开解答权的法律家（不限于当代的）对同一个问题意见一致的，该意见具有法律拘束力，法官或审判人判案时必须遵照执行，以此而进一步强化对解答活动的统制。关于罗马的这种法律家，详见韦伯《法律社会学》，第三章。——译注

也都是"平民"。不过,(古代)拉比与他们的不同点特别是在于:他们是以**兼职**的方式,亦即除了其世俗的职业之外,履行其作为咨商者与礼仪律法顾问的功能。这绝非偶然,而是**禁止为求报酬**而教授(或解释)**律法**的严格**命令**所造成的结果[1]。此一禁令——在保罗"不做者不食"的命令里再得延续——首先完全阻绝了他们发展成印度特有的那种秘法传授者,其次也说明了在紧要关节点上他们的教诲的某些特色。人们经常汇整罗列领导的拉比所踞的职业地位。可以理解的是,他们当中有许多的地主。当然,多半是地租年金收入者,因为这使得他们可以全心投入研究。不过,令人瞩目的是,在犹太圣典里较古老的,亦即神殿崩毁之前最具权威性的人物当中,除了某些——不是很多——商人之外,就数手工业者为其大宗,诸如锻冶工、凉鞋制造者、木匠、鞋匠、制革者、建筑师傅、船工渡者、酒测人和伐木工等,并且最起首的二位著名的学派创建者与尖锐的论争者希勒尔长老与沙马伊也都是工匠[2]。保罗和在其书信中提到的人物也正好同属于这一个社会阶层。不错,犹太圣典时代的犹太教教团法保障了拉比[3]的某些减免,例如免除赋税、免除大部分(并非全部)的徭役以及其产品

---

1 印度导师的本业是个商人、地主或年金收入者的情形不在少数,至今仍如此。但是,对较古老时代的犹太教拉比而言,在"宗教的"职业之外去寻求生计的其他来源,是有必要的;而印度的导师一般而言至少多半是靠其宗教职务所得的外快与捐赠来过活。就此而言,在(东方的)犹太教里,与印度导师相对应的,不是拉比,而是新哈斯丁派的卡理斯玛秘法传授者,下文将会论及。

2 希勒尔(Hillel d. Ae),详见本书第一篇第七章注释。沙马伊(Shammai HA-ZAKEN,前 50—30?),巴勒斯坦犹太教贤哲。与希勒尔齐名并共同主持犹太教公会。他创立沙马伊派,该派主张严格照词义解释律法,与主张灵活解释律法的希勒尔派对立,反对后者所倡据根据人的动机判断其行为的"动机原则"。两派一直持续到 2 世纪才衰落。——译注

3 在犹太圣典里,这是指被授予圣职的拉比。

可以优先于他人在市场上贩卖的权利[1]。其中，若完全撇开这些特权是否在第二神殿时代即已存在的问题不谈，那么拉比靠劳动来赚取生计在后来也被认为是完全合情合理。他应该要花三分之一天来工作，其余时间做研究，或者他在夏天工作，冬天研读。后来出现了一些变通之道：准许，至少在法官工作上，因为"时间损失"（Lucrum cessans）而接受补偿，而礼物当然也总是免不了的。总之，直到 14 世纪左右，犹太教的拉比原则上仍无偿地担负起义务性的工作——原先不过是"副业"。"靠自己的双手劳动赚钱要好过于靠别人的金钱过活的 rash galut——教会首长！——的财富"，被认为是昔日拉比的座右铭。换言之，我们在此见到作为某种宗教意识的担纲者的这些人，是从事营利活动者，其中特别是有很大一部分人属于手工业。撇开印度中古时期的少许萌芽不谈，我们在此首次碰见这种现象。让我们借着和其他阶层的比较来评量出这个现象的重大意义。

拉比[2]首先总之绝非巫师或秘法传授者。以此，他们与印度和东亚形形色色的平民的灵魂司牧者有着根本的区别。他们借着口头与文书的教学来视事，而后者是靠魔术；他们的权威奠基于知识与智性训练，而不是巫术性卡理斯玛。这首先是巫术在后先知时代的犹太教里所占地位的结果。在犹太教里，人们可以靠着巫术来强制神的观念被彻底根绝了。先知的神观一举排除了这种念头。因此，对犹太圣典而言，在此根源意义上巫术不啻是要无条件加以排拒且冒渎于神的。最后，任何形式的魔术无不被认为是

1　B. B. 22a.

2　除非有特别加以说明，我们提及拉比时总是先验地以此为前提：亦即我们指的是行文讨论当中的那时期的拉比，也就是犹太法典编纂的材料所提供给我们的那个时代的拉比。

有问题或可疑的。当然这其中仍有重重限制。在**通过咒语**来袚魔
与治病的这两种形式里，巫术依然存在，并且部分是实际受到容
忍，部分毋宁是被视为正当：在此牵涉到的不是强制神，而是强
制魔鬼，而且如我们所见，这恰是在法利赛主义里扮演了众所公
认的角色。只是这种活动并不属于拉比的正规事务。不过，奇迹
的卡理斯玛总之并未受到犹太教连同法利赛派犹太教的否认。福
音书一再地让犹太人，明显包括圣书学者与法利赛人，对耶稣要
求"征兆"。不过，奇迹力量附着于**先知**，让他得以借此正当化他
是神所派遣的，如果这项恩赐真的是从神而来，而不是从魔鬼而来。
然而，具有圣典学问的拉比阶层自然而然与此种先知主义处于紧
张状态，这是任何抱持礼仪主义立场以某部法典为取向的学者阶
层会与先知卡理斯玛相对峙的典型固有状态。先知出现的可能性
的确未被否定，至少原先如此，也因此更要严加防范假先知。对
此而言，决定性关键在于：犹太教的预言彻头彻尾连结在它是**使
命**预言这点上，这是超世界的神所差遣来宣告的，而不基于自身
的神性或神的附身。后面这种假先知是"不具使命"地宣说与教
导。然而，人要何从辨识呢？一个先知的真或假的标志是什么呢？
对此，耶利米的说法成为拉比解释里的判准（23:9ff.）。凡是教示
伪神祇或其预言未应验的，自然不是真的先知[1]。不止如此，任何先
知无不与律法和神的命令相结合，所以凡是试图使人背离于此的，
就是假先知。因而尤其是，唯有让人民悔罪皈依者，才真的是神
所派遣来的。不是幻视与梦，而是献身于律法所明载的神的命令，
方能证明先知的真实性，亦即证明他并不是个"梦幻者"。幻视与

---

1 《申命记》13:2、3, 17:20f.。

梦早就受到古老的祭司传承贬抑价值，因为显然曾有（而且正是）
幻视使人民改宗心向狂迷的巴力崇拜。不过，奇迹也同样可以假
魔鬼之名而行。正因此，光是奇迹能力并不足以成为真正先知卡
理斯玛的证明。即使先知在其教导里似乎已显示出自己带有神圣
使命的征兆，但光是奇迹能力的卡理斯玛本身还是不能决定性地
保证这先知真的就是神所派遣来的。光是在奇迹能力的基础上，
最多不过能让严正教导的先知获得在个别事例上解除律法效力的
力量——一如拉比也宣称拥有的能力——仅止于此。对我们而言，
此处令人感兴趣的最主要在于：严正律法**伦理**的固守与针对于罪
的战斗，才是检测预言之纯正性的终极绝对的判准。

　　拉比也不是从他们圈子里所培养的密仪导引出权威。如果说
巴比伦祭司或许还有埃及祭司的一连串宇宙论的、神话的、魔术
的观点与施为被借用过来——或多或少有变形或未变形，尤其用
在祭仪的历法上——那么没被借用过来的却正是巴比伦祭司智能
里具关键性的至高且奥义的内容：不管是占星术、天文学，或是
占卜术（肝占或鸟占）。后者被明文禁止[1]，尽管确实仍行之于民间。
某个占星师甚至一度出现在犹太圣典的职业里，而星象图也如世
界其他各地一样时而有所摆设。不过，拉比的教示明白禁止向迦
勒底人咨商询问[2]："对以色列而言，没有先知存在。"犹太教的祭司
阶层也成功地排除了这些竞争者，而且古老的拉比观点，至少在
古犹太圣典时代，更是断然拒绝了此种异教的学问，尤其是占星
术的决定论，说这有伤神的崇高与决断自由。就拉比的社会处境

1　《申命记》18:11.。

2　在《但以理书》2，为了解尼布甲尼撒的梦，和巫师、占星师、魔法师相提并论的，正
　　是迦勒底人（Chaldees）。——译注

而言，根本没有学术传统或辅助手段可资利用来培养这种学问。

如果拉比既非巫师、先知、奥义哲学家、占星师或占卜师，那么他们也非某种奥义救赎论的、灵知的担纲者。不止近东的灵知的特殊形式，连同其造物主及其无规范论，全都遭到禁止与排斥，至少在古典—犹太圣典时代，一切的灵知尽在排除之列。决定性重点在于：灵知—神秘的救赎意图会使律法与伦理严正的行为丧失价值。不止高贵的知识阶层典型可见的种种神秘形式，而是任何纯粹神秘主义的救赎企图都被认为是可疑的，是具有被魔鬼导入歧途之危险的"梦幻"。恍惚忘我的神灵附身尤其被认为如此，相当于先知对抗狂迷之道的斗争。正如"可理解性"对于犹太圣典而言是其价值的指针，拉比的解释也沉静但彻底坚决地拒斥一切上达神灵的非理性且狂热的手段。这不可以用什么"阶级状况"的结果来加以解释：因为东方与西方的许多秘法传授者正好是在小市民阶级里赢得其信众，而这些小市民对于神秘—忘我的宗教意识所抱持的态度在气性上可说是千差万别。这毋宁是犹太教传统的历史既有特性使然——一方面是经由祭司法典，另一方面是经由预言而确定下来。总而言之，任何不愿放弃与律法之关联的犹太人是如此，法利赛人亦是如此。由于律法书与先知的伦理理性内容之故，义务性但持续不坠的律法研究使他们得以脱离救赎企图的非理性形式。不止这个消极面，重要的是当他们真切地感受到空乏欠缺时，还有圣经可以填补他的不足。伟大先知的强烈悲怆，国族历史叙述振奋人心的力量与狂热，创世神话与原人神话的素朴但激昂的严肃，诗篇的强烈情绪内涵，约伯与其他人的传奇故事和箴言的智能，在在都为包拢几乎一切所能想见的感情状态的宗教内在生活建构出一个框架，而这样一种性质的框架则是世上绝无仅有、再无他例可寻的。此种独特性并不在于素材的"经验"内容，因为构成其经验内容的各个要素及其中所论列的问题，无疑皆可在世界上林林总总的各式圣典中找到相对应的事物。其特异之处毋宁首先在于这些经验被压缩在这么一个狭小的范围里，然后特别也在于其庶民的性格，以及圣经文本是任何人都绝对可以理解的特性。重要的不是巴比伦的神秘主义与宇宙论的母题被圣经的故事所借用，而是这些母题从祭司的传承被移转回庶民那里。直接可以理解同时又极为高昂庄重的先知神观也促成了这种"特殊可理解性"的契机，亦即不止传奇故事的种种经过，而尤其是从故事里所产生出来的"道德"，不只任何人，即使任何小孩都可以理解[1]。荷马史诗的英雄是希腊世界的小孩（乃至于任何小孩）都可以理解的，《摩诃婆罗多》的故事部分是印度小孩所能理解的。但是《薄迦梵歌》就没有任何小孩也没有任何印度小孩可以理解，佛陀的纯解脱论也是如此。连同印度的宇宙论与人类学，这些高密度思维的结晶也不是任何人都能理解的。反之，犹太教的经所宣说的"理性主义"，尤其是道德主义的，但同时也是实际主义—宇宙论的理性主义，是如此直接贴近民众，而且正是在关键性的部分诉诸小孩似的理解力，在这点上，世界上任何其他的圣典尽皆望尘莫及，或许拿撒勒的耶稣的故事是个例外[2]。犹太教里超世界的唯一神是这样一种典范：他部分而言像是个父亲，部分而言一会儿是有恩慈的一会儿又是冷峻无情的君王，主导着世界的命运；他当然爱护他的子民，但当他们不顺从时，便会加以严厉的惩罚，

1　即使像约伯的问题及其他有时可见的几处，此种自明之理或许事实上行不通，不过至少似乎是可以这么说的。

2　或者还有中国的少年读物，不过这是出于完全不同的理由。

不过借着祈祷、驯服与道德美行又能再度赢得他的心；在所有的宇宙进化论和人类学的神话建构里，正是这一个范式以其符合素朴的未经哲学思辨而被升华的大众与小孩见解的方式，使得世界所有发生的事情都可以被**理性地**理解。不过，此种理性的可理解性不但使教团里通过教导、讲道与研读而为众人所知的神话、诗歌与先知的宗教实用主义独具特色，而且也强制了拉比的思想无以偏离此一轨道。奥义的、灵知的救赎贵族主义至少**原本**就不易在此地基上生长出来，或者即便能够形成，也不易扩展。如果有什么奥义会出现的话，顶多是连结上那半暧昧、半为人遗忘其原始意义关联的先知幻象，此等幻象应许那被神剥夺恩宠的民族有个较美好的未来。事实上，此处亦与宗教哲学性的思辨相关联。关于这点，后面再谈。不过，有两个层面是属于我们现在的脉络。首先是真正思辨性的末世论，此种末世论一来是与但以理和以诺的文学相连结，二来是从波斯与巴比伦起源的救世主思辨借用过来而形成的，诸如“人子”的教说、御前天使（Matathron）和类似角色的教说，这些在真正法利赛派的拉比圈子里一般而言一直都是为众所知的，但毕竟仍是异质的东西。此等教说极大程度上——虽非绝对——是在阿姆哈阿列次的秘密集会里养成的，而耶稣或其门徒无疑是从此处获取其人子的观念，而不是取自法利赛人和拉比的教说。对此教说而言，弥赛亚仍是个应许未来的犹太人的地上的王，他将在重新修好的神的帮助下把他的民族抬高到往昔的光荣，并且歼灭其敌人，或者如诗篇里所描述的，使之成为臣服的奴仆或最终改宗皈依以色列的信仰。或者这教说与复活信仰相结合：这个王将在他的王国里让复活的虔敬者过着崭新且纯净的生活。不过，进而言之，所有这些希望——不难成为形上的因而也就是易于走向奥义的思辨的对象——不过是对未来的希望与期待。清楚的是，这些期待一旦成为心思所悬之事，就可能而且必定会给犹太人的虔信带来一股强大的悲怆之情：之所以与所有的印度救世主宗教意识有着根本的差异，原因之一正是在于此种"末日"期待之存在于犹太人当中的这点上。再者，一旦有不寻常的征兆与灾异出现，或者在末世论的先知的影响下，此种末日期待似乎就要实现时，它便会而且事实上也成为最强而有力、在某些情况下也最为野蛮的狂热的源泉。不过，在日常生活里，或者当事情使人的心思从这上头转移时，其影响力必定弱化成为渴望从苦难与危急当中被解救出来的一种情绪性的憧憬，世界的秩序连同犹太民族与虔敬者本身全都被控诉为不充足的，并且让自己和命运再度和解，这有助于促成犹太教宗教意识的"信仰宗教"（Glaubensreligion）的性格。这特别是在哈德良皇帝治下神殿崩毁后的犹太圣典时代里的情形，也就是当弥赛亚的希望迁延到遥遥无期的时候。实际的行为只会受到此种问题的影响，亦即人类的那些行为能够提供或提升自己那份资格，足以期盼救世主的快点降临并且加入复活者的行列。不过，拉比的教示是依据圣经故事的范例、先知当然还有律法，来解答这个问题，而律法的重要性也因而被热烈地提升起来。教团的罪，其官职权威者本身的罪（尤其是背离神），在拉比眼中无疑也就是一切罪中最为深重者，因为这将使弥赛亚的到来失落到更遥远的未来，并且因而是欺骗了怀抱希望的所有虔敬者。另一方面，律法书与先知的普世主义的应许——据此，所有的民族都会被带到神与以色列那里——当然也是对改宗者的一股决定性的推动力，这在后面还会再提到。但是对个人而言，律法及其实践才是要加以考虑的，除此根本别无救赎之道。但这条明示之道却是**任何人都唾手可得**的，因为拉比毕竟不止拒斥主智主义—神秘主义的救赎贵族主义，也拒斥**禁欲**。

第三章

法利赛派犹太教的教说与伦理

　　不论较古老的犹太教或法利赛派的犹太教，对于希腊文化的主智主义所详加推演的那种二元论——"精神"与"物质"，或"精神"与"身体"，或"灵"与"肉"，或神圣的洁净与尘世的堕落的二元论——全然疏远陌生；新柏拉图主义再将此种二元论推升为肉体乃灵魂的"牢狱"（Pudendum）这样的思想，而希腊世界的犹太人知识分子的个别圈子（例如斐洛）[1] 将之借用过来，然后

1　斐洛（Philo Judaeus，前 15—50），耶稣和使徒保罗的同时代人，在思想史上具有双重重要性：第一，他在哲学史方面占独特地位，因他首先企图将宗教信仰与哲学理性相结合；第二，在宗教史上他也居重要位置，特别因为他主张逻各斯（logos［理念］）是上帝和人的中介，所以基督教人士认为他是基督教神学的先驱。从某种意义上讲，可以说他是中世纪哲学——犹太哲学、阿拉伯哲学，更重要的是基督教哲学——的奠基人。斐洛所受教育大致包括算术、几何、天文、和声学、哲学、文法、修辞以及逻辑。哲学方面主要受柏拉图、亚里士多德、新毕达哥拉斯派、犬儒学派和斯多噶派的影响。他是第一个指出上帝存在的可知性与上帝本质的不可知性是有区别的。认为上帝能使自然界的规律不起作用。理念是上帝的永恒思想，上帝先把这些永恒思想创造成真实的有，然后再创造世界，从而将犹太神学同柏拉图的理念学说调和起来。将宇宙看成一个为逻各斯所控制的巨大连锁。逻各斯是上帝的头生子、神人、上帝的影像，仅次于上帝。在伦理思想方面，他主张正义包含宗教信仰和人道这两种德性；忏悔也是一种德性。人自己努力向善并不能获致完满的幸福，完满的幸福只能由上帝恩赐。保罗书信，特别是《希伯来书》，不论在思想上还是在语言上都与斐洛极为相似。他对亚历山大的克雷蒙、奥利金和安布罗斯（Ambrose）等教父也有重要影响。他的大部分著作均保存，有些著作在四五世纪译成拉丁文和亚美尼亚文，由此可见基督教徒对他颇为敬重。——译注

保罗的基督教则使之成为其伦理的世界图像的根本观念。所有这些都是法利赛派—犹太圣典的犹太教所不知的。当然，神是世界与人类的创造者与支配者，人类是他的被造物，而不是其后裔或衍生物。他创造出人类，包括他的选民，而不是生出来。对先知的犹太教而言，此种观念是从神的普世主义及在此关联下被归属于神的强大力量的属性产生出来的，而依此属性足以强调他对于包括其选民在内的绝对主权，亦即他是**世界历史**的神。这样一种"二元论"总被说成是特属于犹太的或"闪族的"，与其他那些（二元论的）观念相对立。对于实践伦理而言，奠定在此种二元论上的一个决定性的重要力点端在于：借此使得任何的神义论成为多余，确认人类对于神的绝对无力，尤其是巫术性强制神的绝对排除，而宗教的"信仰"必定带有小孩般"顺从"世界君主的特殊色彩。这当然就够重要了。不过，"现世拒斥"或"现世贬抑"却怎么也无从自此产生。

犹太教的神是个家族长的君主，就像他现示自己为其按自己形象所造的孩子的恩慈的"父"。这世界，如创世故事所显示的，并不坏，而是好的。人类是软弱的，像个小孩，因此意志薄弱，容易犯罪，亦即不顺从父般的创造者。不止个人如此，而是——重点所在——整体、民族也是如此。因此，不但个人，还有民族全体，抛却了他的爱与恩宠，不但为自己也为子孙，而且往往为时不短，甚至某方面来说永久地。所以，亚当与夏娃因为不顺从而致使他们所有的子孙都背负死亡、生产的痛楚、女人之臣属于男人及劳动的宿命与辛苦。不过，拉比的看法倾向于判定民族的背离、导致犹太民族破灭的金牛犊与巴力神崇拜是比亚当的堕落更重的罪。不管不顺从的民族再怎么被严厉地斥责，"原罪"（Erbsünde）、被造物的堕落或感官的邪恶等思想并不存在。远离世界乃宗教救赎之前提的想法更是遥不可及。"图像与肖像"的禁令当然是犹太教之于感官艺术文化的负面关系的一个极为重要的来源。然而，这就像不敢直呼耶和华之名的恐惧般，有其巫术的、反偶像的起源，然后被置入神的崇高与其于创造中的遍在性的理解关联里，并且让法利赛主义感受到这是与偶像崇拜的异族相对立的一个尤其重要的识别标志。不过，这本身并不是"感官敌对"或现世脱离的结果。

对法利赛派的犹太教而言，同样离得很远的是对**财富**的拒斥，或者认为财富是危险的甚或自在地享用财富会危及救赎。对某些祭司职务而言，财富毋宁正是前提条件。除此而外，先知与诗篇也都严厉挞伐不顾兄弟情谊地以经济力来剥削之事，是毁弃了古老的经耶和华的命令而被圣化的邻人伦理与民族同胞的兄弟关系。在这点上，法利赛人的小市民伦理自然是紧紧跟随。我们后面会看到，反对放贷取息与善待欠债人和奴隶的古老规定，还有安息周年与禧年债务免除的祭司构想，如今都在决疑论的方式下详细规制出来。不过这其中恰恰没有任何走向整治经济生活、内在于现世的禁欲的方法论的苗头。为了让拉比全心投入研究而保持独身岂不是更好的问题，确实也时而被拿来讨论。然而这和"禁欲"一点关系也没有，尽管拉比这种对教团成员的救赎而言实属重要的劳动义务，在此真的足以动摇传宗接代的古老命令。不过除此而外，犹太教从里到外为人所知的祭典性与巫术性的洁净义务，找不到任何一丁点对于性交与享受女色之欢愉的疑虑。应该让古以色列战士有时间去"与妻行乐"的这种率真的现世态度，在犹太圣典时代的犹太人身上也理应如此吧。对于"奸淫"——除了谋杀与偶像崇拜之外，被视为第三大罪——毫不留情的斗争，源于昔日祭司对于巴力狂迷的斗争；将性交严格限定在合法的婚姻里，则与印度（及其他）同类的命令完全一致；严厉批斗任何形式的手淫（包括 onanismus matrimonialis），则符合圣经的诅咒——取决于对抗手淫的摩洛狂迷的尖锐斗争[1]。对于早婚的极力强调推荐——任何人要是超过一定年龄不婚就是罪人——乃出自率真的感官民族的信念（如同路德）[2]：否则的话，罪恶必定难免。性的现象一直都被认为是再自然不过的事。对于暴露与一切赤身裸体的古老禁忌，可能生成于对抗狂迷的斗争，而且或许因为反希腊竞技场的立场而更为尖锐化；此种禁忌与最为直言不讳的话语以及（后来）对于性行为的规制——部分为了利未人的洁净，部分是顾

1　《利未记》18:2、3。

2　马丁·路德（Martin Luther，1483—1546），引发宗教改革运动的德国牧师。矿工之子，他攻读法律和哲学，后在 1505 年进入奥古斯丁修道院。两年后任牧师职，并在威登堡大学继续研究神学，担任圣经神学教授。1510 年到罗马旅游途中，惊见教士腐化的情形，后来因恐惧宗教报应的正义而苦恼。当他依着信仰想起"称义"——救赎是经由上帝恩典所给予的礼物——这个理念时，他的精神危机解决了。他要求天主教会改革，抗议赦罪券的贩卖和其他滥权，1517 年他把"九十五条论纲"贴在威登堡教堂的门上。1521 年路德所谴责的主要对象教宗利奥十世开除了他的教籍，而他在批判声浪中藏匿于瓦特堡。他在那里把圣经翻译为德语，好让一般人从此后能够阅读；长久以来，他活泼的译文被视为德语历史上最伟大的里程碑。后来，路德回到威登堡，1525 年娶了还俗的修女波拉为妻，抚养了六名子女。虽然他的传教是农民战争（1524—1526）的主要导火线，但他对农民的谴责却导致他们战败。路德与教廷分裂导致路德派的创立，1530 年由梅兰希顿拟定、路德认可的"路德派信纲"或"奥格斯堡信纲"确定了此一基督教派的成立。

　　路德反对天主教会的禁欲主张（其实当时也已经成为具文），他深悉情欲逼人难当，因为他有切身之痛：当年做修士时，为抗情欲之苦，曾经虐待己身，以石砾为床，结果只弄得欲火更烈。如他所说："酡红的双颊，雪白的双腿"，正是这些想入非非的念头，诱得青年男子个个走上婚姻路。"少年的爱，热情如醉酒，令我们双眼蒙蔽，使我们身不由己。"因此用戒律把青年缚住，叫他们禁欲守贞，做教士、做僧侣、做修女，实在不合人性。甚至在婚姻里，人也难以守贞。他的见解，简单地说即是，人若屈服于大自然为繁衍后代而命定的吸引力，就不应受到太严厉的处罚。详见巴赞editor，郑明萱译，《从黎明到衰颓——五百年来的西方文化生活》，页 64。——译注

及卫生——携手并进；这两种现象，如众所知的，亦见诸伊斯兰教与其他以"洁净"为取向的仪式主义的宗教。部分而言犹太教在这点上走得比天主教的忏悔规范与告解室措施还要远，而且对我们现代的情欲感和对某种封建或高贵教养阶层的尊荣感来说，不啻是教人难堪而往往又惹人嫌恶的。当然，那种尊荣感是不为犹太教与天主教的圣职者阶层所知的。禁断酒肉，是严正的印度教徒所认同的，而且正是高贵的社会阶层所实践的，但不为犹太教里的拉比与虔敬的信徒所知：祭司与先知所对抗的古老的巴力狂迷，就其重点而言，显然是性的狂迷，亦即多产的狂迷，而不是酒的陶醉狂迷。

就像女人与酒可以让人心欢愉，财富与这世上仪礼所容许的所有享乐也一样。整体而言，"天国属于使其伴侣幸福的人"这句犹太圣典的话语很能够表达出古代拉比对于现世态度的基调。不过我们再怎么说也不容在法利赛的犹太教基盘上寻求出一种原则上以**禁欲**为取向的生活方法论。犹太教就像印度官方的宗教意识一样要求严格的仪式主义，并且，除此也是一种基于对神及其应许的信赖而在畏惧不顺从此神的罪及畏惧此种罪的后果当中生活的、信仰宗教意识（Glaubensreligiosität），不过这确实并非意指一种禁欲的生活样式（eine asketische Lebensführung）。当然，在某一点上，其生活样式是和理性的、禁欲的原则相近似：在其清醒的自我审视与无条件的自我克制的命令这点上。前者之不可或缺，是由于一直不断依照律法来评量一己的生活样式是否严正，因而无可避免地造成的结果；这律法不但包含了为数不胜枚举的仪式命令，而且特别是必须遵守的禁令：有613条列举为摩西所给的规定，然后拉比的决疑论又让它增加了好几倍。后者则部分与此有关，部分是由于对抗狂迷的古老斗争。尽管古代以色列的耶和华是个激动愤怒的神，其激愤程度是其他任何神所不能比，但是对拉比而言，如同在中国的情形，任何的激动兴奋无非肇端于魔鬼并且有害于救赎，也就是罪。相对比于我们先前所见的被激情的愤怒与憎恨或者对不信神却又富裕者的强烈怨恨所深深浸透的诗篇的宗教意识或《以斯帖记》里幻想中的复仇耽溺，并且相对比于如同在玛利亚的祈祷中所说出的那种《路加福音》里的贫者（Ebionite）对于财富的憎恨，在犹太圣典里具有宰制性地位的，至少就外在而言，是完全不同的另一种态度。把对于仇敌与幸运者的报复需求加以宗教的理性化，使得个人自己来对不公不义做报复一事暂且搁置，因为神或者在此世或者在彼世会更加彻底地完成这种报复；或者，更进一步加以升华的话，毫无保留地原谅敌人，使得他在别人面前尤其是在自己面前无地自容且被蔑视；此种理性化与升华，不仅是犹太圣典所熟知的，而且其本质也为拉比所深刻体认并严加拒斥。因为再没有什么比这命令更鲜明地耳提面命的了：不要叫他人"感到羞愧"。

首先，在家庭的恭顺关系里，避免让错待子女的父母出丑羞愧，被称赞为最美好的恭顺行为。不过，这同样也适用于对待犯了错的人，尤其是在争吵和议论的过程里犯错者。犹太民族因神殿崩毁所致的绝望消沉，显然给予拉比的伦理学一个契机，以心志伦理的方式来处理那被摆脱和升华的报复的种种怨恨的问题（Problemen des Ressentiments）。未因反省而迂回曲折的原始基督教远远较少思考反省这些怨恨的事实，因而也如众所知地显示出某些相当露骨的怨恨伦理的范例，而这正是犹太圣典的犹太教里所致力加以克服的。

虽然如此，拉比对抗复仇的宗教内在化的这场斗争——确实在伦理上让人印象深刻，并且是伦理感情非常强烈升华的一个证明——恐怕也在本质上证明：注定无可奈何的复仇要求在古代的后期犹太教里事实上是多么强大的的一个要素，这点对他们来讲并不是个秘密。如同此一事例所显示的，犹太人清醒的自我审视早在古代便已极其彻底地发展。然而，再怎么说也并非奠基在一种**禁欲的**生活方法论的基础上。

当然，在犹太教内部里也有禁欲的制度。撇开对祭司的祭仪上的禁制与洁净规定不谈，最为突出的是一定时节的仪式性斋戒规定。不过这纯粹是祭仪上的规定，动机特别是作为平息上帝怒火的手段。个人的斋戒也全然如此。即使此一目的是再怎么寻常不过的事，任何的斋戒者就是被视为罪人。无疑的，禁欲的生活样式很可以在此找到一个连接点：关于**忏悔**之必要的想法与说教的确是古犹太教特有的，并且是其神观的一种非常重要的流露。过忏悔的生活，随着祭司献牲之日益丧失价值而成为个人唾手可及的救赎手段。犹太宗教史上出现的少数伟大的斋戒断食者（严格说来可以确证的唯有 R. Zaina），毫无疑问的都必须被视为这种伟大的忏悔者。如同古代拿细耳人的那种（制度般的对神）起誓立愿乃是要令神欢喜或移转其怒气的手段，后来保罗也有样学样——可能是作为对抗其癫痫发作的手段——众所周知的，立下一个（时间有限的）誓愿，即使当他成为基督徒时仍履行不误。奠立在类似基础上的一个禁欲教派的形成一直要到很后来才发生在"为锡安举哀者"、可拉的后裔身上，我们在此无意予以进一步追究。反之，法利赛派的犹太教里看似"禁欲"的现象事实上全是源于——对法利赛主义而言决定性的——对于利未人**洁净**的追求。此种洁净的追求可以有各种不同强劲程度的力道。在通常的法利赛派内部里，如我们先前所说的，这会强化到对外的闭锁与仪式严正的体系性培养，但这并不要求与经济和社会的日常生活世界相隔绝。不过这原则当然也可能被推进到一种基本上凌驾于世俗内的道德之上的程度。所谓**艾赛尼派**这个最独特的现象正是奠立在这个基础上，就此意义而言，它不过是个激进的法利赛人的教派。

第四章

艾赛尼派及其与耶稣教说的关系

艾赛尼派的现象是可以追溯到公元前 2 世纪，但其年代及其与利甲人的可能关系是很有疑问的，而且关于其教说的某些重要问题也只能做非常假设性的解答。不过，对于绝对的利未人洁净的追求，无论外在或心志上，倒是被清楚地认知为它的一个基本要素。一如较广泛的法利赛派的兄弟团那般，艾赛尼派也是个教团。不过入会条件要严格得多，尤其是庄严的立誓、见习期与数年的试练期。教团的组织也严密得多，并且有如修道僧团那样：地方上的个别教团的首长（Mishmer）拥有绝对的权威，破门出家之权掌握在由一百名完全资格成员所组成的评议会手里。使徒身份在艾赛尼派里，如同在官方的犹太教教团里，可能主要是扮演募集教团献金的角色。使徒总是二人一组周游各地——如同原始基督教的情形，恐怕是为了彼此监督礼仪之严正的目的。

艾赛尼人与较不洁净者的隔离，不止是排除与他们通婚与同桌共食，而且还全面排斥与之有任何接触。艾赛尼人也拒斥生活不严正的祭司，并且因而导致对祭司的价值贬抑，甚而一般说来强烈地不信任祭司。当然，我们就要谈到的他们对于献牲的特殊

态度，也是其中的一个因素。除了大力强调见习者的洗礼以及一
有机会就一直不断重复地洁净沐浴，此种激进的洁净追求在礼仪
方面，首先是表现在法利赛派特有的命令的极度严格性上。对于
仪式性污染的焦虑，连同所有的洁净规定，全都被推升到极端的
地步。除了对律法与圣经的宇宙论的研究之外，其他一切研究都
是异教的，因此是危险的，所有纯属世俗的享乐全都被认为是该
受斥责的，所以要避免。安息日在艾赛尼人看来并不是个快乐的
日子，而如同普通的法利赛人的看法，是个绝对休息的日子：艾
赛尼人限定性爱只能发生在礼拜三，据说是以免小孩在安息日
里来到世上。服装的规定（zizit）被视为绝对的。晨祷之前要先
进行一定时间的冥思。甫说杀了邻人，就连一丁点的伤害，也
都被视为严重的自我玷污。不可偷盗的命令被提升到：不可因任
何的利得而使良心受累——利得的正当性似乎总有问题。因此艾
赛尼人避开商业，如同避开战争，拒绝拥有金钱与奴隶，将所允
许的资产限制在一己需求所不可或缺的限度内，并且以耕种和自
家经营的手工劳动来取得所需。与此相应的，他们将兄弟关系
的古老社会命令首尾一贯地推升到全然经济性的爱的无等差主
义（Liebesakosmismus）。不止由有资产者来提供资材的爱的会食
（agape），斐洛的报告还列举了共同的房舍与仓库，以及共有的"宝
库"：或许是超过个人所需的剩余物资被存入此处，用来支撑起相
当高度发展的贫者救济事业。反之，现实上完全的共产主义是否
真的形成，以及这些制度是否甚至也全面发展于所有的艾赛尼人
当中，并不确定。因为艾赛尼人尽管主要是生活在巴勒斯坦，但
显然并非总是为了圣餐而定点共住。情况毋宁是倒转过来，除了
贫者救济之外，连同接待与救济出游在外的兄弟（应该是雇佣工

匠伙伴们）的义务也是他们的基本制度之一，而共有的财库或许正是为此目的而设。

愤怒与一切的激情在艾赛尼人看来是被魔鬼感染的状态，他们比一般的法利赛人更把这看成是危险的状态，并且或许正是因此之故，虔敬者被明白教诫要为对他们行不义的人祈祷来作为激进的对抗手段，亦即"对敌人的爱"。神之名的神圣性导致他们不止排斥起誓，并且因而使他们发展出一种真正的奥义与秘密戒律（Arkandisziplin）。对于那些有志在被应许的卡理斯玛上有份的人，这戒律要求仪式性的贞洁。由此衍生出严格的性的禁制与一种强烈的对婚姻的反感，甚至升高到即使在他们之间也不无争议的完全拒斥婚姻的地步——正如我们所见的，结婚之于法利赛派的拉比也有某些意见认为是不要的好。在那奥义的卡理斯玛恩宠与对此种恩宠的追求里，看来必定能找到艾赛尼人特殊的生活方式的固有动机。因为在这一点上存在着他们作为相对于法利赛主义与犹太教的异质团体的明显可资辨认的契机。据约瑟夫斯的说法，奥义乃是记载于特别小心地秘密保藏起来的圣书里，并且在被接纳为完全成员时个人要终身保守义务不对第三者吐露只言片语，但对教团兄弟则保持开放。奥义的内容似乎是由以下要素所构成：神圣故事的象征性再解释、相当鲜明的天意信仰、比别处都更加明白显露的天使论、个别的太阳崇拜——最为显眼的异质性要素、取法利赛人的复活信仰而代之的带有天堂与地狱观念的不死应许。他们在仪式上的独特之处在于拒斥动物牺牲，这也使得他们自外于神殿礼拜，不过他们却借着进献礼物而与神殿保持关系。秘密戒律应该会提供的卡理斯玛，从各方面迹象显示，直指预言的恩宠，约瑟夫斯将此种恩赐归诸他们，或许正是由于其天意信仰的关系。除此，他们的神愈术，特别是对于矿物与植物根茎之愈效的认识，备受人们称许。他们的宗教性在相当本质上是祈祷宗教（Gebetsreligiosität），明显具有相当强烈皈依信心的特征。

明显可见的，艾赛尼派的教说与实践里的这些构成要素不再是法利赛派的洁净仪式主义的一种提升与超越，也不是源于犹太教。天使论，包括法利赛派的天使论，实在是起源于波斯。在灵与肉的教说里相当突出的二元论确实也显示出这点——只不过此处可以想见也有希腊文化的影响。太阳崇拜则尽属波斯（或者波斯—巴比伦）的影响，但与天使论相反，让人感觉怎么也说不上是犹太的，而严正的犹太教之容忍这点也真的是挺怪的。不结婚的倾向、教团的等级与动物牺牲的排斥，有可能是——通过某种媒介——来自印度的影响，不过，像洗浴与圣礼也可能是源自希腊—东方的密教制度，正如奥义的创造或许也同出一源。事实上，艾赛尼派的教团意味着圣礼的密仪宗教性与利未人的洁净仪式主义的一种结合。艾赛尼教团与其他近东的救世主密教的区别在于：它并没有一个人身的救世主来作为崇拜的对象；艾赛尼人强烈信奉的弥赛亚希望，如同法利赛派的犹太教一样，彻头彻尾是未来的希望。以此，这个教派若严格加以判定的话，应该要被视为异端。然而就因为犹太教的仪式主义的性格而回避了这点，一如印度教在面对这类的情形时那样。由于与神殿的契合关系被维持不坠，也由于法利赛派奉为至上的对摩西律法的忠诚也被奉守遵行——特别是在法利赛主义的意味下一丝不苟地奉行无误，犹太教团略过了那些公然是异端的杂介素质，容忍这个教派，当它是个因无等差的特殊誓愿与特殊教说而被特殊化的犹太伙伴团体，也由于类似前提的结果，对于同样尊奉耶路撒冷神殿与奉行律法不误的犹太人基督教徒的拿撒勒人教团，犹太教团也是以此方式尽可能地加以容忍。

不过，法利赛派与艾赛尼派之间的界限是浮动不定的，至少在有关于生活样式上。伴随着严格禁止营利追求的这样一种闭锁性的伙伴团体组织，确实未曾听说存在于当时一般的法利赛派的地盘上——相反的，在福音书里，法利赛人倒被视为"贪婪"的代表。然而，许多个别的现象提示了他们相同心志的走向。首先是：爱的无等差主义。原则上秘密且大量地施舍穷人的富人，被称为"隐秘者"（hasheina），而穷人也同样秘密地、不露形迹地接受施舍；并且施与舍不止不是偶一为之或无组织的，而是出于为此目的而创设的一种共有财库。根据犹太圣典，这样的制度似乎在几乎所有的城市里都存在。拉比的命令，不可叫"任何人"羞愧，以及后来耶稣谆谆教诲的原则，"不要叫左手知道右手所做的"，因为唯有如此才能让施舍获得天国的报偿，否则便先取走了那样的赏赐——在在显示出犹太圣典的慈善（caritas）特色独具的面向，这也是近代一般犹太人的善行的特征，相反于，譬如说清教徒，以及包括一般基督教徒在内的慈善。

对于绝对洁净的追求开启了远离一切世俗"享乐"的动力，正如"圣者"（kadosh）按照艾赛尼人的方式所实践的，并且时而在"隐士"（亦即退隐山林的"农民"）身上所见的。真正拒斥现世的这些现象不仅异质性地相对立于正规的法利赛主义，也对立于艾赛尼派相应的规则，而且现象本身也只能从非犹太的影响来加以说明。在仪式上，我们在"虔敬者"（Watikim）身上发现古哈斯丁人与艾赛尼人的实践的某种折光泛影：他们对于晨祷加以形式上严格的规定，严格到晨祷的结束要与日出落在同一时点——

诸如此类的个别现象所在多有。尽管礼仪上再怎么严正与异教再怎么严加隔离，法利赛派的犹太教仍然置身于异端仪式礼法（例如太阳崇拜礼仪）极尽纷繁的入侵之中。纯正奥义的发展虽然正与法利赛主义缘远质异，结果还是不可能防止启示性的、末世论的弥赛亚期待与预言的扩散。实质上，如同福音书的故事与神话所上演的那个周遭世界最最清晰呈现出来的，此种期待与预言起着相同的作用并充盈于空气中。

　　艾赛尼人的组织、宗教生活样式与伦理，往往被人，尤其是被犹太教这边，关联到原始基督教的实践上。和基督教徒一样，艾赛尼人也有洗礼、爱的餐会、无等差的爱的共产主义、贫者救济、使徒职（犹太教意味下的概念用法）、对婚姻的嫌恶（为了被圣化者），以卡理斯玛——尤其是预言——为致力追求的救赎状态[1]。他们的伦理，如同古代基督教的伦理是极为和平主义的，要求对敌人的爱，在救赎希望上给穷人的评价高，给富人的则是不利的评价，一如福音书里的贫者（Ebionite）要素那般。除此还有和原始基督教相亲近的一般法利赛派的伦理的构成要素：艾赛尼人的伦理和原始基督教的伦理在许多点上都意味着法利赛伦理的强化提升。只不过此种提升的性格在此与在彼有着相当大的分别。因为正是在礼仪的（利未人的）洁净这点上，耶稣本身在其宣告的信息里已驶向完全不同的轨道。起着不朽作用的**主**的话语："入口的不能污秽人，出口的乃能污秽人，而且唯独出口的，是打从心里发出来的，这才污秽人。"（《马太福音》15:11, 18f.）这意味着：对他而言，具决定性的是心志伦理的升华，而不是犹太教的洁净律法的那种

1　Ecclesia（希腊文）也被用来指称他们的教团聚会。

仪式主义的优越，而且相对于艾赛尼人对于礼仪不净者的那种战战兢兢的避之唯恐不及，他则是十足坚定从容地与他们往来和同桌共食。不过，在双方都可以找到的诸多伦理观念，于这两个教团的起源地区里是以极其多样的形式散播开来，而同一种类的制度，部分已是法利赛的兄弟团所共有的，部分则我们不得不这么假定，是各式各样的崇拜团体所共通的。其中，比什么都来得重要的是：一个当下可见的活生生的救世主的显现，以及原始基督教独特的"灵"的强大意涵，在艾赛尼人而言，就我们所知，始终未曾有所听闻。

灵，作为典范的恩宠状态之明证的卡理斯玛与标志，对于犹太教与法利赛派的教说而言，的确不是个陌生的概念。"耶和华的灵"，作为狂战士卡理斯玛，临到英雄（参孙）与君王（如同狂热怒火临到扫罗），尤其是作为幻视与先知预言的卡理斯玛，有时甚而是奇迹的卡理斯玛，临到先见、先知与行奇迹者；大祭司需求耶和华的灵，为的是得以有效地赎清人民的罪，它离开他（非尼哈）[1]、舍弃君王或英雄，如果他有罪；耶和华的灵在每个教师身上也是强大的，如同先知通过灵而看见与听见，教师也是通过灵而施教。在犹太圣典里，称灵为 ruach-ha-kodesch，在《诗篇》51:11与《以赛亚书》63:10、11 的七十子译本里称之为 πνευ（页429），其邪魔的敌对者是"污秽的灵"的教唆，在福音书里，作者称之为"鬼王"别西卜的灵（《马太福音》12:24）。由于敬畏上帝的名，拉比往往不用"圣灵"一词，而代之以"shekina"（住者）这个名称。由此发展出的教义是：天地创造之初，"上帝的灵"运行在"水"

---

[1] 非尼哈是亚伦的孙子，灵离开非尼哈一事详见《撒母耳记上》。——译注

面上，那圣灵是创造者在第一日所创造出来的。鸽子，遭受迫害的以色列的象征，在犹太圣典里有时也被当作是圣灵的传递者。

在犹太圣典的文献当中也出现这样的想法：圣灵是为人在神前调停的"synegor"，亦即"求情者"（paraclete）[1] 与援救者。不过，先知时代业已结束的教说也让如此见解成立：圣灵自玛拉基之后已自世界消失了。人不再能得到它，所能获得的不过是"bat kol"，亦即拉比为了正确解释神的律法所必须的灵。另一方面，约珥是如此看待弥赛亚来临之后被拣选者的洁净与神圣[2]：那时圣灵将分布在所有人身上，儿与女要说预言，老年人要做异梦，少年人要见异象，而仆人与使女也将为圣灵所浇灌。据此，圣灵在所有人身上的复活便是弥赛亚到临的征兆，也是天国已近的征兆。此种想法对于基督教的圣灵降临奇迹观念而言是具有决定性的。作为一种非理性的神赐预言禀赋的这种独特意义上的"圣灵"，拉比既不敢说自己可以拥有，也不认为这是教团成员之恩宠状态的表征。

因此，拉比教师的权威即使是如此之高，他也从来不会有这样的想法：要求拥有一种灵的"超人"的地位。支撑其权威的总是出自先知之口与律法书里明文记载的确定话语。朝着灵魂司牧者崇拜的方向前进——依照印度、亚洲与基督教里的导师崇拜的那种方式——的任何发展，一概都被排除掉。而这也是犹太教的神观本身所不容的，此种神观迫使任何的被造物神化都被当作是异教的恐怖行径而遭到拒斥。不过拉比自己也不曾考虑过成为按照这种基督教的或亚洲现象的样式所发展出来的圣者崇拜或秘法

1　斐洛用 synegor 一词来表示支撑大祭司的"道"（logos）。

2　《约珥书》2:28f。

传授者崇拜的对象。他所从事的是一种宗教的天职，但他并不施行恩宠：这么做原本是——在有限范围内——祭司的卡理斯玛，并且一直是因其为可拉族后裔而具有资格的祭司们的表征——唯有他们有资格宣说"祭司的祝福"，虽说本质上只是形式上而已。直到东欧的哈斯丁运动才在哈斯丁神秘主义义人（tsaddik）身上创造出一种人物 [1]，与亚洲的救苦救难类型和秘法传授者类型相应的人物，他们所宣称拥有的权位也因此正与拉比的权威处于最为尖锐对立的状态，并且被后者拒斥为异端。犹太拉比既不施行圣礼救赎，也不是个卡理斯玛的急难救助者。他的宗教特殊资材是"知识"。这受到非比寻常的极高评价。在荣耀上，他超越其尊长及其父母，所谓"知识至上"。拉比个人权威的意义端在于他以身示范，亦即在于他的典范性生活样式，然而其标志不过是严格地一以神的话语为取向。

拉比在其义务性的工作领域里同样是个"话语"的仆役。但他绝非"说教者"，而是个"教师"。他在封闭性的学生圈子里教授律法，但并不公开地通过说教来劝导教团。的确，他也在犹太会堂里施教，不过，在古犹太教里，就我们所知，这仅只发生在大祭典之前的安息日及卡拉班之日（Kallaben-Tage）。目的同样在于**教导**虔敬的教团在那样的日子里该遵守哪些仪式义务，就像

---

1 韦伯此处所指的是，十二三世纪在德国兴起的犹太教哈斯丁流派，带有神秘主义和苦行主义特征。从该派重要经籍《虔修书》（*Sefer Hasidim*）可以看出，该派发展对象是不满形式主义仪式而注重个人灵性生活的人。

　　义人（tsaddik）一词乃犹太教用语，指体现犹太理想的人。据犹太圣典说，世界的继续存在端赖三十六位完美义人。犹太圣典一方面承认义人有特殊权利，另一方面也指出他们的特殊义务。他们起码应为同代人负一部分责任，而且应知道自己的祈祷能否得到垂听。18世纪哈斯丁主义的宗教领袖称义人，据说他们是神人之间的中保。——译注

个人有了疑问时，他作为建言者来援助他们有关仪式义务的问题。除了有系统地将律法教授给学生，拉比的职业活动重心在于：依罗马法律家那种方式来进行解答工作，以及作为仲裁者的活动，而被召唤到"拉比法庭"（Bet Din）执事的拉比就真正是在担任法官的工作。反之，安息日午后的公开的宗教—伦理说教，在犹太教古代是完全无组织的。不过，只要有公开说教活动存在——可以说很大程度上是存在的，不管当时或是后来，此种活动一直是落在有别于真正定居于地方上的拉比的另外一种人手上，亦即"magyr"[1]，后代的这种受过拉比教育的游方教师，确实是个非常古老的现象。作为游方的辩士（So-phist）、富有的教团成员的座上客，他漫游于一个又一个教团之间，完全如同一径在各犹太会堂里说教的保罗那样。当然，浮上台面的不止是云游的演说者。相当宽广的教学与说教自由，使得任何自认为够资格同时也被教团认可的人都可以进行说教。真正以福音为礼仪上的前提的"圣经学者"也这么做。不过，显然不是正规的职业义务。另一方面，拉比的任务仅在于整治非祭司性质的而是纯粹技术—仪式性质的事务：在古犹太教里，尤其是仪式性沐浴（mikweh）的施行以及shehitah，仪式性的屠宰（"屠宰场"）——这是他必须照管的，有时候他甚至必须自己动手。只是，所有这些事项里，律法的权威性解释是而且一直都是主要的工作。

此种律法解释的技术本质，在此相应于小市民阶层在社会条件制约下所生出的特质。古代拉比本身相当大一部分所属的这个阶层，也是律法解释最为重要的担纲者。如先前所强调的，"健全

---

1 "magyr"是为了让人改宗皈依犹太教的巡回传道者。——译注

的常识"与实践—伦理的理性主义，亦即总是与市民阶层相亲近
的那种内在态度，强烈地影响了拉比对待律法的方式：发挥功效的，
一方面是规定的"ratio"而非其文字，另一方面是日常生活的迫
切性需求，尤其是经济的需求。反之，真正"建设性的"理性思
维的可能性则完全付之阙如，换言之，像罗马从事解答活动的法
律家所秉持的并且也唯有他们所运作的那种真正的"法律家的"
思维一概从缺，这实际上意味着欠缺理性建构**概念**的能力。拉比
绝非纯粹世俗的尤其是高贵的法律家阶层，如同罗马的法律解答
者那样，而是平民的宗教礼教师。拉比与神的实定命令的内在结
合，比起法律家与实定法所可能有的牵系还要来得强烈，何况再
加上任何市民阶层的理性主义都具有的典型形式与限制。话语的
解释与具象的模拟取代了概念的分析，具体的决疑论取代了抽象
与综合。古代拉比总是大幅度地以实际理性的需求为取向，并且
彻底以具体的个别案例为取向的判决实践，的确历经了某种"理
论的"扩大，亦即神殿崩毁后，在美索不达米亚与巴勒斯坦的大
拉比学派成为此种判决实践的有组织的中心，而且对整个文化世
界而言，此一中心地位直到卡罗琳王朝[1]时代终了时一直维持不坠。

---

1 卡罗琳王朝（Carolingian），统治西欧的法兰克家族（750—887），因世袭奥斯特拉西
  亚（Austrasia）法兰克王国的宫相而得势。679 年，埃斯塔勒的丕平二世（Pepin II of
  Herstal）承袭为宫相，把有名无实的梅罗琳国君贬为傀儡元首，687 年掌握整个法兰克
  政权。其子铁锤查理（Charles Martel）于 725 年自立为法兰克王，741 年逝世后，其
  子矮子丕平三世与卡洛曼（Carloman）将王国分裂为二；747 年卡洛曼放弃帝位，丕
  平三世便成为唯一的统治者。750 年丕平三世废除梅罗琳傀儡君主，又得到教宗札迦利
  （Zacharias）的支持，由法兰克贵族拥立为王。768 年丕平去世，王国再度分裂，三年后
  由其子查理统一法兰克。查理即查理曼（Charlemagne），他征服整个高卢并且进入日耳
  曼及意大利，扩张了法兰克的势力，并与教宗结盟；塞尔维亚、波希米亚、克罗地亚等
  东欧民族皆来进贡；800 年加冕为罗马帝国皇帝。843 年的《凡尔登条约》将帝国分为三份：

同时，拉比的尊荣地位也与家族长或其正当的代理人所施予的圣职叙任仪式（按手礼）相结合，而正规的学院研究课程也明文规定了师生的听讲、质问与讨论，以及研究俸禄与寄宿学校。法利赛派兄弟团的特殊组织显然已经消失："chaber"后来是用来指称一个特别热切于研究律法的人，也就是典型后期犹太教的律法名家，而"perushim"也被用来指称学生。法利赛主义的"精神"在犹太教里是唯一支配性的。不过，不再是一种积极的兄弟团的精神，而只是文献**研究**的精神：根据时而浮现的想法，神本身也"研究"永恒妥当的律法，为的是按此行事，好比印度的世界创造者实行苦行，好使他能够创造世界。如此，摆脱具体案例的一种有系统的思维得以发展出来。只是，此种思维的特异性，部分取决于古代拉比之受到传统的束缚，部分则取决于固有的社会结构。

（接上页注）西法兰克归秃头查理（Charles the Bald），东法兰克归日耳曼的路易，法兰克米底亚（Francia Media，包括意大利若干省分及罗马）归洛泰尔（Lothair），并由他承袭帝位。后诺曼人和撒克逊人崛起，卡罗琳王朝的威势不再，887 年查理三世被废，王朝几乎全部瓦解。——译注

第五章

犹太人的仪式性隔离的强化

法利赛派的洁净—仪式主义首先导致了仪式限制的强化，不管是对外还是对内。尤其是对内：艾赛尼派教团因为害怕和其他犹太人通过通婚、同桌共食和任何近身接触而遭受污染，所以自我隔绝起来，而他们是否是这类集会的唯一一种，不无疑问。法利赛派的兄弟团也如出一辙地自绝于阿姆哈阿列次[1]，耶路撒冷人与深受耶路撒冷祭司影响的犹太教，则自我隔离于撒玛利亚人与未曾受到先知和耶路撒冷祭司阶层影响且拥有地方性祭仪的所有其他残余的耶和华信仰者，此事发生在撒玛利亚人被正式摒除在耶路撒冷的献牲祭礼之后，尽管他们不是不喜欢来祭献。以此，古老的耶和华信仰者形成了一个强固的组织，而且由于受到仪式性制约，就像是个种姓般的结构。除此，在其内部里，祭司与利

1　《路加福音》以令人惊讶的方式数度（7:36ff.、11:37ff.、14:1）让耶稣与法利赛人同桌共食（最后一次甚至是与一个法利赛人的首领——就相关段落看来，是个"学派首长"），这在其他两个较古老的福音书里是看不到的。因为路加也和《使徒行传》一样强调"法利赛人"的改宗，而彼得与安提阿的希腊人的食桌共同体对保罗而言也同样是如此重要，所以此种记述方式可能是有意的。现实里，严正的法利赛人应该是会拒斥与阿姆哈阿列次或生活不严正者同桌共食的（《约翰福音》8:48 里，犹太人称耶稣为"撒玛利亚人"）。

未人氏族的世袭性特权仍继续存在，而且他们虽然并不完全排斥与其他犹太氏族通婚，但的确信守上嫁婚（Hypergamie）的命令。另外也出现仪式性的拒斥，亦即把某些行业视为禁忌或加以非难，从而成为宗教身份建构的要素。遭到鄙视且被视为卑下的行业，除了赶驴赶骆驼人与陶器商人之外，还有陆上与海上的货运业者及仓库业者，所有这些人之所以遭受鄙夷，无疑是因为礼仪洁净的生活对他们来说似乎是不可能的，而前者当然也是因为他们原先都是异族出身的客居劳动者。此外还再加上受到《申命记》诅咒的一切种类的魔术师与占卜者的职业。不过，就礼仪上的洁净而言，同样被认为是有卑污之嫌的，尚有以下诸行业：小贩、理发匠、兽医、某种石匠、皮革工、挤乳者、梳羊毛工、织工与金匠。对某些这类行业所提举出来的理由，是他们在从事业务时经常会让他们与女人有可疑的接触；然而，除了传统的评价之外，具决定性的在此显然还有一般对于职业是否能与礼仪的严正相结合所抱持的不信任，再加上其中一些人（譬如金匠）是移民者出身也有关系。一个大祭司是不容许出生于投入这类职业的家族。不过，所有这类行业未必尽然，或者未必在整个犹太圣典的时代里全都置身于法利赛派教团之外，至少我们在著名的拉比中就发现到一个鞣皮工（R. Jose），而且如先前注意到的，甚至是一名占星者。我们也发现在犹太圣典的文献里有提到，为某些古老的王室工匠（铜匠与银钱收支者）所设的犹太会堂，而在一般犹太会堂里按照职业分别坐席也是常有的事。实际上正是王室工匠的职业（除此也有其他职业）在很大程度上是世袭性的氏族职业，而且工匠本身是由国王引进的外族出身者，这很足以说明他们的特殊地位。在受质疑的行业里有一些是后来中世纪时犹太人大量从事的行当，所以对那些职业的拒斥态度也并不表示古犹太教里的一种真正像种姓般的隔离。虽然如此，后期古犹太教的内在结构显示出此种隔离的重要特征。

不过，尤其是对外方面，犹太民族愈来愈呈现出，首先，仪式上被隔离的客族（贱民民族）的类型。而且，他们是出于自己的自由意愿，而不是在外部排斥的强制之下。"反闪族主义"在古代的一般性扩展是个事实。不过，同样的，对犹太人的这种起初缓缓增长的拒斥，与犹太人本身愈来愈严重拒斥与非犹太人交往的情形，完全同步进行。在古代，对于犹太人的这种排拒，再怎么也不能说是"种族的"反感：改宗运动的强劲幅度——我们很快会谈到——就十足是个反证。犹太人本身的拒斥态度才正是双边关系的关键所在。怪异与看似荒谬的仪式，在古代是罄竹难书：这当然不是原因所在。犹太人对于各城邦的神祇明显的漠不关心，尽管他们享有城邦的客人权，必定会让人感觉既目无神明又无礼。不过这也不是关键重点。追根究底来看，犹太人的"憎恶他人"，才是一而再受人指责的终极点与决定点。这包括他们原则上拒斥通婚、同桌共食、任何种类的兄弟关系缔结或无论何种方式的进一步交往——即使是在商场上；这点再连结上，不可加以低估的，任何法利赛派的犹太人都可以在兄弟团里得到团体所提供的极其强大的支持——这样一种契机的经济影响力，自然逃不过异教竞争者的法眼。犹太人的社会孤立，就字眼本身最为内在的意义而言的这种"Ghetto"，根本全然是自我选择与自我所欲的，并且逐步越演越烈。首先是在索佛的影响下，然后是法利赛人。如先前所见，前者致力于——原则上——维持犹太人的信仰纯正。法利赛人就完全是另外一回事。他们首先而且尤其是代表一种（仪式主义的）教理：一种宗派（Konfession），而不是——至少就第一义而言——一种国族性。他们义无反顾地与仪礼不净者隔离开来，与此同时，又极其热烈地对外进行宣传自己教团的工作：改宗运动狂（Proselytenmacherei）。"你们这些假冒伪善的，走遍海洋陆地，勾引人入教！"耶稣是这么指控他们的（《马太福音》23:15）。

第六章

离散犹太人里的改宗运动

可能的话每年造出一个改宗者，在最为狂热的法利赛人看来确实是讨神欢喜的事。重点看来，犹太教的宣教，正如同使徒时代之后的古基督教的宣教，是通过自愿性的个人活动来进行，而不是通过官职权威。后者的立场与官方文献的态度有所转变。律法的古老传承仍带有时代的痕迹（《出埃及记》12:48）：当时，誓约共同体的耶和华宗教是通过邻近部族与"格耳"氏族——居住在以色列当中的护卫亲属，亦即寄居者与客——纳入到完全市民团体当中而扩展开来的。寄居者的法律地位不仅有所规制，而他们唯有通过割礼才能获得哪些仪式上的权利也确定下来（同上出处）。先知预言外族出身者将与光复故土的以色列联合（《以赛亚书》14:1），"紧贴雅各家"。这个段落，连结上对亚伯拉罕的应许，以及许许多多的提示，包括期待地上万民的来归以色列并崇拜他的神，似乎都证明了宣教是为神所喜的，并且恐怕就是为弥赛亚的到来时刻预做准备的一个手段。然而，即使是圣经文学里也分成种种见解。路得与约拿的故事是决定性地有利于改宗运动，然而像以斯拉这样一个重要的权威却加以反对：他所着手进行的同种族编制，不管是祭司阶层或是新建构的城邦耶路撒冷的这种编制，至少挡住了个人加入这个团体的进路，并且为了让神的子民达成所致力追求的隔离，以斯拉将决定性的重心摆在此种血统的纯正上。所有这些在法利赛的小市民阶层来说全然是两回事，并且在法利赛派的代表人物特别是在外头的离散犹太人的代表人物里，秤砣又再度往有利于宣教的这边下沉。将一个异教徒引进"shekinah"（"神的家"），在大半的教师看来是绝大的事功。一径如此进行的结果是，在古老的寄居者概念的运用下，这样一种宣教的方式也被认为是挺有价值的，亦即在某些情况下放弃强要改宗者马上全盘接受一切的仪式义务尤其是割礼，并且致力于让他们光是当个"朋友"也就是半犹太人般地暂时加入团体。因为，割礼的要求，很可以理解的，对于成年人的宣教工作上是个相当重大的阻碍：在完全的改宗者里，妇女的人数也因此而远大于男子。加入团体通常分为三个（而不止两个）阶段：（1）"ger-ha-toshab"（"朋友"），半改宗者：接受一神论的神的信仰与犹太教的伦理（十诚），而非犹太教的仪式，其仪式行为仍然完全不受规制，并且与教团未有形式的关系；（2）"ger-ha-sha'ar"（"入门改宗者"），理论上是服膺犹太裁判权的古老寄居者：在三名兄弟团成员面前起誓，绝不崇拜偶像，必须遵守七大挪亚命令、安息日、猪的禁忌、仪式性的斋戒，但不包括割礼，可以有条件地参与犹太会堂的祭典与庆祝活动，是教团的准成员；最后，（3）"ger-ha-zadek"或"ger-ha-berit"（"义认的改宗者"），在完成割礼与接受仪式义务之后被接纳到完全成员的教团里：其子孙在第三代时方成为具有完全资格的犹太人。

在这种做法下，很可以期待的是，半改宗者尤其是入门改宗者尽管自己不愿行割礼，但仍然下决心让其子孙行割礼以成为完全犹太人，而且多半情况下这样的期待当然并未落空。因为，此种措施大大迎合了周遭世界尤其是希腊人的利害关怀。吸引他们入犹太教的，当然不是犹太教的仪式：相应于希腊世界的宗教意识的整体性格，唯有当这种仪式能够提供秘法的或巫术性的救赎手段与奥义神秘式的许诺时，亦即提供了非理性的救赎之道与救赎状态时，才能因仪式而吸引人入教，而这在犹太教里根本不可能。发挥吸引力的毋宁是显得极为壮大且庄严的神观，是激烈排除让人感觉不真实的神祇崇拜与偶像崇拜，尤其是作用纯正且强大的犹太教伦理，除此还有素朴与清晰的未来应许，也就是犹太教理性的构成要素。换言之，在这些点上，亦即在伦理的纯正与神观的力量上找到其宗教满足的人，受到犹太教的吸引。由仪式所提供的这种生活的强固秩序本身，就是一股强大的吸引力，而且在如此的时代里必定特别的强烈：在希腊的各民族国家崩解之后，见证了城邦里市民生活自古以来强固的军事秩序就此没落。知性的理性主义的时代，及其日渐高涨的希腊宗教意识的"市民的"理性化时代，尤其是在罗马共和的最后数世纪里，也是犹太教改宗运动的伟大时期。举凡按其本性或命运而倾向于非理性的、神秘的救赎追求者，都会与犹太教离得远远的，而日益追求非理性的救赎状态的时代，不会有利于犹太教，而是有利于神秘宗教与基督教。

犹太教的完全仪式可能最常被那些与法利赛派的兄弟团组织具有利害关系的阶层人士所接受，不管是为了自己或是为了子女，换言之，就是小市民阶层，特别是手工业者与小商贩；可资利用的证据显示，事实就是如此。虽然犹太教信仰属于"合法宗教"

(religio licita)，但根据罗马的官职法，完全改宗者会丧失出仕"优先权"(ius bonorum)，而且犹太教的律法也使他无法担任官职，因为律法不许他参加国家祭典。不过，离散的犹太人不仅对增加其成员有强烈的兴趣，而且也极为关注于对外赢得"朋友"，尤其是在具有影响力且能够担公职的圈子里；因此解决问题的方式，从他们的立场来看，完全是目的取向的。实际上，这意味着在宗派原则与种族原则之间的一种妥协。天生的犹太人与三代以来都过着严正生活的犹太人，在教团里要比改宗者及其子女与孙辈享有身份上的优先权。在教团之外的，是未行割礼但依誓言负有宗教义务的改宗者，以及单是"朋友"，就好比在印度相对于比丘的"在家众"。对天生的犹太人与行过割礼的改宗者而言，仪式是无条件要遵守的，对于依誓言而负有义务的改宗者则部分如此，对于"朋友"就全无约束。不过，有时也出现本质上更为自由的观点。有人便怀疑，犹太民族受命所行的割礼，对于非天生犹太人要改宗而言，是否真的是不可或缺，而且难道不是举行个仪式性的洁净沐浴（亦即洗礼）也就够了。与（未行割礼的）改宗者通婚，依照拉比的解答，好像有时也是被正当化的。然而，这总之是些孤立的见解。

第七章

基督教使徒的宣教

实际上具支配性的状况清楚地表现在保罗的传道于古代基督教与犹太教里为了解放所挑起的斗争上。新约的叙述,在决定性的重点上,带有完全值得信赖的印记,然而引发冲突与风暴的,并**不是**——有如现今仍广为人所相信的——开始在**异教徒**(与未行割礼的改宗者)当中进行传道。严格坚守仪式与神殿礼拜立场的(基督教的)耶路撒冷教团的领导者,在此一方面彻底立足于实事求是的基础上,另一方面对于未行割礼的改宗者信守传统的处理态度。他们对后者课以最低程度的伦理要求,并且派遣两位使者送信去给在安提阿的传道教会[1]:要他们避忌偶像崇拜、血、勒杀动物与奸淫,除此不再受其他仪式的拘束。如果他们如此遵行,他们便是有如这书信上所称呼他们的:"外邦的(异教徒出身的)众弟兄。"这也与法利赛派的立场完全不相冲突。然而,消息传回耶路撒冷说,保罗也在完全犹太人里传道,并且误导他们松脱礼仪的维持。根据这封书信,雅各与长老们以耶路撒冷教会之名令

---

1 《使徒行传》15:23ff.。

保罗说分明[1]，并且要求他针对这项疑点而带领四名发了誓愿的忏悔者进入神殿来进行惯常的洁净测试，保罗接受了。然而许多在场的离散外邦的犹太人一看到保罗出现在神殿里，就试图对他动用私刑，因为（1）据说他鼓吹反律法与神殿礼拜，也就是宣扬背叛律法（在犹太人当中！），并且（2）他把一名未受割礼者（特罗非摩）带进神殿里（这是路加所非议的）[2]；因此而引发的暴动使保罗遭到逮捕。在异教徒和未受割礼的改宗者当中传道并未使他遭受非难，而且毋宁是雅各和各长老们所明白赞赏的[3]。几乎毫无例外的，保罗是在犹太会堂里布道，而且清楚明白并经常被强调的是，未受割礼的改宗者大众乃是构成其布道教团的核心部队。犹太教已在这些人当中预备好了基督教传道的温床。对基督教的传道而言，耶路撒冷人的改宗者妥协当然并未尽然解决种种困难，即使纯就外在而言。无论是耶路撒冷的长老还是保罗，双方都是举棋不定且步履蹒跚踟蹰。关于与未受割礼者同桌共食的问题，保罗与彼得在安提阿似乎已达成首肯的定论，然而在雅各的影响下，彼得又反悔了[4]。不过，相对于他对提多所抱持的态度[5]，保罗本身却为提摩太行割礼[6]，为的是使他能够与小亚细亚的犹太人同桌共食。

1　《使徒行传》21:21ff.。

2　《使徒行传》21:28、29。只是《使徒行传》22:21 这一段采取了某种看似有点不同的立场（当中说保罗自称是被派到异教徒那儿的救世主，所以引起群众的愤怒）。不过，显然不管是哪个版本，真实不误的是雅各立场的叙述以及企图动用私刑的动机说明。此外，犹太人当然也不会高兴使他们未受割礼改宗者背离他们的企图。不过，这当中倒未发现攻击律法的事。

3　《使徒行传》21:20。

4　《加拉太书》2:11ff.。

5　《加拉太书》2:3。

6　《使徒行传》16:3；当然提摩太有个犹太人母亲，而他的父亲是希腊人（16:1）。

耶路撒冷人是一步一步且仅只部分地踏入保罗的立场，彼得显然是在雅各死后才如此[1]。反之，一直忠诚于律法的古老的巴勒斯坦贫者教团则视保罗有如叛教者。迫使耶路撒冷的领导人迎向保罗立场的决定性理由在于，如史料所证示的[2]，他们体验到：异教出身的改宗者，也如同犹太人的基督徒那样被灵所降，而且显现出一模一样的现象。依照彼得的观点——这样的事发生在他于该撒利亚布道时——他们也因此得行洗礼且不被否定同等地位。撇开个别细节的历史价值不谈，如此基本事实确实无误，并且强烈映照了伟大的变化：在犹太教里，先知的灵是依律法来评量其宣告的办法而受到检验，并且依此而被拒斥或接受；对古代基督教而言，灵及其征兆与禀赋本身就是犹太教仪式的束缚到底被要求到多大程度的判准。不过，可以说相当清楚的是：这个"灵"（Geist, Pneuma）具有和严正犹太教的 ruach-ha-kodesh 本质上不同的动力。

犹太教与基督教在改宗传道上的竞争，自神殿的第一次崩毁

1　此处所谓"保罗的立场"，或许可以参考韦伯在《印度的宗教》里的说法："在《加拉太书》2:12—13 里，保罗指责彼得在安提阿起先和未受割礼的外邦人一同吃饭，但随后却在耶路撒冷人的影响下退出而与外邦人隔开，'其余的犹太人也都随着他假装'。这段对于伪装的指责，尤其是针对着这一个使徒，并未被删除，或许正清楚地显示出事件本身对于当时的基督教徒而言是多么的重要。确实，颠覆同桌共食的仪式障碍，实意味着打破犹太人自发性的聚居（Ghetto）——其作用远远超乎任何强制性的聚居；这不但破除了犹太人在仪式上所被赋予的贱民的地位，对基督教徒而言，这更意味着基督教之终获'自由'，保罗对此一再额手称庆，毕竟这实现了他所宣扬的普世博爱的教说，换言之，打破了国与国之间、身份与身份之间的壁垒。为圣餐共同体而打破血统出身上一切的仪式障碍（正如在安提阿所发生的）——作为宗教上的先决条件，同时也就是西方'市民'概念诞生的时刻，尽管要等到一千多年后，中古城市的革命性'誓约共同体'（conjurationes）的出现，才算真正的落实了此一概念。因为，若无同桌共食，或换个基督教的说法，若非共进圣餐，那么，誓约兄弟团体与中古的市民体制将永无可能。"（页58）——译注
2　《使徒行传》10:45—47。

及哈德良治下的第二次最终崩毁以来，划下了句点，而且尤其是在终战时，许许多多的改宗者背叛了犹太人。在犹太教团内部，原先对于制作改宗者的疑虑就从未止息，如今他们占了上风。

接受改宗者的条件就此受到规制，而且接受与否受制于全由拉比所组成的法庭的同意。改宗者，"对于以色列有如麻风那般讨厌"的此种见解浮现出来。改宗者的数目在反犹太气氛的压力下减少下来。皇帝也加以干涉，因为改宗使人无法担任公职，这是无法忍受的。狄奥·卡西乌斯[1] 报告说，甚至在图密善[2] 治下就颁布了严厉的法律。非犹太人的割礼被禁止，并且视同去势。不只完全改宗者，连同而且或许正是半改宗者，快速减少：3 世纪时，半改宗者似乎就已少见，后来的看法是，他们的存在不过是在圣经里，既然以色列还是个国家。在基督教徒皇帝治下，理所当然的，犹太教的宣教（398）连同基督教徒奴隶的拥有（将使这些奴隶曝身于改宗者制造的诱惑下），全都被无条件禁止。图密善的禁制令必定对基督教的宣教起了有利的作用，后者四处接收着犹太教的遗产。犹太教与基督教之间极为尖锐的紧张关系，如同福音书各按

1　狄奥·卡西乌斯（Dio Cassius，150—235），古罗马行政官和历史学家。父为达尔马提亚（Dalmatia）和西利西亚总督。父死后，他前往罗马（180）任元老院议员，后历任非洲地方总督和执政官。他用希腊文写的《罗马纪》共 80 卷，所叙从埃涅阿斯（Aeneas）在意大利登陆起到亚历山大·塞维鲁（Alexander Severus）统治结束为止，用语十分精确，文字朴实无华。——译注

2　图密善（Domitian，81—96 年在位），罗马皇帝，韦斯巴息安的次子。接替其兄长提图斯即帝位，罗马贵族对他的统治极为不满，性情暴戾、好大喜功是他不受欢迎的主要原因。他的军事和外交政策没有一项是成功的。即使提高军费开支以维持军队的忠心，但在不列颠和日耳曼的战事仍相继失败。89 年更是变本加厉，为了排除异己，用所谓"叛逆法"随意惩治元老院议员。图密善在财政方面十分困难。他以搜刮来的金钱来供其挥霍。他可能是被谋杀的，暗杀他的人包括他的妻子，他的继承人内尔瓦可能也是其中一员。——译注

其时代之差异的不同态度所显现的[1]，尤其是后面的文献所呈现的，首先基本上是由犹太教这边所挑起的。犹太人在合法宗教的保障下拥有免除皇帝崇拜义务的特权，但基督教徒却未享有这样的掩护，所以他们就利用基督教徒这种不安稳的状况，通过告发来发动国家权力对付他们。因此，基督教徒认为犹太人是迫害的激活者。双方所筑起的壁垒，如此一来变成无法逾越：从犹太教改宗基督教的人数急遽下降，到了大约4世纪时实际上数目等于零，尤其是在小市民的广大阶层里，其实在中世纪的欧洲诸侯因财政利害关怀，而认为保存犹太人是有价值的事务之前，实情如此。让犹太人改宗的目标是基督教经常一再公告的，不过通常只是口头说说而已，总之，无论是布道的企图或是强制改宗，不管何时或何处总归是徒劳无功。先知的应许，对于基督教多神信仰的嫌恶与轻蔑，尤其是通过一种在仪式完全确固、井然有序的生活样式里教导青年的那种无与伦比的密集教育所创造出来的极为牢固的传统，以及强固有组织的社会共同体、家庭与教团的力量——叛教者一旦失去它，必定无从指望和基督教教团拥有同等价值且确实的连结——所有这些都在在使得犹太人的共同体坚守在其为贱民民族的自我选择的状态里，只要而且既然犹太教律法的精神，亦即法利赛人与古代末期拉比的精神，牢不可破地维持不坠的话。

1　特别是在《约翰福音》里。在其中，作为耶稣对手的"圣经学者"与"法利赛人"往往一径以"犹太人"代之，而且尤其是他们迫害耶稣的程度，比起其他福音书来，提升到极端高度。在《约翰福音》里，犹太人几乎不时地在追索耶稣的命，情形和在对照福音书（马太、马可、路加三福音书）里的程度有所不同。在《路加福音》里已有多处，例如8:7、11:5把约翰和耶稣的敌对者"法利赛人"代置为"民众"或"某些人"。

附录一

古犹太史年表

	历史时期	事迹
族长时期	公元前 18 世纪前后	亚伯拉罕自乌尔（Ur）迁徙至巴勒斯坦。亚伯拉罕生以撒，以撒生雅各。雅各（以色列）生十二子：流便、西缅、利未、犹大、以萨迦、西布伦、约瑟、便雅悯、但、拿弗他利、迦得、亚设。发展成以色列的十二支派。约瑟被兄弟卖到埃及，后来成为法老的大臣
	公元前 1700—前 1250	约瑟的子孙被拘留在埃及为奴
摩西时期	公元前 1250	摩西带领以色列人出埃及。法老拉美西斯二世与梅涅普塔在位（前 13 世纪）
	公元前 1250—前 1210	摩西代表以色列人在西奈山与耶和华签订契约遵守十诫。流浪旷野四十年
	公元前 1210 前后	摩西死，约书亚率领以色列人跨过约旦河侵入迦南地，以色列人逐步在迦南定居
士师时期	公元前 1150	底波拉击败迦南人
	公元前 1100	基甸、参孙
	公元前 1100—前 1030	耶弗他、撒母耳

	历史时期	事迹
王国时期	公元前 1030—前 1010	扫罗统治时期
	公元前 1010—前 970	大卫统治时期，建耶路撒冷为都
	公元前 970—前 930	所罗门统治时期，建圣殿
分国时期	犹大（南国） 公元前 931—前 913	罗波安在位，定都耶路撒冷
	公元前 913—前 911	亚比央在位
	公元前 911—前 870	亚撒在位
	公元前 870—前 848	约沙法在位
	公元前 848—前 841	约兰（Jehoram）在位
	公元前 841	亚哈谢在位
	公元前 841—前 835	亚他利雅女王在位
	公元前 835—前 796	约阿施在位
	公元前 796—前 781	亚玛谢在位
	公元前 781—前 740	乌西雅（亚撒利雅）在位
	公元前 740—前 736	约坦在位，先知以赛亚（前 740—前 701），先知弥迦（前 725—前 690）
	公元前 736—前 716	亚哈斯在位
	公元前 716—前 687	希西家在位
	公元前 687—前 642	玛拿西在位
	公元前 642—前 640	亚扪在位
	公元前 640—前 609	约西亚在位，先知西番雅（前 630—前 625）
	公元前 609—前 598	约雅敬在位，先知哈巴谷（前 600）
	公元前 598	约雅斤在位
	公元前 598—前 587	西底家在位，先知以西结（前 592—前 570）

历史时期			事迹
分国时期	犹大（南国）	公元前586	巴比伦王尼布甲尼撒二世攻陷耶路撒冷，南国犹大亡，众民被掳，俘囚期开始。第一次圣殿期结束
	以色列（北国）	公元前930—前910	耶罗波安一世在位，建都得撒
		公元前910—前909	拿答在位
		公元前909—前886	巴沙在位
		公元前886—前885	以拉在位
		公元前885	心利在位
		公元前885—前874	暗利在位，迁都撒玛利亚
		公元前874—前853	亚哈在位，先知以利亚
		公元前853—前852	亚哈谢在位
		公元前852—前841	约兰（Joram）在位，先知以利沙
		公元前841—前814	耶户在位
		公元前814—前798	约哈斯在位
		公元前798—前783	约阿施在位
		公元前783—前743	耶罗波安二世在位，先知阿摩司（前760—前740），先知何西阿（前750—前735）
		公元前743	撒迦利雅、沙龙在位
		公元前743—前738	米拿现在位
		公元前738—前737	比加辖在位
		公元前737—前732	比加在位
		公元前732—前723	何细亚在位
		公元前722	亚述人攻陷撒玛利亚，北国以色列亡

	历史时期	事迹
俘囚与还归时期	公元前 539	波斯王居鲁士征服巴比伦
	公元前 538	居鲁士下令准许犹太人返回耶路撒冷
	公元前 521—前 485	波斯王大流士一世在位，先知哈该、撒迦利亚（前 520—前 518）
	公元前 520—前 515	重建圣殿
	公元前 485—前 465	波斯王薛西斯一世在位，先知玛拉基（前 460），先知俄巴底亚（公元前 460），先知约珥（前 400）
	公元前 465—前 425	波斯王亚达薛西一世在位
	公元前 445—前 443	尼希米修建耶路撒冷城墙
	公元前 404—前 358	波斯王亚达薛西二世在位
	公元前 397	以斯拉到耶路撒冷
希腊、罗马统治时期	公元前 331	亚历山大大帝占领巴勒斯坦
	公元前 323—前 198	亚历山大死，帝国分裂，托勒密王朝统治巴勒斯坦
	公元前 198—前 164	塞琉西王朝统治巴勒斯坦
	公元前 168—前 143	马喀比革命，建立哈蒙斯王朝
	公元前 143—前 63	哈蒙斯王朝统治时期
	公元前 63	罗马将领庞培占领巴勒斯坦
	公元前 37—前 4	大希律王在位
	公元前 6	耶稣诞生
	公元 30	耶稣受难
	公元 37	保罗改宗
	公元 66—70	第一次罗马—犹太战争（韦斯巴息安）
	公元 132—135	第二次罗马—犹太战争（哈德良），第二次圣殿期结束

附录二

大卫与所罗门时代的巴勒斯坦地图（前10世纪）

《大不列颠百科全书》（1994）授权使用

译名对照表

A

Abimelech　亚比米勒

Abner　押尼珥

Abruzzi　阿布鲁济山

Absalom　押沙龙

achegetes　指导者

Achijam　阿希暗

Achilles　阿基里斯

achim　兄弟们

Adad　阿达德

Adapa　阿达帕

Adiaphora　无所谓

adirim　贵族

Adonijah　亚多尼雅

Adonijah　阿多拿

Adonis　阿多尼斯

adsidui　阿希杜伊

Aegospotami　伊哥斯波塔米

Aeneas　埃涅阿斯

Aeschylus　艾斯奇勒士

Aetolian　埃托利亚人

Agamemnon　阿伽门农

agents provocateurs　煽动间谍

agroikoi　农村居民

Ahab　亚哈

Ahmose　雅赫摩斯

Ahura Mazda　阿呼拉·玛兹达

Aisymnete　仲裁者（希腊）

Akhet-Aton　阿顿的光荣之地

Akiba ben Joseph　阿吉巴·宾·约瑟

Akkadian language　阿卡德语

Aktivbürger　完全市民

Aktualität　及时性

'alaphim　千人组

Alexandra, Salome　莎乐美·亚历山大

al-Minya　明亚省（埃及）

Altona　阿尔托纳

'am　阿姆（男子）

Amalek　亚玛力人

Amalekiter　亚玛力人

Austrasia　奥斯特拉西亚

Avaris　阿瓦利斯

B

Baal　巴尔神，巴力

Baal berith　契约的巴力

baal zebul von Ekron　以革伦的巴力西卜

Baal-Peor　巴力—毗珥

Babel-Bibel-Streit　巴比伦—圣经—论争

Baentsch　班曲

Bagoas　巴阁阿斯

Bakchos　巴卡

Bar Kochba　巴克巴

Barak　巴拉

Barbarossa　巴巴罗萨

basar　身体 (以色列)

bath kol　天籁

Baudissin, Graf　鲍迪辛

Bauer, L.　包尔

Bedouin　贝都因人

Beer　比尔

Behemoth　巨兽

Behistun　贝希斯敦

Behistun Inscription　贝希斯敦碑文

Beisasse　城居者

Bellum Judaicum　《犹太战争史》

Bel-Marduk　贝尔·马杜克

ben chail　宾海耳

Benzinger　班钦格

berith　契约

berith ʿolam　永远的契约

berith achim　兄弟契约

Berot　贝尔罗特 (贝鲁特)

Berserker　狂战士

Bet Din　拉比法庭

beth aboth　父系家庭

Beth Din in der Quaderkammer　石室裁决所

Bhrigu　波利怙

Bit-Adini　比特—阿迪尼

Bittopfern　牺牲供奉

bitu　市政府

bne Asaph　亚萨之子

bne chail　布内海耳

bne Chamor　哈抹之子

bne Elohim　耶洛因之子

bne hassenuʿah　卑微女子之子

bne Jahwe　耶和华之子

bne Jemini　便雅悯

bne Korah　可拉之子

bne Yisrael　以色列之子

Boas　波阿斯

Bocchoris　波科里斯 (埃及法老)

Boeotia　波奥蒂亚

Boetia　波提亚

Book of Jubilee　《禧年书》

Brüderlichkeitsethik　兄弟伦理

Bruderschaft, chaburah　兄弟团

Buch der Thora Gottes　神的法书

Büchler　比希勒

Bucolica　第四牧歌

Budde　布德

D

dabar　语

Dalman　达尔曼

Dalmatia　达尔马提亚

Dead Sea Scrolls　《死海古卷》

debar Elohim　以耶洛因之名

debar ha berith　契约的话语

debar Jahwe　以耶和华之名

debarim　神谕

debre ha berith　契约之语

decemvir　十人委员会（罗马）

Delaiah　第来雅

Delitzsch, Fr.　德利奇

Delphi　德尔菲

der ordensartige Kultverband　教团性祭
　祀团体

der religiöse Orden　宗教教团

Derwische　得未使

Deuteronomist　申命记法典

diakrioi　迪阿克里欧（山地住民）

Diaporaexistenz　离散存在

Dibelius, M.　底比理乌斯

die homöopathische sexuelle Orgie　一心
　同感的性狂迷

Dina　第拿

Diogenes Laertius　戴奥吉尼斯·拉尔修

Dionysos　俄狄倪索斯

do ut des-Moral　互惠道德

Dodona　多多纳

Domitian　图密善（罗马皇帝）

Dorian　多利安人

Dunip　敦尼普

Dur-Kurigalzu　杜尔—库里加勒祖

E

Ea　埃阿

'ebed　奴仆，仆人

'ebed Jahwe　神的仆人

ebjon　贫困者，穷人

Ecbatana　伊克巴他拿

Eck, Johann　埃克

Eclogues　牧歌

Edom　以东

Edomite　埃多姆人，以东人

Eidgenossenschaft　誓约共同体，誓约伙
　伴团体

Einsiedeln　艾因西德伦

Ekstatiker　恍惚忘我者

El　耶洛

El Schaddaj　全能的神（耶洛）

Elam　埃兰

Elea　埃利亚

Eleazar　以利札

Elephantine　伊里芬丁岛，象岛

Elohim　耶洛因

Elohist　耶洛因学派，耶洛因典

elohistisch　耶洛因信仰的

Emden, Jacob　埃姆敦

En Lil　恩利尔

Enneakrounos　恩尼亚克鲁诺斯

Enumaelish　《恩努马艾利希》

ephod　以弗得（祭司服）

epigenetische 外部肇生的

Epiphanie 神的显现

Epirus 伊庇鲁斯

Eponymous 名祖

Erbsünde 原罪

Eretria 埃雷特里亚

Eridu 埃利都

Erman 艾尔曼

Esoterik 秘义

Essene 艾赛尼派

Ethos 心志

Euboea 埃维亚

Eurydice 欧里狄克

Evil-Merodach 以未米罗达

evyonim 贫困者

Exilsgemeinde 俘囚期教团

Eybeschutz, Jonathan 伊贝徐茨

'ezah 谋略

Ezra 以斯拉

F

fas 宗教法

Feldgemainschaft 共同耕作

Fellachen 农民（阿拉伯）

foedus iniquum 不平等契约

Francia Media 法兰克米底亚（包括意大利若干省分及罗马）

Freilassungsjahr 解放年

Fürstentum 君侯制

G

Gaststämmen 客族

Gastvolk 客族

Gaumata 戈马他

Gebetsreligiosität 祈祷宗教

gedah 盖达（集合起来的军队）

Gedaliah 基大利

Gelon 革隆

Gemeinde 共同体，社群

Gemeinde der Hasidim 虔敬派（哈斯丁）的教团

Gemeindeordnung 教团组织

geon 加昂

ger-ha-sha'ar 入门改宗者

ger-ha-toshab 朋友

ger-ha-zadek, ger-ha-berit 义认的改宗者

Geschlechterpolis 门阀氏族城邦国家

Gesetzessprechern, lögsögumadr 宣法者

Gesinnung 心志

gesinnungsethisch 心志伦理的

Ghaznavid 伽色尼王朝

Ghetto 犹太人聚居区

gibbor 吉伯（世袭地所有者）

gibbore chail 吉伯海耳

gibborim 吉伯林姆（战士，骑士）

Gibeon 基遍

Gilead 基列

Gilgamesh-Epos 吉尔伽美什史诗

gir 城市

Glarus 格拉鲁斯

Glaubensreligion   信仰宗教

Glaubensreligiosität   信仰宗教意识

Gnosis   灵知

Gnosticism   诺斯替教派

gnostiker   灵知者

Goethe   歌特

gola   俘囚民

Goliath   歌利亚

Gott der Verheißung   应许之神

Gotteszwang   强制神

Greißmann   葛雷思曼

Grüneisen   葛林奈森

Gudea   古迪亚（苏美尔王）

Gunkel   贡克尔

Guthe   古德

Gutte   古特

H

ha kohen   祭司

ha ʿam   人民

Habitus   状态

Hadad Rimon   哈达·临门

Hadadezer   哈达德泽

Hades   哈得斯（冥王）

Hadrian   哈德良（罗马皇帝）

hamaschiah   受膏者

Hammurabi   汉谟拉比

hasheina   隐密者

Hasidim   哈斯丁

Hasidim-harishonim   昔日的圣徒

Hasmonäer   哈斯蒙家

Häusler   侯伊斯勒

Hehn   黑恩

Heil   救赎

Heiland   救世主

heiligkeitsgesetz   神圣法典

Heilsprophetien   福祉预言（救赎预言）

heimarmene   命运

Heliopolis   赫里欧波里斯

Hellespont   赫勒斯滂

Henoch   以诺

Henotheismus   单一神教

heqakhase   异国统治者

Herode   希律王

Herzog   元帅（日耳曼人）

Hesiod   赫希欧德

Hetairoi   卫士

Hexateuch   摩西六书

Hieron   希伦

Hillel, d. Ae   希勒尔

Hiram   户兰

Hiskia   希西家

ho gnostikos   智者

Holzinger   霍钦格

ho pneumatikos   灵人

ho psukhikos   心灵人

ho sōmatikos   肉体人

Huldah   户勒大

Hurgronje, Snouck   胡格隆杰

Hybris   高慢，傲慢

Hyksos   西克索人

hyliker   唯物者

Kappel　卡佩尔

Karität　慈善

Kassites　喀西特人

Kautzsch, E.　考区

Kayser　凯泽尔

Kedeschen　神殿女奴

Kenaani　肯纳尼人

Kenite　基尼

Keniter　基尼人

Khnum　克农神

Kinahna　肯纳纳人

Kittel　基特尔

Klamroth　克兰罗特

Kleros　克里娄

Klient　被护民，客

Klostermann　克罗斯特曼

Kodex von Mischpatim　律例法典

Kohanim　祭司

kohen　柯亨

kohen ha gedol　大祭司

kohen ha rosch　祭司长

Koinonia　与神交契

Kommensalität　同桌共食

Königspropheten　王的预言者（宫廷预言者）

Kraus　克劳斯

Kriegerekstase　战士忘我

Kriegsekstatikern　战争忘我专家

Kroisos　克洛伊索斯

Kyrios Christos　主基督

L

Lajisch　莱许城

Lakisch　拉奇许

Legash　拉格什

Lehmann-Haupt, C. F.　勒曼·浩普特

Leonhard, R.　雷欧纳德

Lesbos　莱斯沃斯

Levi　利未人

Leviathan　怪鱼利维坦

Leviratsehe　收继婚

lex Salica　沙利法典

Liebesakosmismus　爱的无等差主义

logos　逻各斯，理念，道

Lot　罗得

Lothair　洛泰尔

Lucrum cessans　时间损失

Luther, Martin　马丁·路德

Lycurgus　赖库尔戈斯

Lydian　吕底亚

Lysander　来山得

M

Ma　玛（忠诚）

Machir　玛吉

Machmal　战地神龛（伊斯兰教）

Maenads　迈那得斯

Mahmud　马哈茂德

Maimonides　迈蒙尼德

malak　使者

mamitu　不净（亚述语）

Manasseh　玛拿西

Nazir, Nazir-er, Nazirite　拿细耳人（信仰
　战士）

Nebala　愚妄的事

Nebuchadnezzar　尼布甲尼撒

nechar　外邦人

nefesch　灵魂（以色列）

Nehemiah　尼希米

Nergal　匿甲

neschek　利息

Nethinim　尼提宁人

nethinim　神殿仆役，神殿奴隶

nibdalim　自我隔离者

Nigal　宁伽尔

Nineveh　尼尼微

Nippur　尼普尔

nokri　诺克里（外国人）

Nowack　诺瓦克

Numina　努米那

nundinae　乡村周市（罗马）

O

odium generis humani　憎恨他人

Odysseus　奥德修斯

Oeagrus　俄阿戈斯

oedus aequum　对等契约

ol hamizwoth　命令的轭

ol malkas schamajim　天国的轭

Omri　暗利

Onias　欧尼阿斯

Opfermahl　牺牲会食

Ophra　俄弗拉

Orontes　奥伦提斯河

Orpheus　奥菲斯

Osiris　奥塞利斯

P

Pächter　借地者

Pallene　帕伦尼

Pamphletist　时事评论者

Panbabylonisten　泛巴比伦主义者

Pantaenus　潘代努

paraclete　求情者

Paradoxie　悖论

Paränese　宗教训诫

Pariakaste　贱民种姓

Pariavolk　贱民民族

Pedia　佩迪亚

Peisistratus　佩西斯特拉图斯

Peisker　派斯克

Pentateuch　摩西五书

Pentaur　潘陶耳

Pepin II of Herstal　埃斯塔勒的丕平二世

Periocoi, perioikoi　城外人，城周从属地
　的居民

Persepolis　波斯波利斯

phanim　颜

Pharisäismus　法利赛主义

Pharisees, Pharisäer　法利赛派

Philistines　非利士人

Philo Judaeus　斐洛

Philo of Alexandria　亚历山大的斐洛

Phocis　福基斯

Sabbatjahr　安息年

Sabine　萨宾人

Sachsenspiegel　萨克森律鉴

Sadducee　撒都该人

sadduzäische Partei　撒都该派

Saint Gotthard Pass　圣哥达隘口

sakir, sakhir　自由的日雇劳工

Salamis　萨拉米斯

Salem　撒冷

Samaria　撒玛利亚人

Samnite　萨谟奈人

Samos　萨摩斯

Samson　参孙

Sanhedrin　高等法院

sar chailim　财务总长

Sargon　萨尔贡

Sargon II　萨尔贡二世

sarim　官吏，首领

Sarmatian　萨尔马特人

Saronic　萨罗尼克

Śatarūpā　舍多噜波

Saul　扫罗

Sayid　萨伊德

Schabattutage　斋戒日

scham　名

Schear jaschub　施亚雅述（余剩者归回）

schearith　余剩者

Schebat, schebatim　部族

Schech　酋长

Scheol　冥府

schmitta karka'oth　安息年

schnath razon　耶和华的恩年

schnath schmitta　豁免年

Schrader, Eberhard　史拉德

Schwally　史瓦利

Schwyz　施维茨

Scythian　塞西亚人

Sebea　舍伯那

Seelsorge　灵魂司牧

Seesemann　齐思曼

Sefer ha berith　契约之书

sefer haattorah　法书

Sefer hattora, Sefer hattorah　法律之书，
　　教导之书

Seher　先见

Seir　赛耳

Seisachtheia　负债免除

sekenim　长老

Sekte　教派

Seleucid　塞硫古

Selloi　谢洛伊（多多纳神殿祭司）

Sendung　使命

Sennacherib, Sanherib　西拿基立，辛那
　　赫里布

Septuaginta　七十子圣经

Seqenenre　塞格嫩拉

Sesostris　赛索特里斯

Severus, Alexander　亚历山大·塞维鲁

Shabaka　沙巴卡

Shammai HA-ZAKEN　沙马伊

shehitah　仪式性的屠宰

shekina　住者

shekinah　神的家

Shelemiah　示玛雅

Sheshbazzar　设巴萨

shophtim　士师

Sichem　示剑

Sidon　西顿

Simon ben Jochai, Simeon ben Yohai　西

　门·宾·约海

Simon Thassi　西门·太西

Simonson　西蒙生

Sin　月神辛

Sinuhe　西努黑

Sirens　塞壬

Sisera　西西拉

Smend　史曼德

Smerdis　斯麦尔地

Smith, Robertson　史密斯

Societas maris　海外贸易公司

Sodom　所多玛

sofer　索佛

soferim　索佛阶层，书记官

Solon　梭伦

Sophist　辩士，诡辩学者

Soteriologie　救赎论

Speisegemeinschaft　食桌共同体

Spitama　斯皮塔马

Stade, B.　史塔德

städtischer Demos　市民

Stand der unwissenden Unschuld

　　无知的无罪状态

suffet　苏非特

Sultanismus　苏丹制

Svayambhava　斯婆阇菩婆

synagogue　犹太会堂

Synoikismos　聚居，强制集中居住

Syracuse　敘拉古

T

ta'eb　再来者

talion　同态复仇，复仇

Tall ad-Daba　达巴村

Talmud　犹太圣典

Tamar　他玛

Tammuz　搭模斯

tanna　坦拿

Tätowierung　刺青文身

tefillin　经匣护符

Tekoa　提哥亚

Telloh　泰洛赫

Teraphim　家神

Thales　泰利斯

Theodizee　神义论

Theodizee des Leidens　苦难的神义论

Theogonie　神的系谱

Theophrastus　泰奥弗拉斯托斯

Therapeutae　特拉普提派

Thersites　塞西特斯

thora　教说

Thosfê hattora　律法书教师（掌理律法书

　者）

Thutmose, thetmosis　图特摩斯

Tiamat　蒂亚马特

Timaeus　提玛友斯

Tirzah　得撒

tom　土明

Torah　律法书

toschab　托沙布，寄居者

Tractator　外出营商者

Trauerkasteiung　服丧苦行

tsaddik　义人

Tudela, Benjamin von　便雅悯·图德拉

Tydeus　泰迪乌斯

Tyrannis　僭主制

Tyre　提尔

Tyro　提洛

Tyros　提洛斯

Tyrtaeus　提尔泰奥斯

Tzevi, Shabbetai　泽维

U

Ulysses　尤里西斯

Umma　温马

Ungnad　翁格纳

Unheil　灾祸

Unheilsprophet　灾祸先知

Unhold　鬼神

unio mystica　神秘的合一

Unterwalden　翁特瓦尔登

Ur　乌尔

Uri　乌里

urim　乌陵

Urningirsu　乌尔林吉尔苏

Urukagina　乌鲁卡基纳

Usener　乌珊纳

V

Valeton　瓦勒顿

Valley of Hinnom　欣嫩子谷

Varuna　婆楼那

vaticinatio ex eventu　事后的预言

Verein　团体

Vergil　维吉尔

Vespasian　韦斯巴息安（罗马皇帝）

Virtuosenreligion　达人宗教

Vishtaspa　希斯塔斯普

Visvakarma　维斯瓦卡玛

Vita　《自传》

Völter, D.　弗特

Vorsehungsglauben　天意信仰

W

Wadd　瓦德

Wandsbek　万德斯贝克

Watikim　虔敬者

Weissagung　忘我的预言

Wellhausen, J.　威尔豪森

Weltgott　普世之神

Wen Amon　文·阿蒙

Winckler, H.　温克勒

Wunder　奇迹

X

Xenophanes　色诺芬尼

Xenophon　色诺芬

索 引